CANU ANEIRIN

CANU ANEIRIN

GYDA

RHAGYMADRODD
A NODIADAU

GAN
IFOR WILLIAMS

CAERDYDD
GWASG PRIFYSGOL CYMRU
1961

Argraffiad cyntaf   1938
Ail argraffiad   1961
Adargraffiad   1970, 1978, 1989, 1997, 2001

ISBN 0-7083-0229-7

©Ysgutor Ystad y diweddar Syr Ifor Williams ℗1965

Cedwir pob hawl. Ni cheir atgynhyrchu unrhyw ran o'r cyhoeddiad hwn na'i gadw mewn cyfundrefn adferadwy na'i drosglwyddo mewn unrhyw ddull na thrwy unrhyw gyfrwng electronig, mecanyddol, ffotogopïo, recordio, nac fel arall, heb ganiatâd ymlaen llaw gan Wasg Prifysgol Cymru, 6 Stryd Gwennyth, Caerdydd, CF24 4YD.
gwefan: www.cymru.ac.uk/gwasg

Dyluniwyd y siaced gan Chris Neale

Argraffwyd ym Mhrydain Fawr gan Antony Rowe Cyf., Chippenham

CYFLWYNIR
Y GWAITH HWN
I
MYFANWY

RHAGAIR

PAN ddechreuais weithio ar y Gododdin, fy nghynllun yn y nodiadau oedd rhoi cynigion fy rhagflaenwyr ar bob gair, ac yna fy nghynnig fy hun, gyda'r enghreifftiau a gesglais o'r hen lenyddiaeth i'w ategu. Chwyddai hynny'r gwaith i faint a barai anobaith y cyhoeddid ef byth. Bellach y mae *Geirfa* yr Athro J. Lloyd-Jones wedi ysgafnhau'r llwyth, a medrwn ddibynnu ar ei restrau ef. Wedi iddo ef gwblhau ei orchwyl llafurfawr, medrwn fyrhau ein nodiadau i hyd rhesymol. Fy anffawd i yw fy mod yn gorfod cyhoeddi cyn hynny, eithr manteisiais ar y cwbl a ymddangosodd.

Y dydd o'r blaen soniais wrth fy nghyfaill, Mr. R. T. Jenkins, y buasai map o'r hen Ogledd yn hwylustod ac yn gymorth i'n myfyrwyr ddeall safle'r mannau y sonnid amdanynt yn y canu a'r rhagymadrodd; a chyda'i radlonrwydd arferol ymgymerodd â llunio un i ateb y diben hwnnw, ar yr amod i mi ddweud mai braswaith yw, ac nad yw'n honni manylder. Mawr yw fy nyled iddo.

Dylwn ddiolch yn gynnes hefyd i'r argraffwyr am eu hamynedd a'u gofal. Anfonais y defnydd iddynt yn dalpiau, fel y medrwn ladrata amser i'w ysgrifennu; er mor anhwylus oedd hynny iddynt hwy, ni chefais ond pob mwynder oddi ar eu llaw.

Gan fod argraffiad Dr. Gwenogvryn Evans yn cynnwys llun o bob tudalen, ni thybiais fod angen esiampl o'r dull yr ysgrifennwyd y llawysgrif.

IFOR WILLIAMS

Ebrill 13, 1938

CYNNWYS

RHAGAIR vii

RHAGYMADRODD xi

Y TESTUN 1

NODIADAU 61

BYRFODDAU 391

ENWAU PERSONAU A LLEOEDD 395

MYNEGAI I'R NODIADAU 399

RHAGYMADRODD

PERTHYN diddordeb anarferol i Lyfr Aneirin, y llawysgrif lle cafwyd yr holl ganu sydd yn y gyfrol hon. Bechan yw, ac ni chynnwys ond 38 tudalen, ond ar ei hugain namyn un o ddalennau memrwn trysorwyd i'n cenedl ni ac i'r byd yr unig gopi cynnar o hengerdd sy'n dwyn enw y bardd Aneirin. Mewn inc coch rhoddwyd rhudd-deitl ar y tudalen cyntaf, *Hwnn yw e gododin. Aneirin ae cant*. Petasai'r llyfr bach hwn wedi mynd ar goll cyn i lenorion ail hanner yr unfed ganrif ar bymtheg gael cyfle i'w gopïo, ni buasai Aneirin i ni ond enw moel, a chyfrgollesid y Gododin. Hwn, meddaf, yw'r unig destun. Nid yw'r copïau papur ohono yn werth eu dyfynnu mwyach. Ofer fuasai trafferthu i gofnodi'r beiau aml a lithrodd i mewn iddynt wrth i'r naill ddilyn y llall, o un camgymeriad i'w gilydd. Gwelir hyn ar unwaith os cymer neb y boen o ddarllen amrywiadau testun y *Myvyrian*, neu un Thomas Stephens. Tystiolaeth ydynt, nid i amgenach testun, ond i ddiofalwch copïwyr. Fel y gwelodd Dr. Gwenogvryn Evans, y mae o leiaf dair dalen ar goll ar ddiwedd Llyfr Aneirin. Ni welais eto gopi o'r rheini mewn cymaint ag un o'r testunau diweddar. Y tebyg yw, gan hynny, ddarfod eu rhwygo ymaith rhwng 1250 a 1550. Gorfodir ni i wneud a allom o'r hen destun ar ei ben ei hun, a hynny yn ei gyflwr anghyflawn.

Dyry'r traddodiad Cymreig Aneirin yn ail hanner y chweched ganrif, saith gan mlynedd yn gynharach na'r copi hynaf o'i waith. Pe medrid profi mai dilys yw'r canu fel y ceir ef yn Llyfr Aneirin, byddai'n amhrisiadwy werthfawr i'r hanesydd a fyn astudio digwyddiadau a dynion yn oes y gwrthdaro cyntaf rhwng Brython a Sais; ac i'r ysgolhaig a fyn olrhain datblygiad yr iaith Gymraeg, neu dyfiant cerdd dafod y Cymro. Ac i ni sy'n hoffi meddwl am ein hiaith fel yr *hen* iaith—ni fedr estron ddeall hyn—deuai rhyw falchder newydd ynddi wrth ystyried y pybyrwch a'i cadwodd yn fyw er pob gelyn trwy'r maith ganrifoedd.

Cyn dechrau ymffrostio, rhaid darganfod ai teg yr ymffrost. Pa sicrwydd sydd fod llinell o waith Aneirin wedi goroesi o'r chweched i'r drydedd ganrif ar ddeg? Bwlch go fawr yw saith ganrif—yr un ysbaid, gyda llaw, ag sydd rhwng Llyfr Aneirin a'r gyfrol hon—ac mewn cyfnod mor hir gallasai'r Gododdin fod wedi newid ei wedd yn drwyadl. Rhaid profi fod Brythoneg wedi troi'n Gymraeg ymhell cyn dyddiau Aneirin, gan na fedrai neb ganu mor gelfydd â hyn mewn iaith newydd eni. Troes Lladin yn Ffrangeg yn Ffrainc, ond ni cheir tystiolaeth gyfoes i Ffrangeg tan ganol y nawfed ganrif. Pa faint o amser a gymerai i'r iaith Geltig yn y ffurf arni a alwn yn Frythoneg ddatblygu yn gyffelyb i'r iaith a alwn yn Gymraeg? Nid llai yw'r newid yma nag yn y llall. Pa bryd y bu'r trawsgyweiriad? Cwestiynau yw'r rhain i'w hateb mewn gwaed oer, ac mor ddiragfarn byth ag y caniatâo ein rhagfarnau.

I. *Llyfr Aneirin*

Dyma ddisgrifiad Dr. Evans o'r llsgr. hon :

Vellum ; 6¾ x 5 inches ; *circa* 1350 [bai am 1250, gw. R. ii, td. iv] ; pages i–iv, 1–38, having 22 lines to the page, rubric titles, and red and green large sectional initials, alternately, to pp. 1–23 l. 5, 25–30 l. 11 (the remaining lines and pages are in a different hand of about the same time and have the sectional initials in black) ; wanting at least three folios at the end ; in old imperfect calf binding.

Cyfeiria at nodiadau ar yr ymylon, rhai ond odid yn llaw Dafydd Nanmor, ac eraill yn llaw Gwilym Tew, y naill a'r llall yn ei dro yn honni mai ef biau'r llyfr—rhyw gipolwg ar daith y llsgr. o law i law ymhlith y beirdd yn y bymthegfed ganrif. O'r diwedd daeth i lyfrgell enwog Hengwrt, canys cyfeiria Lhwyd[1] ati yn *Arch. Brit.* 254, 261 : oddi yno i Aberdâr ; yna i feddiant Theophilus Jones ; y Parch. Thomas Price, Carnhuanawc ; Syr Thomas Philipps, a chyda'i gasgliad ef daeth i Lyfrgell Rydd Caerdydd, yn 1896. Hi yn awr yw Cardiff 1.

I ddychwelyd at y llsgr., gwelir tyllau pwytho ar ymylau lliaws o'r dalennau—prawf o ail-drefnu'r llsgr., ac y mae td. 25 mor fudr nes awgrymu iddo fod am ysbaid yn dudalen cyntaf adran o'r llyfr a fu unwaith ar wahân. Sylwer ar eiriau Dr. Evans am y ddwy law a geir yma. Galwaf hwy A a B. Ysgrifennodd A y Gododdin yn dlws a gofalus o td. 1 hyd td. 23, ll. 5. Lleinw'r bylchau ar ddiwedd y penillion gydag addurn tebyg i gadwyn. Gadawodd weddill td. 23 a 24 i gyd yn wag. Yna ail ddechreuodd ar ben uchaf td. 25, gyda *Gorchan Tutvwlch ;* â ymlaen i *Warchan Adebon, Gwarchan Kynvelyn*, ac yna ar ôl rhudd-deitl hir a phwysig, dyry *Warchan Maeldderw* o waith Taliesin.

[1] Dywed mai R[obert] V[aughan] a'i caeadodd (ei rhwymo) yn Llundain, gw. Sharon Turner, *Vindication of the Genuineness of the Ancient British Poems*, 1803, td. 29.

Ar ddechrau pob Gwarchan dyry glamp o lythyren liw, sy'n cymryd mwy na lled dwy linell. Felly yn ei Warchan Maeldderw. Diwedda hwnnw, a diwedda llaw A hefyd, ar td. 30, ll. 11. Yn anffodus ni ddeallodd amryw o olygwyr Aneirin ystyr hyn. Camarweiniwyd hyd yn oed yr Athro J. Loth. Cymerodd ef a hwythau fod Gwarchan Maeldderw yn dal ymlaen i ddiwedd y llsgr. td. 38, ac wrth ddyfynnu o'r tudalennau hyn, tybiant eu bod yn dyfynnu o gân wahanol i'r Gododdin, a honno'n waith Taliesin! Nid oes angen ond golwg ar *facsimile* Dr. Evans i weld beth a ddigwyddodd mewn gwirionedd. Daeth B ar ôl A at y llsgr., gwelodd fwlch ar td. 23, ac ysgrifennodd i ddechrau gopi o awdl oedd eisoes gan A ar td. 20 (sef LXXIX); yna rhoes LV oedd eisoes gan A ar td. 14; wedyn LI oedd gan A ar td. 13; LXXXVII oedd gan A ar td. 22; XLIII ac XLIV oedd gan A ar td. 11. Nid oes le mwyach nes iddo droi i td. 30, ac yno ar ddiwedd Gwarchan Maeldderw caiff gyfle i roi o hynny ymlaen i ddiwedd y llsgr. amrywiadau eithriadol o werthfawr ar rai o awdlau'r Gododdin a oedd eisoes gan A yn nechrau'r llyfr, ac amryw hefyd o awdlau nad oeddynt ganddo o gwbl. Diddordeb arbennig testunau B yw eu bod yn gyforiog o ffurfiau ieithyddol yn orgraff glosau'r nawfed ganrif. Gweler isod ar y rhain, td. lxiii. Profant fod B wedi taro ar hŷn testun o lawer na'r un a oedd gan A o'r Gododdin, a'i fod wedi ceisio cyflenwi a chywiro copi hwnnw trwy chwanegu'r amrywiadau hyn ar ddalennau gweigion llawysgrif A. Newidiai'r cwbl a ddeallai i orgraff ei oes, ond weithiau (o drugaredd) anghofiai, neu methai â deall ei wreiddiol, a gadawodd ef fel yr oedd. Gresyn dyblyg yw fod dim a ysgrifennodd B wedi colli. Mae ei destun ef yn brawf digonol fod y Gododdin mewn rhan o leiaf— ni wyddom, ysywaeth, fa'nt a gol wyd o'i law ef—yn hysbys yn y drydedd ganrif ar ddeg mewn llawysgrif yn orgraff y nawfed neu'r ddegfed ganrif. Yn *Y Beirniad*, 1911, 254, gelwais waith B yn *Atodiad* i'r Gododdin. Fel rheol y mae testun yr Atodiad yn bwysicach a chywirach na chorff y llyfr yn llaw A. Er mwyn hwylustod cymharu, symudais ei ffurf ef ar y penillion a'u gosod rhwng cromfachau petryal ar ôl testun A ohonynt.

Y safle bellach yw hyn, fod y Gododdin a'r Gwarchanau yn llaw A, a'r Atodiad atynt yn llaw B, y naill a'r llall yn perthyn i tua 1250 (os yw barn Dr. Evans yn derfynol), ond fod B wedi cadw i ni yma ac acw olion testun o'r nawfed neu'r ddegfed ganrif. Yn wir, â'r Athro Loth ymhellach, a dywed fod cnewyllyn y Gododdin yn mynd yn ôl i'r seithfed ganrif, er ei fod yn dal nad yw'r ffurf a ddaeth i lawr i ni yn hŷn na diwedd y nawfed.¹ Gwych yw cael datganiad dibetrus o'r fath gan ysgolhaig o safle a dylanwad Loth. Ni fedr neb ddweud mai rhagfarn wladgarol Cymro a barodd iddo synio felly, cyhuddiad a ddygir mor rhwydd yn ein herbyn ni. Yr ydym ar dir diogel wrth ddal fod yr Atodiad yn tystio i ffurf ysgrifenedig ar y caneuon hyn, neu ar rai ohonynt, cyn 900. Nid bwlch o saith gan mlynedd, ond bwlch o ryw drichant, sydd rhwng y bardd a'r copi hynaf o'i waith, neu'n well, rhwng cyfnod tybiedig y bardd â'r cyfnod y mae orgraff rhannau o'r Atodiad yn profi fod peth o'r canu hwn yn ysgrifenedig. Nid oes neb wedi profi na cheid y math hwnnw o orgraff yn yr wythfed neu'r seithfed ganrif. Gwyddom ei fod i'w gael yn y nawfed a'r ddegfed oherwydd oedran y glosau sydd yn y llsgr. a elwir Ox. 1 a Chymraeg *Computus* Caergrawnt. Dyna'r cwbl.

I amseru'n fanylach, rhaid ystyried y traddodiad am Aneirin ei hun, i ddechrau, ac yna drafod cynnwys Llyfr Aneirin o ran ffurf a defnydd i edrych a deifl hynny oleuni ar adeg ei gyfansoddi.

II. Aneirin

Oed y cyfeiriad hynaf ar glawr at y bardd hwn yw 1100, sef amser ysgrifennu copi Harl. 3859 o *Historia Brittonum* Nennius (neu Nemnius). Rhaid i mi yma ailadrodd rhan o Ragymadrodd *Canu Llywarch Hen,* td. xvii ac ymlaen. I arbed amser a gofod, rhof grynodeb yn unig o'r drafodaeth yno. Yn Harl. 3859 ar ôl yr *Historia* daw'r cronicl a elwir *Annales Cambriae,* ac ar ôl hwnnw Achau i egluro'r ddau. Diwedda'r cronicl yn 954, a dyna adeg casglu'r Achau. Cyfuniad o draethodau i roi hanes y Brython yw'r *Historia*, a'r pwysicaf ohonynt i ni yw'r un a elwir *Achau'r Saeson,* a ddaeth o darddell Seisnig i gychwyn, ac a amserir gan Zimmer yn niwedd y seithfed ganrif. Corfforwyd hwn yn yr *Historia* i roi cefndir i ran o'r hanes, a gwthiwyd i mewn i'r nodion ar y brenhinoedd Seisnig gyfeiriadau at frenhinoedd y Brython a ymladdai yn eu herbyn. Daw'r rhain o darddell Gymreig, boed lyfr neu lafar. Ni wyddys a oeddynt yno pan gafodd Nennius afael ar y

¹ *Revue Celtique,* xxxix, 78, "*Guotodin* est le *Gododin* grand poème lyrico-épique connu sous ce nom, poème dont le noyau doit remonter au vii⁰ siècle de notre ère, mais dont la rédaction que nous possédons ne peut être antérieure à la fin du ix⁰ siècle ; 239, Le *Gorchan Maelderw*, version indépendante du *Gododin*, a sûrement été copié d'un manuscript en vieux gallois ; il en a conservé un bon nombre de formes",—ac ail edrydd ei sylw blaenorol ar y Gododdin, gan ychwanegu ei fod yn profi "une culture poétique remarquable." Felly eto, R.C. xl. 444-5 ; li. 189-95.

traethawd (oddeutu 800). Efallai mai ef a'u rhoes i mewn, gan mai cyfuno oedd ei elfen a'i amcan. Os oeddent yno pan gafodd ef y traethawd, cesglir mai Brython o'r Gogledd, h.y. Gogledd Lloegr, a'u rhoes i mewn, gŵr a wyddai am lysenwau Cymreig gelynion ei genedl, megis *Flesaur* (h.y. *ffleisawr*, llawn ystumiau, "Artful Dodger"), am yr Ethelfrith hwnnw a enillodd frwydr Caer yn 615, ac a lofruddiodd fynachod Bangor Is Coed. Wrth gwrs, i'r Hybarch Beda, barn Duw oedd hynny ar bechodau mawrion y Cymry; ac wrth gwrs hefyd, genhedlaeth yn ddiweddarach, pan orchfygodd Cadwallon a Phenda wŷr Northumbria, a llofruddio'n ddiarbed genedl Beda, pechod mawr oedd hynny ar y Cymry, nid barn ar wŷr Northumbria. Hawdd gwybod i bwy yr oedd Beda yn perthyn, a hawdd gweld mai Brython a roes y chwanegiadau dan sylw at Achau'r Saeson. Ar ôl cofnod am Ida, brenin Northumbria, 547-59, daw hyn :

[T]unc dutigirn in illo tempore fortiter dimicabat contra gentem anglorum. Tunc talhaern tat aguen in poemate claruit. et neirin. et taliessin et bluchbard. et cian qui uocatur gueinth guaut. simul uno tempore in poemate brittannico claruerunt.

Yna yn yr amser hwnnw ymladdai Dutigirn (bai am *Outigirn,* Eudeyrn) yn wrol yn erbyn cenedl yr Eingl. Yna bu Talhae[a]rn Tad Awen yn enwog mewn barddoniaeth; a Neirin a Thaliesin a "Bluchbard" a Chian (a elwir Gweinth Gwawd) ynghyd yn yr un amser, a fuant enwog mewn barddoniaeth Gymraeg.

Y bardd a elwir yma *Neirin* yw *Aneirin* oesoedd diweddarach; tyfodd *A-* weithiau o flaen *n-* megis y cafwyd *anadredd* am *nadredd.*[1] Cyfoed yw â Thaliesin, canent yn yr un cyfnod. Cyplysir y ddau yn y Gododdin, isod, ll. 548-9, ac fel y nodwyd yn barod, y gân olaf yn Llyfr Aneirin yn llaw A yw cân a briodolir i Daliesin, sef Gwarchan Maeldderw. Dywed *Achau'r Saeson* i bedwar brenin, sef Urien (*Urbgen*), Rhydderch Hen (*Riderch hen*), Gwallawg (*Guallanc,* bai am *Guallauc*), Morgant (*Morcant*), ymladd yn erbyn Hussa, mab Ida, ac ymhellach i Urien a'i feibion ymladd yn ddewr yn erbyn Deodric, mab arall i Ida. Gwarchaeodd Urien y gelyn dridiau a theirnos yn ynys *Metcaud* (Lindisfarne), ond lladdwyd ef trwy fradwriaeth Morgant a genfigennai wrtho. Yn *Llyfr Taliesin,* llsgr. ychydig diweddarach na Llyfr Aneirin, ceir nifer o ganeuon i Urien, Owain ab Urien, a Gwallawg, a briodolir i Daliesin, canu a gymer ei le ochr yn ochr â'r Gododdin fel canu hanesyddol posibl. Ond cawl yw gweddill Llyfr Taliesin o ganu allan

---

[1] Syr John Morris-Jones, *Taliesin,* 45.

o gyfarwyddyd (neu *saga*) gyda Thaliesin yn brif gymeriad ynddo ; daroganau, canu chwedlonol, canu natur, cerddau dychymyg, crefydd. Diweddarach yw llawer o'r rhain na'r Canu Urien a astudiodd Syr John Morris-Jones, er y perthyn iddynt bwysigrwydd mawr ar lawer cyfrif, pes iawn ddosberthid. Digon yma yw cyfeirio at y traddodiad y tystia Llyfr Taliesin iddo, ddarfod i Daliesin ganu i Urien, gelyn meibion Ida, ac felly yn ail hanner y chweched ganrif. Os "blodeuodd" Neirin (Aneirin) yn yr un cyfnod, perthyn yntau i ail hanner y chweched ganrif.

Oed y cyfeiriad. Ar ôl yr *Historia* yn Harl. 3859 ceir achau'r pedwar brenin uchod ymhlith achau eraill. Amlwg yw ddarfod i rywun eu chwanegu i egluro pwy oeddynt. Felly yr oedd y chwanegiad hwn at Achau'r Saeson yn rhan gydnabyddedig o'r *Historia Brittonum* tua 954, canys diwedda'r *Annales Cambriae* yn y flwyddyn honno, ac ni ddaw'r un o'r achau yn Harl. 3859 yn is i lawr na chanol y ddegfed ganrif. Dichon fod y cyfeiriad yn y ffurf ar Achau'r Saeson a ddaeth i law Nennius cyn 800. Dichon mai ef a'i chwanegodd o ryw darddell Gymreig o oedran anhysbys, a oedd yn ddigon cynnar i ennill parch oherwydd ei hynafiaeth, a hynny, cofier, cyn 800. Ni fedraf dorri'r ddadl. Yn unig carwn atgoffa tystiolaeth yr Atodiad i destun o'r Gododdin a allai berthyn i'r nawfed ganrif, neu'n wir i'r wythfed. Rhof y pwynt cyn gyniled ag y medraf : petasai'r Gododdin yn waith bardd o'r nawfed ganrif, a bod blys arno ei dadogi ar fardd o'r cyn oesoedd, rhaid bod Cynfardd o'r enw Aneirin yn hysbys iddo ef ac i wŷr yr oes honno neu nis priodolasai iddo. Ni welaf bwynt mewn twyll o'r fath : nid darogan yw'r Gododdin. Rhesymolach yw credu fod canu am ryw helynt yn y Gogledd yn gyfarwydd i oes Nennius ; ystyrid ef yn hengerdd, ac yn waith Neirin, cyfoesydd Taliesin ac Urien, gwŷr a berthynai i ddiwedd y chweched ganrif.

III. *Y Gododdin*

Enw Llyfr Aneirin ar gyfangorff y canu sydd ynddo yw *E Gododin* a'i Dri Gwarchan. Amwys yw'r orgraff gan fod *-d-* yn y llsgr. yn golygu *-d-* a hefyd *-dd-*, ac yn y canrifoedd diweddar galwyd y canu *Y Gododin*. Dengys ffurfiau cynharaf yr enw, fodd bynnag, mai'r ynganiad cywir yw *Gododdin*.

Yn ôl Ptolemi, daearyddwr o'r ail ganrif ar ôl Crist,[1] trigai llwyth o'r

---

[1] Yn ôl M.H.B. x, yr oedd yn ei flodau, A.D. 120 ; dyry eraill 150.

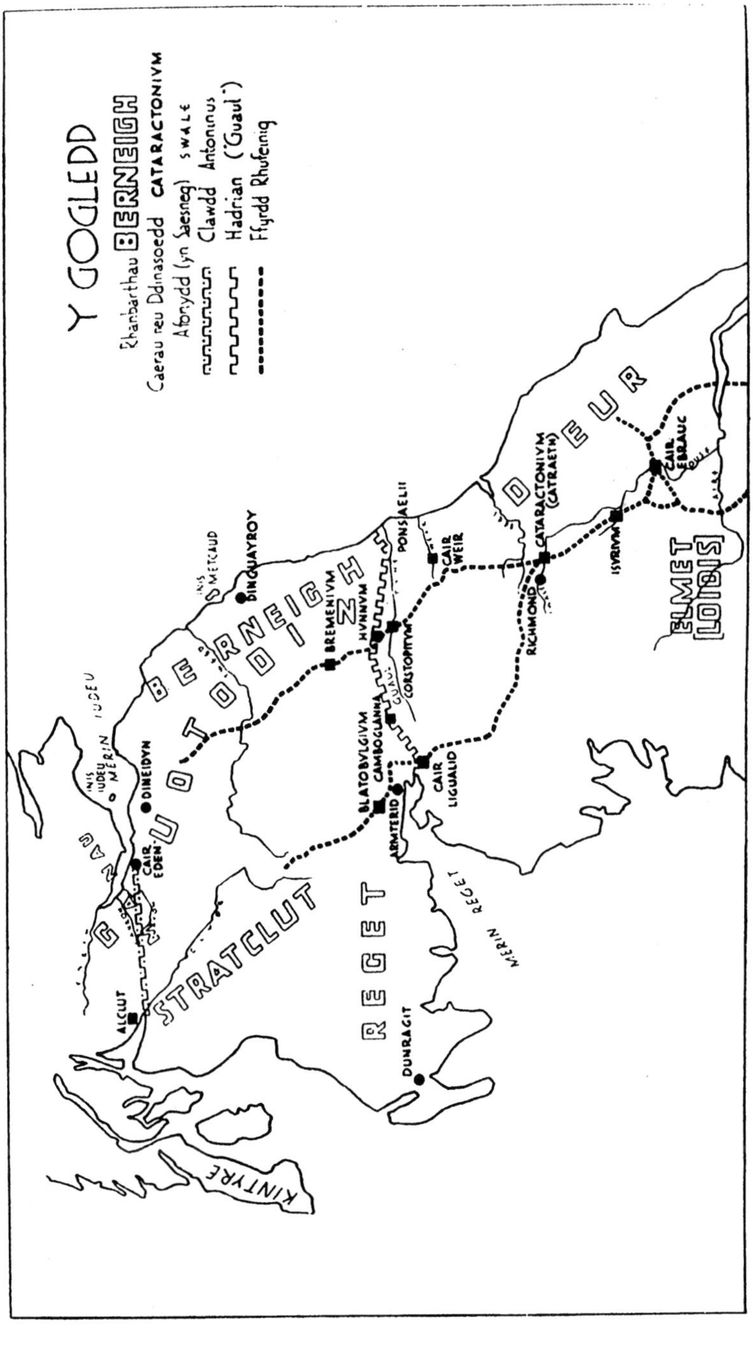
Y GOGLEDD
Rhanbarthau BERNEIGH
Caerau neu Ddinasoedd CATARACTONIVM
Afonydd (yn Saesneg) SWALE
Clawdd Antoninus
Hadrian ('Guaul')
Ffyrdd Rhufeinig
GUOTODIN
BERNEIGH
DEUR
STRATCLUT
REGET
ELMET
[LOIDIS]
KINTYRE
MERIN IUDEU
INIS IUDEU
MERIN REGET
ALCLUT
CAIR EDEN
DINEIDYN
BLATOBVLGIVM
CAMBOGLANNA
ARMITERID
CAIR LIGUALID
DUNRAGIT
GUAUL
CORSTOPITVM
HVNNVM
BREMENIVM
INIS METCAUD
DINGUAYROY
PONS AELII
CAIR WEIR
CATARACTONIVM (CATRAETH)
RICHMOND
ISVRIVM
CAIR EBRAUC

enw *Selgouai* (*Selgovae*) yn neheudir yr Alban; un o'u trefi oedd *Trimontion* (*Trimontium*),[1] heddiw Newstead yn nyffryn Tweed. Felly, er bod y *Solway* yn enw'r Solway Firth yn dangos i'w terfynau gyrraedd yn bur bell tua'r gorllewin a'r de, cyrhaeddent hefyd mor bell i'r dwyrain nes bod un o'u trefi o fewn deng milltir ar hugain i lan y môr. Yn y rhimyn hwn tua'r dwyrain gesyd Ptolemi lwyth arall o'r enw *Otadenoi* (amr. *Otadnoi, Otalinoi*), gyda *Bremenium* fel un o'u trefi (sef "High Rochester in Redesdale" rhyw ddeng milltir ar hugain i'r de-ddwyrain o *Trimontion*). Dywed ymhellach fod y *Brigantes* yn preswylio i'r de i'r *Elgovae* a'r *Otadenoi*, a bod eu tiriogaethau hwy yn cyrraedd o fôr i fôr. Dengys eu trefi mai'r *Brigantes* a drigai yn Sir Efrog. Sylwer fod llythyren gysefin y gair wedi colli yn *Elgovae* (am *Selgovae*). Profir gan y ffurf Gymraeg fod llythyren wedi colli hefyd o ddechrau *Otadenoi*, neu *Otadeni*, ac mai *i* a ddylid ei darllen yn y goben. O ffurf Frythoneg *Votadin-i*,[2] a ysgrifennid gan Ptolemi mewn llythrennau Groeg fel *Ouotadin-oi* cawsid mewn Hen Gymraeg yn hollol reolaidd *Guotodin*, a thrwy ddatblygiad diweddarach, *Gododdin*. Nid oes raid petruso adfer yr hen ffurf. Gwyddys fod copiwyr cynnar yn aml yn gadael bwlch yn lle'r llythyren gysefin, er mwyn rhoi llythyren fawr addurnedig â lliwiau ynddo yn ddiweddarach. Weithiau anghofient lenwi'r bwlch hwn, ac o gopi amherffaith felly y cafwyd *Otadini* y llyfrau. Newydd ddarganfod yr ydys mai enw cywir un o gaerau'r Wal Rufeinig oedd *Camboglanna*, eithr *Amboglanna* a geir hyd yn ddiweddar yn y llawlyfrau —enghraifft dda o'r un bai.

Yn awr troer i Harl. 3859, lle rhoir enwau meibion Cunedda: yno dywedir fod y cyntaf-anedig ohonynt *Typipaun* (bai am *Typiaun*) wedi marw yn yr ardal "a elwir *manau guodotin,* ac ni ddaeth yma [sef i Gymru] gyda'i dad a'i frodyr."[3] Fel yr Achau, ymhelaethiad neu atodiad at yr *Historia Brittonum* yw'r dernyn hwn yn Harl. 3859. Bwriedir ef i egluro'r

---

[1] Nid "Trefmynydd," fel y tybiai Skene a Holder, *Alt. Spr.* ii. 1955, ond "Trimynydd." Saif mynydd tri-bannog (fel Yr Eifl yn Arfon) neu dri mynydd uchlaw'r gaer. *The Three Sisters* oedd yr enw a glywais arnynt, a hefyd *Eildon Hills*.
[2] Felly Rhys, *Welsh People*, 98, n. Chwanegir, "Their country embraced the district around North Berwick, and the headland over against Fife is alluded to in Irish literature (Skene's "Picts and Scots," p. 57) as the promontory of Fothudán, which agrees, except in its termination, with the *Guotodin* of Nennius."
[3] Cy. ix. 182. Rhaid darllen yr enw fel *guotodin*, gw. isod.

cyfeiriad ynddo at Maelgwn Gwynedd[1] :

Mailcun, brenin mawr a deyrnasai ymhlith y Brython, sef ym mro Gwynedd, canys ei hynafiad ef, sef Cunedag ynghyd â'i feibion, wyth mewn nifer, a ddaethai gynt o'r gogledd-barth, sef o'r fro a elwir *Manau Guotodin,* 146 o flynyddoedd cyn i Failcun deyrnasu, a gyrrasant y Gwyddyl â lladdfa ddirfawr o'r broydd hynny, ac ni ddychwelasant byth drachefn i gyfanheddu [ynddynt].

Gorŵyr ydoedd Maelgwn i Gunedda, medd yr Achau. Cyfoesai â Gildas yn ail chwarter y chweched ganrif, a chytunir i amseru dyfodiad Cunedda i Gymru tua dechrau'r bumed ganrif, neu ddiwedd y bedwaredd. Daeth yma o Fanaw Gododdin yn y Gogledd ; *un o'r Gododdin ydoedd,* a sefydlodd linach frenhinol yng Ngwynedd. Felly, gellid disgwyl i ryw gymaint o gyfathrach barhau am ysbaid rhwng Gwynedd a bro wreiddiol y Gododdin yn y Gogledd. O leiaf, nid gormod yw tybio y buasai bri ar fawl y Gododdin yn llysoedd brenhinoedd Gwynedd am genedlaethau. Os canodd Aneirin gerdd foliant i'r Gododdin yn yr hen-fro, dyweder tua 600, ni wn am le gwell i gadw'r gerdd honno mewn cof nag yn llys disgynyddion Maelgwn. Bychan o obaith fuasai iddi bara'n hir yn ne-ddwyrain yr Alban. Ar fudiad Cunedda, dyma a ddywed Collingwood[2] :

Manau Guotodin is the country of the Otadini, round Berwick-on-Tweed. The spontaneous migration of a tribe from that district across Brigantia [sef gwlad y Brigantes] to Wales, while Britain was under Roman government, is improbable in the extreme ; but the transplantation of a tribe from one frontier district to another is a commonplace of late Roman history. The story of Cunedda must indicate that, just before the close of the [fourth] century, the Roman government applied this well-worn device to the Scotic problem : enlisting a tribe from the north and planting it with the status of *foederati* in the west, there to act as a local militia under its own king, and replace the unruly Irish, who had hitherto been allowed to possess the land.

[1] Mommsen, td. 205, H.B. cap. 62 : Mailcunus magnus rex apud Brittones regnabat, id est in regione Guenedotae, quia atavus illius, id est Cunedag, cum filiis suis, quorum numerus octo erat, venerat prius de parte sinistrali, id est de regione quae vocatur *Manau Guotodin* centum quadraginta sex annis antequam Mailcun regnaret, et Scottos cum ingentissima clade expulerunt ab istis regionibus et nusquam reversi sunt iterum ad habitandum, gw. Lloyd, H. W., 116–17 ; Rhys, *Welsh People,* 119.

[2] Collingwood a Myres, *Roman Britain and the English Settlements,* 1936, td. 288–90.

Yr ymerawdwr oedd Theodosius : ond ei gadfridog Stilicho oedd wrth y llyw ym Mhrydain yn y cyfnod hwn, tua 395-9, ac iddo ef y priodola Collingwood y cynllun. Hoffaf yn fawr ei ddehongliad o'r traddodiad Cymreig. Yn unig carwn chwanegu fod y gân a elwir y Gododdin o blaid i ni gredu na symudwyd yr holl lwyth o'r Gogledd. Ffôl yn wir fuasai dinoethi'r ardal o Edinburgh hyd Durham yn llwyr o'i rhyfelwyr, a gadael adwy i'r gelyn gogleddol lifeirio i mewn, er mwyn gwaredu Cymru o afael yr un bobl. Efallai ddarfod i gymaint o symud ag a fu wanychu'r arfordir yno, a hwyluso'r ffordd i Ida, ymhen canrif a hanner, osod i lawr sylfeini teyrnas Northumbria.

Prin hefyd y gellir derbyn ei leoliad ef i *Manaw Guotodin*. Mewn Gwyddeleg cyfetyb *Manann* i *Manaw* yn Gymraeg. *Ynys Manaw* y Cymro yw *Inis Manann* y Gwyddel, ac am yr ardal yn yr Alban chwanegodd y cyntaf *Gododdin* at yr enw i'w hynodi. Sonia'r llall am frwydr a eilw yn *Cath Manand*, a lladdfa ar y Pictiaid *in Campo Manand* gan y Saeson. Dangosodd Skene[1] mai'r ardal rhwng yr afonydd a elwir heddiw *Avon* a *Carron* oedd y Maes Manaw hwn, a bod yr enw *Slamannan* (*Sliabh Manand* "the moor or plain of M.") ar arfer byth am y cwrr gorllewinol ohoni. Felly Rhys, a chwanega'r enw *Clackmannan* (Craig M.) fel tyst arall i safle Manaw.[2] Nid ger Berwick-on-Tweed, gan hynny, ond ger North Berwick ac Edinburgh, ac i'r gorllewin o'r ddinas honno—dyna'r lle, glannau'r Firth of Forth.

Ateg i ddamcaniaeth Collingwood yw fod tad Cunedda, a'i daid a'i hendaid, yn yr Achau yn Harl. 3859, sef *Ætern* (Edern), *Patern* (Padarn), *Tacit* (Tegid), ill tri yn dwyn enwau Lladin. Felly hefyd dri beth bynnag o'i feibion, *Rumaun* (Rhufawn), *Dunawt*, *Etern*, a'i ŵyr *Meriaun*.[3] Ni ellid gwell prawf o'r graddau yr oedd tylwyth Cunedda wedi eu Lladineiddio cyn iddo symud o'r Gogledd i Gymru, er mai enwau Cymraeg neu Frythoneg oedd ar y mwyafrif o'i feibion. Fel dinesydd Rhufeinig yr edrychai arno'i hun (megis Gildas ar ei ôl), er bod enw Cymreig arno. Ac os oedd ei dad ac yntau yn deyrngar i Gesar, cawsant ddigon o gyfle i ddangos hynny, a dysgu milwriaeth yr un pryd, o 360 ymlaen, gan fod y Pictiaid a'r Scotiaid yn rhoi cyfleusterau mynych iddynt i ryfela o ddifrif.[4] Dyma'r cyfnod a welodd derfyn ar Wal

---

[1] Skene, F.A.B. ii. 366-7.
[2] Rhys, *Celtic Britain*, 1882, td. 152 ; McClure, *British Place-Names*, 67, 192.
[3] Yn eu trefn, *Aeternus, Paternus, Tacitus, Romanus, Donatus, Marianus*, gw. Cy. ix. 170, 182-3, a Rhys, C.B. 116 yn arbennig.
[4] Collingwood, R.B. 283-8.

Hadrian fel amddiffyn i'r goror. A thrigai'r rhain i'r gogledd, y tu uchaf i'r Wal honno. Yn sicr nid newyddian mewn rhyfel oedd Cunedda a'i feibion pan ddaethant i Wynedd ; yn hytrach o lawer, rhyfelwyr o'u mebyd, a hynny mewn rhyw fath o gyswllt â'r fyddin Rufeinig. Esboniai hynny eu llwyddiant yn eu rhyfelgyrch yng Nghymru yn erbyn y Gwyddyl. A chafodd eu cymrodyr a adawsant ar eu hôl ganrif a hanner o gystudd mawr cyffelyb cyn i Ida gyrraedd. Os cadwodd y llwyth ryw fath o hunaniaeth, a dal gafael ar eu hen fro, hyd ddyddiau Taliesin ac Aneirin, trwy bybyrwch a glewder mewn arfau y bu hynny. Os yw canu Aneirin yn ddilys, disgwyliwn gael ynddo ddisgrifiad o "lwyth goror," gwŷr cedyrn mewn rhyfel, gwŷr cynefin â thrin ac â thywallt gwaed, balch o'u medr milwrol, a'u gorhoffedd mewn gwroldeb yn anad dim : mewn gair, pendefigaeth ryfelgar, gyda rhinweddau a beiau'r cyfryw.

Rhagdybia'r ffurf luosog *Votadinoi* yr unigol *Votadinos*. Rhoesai'r naill a'r llall *Gododdin* yn Gymraeg. Anodd dweud pa ystyr sydd orau mewn llinellau fel 27, *nys adrawd Gododin*, gan y buasai'r unigol yn gyfwerth â lluosog yn y cyfryw gysylltiad, cf. ni ddywed *Cymro* ar lawr llys. Golygai hynny nad oedd *y Cymry* yn dywedyd, etc. Ond pan gawn yn ll. 57, *Gwyr a aeth Ododin*, nid oes le i betruso ; datblygodd enw'r llwyth yn enw eu bro,[1] cf. *Cymry* gynt am y wlad, er ein bod bellach, trwy chwarae â'r orgraff, yn ysgrifennu *Cymru* yn yr ystyr hon.

Defnyddir *Y Gododdin* yn y teitl am y gân. Gellid dadlau'n gryf mai hynny a olyga yn ll. 27, a chyfyd hynny gwestiwn go bwysig ynglŷn â dilysrwydd y canu. Tebycach fyth mai hynny yw'r ystyr yn ll. 551, *neu cheint e Ododin*. Yn sicr, hynny yw yn 640, 649, wrth gymharu 651. Yn yr enghraifft olaf, fodd bynnag, dywedir yn eglur fod Aneirin yn ei fedd pan ganwyd y pennill ; nid ef yw'r awdur. Yn y lleill, os dilys, rhaid tybio fod Aneirin ei hun wedi galw ei gerdd ar yr enw hwn wrth ei chyfansoddi, ac wedi cynnwys ei henw yn ei llinellau. Ai credadwy hynny ? Addefaf yn rhwydd i mi hir amau'r posibilrwydd. Medrwn ddeall sut y darfu i gân i arwyr y Gododdin ennill yr enw *Y Gododdin* yng nghwrs amser. Y mae'r teitl *Hwn yw y Gododdin* mor ddealladwy â *Hwn yw y Mabinogi*. Ond pe gwelem yn y Pedair Cainc frawddeg felly, "*Dywed y Mabinogi*," tybiem ar unwaith nad oedd y Mabinogi gwreiddiol gennym, ond diweddariad arno. Y Mabinogi oedd yr hen stori : honno oedd yr awdurdod, a dyma'n fras neu'n fanwl ei chynnwys. Ni thâl hyn, fodd bynnag, yn ll. 551. Yno dywed y bardd "Cenais i

---

[1] Felly hefyd 1213, *amddiffin gododin*.

(*neu cheing e*) Ododdin." Nid yr arddodiad *i* yw'r *e* yn y ll., ond rhagenw ôl, pers. cyntaf, ac nis rhifir yn y mesur. Nid oes bannod. Nid *Y Gododdin* a ddywedir, ond *Gododdin*. Felly hefyd yn 640, 649. Nid oes bannod yno chwaith. Cyferchir y gân gan fardd a ganai ar ôl marw Aneirin fel *Gododdin* yn syml. Dyna'r hen arfer, y mae'n amlwg. Gellid dadlau fod rhoi teitl cerdd i mewn ynddi adeg ei chyfansoddi yn gyson ag arfer y Cynfardd, e.e. 1336, rhoir *Gwarchan Adebon* i mewn yn y gân ei hun : felly 1381, *Gwarchan Kynvelyn*. Cymharer â ll. 551, eiriau'r gerdd a elwir *Kat Godeu*, B.T. 23, 20, *Keint yg kat godeu bric* (ni fedraf ddarllen *yg* yma fel *i* o achos B.T. 33, 23). Yn Llyfr Taliesin (B.T. 62) ceir cân gyda'r teitl *Yspeil Taliessin : Kanu Vryen*. Ynddi (B.T. 63, 15) ceir ei henw. Gwell enghraifft fyth yw *Buarth Beird(d)*, B.T. 7 ; dyna'r teitl, ac yn ll. 16, *Buarth beird* ar nys gwypo.

Eithr, wedi'r cwbl, nid yw hyn oll ond malu awyr, meddwl yn null oesoedd diweddar am deitl fel rhywbeth ar wahân i'r gerdd. I'r Cynfardd nid rhywbeth i'w roi mewn llawysgrif uwchben y gerdd ydoedd, ond ei thestun, cf. B.T. 80, lle ceir *Kanu y byt bychan*—teitl i wahaniaethu'r canu hwn oddi wrth ganu hwy ar yr un pwnc, td. 79. Gair y bardd ei hun yw

Kein geneis *kanaf*
byt vndyd[1] mwyhaf.

Ei destun oedd y byd. Ei ddull o ddweud hynny yw, "Canaf *fyd*." Testun Aneirin oedd y Gododdin. Dywed yntau, "Cenais *Ododdin*," yn ll. 551, hynny yw, arferir *canu* fel cyfystyr *canu am*, neu *canu i*.[2]

I ddychwelyd at ll. 27, *adrawd Gododin*. Onid gwell inni bellach ddeall wrth hyn fod y Gododdin yn dweud, h.y. y llwyth, nid y gân ? A thra bwyf ar hyn, dyma'r lle i nodi fod rhoi bannod o flaen enw llwyth yn arfer ddiweddar. Yn *Armes Prydein*, B.T. 13-18, cân a amseraf tua 900, ceir *Allmyn, Cymry, Cornyw, Cludwys, Brython, Saesson, Dyfet, Glywyssyg, Iwys, Gwydyl ;* ni ddigwydd y fannod gyda'r un ohonynt ond unwaith gyda *Saeson*.[3] Enwau llwythau oedd *Dyfed, Gwynedd, Llŷn :* ni welais fannod erioed o flaen yr un ohonynt. Esgusoder fi, ynteu, am arfer *Y Gododdin* am y llwyth ! Hwylus yw.

Gan fod tylwyth Cunedda yn Ododdin, ac wedi sefydlu yng Ngwynedd er 400, a bod y Gododdin gwreiddiol yn ne-ddwyrain yr Alban, rhaid gofyn yn awr i ba adran y canodd Aneirin, i wŷr Gwynedd,

---

[1] Darll. *vudyd* neu *budyd*. Cf. isod ar 103 ; B.T. 74, byt *budyd* bychan.
[2] Cf. 774, 782, a dechrau'r *Aeneid*, Arma virumque *cano*.
[3] B.T. 16, 26, gofynnant *yr* saesson, h.y. *i'r* Saeson.

ai i wŷr y Gogledd, sef Deheubarth yr Alban a Gogledd Lloegr? Nid wyf yn meddwl fod lle i betruso am foment. Yn sicr i'r olaf. Daw hynny'n amlwg wrth ystyried y personau a'r lleoedd a enwir yn y canu. Daw Gwynedd i mewn, wrth gwrs, a bydd raid cyfrif am hynny, ond yn y gogledd y bu'r frwydr. Yn y bumed ganrif aeth Brython o Ddyfnaint a Chernyw i Lydaw, a galwyd y fro yn Brydain Fechan, a throsglwyddwyd enwau Dyfnaint a Chernyw hefyd dros y môr. Daeth gwŷr Leinster i Lŷn, ac erys eu henw yno. Daeth Cunedda i Gymru, ac erys enwau ei feibion (a'i ŵyr) ar ardaloedd yng Nghymru, ond nid oes *Gododdin* yma. Nid poblogi ardal a wnaethant hwy, ond ymestyn dros y wlad fel penaethiaid a gorchfygwyr. Felly pan glywn am wŷr yn myned i *Ododdin* (57, 64), nid yng Nghymru y mae chwilio am ben eu taith.[1]

IV. Crynodeb o'r Canu

Galwer, os mynner, y Gododdin yn arwrgerdd. Pwy yw'r arwr? Anodd ateb. Yr enwocaf, efallai, yw Cynon, ond un o liaws yw. Ceir arwr newydd bron ym mhob pennill neu awdl, nid un arwr trwy'r gerdd. Testun y mawl a'r marwnadu yw Gosgordd Mynyddawg Mwynfawr, y gwŷr a aeth i Gatraeth. Hafal yw'r cynllun i un Cynddelw Brydydd Mawr[2] yn ei Farwnad i Deulu neu Osgordd Owain Gwynedd, lle rhoir un englyn (anaml iawn yw dau) i bob milwr lladdedig yn ei dro : *Llas Asser*, meddir, a gair byr amdano ; *Llas Goronw, Llas Morgant, Llas Rhys*, ac felly ymlaen, gyda huodledd effeithiol symlrwydd cynnil, hyd at yr englyn olaf, "Rhudd feddrawd a'u ceidw" wedi cain wledda gyda'u harglwydd,

Ar win, ar breiddin, ar brain,
Ar fedd o feddgyrn Owain.

[1] Ar y posibilrwydd fod atgo am y Gododdin yn yr enw Gwyddeleg *Fothudán*, gw. Rhys, *Welsh People*, 98, n. Hefyd gw. Plummer, *Bede*, ii. 275, ar yr enw *Uetadun*, "This place was identified by Smith with Watton in the East Riding of Yorkshire, which is nearly half way between Driffield and Beverley. In Folcard's life of Bishop John it appears as *Betendune* with a variant reading *Yatadini*." Cynnig McClure, *British Place Names*, 188, "There seems to be in this name a reminiscence of the people called *Otadinoi* (or *Votadinoi*) of Ptolemy." Rhy bell i'r de yw'r ail gennyf fi ; am y llall, nid esboniwyd o gwbl sut y bu i'r ail a'r drydedd llafariad yn *Fothudán* wahaniaethu oddi wrth y ffurf Gymraeg. Etyb y cytseiniaid, serch hynny, a chyfetyb y lleoliad.

[2] Cynddelw a'i piau yn ôl *Llawysgrif Hendregadredd*, 172 ; M.A. 163 ; ond Llywelyn Fardd yn ôl R.P. 149b.

Y mae'r holl gerdd yn nhraddodiad uniongyrchol y *Gododdin* o ran iaith ac ysbryd. Yno hefyd rhoir awdl neu ddwy i arwr, ac weithiau awdl i'r Osgordd gyfan gyda'i gilydd. Ond cysylltir yr awdlau gan mai ym mrwydr Catraeth y syrthiodd pob un. Dechreuir gyda llinell gryno rymus, a dery gyweirnod y canu oll,

Greddf gŵr : oed gwas.

Mor ddewr oeddynt! Mor ieuainc! Clywir angerdd hiraeth personol am gyfaill coll mor fynych yn yr awdlau hyn, nes cyfiawnhau Loth yn eu galw yn arwrgerdd delynegol. Nid moliant milwyr sydd yma, nid haniaethau, ond canu cof. Cofir yn fyw nodweddion a hynodrwydd y naill ar ôl y llall. Cymrodyr mewn gwledd a brwydr oedd y bardd a'r arwyr. Cofia eu harddwch gwedd, eu gwisgoedd drud, gloywder llurig, a llafn, a tharian. Cofia liw eu hoff feirch, coch gan un, gwyn fel elyrch gan eraill. Enwog oedd un am iddo ymladd â blaidd heb gymaint â ffon yn ei law. Gwylaidd iawn yw un arall yn y llys, cyll ei anadl pan fo angen cyfarch merch ieuanc : ar faes y gad meda ei elynion fel brwyn. Yr hoffusaf ohonynt oll yw Ceredig ; bachgen tawel, cwrtais, ond gwyddai sut i ymladd. Doeth ei gyngor oedd un arall, a gwrandewid a lefarai. Hynny yw, rhoir priodoleddau, nid disgrifiadau cyffredinol, ym mhob awdl.

Rhaid, serch hynny, lunio hanes y frwydr neu'r cyrch trwy gyfuno awgrymiadau sydd ar wasgar trwy'r awdlau. Dyma fy nghynnig i ar y gorchwyl. I lys Mynyddawg Mwynfawr yng ngwlad y Gododdin daeth nifer o fechgyn bonheddig ; yn eu plith enwir un neu ddau o Wynedd, un o'r deheubarth, un o'r tu hwnt i'r Mynydd Bannawg yn yr Alban, un arall o Elfed (ger Leeds, yn ôl pob tebyg). Hwy bellach oedd ei Osgordd, ei Deulu. Dan o ef yr oeddent i ddysgu rhyfela. Ef oedd yn eu porthi, a'i fedd ef a yfent. Disgwylid iddynt fod yn deilwng o'u medd, achos wedi yfed medd pennaeth rhaid bod yn ffyddlon neu'n ddiwair iddo hyd farw. Dewisodd yntau hwy'n ofalus ; hwy oedd detholwyr pob doethwlad (1159). Rhoes wledd orwych iddynt a barhaodd am flwyddyn gyfan (93). Magodd hwy ar win a medd, canys tybid mai felly y gwneid milwyr grymus ohonynt.[1] Gelwir ei lys yn Ysgor Eidin (Eiddyn), Caer Eidyn, neu Ddineidyn (113, 1158), cf. *Dunedin,* hen enw Edinburgh. Mynyddawg oedd udd neu arglwydd Eidyn (1220). Galwyd ei osgordd yn Osgordd Gododdin (1164). Ymhen y flwyddyn gyrrwyd hwy ganddo ar neges neu gyrch i le o'r enw Catraeth (109, 131, 804-5). Eu nifer oedd tri chant, ac un

---

[1] Cf. *Daniel,* i. 3-5.

a ddaeth yn ôl yn fyw, medd rhai o'r awdlau : eu nifer oedd tri chant a thrigain a thri, medd awdlau eraill, a daeth pedwar yn ôl yn fyw, tri o'r milwyr a'r bardd ei hun. Nifer y gelynion oedd can mil, meddai'r bardd (86), heb fesur ei eiriau : naw ugain am bob un, meddai drachefn (1161), 54,000 ymhen 300 ! Cymerwch eich dewis. Arfogwyd i'r frwydr ddydd Mawrth, ac ymddengys iddi bara am wythnos, gydag egwyl Difiau a dydd Gwener i gyfrif y celanedd. Ail afael wedyn, ac ymladd y Sadwrn, y Sul, a'r Llun nes bod y gwaed hyd ben eu cluniau. A dyna'r diwedd.

Pwy oedd y gelyn ? Gwŷr *Deifr* a *Brenneich* (50, 78, 198, 566), sef gwŷr *Deira* (o Afon Humber i fyny tua'r gogledd hyd Afon Tees, neu Tyne), a *Bernicia*, sef o oror Deira i gyfeiriad y Forth, h.y. y ddwy dalaith a unwyd i ffurfio Northumbria. Gelwir hwy yn *Lloegrwys* (261, 671, Seith gymeint o *Loegrwys* a laddasant) ; a dywedir fod trychion (gwŷr wedi eu torri i lawr) o flaen y trichant unben *yn Lloegr* (481). Cywrysedd *â Lloegr* yw'r enw ar y frwydr yr aeth y gwŷr iddi o Ddineidyn (1160). Enwir *Eingl* yng Ngwarchan Kynfelyn (1351), a *Saeson* (116, 633), eithr nid yw'r cyd-destun yn y rhain yn cyfeirio'n bendant at Gatraeth. Sonia un awdl (rhif LI) am lestri tra merin a llu tramerin, h.y. llongau a llu tra-mor. Sonia un arall fod llaw yr arwr ar *Gynt*, a *Gwyddyl* a *Phryden* (492). Etyb *gynt* i'r Ll. *gent*-em a'r lluosog *gentes* "llwythau," h.y. yr oedd *gynt* yn unigol (fel yn Bled-*gint*, Bleddyn(t)), a hefyd yn lluosog. I hynodi'r lluosog, ffurfiwyd *gynhon* trwy gydweddiad â *lladron*, a gelwir y Deifr yn *ynhon* (197). Y Gwyddyl a'r Pryden yw'r cymheiriaid ysbeilgar, y Scotiaid a'r Pictiaid a flinai'r Brython yn y canrifoedd cynnar. Credaf fod y canu yn cynnwys rhai cyfeiriadau at wŷr Deira dan eu hen enw *Deor, Deur,* gw. ar 1216, hefyd ar 623, 626, 717.

Camarweiniwyd Skene gan fai copïwr yn ll. 566 (*rac bedin ododin a breennych*) i dybio fod y Gododdin yn elynion. Dylid darllen *Deivyr* i gael mesur a synnwyr yn lle *ododin*. Atgo yw'r darlleniad arall o 34, 103, 394.

V. *Catraeth*

Rhof i ddechrau grynodeb Skene[1] o'r amryfal syniadau am Gatraeth, y frwydr a'i lleoliad, a oedd yn hysbys yn ei amser ef : yna, rai diweddarach. Wedyn, rhaid trafod ambell un yn fwy manwl.

[1] F.A.B. ii. 359-70.

Yn ôl Edward Davies[1] coffeir yma Frad y Cyllyll Hirion, pan laddodd Hengest benaethiaid y Brython yn 472 yng Nghôr y Cewri, sef Stonehenge. Yn ôl Ab Ithel[2] Catraeth yw'r Catrail, clawdd hynafol a ymestyn o'r Forth i'r Solway, o Galashiels i Peel-fell. Gwna wyrthiau ar y rhifau a geir yn y canu : nifer y Brython yn y frwydr oedd 145,200 ! Amserir y frwydr ganddo yn 570. Yr amseriad a ddyry Villemarqué yw 578 ; a'r lle, glan Afon Calder yn Sir Lanark.[3] Cyfieithodd G. D. Barber gyfieithiad Ab Ithel i Aramaeg, neu Hebraeg ; newid y llafariaid, ac ail gyfieithu i'r Saesneg : darganfu trwy hynny "The 'Gododin'—'Battle of Cattraeth,' now appears to have for its subject the GAME OF CHESS, of which it gives general descriptions, in successive stanzas, assigning it to a Hindu inventor, Caw, of Gomer, as in Ferdushi."[4] Ymataliaf, trwy ymdrech ! Deil T. Stephens mai Catraeth yw Catterick yn Sir Efrog (gan ddilyn Iolo Morganwg, meddai ef). Amseriad : rhwng 582 a 606, yn fanylach, 600 neu 603, sef brwydr Aegesanstane neu Daegstan.[5] Yn ôl Nash[6], brwydr Winwedfield ydoedd (sef *strages gaii campi* yr *Annales Cambriae,* dan 656), lle lladdwyd Penda, brenin Mercia. Yn ôl Skene, rhennir y canu yn ddwy ran ; y rhan gyntaf yn cyrraedd hyd ll. 537, o'r argraffiad hwn (ag eithrio y penillion a rois rhwng bachau petryal). Ystyria weddill y *Gododin* fel parhad. Testun y rhan gyntaf yw Brwydr Catraeth, sef *Bellum Miathorum,* 596. Mynyddawg yw Aidan, brenin Dalriada. Ei sail dros hynny yw fod Adamnan ym Muchedd Columba yn adrodd fel y bu i'r sant trwy ei ddoniau proffwydol weld y frwydr hon o Ynys Iona, a hysbysu'r brodyr mai Aidan oedd y buddugwr. Rhoes hyd yn oed nifer manwl y lladdedigion ym myddin Aidan, sef 303, ac medd Skene, "The allusion to the three chiefs and three hundred slain at Cattraeth seems unmistakable." Nid felly i mi, o leiaf. Craffer ar eiriau'r *Gododin,* a cheir na ddywedir yn unman mai 303 a laddwyd. Ond â Skene ymlaen i amseru'r ail ran o'r gân ar ôl 642, sef blwyddyn lladd Dyfnwal Frych (ll. 977). Iddo ef dyna yw rhif XLVIII, yr ail fardd yn cymryd arno alw Aneirin o'r bedd i gwblhau y gerdd. Ni thâl yr esboniad hwnnw chwaith ar y pennill

---

[1] *The Mythology of the Druids,* 1809 ; ar y Gododdin, td. 317-83 ; ar y Gwarchanau, 574-88, 618-24.
[2] *Y Gododin,* 1852, td. 4-8.
[3] *Poëmes des Bardes Bretons du 6e Siècle,* 1850.
[4] *Ancient Oral Records of the Cimri,* 1855, td. xiv.
[5] *The Gododin* (arg. Powel, 1888).
[6] *Cambrian Journal,* 1861. Ffurf yr enw yn Nennius yw *Gai campi,* Mommsen, td. 208.

tra diddorol y cyfeiria ato. Nid mewn bedd y mae'r bardd ond mewn carchar tanddaearol, â chadwynau heyrn am ei goesau. Nid yw ac ni bu'n arfer gan neb gadwyno'r marw felly.

Y gwir yw nad oes un frwydr a nodir yn yr *Annales Cambriae*, na'r *Historia Brittonum* na chan Adamnán na Beda, yn ateb i fanylion brwydr Catraeth yn ôl y *Gododdin*. Ymladdwyd lliaws o frwydrau nas enwir ganddynt hwy. Amryfusedd y golygwyr yw tybio y buasai croniclwyr a haneswyr yn sicr o fod wedi cofnodi brwydr mor enwog. Dewisant hon a'r llall, pawb yn ôl ei fympwy. Rhaid ei bod ar y rhestr yn rhywle. Os felly, prun yw? Disgynnodd Nash ar *Strages gaii campi*, gan y tybiai y gallai *Catraeth* fod yn gyfieithiad o'r enw. Ni chytuna'r manylion o gwbl oll. Camrifodd Skene laddedigion Catraeth, a disgyn yn hyderus ar ei *Bellum Miathorum*. Gwelodd yr enw *mordei* yn y canu; deallodd ef fel "tai ar lan môr," yn lle "tai mawr"; a digon yw hynny iddo leoli Catraeth ar lan y môr, gyda mymryn o help o'r *morhoedd Gododin* a enwir, meddai ef, yn Llyfr Taliesin. Yno, fodd bynnag, y ffurf yw *ymorthoed gododin*, gw. B.T. 42, 4. Rhoed dot o dan y *t*, a'r tebyg yw y dylid cywiro i *ymorhoed* neu *ymorchoed*, sef Hen Gymraeg am y gair *ymorchwydd* neu *ymforthwydd*. Ymddengys hwnnw fel un o gyfystyron brwydr, boed *-th-* ynddo neu *-ch-*, a digwydd droeon yn y testunau a'r geirfâu mewn ystyr felly.[1]

Gwnaeth Dr. Gwenogvryn Evans beth newydd yn ei ymgais i esbonio'r *Gododdin*. Rhoes i mewn yn yr awdlau eiriau a darnau o linellau yn cyfeirio at frwydr Iarll Hugh o Amwythig ac Iarll Hugh o Gaer yn erbyn Magnus brenin Llychlyn ar lan Afon Menai yn 1098. Gwthiodd enwau'r gwŷr oedd yn yr helynt hwnnw i mewn yn lle'r enwau gwreiddiol. P'le bynnag y ceid y geiryn *hu* (a olygai "felly") o flaen berf, esboniodd ef fel cyfeiriad at un o'r ddau Iarll Hu(gh). Ni chafodd drafferth o gwbl i ddarganfod Catraeth yn nhueddau Penmon ym Môn. Newidiodd y testun er mwyn cael *Penmon* i mewn i bennill. A chant o bethau cyffelyb. Wedi llwyr wyrdroi'r canu, cyfieithodd ei greadigaeth newydd i'r Saesneg, ac wele, yr oedd yn amlwg i bawb na wyddai Gymraeg ac na welsai'r Gododdin ei hun, mai canu ydoedd i frwydr 1098. Ni welaf ddiben mewn trafod ei ddamcaniaeth ymhellach, gan nad oes ond cymharu ei destun "diwygiedig" â'r gwreiddiol, linell am linell, a ddengys i'r darllenydd y galanastra a wnaeth. Heb hynny, erys yn anghredadwy.

Rhaid, o'r tu arall, ystyried o ddifrif drafodaeth Stephens. Gwrthyd

[1] Gw. td. 229, ar 632.

esbonio *Catraeth* fel cyfansawdd o *cad* a *traeth*. Ni all olygu, meddai, "the battle of the strand"; enw lle yw, a dyfynna ddwy enghraifft o Lyfr Taliesin i brofi hynny. Dyma'r gyntaf[1]:

Arwyre *gwyr katraeth* gan dyd.
am wledic gweithuudic gwarthegyd.

"Cyfyd gwŷr Catraeth gyda'r dydd, o amgylch pennaeth buddugol mewn brwydr, preiddiwr gwartheg." Yna enwir ef, *Uryen hwn*. Yr ail yw hon[2]:

Gweleis i *lyw katraeth* tra maeu.

"Gwelais i lyw (pennaeth) Catraeth y tu hwnt i'r gwastadeddau." Urien sydd yma hefyd. Deil Stephens fod y cyfeiriadau hyn yn gynharach na brwydr Catraeth, ac nad addas ydynt am enw cyffredin ond am enw priod ar le. Y mae rheswm yn hyn. Os dilys yw'r teitl *llyw Catraeth* ar Urien, amlwg yw fod ei frenhiniaeth ef ar ben pan aeth gosgordd Mynyddog yno, canys ymladd â Deifr a Brenneich am y lle a wnaethant hwy, nid â'u cyd-Frython.

Enghraifft arall a ddyfynnir yw un o ddryll o hengerdd lle molir Cadwallon, gelyn Edwin yn y seithfed ganrif.[3] Lladdwyd ef ger Hexham yn 634, ar ôl blwyddyn fuddugoliaethus fel gorchfygwr Northumbria. Gresyn na chawsid hen gopi o'r gerdd hon, achos hi yw'r debycaf a welais i o ran iaith, mesur, ac ysbryd i'r *Gododdin*, a rhaid ystyried pwnc hynafiaeth y ddwy gân ochr yn ochr. Ynddi daw'r llinell,

eilywed *Gattraeth* fawr fygedawc.

Yn y *Myvyrian* a chopi William Morris darllenir *eilywod*, ond *eilywed* yw'r hen air, gw. isod ar ll. 1000, td. 306-7. Ei ystyr yw "colled, tristwch, galar." Amwys yw *mygedawc* gan y gall ddod o *myged* "mwg," neu o *myged* "anrhydedd." Gwell gennyf yr ail yma, a'i ddeall fel "enwog."[4] Dengys *eilywed* mai cof trist sydd am Gatraeth i glodforwr Cadwallon; enw lle yw, enw benywaidd hefyd, a gweddai iddo

[1] B.T. 56, 14.
[2] 62, 22. Myfi sy'n gyfrifol am yr aralleirio.
[3] M.A.[2] 133b. Printiais gopi gwell ohoni yn y *Bulletin*, vii. 23-6, er na chefais gopi hŷn na rhai William Morris ac Ieuan Fardd yn y ddeunawfed ganrif. Dyry Lhwyd gynnwys llsgr. Y *Kynveirdh Kymreig* a ysgrifennodd Robert Vaughan o Hengwrt ei hunan "allan o hen lyfre": yr olaf ynddi yw *Marwnad Kadwalhon ab Kadvan*, gw. *Arch. Brit.*, 258. P'le mae'r llsgr. honno?
[4] Gw. M.A. 238a 3; R.P. 1712 3, *Mygedawc* y hoedyl; D. "honoratus"; enw lle yw *mocetawc*, A.C. 750, gw. Rhys, C.B. 144, cf. R.B.B. 258.

ansoddeiriau moliannus. Os marwnad sydd yma, fel y deil rhai, ac os dilys yw, cofid yn 634 am drychineb ynglŷn â "Chatraeth fawr enwog." Gwrthyd Stephens y posibilrwydd i Gatraeth olygu "the battle of the strand," fel y sylwyd uchod, a diau ei fod yn ei le. Ni welodd, fodd bynnag, y gallai Catraeth fod yn gyfansawdd o *cad* a *traeth* ac eto fod yn enw lle. Ni olyga *Cadnant* (er enghraifft) frwydr mewn nant, ond enw lle, gw. isod ll. 1406. Sut bynnag am hynny, â Stephens ymlaen i ddadlau dros ddeall *Catraeth* fel y ffurf gywir yn Gymraeg i ateb i hen enw *Catterick* yn Sir Efrog. Bydd yn well trafod hanes ieithegol *Catraeth* a *Catterick* mewn adran ar wahân, a chadw'r anawsterau ieithegol tan hynny, ond am gamgymeriad Stephens ac eraill ynglŷn â *Cath Manand*, gw. ar 38.

Yn y gyfrol olaf a ymddangosodd o'r *Revue Celtique* rhoes yr Athro Loth ei gynnig ef.[1] Dywed yn ddibetrus mai ystyr *Catraeth* yw "brwydr y traeth" (*combat du rivage*); a bod Catraeth ym mro Manaw Gododdin (a chamgyfieitha ll. 35 isod i ategu hynny[2]). Esbonia *Traeth Tryfrwyd* fel "traeth y frwydr" (*le Rivage de la bataille*), gan ddiystyru'r cyfeiriad hynaf at yr enw, lle dywedir yn Nennius i Arthur ymladd ei ddegfed brwydr "ar draeth (neu lan) *afon* a elwir *Tribruit*."[3] Yn gyson â hynny dyry'r Llyfr Du, *traethev trywruid*.[4] Y mae synnwyr mewn sôn am draeth neu draethau *afon*: amhosibl yw traethau *brwydr*. Disgwylid "traethau *y* frwydr." Crynhoa Loth ei bwyntiau fel hyn: rhed un ochr i Fanaw Gododdin gyda chulfor y Forth; ymladdwyd brwydr Catraeth ar draeth Manaw, y darn a elwir *Merin Iodeo* neu *Iudeo*,[5] ac yr oedd yn ymyl Caer Iudeu: ystyr *Traeth Tryvrwyt* yw traeth y gad, hynny yw, *Cat-traeth*: dyry dwy linell gyntaf Gwarchan Maeldderw safle'r frwydr yn fanwl,[6] canys i Loth y *gaer* yno yw *Caer Iudeu*.

I sylwi yn fyr ar hyn: cytunir fod y dref a elwid *Iudeu* yn ôl pob tebyg ar Inchkeith,[7] ynys yng nghanol culfor y Forth, a phum milltir o fôr rhyngddi â'r traeth a allasai unwaith fod ym meddiant y Gododdin. Anaddas yw ll. 1412-3 am gaer yno. Ni sonnir o gwbl am frwydr Catraeth yng Ngwarchan Maeldderw (o ddeall hyd y Gwarchan yn

---

[1] R.C. li. 189-95.
[2] Nid brwydr yw *breithell* ac nid *Manaw* yw *Manawyt*.
[3] H.B. c. 56, *in litore fluminis quod vocatur Tribruit*: copi'r Vatican, Decimum uero gessit bellum *in littore fluminis*; quod nos uocamus *traht treuroit*.
[4] B.B.C. 95.
[5] Gw. ar ll. 1209.
[6] Gw. 1412-3.
[7] Beda, H.E. i. 12; Rhys, A.L. 241.

gywir).[1] Gan fod *merin*[2] yn golygu "ton, môr," addas yw *Merin Iodeo*, nid am draeth pum milltir i ffwrdd, ond am y *Firth of Forth* a lifa heibio ac o gwmpas Inchkeith. Os ar y traeth yng nghyffiniau Leith ac Edinburgh yr ymladdwyd brwydr Catraeth, pa briodoldeb sydd mewn galw'r lle yn *Lloegr* ?[3] Os ym Manaw Gododdin yr oedd, pam y sonnir am y lle fel *gorffin Gododdin* ?[4] Os oedd y gelyn mor agos â hyn i *Dineidyn*, ai doeth oedd gwledda am flwyddyn gron cyn rhuthro arnynt ?

Cyfyd yr un gwrthddadleuon ym meddwl dyn wrth ddarllen damcaniaeth Skene hefyd ar leoliad Catraeth. Arweiniwyd ef ar gyfeiliorn gan fai copïwr a ddarllenodd *Gattraeth* fel *Galtraeth* (ffurf sy'n "frawd breuddwyd" i *Kaltraez* Villemarqué), a llafuria'n ofer i gydio "the Cymric *Gal-traeth*" wrth ryw *Calatria*.[5] Os yw ei fap ef rywle'n agos i'r gwir, yr oedd y Deifr a'r Brenneich wedi gwthio ymlaen i'r gogledd a'r gorllewin nes cau'n llwyr am Fynyddawg cyn i hwnnw feddwl am symud. Rhy agos yw ei Gatraeth yntau i *Dineidyn*.

Heb gyffwrdd â'r broblem ieithegol, dewis sydd raid inni rhwng lle ger Edinburgh a Catterick yn Sir Efrog. Pa ddadl sydd dros yr ail ?

Ar yr wyneb y mae tebygrwydd rhwng un hen enw arno, sef *Cataracta*, a Chatraeth. I gyfiawnhau'r holl helynt, rhaid bod pwysigrwydd yn ei safle. Meddai hwn hynny. Safai'r gaer Rufeinig *Cataractonium* ar y ffordd Rufeinig o Efrog i'r gogledd, lle croesai'r Afon Swale. Rhyw bedair neu bum milltir wedi gadael yr afon, fforcha'r ffordd yn ddwy. Rhed un gainc i'r gogledd-orllewin tua Chaer Liwelydd (Carlisle) ; rhed y llall yn unionach i'r gogledd am *Corstopitum* (Corbridge) ar y Wal, ac yna ymlaen drwy *Bremenium*, un o drefi'r Gododdin. Pwy bynnag a ddeil *Cataractonium,* medr gadw golwg ar y ddwy ffordd i'r gogledd, ac y mae mewn mantais dda i gael cymorth cyflym ar hyd y briffordd sydd o'r tu cefn iddo, os yn y de y mae ei rym. Medr hefyd estyn ei awdurdod dros yr holl dir agored o boptu.

Pa bryd y collodd y Brython le mor bwysig ? Dywed hynafiaethwyr fod olion hynafol Seisnig yn dew o gwmpas Driffield a'r ·bryniau yn nwyrain Sir Efrog a brofant fod y Sais yno er y bumed ganrif.[6] Serch

---

[1] Gw. uchod td. xiii.

[2] Gw. ar ll. 591, 1209. Dywed Beda, l.c., eu bod yn galw'r Pictiaid a'r Scotiaid yn *transmarinae gentes* nid am eu bod o'r tu allan i Brydain, ond am fod dau gulfor rhyngddynt a'r Brython (sef y *Firth of Clyde* a'r *Firth of Forth*), cf. 591, *trameryn lu.*

[3] Ll. 481.

[4] Ll. 923.

[5] F.A.B. ii. 367-8.

[6] Collingwood a Myres, *Roman Britain*, 1936, td. 418.

hynny, cadwodd teyrnas Frythonig *Elmet* (Elfed) o gwmpas *Loidis* (Leeds) ei hannibyniaeth nes ei gorchfygu gan Edwin a'r Deifr yn fuan ar ôl marw Ethelfrith yn 616.[1] Daeth Efrog hefyd i law Edwin, canys, o dan ei nawdd ef, defnyddiodd Paulinus y lle fel canolfan ei genhadaeth. Darganfuwyd olion yma ac acw yn Aldborough, Catterick, Darlington, a awgryma i'r hanesydd ddarfod i'r Saeson symud ymlaen o Efrog tua'r gogledd ar hyd y ffordd Rufeinig ac anelu am yr hen safleoedd Rhufeinig yn yr ardaloedd hyn, gan eu haddased i'w pwrpas.

And it is possible that, behind the Gododdin poems attributed to the sixth-century poet Aneirin, with their memories of a British disaster at Catraeth (Catterick), there may survive traditions of this northward advance of the Deirans.[2]

Perthnasol yma yw cyfeirio at enw Madawc *Eluet* yn y Gododdin, ll. 1179; nid annaturiol, bid sicr, fuasai cael Brython o gyffiniau Leeds yn ymladd yn Catterick. Sonnir hefyd am ryw *Ceredic*, ll. 327; nid hwn, fodd bynnag, yw'r brenin a yrrwyd allan o *Elmet* gan Edwin, na dilynydd Maelgwn Gwynedd (fel y tybiodd Stephens), canys milwr ifanc yng ngosgordd Mynyddawg oedd ef.[3] Diddorol hefyd yw'r cyfeiriad yn y gân i Gadwallon (gw. uchod) at *gynne Efrawc*; pe na bai ond dymuniad y bardd am losgi'r lle, dengys y gwyddai mai Edwin, gelyn Cadwallon, oedd yno. Pwysicach fyth yw'r cyfeiriad at ryw dristwch ynglŷn â Chatraeth, rhyw drychineb a ddigwyddasai eisoes. Nid oes sôn am Edwin yn y Gododdin. Cytunai'r ddau bwynt olaf â rhoi amseriad cyn 616 i frwydr Catraeth.

Dywed Beda fod Paulinus wedi bod yn aros yn fynych gyda'r brenin (Edwin) ym mro'r Deifr (*in provincia Deirorum*), ac iddo fedyddio yn Afon Sualua (sef y Swale) a lifai heibio *Cataracta*.[4] Felly, yn fuan ar ôl 616, yr oedd Edwin yn dal Catterick, h.y. yr oedd y lle bellach o fewn gororau Deifr.

Brwydrodd Urien a'i feibion, medd Nennius, yn erbyn meibion Ida. Heb fanylu, gellir amseru'r brwydrau hyn yn ail hanner y chweched ganrif, rhwng 560 a 592. Nid oes sôn am Urien chwaith na'r un o'i feibion yn y Gododdin. Ac eto geilw Llyfr Taliesin ef yn *llyw Catraeth*.

---

[1] Lloyd, H.W. 183; Nennius, H.B. c. 63, Eoguin (=Edwin) filius Alli ... ipse occupavit *Elmet* et expulit *Certic* (bai am *Ceretic*) regem illius regionis.

[2] *Roman Britain*, 418–9.

[3] Gw. hefyd Beda, H.E. iv. 23, rege Brettonum *Cerdice*; a'r *Annales Cambriae* dan 616, *Ceretic* obiit.

[4] H.E. ii. c. 14.

Rhaid tybio fod haul y Cynferchin wedi machlud cyn helynt Catraeth. Nid brwydr i gadw'r lle o afael y gelyn ydoedd, ond i'w ennill yn ôl wedi ei golli. Profir hynny, meddaf eto, gan y gwledda pwyllog cyn cychwyn tuag yno. Yr arfaeth fawr neu'r bwriad gwych a ddaeth i galon Mynyddawg oedd ennill yn ôl ryw safle o bwysigrwydd milwrol anarferol. Beth am Henllys Urien? Nid traeth tywodlyd mono, ond allwedd y gwastadedd, allwedd y ffordd i Efrog—os yn nhueddau Catterick yr oedd. Onid addas fuasai *Catraeth tra ma-eu* Taliesin, "Catraeth beyond the plains,"[1] fel disgrifiad o'r ardal honno? Ac yr oedd yn ddigon pell o ororau'r Gododdin i *orffin Gododdin* fod yn addas amdani. Ni charwn bwysleisio gormod ar y cyfeiriadau at y *Lloegrwys* fel y gelyn, a *Lloegr* fel y lle y bu'r lladdfa, am y rheswm na wn yn fanwl beth oedd terfynau'r wlad a elwid felly gynt. Ond teg yw pwyso rhyw gymaint. Wedi'r cwbl, Lloegr i ni yw *England,* ac felly ers canrifoedd. Ni phetrusai Cymro alw Sir Efrog yn rhan o Loegr; beth am le ger Edinburgh? Amheuaf. Tyst yw Nennius mai meibion Ida oedd gelynion Urien a'i feibion. Ida a ddaliai Bamborough yn Northumberland, ac yn ôl Taliesin, *kyscit lloegyr llydan niuer* a lleufer yn eu llygaid, ar ôl brwydr ag Owain ab Urien;[2] nid oedd y golau yn rhwystro i'r celaneddau "gysgu," er bod eu llygaid yn agored. Gelwid y Deifr felly yn *Lloegr,* ac efallai gwŷr Bernicia hefyd, ond erys y cwestiwn o hyd, A fu tueddau Edinburgh ym meddiant Lloegrwys cyn diwedd y chweched ganrif?

Mae'r ffeithiau a'r pethau tebyg i ffeithiau a fedrais eu casglu dan y pen hwn yn hytrach o blaid Catterick na thraeth y Forth. Rhaid ystyried bellach y dadleuon ieithegol ar yr enwau, i edrych a geir trwyddynt ateg i'r naill neu i'r llall.

VI. *Tarddiad Catraeth a Catterick*

Dechreuaf gyda *Catraeth*. Ar yr wyneb, boddhaol yw ei darddu o *cad* "brwydr" a *traeth,* fel y gwnaeth Rhys a Loth. Esboniai hynny yn hawdd ac yn hapus pam y ceir *-t-* yn y gair.[3] Erys, fodd bynnag, anhawster na soniodd y naill na'r llall amdano, sef cenedl yr enw, os

---

[1] B.T. 62, 22.
[2] 67, 25.
[3] Rhys, *Arth. Legend,* 240, "*Cataracton*—should make in Welsh *Cadraethon,* possibly *Cadraeth,* but not *Catraeth,* the *t* of which postulates a compound origin in the *d-d* of the *Cad-draeth* marking an intermediate stage in the phonetic decay of an early *Catutract-*. Compare *Cateyrn* represented in the inscriptions by *Catotigirni*."

hynny yw ei elfennau. Heb os nac oni bai enw lle yw, ac nid disgrifiad o frwydr. Dengys y *Gododdin* hynny yn amlwg. Gan hynny, yr elfen enwol ynddo yw *traeth*, yn ôl yr esboniad hwn, a chyfieithir ef yn gywir fel "battle-strand." O'r gorau. Sut, felly, y gall fod yn enw benywaidd fel y profir gan Ganu Cadwallon, a'r sôn am *Gatraeth fawr fygedawg ?* Canys enw gwrywaidd yw *traeth,* cf. Penrhyn*deu*draeth, *Y Traeth Mawr, Y Traeth Coch,* a llu o enghreifftiau cyffelyb. Pes cymerid fel benthyg o'r Lladin *tractus,* gwrywaidd yw hwnnw hefyd, ond gwrthyd ieithegwyr y tarddiad hwnnw iddo, gan nad yw ystyron y geiriau cytras mewn Cymraeg, Llydaweg, Cernyweg, Gwyddeleg, yn ateb i unrhyw un o ystyron *tractus.* Daw *traethu, traethawd,* yn sicr o'r Lladin, a chyfetyb yr ystyron ; nid felly *traeth.* Ystyr hwnnw yn Gymraeg yw glan môr, eto nid y lan (y codiad tir), ond y gwastad lle ceir tywod rhwng eithaf pellaf y trai a phen y gorllanw, cf. Pughe, "the margin shore or sandy beach of the sea, or the sand between high and low water marks" ; D. *littus, arena.* Mewn Llydaweg ceir ystyr debyg i *treaz* (Llyd. Canol, *traez*[1]), e.e. Troude, "sable de mer," sef tywod y môr[2] : mewn Cernyweg, *traith* "the sandy beach of the sea, sands. Written in the Cornish Vocabulary *trait,* harena" ; mewn Cern. diweddar, *treath,* gw. *Lex. Corn.* ar y gair ; mewn Gwyddeleg Diweddar, ceir *trācht* "a bank or shore of a river : *trāigh* "the shore, the strand, the beach," gw. Dinneen arno ; hefyd Hogan, *On.* 643, *cath na Trāgha !* Cysyllta Lewis-Pedersen, 31, Gw. *trāg* "beach," *trāg-* "to ebb" â *trai* yn Gymraeg ; ac ymddengys *traeth* i mi fel tarddair rheolaidd o'r gwreiddyn hwnnw am y rhan o lan y môr a noethir pan fo *trai* (ond cf. Walde, ar *traho*). Nid cael hyd i'r gwreiddyn sy'n bwysig yn awr, ond ystyr y gair Cymraeg *traeth.* Felly gw. uchod, td. xxix, ar *Traeth Tryfrwyd,* lle gall *traeth* olygu glan afon mewn Hen Gymraeg.

I ddychwelyd, os cyfansawdd yw *Catraeth* o *cad-* a'r enw *traeth,* dylai ddilyn cenedl yr elfen ynddo sy'n penderfynu ei ystyr, sef *traeth.* Nis gwnaeth, ac awgryma hynny nad cyfansawdd o *traeth* yw, h.y. y mae rheswm gramadegol dros wrthod y cyfieithiad "battle-strand" a roir mor hyderus gan Rhys a Loth.

[1] *Le Catholicon* (1499), "riuaige de mer," sef glan môr ; gw. hefyd Ernault, G.M.B. 709, am liaws o ffurfiau'r enw a'i darddeiriau.

[2] Dyry *treazbeo* (traeth byw) "y tywod y llifa': llanw drosto" ; *treaz-maro* (traeth marw) "y tywod ar lan y môr nas cuddir byth gan y llanw," cf. sugn*draeth,* a'r S. *quicksand.* Ar y gwahaniaeth rhwng Ll. *traez* a *treiz* "passage par bateau d'une rivière, etc.", gw. Loth, Ch.Br. 169, 234 ; *Mots Latins,* 212 ; Ernault, G.M.B. 714. Daw hwnnw ond odid o *trajectus,* Zeuss, G.C.[1] 156 ; Holder, A.S. ii. 1903. Cf. *treith* yn R.P. 21, 25, Nyt ehovyn bryt yn llong *dreith.*

Nid rhwydd yw'r llwybr chwaith o Catterick i'r cynfyd! Enw'r orsaf Rufeinig gan Ptolemi (o gylch A.D. 150) yw *Katouraktonion* : neu yn ôl M.H.B. xiv, *Katourraktonion ;* gan Antonin (yn gynnar yn y drydedd ganrif) *Cataractone,* yn y cyflwr abladol ; gan Beda (tua 730) *Cataracta,* ac yn yr abl. *Cataractone,* fel pe'n dilyn Antonin ; yn y Beda Anglo-Saxon (tua 890), *Cetreht :* yn y *Domesday Book,* 1086, *Catrice.*[1]

O'r cyflwr enwol *Cataractō* ceid *Cadreith* yn rheolaidd yn Gymraeg (cf. *latrō,* lleidr) gan fod *-ō* yn troi *a* o'i blaen yn *-ei- :* o'r cyflyrau traws, megis *Cataractone,* ceid *Cadraethon.* O ffurf yn *-onion* neu *-onium,* disgwylid *Cadraethein* (cf. *spolium,* ysbeil, ysbail, *ŏ* yn troi'n *-ei-* o flaen *i* gytsain), neu *Cadreithin, Cadreithing* (cf. yr enw lle *Ariconium* â'i darddair Cymraeg *Ergin, Erging*). Os yw'r ddwy *r* yn ddilys yn ffurf Ptolemi, gellid *-t-* nid *-d-* ynghanol y gair.

Os yw ffurf arall Beda yn hen, sef *Cataracta,* gellid o hwnnw *Cadraeth,* a chan fod y gair Lladin *cataracta* "rhaeadr" yn fenthyg o'r Groeg *katarrhaktes,* amrywia ei orgraff, a cheir *catarracta* hefyd. Dyna, er enghraifft, sydd gan Camden, *Britannia,* 1594, td. 565, fel ffurf Beda ar *Catarrick.* Yma eto gwelir posibilrwydd *rr* i ddilyn y *t,* a chael *Catraeth* nid *Cadraeth* yn Gymraeg, fel y gwelodd Syr John Morris-Jones. Dywed ef mai *Caturacto* oedd un ffurf hen ar yr enw, a gallai roi *Cataracto* pan aeth yr ail sill yn aneglur (fel yr aeth *Catumandus* yn *Catamanus* yn yr arysgrif). Yna cymysgwyd hwn gan y Rhufeiniaid â'u *catar(r)acta* hwy, a disodlodd hwnnw yr hen enw (a ddechreuai gyda *catu* "cad, rhyfel"), er nad oedd a wnelai â "rhaeadr" o gwbl. Ffrwyth cydweddiad yw.[2] Cynnig Ekwall[3] i'r gwrthwyneb, "Probably Lat. *cataracta* 'waterfall,' which suits the local conditions. If so, the name must have been changed by Britons, who substituted Old British *catu* 'war' for the original first element and added a British suffix." Dyna darddiad Camden hefyd : "vnde a Catarractis nomen illud inditum existimo, cum Catarracta iuxta sit. Occursantibus enim scopulis per dirupta aquis confractis ruit hic potius quam fluit *Swala.* Et cur ille [Beda] *Vicum* iuxta *Catarractam* diceret, si ibi non esset fluminis Catarracta ?"[4] Nid addas yw'r disgrifiad o'r Swale yn rhuthro dros y creigiau, os am Catterick y sonnir, ond ceir rhaeadrau gwerth sôn amdanynt yn Richmond bedair i bum milltir i ffwrdd.[5]

---
[1] Gw. Ekwall, *English Place Names,* 86.
[2] *Taliesin,* 67, 69, 70.
[3] E.P.N. 86.
[4] *Brit.* 1594, td. 565.
[5] Tair milltir, medd Camden ; ond 5½ sydd o Old Catterick ; 4 o C. Bridge.

Gorfodir fi i wahaniaethu peth oddi wrth Ekwall a Morris-Jones. Ymddengys i mi yn gamgymeriad cau llygaid ar y ffaith fod rhaeadr enwog mor agos, un y gweddai'r gair Lladin *Catarracta* mor dda amdani. Nid oes angen tybied mai'r Brython a droes *Cata-* yn *Catu-* : y ffurf gyntaf sydd gan Antonin yn y drydedd ganrif, a gall fod *Katou-* yn y copïau o Ptolemi yn fai'r ysgrifenwyr, effaith copïo cynifer o enwau Brythonig yn dechrau gyda'r elfen honno. Mewn llythrennau Lladin cawsid *Cata-* ; hawdd troi hynny yn *Catu-*, ond mewn Groeg rhaid ysgrifennu *u* (= *w*) fel *-ou-*, a gwell tybio i'r bai ddigwydd pan na olygai ond methu â darllen un llythyren. Yn wir, gallasai Ptolemi ei hun fod wedi methu. Teg casglu ei fod yn gweithio ar restr o'r gorsafoedd ar y ffordd Rufeinig a gawsai gan Rufeinwr mewn orgraff Ladin. Anwybydder, ynteu, y ffurf yn *Katou-*. Ond o b'le y cafwyd y ffurf *Cataracton-?* Cynigiaf mai o enw'r afon a lifai o'r rhaeadr yn Richmond heibio i'r gaer Rufeinig. Hi oedd Afon y Rhaeadr, a buasai enw fel *Catarractonium* yn ffurfiant addas am y gaer, gair wedi ei wneud o enw'r afon, cf. enwau Cymraeg yn *-on* ar afonydd, megis *Aeron, Ieithon, Daron, Peryddon*. Enw Saesneg yw Swale.[1] Os tybia neb fod y rhaeadr yn rhy bell i roi enw ar y gaer, cf. *Llanrhaeadr* ym Mochnant yng Nghymru. Saif y llan tua phum milltir oddi wrth y rhaeadr lle cafodd ei henw, ond rhed afon y rhaeadr heibio iddi. Os *Catarracta* oedd enw Lladin rhaeadr Richmond, troesai yn *Catraeth* ar lafar y Brython, ac *Afon Catraeth* fuasai eu henw ar y Swale, a Chaer *Gatraeth* ar y gaer, cf. *Afon Saint, Aber Saint, Caer Saint,* ond *Segontium* yn Lladin am y gaer. Ni fedrir cysoni *Cair Guricon* Nennius a *Viriconium* : rhoesai'r olaf *Gwrygein*, a chytuna'r enw Cymraeg yn well â *Virocon-o* Antonin, neu gall fod yn enw Cymreig annibynnol, cf. *Caer Lleon,* a *Deva* (enw afon ar Gaer Rufeinig), dau enw ar yr un gaer.

Cymharer hanes enw Afon Trent : yn y cyflwr gwrthrychol rhydd Tacitus *Trisantonam* ; Beda, *Treenta, Treanta* ; Nennius *Trahannoni* (cyflwr genidol) ; a chredaf mai'r un enw a roes Afon *Trannon* yn Sir Drefaldwyn. Medrir deall pam ynteu y rhydd Beda *Cataracta* ddwywaith, a *Cataracton-* unwaith am y lle arall.[2]

Fy rheswm dros dderbyn y tarddiad *Catarracta* i *Catterick* mor ddibetrus a diamod yw fod yr olaf yn digwydd heddiw yn Sir Efrog am

---

[1] Ekwall, E.P.N. 434, "whirling, rushing river . . . identical with *Schwalb, Schwale* in Germany." Cydia'r enw wrth yr Ell. *swalm* "whirlpool." Nid yw ymhell o ystyr rhaeadr.

[2] Cf. Skene, F.A.B. ii. 366–7 ; *Haefe* a *Caere ; Heue* a *Cere* mewn testunau Seisnig, ond *Avon* a *Carron* yw'r ffurfiau Celtig. Collir y terfyniad *-on* yn y ffurfiau Seisnig.

raeadr arall, sef *Catterick Force,* enw rhaeadr ger Settle. (Ceir *Catterick Moss* hefyd yn Sir Durham, ond ni wn a oes rhaeadr yno.[1]) Mae cael mwy nag un Catterick yng nghyffiniau rhaeadr yn ymddangos i mi yn derfynol ar yr ystyr.

Am yr anhawster ieithegol a bair y -*t*- yng nghanol *Catraeth,* nid yn unig gall *rr* yn *Catar(r)acta* gyfrif amdani, ond fel y dywedais yn *Y Beirniad,* 1911, td. 76–7, (1) Hyd yn oed pe buasai'r ynganiad yn *Cadraeth* yn y chweched ganrif, yn orgraff Hen Gymraeg fe'i hysgrifennid fel *Catraeth,* cf. *atrannet, atnabot, catvan,* yn rhannau hynaf Llyfr Aneirin am *adranned, adnabod, Cadfan.* (2) Collwyd yr enw o lif y Gymraeg, a gallesid cadw'r hen ffurf orgraffyddol fel traddodiad llenyddol. (3) Yn y Gymraeg hefyd ceir -*tr*- weithiau am reswm anhysbys, megis yn *petruso, petryal,* a gallasai *Catraeth* fod yn enghraifft arall. Awgrym ydynt fod tuedd i gadw *t* o flaen *r* a seinid yn "galed." Yn Arfon clywais *metru, etrach,* ambell dro, ac yn rheolaidd *palat* am *paladr.*

Ar ôl ystyried y cyfan, rhof fy mhleidlais dros gyffiniau Catterick fel man y frwydr. A theg bellach yw nodi chwaneg o gyfeiriadau at bwysigrwydd y lle gynt fel atodiad at y rhai sydd gan Beda. Dyry Simeon o Durham, dan 762, gofnod am briodas y brenin Ethelwald *in Cateracta :* dan 769, cofnod am losgi *Ceteracte ;* dan 792, priodas Ethelfred Frenin *apud Cataractam.* Dengys y rhain fod cryn enwogrwydd i'r lle yn yr wythfed ganrif pan ddewisid ef ddwywaith fel man priodas frenhinol. Nid oes raid edliw iddo ei ddinodedd mwyach! Yn yr ail ganrif, chwedl Camden, yr oedd yn enwog iawn (Vrbem illis temporibus *celeberrimam* fuisse, ex Ptolemaeo colligatur, quod ibi coelestis obseruatio facta fuerit), canys dyry Ptolemi y manylion seryddol a daearyddol am ei safle, yn eu plith fod y dydd hwyaf yno yn ddeunaw awr. Os Catraeth yw, estynnwyd ei ddydd yn nes i ddeunaw canrif.

VII. Eidin, Eiddyn

Ceir amryw gyfeiriadau at *Eidin, Eidyn* trwy'r Gododdin, canys oddi yno yr aeth y gwŷr i Gatraeth. Nid oes neb bellach yn amau nad lle neu ardal ger Edinburgh ydoedd, ond y mae amheuaeth parthed sain y gair. Dengys odlau'r Gododdin, Llyfr Taliesin, a'r Llyfr Du mai -*yn* yw'r sill olaf. Oherwydd amwysedd yr orgraff, gan fod -*d*- weithiau

---

[1] Y cwbl a rydd Ekwall yw : "was probably named for some reason from *Catterick*" yn Sir Efrog. Yr enw, meddai yn 1311 oedd *Katericksaltere,* ac esbonia *salter* fel "salt shieling."

am -*d*- ac weithiau am -*dd*-, ni ellir bod yn sicr ai *Eidyn* ai *Eiddyn* oedd yr ynganiad, cf. uchod ar y modd y camynganwyd *Gododdin* fel *Gododin*. Barn gyffredin y golygwyr oedd mai -*dd*- oedd yng nghanol y gair, a dyna arfer gyffredin llenorion diweddar nes i Syr John Morris-Jones roi dedfryd bendant o blaid *Eidyn*.[1] Derbyniaf yn llawen ei ddadl dros -*yn*; ni'm argyhoeddwyd eto mai -*d*- sydd yn y canol, er addef nerth ei ddadleuon, canys erys o hyd beth ansicrwydd yn fy meddwl.

O blaid *Eidyn* ei bwynt cryfaf yw mai -*d*- sydd ynddo bob tro yn Llyfr Du Caerfyrddin, ac mai -*t*- sydd yn y llsgr. honno fel rheol am -*dd*-. Ie, hynny yw'r rheol, ond oherwydd nifer yr eithriadau lle dyry -*d*- am -*dd*-, ni fedraf yn fy myw ymdawelu.[2] Gellid yn deg ddweud fod arfer y Llyfr Du o blaid darllen *Eidyn*, oni cheir tystiolaeth i'r gwrthwyneb. Nid yw ei orgraff yn brawf pendant a therfynol.

Yr ail yw mai *eitin* sydd yn Achau Harl. 3859, Cy. ix. 173, sef yn yr enw [C]linog *eitin*, "which is decisive, for in the Old Welsh spelling of this document medial *t* regularly stands for *d*, and medial *d* for *dd*." Dyna'r rheol, bid sicr, a cheir *morgetiud* ddwywaith, td. 175, am yr enw a roes *Maredudd*. Y drwg yw fod *marget iut* yn digwydd, td. 171; cf. hefyd 170, Patern *pesrut* "peisr*udd*." Ceir ar td. 176, *Guid gen*, ac ar td. 180, *Guit gen* : 181, *Elitet*, ac *Elized* td. 182. Eithriadau yw'r rhain, wrth gwrs, ond wedi sylwi arnynt, amhosibl yw bod mor gadarn â Syr John mai *eidyn* yw *eitin* ar td. 173. Tebygol, nid sicr. Ac eto y mae dau debygol yn well nag un.

O blaid -*dd*- y tyst gorau sydd gennyf yw Rhisserdyn, bardd o'r bedwaredd ganrif ar ddeg, gw. M.A. 290b, Kanllaw *nef idaw eil naf eidin*. Dengys y gynghanedd ein bod i ddarllen yma *nef iddaw eil naf eiddin*. Yr odl yw -*in*, nid -*yn*, ac felly hefyd ar y tudalen nesaf, lle ceir *Clytno Eidin*.[3] Fel y dywedodd Syr John, daethpwyd i ynganu -*yn* fel -*in* ar ôl -*ei*-, cf. *gwreiddyn* yn troi'n *gwreiddin*, ac nid oes drafferth i ddeall *Eiddyn* yn rhoi *Eiddin* ar lafar yn weddol gynnar. Yr hyn sy'n anodd ei ddeall yw sut y bu i Risserdyn, ac yntau'n fardd, gael ei gamddysgu i sôn am *Eiddin*, os oedd traddodiad y beirdd a'r cyfarwyddiaid wedi cadw enw tad Cynon, un o brif arwyr eu chwedlau, fel Clydno *Eidin*. Os Clydno

---

[1] *Tal.* 77-80.
[2] B.B.C. 5, 4, *vidan*, fyddan; 7, 3, *Breuduid*, breuddwyd; 19, 9, *dy tihenit*, dy ddihenydd, ond ll. 11, *dydiwet*, dy ddiwedd; *arduireauc* arddwyreaf-i, 36, 11; 37, 9; 38, 5; 41, 7, 14; 53, 15; 77, 5; *adaw*, Addaf; 49, 16 *Ryderch*; 50, 3, *Rydirch*; 53, 16, *guendolev*; 20, 4; 61, 9, *difid*, diffydd; 66, 16, 19, *beidauc*; 73, 6, *adas*, addas; 75, 9, *angerdaul*, angerddawl; 81, 10, *rydoded*, ryddoded; 108, 3, *hadew*, haddef.
[3] Cf. R.P. 91a 41; 94b 12.

Eiddyn oedd y ffurf draddodiadol ymhlith y beirdd, gwell eu dilyn hwy na phwyso'n rhy hyderus ar orgraff ansicr y Llyfr Du a Harl. 3859.

Yn ll. 1158 dywedir mai *o dineidin parth* y daeth yr arwyr. Dyfynna Skene o Fuchedd St. Monenna, "*Dunedene* que Anglica lingua dicitur *Edineburg.*"[1] Hawdd credu mai *Dineidin* yw Edinburgh. Yn y cynwysiadau a osodwyd o flaen llyfr Gildas,[2] yn un y nawfed bennod, dysgir ni i'r Brython ar gyngor y Rhufeiniaid wneud wal ar draws yr ynys, o fôr yr Alban i fôr Iwerddon, o *Kair Eden,* dinas dra hynafol (*civitas antiquissima*) oddeutu dwy filltir o fynachlog Abercurnig "a elwir yn awr Abercorn," ar draws tua'r gorllewin hyd yn ymyl *Alcluth,* sef Dumbarton. Y mae safle *Kair Eden* yn dangos mai hi a roes enw i blwyf *Carriden* ar y Forth, Sir Linlithgow, a chan fod deuddeng milltir helaeth o Abercorn i Edinburgh, rhydd hynny syniad am faint yr ardal a elwid *Eden* gynt.[3] Sonia'r Gododdin am *eidyn ysgor*, neu amddiffynfa Eiddyn, 113 ; *kynted eidyn,* 156, yw lle'r wledd ; ni ddychwel Mynawc Gododdin *rac eidyn,* 949–51 ; sonnir am fedd *eidin,* 1167 ; Mynyddawg yw udd neu arglwydd *eidin,* 1220 ; efallai y ceir *eidin vre* yn ll. 1224 (i ateb i *minit eidin,* B.B.C. 95, 7, cf. Castle Rock, Edinburgh, neu ynteu Arthur's Seat) : enwa Gwarchan Kynfelyn *eidyn gaer,* 1385 ; a Gwarchan Maeldderw *esgor eidin,* 1441. *Gwlyget gododin* yw enw'r gŵr a baratodd wledd Mynyddawg, 369. O Frython Gododdin a aeth i Gatraeth, ni ddychwelodd neb mor enwog â Chynon (fab Clydno *Eiddyn* ?), gw. 804–7.

Dyry Hogan[4] enw Gwyddelig arall ar *Dunedin,* sef *Dún Monaidh.* Cyfeiria hwn, mae'n amlwg, at yr hyn a alwai'r Brython yn *fynydd* Eiddyn. Yn Achau'r Saint dywedir fod Cyndeyrn yn fab Owain ab Urien a Denw neu Denyw, merch Lleuddun neu Leuddwn Lluyddawg "*o dinas eidyn yn y gogled.*"[5] Rhoir hefyd Tenoi merch Lleuddun "*o dinas eidyn yn y gogled*" fel gwraig Dingad mab Nudd Hael. Mewn un fuchedd Ladin enw tad Cyndeyrn yw *Leudonus,* ei fro yw *Leudonia,* a'i ferch, *Thaneu.*[6] Sonia Gwalchmai yn y ddeuddegfed ganrif am

---

[1] F.A.B. i. 85.
[2] M.H.B. 5, cf. td. 118, sef Beda, H.E. i. 12. Ar y wal ogleddol hon, gw. *Roman Britain,* 140–60.
[3] I'r cyfeiriad arall, cf. "*Edin's Hall* (Edwin's or Odin's Hall or Hold), remains of ancient fortress or broch on N.E. slope of Cockburnlaw, 4½ m. N.W. of Duns, Berwickshire" (Bartholomew, *Gazeteer*). Ai'r un enw ?
[4] *Onomasticon,* 383.
[5] L.B.S. iv. 367, 370–1
[6] *Ibid.,* ii. 232 ; Skene, F.A.B. ii. 367 ; R.B.B. 194, *Lodoneis,* gwlad *Lleu.*

lleudinyawn dreuyt, trefydd Lleuddinawn.[1] Cedwir yr enw yn y ffurf *Lothian* hyd heddiw ar ardaloedd o gwmpas Edinburgh.

Gellir cymharu *Lleuddin* ag enwau fel *Dinlleu* yn Arfon, *Lugudunum* ar y Cyfandir (Laons, Lyons, Leyden), a chan mai "mons lucidus" yw cynnig cynnar ar ddehongli'r olaf,[2] gellir hepgor y duw Lleu am y tro, wrth feddwl mor addas yw "goleu fryn, mynydd amlwg," am graig neu fynydd Edinburgh. Yn wir hoffwn ddeall ll. 575, *llech leu* a *lleu fre* fel disgrifiad o graig Edinburgh.

Bu agos i'r *-th-* yn yr enw *Lothian* fy nhroi i bleidio *Eidyn* fel y ffurf gywir yn Gymraeg. Ymddengys fel prawf fod hen *-d-* yn yr ardal hon wedi troi'n *-dd-*, ac aros fel *-th-* yn yr orgraff, ac felly na all y *-d-* yn *Dunedin* fod yn wreiddiol, neu cawsid *-th-* yno hefyd. Erbyn ystyried, gwelir nad *-d-* a roes *-th* yn *Lothian*, ond y cyfuniad *-gh-dd-*. Nid enghraifft yw o ddatblygiad *-d-* ei hun.

Cyfyd yr un math o anhawster ar ffordd yr esboniad arall. Dyfynna Morris-Jones farn Reeves mai at warchae *Cair Eden, Carriden*, y cyfeiria Tighernach dan 638 (obsessio *Etain*); felly Skene, "Etain was no doubt Eiddyn or Caereden."[3] Dyry Hogan hefyd "*eten*, obsessio *Etin* ; Cair Etin, now Carriden"; ond o dan *etan* "an abode of the K. of Cashel" : *etan tairb*, "at Ath da ferta in Mag Muirrthemne ; cf. *Eden*-terriff in Armagh."[4] Os yw *Etan* yn enw llys brenhinol yn Iwerddon, gall *obsessio Etain* fod am warchae hwnnw, nid Carriden. Hefyd, saif *-t-* mewn Hen Wyddeleg am *-tt-* fel rheol, a chyfetyb i *-th-* yn Gymraeg. Gofyn *Eidyn* am un *-t-* mewn Brythoneg, a gofyn *Eiddyn* am *d*. Sut, felly, y gall *Etain* a *Dunedin* gyfeirio at yr un ffurf ?

Tipyn yn gymysglyd yw Loth ar y pwnc,[5] ond ei ddedfryd yw mai anodd dweud beth oedd yn y Gododdin yn wreiddiol, ai *Eidyn* ai *Eiddyn*, ond bod yr orgraff yn tybio *Eiddyn*. Cytunaf â'r sylw cyntaf ; eithr nid â'r ail, canys gall *Eidyn* yn Llyfr Aneirin sefyll am y naill neu'r llall : felly am *Dineidyn* yn B.T. 29, 18.

Os *Eiddyn* oedd y sain yn y chweched ganrif, medr *Eden* fod yn Hen

---

[1] H. 21. Enghraifft o ansicrwydd orgraff, canys yn yr un ll. ceir *-t-* am *-dd-*, eto ni fedrir darllen Lleud*i*niawn ar bwys hynny.

[2] Gw. Holder, A.S. ii. 308–44. Am yr ystyr cf. A.C. 873, gweith *bann goleu*, brwydr ar ryw fryn golau, di-goed.

[3] *Tal.* 79–80 : Sk., F.A.B. i. 177–8.

[4] *On.*, 403.

[5] R.C. li. 186–7. Cyfeiria at Stokes, *On the linguistic value of Irish annals*, td. 39, o blaid *Eten, Etin = Carriden*.

Gymraeg am hynny, gan fod *e* weithiau yn yr hen orgraff yn sefyll am *ei*, bryd arall am *e* neu *y*.[1] I gyfrif am y *d* yn *Edinburgh*, rhaid tybio nad oedd y *d* wedi llawn droi yn *dd*, pan glywodd Saeson yr enw. Bydd yn rhaid trafod hynny eto yn nes ymlaen.

VIII. *Amseriad Brwydr Catraeth*

Awgrymwyd yn barod (td. xxxi-ii) mai adeg addasaf cyrch i Gatraeth fuasai ar ôl marw Urien a'i feibion, a chyn dyfodiad Edwin i'r orsedd yn 616. Atgo am Gatraeth oedd gan glodforwr Cadwallon, gelyn Edwin. Mab Owain ab Urien, medd yr Achau, oedd Cyndeyrn Sant, a fu farw, meddir, yn 603, neu yn 614.[2] Yr oedd y saint yn fwy hirhoedlog na'r milwyr, a gellir rhoi marw Owain ychydig cyn 600. Ei fam oedd Denw ferch Lleuddun Lluyddawg o ddinas Eiddyn. Pwy bynnag oedd Mynyddawg Mwynfawr o ran teulu, ef oedd arglwydd Eiddyn pan anfonodd ei osgordd i Gatraeth, lle a fuasai unwaith, yn ôl canu Taliesin, ym meddiant Urien. Dengys yr Achau ryw gymaint o reswm teuluol dros i bennaeth Eiddyn ymddiddori yng Nghatraeth.

Cymerer eto ach Gorwst, mab Gwaith Hengaer, mab Elffin mab Urien: ei fam yntau oedd Euronwy ferch *Clydno Eiddyn*.[3] Pan ddaeth Gwŷr y Gogledd i Wynedd i ddial Elidir Mwynfawr, medd un o'n llawysgrifau Cymraeg hynaf ni, Y Llyfr Du o'r Waun, td. 41, eu tywysogion oedd *Clidno Eydin,* Nudd Hael fab Senyllt, Mordaf Hael, a Rhydderch Hael (vab *Tudaual Tutclit*). Tipyn yn amheus ydyw cael y Tri Hael ynghyd ar y cyrch hwn; ond sut bynnag, wele Clydno Eiddyn yn un o benaethiaid y llu, a thraddodiad hen ei fod yn gyfoes â Rhydderch a Nudd fab Senyllt. Gwyddys fod cryn nerth a chysondeb yn y traddodiad mai i ail hanner y chweched ganrif y perthynai Rhydderch; cyfoesai â'r sant Gwyddelig enwog, Columba (521-97).[4] Amddiffynnydd neu ddialwr Gwynedd adeg cyrch y Tri Hael oedd Rhun fab Maelgwn. Cyson yw hyn eto â'i amseru yn ail hanner y chweched ganrif: bu Maelgwn farw yn 547, medd yr *Annales*. Sylwer yn awr fod y Gododdin, ll. 562, yn cyfeirio'n barchus at orsedd *Senyllt,* efallai tad Nudd Hael. Sonnir droeon am wrhydri *Cynon,* ac mewn un awdl, gelwir ef yn fab *Klytno,* ll. 416. Meiddiwn chwanegu'n hyderus iawn mai hwn oedd Cynon fab *Clydno Eiddyn*.. Os oedd ei dad yn gyfoes â

[1] B. vi, 223.
[2] C.Ll.H. xxvii.
[3] L.B.S. iv. 369.
[4] C.Ll.H. xxv.

Rhydderch Hael, medrwn roi Cynon hefyd yn ei flodau tua diwedd y chweched ganrif, prin ymhell ymlaen yn y seithfed. Oherwydd ei fri fel ymladdwr daw'r dydd y bydd raid iddo yntau deithio i lys Arthur, gan na bydd rhif Marchogion y Ford Gron yn gyflawn hebddo. Golyga hyn, petai bwys, ei yrru yno tuag adeg geni ei dad! Ond y mae'r hyn a ellir ei alw yn draddodiad hanesyddol yn ei roi tua diwedd y chweched ganrif, 585-600. Ef yw'r unig un o arwyr y Gododdin y medraf gael gafael arno yn yr Achau, gydag unrhyw hyder.

Enwir mab Dwywei, ll. 643, 651 : yr unig ferch o'r enw yn yr Achau yw mam Deinyoel Sant, sef "dwywei verch leennawc."[1] Ei brawd Gwallawg oedd un o gyd-ryfelwyr Urien yn erbyn meibion Ida. Buasai mab iddi yn cymryd ei le yn naturiol gyda Chynon, e.e. dyry'r *Annales* 584 fel blwyddyn marw Deinioel. Ond yn anffodus, canwyd y pennill lle digwydd yr enw ar ôl marw Aneirin. Ar *Pobdelw,* gw. 929 : yr oedd gŵr o'r enw yn yr wythfed genhedlaeth o Gunedda, a gallai hynny ei amseru ychydig ar ôl 600.

Yn 642 lladdwyd *Domnall Brecc,* brenin Sgotiaid Dalriada, mewn brwydr yn erbyn Ohan, brenin y Brython ; felly Tighernach. Mewn erthygl yn y *Revue Celtique,* xlvii. 176-83, ceir trafodaeth werthfawr gan Loth ar ach brenhinoedd Ystrad Clud yn Harl. 3859. Dyma ran ohoni : *Dumnagual m. Teudubr m. Beli m. Elfin m. Eugein m. Beli m. Neithon.* Yn ôl yr *Annales Cambriae* bu farw Dyfnwal yn 760 : Teudubr filius Beli yn 750 ; ac yn ôl Tighernach, Bile mac Alphine (brenin All(t) Clud) yn 722. Ei daid, Eugein neu Owain, medd Loth, yw'r Ohan, brenin y Brython (Ystrad Clud) a orchfygodd ac a laddodd Domnall Brecc yn 642, ac ef yn ôl pob tebyg, meddai ymhellach, yw ŵyr *Naedan* a frwydrodd yn erbyn Gartnait, brenin y Pictiaid, yn 649.[2] Dengys mai *Nechtan* a etyb mewn Gwyddeleg i'r *Naedan* hwn. Yn awr troer at yr awdl, rhif LXXIX, isod. Yno cyfeirir yn ddiamwys at ladd Dyfnwal Frych, y *Domnall Brecc* uchod, "a phen Dyfnwal Frych brein a'e cnoyn(t)." Gwelodd y bardd, meddai ef ei hun, y llu yn dyfod *o bentir.* Ai enw cyffredin yw, ai ynteu enw lle megis Cantyre (*cenn tire*) yn yr Alban ?[3] Ceir dwy ffurf ar y pennill : yn un dywedir *a gwyr nwythyon* ry gollessyn ; yn y llall, *o eir nwython* ry godessyn. Ai bai sydd yma am "ac ŵyr Nwython," a deall *Nwython* fel enw Cymraeg *Nechtan ?* Yr oedd Owain mab Beli yn ŵyr *Neithon,* medd yr Ach, ac etyb hwnnw

---

[1] L.B.S. iv. 369.
[2] Bai Loth wrth gyfieithu *buae n-Aedain* "wyrion *Aeddan,*" A.U. 108.
[3] Cf. R.M. 109, llenuleawc wydel *o bentir gamon* : Hogan, *On.* 227, Cantyre . . . held by Cenél *nGabrain.* Aeddan fab *Gafran* oedd tad Dyfnwal Frych.

yn rheolaidd i'r Gw. *Nechtan.* Nid yw'n fwy o gamp gwneud un o'r ddau hyn, *Neithon* a *Nwython,* na gwneud *einep* Hen Gymraeg yn *wyneb* Cymraeg Canol. Yn wir, y mae'n llai : y cwbl sydd raid ei wneud yw darllen *Noithon* am *Neithon,* a buasai'r copiwyr wedyn yn ôl eu harfer yn troi *-oi-, -oe-,* yn *-wy-,* cf. hefyd am-*nwyth,* C.Ll.H. 204 ; a'r enw *Nwython* yn H. 96, B.T. 64, ac isod, 1192, 1207, map *nuithon.* Os oedd yr enw olaf yn ffurf ddilys, hawdd troi *Neithon* ar ei ddelw.

Ysywaeth, nid yw'r cyfeiriad amlwg hwn at frwydr 642 yn amseru brwydr Catraeth. Hefyd, rhy gyffredin yw enwau fel *Ewein* ll. 17 a *Beli* ll. 449 inni feiddio dal fod *Ewein fab Beli* yno. Ffolach byth fuasai ei wneud yn un o Osgordd Mynyddawg, udd Eiddyn. Yr hyn a brofir gan y pennill yw fod chwanegiadau diweddarach wedi eu corffori yn y Gododdin, ac yn eu plith, diddorol a phwysig yw gweld gwaith bardd a wyddai am helynt gwŷr Ystrad Clud. Yn ôl Beda, H.E. i. 34, yn 603 arweiniodd Aeddan, brenin y Sgotiaid (Gwyddyl) a drigent ym Mhrydain, fyddin enfawr a dewr yn erbyn Ethelfrith, brenin Northumbria ; gorchfygwyd ef yn llethol yn Degsastan, a dihangodd gydag ychydig nifer, gan adael ei wŷr oll bron yn lladdedig ar y maes. Prin y buasai arglwydd Eiddyn wedi cynnig cyrch tebyg gyda llu o ryw 300, petasai brwydr Degsastan eisoes wedi ei hymladd a'i cholli.

Yn ôl y cwbl a fedraf gasglu a dychmygu, rhaid rhoi brwydr Catraeth rywdro ym mlynyddoedd olaf y chweched ganrif. Hynny yw fy rheswm dros wrthod cynnig deniadol Loth i esbonio *oswydd* yn y Gododdin fel benthyg o enw brenin Northumbria, a elwir yn *Osuiu* gan Beda, ac *Osguid* gan Nennius, a'r *Annales Cambriae.*[1] Rhy ddiweddar yw hwnnw ; a pheth arall, enw lluosog yw *oswydd* yn ll. 414, y tu hwnt i bob amheuaeth.

Y mae gennyf well gobaith o'r *mab Keidyaw* sydd yn ll. 995. Ni roir ei enw yn y pennill, ac efallai bod hynny yn awgrym fod ei dad yn ŵr hysbys yn ei ddydd. Gwyddys am deyrn o'r Gogledd, Gwenddoleu *fab Ceidiaw,* a laddwyd ym mrwydr Arfderydd (A.C. 573, *Bellum armterid*). Nid rhy feiddgar fuasai tybio fod brawd di-gyfoeth iddo wedi ymuno â gosgordd Mynyddawg, ac wedi marw yng Nghatraeth. Os oedd Ceidiaw wedi marw cyn i Wenddoleu ddechrau teyrnasu, ni welaf ddim sy'n gwahardd credu fod mab ieuangach iddo yn atebol i ymladd yn 580–600. Gwrthyd fy nghred ymestyn rhyw lawer mwy. Cofier mai llanciau oedd yr osgordd, nid hen bobl.

---

[1] Gw. ar 114. Ar Oswy, gw. Lloyd, H. W., 189–91 ; a'r *Annales Cambriae* dan 658, 669.

IX. *Arfaeth Mynyddawg*

Gyrrwyd gosgordd Mynyddawg i Gatraeth ar neges eu harglwydd.[1] Beth oedd yn ei feddwl wrth eu gyrru? Nid mympwy byrbwyll ydoedd, canys cymerasai amser i'w gasglu o bob cwrr: detholwyr oeddent,[2] milwyr profedig eurdorchawg, cynefin â brwydr, llanciau o fonedd, meibion brenhinoedd a phenaethiaid.[3] Trichant unben.[4] Daethant ato yn ddiau o'i wlad ei hun a'i chyffiniau, ond hefyd o Wynedd,[5] Arfon,[6] Rhufoniog,[7] Deheubarth,[8] Tra Bannawg,[9] sef o'r gogledd i'r Grampians, *Y Mynydd,* chwedl yr Albanwr *(The Mounth).* Wedi eu cael ynghyd, neu er mwyn eu cael, gwnaeth wledd iddynt a barhaodd am flwyddyn. Onid *Mwynfawr*, neu dra chyfoethog ydoedd? Ni flina'r bardd ar sôn am y wledd hirfaith hon. Enwir ei stiwart neu ei faer, Gwlyged Gododdin.

Ancwyn Mynyddawg enwawg y gwnaeth
A phrid er prynu breithell Gatraeth.[10]

Felly yr oedd ganddo amcan pendant o flaen ei lygaid: nid rhodres oedd y wledd ond rhan o'i gynllun. Mynnai ddenu ato ymladdwyr gorau'r Brython, a'r wledd rwysgfawr oedd yr abwyd. Gwin o lestri aur, cwrw a bragawd a medd yn ddifesur o gyrn buelin. Yna wedi ennill i'w osgordd flodau marchogion yr ynys, anfonodd hwy i Gatraeth, i angau, a chollodd hwy. Methodd yn druenus, ond beth oedd ei amcan yn hyn oll, a pham y methodd?

Yr oedd gosgordd gref yn anghenraid bob amser i deyrn Dineiddyn o achos y Pictiaid (Pryden) tua'r gogledd. Wedi dyfodiad y Gwyddyl i'r Alban (sef Sgotiaid Dál Riada) ychydig cyn 500, ac iddynt ddechrau

---

[1] Ll. 804-5, 828.
[2] 1159.
[3] 1095.
[4] 481.
[5] 220, 920 (1383).
[6] 1182.
[7] 1059, 1077.
[8] 318.
[9] 254-5, gw. C.Ll.H. 156-7. Chwaneger at y nodyn yno, Hogan, *On.* 542, "The *Mounth* extended from Ben Nevis to the head of the Dee and thence to the sea." Cf. y modd yr arferid Dun *Monaidh* am Dunedin, sef Dinas *Mynydd Eiddyn*, heb enwi'r mynydd.
[10] 370-1.

cynyddu ac ymledu, yr oedd y rhaid yn fwy byth. Ceir eu brenin Aedan (Aeddan mab Gafran) yn ennill brwydr ym Manaw Gododdin tua 581,[1] ac felly yng nghyfnod (tybiedig) Mynyddawg.

Yn ôl Nennius, Ida oedd brenin cyntaf Bernicia (*ipse fuit primus rex in Beornica*). Yna ceir dau destun. Dyma'r cyntaf:

Ida filius Eobba tenuit regiones in sinistrali parte Brittanniae, id est Umbri maris, et regnavit annis duodecim, et unxit *Dinguayrdi* Guurth Berneich.

Dyma'r ail:

Ida filius Eubba tenuit regiones in sinistrali parte Humbri maris duodecim annis et iunxit arcem, id est Din Gueirm et Gurd Birnech, quae duae regiones fuerunt in una regione, id est Deura Bernech, Anglice Deira et Bernicia.

Daliodd Ida diroedd yn y Gogledd, sef gogledd Afon Humber, a theyrnasodd am ddeuddeng mlynedd, ac yn ôl y testun cyntaf cydiodd *Dinguayrdi* (neu'n debycach, *Dinguayroi*) wrth Berneich, h.y. cydiodd ddinas neu gaer o'r enw hwnnw wrth ei deyrnas ei hun, Berneich. Gwelir fod y cofnod gwreiddiol Cymraeg heb ei lawn gyfieithu i'r Lladin. Yn ôl yr ail, gwneir *Din Gueirm* (neu *Din Gueirin*) a *Gurd Birnech* yn ddwy fro, a gwneir i Ida uno'r ddwy fro yn un, sef yn Gymraeg, Dewr a Bernech, yn Saesneg Deira a Bernicia.[2]

Yn ôl Beda, dechreuodd Ida deyrnasu yn 547,[3] a bu'n frenin am ddeuddeng mlynedd, felly 547-59 yw ei dymor ef. Dilynwyd ef ar yr orsedd gan y rhain:

Yn ôl Nennius	Yn ôl y *Chronologia Brevissima*[4]
	Glappa I anno (=560)
Adda fab Ida, 8	Adda VIII (hyd 568)
Aedlric fab Adda, 4	Aedilric IIII (hyd 572)
Deoric fab Ida, 7	Theodric VII (hyd 579)
Friodolguald, 6	Friduuald VI (hyd 585)
Hussa, 7	Hussa VII (hyd 592)

Yn erbyn Deoric (Theodric), meddai Nennius, ymladdodd Urien a'i

---

[1] Tighernach, 581, *Cath Manand* in quo victor erat Aedan mac Gabran; Rhys, C.B., 155.

[2] Gw. Mommsen, H.B., td. 201, 205.

[3] H.E., v. 24; M.H.B., td. 285.

[4] *Ibid.*, 290. Ar bwysigrwydd y cytundeb rhwng Nennius a'r *Cronicl Byr*, gw. Lloyd, H.W. 162n. Gorffen y Cronicl yn 737, ac o gopi ohono neu ei debyg gallasai Nennius gael peth o'i ddefnydd yntau cyn 800.

feibion yn ddewr; ac yn erbyn Hussa ymladdodd Urien, Rhydderch, Gwallawg, a Morgan(t). Felly ymladdai Urien rhwng 572 a 592, ac yng nghwmni Urien, â Taliesin ac Aneirin hwythau i chwarter olaf y chweched ganrif. Yr oedd Urien (ac Owain ei fab ?) yn fyw yn 586, beth bynnag, a golyga hyn ohirio'r frwydr i ennill Catraeth i gyffiniau 590-600, y fan gyntaf.

Ar ôl Hussa, dyry Nennius Eadfered, a dywed iddo deyrnasu ddeuddeng mlynedd *in Berneich* a deuddeng mlynedd *in Deur,* pedair blynedd ar hugain i gyd, ac iddo roi *Dinguoaroy* i'w wraig Bebbab, ac felly galwyd y lle'n *Bebbanburgh* (Bamborough): yn y *Cronicl Byr* ceir yn syml Aedilfrid XXIIII. Hwn yw Ethelfrith, arch-elyn y Cymry. Cyfeiria Beda at ddinas frenhinol a alwyd ar enw'r frenhines Bebba.[1] Dull y Cronicl Anglo-Saxon o roi'r hanes yw dweud i Ida deyrnasu ddeuddeng mlynedd, ac iddo adeiladu *Bebbanburh,* a gylchynid ar y cyntaf â gwrych (*hegge*) ac wedyn â gwaliau. Gwell dilyn Nennius fel awdurdod cynharach. Yr oedd dinas Frythonig yno cyn dyddiau Ida, fel y dengys yr enw,[2] a honno'n ddinas go bwysig oherwydd ei safle.

Deil Myres (R.B. 420) mai o'r môr yr ymosododd Ida, nid ar hyd y tir, ac y gall 547 nodi dechrau'r mudiad i feddiannu Bernicia. Dengys olion hynafiaethol paganaidd, meddai, fod dau ganolfan i'r ymosodwyr, un oddeutu aber Tyne, a'r llall, y pwysicaf o lawer, rhwng Tweed a Coquet, gyferbyn â Lindisfarne, ac y mae Bamborough yn anhepgor i'r olaf. Dengys hyn mai symud i fyny'r glannau y mae'r gelyn, ac ennill ei ffordd, gam ar ôl cam, tua'r gogledd. Daeth yn bryd i wŷr y Gogledd ymysgwyd. Cyson hollol yw tystiolaeth Nennius ddarfod i Urien ymosod ar y gelyn a'i warchae dridiau yn Ynys *Metcaud,* sef Lindisfarne. I'r ynys honno, ond odid, y daethai gyntaf oll. O'r ynys honno yr oedd yn ymladd ei ffordd i mewn i'r tir, ond pan gafodd Urien gydweithrediad y brenhinoedd eraill, llwyddodd i gael y llaw uchaf arno, a'i gornelu yn ei ffau am ennyd. Nid oedd modd gwir fuddugoliaeth heb ail ennill Bamborough. Eithr lladdwyd Urien trwy frad Morgant, a dyna'r arfordir yn agored, a'r Brython heb eu

---

[1] H.E. iii. 6, in urbe regia, quae a regina quondam vocabulo Bebba cognominatur.
[2] Gellid esbonio *Din-gwarwy* (Din-guaroi) fel cyfansawdd o *din* "dinas," a *gwarwy* "chwarae," cf. glosau Ox. 1, *guarai* scena; *guaroiou* theatra; *guaroimaou* theatris; a thybio fod twmpath neu faes chwarae yn y gaer. Os oes dipton yn y sill gyntaf o'r ail elfen, *gwaerwy,* ni wn am air Cymraeg i gyfateb ond y ferf *chwaeru.* Os *gweirin* sydd gywir, gall hwnnw ddod o'r un *gwaer-, chwaer-,* gan fod *-ae-* yn troi'n *-ei-* o flaen *-i,* cf. *maen, meinin.* Gwell yw hynny, efallai, na thybio tarddair yn *-in* o *gwair* "hay," neu o'r *gwair* sydd yn *diwair.*

prif arweinydd mwyach. Ni wn am faint y goroesodd Owain ei dad, os gwnaeth. Byr iawn oedd hoedl brenhinoedd y Berneich hefyd yn y cyfnod hwn hyd at Ethelfrith, fel y dengys y rhestr uchod. Erbyn dyddiau Hussa yr oedd yr estroniaid wedi cael deugain mlynedd i sefydlu yn y tir, ac nid aent oddi yno ar chwarae bach. Yn hytrach, cryfhaent eu gafael, ac estyn eu terfynau, tua'r gorllewin, tua'r gogledd. Dyna beth a welai Mynyddawg o ben mynydd Eiddyn. Ac anobeithiai am lwyddiant lle methodd Urien. "A fydd fyth Urien arall?" Pe cawsid un, pa les, heb i genfigen farw ym mynwes y Brython? Ni thâl cynghrair rhwng brenhinoedd. Ni thâl chwaith gynllun Rhufeinig Gwrtheyrn, llogi barbariaid i ymladd yn erbyn barbariaid.

Yn ei gyfyng gyngor cofiodd am Arthur. Yn *Historia Brittonum* Nennius, yn union o flaen y cofnod am Ida, daw hanes Arthur. Wrth i Fynyddawg hefyd edrych yn ôl, y tu draw i Ida gwelai Arthur. Canrif yng nghynt, pan oedd y Saeson yn ennill tir o'r blaen, rhoed terfyn ar eu cynnydd gan arwriaeth a medr un dyn, a llu o farchogion dewr yn ei ddilyn. Rhydd Collingwood[1] hanes y gwir Arthur hwnnw mewn modd sy'n argyhoeddi dyn o'i wirionedd. Ar ddull y *Comes Britanniarum*, fe'i gwnaeth ei hun yn arweinydd cadau'r Brython. Deallodd mai'r gwŷr meirch mewn arfau trymion oedd grym milwrol mwyaf yr ymerodraeth, ac mai llu o farchogion llurugawg a fedrai chwalu'r ysbeilwyr i'r pedwar gwynt. "The late empire was in fact the age which established the ascendancy of heavy cavalry, clothed in chainmail, over infantry. ... The Celtic tribes of the highland zone had no horses that could carry a man in battle. ... The Saxon invaders were infantry, fighting with spears, and having little or no body-armour; it was not until later that they learnt from the Britons to wear mail shirts, and they never became cavalrymen. Their tactical discipline, too, was elementary, though their individual valour and strength were considerable. Against such an enemy, a small force of ordinary Roman cavalry, resolutely led, must prove invincible." Ffurfiodd Arthur farchawg-lu o'r fath. Enillodd frwydr ar ôl brwydr gan wibio yma ac acw, fel y gallai â llu o wŷr meirch, a helpu lle'r oedd mwyaf o angen. Deuddeg buddugoliaeth, a Mynydd Baddon yn uchafbwynt. Rhoddwyd atalfa am oes ar rwysg y Saeson, a chafwyd hir heddwch, fel y tystia Gildas ddagreuol, megis o'i anfodd. Lladdwyd Arthur yng Nghamlan yn 537, medd yr *Annales*, nid gan Sais, ond gan Frython.

---

[1] Collingwood a Myres, *Roman Britain*, td. 320-4: gweler yr holl drafodaeth yno. I'r un cyfeiriad yr oedd Rhys yn damcaniaethu, eithr ymboenai fwy ag enw swydd Arthur.

Daeth Ida yn 547, a dyma'r un hen helynt eto. Gwyddyl a Phictiaid ar gerdded o'r gogledd; Eingl yn gwthio i fyny o'r de ar hyd glan y môr. Beth am gynnig eto ar hen gynllun Arthur? Nid Urien arall, ond Arthur arall yw'r angen: a rhaid i Arthur gael marchogion. Dyna, mi gredaf, oedd ym meddwl Mynyddawg, a dechreuodd eu casglu a'u dethol. Ac nid ef oedd yr unig un a feddyliai am Arthur yn y cyfnod, canys gwelir Arthur fel enw un o feibion Aeddan fab Gafran, a laddwyd ym mrwydr Circhin yn 596. Gwyddel yn galw ei fab yn *Artur!* Pa faint mwy y disgwylid i Frython fel Mynyddawg gofio gwrhydri arwr mwyaf ei genedl? Gwnaeth fwy na'i gofio, meddaf; ceisiodd ei efelychu, canys ffurfiodd ei osgordd yn llu o wŷr meirch yn null marchogion Arthur. Trwy'r Gododdin yn anad un darn o ganu Cymraeg, sonnir am feirch, a disgrifir y gwŷr yn ymladd oddi ar eu meirch, nid yn null y Brython a welodd Cesar pan ddaeth yma gyntaf. Arfer y rheini oedd marchogaeth i faes y frwydr, yna disgyn ac ymladd ar draed. Nid felly'r gwŷr a aeth i Gatraeth, ond heuent eu gwewyr o'r cyfrwy, *y ar llemenic*[1] "oddi ar gefn llamwr o farch." Cyfeirir drosodd a throsodd at eu *llurugau* claer;[2] *tri chatvarchawc, tri llu llurugawc*;[3] *llurugogyon*;[4] *seirchyawc saphwyawc*.[5] Rhagfuan oedd eu meirch;[6] a sonnir am *emorchwydd mawr marchogyon*.[7] Marchog godrudd ym more'r frwydr oedd Cadfannan.[8] Lledrudd yno oedd *meirch* a gwŷr.[9] Creulyd oedd *cadfeirch* a chad seirch ar Gatraeth.[10]. Gwelir un arall ar *orwydd* erchlas.[11] Sonnir am dorri ergyr o *feirch* a gwŷr.[12] Trichant eurdorchawg, a thrichan *meirch* godrudd *a gryssyws ganthudd*.[13] Gosgordd Gododdin i ar *rawn rhyn, Meirch* eiliw eleirch, a seirch gwehyn,[14] dyna'r portread cyson. Nid milwyr, ond march-filwyr llurugog.

Ac am un ohonynt, molir ei wrhydri, *ceni bei ef Arthur*,[15] er nad oedd Arthur! Onid yw hyn yn awgrymiadol? Arthur oedd delfryd pob un o'r trichant, eithr nid oedd athrylith Arthur yn neb ohonynt er eu dewred, ac yn sicr nid oedd yn eu teyrn, Mynyddawg. Arhosodd hwnnw gartref.

Eto yr oedd ei arfaeth yn iawn. Yn y blynyddoedd hyn (sef yn 591), bu brwydr Wodnesbirue rhwng y Brython a'r Saeson, medd Henri o Huntingdon, "Ond gan i'r Brython yn null y Rhufeiniaid (*more Romanorum*) symud eu cad ymlaen yn drefnus (*distincte*), ac i'r Saeson ruthro yn hy a didrefn, bu brwydr ddirfawr, a rhoes Duw'r fuddugol-

---

[1] 302, cf. 306-7, 316-7, 1212-3. [2] 375. [3] 182-4. [4] 690. [5] 384. [6] 404. [7] 632. [8] 716. [9] 745. [10] 943-4. [11] 962. [12] 1026-7. [13] 1136-7. [14] 1164-5. [15] 1242.

iaeth i'r Brython,"¹ ac nid bychan o aerfa a wnaethant. Felly yng Nghatraeth: ugain cant o wŷr Deifr a Brennych a laddwyd yn un awr,² meddai'r bardd. Byr fu hoedl llu Mynyddawg, ond saith gymaint o Loegrwys a laddasant,³ meddai drachefn.

Digon gwir, efallai, ond colli'r dydd a wnaethpwyd, serch hynny. Pam? Nid ar yr ymladd yr oedd y bai, *dwys dengyn ed emledyn aergwn*,⁴ ond er nad oedd diffyg dewrder, yr oedd diffyg nifer, canys yr oedd milcant o elynion yn wynebu'r trichant.⁵ Gormodiaith, yn ddiau, ac eto dengys beth a allasai fod yn achos y trychineb, gyrru llu bach o wŷr meirch yn erbyn byddin rhy fawr o wŷr traed. Gwnaethant ddifrod dychrynllyd, ond yn y diwedd, "boddwyd" hwy. Gofynnwyd iddynt wneud gwrhydri y tu hwnt i'w nerth, h.y. ar eu tywysog yr oedd y bai. Os yw rhif LXIX yn ddilys, ac i'r frwydr bara wythnos, gwnaed camgymeriad arall, sef dal ati i ymladd wedi methu ennill gyda chyrch disyfyd. Er cystal eu harfogaeth, syrthiai rhai ohonynt bob dydd, ac nid oedd cyfnerthion, tra caffai'r gelyn amser i gasglu ei luoedd, ddydd ar ôl dydd, wedi iddo ddal y rhuthr cyntaf. Mewn gair, ni wyddai eu tywysog sut i drin cad o wŷr meirch, na pha beth oedd amodau llwyddiant y cyfryw lu. Yr unig esgus a welaf drosto yw y gallai Mynyddawg fod wedi gorchymyn iddo gymryd Catraeth, costied a gostio.

X. *Talu Medd*

Oherwydd lliaws y cyfeiriadau at y wledd o fedd cyn y frwydr, tybiodd golygyddion y canu fod y Gododdin yn feddw ar faes y gad, ac mai hynny a barodd iddynt golli'r dydd. Felly Stephens, "The Britons feasted themselves overnight upon wine and mead, and went to battle in a state of helpless intoxication."⁶ Felly Sharon Turner: "Now the great topic perpetually recurring in the Gododin is that the Britons lost the battle of Cattraeth, and suffered so severely because they had drank their mead too profusely."⁷ Dilynais innau fy mlaenoriaid gyda sylw i'r un perwyl yn *Y Beirniad*, 1911, td. 55, "y medd melyn

---

¹ M.H.B. 714, Cum autem Brittones, more Romanorum, acies distincte admoverent, Saxones vero audacter et confuse irruerent, maximum proelium factum est, concessitque Deus victoriam Britannis.

² 50-1.   ³ 671.   ⁴ 77.   ⁵ 86.

⁶ *The Gododin*, 39.

⁷ *Vindication*, 51, cf. 214.

melys maglawr, a fu'n ddinistr chwerw i'r Brython." Chwarae teg i Ab Ithel, deallodd ef y cyfeiriadau hyn yn amgenach.¹

Diau nad oedd gwledda am flwyddyn y paratoad gorau i frwydr wythnos. Eithr cam yw tybio mai beio'r medd am y gorchfygiad y mae'r bardd. Safai *medd* gynt am gyflog milwr: wedi yfed medd ei arglwydd rhaid iddo ei *dalu,* trwy fod yn ffyddlon hyd farw. Clywch lef Mechydd fab Llywarch Hen ar ei deulu, neu ei osgordd, yn Rhodwydd Iwerydd, "A teulu na fouch. guydi met meuil na vynuch,"² sef, "O deulu, na ffowch! *Gwedi medd,* na fynnwch fefl (gwarth)." Neu ynteu air mawl Owain Cyfeiliog i'w osgordd yntau, ar ôl iddynt gyflawni gwrhydri arbennig, "*Talassant i met* mal gwyr Belyn gynt,"³ sef *talasant eu medd,* h.y. bod yn llawn werth eu medd, ennill eu cyflog yn llawn, fel gosgordd Belyn gynt.⁴ Fel iawn i'r Gododdin am i mi eu sarhau ers talm, ysgrifennais nodyn hir isod, td. 70, ar ystyr *talu medd,* gw. yno.

Yma, fodd bynnag, carwn gyfeirio at bwynt cyffelyb yng nghanu'r Anglo-Saxon. I'r Athro Bruce Dickins, Prifysgol Leeds, yr wyf i ddiolch am dynnu fy sylw ato, a charwn ei gydnabod yn awr. Yn ei lyfr, *Runic and Heroic Poems of the Old Teutonic Peoples,* 1915, 64-9, argraffodd yr Athro destun y dernyn am Finn (a elwir *The Fight at Finnsburg),*⁵ lle disgrifir teulu Hnaef yn dal porth y neuadd am bum niwrnod yn erbyn rhuthr y gelyn; a dyma ran o'i gyfieithiad: "Never have I heard of sixty warriors flushed with victory who bore themselves more gallantly nor more honourably in mortal conflict, nor squires *who paid a better recompense for shining mead* than did his retinue to Hnaef."⁶ Yr oedd yr Anglo-Saxon a'r Brython a'r Cymro gynt yn deall yn iawn ystyr yr ymadrodd *talu medd,* ond y mae Aneirin yn tueddu i chwarae'n chwerw ar ystyr ddyblyg y gair *talu.* Teilyngodd gosgordd Mynyddawg eu medd, a thalasant yn ddrud amdano, "Gwerth eu gwledd o fedd fu eu henaid."⁷

---

¹ *Y Gododin,* 8. Hyd yn oed petasent yn feddw oll ar y cychwyn, meddai, cawsant wythnos i sobri!
² B.B.C. 92.
³ M.A. 1912.
⁴ Arno, gw. Lloyd, H.W., 184.
⁵ Wyatt, *Beowulf,* 1908, 138-9.
⁶ ne nǣfre swanas hwitne medo   sel forgyldan / ðonne Hnæfe guldan   his hægstealdas.
⁷ 356.

XI. Cyflwr y Testun

A bwrw ein bod bellach ar dir i dderbyn yn fras y traddodiad fod Aneirin, bardd y Gododdin, yn canu tua diwedd y chweched ganrif, ac mai oddeutu A.c. 590–600 yr ymladdwyd brwydr Catraeth, beth am burdeb y testun a gadwyd i ni yn Llyfr Aneirin? A yw'r cwbl yn waith Aneirin? A oes rhywfaint ohono yn waith Aneirin? Medraf ateb y cwestiwn cyntaf yn llawer mwy pendant na'r ail. Cymysg yw'r canu. Cyfeirir yn rhif LV, ll. 653–4, at farw Aneirin: y mae yn ei fedd, ac nid oes mwyach ganu ar ei destun ef, sef y Gododdin. Cyferchir ei gân yn llinell gyntaf y pennill, dan yr enw *Gododdin*. Amlwg yw fod bardd yn ei hadrodd mewn ymryson beirdd; ei waith ef yw'r awdl hon, fel chwanegiad ati, a hynny ymhen ysbaid go hir ar ôl Aneirin.

Yn rhif LXXIX coffeir buddugoliaeth gwŷr Ystrad Clud ar Ddyfnwal Frych yn 642. Ni pherthyn hynny i hen destun Aneirin, nac i'w gyfnod.

Yn rhif LXXXVIII cawn gerdd hyfryd iawn, mam yn canu i fachgen bach o'r enw Dinogad yn null gorau hwiangerddi'r oesoedd. Gwnaethai wisg iddo o grwyn balaod, ryw siaced fraith, fraith. Yna dynwared chwibianu, a galw ar y gweision; disgrifio'r tad yn troi allan i hela, a phastwn yn ei law, a gwaywffon ar ei ysgwydd, gan alw ar ei gŵn *gogyhwc*. (Ni wn beth yw ystyr yr ansoddair, ond pa waeth? Gwych o air am gŵn!) Enwau'r rheini yw Giff a Gaff, ac wedyn clywn floedd yr heliwr:

> Giff! Gaff! daly daly, dwg dwg!

Edmygir yn weddus wrhydri'r pysgodwr a'r heliwr (*dy Dad di*) a rhifo'r ysbail, y ddalfa, yn bwyllog fesul pen. Ni fedr dim (oni bai fod ganddo adenydd) ddianc o afael *dy Dad di!*

Gem yw'r gân fach hon, a saif yn unig yn ein llên. Lluniwyd hi'n rhwydd ac yn hoyw gan fardd llys i ryngu bodd ei arglwyddes, fel y gallai hi ei chanu i'w Dinogad yn ei wisg newydd. P'le? Gan mai yn Rhaeadr Derwennydd y daliai'r tad ei bysgod mawr, gellid dewis glannau Derwent yn Cumberland neu Dderwent Sir Efrog, oni chawn hyd i Dderwennydd yng Nghymru. Perthyn i gyfnod Hen Gymraeg, fel y tystia ei hiaith. Rhoed hi i mewn ar ddalen a ddigwyddai fod yn wag mewn hen gopi o'r Gododdin, ac yna daeth rhyw gopïwr difeddwl, a thrwy wyrth o aflerwch corfforodd hi yng nghanol odlau rhyfel Aneirin, ac felly ei thrysori i ni. Bendith ar ei ben trwstan am wneud y fath gymwynas odiaethol â llenyddiaeth Gymraeg! Rhoes gipolwg i ni ar aelwyd Gymreig gynnar, pan oedd heddwch yn y tir, a chalon mam yn ymhyfrydu yn ei phlentyn. Ond nid oes a wnêl o gwbl oll â brwydr Catraeth.

    Cyffelyb ffawd a barodd fod rhif XLVII yn Llyfr Aneirin. Perthyn i Ganu Llywarch Hen, er na ddigwydd ymhlith englynion y Llyfr Coch. Gellir ei amseru gyda'r lleill oddeutu 850.

    Dengys y pedair enghraifft sicr hyn y dichon bod awdlau eraill wedi eu camgynnwys gyda'r Gododdin. Os aeth englyn a hwiangerdd i mewn, gymaint haws fuasai i foliant arwr a ddigwyddai fod yn yr un mesur â mawl gwŷr Catraeth gael derbyniad i'r cylch. Nid oes liw lle nac amser ar amryw o'r awdlau hyn, ag eithrio bod eu hiaith yn weddol unffurf. Rhaid, gan hynny, chwilio am y Gododdin gwreiddiol ymhlith yr awdlau sy'n cyfeirio'n bendant at y cyrch i Gatraeth neu'r paratoad ato. Os oes hen gnewyllyn (chwedl Loth), trwy gynllun felly y gallwn ddyfod o hyd iddo.

    Cyn gwneuthur hynny, buddiol fyddai bwrw golwg dros y gwahanol adroddiadau o'r un pennill a geir ar wasgar drwy'r llawysgrif. Gosodais hwy dan yr un rhif er mwyn hwyluso hynny. Weithiau, nid adroddiadau gwahanol o'r un pennill ydynt, ond penillion gwahanol â rhannau ohonynt yn gyffredin, darn o un wedi ei asio i un arall. Yn ôl fy nosbarth i, 103 sydd o benillion neu awdlau yn y Gododdin: o'r rhain ceir amrywiadau neu gymysgiadau o 22. Gwrthoder pedwar, a cheir 99, h.y. y mae gennym destun gwahanol i un o bob pump. Cymherais yr amrywiadau geiriol yn y nodiadau, a chyfaddefaf i mi'n aml syrthio i'r pechod hwnnw a gyfrifai'r Hen Gymry y gwaethaf o'r cwbl, sef anobaith. Er enghraifft, yn rhif XLV ceir tair ffurf ar yr un gwreiddiol:

    A. cret ty na thaer aer vlodyat
       un axa ae leissyar.
    B. caret na hair air mlodyat
       un s saxa secisiar.
    C. cleu na clair air uener
       sehic am sut seic sic sac.

Weithiau codwn ein calon wrth weld nad yw un testun ond diweddariad mwy neu lai cywir o'r llall. Pan fo'r Hen Gymraeg yno, medrir cywiro. Beth am y rhai na chawsom hen ffurf arnynt? A ddylem ail ysgrifennu'r rheini fel Hen Gymraeg? Pe gwnaem hynny, nid hen destun a fyddai, ond creadigaeth newydd, ac nis derbynnid gan neb ond gennym ni'n hunain. Ac eto rhaid cynnig peth felly yma ac acw i geisio cael synnwyr. Doeth yw gwneud hynny yn betrusgar, nid yn bendant.

Prin y mae astudio Hen Gymraeg wedi cychwyn eto, a daw mwy o olau maes o law. Heddiw, ysywaeth, rhaid datgan barn yng ngwyll y bore ar hanesolrwydd canu a ddaeth i'n dwylo wedi ei lurgunio a'i lygru gan ddraddodiad canrifoedd, ar lyfr ac ar lafar. Teg yw casglu mai ar lafar y cychwynnodd ei daith i lawr yr oesau. Profir hynny gan y modd y cymysgwyd penillion lle ceid yr un odl.[1] Rhoddwyd Cymeriad— llinell gyntaf—un pennill o flaen un arall.[2] Cymysgwyd dau bennill un odl;[3] dau o'r un mesur.[4] Diwygiwyd testun llwgr mewn amryfal ffyrdd.[5] Asiwyd dau bennill yn un er gwaethaf amrywiaeth odl.[6] Ac felly gyda llinellau. Gwyddys fod cystadlu adrodd y Gododdin yn rhan o ymrysonau'r beirdd cynnar. Gwyddys hefyd mewn oes ddiweddarach sut y cymysgid cywyddau gan y datgeiniaid wrth eu hadrodd. Dylid priodoli peth o gymysgedd ein testun i ddraddodiad llafar.

Tardd beiau eraill o gamddarllen testun ysgrifenedig mewn orgraff a llythrennau Hen Gymraeg (sef y math a elwir yn gyffredin, Hiberno-Saxon);[7] neu bennill mewn mydr rhy gyntefig i'r mesur helpu'r copïwr.[8] Weithiau rhoir cyfystyr, a dinistrio'r mesur trwy hynny.[9] Weithiau newidir llinell i gael gwared o syniad a ystyrid yn anghrefyddol;[10] neu gadewir allan linell farbaraidd.[11] Credaf fod glosau wedi eu cynnwys yn y testun, gw. ar 1075. Ac efallai y dylid cyfeirio at beth tebyg a ddigwyddodd yn argraffiad Skene, rhag bod trafferth i neb eto. Yno,[12] ceir a ganlyn:

Ystynnawc vyg glin
A bundat y en ty deyeryn.

Ar yr ail linell sylwodd Silvan Evans ei fod yn tueddu i ddeall y gair dieithr *bundat* fel "llaw," a bod dwylo'r bardd yn ogystal â'i goesau mewn cadwyn, er bod Ab Ithel yn cydio'r gair wrth *pwn*. Cynnig Stephens arno yw "bound." Gan fod copi Skene yn honni bod yn syth o Lyfr Aneirin, euthum i weld y llsgr. rhag ofn bod camgopïo. Er fy nirfawr syndod, nid oedd y geiriau *a bundat y* yno o gwbl, ac ni buont yno erioed. O'r diwedd, cefais hyd iddynt yng nghopi T. Wiliems, Trefriw, ond arhosai'r gair *bundat* yn ddirgelwch, a'r modd y daethant i destun Skene. Ar ôl hir benbleth, digwyddais sylwi fod

---

[1] Cf. xxxix. [2] xx, lvi. [3] xxii. [4] xxiii, lxiii. e. [5] liv, lxvi, lxix. [6] lxxv. a.
[7] 507, 551. [8] li. [9] 177, 794. [10] 225.
[11] 230. Cf. y gân i'r Ymerawdwr Aurelian, a ddyfynnir gan Schulz, *Influence of Welsh Tradition*, 96, Tantum vini habet nemo, quantum fudit sanguinis.
[12] F.A.B. 76, 382.

y llythyren *y* yn aml iawn (chwe gwaith) yn y ddwy linell wreiddiol, a gwawriodd arnaf mai glos Lladin copïwr diweddar oedd yma. Gwelsai yntau amlder *y*, ac ysgrifennodd ar yr ymyl gyferbyn, *Abundat y* "y mae *y* yn aml yma!" Yn y copi nesaf aeth y geiriau hyn yn rhan o broblem y Gododdin!

Cyhoeddais fy narganfyddiad,[1] ac ymhen dwy flynedd ces air oddi wrth Mr. G. J. Williams ei fod newydd daro ar lythyr yn llaw Edward Davies (awdur y *Celtic Researches*) at William Owen (Pughe), dyddiedig Medi 10, 1798 ;[2] yr oedd wedi derbyn proflen o ddechrau'r *Myvyrian*, ac wedi gweld mân frychau ynddi. Ofnai ei bod yn rhy hwyr eu cywiro, ond dyma un, "*Abundat y* is the note of some Grammarian. He means that *y* is redundant or superfluous—I presume the last *y* in *ystynyawc*." Felly, ysywaeth, rhaid i mi roi'r clod i Davies am weld gyntaf mai glos sydd yma! Hyfryd yw medru ei gywiro yntau yn ei esboniad, canys *ystynnawc* nid *ystynyawc* sydd yn Llyfr Aneirin. Gallwn ffarwelio bellach â *bundat* (er bod Silvan yn ei Eiriadur mawr yn dal i'w ddyfynnu, y tro hwn fel *bundad* "a collected host, army, or number?").[3]

A chofio fod copïo anghelfydd ac ail adrodd anghywir wedi newid cryn dipyn ar y testun, a chofio yn ogystal yr ymdrech gyson i'w ddiweddaru, beth am y sylwedd? Yma down wyneb yn wyneb â phroblem galetach lawer na'r manion poenus uchod, sef sut i gyfrif am anghysondeb amlwg yn yr hanes, ar bwynt nad oedd anghysondeb yn bosibl mewn cân gyfamserol. Trafodir hyn yn yr adran nesaf.

XII. Helynt y Rhifedi

Yn ôl un cyfrif yn y canu, aeth trichant i Gatraeth, ac ni ddychwelodd ond un. Gelwir hwy yn Osgordd Mynyddawg. Yfasant ei fedd.

1. 68–70.   Gwŷr a aeth Gatraeth; glasfedd eu hancwyn; *trychant*.
2. 84–9.   Gwŷr a aeth Gatraeth; *trychant;* ef gorsaf rhag Gosgordd Mynyddawg Mwynfawr.
3. 481.   Yn Lloegr bu trychion (clwyfedigion, celanedd) rhag *trychant* unben.

---

[1] *Trans. Angl. Antiquarian Soc.*, 1935, 33.
[2] Llyfrgell Caerdydd, Rhif 3.86.
[3] Am beth tebyg, cf. M.A. 102b, Ottid eiry gwin y cnes ni ryfelir y gaeaf / Nid a kedwir oe neges. Esboniad yw *ni ryfelir y gaeaf* ar y llinell nesaf, ond printiwyd ef fel parhad o linell gyntaf yr englyn!

4. 689–94. O winfaith a meddwaith ydd aethant ; rhag Catraeth ; O Osgordd Fynyddawg, o *drychant* namyn *un gŵr ni ddyfu* (ni ddaeth).

5. 695–702. O winfaith a meddfaith yt grysiasant. O Osgordd Fynyddawg andwyf adfeilliawg ; o *drychant* rhiallu yt grysiasant Gatraeth, tru namyn *un gŵr nid atgorsant* (ni ddychwelsant).

6. 705–8. O Osgordd Mynyddawg, o ancwyn Mynyddawg handid tristlawn fy mryd ; o *drychan* eurdorchawg a grysiws Gatraeth tru namyn *un gwr nyt anghasant* (ni ddiangasant).

7. 956–7. O Osgordd Fynyddawg *ni ddiangwys namyn un.*

8. 1126–31. *Try chan* eurdorch(awg) a grysiasant. Ac o'r sawl a aetham (? aethant) tru *namyn un gwr* ni ddiangasant.

9. 1132–9. *Trychant* eurdorchawg, *trychan* trahaawg, *trychan* meirch a grysiws ganddynt, *trychwn a thrychant*, tru *nid atgorsant*.

O'r dyfyniadau oll, ni fedraf lai na chasglu mai trichant union a aeth, yn dri llu o gant yr un, ac o'r rheini, un gŵr a ddychwelodd. Ond os pwysir ar y *trychwn a thrychant* yn 9, gellid cynnig i 300 fynd, a hefyd tri arweinydd. Atgoffa hynny awdl rhif XVIII.

10. 181–200. *Trychwn a thrychant, tri chatfarchawg, tri llu, tri theyrn eurdorchawg, tri marchawg dywal ; tri theyrn maon* a ddaeth o Frython, Cynri, a Chynon, Cynrain o Aeron. A gofynnir, "A ddyfu o Frython ŵr well na Chynon ?"

11. 804–7. O'r a aeth Gatraeth ar neges Mynyddawg ni ddaeth yn ddiwarth o barth Frython Ododdin ŵr bell well na *Chynon.*

12. 817–8. Oedd odid ym mid (brwydr) o barth Frython Gododdin obell gwell na *Chynon.*

Nid yw 10 na 12 yn tybio o anghenraid fod Cynon wedi dianc yn fyw, ond y mae 11 yn golygu hynny. Os hepgorir ef fel amrywiad diweddarach ar 12, y mae tynged Cynon yn anhysbys.

Troer yn awr at ffurf arall ar yr hanes, lle gwelwn mai 363 o wŷr a aeth i Gatraeth, a bod tri wedi dianc trwy wrhydri, a'r bardd yn bedwerydd, am mai bardd ydoedd.

13. 235–42. Gwŷr a aeth Gatraeth : gwin a medd fu eu gwirawt flwyddyn : *trywyr a thri ugeint a thrychant* eurdorchawg. O'r sawl yt grysiasant, *ni ddiengis namyn tri* o wrhydri a minnau oherwydd fy ngwenwawd.

HELYNT Y RHIFEDI

Enwir y tri, sef *dau gatgi Aeron*, a Chynon, cf. 10, Cynri a Chynon, Cynrain *o Aeron*. Y tebyg yw mai hwy yw'r *tri chwn* (neu *trychwn*) yn 9 hefyd, os oedd tri swyddog i'r osgordd.

Ar ddiwedd Gwarchan Cynfelyn daw cyfeiriad eto at y 363; tri yn dianc, a'r bardd yn bedwerydd.

14. 1401–9. *Trywyr a thriugaint a thrychant* i freithell Gatraeth yd aethant; o'r sawl yt grysiasant *namyn tri* nid atgorsant, sef *Kynon a Chadreith a Chatlew* o Gadnant. A minnau, fy ngwerth i a wnaethant o aur pur a dur ac ariant.

O'r 363, dychwelodd tri, Cynon a dau eraill, eto nid yr un dau ag uchod. Dichon mai hwy yw'r ddau gatgi o Aeron yn 13, ac na ddychwelodd Cynri a Chynrain. Dichon mai bai cof rhyw adroddwr a barodd y cymysgu enwau. Ond ni ellir gwadu fod yr adroddiad hwn yn dal fod Cynon, y bardd, a dau eraill wedi dianc yn fyw o Gatraeth.

Yn y rhudd-deitl enwog sy'n dilyn Gwarchan Cynfelyn, ac yn blaenori Gwarchan Maeldderw, nodir fod pob un o'r Gwarchanau yn cyfrif fel *tri chanu a thri ugeint a thrychant* mewn ymryson beirdd, "Sef achaws yw am goffau yn y Gwarchanau *rifedi y gwŷr a aethant i Gatraeth.*" Ni fedrai dim fod yn fwy pendant o blaid y nifer 363.

Dyna'r safle. Ni all y ddau adroddiad fod yn gywir. Yn ôl un, aeth 300 a daeth un yn ôl; yn ôl y llall aeth 363, a dychwelodd pedwar. Peidied neb â meddwl mai dibwys yw'r anghysondeb. Oni fedrir ei ddileu, rhaid dygymod â'r syniad mai gwaith oes ddiweddarach yw'r Gododdin, ac nid cynnyrch cyfoes. Sut bynnag y trafodwn ef, collwn ran o'r Gododdin. Ni buasai bardd oedd yn llygad-dyst o'r frwydr byth yn methu ar y pwyntiau hyn. Os ymarferiadau beirdd y nawfed ganrif ar hen destun yw'r hyn a gawsom fel y Gododdin, cyll ei ddiddordeb pennaf i'r hanesydd, ac â drosodd i fyd dychymyg. Ei le bellach fydd fel maes chwarae i'r beirniad llenyddol a'r astudiwr iaith.

I ddechrau, cytuna'r ddau adroddiad yn hyn; rhoddant nifer yr *holl* lu a aeth i Gatraeth, nid nifer y penaethiaid bonheddig yn unig a gadael nifer y werin a'u dilynai i ddychymyg golygyddion. Y mae ll. 86 yn derfynol ar hyn; i'r bardd yno trichant oedd ein llu ni, a chan mil oedd y gelyn; nid 300 ar feirch *a miloedd* ar draed o Frython (fel y tybiodd rhai) yn erbyn can mil o Saeson.

Bûm yn ceisio cysoni'r ffigurau trwy dybio fod dau lu wedi mynd i Gatraeth, un o 300 a'r llall o 363, un o Elfed a'r llall o Ododdin.

Ni thâl hynny chwaith : gosgordd Mynyddawg a aeth i Gatraeth. Ceisiais wedyn loches yn ansicrwydd y gair *cant* ; weithiau golyga nifer amhenodol, rhywbeth fel *llu,* cf. R.B.B. 209, pedyd*gant* ; I.G.E. 375.[1] Pe golygai 120, buasai teirgwaith hynny yn 360 ! Dull y Gwyddyl o ddweud "saith gŵr" oedd *chwech mawr* (*mor fheser*). Ni thâl camp felly chwaith : ni chyffwrdd yr anhawster ynglŷn â nifer y "dychweledigion." Nid oes neb yn dweud *un* ac yn meddwl i bawb ei ddeall fel *pedwar.* Na, rhaid gwrthod un adroddiad. Prun ? Ymddengys i mi mai'r 363 yw'r rhifedi gau.

1. Rhois uchod naw dyfyniad o'r Gododdin i ategu'r 300. Nid oes ond un o'r Gododdin (sef rhif 13) o blaid y ffigur arall. Daw'r ddau eraill, un o Warchan Cynfelyn, a'r llall o'r rhudd-deitl.

2. Cymerer safle rhif 13. Disgwylid y buasai A, copïwr cyntaf y Gododdin yn Llyfr Aneirin, yn rhoi ar ddechrau'r gân yr awdlau hysbys cydnabyddedig gan bawb. Ar td. 3 a 4, dyry chwech awdl gyda'r Cymeriad *Gwyr a aeth Gatraeth* ; yna daw pump heb y Cymeriad hwnnw. Ar ôl y rheini daw awdl eto yn dechrau gyda *Gwyr a aeth Gatraeth,* ac ynddi hi y daw'r unig gyfeiriad at y 363 yn y Gododdin ei hun. Teg, felly, yw casglu oddi wrth drefn yr awdlau yn y llsgr. nad oedd hon i'w chael gyda'r lleill o'r un Cymeriad yng ngwreiddiol Llyfr Aneirin. Chwanegwyd hi o ryw darddell arall, a ddaeth i law'r ysgrifennydd yn rhy hwyr iddo ei chynnwys yn ei lle priodol ei hun. Awgrym yw hyn ; dim mwy. Sylwer mai ynddi hi hefyd y ceir y fannod am y tro cyntaf yn y Gododdin.

3. Daw rhif 14 yn llaw A ar ddiwedd Gwarchan Cynfelyn, ac yn union o flaen y rhudd-deitl. Llinellau byrion sydd yn y Gwarchan o 1337 hyd 1381. O 1382 hyd 1400, cymysg ydynt, ond y brifodl yw *-at, -eit.* Yna daw rhif 14, darn hollol ddigyswllt â'r hyn a'i blaenora, yn odli yn *-ant.* Mwy na hynny, ynddo ceir yr unig air yn y Gododdin, hyd y medrais i weld, a allai fod yn fenthyg o'r Ffrangeg, sef *menestri,* gw. ar 1404. Rhois y ddadl orau a fedrwn dros ei darddu'n syth o'r Lladin, er mwyn bod yn deg. Ond yn sicr nid yw presenoldeb hwnnw yn yr adran yn cadarnhau hynafiaeth plaid y 363. Gall fod yn ddamniol iddi.

4. Cydnabyddir fod yr Atodiad yn llaw B (gw. uchod, td. xiii) yn

---

[1] Cf. Funk-Wagnall, *Dict.*, *hundred*, "Formerly, it sometimes stood for collections of 120, 124, or 132 objects. A survival of these early uses is found in the hundredweights of 120 and 112 pounds."

tarddu o hŷn tarddell na gweddill y testun. Oddi yno y daw'r dyfyniad uchod, rhif 6 (i ategu rhif 5); hefyd rhif 7 ac 8, y cwbl o blaid y 300, a'r cwbl o ffynhonnell yn orgraff y nawfed ganrif.

5. Yr unig enghraifft arall o 363 yw'r rhudd-deitl, gw. isod, td. 55. Tyst pwysig yw hwnnw i arfer a dull y beirdd o ymryson. Ffôl yw ei osodiadau, serch hynny. Dywed mai un canu y cyfrifid awdl (neu bennill) o'r Gododdin mewn cerdd ymryson; rhifid 363 am bob un o'r Gwarchanau am goffáu yn y Gwarchanau rifedi y gwŷr a aethant i Gatraeth: eithr am Warchan Maeldderw Taliesin gwna'r sylw hollol anghredadwy fod Taliesin wedi rhoi braint i hwnnw ei fod yn werth holl odlau'r Gododdin a'i dri Gwarchan gyda'i gilydd mewn cerdd ymryson! Celwydd golau! Sut y gwyddai Taliesin cyn 600 y buasai'r beirdd ymhen canrifoedd yn cystadlu ar adrodd ei ganu? Yn y copi anghyflawn sydd gennym o'r Gododdin ceir 103 o odlau: chwaneger teirgwaith 363, sef 1089, at hynny, a cheir 1192. A fuasai'r Pen Beirdd yn ddigon haerllug i gyfrif fod 69 llinell o'i ganu ef yn gyfwerth â thros 1410 o linellau Aneirin? Cofier fod hwnnw hefyd yn *Fechteyrn* Beirdd! Yn *Llyfr Taliesin* ceir pris mor isel â 24 yr un am bedair cân i Daliesin; a 300 yr un am dair iddo. Ymddengys 300 am gân weddol hir yn rhif go deilwng: y mae 1192 (neu fwy) am gân o 69 llinell yn gribddail. Peth arall, ni sonnir am rifedi y gwŷr a aeth i Gatraeth yn y gwarchanau eraill: daw i mewn yn unig yn y darn amheus ar ddiwedd G. Cynfelyn. A hyd yn oed pe ceid cyfeiriad at eu rhifedi ym mhob un, ai credadwy yw y buasai presenoldeb ffigur mewn cerdd yn penderfynu ei gwerth a'i braint mewn cystadleuaeth? Nid tyst cywir yw'r rhudd-deitl, ond canllaw Taliesin, a medrwn ei ddiystyru. Cofier fod Taliesin yn arwr chwedlau a chyfarwyddydau diweddar, a gallasai ymffrost o'r math hwn ddyfod o'r cyfryw.

I grynhoi, y mae'r ddadl dros y 300 yn gadarnach lawer na'r un dros y 363; felly ni allaf bellach dderbyn ll. 238-42: 1401-9 fel hengerdd ddilys, na'r rhudd-deitl fel tystiolaeth onest. Pwy bynnag a greodd y stori am y tri-wyr a'r tri-ugeint a'r tri-chant; a'r tri milwr yn dianc, a bod eu cof yn y tri Gwarchan, gŵr ydoedd yn meddwl mwy am drioedd na'r manwl wirionedd. Cyferbynner hyn â'r traethawd gwerthfawr ar *Fonedd Gwŷr y Gogledd* a geir yn Peniarth 45 :[1] yno meddir "*Trychan* cledyf Kynuerchyn a *thrychan* ysgwyd Kynnwydyon a *thrychan* wayw Coeling, pa neges bynhac yd elynt iddi yn duun, nyt amethei hon honno," hynny yw, anorchfygol oedd cyrch y tair gosgordd neu'r

---

[1] Skene, F.A.B. ii. 454: Wade-Evans, *Arch. Camb.*, 1930, 339.

tri llu hyn ynghyd, meibion Cynfarch, Cynnwyd, Coel. Mewn traethawd cynnar fel hwn am Wŷr y Gogledd, 300 yw'r nifer safonol mewn llu, teulu, gosgordd. Ond pan drown i'r Trioedd yn yr un llsgr. yr ydym ym myd rhamant; rhifedi'r Tri Diwair Deulu, a'r Tri Anniwair Deulu, yw 2100 yr un : a'r Tri Arianllu, 21,000 !¹

Os dihangodd un, pwy oedd ? Tybiaf mai Cynon fab Clydno, cf. B.B.C. 64, in isel gwelitin. bet Kynon mab clytno idin . . . bet kinon *in reon rid.*² Nid yng Nghatraeth y cwympodd, yn ôl y cyfarwyddiaid.

XIII. *Gwarchan Tudfwlch*

Y mae'r un mesur a'r un Cymeriad i'r Gwarchan hwn ag a geir yn rhif xxiii o'r Gododdin. Yr arwr a glodforir yw Tudfwlch, un o osgordd Mynyddawg (1314). Ond os deallais ll. 1270-3, gŵr ydoedd o Eifionydd, canys yno yr oedd galar ar ei ôl. Gogoniant y gân yw ll. 1284-7. *Carut vreidvyw !* Hoffai fyw bywyd enbyd, ac aeth i Gatraeth yn ei afiaith, er medd a chwrw (1306), ond chwerw fu'r wledd iddo. Diau mai ef yw'r Tudfwlch a enwir yn y Gododdin, gw. td. 397 am y cyfeiriadau. Os felly, mab Cilydd ydoedd (120), efallai Cilydd Gwaredawg (1096).

XIV. *Gwarchan Adebon*

Credaf nad yw hwn ond dryll neu ddernyn o gân hir o ddiarhebion odledig. Nid enwir Catraeth. Tystiolaeth yw fod Aneirin yn hysbys fel diarhebwr, a'm tyb i yw fod y Gwarchan yn weddill cân fel *Gosymdeith Llefoed Wynepclawr* yn y Llyfr Coch o Hergest,³ neu'r dernyn amherffaith yn y Llyfr Du o Gaerfyrddin.⁴ Oherwydd ei enwogrwydd yn y math hwn o ganu cynnar, priodolwyd i Aneirin *Englynion y Misoedd* a gynhwyswyd yng *Ngorchestion Beirdd Cymru*, td. 1-5, gw. Jackson, *Early Welsh Gnomic Poems*, 12-6 ; 37-42, am drafodaeth ofalus, a thestun golygedig. Ni ellir amseru casgliad o ddiarhebion, eithr amlwg yw fod odli diarhebion yn yr hen draddodiad (cf. Gwarchan Maeldderw),

[1] F.A.B. 460-2 ; cf. Cy. vii. 129 ; R.M. 305.
[2] M.A. 276a, Neud gweigion *Arfon is Reon ryd*, ond cf. B.B.C. 52, 4 ; 60, 20, *kaer reon*, ac yn arbennig B.T. 34, 1, O pen ren wleth hyt luch *reon* (Skene, F.A.B. ii. 337, 401, *Loch Ryan* in Wigtonshire).
[3] R.P. 20-1.
[4] B.B.C. 7-8, cf. hefyd Gwalchmai, M.A. 149.

a buasai creu rhai newydd yn sicr o fod yn rhan o orchest y beirdd cynnar a luniodd y canu Natur godidog sydd ar gael yn ein llawysgrifau hynaf. Yr un gamp sydd ar y naill a'r llall, a'r un ddawn a roddes i'n cenedl ar hyd yr oesoedd benillion perffeithiaf cywyddwr ac englynwr, lle cloir synnwyr mewn brawddeg addurnedig gofiadwy.

XV. Gwarchan Kynfelyn

Moliant rhyw Gynfelyn sydd yma, gelyn Eingl, tywysog marchogion a bwydwr brain. Ei wlad oedd Gwynedd (1383).[1] Enwir *Eidyn gaer* (1385), a meirch *Eithinyn,* cf. y Gododdin, 422–7, 1388. Rhoes ei wayw i'r bardd, a chanodd yntau (yn ddigrif iawn !) "Boed er lles i'w enaid !" Cyfeirir mewn dull sydd braidd yn amwys at fab Tegfan ac ŵyr Cadfan (1395–7), dau o rai buan yn nydd brwydr. Ac yna daw'r pennill (a wrthodwyd uchod) i'r 363, "uch medd *menestri,*" a'r modd y rhoed pridwerth o aur ac arian a dur ar y bardd, pan arbedwyd ei fywyd. Yn ôl y Gododdin, Cenau fab Llywarch a'i gwaredodd o garchar y gelyn, nid trwy dalu, ond trwy rym y cleddyf, gw. ar rhif XLIX. Y mae'r pennill (1376–7)

Ys meu e gwynaw
eny vwyf y dyd taw

yn atgoffa Marwnad Cynddylan,[2] *Ef cwynif oni fwyf i'm derwin taw;* cân na welaf ddim yn erbyn ei hamseru yng nghanol y seithfed ganrif.

Sylwer ar y cyfeiriad at Hela'r Twrch Trwyd yn nechrau'r gwarchan hwn.

XVI. Gwarchan Maeldderw

Gan mai Taliesin yw'r awdur, ni ddylesid gydag iawn gynnwys hwn yma, mewn cyfrol o ganu Aneirin. Fe'i rhois i mewn oherwydd geiriau'r rhudd-deitl amdano ef a gwaith Aneirin, er mwyn i'r darllenydd gael cyfle i farnu drosto'i hun ai cyfwerth yw hwn â'r holl Ododdin a'i dri gwarchan. Cyfetyb i'r dim i Warchan Adebon, canys casgliad o ddiarhebion yw, eithr bod ei ddiarhebion ef yn deilwng o awen

---

[1] Yn ôl Anwyl, *Prolegomena,* 15, "The Cynfelyn here commemorated is probably Cynfelyn Drwsgl, the brother of Cynon ab Clydno Eiddin." Ni fedraf ddeall cyswllt hwnnw â Gwynedd.

[2] C.LL.H., td., 51.

Afagddu. Ar y diwedd clodforir Maeldderw, ac efallai hefyd yng nghorff y gân. Yno enwir *esgor eidin* (1441), eithr nid oes sôn am frwydr Catraeth. Darn tywyll yw, eithr i ddyn yr inc coch ei dywyllwch caddugol oedd ei ogoniant, o leiaf i amcan cerdd ymryson, a diau fod profiad chwerw y tu ôl i eiriau rhyw fardd a gadwyd inni yn *Llyfr Taliesin*,[1]

> An maglas blaen derw
> o warchan maelderw.

Os ystyr hynny yw i'r gwarchan hwn ei faglu ef ac eraill, medraf gydymdeimlo i'r byw. Maglodd finnau.

XVII. *Addurn ac Arfau a Diwylliant*

Cyn gadael y defnydd a throi at y ffurf, gwell crynhoi yma rai o'r cyfeiriadau at dai a dodrefn, gwisgoedd ac arfau, a'r cyffelyb, yn y canu hwn, ac ychydig hefyd am y dull o fyw a ddaw i'r golwg, yma ac acw.

Y neuadd neu'r llys yw plas yr arglwydd, ei gartref ef a'i osgordd, ei deulu, neu ei nifer. Gan fod amryw adeiladau yn perthyn i'r llys, fe'u gelwir *mordai*, sef tai mawr. Yr ystafell yw ystafell breifat neu ysgyfala yr arglwydd a'i arglwyddes. Y cyntedd yw'r ystafell fawr lle cynhelid pob gwledd, lle'r gyfeddach. Sonnir am bebyll, yn y gwersyll yn ddiau, ac am dŷ'r gelyn fel *cell;* ond parch sydd yn y termau *nyfed, gorsedd*. Ffermdai, mae'n debyg, yw'r *trefydd*, ac ystafell fechan yw *llogell*. Nid enwir gwelyau na byrddau; yr unig ddodrefnyn y cawn ei enw yw'r *lleithig*, sef mainc, o'r Lladin *lectica*, ac felly yn hen fenthyg. (Mewn pennill diweddarach a gynhwyswyd ar fai yn y Gododdin, fe'i gelwir ar enw benthyg o'r Saesneg, sef *being*, beinc.) Y sedd anrhydedd-usaf i'r arwr yw pen neu ddâl y lleithig.

Yn y wledd (*cŵyn*, *ancwyn*) eistedda'r milwyr o amgylch *trull*, y llestr sy'n dal eu diod. Yfant o lestr a elwir *pann* (nid Saesneg yw, canys *panna* y galwai crochenyddion Celtic Ffrainc un o'u llestri hwy yn y ganrif gyntaf ar ôl Crist): sonnir am yfed gwin o lestri gwydr, o rai aur, o rai arian, a medd a bragawd a chwrw a mall o gyrn bual, medd-gyrn, buelin; unwaith gelwir yr olaf yn gyrn *glas*. Nid enwir bwyd o fath yn y byd, ond unwaith dywedir fod y gelyn yn ei gell yn cnoi angell neu goes bwch (gafr)! Eto ymladdent i gadw eu meysydd ŷd, a sonnir am dywys, ac am aredig, ac am ddal pysgod, a hela *alan* neu

---

[1] B.T. 25, 19.

garw ifanc, hydd, iwrch, mochyn gwyllt, grugiar (*grouse*). (Daw'r
rhain, cofier, yn yr hwiangerdd.) Sonnir am *fiw* (gwartheg) ac *alafoedd*
(gyrroedd ohonynt). Goleuid y cyntedd â *lleu babir* (brwyn), a *lluch bin*
(ffaglau pinwydd). Yr oedd yno dân mawr, i gadw'r lle yn gynnes,
a chrybwyllir unwaith am groen gwyn, efallai ar wely. Hoffent afalau.
Yr oedd *lluarth,* neu ardd lysiau (*kitchen garden*) yn hysbys. Ar ddydd
calan, câi'r cerddorion rodd (*ced a choelfain*) ; clywid cân yn y llys, ac
adroddid yno hanes brwydrau a gwrhydri arwyr ar gân neu mewn
cyfarwyddyd, ni ddywedir prun. Hysbys oedd *ennaint* (*bath*), fel y
disgwylid ymhlith etifeddion diwylliant Rhufain. Yng Ngwarchan
Maeldderw cawn y gair *trybeddawd,* lluosog *trybedd* (*trivet*), y trithroed
a ddaliai'r crochan neu'r pair.

Am eu dillad a'u deunydd, enwir *llen,* mantell ; dillad *seric* neu sidan ;
a cheir *brithwe,* efallai am frethyn amryliw fel *tartan ;* *rhudd* am frethyn
coch neu ruddgoch ; a *phorffor,* lliw gwisg merch Eudaf, ac eraill o ran
hynny. Eu haddurn oedd *caeau* (*brooch* i ddal eu mentyll, *talaith* am eu
gwallt) ; torch aur am eu gyddfau ; efallai *gwefrawr,* sef pellenni amber.
Gall *pelloedd* olygu crwyn, mewn un llinell. Gelwir gwisg y bachgen
bach, Dinogad, yn *bais* ; ei deunydd oedd crwyn *balaod,* lluosog *beleu*
(sef *marten*). A chan fy mod yn enwi'r bachgen, dyma'r lle i nodi y
gwyddent beth oedd *pêl !*

Ceir digon o enwau ar y pendefigion, megis *teyrn, brenin, gwledig, udd,
unben, iôr* (nid *arglwydd*), *rector*,[1] *rhwyfiadur ;* yr isel radd yw'r *eillt,* a'r
ceith (lluosog *caeth*). Nid yw'r *distain* Seisnig wedi cyrraedd eto ; *maer*
yw'r swyddog sy'n gofalu am y llys. Dyry *medelwr,* neu'r *fedel* yn y
cynhaeaf air am y rhai medrus i ladd ar faes brwydr. Ond cyn mynd
yno arferid troi i'r llannau, rhoi aur i'r allor, a phenydio ; hysbys oedd
y periglawr, a derbyn y cymun. Nid yw'r gair *Duw* yn y canu o gwbl ;
ond sonnir am Drindawd mewn Undawd ; am fedydd, am les enaid,
a gwlad nef (neu *was nyf).* Ond cryfach yw tynged na phenyd, serch
hynny ; y dynghedfen a dyngwyd i ddyn a ddaw i'w ran, ni waeth beth
a wnêl. *Pawb pan ry dyngir yt ball* yw eu diharebol. Y mae'r *sywedydd*
yma, sef y doeth, y dewin a ŵyr dynged dyn. Os gwn i beth oedd
perthynas hwn â'r periglawr.

O'r termau rhyfel, ni fedraf ond dethol. Yr amddiffynfa yw'r *gaer,
din, dinas, ysgor :* gwyddys am *fur,* a *garthan* (palis ?) ; *clo* a *dylaith* (bar
ar ddrws). Ymosodir ar doriad y dydd, gyda *gawr,* bloedd ryfel, a
rhuthro neu *wanu* am y cyflymaf yn erbyn y gelyn. Aelod o osgordd

---

[1] Cf. Gildas, 13, *rectoribus* licet immanibus ; vulgo irrationabili absque *rectore.*

brenin oedd *rhiallu*. Rhestr o filwyr yw *dull*, a *dulliaw* yw trefnu'r *llu* (*cad, lliwed*) ; adrannau o'r fyddin yw *blaen, cynnor, perfedd, eithaf, bragad*, a'r frwydr yw *cyfranc, caled, taer, gwnedd, trwm, trin, rhaid, cymynad, camawn, plymlwyd, mid, gŵyth, gwaith*. Y term am arbed yw *rhoi nawdd* : am ffoi, neu gilio'n ôl, *techu*. Gelwir y gwŷr a dorrir i lawr yn *drychion*, a *llynwys* yw'r gŵr ystaeniedig â gwaed (neu ynteu *lledrudd*). Cludir yr olaf ar *elorwydd* neu elorawr. *Golo* yw cladddu. *Tang*, neu *tanc* yw cytundeb heddwch.

Eu harfau amddiffynnol oedd *ysgwyd*, sef y darian lydan; *rhodawr, rhodawg, cylchwy*, yr un gron. Cludid hi cyn y frwydr ar bedrain y march. Amdanynt gwisgent *lurug* (benthyg o'r Lladin *lorica*), neu gôt ledr â darnau o haearn wedi eu gwnïo arni. Enw arall arni oedd *seirch*, benthyg o'r Ll. *sarcia*, o *sarcio* "trwsio, cyweirio" (cf. *cyweirdeb, cyweir* mewn Cymraeg Canol am harnes ceffyl ac arfwisg gŵr). O'r un gair y daeth *syrce* "shirt of mail" mewn Anglo-Saxon (e.g. *Beowulf*) ; *sark* "crys" yn yr Alban ; a *serkr* mewn Hen Nors.[1]

Gelwid tarian hefyd yn *galch, gwyngalch, aes, aesawr*, a'r seirch yn *galchdoed, tudded, caen, gwrmgaen*. Y lledr oedd yn *wrm* "brown," ond gloyw oedd y tefyll dur ar y llurugau, canys *claer* yw'r ansoddair am yr olaf. Enw'r darnau dur hyn yw *gemau* "scales," yr un enw ag a roid ar y croen a blisga i ffwrdd oddi ar bysgodyn, awgrym beth oedd ffurf y cen haearn hwn. Addurnid a chryfheid y tarianau trwy yrru *hoelion* i mewn iddynt ; hefyd *hemau*, sef *rivets*. Pylai pennau'r rhain fin cleddyfau'r gelyn. Sonnir am ysgwyd *eurgrwydr*. Pren oedd ffrâm y darian, canys âi'n *ddellt* mewn brwydr. Trwy guro arni, gwneid twrw arswydus i ddychryn y gelyn.

Eu harfau ymosod oedd *cleddyf* (glas, felly o ddur), *gwayw, cyllell*. Enwau ar amryfal fathau o waywffyn neu rannau ohonynt oedd *paladr* "coes" ; *llafn, penn* "blaen" ; *lla-in* (benthyg o'r Wyddeleg) ; *pâr, yspar, saffwy, llath, bêr, cethr, gwyal*. Y mae'r rhai nesaf yn dangos y defnydd, *prenn, heyrn, onn, bancarw, celyn*. Ceir hefyd *arf, erfyn, offer, llory, ceingiell*. Ni sonnir am *saethau*.

Clodforid yr arwr (*barfawd* neu farfawg) am borthi'r *brain, eryron, ysgylfion, gwyddgwn* neu *ganawon* coed. Ymladdai fel *llew, blaidd, tarw, twrch, baedd coed* (wrth ruthro ymlaen), fel *arth* (wrth gilio'n gyndyn yn ei ôl). *Dragon* ydoedd neu *sarff* i bigo'r gelyn ; neu ynteu gelwid ef *sychyn*, term amaethu, canys gwthiai drwy'r gelyn fel *swch* aradr drwy'r

---

[1] Gw. td. xlvi am y farn mai gan y Brython y dysgodd y Saeson wisgo llurugau.

pridd! Mewn awr galed, *dinas* ydoedd i'r ofnus ffoi ato; *mur* cadarn oedd i'w gysgodi. Pan ffoai eraill, haeddai ef yr ansoddair *anysgoged*.

Pwysleisiwyd yn barod mai marchogion oedd arwyr y Gododdin; dyma rai o'u henwau am farch, *emys, cafall, gorwydd, gorwyddan*: a rhai o'u hansoddeiriau am feirch, *mwth, myngfras, rhawn rhynn, breichir, meinfuan, meinllwyd, ffysgiolin, gradd-forion, meinyell, mein erch, erchlas, llemenig, canwelw, eiliw eleirch, cochre.* Gelwid cyfrwy ar yr enw *gobell.* Tybia rhai mai ysbardunau yw *ethy,* ll. 8.

Mwynder, haelioni, mynogi, llawenydd oedd y rhinweddau a ddisgwylid i ŵr eu dangos yn y llys; ond ar faes y gwaed, gerwindeb chwerw diarbed. Eu balchder oedd *cadw amod*: eu blys oedd cael eu hadrodd, eu moli; eu hofn oedd *mefl, gwarth,* colli *wyneb.* Eu credo syml oedd fod gwrthod *techu* neu ffoi mewn brwydr yn haeddu nefoedd, ac na thâl dyn ddim heb *wryd,* gwrolder. Elent i'r frwydr dan chwerthin, a pharotach oeddent i ymladd nag i wledda. Nid oedd gwledd briodas, *neithiawr,* mor swynol iddynt â gwahoddiad i fwydo brain. Dyna'r math oedd y gwŷr a aeth i Gatraeth. Beth bynnag oedd rhif y gelyn, rhaid iddynt hwy fel Gosgordd Diwair dalu eu medd.

XVIII. Olion Hen Destun

Am y ddadl dros gredu fod Brythoneg wedi datblygu yn Gymraeg yn ddigon cynnar i Aneirin a Thaliesin ganu yn Gymraeg, gw. Syr John Morris-Jones, *Tal.,* 27–34.[1] Gobeithiaf gael cyfle i drin y pwnc mewn lle arall: nid oes ofod yma i drafod y cwestiwn cyffredinol yn deilwng. Y cwbl a geisiaf yn yr adran hon fydd tynnu sylw at yr elfennau hynafol yn orgraff, geiriau, a chystrawen y canu. Golyga hyn i raddau gyffwrdd eto yn y pwnc a drafodwyd uchod, sef cyflwr llwgr y testun.

Arfer yr adroddwyr a'r copiwyr, y mae'n amlwg, oedd diweddaru'r ffurfiau a'r orgraff, gan roi cyfystyron eu hoes eu hunain yn lle'r hen eiriau. Weithiau golygai hynny newid trefn geiriau llinell, e.g. 11–12. Yno ceir *moli* yn odli â *ti : molim* (molif) yw orgraff y cyntaf yn y nawfed ganrif, a chan na bu *f* erioed ar ddiwedd y rhagenw (cf. S. *thou,* Ll. *tu*), nid odl fuasai *molif* a *ti* yn amser Aneirin nac am amser hir wedyn. Dangosodd Syr John y gellir adfer yr hen odl trwy symud *gwneif* (gwne-if) o ganol ll. 11 i'w diwedd. Bwrier mai'r hen odl oedd

---

[1] Hefyd *Inventory of the Anc. Monuments in Anglesey,* 1937, cxiv–vii, am y dystiolaeth a rydd arysgrifau Môn.

gwne-if, molif. Collwyd yr -*f* ar ddiwedd y berfenw, beth bynnag erbyn y ddeuddegfed ganrif, ond arhosodd -*f* ar derfyn y ferf, pres. myn. 1af, yn hwy o lawer. Ni thalai odli *gwne-if* a *moli.* Felly atrefnwyd y ll. 11 nes bod *ti* ar y diwedd. Y wers yw fod llinellau eraill wedi eu trwsio'n gyffelyb, o bosibl.

Y ffordd orau i weld graddau a dull y diweddaru yw astudio yn eu trefn y penillion y mae amrywiadau ohonynt wedi eu diogelu yn Llyfr Aneirin. Gan fy mod eisoes wedi trafod pob un o'r rhain yn weddol fanwl yn y Nodiadau, digon fydd cyfeirio atynt yma, neu ymfodloni ar y prif rai.

    225. ys deupo gwaeanat gwerth na phechut
    233. ath uodi gwas nym gwerth na thechut.

Yma newidiwyd y ferf gyntaf a'i rhagenw mewnol i frawddeg ystrydebol oes ddiweddarach : collwyd y rhagenw a rhan o'r ystyr trwy hynny. Yna, yn lle'r hen *gwas nym* (gwlad nef) lle dengys *nym* orgraff y nawfed ganrif yn ei *m*, a hen gyflwr genidol *nef*, heb sôn am *gwas* yn yr ystyr o ddinas neu wlad, rhoddwyd *gwaeanad*, cyfystyr hysbys yn y ddeuddegfed ganrif, yn lle'r ddeuair hynafol. Wedyn, trowyd *techu* yr hen i *pechu*, er mwyn osgoi'r syniad paganaidd fod nef yn wobr am beidio â ffoi ! Yn ffodus, cadwyd amrywiad o'r ll., a medrwn adfer yr hen destun, yma ac yn y ll. nesaf (lle newidiwyd tri gair, a cholli sill), ond beth am y cannoedd llinellau nad oes gennym ond un copi yn llaw'r un gŵr ? Cf. eto 248-9, a 256-7.

Cymharer yn awr rhif XXIII, A a B. Dechrau A yw dwy linell hir (er eu printio yma fel pedair) yn odli yn -*et ;* yna daw tair hir yn -*eu.* Yn B, fodd bynnag, ceir awdl gyfan o linellau hirion yn -*eu.* Felly nid yw A ond cymysgfa o ran o B ac awdl arall. Heblaw hynny, anghywir yw'r mesur ynddo yn y ll. hir olaf : a chollodd y ffurfiau *llyddw* a *gwyddw*, hen luosogion *lleddf* a *gweddw*, a throes *ef gwneei* yn *goruc.*

Yn rhif XXVI ceir amrywio a chymysgu cyffelyb, ond y mae A a B yn cadw'r odl fwyaf hynafol y sylwais i arni yn y Gododdin i gyd, gw. isod. Sylwer ar *heessyt* yn A i ateb i *rwy ysgeinnyei* yn B, help sylweddol i ddeall ffurfiau yn -*essyt.* Yn B hefyd ceir -*eo* hen orgraff am -*ew*, a *pedryholl* i ateb *pedryollt*, enghraifft o orgraff lle safai *ll* am *ll* ac *llt.* Dywed A *bu gwir*, a B *geu :* A *mal y meud e gatlew*, B *ath diwedus tutleo.* Prun sydd gywir ?

Yn rhif XL ceir hen org. -*m* am -*f*, yn *migam, muihiam, inham, at am ; i* ac *y* am *y ; u* am *w ; gu-* am *gw- ;* ni threiglir -*nt-* yn *cintebic.* Gwthir rhagenw i mewn rhwng rhagddodiad berf gyfansawdd a'r elfen ferfol yn *erit migam.* Y ferf oedd *ermygaf.*

Yn rhif XLI yn gyffelyb ceir *u* am *w*; *gu-* ac *gw-*; *i* ac *y*; *m* am *f* yn *anthuim*; *t* am *-dd* yn *gunet*, a *d* am *dd* mewn geiriau eraill. Cymerer fel enghraifft o gystrawen hynafol :

    439. Guir gormant *aethant* cennin.

Yma daw'r goddrych gyntaf, enw lluosog ac ansoddair : yna berf luosog heb unrhyw eiryn rhwng goddrych a berf, cf.

    353. Gwyr *a gryssyassant* buant gytneit.
    363. Gwyr *a gryssyassant* buant gytvaeth.
    1126. Try can eurdorch[auc] *a gryssyassant*.

Dengys y rhain nad oedd raid cael berf unigol yn y cyfryw, er bod y dull hwnnw'n digwydd yn aml, megis

    57. Gwyr *a aeth* ododin.
    68. Gwyr *a aeth* gatraeth.
    86. Milcant a thrychant *a emdaflawr* (=emdaflawdd ?).
    193-4. tri theyrn maon *a dyvu* o vrython.
    679. breein (=brein) *dwyre*.
    1136-7. Trychan meirch godrud
        a gryssyws ganthud.

Diddorol yw cymharu'r ddwy linell nesaf :

    701. o drychan riallu *yt gryssyassant* gatraeth
    707. o drychan eurdorchauc *a gryssyws* gatraeth.

Gofyn yr odl am *gryssyassant* yn 707 hefyd.

Yr enghraifft orau o'r gystrawen unigol yn yr org. hynaf yw

    783. in cetwir am gatraeth *ri guanaid* brit ret.
    (=775). ketwyr am gatraeth *a wnaeth* brithret.

Dengys yr olaf ddull arall tra chyffredin o ddiweddaru, sef rhoi *a* yn lle *ry*, y geiryn berfol; a'r llall enghraifft o *d* am *th*, fel yn y Juvencus.

Ceir yr un amrywiaeth yn rhif y ferf mewn brawddeg berthynol negyddol :

    26. mal brwyn gomynei *gwyr nyt echei* (=ni thechei).
    1173. ny phorthassan warth *wyr ny thechyn*.

Gwelir cryn gymysgu testun a newid orgraff yn rhifau XLIII ac XLIV. Sylwer fod *pryden* "Pictiaid" yn 492 wedi ei newid i *prydein* yn 475. Cyfeiriais yn barod at anawsterau rhif XLV. Ond dylid nodi'r cymysgu orgraff sydd yn B ac C : *caer, claer* ochr yn ochr â *dair, air*, cf. org. glosau'r nawfed ganrif, lle ceir *ai* am *ae* Cymraeg Canol. Pwysicach fyth yw'r amrywiadau ar y gair a ddigwydd yma fel *cinteiluuat* (520), *citeluat* (527), *cinelueit* (518), a *kynheilweing* (507). Dengys y cyntaf *-nt-* heb dreiglo; yr ail, *cit-* am *cit-* (*cint-*), ac *e* am *ei* : y trydydd *cinel* am *cynheil-*, a'r olaf

-eing am *-eit, -at*. Yn A ceir *ar vur*, ond yn B *ar mur* heb dreigliad. Dyry A *en awr blygeint* am *in dit pleimieit* B, ac *in dit pleigheit* C. Dengys y ddau olaf fod *t* yn eu gwreiddiol am *dd ;* cadwasant hen air am frwydr, ond troes A hwnnw yn ganiad y ceiliog, ac aeth y dydd yn awr.

Yn rhif LI, ABC, ceir lliaws o broblemau testunol a mydryddol. Sylwer ar hynafiaeth orgraff B ; *l* am *ll* yn *Leech ;* *stre* am *ystre ;* *scuyt* am *ysgwyt* AC ; saif *w* yn *dyowu* (595) am *f*. Ni threiglir yn *tal briv bu* (596), cf. C, *tal vriw vu ;* gw. isod ar arwyddocad hyn, td. lxxx.

Yn ll. 620, enghraifft yw *men* o hen org. *e* am *ei*, fel yn englynion y Juvencus. O gymysgedd 641 a 652, gellir yn hyderus adfer yr hen ffurfiau *gnou, tnou*. Felly o 699, *an dwyf atveillyawc*, a 705, *handit tristlavn vy mryt* medrir darganfod trwy gymorth yr odl mai'r darlleniad hŷn oedd *andwyf atvant*.

Cesglais dan y rhif LXIII bump amrywiad o ddwy awdl wedi cymysgu, un i *Merin* a'r llall i *Tudfwlch*. Yn B ceir yr agoriad a'r diweddiad ystrydebol, heb ddim o'r canol. Daeth llinell o ganu Natur i ddechrau C, ac nid yw'r diweddiad yno. Cymysgwyd y diweddiadau yn D. Nid yw'r agoriad yn E. Yn CE ceir olion testun cynnar iawn, lle ceid *l* am *ll ; i* am *y ; d* a *t* am *th ; oi* am *oe ; ai* am *ae ;* a ffurfiau'r wythfed a'r nawfed ganrif, *laguen* llawen ; *guereit* gwreith, gwaith, ac ôl camgymryd *r* Hiberno-Saxon am *n*.

Dan y rhifau LXIV, LXV, LXVI, LXVII gwelir *erdiledam* yn troi'n *erdyledam, erdiledaf,* ac yn gorffen fel *ardyledawc*. Sylwer ar hen *gwraeth* (o *gwrâf,* gwnaf), a ymddengys fel *guanaid*, yna *gwnaeth :* ceir *brit ret, britgue, ad guiar, cigueremnt,* Hen Gymraeg bob un, yn troi yn *brithret, brithwy* (ar fai), *a wyar* (ar fai), *kywreint*.

Bu newid sylweddol ar LXIX, a'r parau LXXI ac LXXII, ac nid yw LXXV A ond cymysgfa o B ac awdl arall sydd ar goll. Yn XC, XCI, ceir *c* am *ch :* yn XCVII, *dialgur*, hen org. dialwr.

Y mae pob llinell yn XCVIII yn haeddu ei hastudio o ran orgraff yn unig : *em* am *ef, t* am *th* ac *dd, guert* am *gwerth, l* am *ll, ui* am *wy*. Sylwer fel y copïwyd *oid* "oedd" heb ei newid o'r hen destun yn 1198, *oed* yn 1200, 1201, ac yna'n ddifeddwl rhoddwyd yr hen a'r newydd yn yr un ll. 1202, *oid* girth *oed* cuall, cf. hefyd 1239, *oid* guiu. Cadwyd *heinim* (heini) yn ei hen ffurf yn 1205.

Yn CI ceir *l* am *ll, u* am *w ; ui* am *wy, cuir* am *cwyr ; griniec* am *gryniet*, enghraifft o gamddarllen hen *t* fel *c ; ri guanei,* rhy wanai ; *titguet*, tydwed ; *daiar*, daear. A'r cwbl yn gymysg ag orgraff y ddeuddegfed ganrif.

Heb fanylu rhagor, gellir dweud yn bendant fod digon o olion hen orgraff a hen ffurfiau yn y darnau o Lyfr Aneirin sydd yn llaw B i brofi fod copi ysgrifenedig o ran o'r canu o'i flaen, a allasai fod yn gyfoes â glosau ox. 1, yn 820, neu rai'r Juvencus a'r Martianus Capella, gwaith y nawfed ganrif. Gallasai fod yn gopi o'r wythfed ganrif, neu o'r ddegfed : ni wn i amgen. Yr hyn sy'n anwadadwy yw ein bod yn gweld cipolwg yma ac acw o destun mewn orgraff y gwyddom i sicrwydd ei bod ar arfer gan Gymry'r nawfed ganrif. Yr un orgraff a welir yn y *Computus* ar ddechrau'r ddegfed, ac yn yr *Annales Cambriae* ar ei diwedd. Ceir golwg arni hefyd ym mreinlenni Llyfr Llandaf yn gymysg â ffurfiau'r unfed ganrif ar ddeg. Ni fedraf ar bwys orgraff bennu'r amser yn fanylach.

Rhaid chwanegu hyn, fod pedair rhan o bump o'r canu yn llaw A yn unig, a bod hwnnw neu ei wreiddiol wedi diweddaru'n greulon. Trwodd ceir digon o dystiolaeth i gymysgu penillion, camgopïo, ac ymyrraeth â'r hen destun, nes bod angen gofal anghyffredin wrth drafod corff yr awdlau. Diau fod y sylwedd yma : ni ellir bod yn sicr o'r manion.

XIX. Olion Hen Gelfyddyd : Absen Bannod

Ceir yn y canu hwn y Tri Addurn, sef Mesur, Odl, Cyseinedd. Defnyddir hefyd ieithwedd arbennig. Amlygir hoffter neilltuol o Gyferbyniad yn y meddwl. Ar yr olaf, gw. *Canu Llywarch Hen,* lxxxii. Dyna yw, cyfosod dau eithaf neu ddau beth tra gwahanol i'w gilydd. Digwydd yn y llinell gyntaf oll, Greddf *gŵr :* oed *gwas ;* cf. hefyd 22, bachgen gwylaidd gyda bun ; dewr mewn brwydr ; 71, *gwedi elwch, tawelwch ;* 670, *byrr eu hoedl, hir eu hoed* ar eu carant. Amcenid at gynildeb cryno, a thrysorid hen gystrawennau i'r pwrpas, heb fân eiriau oes ddiweddarach, cf. 123, *crei kyrchynt.* Daw'r gwrthrych weithiau'n ddigyfrwng o flaen y ferf, megis 92, *med evynt ;* 211, *blaen bragat briwei.* Y mae rhyw rym ffyrnig yn yr olaf ; neu clywch hon, 1231, *ri guanei ri guanet,* trawai, trawyd. Nid oes eisiau ymhelaethu ofer. Gwedd ar y cynildeb hwn yw'r arfer o ansoddeiriau yn lle enwau, neu heb enwau, megis *mein fuan, llemenig,* am farch. Dyma lle cafodd y cywyddwyr eu dull hwy o arfer *meinwen* am ferch fain, wen.

Gwedd arall arno yw'r modd yr osgoir y fannod. Mewn 1480 o

linellau ni cheir ond prin ddwsin, mwy neu lai amheus. Daw *o'r sawl* yn 239, 1115, 1403, mewn awdlau na pherthynant i'r Gododdin gwreiddiol : yn 412, 1130, gellid darllen *or a* (cf. 804, *or a aeth*) yn lle *o'r sawl a*, a chael yr un ystyr, a gwell mesur, efallai. Nid hawdd gweld ystyr i *or meint* yn 795 : gwell gadael *or* allan, cf. cystrawen *meint*, ll. 24. Amheus yw'r testun yn 277 ; felly hefyd yn 638, *or* mor *bwyr* mor, cf. 632. Ceir y fannod yn 352, *vrun ;* 401, *e neb ;* ansicr wyf o 891, 985. Nid oes mo'i hangen yn 1163, *or* gat. Hawdd ei hepgor ym mhob llinell, o ran hynny. Pe cedwid pedair enghraifft, rhyfedd o brin yw hynny mewn cynifer o linellau.

Amserais *Armes Prydein* tua 900 ; hyd y gân honno yw 199 ll., a chefais ddeuddeg enghraifft ynddi. Ym *Moliant Cadwallawn* a all berthyn i'r seithfed ganrif, ni chefais yn ei 50 llinell ond dwy enghraifft amheus, a hynny, cofier, mewn copi o'r ddeunawfed ganrif. Golygodd Morris-Jones chwe chân i Urien o Lyfr Taliesin, rhyw 150 o linellau ; ceir bannod ynddynt deirgwaith, a gwrthyd ef un o'r rheini. Ym *Marwnad Cynddylan*, 71 llinell, sylwais ar ddwy enghraifft, un ohonynt yn y ll. olaf ond un, lle nad oes odl. Os darllenir, "A chyn ni'm dyccei Dduw *i ddigfrawd,"* ceir odl gyrch â'r ll. olaf, ac erys *o'r* ffosawd (ll. 60) yr unig enghraifft. Cesglais 63 enghraifft yn C.Ll.H. : oni bai am y Cymeriadau, ni chawsid ond tua 40 mewn 1,000 llinell. Os troir i'r hen ryddiaith, ceir digon o enghreifftiau. Yng nglosau'r nawfed a'r ddegfed ganrif rhestrodd Loth[1] 68 enghraifft o *ir,* y fannod lawn, neu *'r* yn y cyfuniad *o'r.*

Ar darddiad y fannod gw. J.M.-J., W.G. 193-4 ; Loth, R.C. xxxvi. 397-8 ;[2] Vendryes, Z.C.P. xvii. 73 ; Lewis-Pedersen, 218. Yr anhawster sy'n blino ieithegwyr yw fod *r* yn y ffurf Gymraeg, eithr *n* neu *nd* yn yr ieithoedd Celtig eraill (Gw. *in, ind, an-* ; Hen Lyd. *en, an* ;[3] Llyd. Canol *an, ann,* hefyd *en,* ond ceir *ar* o flaen rhai cytseiniaid, *r-* yn eu plith ;[4] Cern. *en, an*). Rhoir *y naill* am *yn aill* fel prawf fod y fannod *yn* wedi bod rywdro yn Gymraeg. Yr unig sylw a garwn ei wneud yma ar y ddadl gyffredinol yw hyn, fod tuedd i gyfyngu'r ymdriniaeth i drafod datblygiad rheolaidd seiniau heb ystyried grym cydweddiad ystyr. A bwrw mai *yn* oedd y ffurf gyntaf mewn Hen Gymraeg, a bod

---

[1] V.V.B. 165-6.
[2] Cam yw cyfieithu *"after* prepositions" yn nodyn J.M.-J. fel *"devant* les prepositions !" Wrth ymosod, dylid bod yn deg, beth bynnag.
[3] Ch.Br. 106, 128 ; *n* gyda'r arddodiad yn *don,* 117.
[4] Lewis, Ll.Ll.C.² 8.

modd i'r *yn* ddi-acen hon nid yn unig droi'n *an*, eithr hefyd droi'n *yr* o flaen *r*—ni ellir cau llygaid ar yr hyn a ddigwyddodd mewn Llydaweg Diweddar, lle daeth *ar* yn rheol o flaen pob cytsain ond *t, d, n, l*—a bellach dyma'r safle : cyflwr Hen Gymraeg ar y cychwyn fuasai fod ganddi *yn* fel bannod reolaidd, ac *yr* fel eithriad. Ond yr oedd ganddi fwy nag un *yn, an,* nes bod *yn dyn, an dyn* yn hollol amwys : gallai olygu "*y* dyn," *annyn,* neu "*ein* dyn."[1] Felly *yn ferch :* gallai olygu "*y* ferch," eithr beth am fod *yn ferch* dda ? Yn y Gododdin, 775, ceir *ketwyr am gatraeth :* eithr mewn orgraff dra hynafol ceir hŷn testun yn 783, *in cetwir am gatraeth ri guanaid brit ret.* Beth yw'r *in* ar y dechrau ? Rhois yn y nodyn, "*in*, ein." Ai cywir hyn ? Meddwl yr oeddwn i am 999, *an gwyr ny*, ein gwŷr ni. Ond beth petai *in* yn 783 wedi cadw'r hen fannod *yn*, ac y dylesid darllen "*Y* cedwyr" ? Beth petai *in* yn gamgopïo *ir*, bannod y nawfed ganrif, oherwydd tebygrwydd yr hen lythyren *r* i'r hen *n* ? O ran synnwyr ni allaf ddewis rhwng *yn* "ein" ac *yr* y fannod yn y llinell. Ni roir yr un yn 775, fel y gwelir. Rhaid bod miloedd o frawddegau amwys o'r fath yn bosibl, ac ni all cenedl oddef amwysedd yn hir. Wrth droi'r fannod eithriadol *yr* yn safon, a'i defnyddio fel bannod reolaidd, ceid gwared o hyn, yn y lliaws mawr, beth bynnag. Mi wn fod *ir* "er" i gael yn yr hen orgraff, ond nid oes ronyn o bosibilrwydd i neb ddarllen *ir* fel *er* yn 783, gan na rydd synnwyr o gwbl oll. Credaf, gan hynny, mai ymdrech reddfol i osgoi amwysedd a barodd i *yn* ddiflannu ac i *yr* ffynnu fel bannod yn Gymraeg, ac nid datblygiad seinegol.

Ond beth bynnag yw'r esboniad cywir ar darddiad y fannod *yr*, erys y broblem arall, Paham y digwydd yn anamlach po hynaf y bo'r canu ? Hynafiaethwyr oedd y beirdd, a dynwaredwyr yr hen. Nid oedd bannod yn y Lladin clasurol ; bu raid i Ladin llafar gael un trwy droi'r rhagenw dangos yn fannod, fel y dengys Ffrangeg ac Eidaleg. Hir iawn y bu, serch hynny, cyn cael croeso i lenyddiaeth. O'r diwedd trechodd hwylustod geidwadaeth. Credaf fod lle i gasglu mai rhywbeth felly a ddigwyddodd gyda'r fannod Gymraeg. I'r beirdd cyntaf oll, camarfer ydoedd, ac osgoent y gair. I mewn y daeth, serch hynny, ac ennill oedd ei chael. Y mae ei habsen o gorff mawr llinellau'r Gododdin hyd yn oed yn ei ddiwyg diweddar yn awgrym clir o gyfnod cynnar. Nid yw'n ddigon i *brofi* cynharwch chwaith, gan y gallasai beirdd o gyfnod diweddarach ddilyn traddodiad eu blaenoriaid "difannod." Y rhai ffyddlonaf i'r hen reol fuasai'r penceirddiaid yn eu

---

[1] Mewn Cern. ceir *agan* am "ein" ; mewn Llyd. *on, bon*, fel nad oes amwysedd.

canu arwrol : llacach lawer fuasai gafael y cyfarwyddiaid arni wrth lunio eu henglynion telynegol hwy, megis Canu Llywarch Hen. Syndod yw gweld mor geidwadol fu'r rheini hefyd.[1]

XX. *Mesur*

Gan fod trafodaeth glir ar y mesurau cynnar wrth law yng *Ngherdd Dafod* Syr John Morris-Jones,[2] manteisiaf ar hynny i drin y pwnc hwn ar fyr eiriau. Cynnig ef ddosbarthu'r mesurau yn ôl nifer y curiadau ynddynt, yn ogystal ag yn ôl sillafau. O blaid y dull olaf y mae term fel Cyhydedd *Naw Ban,* am linell nawsill. O blaid y llall y mae amrywiaeth hydau'r llinellau yn y testun, er bod nifer mawr yn hollol reolaidd wrth eu rhifo.

Gelwir pennill o'r Gododdin yn y rhudd-deitl yn *awdl,* gyda'r lluosog *odleu.* Golygai *awdl* hefyd "rhyme," ac er mwyn hwylustod gwell arfer *awdl, awdlau* am y penillion, ac *odl, odlau* am "rhyme(s)." O'r 103 o benillion sydd yn y Gododdin, englyn milwr (7.7.7.) yw XLVII, ac englyn penfyr (9.6.7.) yw XCIX. Dosberthir y lleill yn 72 unodl, a 29 lliaws odl, er nad yw'r ffigurau hyn yn fanwl gywir, gan na rifir ynddynt yr amrywiadau, a bod mewn rhai ohonynt weddillion awdlau eraill. Digon yw hyn i ddangos fod y mwyafrif yn ateb i'r deffiniad manwl o awdl, sef cân lle cedwir yr un odl drwyddi.

Ni allaf roi'n gryno fesurau'r canu, gan fod y fath amrywiaeth ynddo, a mwy nag un mesur mewn lliaws o'r awdlau, heb sôn am y gwarchanau. Amlwg yw, i ddechrau, fod y beirdd gynt yn canu llinellau hirion, o 12, 14, 15, 16, 18 (19, 20), o sillafau. Hanner llinellau iddynt hwy oedd rhai o 6, 7, 8, 9, 10 ; traeanau a chwarteri oedd rhai o 3, 4, 5. Dyna'r elfennau, neu'r cymalau.

Cymerer LIX : rhof *b, c, d, e, f* am y rhagodl, *a* am y brifodl, a chromfachau am chwarteri a gyfunir i ffurfio un cymal.

$$6b, \ 6b \ (3b, \ 4a) = 19$$
$$5c, \ 5c \ (3c, \ 3a) = 16$$
$$5d, \ 5d \ (3d, \ 3a) = 16$$
$$4?e, \ 5e \ (3e, \ 3a) = 15 \ ?$$
$$5f, \ 5f \ (3f, \ 3a) = 16$$

---

[1] Efallai mai dan y pennawd hwn y dylid cyfeirio at hen gystrawennau eraill, megis defnyddio'r ferf luosog o flaen goddrych lluosog, megis 77, ed *emledyn aergwn* ; 171, *kwydyn gymoedyon ;* neu roi'r geiriau yn y drefn *berf, gwrthrych, goddrych,* megis 135, *dyforthynt lymwyssawr gelorawr.* Anodd yw penderfynu gwerth y cyfryw fel arwyddion cynharwch, o achos ffyddlondeb dynwarediad y Gogynfeirdd.

[2] C.D. 310-8 ; gw. hefyd gyfrolau Loth, *La Métrique Galloise,* 1900-2.

Yn nesaf daw XXIII A. Printiais yr ail a'r trydydd cymal fel hanner llinell.

$$4b, 4b, 4a = 12$$
$$4c, 4c, 4a = 12$$

ac felly bum gwaith, h.y. 5 ll. o 12 sill yw'r awdl. Gellid galw'r cymal 4 sill yn draean, sef un rhan o dair o'r 12. Rhupunt yw'r mesur, a hynny hefyd yw Gwarchan Tudfwlch, er nad oes ond 3 sill mewn 13 o gymalau, h.y. chwarteri 12 sydd ynddynt, nid traeanau.

Rhupunt Hir yw LXIII A.

$$4b, 4b, 4b (2b, 2a) = 16$$
$$4c, 4c, 4c, 4c (2c, 2a) = 20$$
$$4d, 4d, 4d (2d, 2a) = 16$$
$$\left.\begin{array}{l}10a\\9a\\9a\end{array}\right\} \text{prifodl newydd}$$

Amrywiad arno yw LXIII E, gyda 3 yn y cymal olaf, y llosgwrn.

$$4b, 4b, 4b, 3a = 15$$
$$4c, 4c, 4c, 3a = 15$$
$$4d, 4d, 4d, 3a = 15$$
$$\left.\begin{array}{l}10a\\9a\\9a\end{array}\right\} \text{prifodl newydd}$$

Cf. XLV, LXXXV, am fesur pedwarog tebyg. Nid felly LXXXIV. Yno amrywia'r brifodl.

$$4a, 4a\ ;\ 4b, 4b, 4b, 4b\ ;\ 4c, 4c\ ;\ 4d, 4d$$
$$4e, 4e, 4d\ (\text{darllener } adrodet) = 12$$
$$4f, 4f\ (2f, 2d) = 12$$

Yn XIX ceir mesur cymysg o ran hydau, ond unodl.

$$9 \text{ neu } 8a \text{ (heb } y\text{)}$$
$$5b, 5b (4b, 4a) = 18$$
$$9a \text{ (heb } kyf\text{)}$$
$$8a$$
$$9a \text{ (heb } a\text{)}$$
$$5c, 6c (3c, 2a) = 16$$
$$9a$$
$$6d, 6d (4d, 2a) = 18$$
$$9a$$
$$8a$$
$$6e, 6e (4e, 2a) = 18$$

Dyma fydr o linellau hirion, a haneri'n gymysg. Ni wn am enw arno. Amheuaf ddoethineb arfer enwau diweddarach ar y cyfryw fesurau, a gwell gennyf fynd wrth y rhifau'n unig. Ofnaf arfer termau fel *Cyhydedd Naw Bann*, *Cyhydedd Fer*, rhag ofn bod yn anamserol, a gadawaf yr enwi i fydryddwr. Y pwynt amlwg yw fod y Cynfardd yn meddwl mewn llinellau hirion a'u rhannau, a bod yr haneri yn ddigon hir i ffurfio elfen annibynnol mewn mesur. Nid wyf yn sicr a oedd y rhannau manach felly, er mai hwylus yw eu printio weithiau fel llinellau ar wahân. Deffinia Gramadeg y Llyfr Goch *Englyn o'r hen ganiad* fel pennill hir o un sillaf ar bymtheg, a phennill byr o saith sillaf.[1] Argreffir ef gennym fel tair llinell, eithr i'r cyfansoddwr ei hun llinell a hanner ydoedd, nid 10, 6, 7, ond 16, 7. Cymerer fesur pumoedd yn y Gododdin, e.e. rhif I. Yn lle fel y printiais i hwy, gellid eu trefnu fel hyn .

    Gredyf gwr oed gwas gwrhyt am dias (4+5)   9
    meirch mwth myngvras a dan fordwyt megyrwas (4+6)   10
    (y)sgwyt (y)sgauyn lledan ar bedrein mein vuan (4+6)   10
    kledyuawr glas glan ethy eur aphan (5+5) = 10

Yn y ddwy linell gyntaf o'r drefn newydd gwelir fod Cyseinedd yn cydio'r 4 a'r 5 neu'r 6, fel y gwneir yn aml mewn ll. hir, asio'r cymalau byrion â chyseinedd. Efallai mai rhywbeth felly sy'n cyfrif am y modd y gorlifa neu y gofera'r frawddeg drosodd i'r nesaf megis yn 23-4, 25-6. Nid wyf yn sicr, canys yn rhif LXIV defnyddir Cyseinedd i asio diwedd 774 wrth ddechrau 775 : a hefyd ddiwedd 775 wrth ddechrau 776 ; a diwedd 776 wrth ddechrau'r ll. hir 777-9 ; a 780 wrth 781. Y mae lle i ymchwil yma i darddiad rheolau Toddaid Byr, y Gair Cyrch, a'r cyffelyb. Anhawster ymarferol sydd yn fy mlino'n awr, sef sut i rifo llinellau XCI, ai fel pumoedd ai fel degau. Os yr ail ceir Cymeriad amlwg ar ddechrau'r degau.

        Trychant eurdorchauc gwnedgar guacnauc
        Trychan trahaavc kyuun kyuarvavc
        Trychan meirch godrud a gryssyws ganthud
        Trychwn a thrychant tru nyt atcorsant.

Ond nid oes brifodl gyffredin i'r ddwy linell olaf. Cymharer hefyd LXXIX, lle ceir *gweleis* ar ddechrau'r llinellau bob yn ail, ac LXXXI, lle ceir *carasswn* yn gyffelyb. Unodl ydynt, ac o'u cyplysu yn ôl y Cymeriad, ceid llinellau hirion o 18 neu 19. Os ystyrir y degau a'r nawiau yn llinellau, cyplysir cwpledi, nid llinellau, gan y Cymeriad.

[1] Williams, *Gramadegau'r Penceirddiaid*, 9.

Heb fanylu rhagor, llinellau 10, 9, yw'r mwyafrif mawr yn yr awdlau unodl, ond ceir ambell linell 11, amryw yn 8, ac ychydig yn 7. Amrywia'r pumoedd hefyd, weithiau â chwechau, bryd arall â phedwaroedd, h.y. mewn pennill o hyd neilltuol, caniateir amrywio sill. Cofier mai unsill yw geiriau fel *ystre, ysgwyd,* canys ceir *stre, scuyt* hefyd.

Cyn gadael y mesurau, dylwn gyfeirio at yr Atroi yn LI, sef ail adrodd geiriau mewn trefn wahanol, megis *tymor dymhestyl tymestyl dymor,* gw. nodyn yno. A mwy hefyd : ceir yma gadwyno'r geiriau fesul dau mewn modd anodd ei ddosbarthu, gw. LI B. Llech leu *dud | tud* leu *fre | gododin stre | stre* an*cat | ancat* cyn*gor | cyngor . . .* tym*or* dymh*estl | tymhestl* dym*or* / tramer*in* lestr / tramer*in* lu. Rhy lwgr yw'r testun i wneud dim ond rhoi awgrym o gelfyddyd gyntefig. Hyd y gwelaf, y gair *llu* sy'n cynnal y brifodl. Sut i ddosbarthu'r clymiadau o'i flaen, nis gwn.

Cymharer hefyd fesur Marwnad Cynddylan[1] ac un Moliant Cadwallawn,[2] â'r mesurau uchod. Yn yr olaf ceir amryw **enghreifftiau** o beth sy'n digwydd droeon yn y Gododdin, sef gair cyrch, neu air dros ben yr hyd arferol. Saif ar ôl y brifodl, ond os rhoir ar ddechrau'r llinell nesaf, â honno'n rhy hir. Weithiau cyrchodla, weithiau ni wna, cf. 277 (294 ?), 412, 482 (555 ?), 1144, 1393. O'i gymryd fel toddaid gellir Englyn Unodl Union yn 329–32 ; 482–5.

XXI. Odl

Ar hynafiaeth odl, digon i mi fydd cyfeirio at Raby, *A History of Christian-Latin Poetry,* 1927, td. 22, "the use of rime was perfectly well known to the writers of antiquity" ; dyfynna enghreifftiau o "rhetorical rime in rhythmical prose" o Apuleius, Tertullian, Cyprian, Awstin; td. 25, "Sedulius, in the fifth century, is the first hymn-writer to make any considerable use of rime."[3] Dyma'r lle i ddyfynnu rhyddiaith reithegol odledig Gildas, 27, Reges habet Britannia, sed tyrann*os ;* iudices habet sed impi*os ;* saepe praedant*es* et concutient*es,* sed inno-

---

[1] B. vi. 135–7.
[2] B. vii. 24–5.
[3] Gw. ei lyfryddiaeth ar y pwnc, td. 465, a chyfeiriadau tra diddorol, td. 28n., 109–10, 132, 134–8, 144, 150, 296 ; hefyd Sharon Turner, *Vindication,* 1803, 250–67 ; Zeuss, G.C.² 977, ar y posibilrwydd mai'r Celt a ddysgodd odli i Ewrop ; gw. Hyde, *Literary History of Ireland,* 1903, 479–84 : o'r Lladin *y* daeth y mesurau Gwyddelig, medd Thurneysen, R.C. vi. 336 ; *Ir. Texte,* iii, a Windisch, td. 448.

centes; vindicantes et patrocinantes, sed reos et latrones; quam plurimas coniuges habentes, sed scortas et adulterantes ; crebro iurantes, sed periurantes; 66, Sacerdotes habet Britannia, sed insipientes; quam plurimos ministros, sed impudentes ; clericos, sed raptores subdolos, etc.

Y mesur odledig hynaf gan Gymro y medrir ei amseru'n bendant yw'r pill yn Ox. 1 a ysgrifennwyd yn 820.[1]

> finit opus in domino
> othei quiri altisimo
> meo patre commoneo
> scriptum simul ac magistro.

Gall Englynion y Juvencus fod cyn hyned, neu'n hŷn, ond ni fedrir rhoi amseriad mor sicr iddynt hwy heb rywbeth amgenach na ffurf y llythrennau i'n helpu.

Yn Aneirin ceir yr *odl gyffredin*, sef bod sill olaf dau air yn hollol gyffelyb o'r llafariad olaf i'r diwedd ; *proest*, sef yr un gytsain ar y diwedd ond y llafariad neu'r ddeusain o'i blaen yn amrywio ; a hefyd *odl Wyddelig*, y llafariad neu'r ddeusain yn gyffelyb, a'r gytsain olaf yn amrywio yn ôl theolau arbennig.[2] Ar y gwahaniaeth rhwng *odl* a *phroest*, gw. *Cerdd Dafod*, 253-4. Dyma ddewis o'r *Odlau Gwyddelig* yn y canu : fe'u ceir yn y brifodl ar ddiwedd llinell, ac yn yr odlau mewnol yn ddiwahaniaeth ; 24, awr, nawd ; 100, llavnawr llawn annawd ; 128, gystud, dur ; 163-4, arued, vedel ; 226, adrawd, vreichyawr (234, breichyaul) ; XXII, AB, -awc, -awt ; 321-2, med, offer ; 400-1, -ic, -it ; 445-6, -aur, -aud ; XLIX, -uc, -ut ; 563-4, -ed, -el ; 601-2, tymestyl, llestyr ; 657, -el, -er ; 666, -awd, -awn ; 683-5, ystemel, gwebyl, demyl ; 685-8, -al, -ar ; 721-5, -awl, -awr, -awd ; 878-9, esgar, haual ; 1118-25, -arch, -ach, -eirch, -alch ; 1190-1, maur, adraut (=adrawdd) ; 1194-5, deyrnet (=edd), grimbuiller ; 1443-4, gledyf, meiwyr. Diddorol yw odlau LII, araf (=arf), chuar, carw, barr, chward.

Weithiau ceir tair odl fewnol mewn ll. megis yn 40, 46, 68, 696.

[1] B. vii. 391.
[2] Meyer, *Primer of Irish Metrics*, 7, "In the older poetry the consonants fall, for the purposes of rhyme, into the following three classes. (1) The stops *c*, *p*, *t*, which may rhyme with each other by themselves or in combination with liquids, or spirants. (2) The liquids *l*, *r*, the nasals *n*, *ng*, *m*, and the spirants *d* (=*dh*), *g* (=*gh*), *b* (=*bh*), *m* (=*mh*), *ch*, *th*, *f*, which may rhyme either by themselves or in combination with each other, but so that 'aspirated' consonants rhyme with 'aspirated,' 'unaspirated' with 'unaspirated' only. (3) *s* can only rhyme with itself."

Daw'r un brifodl bedair gwaith yn xv. Odla'r brifodl â gair yn y ll. megis yn 24, 25, 26, 94, 320, 530. Sylwer ar drefn odlau 288 91, *eleirch, arch, seirch,* diha*varch.*

Ni wn ai egin Cynghanedd Lusg sy'n cyfrif am linellau fel 1121. nac yng *cat* a vei was*tad*ach ; 673, llawer *mam* ae deigr ar y *ham*rant.

Sylwais ar addurn arall nad oes gennyf enw arno, oni wna croes odli'r tro, odl fewnol un llinell yn odli â gair yn y ll. nesaf.[1] e.e. 129 30
>emord*ei* ystyng*ei* adyledawr
>rac erthgi erthych*ei* vydinawr.

Gellid darllen *erthychi* yn yr ail, a chael odl fewnol. Eithr cf. 1169 70,
>trossass*ei* ysgwydaur
>kwydass*ei* lafnavr.

Neu 250-3, Pan gyrch*ei* ... ef dilyd*ei* ... ef rod*ei* ... ardwy*ei* ; neu 126-7 :
>ef rwyg*ei* a chethr*ei* a chethrawr.
>od uch lled llad*ei* a llavnawr.

Neu 72-3 :
>ket elwynt e lann*eu* e benydu
>dadyl di*eu* agh*eu* y *eu* treidu.

Neu 57-8 :
>Gwyr a aeth ododi*n* chwerth*in* ognaw
>chwerw en tr*in* a lla-*in* en emdullyaw.

Yr un egwyddor sydd yma ag a welir mewn goferu Cyseinedd o linell i linell, gan nad yw namyn goferu'r odl fewnol. Pan fo diwedd ll. yn ateb i ganol y ll. nesaf, odl gyrch yw hynny, a daeth yn ddefod. Y Gair Cyrch sy'n odli yn 1235-6 ; beth yw 625-6 ?
>bwch bud oe *law*
>i*daw* poet ymbell.

Pumoedd yw'r hydau : ail drefner yn ddegau a cheir *Ny mat* yn Gymeriad dwy linell, a'r cwpled uchod yn llinell o naw i orffen yr awdl.[2] Ni thâl camp felly yn 1206-8.

Yr odl hynotaf yn yr holl awdlau yw'r un yn 306-7, o bedry*ollt,* vyged*orth* (=316-7, o bedryh*oll,* myged*orth*), a dau dyst iddi. Perthyn i gylch yr Odlau Gwyddelig, ond ni chredaf y gallai -*ollt* ac -*orth* odli hyd yn oed yn ôl rheolau'r rheini, heb inni adfer yr hen ffurfiau -*olt,*

---

[1] Cf. B.T. 39, 3, Ony bei ac *adaned* yd ehettyn
>Rac mabon heb *galaned* wy nyt eyn.
[2] Cf. *Tal.* 181, llinellau 5 a 6, o'u cyferbynnu ag 1-4.

-ort, h.y. pe beiddiem gredu fod y pennill yn disgyn o gyfnod mor gynnar na throesai *-t* ar ôl *r* yn *th*, cawsem odl Wyddelig berffaith. Nid mewn dwy linell yn unig y digwyddai hynny, a'r cwestiwn bellach yw a ddylem amseru'r Gododdin neu ran ohono yn y cyfnod cyn i'r cytseiniaid orffen treiglo. Dyna'r cwestiwn hefyd a godir gan y math o Gyseinedd a welir drwy'r awdlau oll.

Beth hefyd am yr odl yn 68-9, *llu, vu ;* 691-4, *llu, tru, dyuu* ? Fel y dengys Hen Wyddeleg, diweddai *tru, llu* gynt gydag *gh*, treigliad o *-g- ;* nid felly *bu*, i mi wybod. Pa bryd y collwyd y gytsain olaf yn *tru, llu* ? Diflanasai erbyn amser englynion y Juvencus, lle ceir *telu* (teilu, teu*lu*) ; ac odlir *elimlu* (elyf*lu*) a *dibu*, sef dy-*fu*. Y mae mwy o anhawster gydag odlau rhif xcii, lle ceir *trengi*, berfenw, yn odli â'r lluosog *llestri*, ac â'r amherff. 3ydd yn *-i*. Gwyddys fod *-i* yn y berfenw yn aros fel *-im* (*if*) yn y Juvencus. A fu cytsain ar ddiwedd y ffurfiau eraill ? Digon fuasai *-dd* i roi odl neu broest Wyddelig (cf. *llestri* â'r pâr, *trefi, trefydd*). Pa mor hen yw *Dewi* ochr yn ochr â *Dafydd* ?

Odlir yn rhif vi, *llaw* (a fu gynt yn *llaw(f)*), *llaw* (a fu gynt yn *llaw(gh)*), â berfenwau yn *-aw* (lle gellid *-(f)* hefyd), ac â *taw*, lle na cheid *(f)* nac *(gh)*. Digwydd yr un odl ym Marwnad Cynddylan (B. vi. 135), *naw(f), Aberffraw(f), taw, lluyddaw(f)*. Nid oes anhawster yma—math o odl Wyddelig yw.

XXII. Cyseinedd

Cyseinedd yw cyfatebiaeth rhwng dechrau'r geiriau, dau air (neu chwaneg) yn dechrau gyda'r un sain, boed gytsain boed lafariad, e.e. 21, *k*ayawc *k*ynhorawc ; 38, *cat*vannan *cat*wyt ; 77, *d*wys *d*engyn. Gwelir y gall mwy nag un gytsain gyfateb. Cyseinedd lafarog sydd yn y rhain :

    8. *e*thy *e*ur *a*phan.
  130. rac *erth*gi *erth*ychei vydinawr.
  208. *a*essawr dellt *a*nibellt a *a*dawei.
  217. er *a*mot *ar*uot *ar*uaethei.
  258. *A*ryf *angky*nnull *agky*man dull *agky*sgoget.
  293. nyt *a*dawei *a*dwy y: *a*dwriaeth.

Dau drawiad sydd mewn llu o linellau. Weithiau ceir dau drawiad dyblyg, megis

  75. *f*yryf *f*rwythlawn oed *c*am nas *k*ymhwyllwn.
  93. *b*lwydyn *b*u *ll*ewyn *ll*awer kerdawr.
  1054. bu gwr g*w*led od uch *m*ed *m*ygyr o bann.

Tri thrawiad :
  30. *K*aeawc *k*ynnivyat *k*ywlat e rwyt.
  60. g*w*naeth g*w*ynnyeith g*w*reith e law.
  211. *bl*aen *b*ragat *br*iwei.
  215. a *ll*avyn *ll*iveit *ll*adei.
Felly 78, 81, 141, 384, 392, 860, 963, 981, 1002.
Pedwar trawiad :
  41. bu g*w*evrawr g*w*erthvawr g*w*erth g*w*in vann.
  92. *m*ed evynt *m*elyn *m*elys *m*aglawr.
Felly 822, 921, 961, 1426. Os cymerir 1002-3 ynghyd, ceir 3 yn y
ll. gyntaf, a 4 yn yr ail, saith gair yn *g*-.
Pum trawiad :
  281. *b*u *b*wyt *b*rein *b*u *b*ud e vran.
Cydia Cyseinedd eiriau ynghyd mewn llinell, mewn cymalau o linell
hir, mewn dwy hanner llinell, neu ddwy linell, h.y. gofera drosodd o un
i'r llall. Os cyseinia dechreuadau, math o Gymeriad yw, gw. 46–9,
52–4. Am y goferu, cf.
  1–2. Gredyf g*w*r oed g*w*as / g*w*rhyt am dias.
  3–4. Meirch *m*wth *m*yngvras / a dan vordwyt *m*egyrwas.
Yn ll. 1, gan fod *greddf* yn tarddu o'r un gwreiddyn â'r gair *gwraidd*,
gellid tybio mai *gwreddf* ydoedd mewn Hen Gymraeg. Wrth ddarllen
hynny ceir Cyseinedd gref iawn *(gw*reddf g*w*r oed g*w*as / g*w*rhyt). Yn
ll. 4, treigliad o *m*- yw *v*ordwyt, a phe diystyrid y treigliad ceid Cysein-
edd o bum trawiad (*m*eirch *m*wth *m*yngvras/a dan *m*ordwyt *m*egyrwas).
Yn y nawfed ganrif ni ddángosid y treigliad meddal, ac ysgrifennid y
cymal hwn *guo tan morduit.* Y cwestiwn a gyfyd yw hwn—a chwestiwn
tra phwysfawr yw hefyd—Ai cyseinedd i'r llygad ai cyseinedd i'r glust
oedd un Aneirin ? Ar yr wyneb, ymddengys y ddadl dros yr ail yn
anorchfygol. Nid i'w hysgrifennu ar femrwn y cyfansoddwyd yr
awdlau ond i'w canu neu eu hadrodd yn y llys. Addurn ar y datganiad
oedd odl a chyseinedd, nid addurn ar yr ysgrifeniad. Goglais clust
a helpu cof oedd eu hamcan, asio neu ynteu nodi rhannau llinell. A oes
digon o debygrwydd rhwng cytsain a'i ffurfiau treigledig iddynt ryngu
bodd y glust i'r pwrpas uchod ? Er enghraifft, a fuasai Cynfardd yn
fodlon ar gyseinio *d* ac *n* neu *dd*, treigliadau o *d*, am fod gŵr llên yn
ysgrifennu'r olaf heb ddangos y treigliadau ? Ai Cyseinedd *t, nh, d, th* ?
Beth am *p, ph, b, m* ? Neu *b, m, f* ? Neu *c, ch, g, ngh* ? A fuasai *f*,
treigliad meddal *b*, yn cyseinio iddo ef ag *f*, treigliad *m* ? Sôn yr wyf
am yr arfer ar y dechrau cyntaf, nid beth a allai ddatblygu'n arfer
traddodiadol yn y canrifoedd dilynol ymhlith disgyblion diweddarach

y Cynfeirdd. Buddiol yw cymharu hanes cyseinedd yng nghanu cynharaf Iwerddon. Dywed Kuno Meyer: "It is to be noted that, even in Old-Irish, alliteration is traditional and no longer based upon pronunciation."[1] Yn ôl ei reolau ef, cyseinia cytsain â hi ei hun neu â ffurf dreigledig arni, megis *c* ag *ch*, *t* ag *th*; ac meddai, gan fod deddfau cyseinedd wedi eu sefydlu cyn i *nc* droi'n *g*, *nt* yn *d*, *nd* yn *nn*, *mp* yn *b*, ac *mm* yn *mm*, gall *c* gyseinio ag *g*, *t* â *d*, *p* â *b*, *b* ag *mb*, *d* ag *nd*. Cyfystyr yw hyn â dweud fod y deddfau hyn yn gynharach na'r treigliad trwynol mewn Gwyddeleg. (Etyb hwnnw mewn rhan i'r' tr. meddal yn Gymraeg, ac mewn rhan i'r treigliad trwynol, fel y gwelir.) Felly, os cywir Meyer, nid cyseinedd bur a welir hyd yn oed yn y canu a gyfansoddwyd mewn Hen Wyddeleg. Y mae dysg Wyddeleg wedi cynyddu cryn dipyn er 1909, pan ysgrifennai ef yr uchod, a gadawaf rhwng yr ysgolheigion Gwyddelig ag ef.

Beth am gyseinedd yn y Gododdin wrth ochr cyseinedd Hen Wyddeleg? Ymddengys cryn debygrwydd rhyngddynt, ac os traddodiadol yw'r naill, traddodiadol yw'r llall. Ond nid wyf yn medru derbyn dedfryd Meyer yn hollol dawel. Ar bob ochr i fôr Iwerddon ceir cytseiniaid yn y ddwy iaith yn treiglo neu newid i ffurfiau perthnasol. Wedi i'r treiglo sefyll, wele *g* lle ceid *c* yn yr iaith ar y cyntaf. *Ond cymerodd y newid hwn genedlaethau i ddigwydd.* Troes *brawd* yn *mrawd* ar ôl *fy*; nid ar unwaith y bu hynny, ond o radd i radd. Bu'r *b* yno'n gadarn nes i'r *n* a fu unwaith ar ddiwedd ffurf gynnar *fy* o'i hachos hi droi'n *m*. Wedi cael -*m-b*-, rhaid rhoi ysbaid wedyn i'r *b* lwyr golli yn yr *m*. Bwrier fod bardd yn canu yn y cyfwng hwn, a bod arno angen *b* i gyseinio, fe'i clyw hi o hyd yn fwy neu lai eglur mewn brawddeg fel "*byw yw fy-m-brawd*"; a bydd clust ei athro, a'i clywsai genhedlaeth ynghynt, yn sicrach fyth ohoni. Cyseinedd i'r glust yw hi o hyd. Ond pan orffennir treiglo, ni chlyw nac athro na disgybl sain *b* yn *fy mrawd*. Os *mi braut* fydd y geiriau yn orgraff yr oes, yn ôl gosodiad Meyer am Hen Wyddeleg gellir cyseinedd mewn cerdd o hyd â'r *b* weladwy ond anghlywadwy hon. Gwell enw fuasai

---

[1] *Irish Metrics*, 1909, 3–4. Dyry saith rheol. (1) "Any vowel may alliterate with any other. (2) A consonant can alliterate only with itself repeated or, except *f, s, p*, with its lenited form, so that e.g. *c* may alliterate also with *ch*, and *t* with *th*. ... (6) As the laws of alliteration were fixed before the change of *nc* to *g*, *nt* to *d*, *nd* into *nn*, *mp* to *b*, and of *mb* into *mm* had taken place, and as these laws became traditional, *c* may alliterate with *g* (written *c* in Old- and Middle-Ir.), *t* with *d* (written *t*), *p* with *b* (written *p*), *b* with *mb*, *d* with *nd* as : cáin a clu 'fair their fame,' Bèrre co mblaid, dercaim in ndonum."

Cyflythyraeth, mi dybiaf, ar hynny. Rhywbeth ar femrwn neu bapur yw, nid cyfatebiad seiniau.

Rhaid aros ennyd ar y pwynt hwn. Os cyseinedd wir sydd yn y Gododdin, ac nid cyflythyraeth, pleidia hynny gynharwch y cyfansoddiad. Edrycher ar y testun, a manyler ar bob llinell. Cawsom rai ohonynt yn orgraff y nawfed ganrif. Troer y cwbl felly, cystal byth ag y medrwn, a gwelir fod y gyseinedd bellach yn gyfoethocach o lawer. Collwn ambell un, wrth gwrs, ond ar y cyfan ennill mawr yw. Teflir goleuni newydd ar y treigliadau. Er enghraifft, ein rheol heddiw yw treiglo ansoddair (oddieithr *llwyd*) ar ôl enw priod, er ei fod yn wrywaidd, megis Iolo *Goch*, Dafydd *Ddu*, Dewi *Wyn*.[1] Yn y Gododdin ceir Mynyddawg *Mwynfawr* bob tro, â'r ansoddair heb dreiglo. Hefyd cf. 176–7. kyn bu clawr *glas* / bed gwruelling *vreisc*.

Dengys yr odl fod yn rhaid troi *vreisc* yn *vras*, ond os anwybyddir y treigliad, a darllen *bras* ceir cyseinedd â *bed* (ac â *bu*?).

kyn *bu* clawr glas / *bed* gwruelling *bras*.

Felly hefyd 422:

eithinyn uoleit mur greit.

Os darllenir *moleit*, wele gyseinedd â *mur*; cf. 438:

eithinin uoleit map bodu at am.

Darllener *moleit* yma eto, a cheir cyseinedd â *map*.

449. ysgwyt *vriw* (? *briw*) rac biw beli bloedvawr.
971. a phen *dyvynwal a breych* brein ae cnoyn.
977. a phenn *dyuynwal vrych* brein ae cnoyn.

Nid yw'r ll. hon yn hŷn nag A.D. 642; cyfeirir at farw gŵr a alwem ni'n awr yn Ddyfnwal *Frych*. Eithr Dyfnwal *Brych* oedd i Gymry cyfoes ag ef, canys wrth adfer *brych* i'r ll. enillwn gyseinedd â *brein*, a deallwn pam y methodd copïwr 971 wrth ddarllen *breych*. Soniwn ni am Lywelyn *Fawr*, ond Rhodri *Mawr* yw gwron y nawfed ganrif, cf. Coel *Godebawg*, Beli *Mawr* fab Mynogan; B.T. 52, Alexander *Mawr*; Nennius, 49, Guorthigirn *Guortheneu*;[2] 65, Catgabail *Catguommed*; Cy. ix. 170, Patern *pesrut*; 173, Masguic *clop*; Morcant *bulc*; 175, eleuther *cas cord maur*; 183, enniaun *girt*, sef Einion *Yrth* oes ddiweddarach; 42, gelwir Ambrosius y Lladin yn *Embreis Guletic*, sef Emreis neu Emrys *Wledig*; cf. Cy. ix. 172, Maxim *guletic*; 174, dumngual

---

[1] *Welsh Syntax*, 42.
[2] Ar ystyr yr ansoddair, sef "tenau iawn," cf. M.A. 191b, Corn Hirlas Owain Cyfeiliawg, "buelin breint uchel hen ariant / Ai gortho nid *gortheneu*." Cedwir yr ans. yn ddidreigl yn R.B.B. 127, gwrtheyrn *gwrtheneu*.

F

moilmut; R.B.B. 70, dyfynwal *m*oel mut.[1] Credaf fod y rhain yn dangos mai'r arfer hynaf oedd peidio â threiglo ansoddair ar ôl enw gwrywaidd; a dilyn y Gododdin yr arfer honno.

Mwy na hynny, ni ddengys Nennius y treigliad meddal hyd yn oed ar ôl enw benywaidd fel *caer,* cf. *Cair Guorthigirn*[2] yn y testun, a'r holl enwau yn rhestr y Caerau, megis Cair *mincip,* C. *caratauc,* C. *ceint,* C. *peris.*[3] Teg, felly, yw casglu, pe cawsem destun y Gododdin wedi ei ysgrifennu rhwng 750 ac 800, na ddangosid yr un treigliad dechreuol ynddo. Ni ddangosir yr un yn englynion y Juvencus, nac yn y rhan o Ox. 1 a ysgrifennwyd yn 820, ag eithrio *ni choilam* "ni choeliaf." Nid wyf yn dal nad oedd y treigliadau hyn, neu rai ohonynt, eisoes yn bod ar lafar. Dweud yr wyf na ddangosid hwynt yn yr orgraff tua'r flwyddyn 800. Yn sicr ni buasent mewn copi tua 650. A'r cwestiwn pwysig yw a oeddynt yn bod hyd yn oed ar lafar yn 600, h.y. fel cyfnewidiadau gorffenedig. Diau iddynt gychwyn cyn colli terfyniadau'r Frythoneg. O *merca teca* y cafwyd *merch deg,* am fod y *t* yn sefyll rhwng *a,* terfyniad *merca,* a'r *e* yn *teca,* canys un o wirebau ieitheg yw mai oherwydd ei safle rhwng llafariaid y troes *t* yn *d* yn Gymraeg yn y cyfryw gyfuniadau. Cyn i derfyniad *merca* golli, rhaid fod y *t* yn *teca* wedi dechrau symud i gyfeiriad *d,* h.y. wedi dechrau dyfod yn lleisiedig. Cerdded ymlaen i'r cyfeiriad hwnnw a wna bellach hyd yn oed wedi colli'r *-a* o'i blaen. Ond bydd ysbaid ar y daith. Ac yn ystod hanner cyntaf yr ysbaid hwn, bydd yn nes i *t* nag i *d,* a gellir ei harfer i gyfateb i *t* mewn cyseinedd wir. Ar ôl hynny, nid cyseinedd fanwl fydd ond goddefiad, oherwydd bod traddodiad o blaid hynny, a bod yr orgraff geidwadol yn gomedd dangos fod newid wedi digwydd o gwbl.

Palla gofod i drafod pob llinell o'r Gododdin lle ceir cyseinedd well wrth adfer yr hen orgraff, ond dyma ddetholion fel esiampl :

    22. ymlaen bun (im *b*lain *b*un), cf. 39, bleid e maran (*b*leid im *b*aran).

    52. kynt y gic (*c*int i *c*ic).

    136. tru a dynghetven (*t*rug a *t*uncet-).

    159–60. e ved medwawt / yuei win gwirawt.

         (e *m*ed *m*eduaut ibei g*u*in g*u*iraut).

    342. can drindawt en vndawt gyuan (*c*ant, *c*iman).

    377. kwydei bym pymwnt (*p*imp *p*impunt).

---

[1] Cf. Nennius, 62, Talhaern *Tataguen;* B.B.C. 63, Bet tedei *tad awen.*
[2] Mommsen, td. 186.
[3] *Ibid.,* 210–12, Cy. ix. 183.

CYSEINEDD

Rheol mewn Cymraeg Canol yw treiglo'r goddrych ar ôl berf amherff. 3ydd un., ond ni thâl hynny yn yr enghraifft olaf. Weithiau dangosir y tr., weithiau ni wneir, cf.

    43. ket dyffei wyned a gogled (*gw*ined ac *gw*ocled).
  120. oed *gw*aetlan *gw*yalvan.
  197. gogyuerchi ynhon (*g*uocimerci *g*inton).
  383. na wnelei *k*enon *k*elein.
  406. pan gryssyei gynon gan wyrd wawr
      (*c*rissiei *c*inon *c*ant *gu*ird *gu*aur).
  527. na bei *c*inhaual *c*i[*n*]teluat.
  799. *gw*invaeth oed *w*aetnerth (*gw*oetnert).
1143. *b*aran *b*aed oed *b*leidic.
1208. *gw*r a uei *w*ell (*gw*ell).
1217. *g*olistan cen nei (=ni) bei *gw*ledic.

Felly hefyd pan ddaw'r gwrthrych yn union ar ôl yr un ffurf, cf. 160, 251, 273, 397. Yn y glosau ceir *guotan* am yr arddodiad sy'n *adan* yn ein testun, cf.

1070. *adan* dwrch trahawc (guo *t*an *t*urc *t*r-).
1235. a chin i olo *atan* titguet daiar
      (ac cin i *gu*olo *gu*o *t*an *t*itguet).

Adferer hefyd ffurfiau cysefin yr arddodiaid eraill, megis

    55. eg kynted gan lliwedawr (i *c*in*t*ed *c*ant).
  845. *t*ebihic *t*an *t*eryd *d*rui cinneuet (*t*rui).
1307. yd aethan *t*wryf *d*ros eu hawfin (*t*ros).
  999. dygwydaw an *gw*yr ny penn *o* draet (*gw*o, *g*o).
  532. oed mynut *w*rth olut (*gw*rth *gw*o-lut).

Yn y glosau ceir *ha crip* (a chrib) : *a ceroenhou* (a cherwynau), cf.

  371. a phrit er prynu (*a prit ir pr*inu).
  375. claer a chledyuawr (*c*lair a *c*led-).
  379. a *c*het a *c*hoelvein *k*ein y gerdawr.
  791. *t*wryf *t*an a *t*haran.
1138. *trych*wn a *thrych*ant.

Cf. hefyd 25, ny *c*hilyei o gamhawn.
    Yn 34 ceir treigliad afreolaidd o'r ferf,
        rac bedin ododin *odechwyt*.

Nid oes achos i'r cyfryw yn y gystrawen, eithr ymgais copïwr yw i gael cyseinedd ag *ododin* a dreiglwyd ar ôl yr enw benywaidd *byddin*. Adferer
        rac bedin *guot*odin *guot*ecuit.

Yn y Juvencus ceir *niguardam* am "ni chwarddaf"; cf.
> 57. Gwyr a aeth ododin chwerthin ognaw chwerw en trin
> (G*u*ir a aith g*uo*todin g*u*ertin g*u*ocnau / g*u*ero).
> 64. Gwyr a aeth ododin chwerthin wanar
> (G*u*ir . . . g*uo*todin g*u*ertin g*u*anar).
> 82. ny mennws gwrawl gwadawl chwegrwn
> (g*u*raul g*u*adaul g*u*ecrun).

Yn hen orgraff 938 hefyd ceir *guec guero* am "chweg chwerw," cf. B.B.C. 84, 15, llyna *chuec chuerv* erbin braud (am bechodau arbennig).

Nid yr un tarddiad sydd i gw-, ac chw-, a rhaid fod peth gwahaniaeth gynt yn eu hynganiad. Eto yr oeddynt yn ddigon agos i gyseinio, ac i gymysgu, cf. *gwedi*, a *chwedi* ; *gwysigen* a *chwysigen* (Ll. *vesica*) ; *tragwres*, *trachwres* ; R.M. 154, *gware* dy *chware* ; *gware* dy *whare* ; y *gware* hwnnw ; V.V.B. 133, *guarai*, *guaroimaou*, cf. *chwarae*, *gwarwyfa*, *chwarwyfa* ; *chwaneg*, *gwaneg*, *angwanegu* ; B. iii. 23, *Wech* mel. *Weru* pan dalaur ; 28, *Werdyt* mab noyth, ny *werdyt* mab newynauc. Efallai mai enghraifft o hyn yw *welyd* ar ddechrau llinell isod (1282), eithr y lluosog, *gwelydon* yn y ll. nesaf.

Wrth graffu am gyseinedd yn ll. 370, darganfûm ffurf o Hen Gymraeg yn llechu ynddi :

> ancwyn mynydawc enwawc e gwnaeth.

Ni all *enwawc* fod yn gywir mewn hen destun. Mewn Hen Gymraeg *anw* oedd yr unigol ac *enwein* y lluosog. Wedi i'r terfyniad -*ein* gael ei ddisodli gan -*eu*, cafwyd y lluosog *enweu*, a chan nad oedd -*eu* yn affeithio *a* yn y goben i *e* (fel y gwnai -*ein*), tybiwyd mai *enw* oedd yr unigol, a chymerodd le *anw*. Y mae'r ansoddair *enwawg*, felly, yn ffurfiant diweddar. Rhaid mai *anwawc* fuasai'r ans. mewn Hen Gymraeg. Adferer ef i'r testun, ac wele gyseinedd lafarog ag *ancwyn*,

> ancwyn mynydawc *a*nwawc e gwnaeth.

Eglura hyn linell dywyll yn Llyfr Taliesin mewn hengerdd i Urien :[1]

> Arwyre gwyr katraeth gan dyd.
> Am wledic gweithuudic gwarthegyd.
> Vryen hwn *anwawt*[2] eineuyd.

Credaf fod cysenedd gyntefig yn ateg i'r cynnig ar 203 (*m*awr *m*eint e *m*e*b*yr) mai *mebyr* oedd y gair di-dreigl.

---
[1] B.T. 56.
[2] Nid oes raid mwyach ddarllen hwn fel bai am *ar wawt* fel y gwneir yn *Tal.* 138 : ni thâl hynny yma, canys cyll y gyseinedd ag *eineuyd*.

Yn ôl Meyer,[1] "Only unstressed words may stand between alliterating words," yn yr Hen Wyddeleg. Rhaid ystyried posibilrwydd rheol felly yn ein canu ninnau. Os oedd mewn grym, nid yw *b* yn cyseinio yn 176 uchod, nac *o ved vu* yn y llinell enwog (356):

  g*w*erth eu g*w*led o *v*ed *v*u eu heneit.

Nid yw rheol fanylaf cyseinedd Anglo-Saxon mewn grym chwaith yn y canu, sef fod dau air mewn hanner llinell i gyseinio ag un yn yr hanner nesaf, er bod hynny yn digwydd, cf.

358. g*w*gawn a g*w*iawn g*w*ynn a chynvan.

17-8. *k*u *k*yueillt ewein / *k*wl y uot a dan vrein.

Yn y cwpled nesaf, fodd bynnag, ceir

  *m*arth ym pa vro / llad vn *m*ab *m*arro.

Y mae'r Cymro'n defnyddio odl weithiau yn lle un trawiad, megis 66-7:

  wy *ll*edi a *ll*avnawr heb *v*awr drydar
  colovyn g*ly*w reithuyw *r*odi arwar.

Ni waeth ganddo am y drefn. Ym merw'r awen, cyseinia ac odla'n ddiamdlawd! Os cyndyn fydd, ymfodlona ar y brifodl heb odl fewnol na chyseinedd.

Erys llu o bwyntiau nad oes gennyf ofod i ddim ond eu crybwyll, megis, A gyseinid canol gair â dechrau gair arall? Os goddefid *-awc, -awt; -ic, -it*, fel odlau, a ellid cyseinio *c-* a *t-*? A oes cyseinedd rhwng y cymalau hyn yn 1311?

  teith*w*yw o *v*on ar *v*reint gorllin.

Os oes, dyna *v* o *m* yn ateb *v* o *b*. Yr anhawster yw fod amryw enghreifftiau yn yr un gwarchan o gymalau tebyg heb gyseinedd o gwbl. Pan ddaeth y Sais i gyffiniau *Eboracum*, Caer Efrog, clywodd y *b* fel sain dreigledig, a galwodd y lle mor gynnar a'r seithfed ganrif yn *Eoforwicceaster*;[2] eithr cadwodd yr *m* yn *Elmet* hyd y dydd hwn; cyferbynner ag *Elfed* Cymru. Enw Leeds yn amser Beda oedd *Loidis*. Er Ekwall,[3] credaf mai *loid-* yw gwraidd y sill gyntaf, ac mae *lloedd*[4] sy'n ateb iddo yn Gymraeg. Cadwyd y *d* ynddo yn yr enw Saesneg. Cadarnha hyn y ddadl uchod, td. xl, y gall *d* fod yn wreiddiol yn *Edin*-burgh, ac eto i'r gair *Eiddyn* gyfateb yn Gymraeg. Nid oedd y treigliad o *d* i *dd* wedi ei gwblhau pan glywodd Sais yr enw. Gan y Brython y clywodd Sais

---

[1] I.M. 4.
[2] Ekwall, E.P.N. 519.
[3] *Ibid.*, 280.
[4] Gw. isod, td. 310, ar 1014.

enw Catterick; y ffurf hynaf arno yn Saesneg yw *Cetreht*, sef *Cetrecht*. Felly nid Catr*aeth* ond Catr*acht* a glywodd. Nid oedd yr -*c*- gysefin wedi llwyr golli.

Y pwnc yn awr yw, A wedda'r Gyseinedd hynafol sydd yn ymrithio drwy'r Gododdin i ganu dilys tua 600? Ni wn i amgen. Gwelir ei thebyg yng *Nghanu Urien* Taliesin; cyson yw â chyfnod yn hanes yr iaith pan oedd y cytseiniaid, a dweud y lleiaf, heb orffen treiglo. Eithr fel prawf pendant o oed ni thycia, oni ddengys ymchwil pellach ddatblygiad trefnus yn ei rheolau. A siarad yn fras, ceir ei thebyg yn *Armes Prydein*, B.T. 13–8, cân na fedraf ei hamseru cyn 900 (na fawr ar ôl 900). Mewn celfyddyd gaeth medrir weithiau amseru cywydd yn weddol hyderus wrth fanion y gynghanedd, er nad bob amser. Tebyg yw cynghanedd 1350 i un 1550; eto ceir mân wahaniaethau. Tra gwahanol yw trafod peth mor rhydd â chyseinedd gynnar. Nid yw'n orfodol ym mhob llinell. Nid rheol gaeth sydd yma, ond awen rydd. Yn araf deg fferra'n ddeddf, a thry cyseinedd rydd yn gynghanedd gaeth. Yr unig awgrym o amseriad yw graddau'r rhyddid. A derbyn y dystiolaeth i hynafiaeth cyfnod Aneirin a Thaliesin, medrir deall sut y bu i'w dull hwy o addurno eu cerdd ddyfod yn draddodiad ymhlith beirdd oesau dilynol. Dynwaredai'r rheini mor ffyddlon ag y medrent. Amserir hwy pan gyfeiliornant, e.e. os yw awdur *Armes Prydein* yn cyseinio

> A *gynhon* dulyn *genhyn* y safant

dengys hynny oes ddiweddarach nag Aneirin. Lluosog *gynt* yw'r gair cyntaf, a ffurf ar yr arddodiad *cant* (cf. isod, 439, *cennin*) yw'r llall: *g*- sydd wreiddiol yn un, *c* yn y llall.[1] Felly hefyd,

> *gofynnant* yr saesson py *geissyssant*
> pwy meint eu *dylyet* or wlat a *dalyant*.

Dyma gyseinio *g* ag *c* dreigledig; *d* ag *dd*, yn ôl pob golwg. Os sillau a geiriau acennog sy'n cyseinio, rhaid cymryd *saesson* gyda *geissyssant*,[2] a gellir cywiro *eu dylyet* i *o dylyet*. Diweddaraidd yw B.T. 18, 12,

> ny alwawr *gynhon* yn *gynifwyr*.

Eithr medrid dyfynnu llinellau eraill lle ceir cyseinedd mor hynafol ei gwedd â'r un gyffredin yn y Gododdin, pes troid i hen orgraff. Dyna pam na fedraf fod yn fwy pendant. Ond gw. isod, td. xci.

---

[1] Eto cf. B.T. 13, 10, *c*ornyw a *ch*ludwys eu *k*ynnwys *genhyn*. Yma gellid *cenhyn*. Nid felly yn 17, 2.
[2] Cf. B.T. 15, 6, Naw vgein *c*anh*w*r y dis*c*ynnant.

Dyfynnais gynnau o waith Gildas i ddangos fod Cymro cyn 550 yn
hoffi odli (er mai odli mewn rhyddiaith ydoedd). Y mae arlliw o
hoffter o gyseinedd hefyd yma ac acw, megis yn c. 34 (*arrecto aurium
auscultantur captu* non Dei laudes *canora Christi* tironum voce suaviter
modulante neumaque ecclesiasticae *melodiae,* sed propriae, etc.), fel petai
Gildas â blys arno ddynwared cyseinedd beirdd Maelgwn! Ond hoffid
addurn o'r fath gan yr hen Ladinwyr hefyd,[1] a chan y Gwyddyl cyfoes,
gw. Warren, *The Antiphonary of Bangor,* fol. 36v. Yno ceir cân er cof
am gyn-abadau'r fynachlog, ac enwir yr un oedd yn fyw ar y pryd.
Ni bu hwnnw farw hyd 691, a dyry hynny amseriad sicr i'r gân. Daw
byrdwn ar ôl y penillion, cf. *Marwnad Cynddylan,* neu'r Gododdin, 730–2,
759–61. Y Cymeriad yw'r A B C. Addurnir y llinellau odledig
weithiau â chyseinedd hefyd: yr hyd yw wythau.

> Gratum *f*ecit Fintenanum
> Heredem almum inclitum,
> I*ll*ustravit Mac*l*ais*r*eum
> Kaput abbatum omn*i*um,
> Lampade *s*acrae *S*eganum
> *M*agnum scripturae *m*edicum.
> Quos convocavit Dominus
> Coelorum regni sedibus.

Ceir penillion odledig cyffelyb hefyd, td. 15v, 18r, o'r un llawysgrif.

XXIII. *Cyfeiriadau at Aneirin*

Y cyfeiriad cyntaf o'r cwbl yw'r un yn y canu ei hun, ll. 548; yr
ail yw'r un at ei farw, ll. 654. Rhoddwyd uchod, td. xv, y nodyn yn
Nennius. Casglaf yma rai diweddarach.

Mewn rhan o Lyfr Gwyn Rhydderch, a gorfforwyd yn Pen. 12, ceir
darogan gyda'r teitl *Anrec Vryen.* Fel pob un bron o'r dosbarth, y
mae lle i'w hamau. Honna ei bod yn waith Taliesin, eithr ni ddwg ei
nodau. Ar ei diwedd, enwir *aneirin gwawtryd awenyd.* Trafodais y
cyfeiriad isod, td. 106. Tyst yw fod Aneirin a Thaliesin yn gyfoeswyr
yn ôl y traddodiad.

[1] Gw. W. P. Ker, *The Dark Ages,* td. 321; a'i farn ar y Gododdin, td. 334–5.
Hysbys ddigon yw sylw Gerallt Gymro, *Desc.* c. xii. am gelfyddyd y beirdd Cymraeg
yn ei oes ef. I'r Chadwicks, *The Growth of Literature,* i. 7, cyseinedd yw un o'r
"native features" yn ein hengerdd; am odl eu barn yw "presumably of Latin
origin."

Yn M.A. 217, ceir Dafydd Benfras yn gweddïo Duw am gyflawn awen "i ganu moliant mal Aneirin gynt / Dydd y cant Odod(d)in." Daw hyn ar ddechrau awdl i Lywelyn Fawr, ac felly cyn 1240.

Mwy diddorol a chynharach yw'r cyfeiriadau yn *Hirlas* Owain Cyfeiliog, cyn 1197. Y mae iaith y gân honno yn gyforiog o adleisiau o'r Gododdin, gw. M.A. 190–2; R.P. 171–3; a chyfieithiad y Dr. T. Gwynn Jones, *Y Cymmrodor*, xxxii. 47–57. Molianna Owain ei osgordd ef ragor un Mynyddawg:

> kigleu am dal med mynet dreic cattraeth;
> kywir eu haruaeth arueu lliweit.
> Gosgord vynydawc am eu kysgeit.
> cawssant eu hadrawd cas vlawd vlaenyeit.
> ny waeth wnaeth yghytwyr yghalet vaelawr;
> dillwng carcharawr dylleist woleit.

Yn Pen. 12 ceir hefyd gopi cynnar o'r Trioedd.[1] Dyma un:

Teir gosgord adwyn[2] ynys brydein. gosgord mynydawc yg kattraeth. A gosgord dreon lew yn rotwyd arderys. Ar dryded gosgord velyn o leyn [yn] erethlyn yn ros.

Gwaith hynafiaethydd yw hyn, gŵr a geisiai drefnu'r traddodiadau Cymraeg fesul tri. Dyry osgordd Mynyddawg yn gyntaf; yna un Dreon yn Arfderydd, brwydr 573; yna un Belyn, gwrthwynebwr Edwin. Rhoir ei farw ef yn 627, yn yr *Annales*.[3] Os yw hyn yn hanesyddol gywir, dylid rhoi brwydr Catraeth cyn 573. Prin.

Y Triawd nesaf yw rhif 29:

Tri gwythwr ynys brydein a wnaethant y teir anuat gyflauan: llofuan llaw difuro a ladawd vryen ap kynuarch: llongad grwmvargot eidin a ladawd auaon ap talyessin. A heiden ap euengat a ladawd *aneirin gwawtryd merch teyrnbeird*. Y gŵr a rodei gan muw pob sadwrn yg kerwyn enneint yn talhaearn[4] ae trewis a bwyall gy[n]nut *yn y fen*. A honno oed dryded vwyallawt. Ar eil kynnuttei o aberfraw a drewis golydan a bwyall yn y ben. Ar dryded iago ap beli a drewis y wr e hun a bwyall yn y ben.

---

[1] Cy. vii. 126–32.
[2] *addfwyn, addwyn*, sef "hardd," cf. B.T. 8, Advwyneu Taliessin, cân ar yr hen destun, *Beth sy'n bardd?*
[3] Gw. Lloyd, H.W. 184.
[4] Nid enw lle. Onid atgof am y Cynfardd a elwir yn Nennius, *Talhaern Tat Aguen?* Gadawer *yn* allan.

CYFEIRIADAU AT ANEIRIN lxxxvii

Amlwg yw fod Triawd y *Tair Anfad Bwyellawd* wedi ei hasio yn un y Tri Gwythwr, a bod pob bwyellwr wedi anelu'n llwyddiannus at ben ei wrthrych. Amlwg iawn yw peth llawer tristach : erbyn adeg copïo'r triawd, anghofiesid mai dyn oedd Aneirin. Llurguniwyd ei deitl, *mechteyrn beirdd,* sef "uchel deyrn y beirdd"—rhyw fath o ateb i ffrost eraill am Daliesin fel *Pen Beirdd*—a gwnaed ef yn *ferch* teyrnbeirdd ! A'r ferch dybiedig hon, fel yr ymddengys, a drawyd â bwyall "yn ei phen." Sarhad ar sarhad. Hyd yn oed yn y dernyn trwstan anobeithiol hwn, cadwyd *gwawtrydd* fel ansoddair am Aneirin. Rhoir ei farw yn nesaf at farw Urien. Cymerer hynny am ei werth.

Mewn cân anodd a berthyn i'r cyfarwyddyd am Daliesin, sef *Angar kyfyndawt,* sonnir am y Cynfeirdd. Ymffrostia'r bardd ar y dechrau *trwy ieith taliessin :* yna enwir *Kian.* Wedyn daw'r un sylw ag o'r blaen, *trwy ieith talhayarn.* Dyma dri o enwau'r Cynfeirdd a roes Nennius inni. Ple mae Aneirin ? Credaf ei fod ar goll yn y testun (gw. B.T. 20, 4-6) :

A varnwys teithi
Angerd vardoni.
Ef ae rin rodes
Awen aghymes.

Onid ffurf ar ei enw ef yw *Ef ae rin* yn y drydedd linell ? Pe darllenid *Aneirin* yno, ceid *A*- yn gymeriad i'r pedair llinell. Gellid esbonio *Eneirin* fel affeithiad rheolaidd *a*- o flaen -*in,* cf. 543, *deyeryn, deyerin,* o *daear.* Beth yw'r -*ae-* ? Uchod, td. xlv, trafodwyd dau enw ar yr un lle, *Din-guaer-oi,* a *Din-gueirin.* Awgrymodd yr -*ae-,* -*ei-* i mi esboniad newydd ar yr enw *Aneirin,* neu'n well, yn ôl Nennius, *Neirin.* Tardda Anwyl *Aneirin* o *Honorinus,* eithr *Enerin* yw'r hyn a ddisgwylid o hwnnw. Gwelodd Morris-Jones mai twf diweddarach yw'r *A*-, a chynigiodd mai *Nigrinus* yw tarddell y gair, ond iddo gael ei newid i *Negrinus.*[1] Yr anhawster yw esbonio -*ei*- o flaen -*in,* a gellid -*eir*- o -*egr*-, nid o -*igr*-. Petrus yw hyn hyd oni cheir *Negrinus* yn digwydd. Ffordd arall o gael -*ei*- o flaen -*in* yw fel affeithiad o -*ae-,* cf. *maeth, meithrin ; maen, meinin* (*saer, seiri ; maer, meiri*). Deuai *naer* yn rheolaidd o'r ffurf a gynnig Pedersen[2] fel cynsail Gw. *ndr* "gwylaidd." Chwaneger -*in* ato, a cheir *Neirin* yn hollol reolaidd. Dengys y ffurf drisill yn y gân *Angar kyfyndawt* ei bod yn ddiweddarach nag amser Nennius ; ategir hynny gan natur ei chynnwys. Nid gwaith Taliesin mohoni. Ond ynddi hithau tystiolaethir i *awen anghymes* (h.y. difesur) Aneirin.

[1] *Tal.* 229-30.
[2] Gw. V.G. i. 109 (nid felly yn L.P. 22) ; Boisacq ar *nēphō.*

Y nesaf yw dau fardd o'r bedwaredd ganrif ar ddeg, Sefnyn a
Rhisserdyn. Dywed y cyntaf,[1] wrth farwnadu ar ôl Iorwerth ab y
Cyriog, fod iddo *"myrdin* geudawt. . . . Med kyhoed milyoed *molawt
aneirin."* Dywed yr ail,[2]
> Tauawt vn arawt *aneirin gwawtglaer.*

Ceir pennill "o'r Gododyn," wedi ei ddiweddaru yn Gwyneddon 3,
1572. Yr awdur, meddir, yw *Aneirin Fardd,* a'i amcan oedd "i goffau'r
gwŷr a las yng-Attraeth."

Yn ei *Dissertatio de Bardis,*[3] argraffodd Evan Evans yn 1764 ddeg
pennill o waith Aneirin (gan ei gam-enwi yn *Aneurin,* gyda llaw) gyda
chyfieithiad i Ladin. Tywyll iawn yw'r testun, meddai, oherwydd
hynafiaeth a gwahaniaeth y dafodiaith, canys onid yw yn iaith y Pictiaid,
y mae o leiaf yn nhafodiaith Gwŷr y Gogledd, ac o'r herwydd yn anodd
i Gymry heddiw ei ddeall. Eto barnai nad anhyfryd fuasai i'r darllen-
ydd, canys (ag eithrio canu'r Groegiaid a'r Rhufeiniaid) dyma efallai
y gân fwyaf hynafol yn Ewrop.[4] Cyfeddyf mai beius yw ei gyfieithiad ;
ac na welodd ond un copi o'r gwaith, sef un Thomas Williams
(Trefriw).

Yn yr adran Gymraeg,[5] wrth drafod *Ossian* Macpherson, ac amau ei
ddilysrwydd, sylwa, "Pwy o honom ni a gymerai'r *Gododin,* gwaith
Aneurin Gwawdrydd, Fychdeyrn Beirdd, a'i gyfieithu mor llathraidd ag
i gwnaeth cyfieithydd *Ffingal* a *Themora ?* Ir wyfi yn meddwl nad oes
neb a ryfygai gymmeryd y fath orchest arno. Prin iawn i medreis i
ddeongli rhai pennillion o hono yma a thraw, y rhai a ellwch eu gweled
yn y traethawd *Lladin* ynghylch y Beirdd. A gresyn yw ei fod mor
dywyll, o herwydd, hyd ir wyf fi yn ei ddeall, gwaith godidog ydyw."

Nid y Prydydd Hir oedd y cyntaf yn yr oesoedd diweddar i ddarganfod
pwysigrwydd Aneirin (ac i gam-ysgrifennu ei enw). Yn ei ragymad-
rodd i'w *Antiquae Linguae Britannicae . . . Rudimenta,* 1621, dywed
Dr. John Davies am dystiolaeth canu Myrddin, Taliesin, ac *Aneurin*

---

[1] R.P. 81a 7.
[2] *Ibid.,* 91a 24.
[3] Ail argraffiad, td 63-70.
[4] Placuit hic nonnulla ex Aneurini *Gododinio* excerpere, quae licet ob vetustatem
et dialecti varietatem sint admodum obscura (fuit enim si non Pictorum lingua,
saltem Britannorum septentrionalium dialectus, et ideo hodiernis Cambro-Britannis
minus facilis intellectu) attamen lectori haud injucunda fore judicavi, eo quod
salvis Graecis et Latinis sit forsan antiquissimum in Europa poema.
[5] Td. 95.

i Gymraeg mil o flynyddoedd cyn ei amser ef.[1] Dyry Aneirin yn amser Arthur, a Thaliesin yn amser Maelgwn, tua 580. Yn y Geiriadur Dyblyg, 1632, yn rhestr yr awduron, gwelir enw *Aneurin gwawdrydd,* a 510 fel yr adeg y blodeuai. Oddi yma y cafodd Llwyd ei amseriad yntau iddo ;[2] felly Rhys Jones, a brintiodd yn y *Gorchestion*[3] Englynion y Misoedd "o waith *Aneurin Gwawdrydd,* y Bardd hwn oedd yn ei flodau Blwydd yr Arglwydd 510." Felly pan ddaeth y dydd i gyhoeddi'r *Myvyrian Archaiology,* 1801, rhoir gwaith *Aneurin Gwawdrydd* yn gyntaf oll, sef y *Gododin* ac *Englynion y Misoedd.* Ei amseroedd bellach yw 510-60, a rhai Taliesin, 520-70. Fel yn rhestr Nennius, daw'r Mechteyrn Beirdd o flaen y Pen Beirdd.

Testun salw yw un y *Myvyrian* o'r Gododdin, a phur ddilewyrch yw cyfieithiadau Probert, Ab Ithel, a hyd yn oed Stephens. Er gwaeled yw un Silvan Evans a Skene, rhagora ryw gymaint ar y lleill. Y mae cynnig Syr Edward Anwyl yn amgenach eto. Erbyn hyn yr oedd Dr. Gwenogvryn Evans wedi dwyn allan destun safonol o Lyfr Aneirin, lythyren am lythyren, sy'n gyrru un Stephens a Skene i'r cysgod.[4] Ar hwnnw y gweithiodd Anwyl, er mai at rif y llinellau yn argraffiad Skene y cyfeiria. Ail drefnodd 84 o'r awdlau, yn ôl eu Cymeriad yn bennaf.[5] Ni chyffyrddodd yn y gwarchanau. Bu raid i mi anghydweld ag ef braidd yn aml yn y Nodiadau. Ar ei ôl ef, lluniodd yr Athro Gwynn Jones gyfieithiad mydryddol bywiog, a thestun beirniadol o 520 o linellau a threfniant newydd eto ar yr awdlau.[6] Dyry yntau ragymadrodd cyffredinol. Y drafodaeth lawnaf yw un Skene ac un Stephens. Ysgrifennodd yr olaf draethawd at Eisteddfod Abergafenni, 1853 : golygwyd ef ar ôl marwolaeth yr awdur gan yr Athro Thomas Powel yn 1888, a chwanegodd yntau rai nodiadau byrion. Cyffyrddodd Syr John Morris-Jones â rhai o anawsterau Llyfr Aneirin yn ei drafodaeth ar *Taliesin.*[7] Ysgrifennais innau erthyglau ar y pwnc o dro i dro, wedi i mi gychwyn astudio'r testun mewn traethawd i'r Brifysgol yn

---

[1] Td. 9, arg. 1809.
[2] *Arch. Brit.,* 254.
[3] *Gorchestion Beirdd Cymru,* 1773, td. 1-5.
[4] 1908.
[5] *Trans. Cym.,* 1909-10, 95-136 O flaen y cyfieithiad daw trafodaeth gyffredinol, gw. hefyd *Trans Cym.,* 1903-4, ei "Prolegomena to the Study of Old Welsh Poetry."
[6] *Y Cymmrodor,* xxxii, 1922, 1-46.
[7] *Y Cymmrodor,* xxviii, 1918.

1906–7.[1] Nid oes angen i mi ddweud fy mod wedi newid fy marn ar lawer pwynt ynddo yn ystod rhediad y blynyddoedd, a'm gobaith yw cael cywiro beiau'r cynnig hwn eto, neu o leiaf, ambell un.

XXIV. Oed y Canu

Ceisiais drafod pob adran o'r Rhagymadrodd mor annibynnol ar y lleill ag y medrwn, rhag i ddamcaniaeth gyffredinol liwio'r ymdriniaeth. A bwrw golwg ar y cyfan yn awr, pa ddedfryd sy'n deg ar bwnc oed y canu?

Nid oes gennyf amheuaeth yn fy meddwl nad yn niwedd y chweched ganrif yr oedd Aneirin yn byw, a'r adeg addasaf i Frwydr Catraeth, hyd y medraf i weld, yw ychydig cyn 600, neu ychydig ar ôl 600. Am y dystiolaeth dros Aneirin fel awdur y canu hwn i wŷr Catraeth, neu ran helaeth ohono, os caf greu gair, amgylchus yw, nid pendant ac uniongyrchol. Ac ni ddylid disgwyl ond tystiolaeth amgylchus ar y fath achos.

Y mae cynnwys a sylwedd y canu o blaid ei ddilysrwydd. Os twyll yw, ni fedraf ddirnad pam y canwyd ef. Annilys yw mwyafrif y cerddau a briodolwyd i Daliesin: daroganau ydynt a dadogwyd arno i ennill awdurdod. Neu ynteu rhan ydynt o gyfarwyddyd a fu'n ddifyrrwch i rywrai pan oedd ei iaith yn ddealladwy. Nid felly'r Gododdin. Nid darogan mohono, nid rhan o chwedl, nid hanes buddugoliaeth ramantus, eithr mawl i wŷr a gollodd y dydd, colli eu bywyd, colli'r cwbl ond clod am eu ffyddlondeb i'w teyrn. Methiant fu eu harfaeth; serch hynny, cawsant eu hadrodd. Nid oedd a wnelai eu harwriaeth â'n Cymru bach ni. Yr unig gyswllt oedd eu bod yn perthyn i'r llwyth a roes deulu brenhinol i Gymru, a bod tri neu bedwar o'r arwyr wedi dyfod o Gymru. Gan mor wan oedd y cyswllt hwn, ni thrafferthwyd i amlhau copïau o'r canu. Aeth hyd yn oed enw'r bardd yn ddieithr i hynafiaethwyr wrth eu crefft, ac i gopïwyr gwaith y cyfryw. Ffodusach oedd Taliesin, canys yr oedd ei enw yn ddigon ei hun i awgrymu Mabinogi Moesen. Ni ellid chwedl enwol o *Neirin* nac *Aneirin,* gan nad oedd ystyr hysbys amlwg iddo. Ond os oedd y canu yn wir hengerdd, sicrhai ei hynafiaeth barch yn ysgolion y beirdd. Enillai ei awen

[1] *Y Geninen*, 1908, 35; *Y Beirniad*, 1911–2; *Bulletin of the Board of Celtic Studies,* i. 216–25; *Transactions of the Anglesey Antiquarian Society,* 1935, 25–39.

glust a chalon ambell un, a thrysorid ef ar y cof. Ni fynnai ambell arglwydd chwaith golli'r cyfle i ysbrydoli ei osgordd ef ei hun ag esiampl gosgordd ffyddlawn Mynyddawg. Felly y cadwyd cymaint ag a gadwyd.

Y mae dieithrwch yr enwau lleoedd o blaid dilysrwydd y Gododdin. Pwnc dadl yw safle *Catraeth, Gwananhon, Bryn Hyddwn, Dindywyd, Eleirch Fre, Aeron*,[1] *Garth Merin, Uffin.* Nid cof ardal am le ynddi hi ei hun yw'r gerdd. Perthyn i'r Gogledd Coll y mae'r rhain. Ac nid y lleoedd yn unig oedd yn ddieithr i Gymry'r dderuddegfed ganrif a'r nesaf, ond dull gosgordd Mynyddawg o ymladd oddi ar eu meirch. Dull y Ffrainc oedd hwnnw bellach. Dieithr oedd enwau'r arwyr hefyd, ag eithrio tri, Bradwen fab Morien Mynawg, Gwlged Gododdin, a Chynon fab Clydno Eiddyn, tri a fynnodd eu lle yn y traddodiad gyda marchogion Arthur fel y gwnaeth Owain ab Urien yntau. Cadwyd enwau'r gelynion hefyd, *Dewr a Berneich* fel Deifr a Brynneich, er mwyn cael cyfystyron mewn cerdd am Saeson, wedi i Northumbria beidio â bod yn deyrnas. I'r bardd hwn, nid Saeson yw'r enw naturiol ond y ddau eraill. Gŵr o'r Gogledd yw, a chanu'r Gogledd yw ei ganu, a naturiol oedd i gân bardd o Ystrad Clud ar fuddugoliaeth ei bobl yn erbyn Dyfnwal Frych yn 642 gael ei chynnwys ymhlith awdlau'r Gododdin. Perthynai i'r un byd.

A mwy na hynny, yr oedd yn yr un mesur. Os yw hon yn esiampl deg o gelfyddyd beirdd Ystrad Clud tua 650, atega hynny'r ddadl dros hynafiaeth mesur a chelfyddyd Aneirin oddeutu 600, ym mro'r Gododdin, am y goror ag Ystrad Clud. Cân arall o'r seithfed ganrif, yn wir cyn 634, yw *Moliant Cadwallawn*. Ceir yr un nodau ar honno drachefn. Nid dibwys yw tebygrwydd y Gododdin i'r ddwy hyn. Chwaneger atynt *Farwnad Cynddylan*,[2] a dyma un arall, yn yr un cyfnod, yn yr un dull, penillion byrion yn y mesur naw (weithiau ddeg), Cymeriad, cyseinedd gynnar yn gymysg ag odlau mewnol, a hefyd linellau heb yr un ohonynt. Ni soniaf am *Hoianeu* ac *Afallenneu*'r Llyfr Du: darogan sydd yno, ond purion peth yw sylwi i'r neb a'u ffugiodd ac a'u priodolodd i Fyrddin a'r chweched ganrif ddewis un o fesurau'r Gododdin.

Uchod gwrthodais bwyso gormod ar gynharwch Cyseinedd y Gododdin, o achos tebygrwydd celfyddyd *Armes Prydein* tua 900. Eto cofier mai darogan yw honno hefyd. *Dysgogan Myrddin,* meddai amdani ei hun, a *dysgogan derwyddon.* Pwy bynnag a'i canodd, er mwyn ennill

---
[1] *Y Beirniad*, ii. 118–9.
[2] C.Ll.H. 50–2.

coel rhaid iddo ganu yn y dull a weddai i Fyrddin, yn ôl barn A.D. 900.
Gall hynafiaeth y gyseinedd fod yn ffrwyth ymdrech i ddynwared canu
cynharach. Yr un mesur (nawiau a degau) sydd yma hefyd. Wrth
ei chyfansoddi yn y modd y gwnaeth, rhydd daroganwr 900 syniad go
lew inni o beth a ystyrid yn ddull y chweched ganrif.

Sut bynnag, ni welais i eto yn yr un o'r cerddau cynnar hyn odl mor
hynafol â *mygedorth, pedryollt* yn y Gododdin.[1] Annoeth yw adeiladu
ar un pwynt, a thybio ar bwys un enghraifft fod *-rt* ac *-lt* wedi aros heb
newid yn y geiriau hyn, ac mai cyflwr o'r fath a nodweddai'r Gymraeg
pan ganwyd y pennill. Ond pan chwanegir yr holl enghreifftiau o'r
Gododdin lle ceir rhagorach a llawnach cyseinedd wrth anwybyddu'r
treigliadau dechreuol, ceir sylfaen letach. Chwaneger atynt enwau
lleoedd fel *Elmet, Loidis, Edin*-burgh, ac nid rhy ehud yw gofyn am
ystyriaeth bwyllog i'r ddamcaniaeth ddarfod canu'r Gododdin yn y
cyfnod hwnnw pan oedd Brythoneg wedi colli ei therfyniadau, eithr
heb orffen meddalu a llaesu'r cytseiniaid yn y dull nodweddiadol o
Gymraeg. Cytuna hynny â ffaith ddiamheuol, sef ddarfod torri enw'r
brenin *Cadfan* fel *Catamanus* ar ei garreg goffa yn Llangadwaladr, Môn,
tua 620–5. Rhodres yw'r terfyniad *-us* : nid felly *Cataman*. Yn yr
un genhedlaeth yn union, neu ronyn cynharach, yr oedd Aneirin yn
byw. Rhaid bod y *-t-* wedi cychwyn i gyfeiriad *d*, a'r *-m-* i gyfeiriad *f*,
eithr nid ysgrifennir y naill na'r llall am ganrifoedd eto. Heblaw
hynny, dylid cyfrif am yr ail *a* yn aros o hyd yn *Cataman*, cf. isod,
ll. 1101, *Dinogat,* yr enw a roes *Dingad* ar ôl hyn. Efallai mai yma ac
acw'n unig y goroesodd y llafariad yn y safle hon hyd 620. Arhosodd
yn hwy mewn ambell dafodiaith na'i gilydd. Eithr da yw cofio amdani
wrth rifo hydau mesurau Aneirin yn ein copi diweddar ni, a sylwi ar y
bwhwman rhwng naw a deg, pump a chwech.

Hefyd, os newydd golli yr oedd y terfyniad Brythoneg, yr oedd yr
acen heb gael cyfle i symud i'r goben newydd, h.y. yn *Catumandus* ar
-and- yr oedd y brif acen. Aeth yr *-u-* ddiacen yn aneglur, a throi'n *-a-*,
effaith yr *a* o boptu iddi. Collwyd *-us* yn raddol, a chafwyd *Catamand*,
neu *Catamann*, ond ysgafn iawn yw'r ail *a*, a chyll hithau, a phan
symudo'r acen yn ôl i'r goben newydd, nid *Cadafan* a geir ond *Cadfan*.
Dyna'r rheol, er bod eithriadau. Efallai nad oedd yr acen wedi symud
yn llwyr a hollol yn ôl i'r goben newydd erbyn 600 : digon tebyg ei
bod yn chwarae'n gytbwys am ysbaid rhwng y ddeusill olaf. Nid
rhyfedd, felly, yw amlder odlau fel "Gwyr a *aeth* Gatr*aeth*" yn y

---

[1] Gw. uchod, td. lxxv.

Gododdin : nis clywid fel odli sillaf acennog ag un ddiacen. Nid oedd yr acen cyn drymed ag y mae heddiw ar *Cat-* yn *Catraeth*. Dichon bod ôl acennu cytbwys mewn ambell linell, megis 1124–5 :

    a chyn golo gweir hir a dan dywarch
    dyrllydei vedgyrn vn mab feruarch.

Medrir cyseinio fel hyn :

    ac cin *guo*-lo *gu*eir hir *guo-t*an *t*i-*gu*arch
    derlidei *m*ed-cirn vn *m*ap fer-*m*arch.[1]

Buasai darganfod enghreifftiau anwadadwy o acennu cytbwys yn ateg bwysig i hynafiaeth y canu. Ofn sydd arnaf eu gweld lle nad ydynt.

Pa linell ymchwil bynnag a ddilynwn, ymddengys y Gododdin yn hen : eithr nid yw'r un yn rhoi sicrwydd pendant pa mor hen. Cymerer y cwbl ynghyd, cryfheir yr argraff arnom. At hynafiaeth sylwedd, rhodder hynafiaeth ffurf ac addurn mewn mesur, odl, cyseinedd. At hen eiriau rhodder hen orgraff, gan gofio am y diweddaru cyson a fu yn ystod y canrifoedd. Cofier am absen y fannod. Cofier nad oes neb eto wedi profi fod cymaint ag un gair yn y Gododdin yn fenthyg o'r Saesneg. Credaf y gallwn bellach gyda graddau helaeth o hyder ddechrau credu fod corff y gainc yn waith dilys Aneirin Gwawdrydd, Mechteyrn Beirdd.

[1] Cf. 38, 83, 89, 119, etc.

Y GODODDIN

Hwn yw e gododin. aneirin ae cant.

I

1 Gredyf gwr oed gwas
 gwrhyt am dias.
 meirch mwth myngvras.
 a dan vordwyt megyrwas.
5 ysgwyt ysgauyn lledan
 ar bedrein mein vuan.
 kledyuawr glas glan
 ethy eur aphan.
 ny bi ef a vi
10 cas e rof a thi.
 Gwell gwneif a thi
 ar wawt dy uoli.
 kynt y waet e lawr
 nogyt y neithyawr.
15 kynt y vwyt y vrein
 noc y argyurein.
 ku kyueillt ewein.
 kwl y uot a dan vrein.
 marth ym pa vro
20 llad vn mab marro.

II

Kayawc kynhorawc men ydelhei.
diffun ymlaen bun med a dalhei.
twll tal y rodawr ene klywei
awr. ny rodei nawd meint dilynei.

25 ny chilyei o gamhawn eny verei
waet mal brwyn gomynei gwyr nyt echei.
nys adrawd gododin ar llawr mordei.
rac pebyll madawc pan atcoryei
namen vn gwr o gant eny delhei.

III

30 Kaeawc kynnivyat kywlat e rwyt.
ruthyr eryr en *ebyr* pan llithywyt.
e amot a vu not a gatwyt.
gwell a wnaeth e aruaeth ny gilywyt.
rac bedin ododin odechwyt.
35 hyder gymhell ar vreithel vanawyt.
ny nodi nac ysgeth nac ysgwyt.
ny ellir anet ry vaethpwyt.
rac ergyt catvannan catwyt.

IV

Kaeawc kynhorawc bleid e maran.
40 gwevrawr go/diwawr torchawr am rann.
bu gwevrawr gwerthvawr gwerth gwin vann.
ef gwrthodes gwrys gwyar dis grein.
ket dyffei wyned a gogled e rann.
   o gussyl mab ysgyrran
45   ysgwydawr angkyuan.

V

Kaeawc kynhorawc aruawc eg gawr
kyn no diw e gwr gwrd eg gwyawr.
kynran en racwan rac bydinawr
kwydei pym pymwnt rac y lafnawr.

50 o wyr deivyr a brennych dychiawr.
vgein cant eu diuant en un awr.
kynt y gic e vleid nogyt e neithyawr.
kynt e vud e vran nogyt e allawr.
kyn noe argyurein e waet e lawr.
55 gwerth med eg kynted gan lliwedawr.
hyueid hir etmygir tra vo kerdawr.

VI

Gwyr a aeth ododin chwerthin ognaw.
chwerw en trin a llain en emdullyaw.
byrr vlyned en hed yd ynt endaw.
60 mab botgat gwnaeth gwynnyeith gwreith e law.
ket elwynt e lanneu e benydyaw.
a hen a yeueing a hydyr a llaw.
dadyl diheu angheu y eu treidaw.

VII

Gwyr a aeth ododin chwerthin wanar.
65 disgynnyeit em bedin trin diachar.
wy lledi a llavnawr heb vawr drydar
colovyn glyw reithuyw rodi arwar.

VIII

Gwyr a aeth gatraeth oed fraeth eu llu.
glasved eu hancwyn a gwenwyn vu.
70 trychant trwy beiryant en cattau.
a gwedy elwch tawelwch vu.
ket elwynt e lanneu e benydu.
dadyl dieu agheu y eu treidu.

IX

G wyr a aeth gatraeth veduaeth uedwn.
75 fyryf frwythlawn oed cam nas
    kymhwyllwn.
e am lavnawr coch gorvawr gwrmwn.
dwys dengyn ed emledyn aergwn.
ar deulu brenneych beych barnasswn.
dilyw dyn en vyw nys adawsswn.
80 kyueillt a golleis diffleis oedwn.
rugyl en emwrthryn rynn riadwn.
ny mennws gwrawl gwadawl chwegrwn.
maban y gian o vaen gwynngwn.

X

G wyr a aeth gatraeth gan wawr
85 trauodynt eu hed eu hovnawr.
milcant a thrychant a emdaflawr.
gwyarllyt gwynnodynt waewawr.
ef gorsaf yng gwryaf. eggwryawr.
rac gosgord mynydawc mwynvawr.

XI

90 G wyr a aeth gatraeth gan wawr
dygymyrrws eu hoet eu hanyanawr.
med evynt melyn melys maglawr.
blwydyn bu llewyn llawer kerdawr.
coch eu cledyuawr na phurawr
95 eu llain. gwyngalch a phedryollt bennawr
rac gosgord mynydawc mwynvawr.

XII

Gwyr a aeth gatraeth gan dyd.
neus goreu o gadeu gewilid.
wy gwnaethant en geugant gelorwyd.
100 a llavnavr llawn annawd em bedyd.
goreu yw hwnn kyn kystlwn kerennyd.
enneint creu ac angeu oe hennyd.
rac bedin ododin pan vudyd [4]
neus goreu deu bwyllyat neirthyat
    gwychyd.

XIII

105 Gwr a aeth gatraeth gan dyd.
ne llewes ef vedgwyn vei noethyd.
bu truan gyuatcan gyvluyd.
e neges ef or drachwres drenghidyd.
    ny chryssyws gatraeth
110   mawr mor ehelaeth
        e aruaeth uch arwyt.
    ny bu mor gyffor
    o eidyn ysgor
    a esgarei oswyd
115 tut vwlch hir ech e dir ae dreuyd.
ef lladei saesson seithuet dyd.
perheit y wrhyt en wrvyd
ae govein gan e gein gyweithyd.
pan dyvu dutvwlch dut nerthyd.
120 oed gwaetlan gwyaluan vab kilyd.

XIV

Gwr a aeth gatraeth gan wawr.
wyneb udyn ysgorva ysgwydawr.
crei kyrchynt kynnullynt reiawr
en gynnan mal taran twryf aessawr.

125 gwr gorvynt. gwr etvynt. gwr llawr.
ef rwygei. a chethrei. a chethrawr.
od uch lled lladei a llavnawr.
en gystud heyrn dur arbennawr.
e mordei ystyngei adyledawr.
130 rac erthgi erthychei vydinawr.

XV

O vreithyell gatraeth pan adrodir.
maon dychiorant eu hoet bu hir.
edyrn diedyrn amygyn dir.
a meibyon godebawc gwerin enwir.
135 dyforthynt lynwyssawr gelorawr hir.
bu tru a dynghetven anghen gywir.
a dyngwt y dutvwlch a chyvwlch hir.
ket yvem ved gloyw wrth leu babir
ket vei da e vlas y gas bu hir.

XVI

140 Blaen echeching gaer glaer ewgei. [5]
gwyr gweiryd gwanar ae dilynei.
blaen ar e bludue dygollouit
vual ene vwynvawr vordei.
blaen gwirawt vragawt. ef dybydei.
145 blaen eur a phorphor kein as mygei.
blaen edystrawr pasc ae gwaredei.
gwrthlef ac euo bryt ae derllydei.
blaen erwyre gawr buduawr drei.
arth en llwrw byth hwyr e techei.

XVII

150 Anawr gynhoruan
huan arwyran.
gwledic gwd gyfgein
nef enys brydein.
garw ryt rac rynn;
155 aes e lwrw budyn.
bual oed arwynn
eg kynted eidyn.
e rihyd ryodres.
e ved medwawt
160 yuei win gwirawt.
oed eruit uedel;
yuei win gouel.
a erueid en arued;
aer gennin vedel.
165 Aer adan glaer.
kenyn keuit aer.
Aer seirchyawc
aer edenawc.
nyt oed diryf y ysgwyt
170 gan waywawr plymnwyt.
kwydyn gyuoedyon;
eg cat blymnwyt.
diessic e dias;
divevyl as talas.
175 hudit e wyllyas.
kyn bu clawr glas
bed gwruelling vreisc.

XVIII

Teithi etmygant
tri llwry nouant.
180 pymwnt a phymcant.
trychwn a thrychant.
tri si chatvarchawc ;
eidyn eu ruchawc.
tri llu llurugawc ;
185 tri eur deyrn dorchawc.
tri marchawc dywal ;
tri chat gyhaual.
tri chysneit kysnar ;
chwerw fysgynt esgar.
190 tri en drin en drwm.
llew lledynt blwm ;
eur e gat gyngrwn.
tri theyrn maon ;
a dyvu o vrython.
195 kynri a chenon.
kynrein o aeron.
gogyuerchi ynhon
deivyr diuerogyon.
a dyvu o vrython
200 wr well no chynon
sarff seri alon.

[6]

XIX

Eveis y win a med e mordei.
mawr meint e vehyr
ygkyuaruot gwyr.
205   bwyt e eryr erysmygei.

```
         pan gryssyei gydywal kyfdwyreei.
         awr gan wyrd wawr kyui dodei.
         aessawr dellt anibellt a adawei.
            pareu rynn rwygyat
210         dygymynei. e gat
               blaen bragat briwei
         mab syvno ; sywyedyd ae gwydyei.
            a werthws e eneit
            er wyneb grybwyllyeit ;
215            a llavyn lliveit lladei.
         lledessit ac athrwys ac affrei ;
         er amot aruot aruaethei.
            ermygei galaned
            o wyr gwychyr gwned
220            em blaen gwyned gwanei.
```

XX. A

Eveis y win a med e mordei
can yueis disgynneis rann fin. fawt ut
nyt didrachywed-colwed drut.
pan disgynnei bawb ti disgynnvt.
225 ys deupo gwaeanat gwerth na phechut.
pressent adrawd oed vreichyawr drut.

XX. B

[Kein guodeo e celyo as eiryangut.   [31]
ery vyhyr ohanav ar a fysgut
pan esgynnei baub ti disgynnvt
230 ceuei gwin gwaet meirw meint a wanut.
teir blyned a phedeir tutet
en vavr yt uaer asgym myrr hut
ath uodi gwas nym gwerth na thechut
pressent kyuadraud oed breichyaul glut.]

XXI

235 Gwyr a aeth gatraeth buant enwawc.
gwin a med o eur vu eu gwirawt.
blwydyn en erbyn urdyn deuawt.
trywyr a thri ugeint a thrychant eur
   dorchawc.
or sawl yt gryssyassant uch gormant wirawt
240 ny diengis namyn tri o wrhydri fossawt.
deu gatki aeron a chenon dayrawt
a minheu om gwaetfreu gwerth vy
   gwennwawt.

XXII. A

Uyg car yng wirwar nyn gogyffrawt [7]
o neb ony bei o gwyn dragon ducawt.
245 ny didolit yng kynted o ved gwirawt.
ef gwnaei ar beithing peithyng aruodyawc.
ef disgrein eg cat disgrein en aelawt.
neus adrawd gododin gwedy fossawt
pan vei no llivyeu llymach nebawt.

XXII. B

250 [Pan gyrchei yg kywlat e glot oed [31]
   anvonavc
ef dilydei win gwr eur dorchauc
ef rodei gloyw dull glan y gwychiauc.
ardwyei cann wr arwr mynauc.
anvonavc eissyllut alltut marchauc
255 vn maban e gian o dra bannauc
ny sathravt gododin ar glavr fossaut [32]
pan vei no llif llymach nebaut.]

XXIII. A

Aryf angkynnull
agkyman dull agkysgoget.
260 trachywed vawr
treiglessyd llawr lloegrwys giwet.
heessit eis
yg kynnor eis yg cat uereu.
goruc wyr lludw
265 a gwraged gwydw kyn noe angheu.
greit uab hoewgir
ac ysberi y beri creu.

XXIII. B

[Pwys blaen rydre ferei y gadeu
dryll kedyr cat
270 kein crysgwydyat. bryt am gorlew
diechwith lam
y orwylam nat ry gigleu.
ef gwneei gwyr llydw
a gwraged gwydw kyn*n* oe agheu.
275 breint mab bleidgi
rac ysberi y beri greu.]

XXIV

Arwr y dwy ysgwyd adan e dalvrith.
ac eil tith orwydan.
bu trydar en aerure bu tan.
280 bu ehut e waewawr bu huan;
bu bwyt brein bu bud e vran.
a chyn edewit en rydon
gan wlith eryr tith tiryon.

ac o du gwasgar gwanec tu bronn.
285 beird byt barnant wyr o gallon.
diebyrth e gerth e gynghyr;
diua oed e gynrein gan wyr.
a chynn e olo a dan eleirch
vre; ytoed wryt ene arch.
290 gorgolches e greu y seirch
budvan vab bleidvan dihavarch.

XXV

Cam e adaw heb gof camb ehelaeth.
nyt adawei adwy yr adwryaeth.
nyt edewis e lys les kerdoryon prydein
295 diw calan yonawr ene aruaeth.
nyt erdit e dir kevei diffeith;
dra chas anias dreic ehelaeth.
dragon yg gwyar gwedy gwinvaeth
gwenabwy vab gwenn; gynhen gatraeth. [8]

. XXVI. A

300 Bu gwir mal y meud e gatlew.
ny deliis meirch neb marchlew
heessit waywawr y glyw.
y ar llemenic llwybyr dew.
keny vaket am vyrn am borth;
305 dywal y gledyual emborth.
heessyt onn o bedryollt
y law; y ar veinnyell vygedorth.
yt rannei rygu e rywin;
yt ladei a llauyn vreith o eithin.
310 val pan vel medel ar vreithin
e gwnaei varchlew waet lin.

XXVI. B

[Geu ath diwedus tutleo   [32]
na deliis meirch neb marchlew
keny vaccet am byrth amporth
315 oed cadarn e gledyual ynyorth
ur rwy ysgeinnyei y onn o bedryholl
llav y ar vein erch mygedorth.]

XXVII

Issac anuonawc o barth deheu.
tebic mor lliant y deuodeu.
320   o wyled a llaryed
        a chein yuet med;
        men yth glawd e offer
        e bwyth madeu.
ny bu hyll dihyll na heu diheu.
325 seinnyessyt e gledyf ym penn mameu.
mur greit oed moleit ef mab gwydneu.

XXVIII

Keredic caradwy e glot.
achubei gwarchatwei not.
lletvegin is tawel kyn dyuot
330 e dyd gowychyd y wybot.
ys deupo car kyrd kyvnot
y wlat nef adef atnabot.

XXIX

Keredic caradwy gynran.
keimyat yg cat gouaran.
335 ysgwyt eur crwydyr cadlan;
gwaewawr uswyd agkyuan.

kledyual dywal diwan.
mal gwr catwei wyaluan.
kynn kysdud daear kynn affan
340 o daffar diffynnei e vann.
ys deupo kynnwys yg kyman.
can drindawt en vndawt gyuan.

XXX

Pan gryssyei garadawc y gat;
mal baed coet trychwn trychyat.
345 tarw bedin en trin gomynyat;
ef llithyei wydgwn oe anghat.
ys vyn tyst ewein vab eulat.
a gwryen. a gwynn a gwryat.
o gatraeth o gymynat.
350 o vrynn hydwn kynn caffat.
gwedy med gloew ar anghat
ny weles vrun e dat.

XXXI

Gwyr a gryssyassant buant gytneit.
hoedyl vyrryon medwon uch med hidleit.
355 gosgord vynydawc enwawc en reit.
gwerth eu gwled o ved vu eu heneit.
caradawc a madawc pyll ac yeuan;
gwgawn a gwiawn. gwynn a chynvan.
peredur arueu dur; gwawrdur ac aedan.
360 achubyat eng gawr ysgwydawr angkymàn.
a chet lledessynt wy lladassan;
neb y eu tymhyr nyt atcorsan.

XXXII

Gwyr a gryssyassant buant gytvaeth.
blwydyn od uch med mawr eu haruaeth.
365 mor dru eu hadrawd wy. angawr hiraeth.
gwenwyn eu hadlam nyt mab mam ae maeth.
mor hir eu hetlit ac eu hetgyllaeth
en ol gwyr pebyr temyr gwinvaeth.
gwlyget gododin en erbyn fraeth.
370 ancwyn mynydawc enwawc e gwnaeth.
a phrit er prynu breithyell gatraeth.

XXXIII

Gwyr a aeth gatraeth yg cat yg gawr.
nerth meirch a gwrymseirch ac ysgwydawr.
peleidyr ar gychwyn a llym waewawr.
375 a llurugeu claer a chledyuawr.
ragorei tyllei trwy vydinawr.
kwy*dei* bym pymwnt rac y lavnawr.
ruuawn hir ef rodei eur e allawr.
a chet a choelvein kein y gerdawr.

XXXIV

380 Ny wnaethpwyt neuad mor orchynnan.
mor vawr mor oruawr y gyvlavan.
dyrllydut medut moryen tan. [10]
ny thraethei na wnelei kenon kelein.
vn seirchyawc saphwyawc son edlydan.
385 seinnyessit e gledyf em penn garthan.
noc ac esgyc carrec vyr vawr y chyhadvan.
ny mwy gysgogit wit uab peithan.

XXXV

Ny wnaethpwyt neuad mor anvonawc
ony bei voryen eil caradawc.
390 ny diengis en trwm e lwrw mynawc.
dywal dywalach no mab ferawc.
fer y law faglei fowys varchawc.
glew dias dinas e lu ovnawc.
rac bedin ododin bu gwasgarawc.
395 y gylchwy dan y gymwy bu adeuawc.
yn dyd gwyth bu ystwyth neu bwyth
   atveillyawc.
dyrllydei vedgyrn eillt mynydawc.

XXXVI

Ny wnaethpwyt neuad mor diessic
no chynon lary vronn geinnyon wledic.
400 nyt ef eistedei en tal lleithic.
e neb a wanei nyt atwenit.
raclym e waewawr ;
calch drei tyllei vydinawr.
rac vuan y veirch ; rac rygiawr ;
405 en dyd gwyth atwyth oed e lavnawr.
pan gryssyei gynon gan wyrd wawr.

XXXVII

[Ny wnaethpwyt neuad mor dianaf [15]
lew ; mor hael baran llew llwybyr vwyhaf.
a chynon lary vronn adon deccaf.
410 dinas y dias ar llet eithaf.

dor angor bedin bud eilyassaf.
or sawl a weleis ac a welaf ymyt;
en emdwyn aryf gryt gwryt gwryaf.
ef lladei oswyd a llavyn llymaf.
415 mal brwyn yt gwydynt rac y adaf.
mab klytno clot hir canaf yty or;
clot heb or heb eithaf.]

XXXVIII

Disgynsit en trwm yg kessevin.
ef diodes gormes ef dodes fin.
420 ergyr gwayw rieu ryvel chwerthin.
hut effyt y wrhyt e lwry elfin.
eithinyn uoleit mur greit tarw trin.

XXXIX. A.

Disgynsit en trwm yg kesseuin.
gwerth med yg kynted a gwirawt win
425 heyessyt y lavnawr rwg dwy vydin.
arderchawc varchawc rac gododin.
eithinyn uoleit mur greit tarw trin.

XXXIX. B

[Kywyrein ketwyr kywrennin   [14]
e gatraeth gwerin fraeth fysgyolin.
430 gwerth med yg kynted a gwirawt win.
heyessit e lavnawr rwng dwy vedin.
arderchauc varchawc rac gododin
eithinyn voleit mur greit tarw trin.]

XL

[Disgynsit in trum in alauoed dwyrem   [35]
435 cintebic e celeo erit migam.
    guannannon guirth med guryt muihiam   [36]
    ac guich fodiauc guichauc inham
    eithinin uoleit map bodu at am.

XLI

Guir gormant aethant cennin
440 gwinweith a medweith oedyn
    o ancwyn mynydauc
    anthuim cim mruinauc
        o goll gur gunet rin
    mal taran[aur]
445   nem tarhei scuytaur
        rac rynnaud eithinin.]

XLII

Disgynsit en trwm rac alauoed wyrein   [11]
wyre llu llaes ysgwydawr.
ysgwyt vriw rac biw beli bloedvawr.
450 nar od uch gwyar fin festinyawr.
    an deliit kynllwyt y ar gynghorawr.
    gorwyd gwareus rith rin ych eurdorchawr.
    twrch goruc amot e mlaen ystre ystrywyawr.
    teiling deith gwrthyat gawr.
455 an gelwit e nef bit athledhawr.
    e myt ef krennit e gat waewawr.
    catvannan er a clut clot vawr.
    ny chynhennit na bei llu idaw llawr.

XLIII. A

Am drynni drylaw drylenn.
460 am lwys amdiffwys dywarchen.
am gwydaw gwallt e ar benn.
y am wyr eryr gwydyen.
gwyduc neus amuc ae waiw
ardullyat diwyllyat e berchen.
465 amuc moryen
gwenwawt mirdyn. a chyvrannv penn
prif eg weryt . ac an nerth ac am hen ;
trywyr yr bod bun bratwen.
deudec gwenabwy vab gwenn.

XLIII. B

470 [Am drynni drylav drylen   [24]
am lwys am diffwys dywarchen
tri hue baruaut dreis dili plec hen
atguuc emorem ae guiau hem
hancai ureuer urag denn
475 at gwyr a gwydyl a phrydein
at gu kelein rein rud guen
deheuec gwenauwy mab gwen.]

XLIV. A

Am drynni drylaw drylenn.
gweinydyawr ysgwydawr yg gweithyen.
480 en aryal cledyual am benn.
en lloegyr drychyon rac trychant unben.

a dalwy mwng bleid heb prenn. ene law ;
gnawt gwychnawt eny lenn.
o gyurang gwyth ac asgen.
485 trenghis ny dienghis bratwen.

XLIV. B

[Am ginyav drylav drylen [24]
trym dwys tradiffwys dy warchen
kemp e lumen.
arwr baruaut asgell
490 vreith edrych eidyn a breithell
goruchyd y lav lof len
ar gynt a gwydyl a phryden.
a chynyho mwng bleid heb prenn eny lav
gnavt gwychlaut ene lenn.
495 prytwyf ny bei marw mor em
deheuec guenabwy. mab gwenn.]

XLV. A

Eur ar vur caer
krysgrwydyat aer
cret ty na thaer aer vlodyat
500 vn axa ae leissyar
ar gatwyt adar
brwydryar syll o virein
neus adrawd a vo mwy
o damweinnyeit llwy [12]
505 od amluch lliuanat.
neus adrawd a uo mwy en awr blygeint
na bei kynhawal kynheilweing.

XLV. B

[Eur ar mur caer [34]
crisguitat dair
510 caret na hair air mlodyat
un s saxa secisiar
argouuduit adar
bro uual pelloid mirein
nys adraud a uo byv
515 o dam gueinieit lui
o dam lun luch liuanat
nys adraud a uo biu in dit pleimieit
na bei cinaual cinelueit.]

XLV. C

[Huitreuit clair [37]
520 cinteiluuat claer
cleu na clair air
uener sehic
am sut seic sic sac
adleo gogyuurd gogymrat
525 edili edili ui puillyat
nys adraud gododin in dit pleigheit
na bei cinhaual citeluat.]

XLVI

Pan vuost di kynnivyn clot
en amwyn tywyssen. gordirot
530 ohaedot en gelwit redyrch gwyr not.
oed dor diachor diachor din drei
oed mynut wrth olut ae kyrchei.
oed dinas e vedin ae cretei.
ny elwit gwinwit men na bei.

XLVII

535 Ket bei cann wr en vn ty
atwen ovalon keny.
penn gwyr tal being a dely.

XLVIII

Nyt wyf vynawc blin
ny dialaf vy ordin.
540 ny chwardaf y chwerthin
a dan droet ronin.
ystynnawc vyg glin
en ty deyeryn.
cadwyn heyernin
545 am ben vyn deulin
o ved o vuelin.
o gatraeth werin.
mi na vi aneirin.
ys gwyr talyessin
550 ovec kywrenhin.
neu cheing e ododin
kynn gwawr dyd dilin

XLIX

Goroled gogled gwr ae goruc.
llary vronn haeladon ny essyllut.
555 nyt emda daear nyt emduc mam ;
mor eiryan gadarn haearn gaduc.
o nerth e kledyf claer e hamuc.
o garchar anwar daear em duc.
o gyvle angheu o anghar dut
560 keneu vab llywarch dihauarch drut.

L

Nyt ef borthi gwarth gorsed
senyllt. ae lestri llawn med ;
godolei gledyf e gared.
godolei lemein e ryuel.
565 dyfforsei lynwyssawr oe vreych ;
rac bedin ododin a breennych.
gnawt ene neuad vythmeirch
gwyar a gwrymseirch.
keingyell hiryell oe law.   [13]
570 ac en elyd bryssyaw.
gwen ac ymhyrdwen hyrdbeit.
disserch a serch artro
gwyr nyt oedyn drych draet fo.
heilyn achubyat pob bro.

LI. A

575 Llech leutu tut leudvre
gododin ystre. ystre ragno ar y anghat.
angat gynghor e leuuer cat.
    cangen gaerwys
    keui dullywys.
580   tymor dymhestyl.
    tymestyl dymor.
    e beri restyr rac riallu.
    o dindywyt
    yn dyvu wyt yn dywovu.
585   dwys yd wodyn
    llym yt wenyn. llwyr genyn llu.
ysgwyt rugyn rac tarw trin y dal vriw vu.

LI. B

[Leech leud ud tut leuure [34]
gododin stre stre ancat
590 ancat cyngor cyngor temestyl
trameryn lestyr trameryn lu
heidilyaun
lu ineidlyaun let lin lu
o dindywyt
595 en dyowu
scuyt grugyn iractaryf trun tal briv bu.]

LI. C

[Llech llefdir aryf gardith tith ragon [23]
tec ware rac gododin ystre anhon.
ry duc diwyll
600 o win bebyll ar lles tymyr
tymor tymestyl.
tra merin llestyr. tra merin llu.
llu meithlyon.
kein gadrawt rwyd rac riallu
605 o dindywyt
en dyuuwyt yn dyouu.
ysgwyt rugyn rac doleu trin tal vriw vu.]

LII

Er kryn e alon araf
ery brwydrin trin tra chuar.
610 kwr e vankeirw am gwr e vanncarw.
byssed brych briwant barr.
am bwyll am disteir am distar.
am bwyll am rodic am rychward.

ys bro ys brys treullyawt rys en riwdrec.
615 ny hu wy ny gaffo e neges.
nyt anghwy a wanwy odiwes.

LIII

Ny mat wanpwyt ysgwyt
ar gynwal carnwyt.
ny mat dodes y vordwyt
620 ar vreichir men—llwyt.
gell e baladyr gell
gellach e obell.
y mae dy wr ene gell
en cnoi anghell
625 bwch bud oe law
idaw poet ymbell.

LIV. A

Da y doeth adonwy atwen. ym
    adawssut
wenn heli bratwen. gwnelut. lladut.
    llosgut.
no moryen ny waeth wnelut.
630 ny delyeist nac eithaf na chynhor.
ysgwn drem dibennor.
ny weleist emorchwyd mawr marchogyon
wy lledin ny rodin nawd y saesson. [14]

LIV. B

[Da dyuot adonwy adonwy am adaussut. [30]
635 a wnelei vratwen gwnelut lladut llosgut
ny chetweist nac eithaf na chynnor
ysgwn tref dy beuwel.

ny weleis or mor bwyr mor
marchauc a vei waeth no od gur.]

LV. A

640 Gododin gomynaf dy blegyt.
tynoeu dra thrumein drum essyth.
gwas chwant y aryant heb emwyt.
o gussyl mab dwywei dy wrhyt.
nyt oed gynghor wann. wael y rac tan veithin.
645 o lychwr y lychwr luch bin.
luch dor y borfor beryerin.
llad gwaws. gwan maws mur trin
anysgarat vu y nat ac aneirin.

LV. B

[Gododin gomynnaf oth blegyt. [23]
650 yg gwyd cant en aryal en emwyt.
a guarchan mab dwywei·da wrhyt
poet gno en vn tyno treissyt.
er pan want maws mvr trin.
er pan aeth daear ar aneirin.
655 nu neut ysgaras nat a gododin.]

LVI

Kywyrein ketwyr kywrenhin.
gwlat atvel gochlywer eu dilin.

dygoglawd tonn bevyr beryerin.
men yd ynt eilyassaf elein.
660 o brei vrych ny welych weyelin.
ny chemyd haed ud a gordin.
ny phyrth mevyl moryal eu dilin.
llavyn durawt barawt e waetlin.

LVII

Kywyrein ketwyr kywrenhin.
665 gwlat atvel gochlywer eu dilin.
ef lladawd a chymawn a llain
a charnedawr tra gogyhwc gwyr trin.

LVIII

Kywyrein ketwyr kyuaruuant.
y gyt en vn vryt yt gyrchassant.
670 byrr eu hoedyl. hir eu hoet ar eu carant.
seith gymeint o loegrwys a ladassant.
o gyvryssed gwraged gwyth a wnaethant. [15]
llawer mam ae deigyr ar y hamrant.

LIX

O winveith a medweith
675 dygodolyn. gwnlleith
   mam hwrreith eidol enyal.
ermygei rac vre
rac bronn budugre
   bre/ein dwyre wybyr ysgynnyal.
680 kynrein en kwydaw
val glas heit arnaw;
   heb gilyaw gyhaual.
synnwyr ystwyr ystemel;
y ar weillyon gwebyl
685   ac ardemyl gledyual.
blaen ancwyn anhun
hediw an dihun;
   mam reidun rwyf trydar.

LX

O winveith a medweith yd aethant.
   e genhyn
690 llurugogyon nys gwn lleith lletkynt.
   kyn llwyded eu lleas dydaruu.
   rac catraeth oed fraeth eu llu.
   o osgord vynydawc vawr dru.
   o drychant namen vn gwr ny dyuu.

LXI. A

695 O winveith a medveith yt gryssyassant.
   gwyr en reit moleit eneit dichwant.
   gloew dull y am drull yt gytvaethant.
   gwin a med amall a amucsant.
   o osgord vynydawc an dwyf atveillyawc;
700 a rwyf a golleis om gwir garant.   [16]
   o drychan riallu yt gryssyassant gatraeth;
      tru namen vn gwr nyt atcorsant.

LXI. B

[O osgord mynydauc pan gryssyassant.   [33]
   gloew dull e am drull yt gynuaethant.
705 o ancwyn mynydauc handit tristlavn vy mryt;
   rwy e ry golleis y om gwir garant
   o drychan eurdorchauc a gryssyws gatraeth
      tru namen vn gur nyt anghassant.]

LXII

H v bydei yg kywyrein pressent
710   mal pel ar y e
   hu bydei. ene uei atre.

hut amuc ododin
o win a med en dieding
   yng ystryng ystre.
715 ac adan gatvannan cochre
veirch marchawc godrud emore.

LXIII. A

Angor dewr daen
sarph seri raen
sengi wrymgaen
720   e mlaen bedin.
arth arwynawl
drussyat dreissyawr
sengi waewawr
en dyd cadyawr.
725   yg clawd gwernin.
eil nedic nar;
neus duc drwy var.
gwled y adar
   o drydar drin.
730 kywir yth elwir oth enwir weithret:
ractaf rwyuyadur mur catuilet
merin a madyein mat yth anet.

LXIII. B

[Angor deor dain   [32]
sarff saffwy grain.
735   blaen bedin
enwir yt elwir oth gywir gverit.
kewir yth elwir oth gywir weithret.
rector rwyvyadur mur pob kiwet.
meryn mab madyeith mat yth anet.]

LXIII. C

740 [Aches guolouy glasvleid duuyr dias [32]
   dilin
angor deor dain
anysgocvaen
     em blaen bedin
letrud leuir
745 a meirch a gwyr
     rac gododin
re cw gyuarch
kywuyrein bard
kemre tot tarth
750   rac garth merin.]

LXIII. D

[Angor deor dain [32]
sarff saffwy graen
anysgoget vaen
     blaen bedin
755 arall arlwy
treis tra chynnivyn.
rwy gobrwy
     gordwy lain.
enwir yt elwir oth gywir weithret
760 rector rwyfyadur mvr pob kyuyeith.
tutvwlch treissic aer caer o dileith.]

LXIII. E

[Llafnaur let rud [37]
laun ciuachlud
guron guorut y maran

765 laun gur leidyat
    laguen udat
    stadal vleidiat bleid ciman
    luarth teulu
    laur in ladu
770 cin oi dalu ni bu guan
    enuir ith elwir od giuir guereit
    rector liuidur mur pob kyuyeith
    tut uwlch treissic hair caer godileit.]

LXIV. A

Ardyledawc canu kyman caffat.
775 ketwyr am gatraeth a wnaeth brithret.
    brithwy a wyar sathar sanget.
        sengi wit gwned
        bual am dal med.
        a chalaned kyuirynged.
780 nyt adrawd kibno wede kyffro cat;
    ket bei kymun keui dayret.

LXIV. B

[Erdiledaf canu ciman cafa   [38]
    in cetwir am gatraeth ri guanaid brit ret
    britgue ad guiar sathar sanget
785   segit guid gunet
        dial am dal med
            o galanet cuiei riget
    nis adraud cipno guedi kyffro cat
    ceuei cimun idau ciui daeret.]

LXV

790 Ardyledawc canu kyman ovri.
twryf tan a tharan a ryuerthi.
gwrhyt arderchawc varchawc mysgi.
ruduedel ryuel a eiduni.
gwr gwned divudyawc dimyngyei
795 y gat. or meint gwlat yd y klywi.
ae ysgwyt ar y ysgwyd. hut arolli
wayw mal gwin gloew o wydyr lestri.
aryant am y ued eur dylyi.
gwinvaeth oed waetnerth vab llywri.

LXVI. A

800 Ardyledawc canu claer orchyrdon. [17]
a gwedy dyrreith dylleinw auon.
dimcones lovlen benn eryron.
llwyt; ef gorev vwyt y ysgylvyon.
or a aeth gatraeth o eur dorchogyon.
805 ar neges mynydawc mynawc maon.
ny doeth en diwarth o barth vrython.
ododin wr bell well no chynon.

LXVI. B

[E]rdyledam canu i cinon cigueren [38]
in guanth ac cin bu diuant dileit aeron
810 riuesit i loflen ar pen erirhon
luit en *am*uit guoreu buit i sgliuon
ar les minidauc marchauc maon
em dodes itu ar guaiu galon
ar gatraeth oed fraeth eur dorchogyon.

815 wy guenint lledint seiuogion
oed ech eu temyr treis canaon
oed odit imit o barth urython
gododin obell guell no chenon.]

LXVII. A

Ardyledawc canu keman kywreint.
820 llawen llogell byt bu/didichwant.
hu mynnei eng kylch byt; eidol anant.
yr eur a meirch mawr; a med medweint.
namen ene delei o vyt hoffeint.
kyndilic aeron wyr enouant.

LXVII. B

825 [Erdiledaf canu ciman ciguereint   [38]
llawen llogell bit budit did di]

LXVIII

Ardyledawc canu claer orchyrdon.
ar neges mynydawc mynawc maon.
a merch eudaf hir dreis gwananhon.
830 oed porfor gwisgyadur dir amdrychyon.

LXIX. A

Dyfforthes meiwyr molut nyuet.
baran tan teryd ban gynneuet.
duw mawrth gwisgyassant eu gwrym dudet.
diw merchyr perideint eu calch doet.

835 divyeu bu diheu eu diuoet.
diw gwener calaned amdyget.
diw sadwrn bu divwrn eu kyt weithret.
diw sul eu llavneu rud amdyget.
diw llun hyt benn clun gwaetlun gwelet.
840 neus adrawd gododin gwedy lludet.
rac pebyll madawc pan atcoryet
namen vn gwr o gant ene delhet.

LXIX. B

[Ni forthint ueiri molut niuet   [35]
rac trin riallu trin orthoret
845 tebihic tan teryd drui cinneuet.
diu maurth guisgassant eu cein duhet
diu merchyr bu guero eu cit unet
diuyeu cennadeu amodet
diu guener calanet a ciuriuet
850 diu sadurn bu didurnn eu cit gueithret
diu sul laueneu rud a atranhet
diu llun hyt ben*n* clun guaet lun guelet
nys adraud gododin guedy lludet
hir rac pebyll madauc pan atcorhet.]

LXX. A

855 Moch dwyreawc y more.
kynnif aber. rac ystre
bu bwlch bu twlch tande.
mal twrch y tywysseist vre.
bu golut mynut bu lle.
860 bu gwyar gweilch gwrymde.

LXX. B

[Moch aruireit i more [36]
  icinim apherym rac stre
    bu ciuarch gueir guiat
    ig cin or or cat
865   ciueillt ar g arat
      init gene
  buguo lut minut bu lee
  bu guanar gueilging gurym de.]

LXXI. A

Moch dwyreawc y meitin. [18]
870 o gynnu aber rac fin.
  o dywys yn tywys yn dylin.
  rac cant ef gwant gesseuin.
  oed garw y gwnaewch chwi waetlin.
  mal yuet med drwy chwerthin.
875 oed llew y lladewch chwi dynin.
  cledyual dywal fysgyolin.
    oed mor diachor
    yt ladei esgar;
      gwr haual en y bei.

LXXI. B

880 [Moch aruireith imeitit [36]
  pan crs cinerein imidin
  o douis in towys inilin
  rac cant em gwant ceseuin

oed mor guanauc idinin
885 mal iuet med neu win
oed mor diachar
yt wanei esgar
iud alt guanar gurthyn.]

LXXII

Disgynnwys en affwys dra phenn.
890 ny deliit kywyt kywrennin benn.
disgiawr breint vu e lad ar gangen.
kynnedyf y ewein esgynnv ar ystre
ystwng kyn gorot goreu gangen.
dilud dyleyn cathleu dilen.
895 llywy llyvroded rwych ac asgen.
anglas asswydeu lovlen.
dyfforthes ae law luric wehyn.
dymgwallaw gwledic dal ;
oe brid brennyal.
900 eidol adoer crei grannawr gwynn.
dysgiawr pan vei ; bun barn benn.
perchen meirch a gwrymseirch ac ysgwydawr yaen.
gyuoet o gyuergyr esgyn disgyn.

LXXIII

Aer dywys ry dywys ryvel.
905 gwlat gordgarei gwrduedel.
Gwrdweryt gwaet am irved ;
seirchyawr am y rud yt ued.
seingyat am seirch seirch seingyat.
ardelw lleith dygiawr lludet.
910 peleidyr en eis en dechreu cat.
hynt am oleu bu godeu beleidryal.

LXXIV

Keint amnat amdina dy gell.
ac ystauell yt uydei.
dyrllydei med melys ; maglawr
915 gwrys. aergynglys gan wawr.
ket lwys lloegrwys lliwedawr.
ry benyt ar hyt yd attawr. [19]
eillt wyned klywer e arderched.
gwananhon byt ved.
920 savwy cadavwy gwyned.
tarw bedin treis trin ; teyrned.
kyn kywesc daear kyn gorwed ;
byt orfun gododin bed.

LXXV. A

Bedin ordyvnat en agerw.
925 mynawc lluydawc llaw chwerw.
bu doeth a choeth a syberw.
nyt oed ef wrth gyued gochwerw.
mudyn geinnyon ar y helw.
nyt oed ar lles bro pobdelw.
930 an gelwir mor a chynnwr. ymplymnwyt
yntryvrwyt peleidyr. peleidyr gogymwyt
goglyssur heyrn lliveit llawr en assed.
sychyn yg gorun en trydar ;
gwr frwythlawn flamdur rac esgar.

LXXV. B

935 [Kyuaruu ac ac ero [37]
du leidiat lu *h*ero
ny bu ac cihoit ac i hero
ni bu he*r*o ciued guec guero

gnissint gueuilon ar e helo
nit oed ar les bro bot ero
ni cilius taro trin let un ero
traus y achaus liuirdelo.]

LXXVI

Dyfforthes cat veirch a chat seirch
greulet ar gatraeth cochre
mac blaenwyd bedin dinus
aergi gwyth gwarthvre.
an gelwir ny faw glaer fwyre.
echadaf heidyn haearnde.

LXXVII

Mynawc gododin traeth e annor.
mynawc am rann kwynhyator.
rac eidyn aryal flam nyt atcor.
ef dodes e dilis yg kynhor.
ef dodes rac trin tewdor.
en aryal ar dywal disgynnwys.
can llewes porthes mawrbwys.
o osgord vynydawc ny diangwys
namen vn aryf amdiffryf amdiffwys.

LXXVIII

O gollet moryet ny bu aessawr
dyfforthyn traeth y ennyn llawr.
ry duc oe lovlen glas lavnawr.
peleidyr pwys preiglyn benn periglawr.

CANU ANEIRIN

y ar orwyd erchlas penn wedawr
trindygwyd trwch trach y lavnawr.
pan orvyd oe gat; ny bu foawr. [20]
965 an dyrllys molet med melys maglawr.

LXXIX. A

Gweleis y dull o benn tir adoyn.
aberth am goelkerth a disgynnyn.
gweleis oed kenevin ar dref redegein.
a gwyr nwythyon ry gollessyn.
970 gweleis gwyr dullyawr gan awr adevyn
aphenn dyvynwal a breych brein ae cnoyn.

LXXIX. B

[Gveleys y dull o bentir a doyn [23]
a berthach coel kerth a emdygyn.
Gueleys y deu oc eu tre re ry gwydyn.
975 o eir nwython ry godessyn.
Gueleys y wyr tylluavr gan wavr a doyn
a phenn dyuynwal vrych brein ae knoyn.]

LXXX

Mat vudic ysgavynwyn asgwrn aduaon.
ae lassawc tebedawc tra mordwy alon.
980 gwrawl amdyvrwys goruawr y lu.
gwryt vronn gwrvan gwanan arnaw.
    y gynnedyf disgynnu
    rac naw riallu.
    yg gwyd gwaed a gwlat.
985   a gordiynaw;
caraf vy vudic lleithic a vu anaw.
kyndilic aeron kenhan lew.

LXXXI

Carasswn disgynnu yg catraeth gessevin.
gwert med yg kynted a gwirawt win.
990 carasswn neu chablwys ar llain.
kyn bu e leas oe las uffin.
carasswn eil clot dyfforthes gwaetlin.
ef dodes e gledyf yg goethin.
neus adrawd gwrhyt rac gododyn
995 na bei mab keidyaw clot vn gwr trin.

LXXXII

Truan yw gennyf vy gwedy lludet.
godef gloes angheu trwy angkyffret.
ac eil trwm truan gennyf vy gwelet.
dygwydaw an gwyr ny penn o draet.
1000 ac ucheneit hir ac eilywet;
en ol gwyr pebyr temyr tudwet.
ruvawn a gwgawn gwiawn a gw*l*yget.
gwyr gorsaf gwryaf gwrd yg calet.
ys deupo eu heneit wy wedy trinet.
1005 kynnwys yg wlat nef adef avneuet.

LXXXIII

Ef gwrthodes tres tra gwyar llynn. [21]
ef lladei val dewr dull nyt echyn.
tavloyw ac ysgeth tavlet wydrin.
a med rac teyrned tavlei vedin.
1010 menit y gynghor men na lleveri
lliaws ac vei anwaws nyt edewyt.
rac ruthyr bwyllyadeu a chledyvawr
lliveit handit gwelir llavar l̯leir.

LXXXIV

Porthloed vedin
1015 porthloed lain.
a llu racwed
en ragyrwed
en dyd gwned
yg kyvryssed.
1020 buant gwychawc
gwede meddawt
a med yuet.
ny bu waret
an gorwylam
1025 enyd frwythlam. pan adroder
torret ergyr
o veirch a gwyr tyngyr tynget.

LXXXV

Pan ym dyvyd
lliaws pryder pryderaf fun.
1030 fun en ardec
aryal redec ar hynt wylaw.
ku kystudywn.
ku carasswn kelleic faw.
ac argoedwys
1035 gwae gordyvnwys y emdullyaw.
ef dadodes
ar lluyd pwys ar lles rieu.
ar dilyvyn goet
ar diliw hoet yr kyvedeu.
1040 kyvedwogant ef an dyduc ar dan adloyw
ac ar groen gwynn. gosgroyw

gereint rac deheu gawr a dodet.
lluch gwynn gwynn dwll ar ysgwyt
y or. yspar llary yor. molut
1045 mynut mor. gogwneif heissyllut
gwgynei gereint hael mynawc oedut.

LXXXVI

Diannot e glot e glutvan.
diachor angor yg kyman.
diechyr eryr gwyr govaran.
1050 trinodef eidef oed eiryan.
ragorei veirch racvuan.
en trin lletvegin gwin o bann.
kyn glasved a glassu eu rann.
bu gwr gwled od uch med mygyr o bann.

LXXXVII. A

1055 Dienhyt y bob llawr llanwet [22]
e hual amhaual afneuet.
twll tal e rodawr
cas ohir gwythawc
rywonyawc diffreidyeit.
1060 eil gweith gelwideint amalet.
yg cat veirch a seirch greulet.
bedin agkysgoget
yt vyd cat voryon;
cochro llann
1065 ban ry godhet.
trwm en trin a llavyn yt lladei
garw; rybud o gat dydygei.
cann calan a darmerthei
ef gwenit a dan vab ervei.

1070 ef gwenit a dan dwrch trahawc.
vn riein a morwyn a mynawc.
a phan oed mab teyrn teithiawc
yng gwyndyt gwaed glyt gwaredawc.
kyn golo gweryt ar rud
1075 llary; hael etvynt digythrud.
o glot a chet echiawc;
neut bed garthwys hir o dir rywonyawc.

LXXXVII. B

[Dihenyd y bop llaur llanwet   [23]
y haual amhal afneuet
1080   twll tal y rodawc
         cas ohir gwychauc
              rywynyauc diffret.   [24]
eil with gwelydeint amalet
y gat veirch ae seirch greulet
1085   bit en anysgoget
         bit get uoron
         gwychyrolyon
              pan ry godet.
trwm en trin a llain yt ladei.
1090 gwaro rybud o gat dydygei
gant; can yg calan darmerthei.
ef gvenit a dan vab uruei.
ef gwenit a dan dwrch trahawc.
vn riein a morwyn a menavc
1095 a chan oed mab brenhin teithiauc.
ud gwyndyt gwaet kilyd gwaredauc.
kyn golo gweryt ar grud
hael etvynt doeth dygyrchet
y get ae glot ae echiauc
1100 uot bed gorthyn hir o orthir rywynauc.]

LXXXVIII

Peis dinogat e vreith vreith.
o grwyn balaot ban wreith.
chwit chwit chwidogeith.
gochanwn gochenyn wythgeith.
pan elei dy dat ty e helya;
llath ar y ysgwyd llory eny law.
ef gelwi gwn gogyhwc.
giff gaff. dhaly dhaly dhwc dhwc.
ef lledi bysc yng corwc.
mal ban llad. llew llywywc.
pan elei dy dat ty e vynyd.
dydygei ef penn ywrch penn gwythwch
    penn hyd.
penn grugyar vreith o venyd.
penn pysc o rayadyr derwennyd.
or sawl yt gyrhaedei dy dat ty ae gicwein
o wythwch a llewyn a llwyuein.
nyt anghei oll ny uei oradein.

LXXXIX

Neum dodyw angkyvwng o angkyuarch
nym daw nym dyvyd a uo trymach.
ny magwyt yn neuad a vei lewach
noc ef; nac yng cat a vei wastadach.
ac ar ryt benclwyt pennawt oed e veirch;
pellynnic e glot pellws e galch.
a chyn golo gweir hir a dan dywarch;
dyrllydei vedgyrn vn mab feruarch.

XC

Try can eurdorch a gryssyassant [30]
en amwyn breithell bu edrywant
ket rylade hwy wy ladassant
a hyt orfen byt etmyc vydant.
1130 ac or sawl a aytham o gyt garant.
tru namen vn gur nyt englyssant.

XCI

Trycant eurdorchauc
gwnedgar guacnauc
trychan trahaavc
1135 kyuun kyuarvavc
trychan meirch godrud
a gryssyws ganthud
trychwn a thrychant [31]
tru nyt atcorsant.

XCII

1140 Dywal yg cat kyniwng yg keni.
yg kyvrang nyt oed dang as gwnehei
yn dyd gwyth nyt ef weith gocheli.
baran baed oed bleidic mab eli.
ervessit gwin gwydyr lestri llavn ;
1145 ac en dyd camavn camp a wneei.
y ar aruul cann kyn*n* oe dreghi.
calaned cochwed ae deui.

XCIII

Scwyt dan wodef. ny ystyngei rac neb [32]
wyneb cared erythuaccei
1150 diryeit o eirch meirch yg kyndor　aur.
gwryavr hein gwaewaur kelin creudei.
pan wanet yg kyueillt *ef* gwanei ereill
nyt oed amevyl yt a dyccei.
dyuit en cadw ryt kein as myccei
1155 pan dyduc kyhuran clotuan mordei.

XCIV

Ardwynef adef eidun gwalat. [33]
gwae ni rac galar ac avar gwastat.
pan doethan deon o dineidin parth
deetholwyl pob doeth wlat.
1160 yg kywryssed a lloegyr lluyd amhat.
nav ugeint am bob vn am beithynat.
ardemyl meirch a seirch a seric dillat
ardwyei waetnerth e gerth or gat.

XCV

Gosgord gododin e ar ravn rin.
1165 meirch eiliv eleirch a seirch gwehin.
ac yg kynnor llu lliwet disgin
en amwyn called a med eidin.
　o gussyl mynydauc
　trossassei ysgwydaur.
1170　kwydassei lafnavr
　　ar grannaur gwin.
wy ceri gon gwylaes disgin.
ny phorthassan warth wyr ny thechyn.

XCVI

Neut eryueis y ued ar yg kerdet
1175 gwinuaeth rac catraeth yn vn gwaret
pan ladhei ae lavnawr ynysgoget
yn dayr nyt oed wael men yt welet
nyt oed hyll ydellyll en emwaret.
atwythic scyndauc madauc eluet.

XCVII

1180 Pan dei y cyuarchant
nyt oed hoedyl dianc
dialgur aruon
cyrchei eur ceinyo
arurchyat urython
1185 browys meirch cynon.

XCVIII

Dim guoiu ediu
o adam nei nim
un huc an guoloet
guoreu sdlinet
1190 em ladaut lu maur
iguert i adraut
ladaut map nuithon
o eur dorchogyon
cant o deyrnet
1195 hit pan grimbuiller
bu guell prit pan aeth
can wyr y gatraeth
oid eilth gur guinuaeth
callon ehelaeth

1200 oed gur luit einim
oed luric teinim
oid girth oed cuall
ar geuin e gauall
ny wisguis imil imil luit
1205 heinim i guaiu ae yscuit
nae gledyf nae gyllell
no neim ab nuithon
gur a uei well.

XCIX

Tra merin iodeo tri leo yg caat
1210 tri guaid frant fraidus leo
bubon a guoreu bar deo.

C

Guaut i ar fisiolin
amdiffin gododin
im blain trin terhid rei
1215 gnaut illuru alan buan bithei
gnaut rac teulu deor em discinhei
gnaut mab golistan cen nei bei guledic
itat indeuit a lauarei
gnaut ar les minidauc scuitaur trei
1220 guaurud rac ut eidin uruei.

CI

Guelet e lauanaur en liwet
in ciuamuin gal galet
rac goduryf y aessaur godechet
techin rac eidin vre uiriuet

1225　　　meint a gaffeilau
　　　　　nyt atcoryei ohanau
　　　　　　　cuir oed arna*v* ac canet
　　　　　cindynnyauc calc drei
　　　　　pan griniec griniei
1230　　　　nit at wanei
　　　　　　ri guanei ri guanet
　　　　　oed menych guedy cwyn
　　　　　i escar i cimluin
　　　　　　　oed guenuin hic caraitet
1235 a chin i olo atan titguet daiar   [37]
dirlishei etar iued iuet.

　　　　　　　CII

　　　　E f guant tratrigant echassaf   [38]
　　　　ef ladhei auet ac eithaf
　　　　oid guiu e mlaen llu llarahaf
1240　godolei o heit meirch e gayaf
　　　　gochore brein du ar uur
　　　　caer ceni bei ef arthur
　　　　rug ciuin uerthi ig disur
　　　　ig kynnor guernor guaur*du*r.

　　　　　　　CIII

1245　　　L lithyessit adar a da am
　　　　　edismicaf edeiuinia*t*
　　　　　eithiuiat aruhicat
　　　　　　　ef guisgus aur
　　　　　　　ig cinnor gaur
1250　　　　ig cin uaran edeiuinieit

　　　　　　　K

ballauc tal gellauc cat
tridid engiriaul
erlinaut gaur
arth arwynaul ar guigiat
1255 guor vlodiat riallu
erigliuiat hir lu
cem bu gipno mab guen gat.

GWARCHAN TUDFWLCH

Eman e dechreu gorchan tutvwlch [25]

Aryf angkynnull
angkyman dull; twryf en agwed.
1260 e rac meuwed.
e rac mawrwed. e rac maryed.
pan ystyern gwern.
e am gamgyrn. e am gamgled.
e uoli [llawr]
1265 ri; a lluawr peithliw racwed.
yd i gweles;
ar hual tres tardei galled.
dygochwiawr
a chlot a phor a pheith a pher.
1270 a ruduorua
ac ymorva.
ac eivyonyd
a gwynhei dyd kein edryssed.
Trybedawt rawt
1275 rac y devawt; eil dal rossed.
Taryaneu bann
am dal hen bann bv edryssed.
Bleid e vywyt
oed bleidyat ryt eny dewred.

1280 Pubell peleidyr
    pevyr pryt neidyr ; o lwch nadred.
    welyd yd wyt
    gwelydon rwyt riein gared.
    Carut vreidvyw
1285 carwn dy vyw ; vur heywred.
    Camhwrawc darw
    kwynaf dy varw ; carut dyhed.
    baran mor
    yg kynhoryf gwyr.
1290 y am gatpwll.
    ymwan bran yg kynwyt.
    Tardei donn
    gyvryngon gowydawc byt.
    Ef gwrthodes
1295 ar llwrw peues : ar lles pedyt
    petwar lliwet.
    Petwar milet miledawr byt.
    aessawr yn nellt
    a llavyn eg wallt *eis* obedror.
1300 Gwr gwyllyas
    o gyrn glas med meitin.
    Gwr teithiawr
    o blith porfor porthloed bedin.
    Breeych tutvwlch
1305 baranres dost ; be*nn* gwaed gwin.
    yr med a chwryf
    yd aethan twryf dros eu hawfin.
    Gwyalvan weith
    er cadw kyvreith bu kyvyewin.
1310 Kynan kenon
    teithvyw o von ar vreint gorllin.
    tutvwlch kyvwlch
    a oreu vwlch ar vann caereu.

[26]

gan vynydawc
1315 bu atveillyawc eu gwirodeu.
Blwydyn hiraeth
er gwyr gatraeth am maeth ys meu.
eu llavneu dur
eu med en bur eu haualeu
1320 Aryf angkynnvll
angkyman dull twryf neus kigleu.
*Ac e velly e tervyna. Weithyon e dechreu
gwarchan adebon.*

GWARCHAN ADEBON

Ny phell gwyd aval o avall;
ny chynnyd dyual a dyvall.
ny byd ehovyn noeth en ysgall;
1325 pawb pan ry dyngir yt ball.
A garwn y ef carei anreithgar.
ny byd marw dwyweith;
nyt amsud y vud e areith.
ny cheri gyfofni gyvyeith.
1330 e/mis emwythwas amwyn.
am swrn am gorn kuhelyn.
en adef tangdef collit.
adef led buost lew en dyd mit.
Rudvyt keissyessyt keissyadon;
1335 mein uchel medel e alon.
dy ven ar warchan adebon.
*Evelly e tervyna gorchan adebon. Ema weithyon
e dechreu gorchan kynvelyn.*

GWARCHAN KYNFELYN

Pei mi brytwn
pei mi ganwn;
tardei warchan gorchegin.
1340 Gweilging torch trychdrwyt
trychinfwrch trychethin.
Kyrchessit en avon
kynn noe geinnyon.
tyllei garn gaffon;
1345 rac carneu riwrhon.
ryveluodogyon.
esgyrn vyrr vyrrvach varchogyon.
tyllei ylvach
gwryt govurthyach.
1350 ryt gwynn
rac eingyl yawn llad.
yawn vriwyn vriwyal;
rac canhwynawl cann.
lluc yr duc dyvel
1355 disgynnyal alel;
y bob dewr dy sel.
trwy hoel trwy hemm;
trwy gibellawr a gemm.
ac eur ar dhrein
1360 a galar dwvyn dyvyd;
y wynnassed velyn.
e greu oe gylchyn;
keledic ewyn.
med mygyr melyn.
1365 Eil creu oe gylchyn;
rac cadeu kynvelyn.
Kynvelyn gasnar
ysgwn bryffwn bar.

[27]

Goborthyat adar
1370 ar denin dwyar.
Dyrreith grad voryon;
adan vordwyt haelon.
kyvret kerd wyllyon;
ar welling diryon.
1375 teyrn tut anaw
ys meu e gwynaw;
eny vwyf y dyd taw.
Gomynyat gelyn;
ehangseit ervyn.
1380 Gochawn kyrd keinmyn;
yw gwarchan kynvelyn.
Gorchan kynvelyn kylchwy wylat;
etvyn gwr gwned gwyned e wlat.
dychiannawr dewr dychianat.
1385 eidyn gaer gleissyon glaer kyverthrynneit.
　　kein dy en rud
　　enys gwerth ruduolawt ved
　　meirch eithinyn
　　neut ynt blennyd.
1390 　Gwarchan kynvelyn
　　ar ododin
neus goruc o dyn dogyn gymhwylleit.
e wayw drwn oreureit am rodes
poet yr lles yw eneit.
1395 Etmygir e vab tecvann;
wrth rif ac wrth rann
　　wyr catvan colovyn greit.
Pan vyrywyt arveu
tros benn cat vleidyeu
1400 　buan deu en dyd reit.
try wyr a thrivgeint a thrychant　　　[28]
y vreithyell gatraeth yd aethant.

or sawl yt gryssyassant
uch med menestri;
1405 namen tri nyt atcorsant.
Kynon a chadreith. a chatlew o gatnant.
a minheu om creu dychiorant.
Mab coel kerth vyg werth y a wnaethant.
o eur pur a dur ac aryant.
1410 evnyvet nyt nodet e cawssant.
gwarchan kyrd kynvelyn kyvnovant.

Eman e tervyna gwarchan kynvelyn. Canu vn canuawc a dal pob awdyl or gododin herwyd breint yng kerd amrysson. Tri chanu a thriugeint a thrychant a dal pob vn or gwarchaneu. Sef achaws yw am goffau ene gorchaneu riuedi e gwyr a aethant e gatraeth. Noc a dele gwr mynet y emlad heb arveu; ny dele bard mynet e amrysson heb e gerd hon. Eman weithyon e dechreu gwarchan maelderw. Talyessin ae cant ac a rodes breint idaw. kemeint ac e odleu e gododin oll ae dri gwarchan yng kerd amrysson.

GWARCHAN MAELDDERW

Doleu deu ebyr am gaer.
ym duhun am galch am glaer.
gwibde adoer a dwyaer.
1415 clodryd keissidyd kysgut.
brithwe arwe arwrut.
ruthyr anorthwe a uebir.
adwy a dodet ny debit.
odef ynyas dof y wryt.
1420 dygwgei en aryf en esgut.

hu tei enwlyd elwit.
gwr a ret pan dychelwit.
Kywely krym dy krymdwyn.
kyueiliw nac eiliw etvrwyn
1425 nac emmel dy dywal a therwyn.
Tervyn torret tec teithyawl
nyt aruedauc e uolawt.
diffryderas y vrascawt.
Molawt rin rymidhin rymenon.
1430 dyssyllei trech tra manon.
Disgleiryawr ac archawr tal achon
ar rud dhreic fud pharaon.
Kyueillyaur en awel adawavn.
Trengsyd a gwydei neb ae eneu
1435 y ar orthur teith teth a thedyt.
Menit e osgord
mavr mur onwyd ar vor
ny dheli. na chyngwyd gil na chyngor
gordibleu eneit talachor
1440 nyt mwy ry uudyt y esgor.
esgor eidin rac dor.
kenan kein mur e ragor.
gossodes ef gledyf
ar glawd meiwyr.
1445 budic e ren eny
annavd wledic.
y gynnwithic
kynlas kynweis
dwuyn dyvynveis.
1450 kychuech ny chwyd
kychwerw kychvenyches
kychwenychwy enlli weles.
a lenwis miran mir edles.
ar ystre gan vore godemles.

[29]

1455 hu tei idware yngorvynt
 gwyr goruynnaf ry annet.
 en llwrw rwydheu ry gollet.
 collwyd. med wyd menwyt.
 gogled run ren ry dynnit.
1460 gorthew am dychuel dychuelit.
 gorwyd mwy galwant no melwit.
 am rwyd am ry ystoflit.
 Ystofflit llib llain
 blin blaen blen blenwyd. [30]
1465 trybedavt y wledic
 e rwng drem dremrud dremryt
 ny welet y odeu dhogyn ryd.
 ny welet y odeu dhogyn fyd
 mor eredic dar digeryd.
1470 kentaf digonir can welw
 kynnwythic lleithic llwyrdelw
 kyn y olo gouudelw
 taf gwr mavr y wael maelderw.
 delwat dieirydaf y erry
1475 par ar delw rwysc rwyf bre
 rymun gwlat rymun rymdyre.
 ysgavl dhisgynnyawd wlawd gymre
 nac ysgawt y redec ry gre.
 godiweud godiwes gwlat vre.
1480 ny odiweud o vevyl veint gwre.

NODIADAU

NODIADAU

1   **gredyf,** greddf. Yr ystyr gyntaf oedd "gwraidd," canys cyfetyb o ran ffurf i'r Gw. *frēm* "root," W.G. 129, cf. *Bardd Cwsc*, 11, cyn y *greddfo*'n rhybell. Yna, yr hyn sydd wreiddiol i ddyn, ei anian; felly D. "natura, ingenium," T.J. (1688) "Natur, Athrylith;" *greddfu*, "cŷd-tyfu, cyd-eni." Yn ddiweddar cyfyngwyd ef i olygu "instinct." Defnyddid *greddfawl* gynt am rywbeth mawr a chadarn; ceir amryw enghreifftiau yn y Dares, megis R.B.B. 12–3, lle dywedir fod i Agamemnon gorff teg mawr "ac aelodeu *greduawl*" (Meister, *Daretis Phrygii, De Excidio Troiae Historia*, c, xii–xiii, Agamemnonem albo corpore magnum *membris valentibus*); i Achil "aelodeu creulawn *greduawl* mawr" (*membris valentibus*); Talamon, gwr g. (*valentem*); Troilus, "gwr mawr tec oed *greduawl a chadarn* ar y oet" (Troilum magnum pulcherrimum pro aetate *valentem*); R.P. 109b, Gwr g. gwrawl yn egori gryt; M.A. 203b, angertawl g. gruffut; 221a, llew g.; 203, hawl *gretuawl*. Canmolir arwr trwy ei alw yn *reddf ufel*, M.A. 147b, g. *angor* 193a, g. *eigiawn* 165b, am fod ei lid fel tân, ei nawdd fel angor, ei haelioni fel y môr. Y mae tangnef un arall *ar reddf gefel* (B.T. 67), am ei fod yn dal fel gefel at ei amod.

Yn y testun, er mai *gwas* "bachgen" yw'r arwr, y mae *fel dyn* o ran maint, cadernid, dewrder, "A man in might," cf. W.M. 69b, llyma *was* gwineu telediw yn agori y porth a *meint milwr ae prafter* yndaw ac *oetran mab* arnaw.

oed gwas. Yn ôl orgraff gyffredin rhan gyntaf y llsg. dylid darllen hyn "*oedd* gwas"; ond gwell cymryd *oed* fel hŷn orgraff am *oed* "age," cf. M.A. 217b, *gwr yn oed gwas*, mawl i Lywelyn ap Iorwerth a arweiniai fyddinoedd yn fachgen "dengmlwydd" (gw. Lloyd, H.W. 589); 208b, huysgwr *gwr yn oed gwas;* C.Ll.H. 20, "Gwnawn weithret *gwr* kyt bydwn *gwas*.".

2   **gwrhyt.** Cymysgwyd dau air yn y llsgr., un o *gwr-* neu *gwor- a hyd*, a'r llall yn darddair o *gŵr* fel y mae *mebyd* o *mab*. Ceir y naill a'r llall gydag *h* a heb *h*, er nad oes ei hangen yn yr ail. Cytras y cyntaf yw'r Llyd. *goured*, *gourhed* "mesur hyd y ddwy fraich ar led," sef "fathom," Gr. *orguia*. Cytras yr ail yw'r Lladin *virtus*:

61

golyga yr hyn a weddai i ŵr, gwroldeb. Magodd yr ystyr o "frwydr," megis R.P. 171a, mur *gwryt* (cf. mur *trin*, a'r cyffelyb); hefyd "gwyrth," fel dangosiad o nerth, gw. nodyn B. viii, 235-6, lle rhoir enghreifftiau. Yn y testun yr ail air sydd i'w ddeall, "dewrder," cf. R.P. 5b, hir weryt ar *wryt uoryon* (rhai mawr eu dewrder); M.A. 150a, nyt oedynt wyned *wryd fychain* (nid prin o ddewrder oedd gwŷr Gwynedd). Gw. 117, 289, 413, 436, 643, 651, 792, 994, 1419.

am dias. Enw yw *dias* isod; 173, diessic e *dias ;* 393, glew *dias ;* 410, dinas y *dias* ar llet eithaf; 740, d. dilin; cf. B.B.C. 62, Andav de leis adar mor maur eu *dias* (cf. 61, 11, maur ev *hinni*); B.T. 46, 13, Gofunet gwas colofyn *dias.* Yn Llyfr St. Chad, 113, ceir enw dyn, *Diesri*, cyfans. o *dias* a *rhi*, L.L. xlvi. Digwydd hefyd gydag *am*, fel yn y testun, M.A. 145a 3, Mab Gruffud greid *am dias ;* B.B.C. 48, 15, A mi dysgoganafe kad *am dias.*

Rhoir amryfal ystyron, megis D. *dias*, vindicta, poena, D.P. sed vide an idem quod *Diaspad ;* Geirfa, B. i, 330, *dias* llef; *diasb* diasbad, llebb; i, 317, *amdias* arglwydd. Yn ôl J. M.-J. *Tal.* 183, *dias* fel enw "valour," fel ansoddair "fearless," gan gymharu *echas, dias,* ag *ehofn, diofn.* Diolchaf i'r Athro Henry Lewis am gyfeiriad arall, sef geirfa yn Havod 26, 35, *Dias*, cymdeithas, cyfeillach. Ef a roes Adda diofryd na byddai iddaw *ddias* ac Eua (Evag. Nic.). Hyd yn hyn ni chefais mo'r ffurf mewn unrhyw gopi o Efengyl Nicodemus. Ceir defnydd eithriadol hefyd yn H. 280, llywelyn llary dyn llwyr *dias* galon.

Ystyrier hefyd isod 297, dra chas *anias* dreic ehelaeth; G. 29, *anìas* "? twrf, trwst, godwrdd; ? brwydr. Gair trisill"; cymerir ef fel cyfans. o *dias*. Efallai mai ans. cyfans. yw *am dias* hefyd (cf. *amnad, amnifer, amddifad, amddiffwys*), ond nid o anghenraid, canys ceir *am* ar ôl ansoddair i roi ei gyfeiriad, megis awchus *am glod*, R.P. 15b, eidic *am gic*, a dichon bod hynny'n arferol gynt ar ôl enw, cf. R.P. 18a, 17. Eto mewn cyfuniad fel *cad am ddias* haws deall *amddias* fel ans. cyfans. i ddisgrifio'r frwydr: nid yw *graid amddias*, a *gwrhyd amddias*, mor ddiamwys, ond cf. M.A. 179, *greidyaul y urhyt*, C.Ll.H. 115.

Ansicr fûm o ystyr y gair syml. Yn erbyn ei gydio yn ddibetrus wrth *diasbad* (fel *dias-pad*) "bloedd," yna "gawr, brwydr," y mae'r enghraifft yn I.G.E. 217 o *diasb* (gw. hefyd B. i. 330), a thywyllwch *-pad.* Haws deall *diasb-ad* na *dias-pad*, os yw *diasb*

yn ddilys, ac nid yn air gwneud o *diasbad*. Hoffwn weld enghreifft-
iau eraill ohono cyn rhoi barn ar hynny. Y mae *glew dias, colofn
dias* (cf. post *cad*, colofn *cad*, a'r cyffelyb, G. 161) o blaid deall
dias fel cad, llu, brwydr. Pe felly, cf. 410, *dinas y dias* â 393, glew
dias *dinas e lu ovnawc ;* 533, *oed dinas e vedin* ae cretei. Gall *Dies-ri*
olygu "rhi cad neu lu," a *mawr eu dias* am adar môr fod yn gyfystyr
â mawr eu nifer. Ond os edrychir ar H. 280, *llwyr dias galon*,
haws yw ystyr fel ofn neu ddychryn. Ni thâl hynny yn 173, ond
posibl yw yn 410, i ateb i lu *ovnawc* 393. Ni chytuna'r un ohonynt
â Havod 26, 35, a gall *dias* yn H. 280 fod yn fai am *dial*, oherwydd
tebygrwydd *l* i *s* dal (gw. 21, *ydelhei*). Mewn Llyd. ceir *dias,
diaz*, "llawr, gwaelod," *diazen* "dyffryn, pant," ond byrhad yw o
diasez "fondement" medd Ernault, G.M.B. 161, gair sydd raid
ei ystyried ynglŷn ag *assed* yn 932 ; a B.T. 59, 8, gwrhyt *diassed ;*
cf. hefyd Holder, A.S. i. 248, *asseda* sella quadriiugis : ac *Asedia*,
246; Llyd. *kevasez*, Troude, *koazez*. Bellach, gw. B. xiii. 203, ar
dias fel "sŵn, bloedd, cri rhyfel, rhyfel," cf. *gawr*.

3   **mwth**, am feirch "cyflym," am roddwr "parod," cf. 567,
gnawt en e neuad *vythmeirch ;* M.A. 211a, *mwth* y ryt arwyt ygwas-
car ; 205a, Caeth faeth y feirt maeth m. ner ; R.P. 116b, *mythineb*.
Hefyd cf. *chwimwth*, cyfansawdd o gyfystyron, *chwim* a *mwth*.

    myngvras, â mwng mawr, "long maned," cf. B.T. 9, Atwyn
march *mygvras* man gre.

4   **a dan**, o dan, treigliad o'r arddodiad dwbl, *gwa dan*, o *gwo dan*,
V.V.B. 145, 149, *guotan, gutan*, gw. W.G. 399, 400, cf. *ar o gwar,
gwor* (Gw. *for*). **a dan vordwyt** (cf. 1372), h.y. marchogai feirch
cyflym.

    megyrwas, o *mygr* "gwych, hardd," a *gwas* "llanc." Isod,
1054, 1364, ceir *mygyr* (yr ail *y* yn anorganig) am *fedd* "mead,"
gw. B. ii. 105. Orgraff hŷn yw'r *e* yn *megyr :* daw o lsgr. lle
defnyddid *e* am *y*. Nid benthyg yw o'r Ll. *macherium* "a short
sword," fel y cynigir yn Z.C.P. vii. 471 : gwell yw Loth, R.C.
xlvi. 152, lle'i cysylltir wrth y *myg* sydd yn *edmyg, myged*, ac y deallir
mygr gyda medd fel gloyw.

5   **ysgwyt** "tarian" ; cf. 23, 1057, *rodawr*, tarian gron, yn ddiau,
o *rhod* "olwyn." Nid oes dim i brofi beth oedd ffurf yr ysgwyd ;
hirsgwar oedd *scutum* y Rhufeiniaid, a chrwn fel rheol oedd eu
clipeus (Smith, *Dict. Gk. and Roman Ant.*). Ar *sclath* y Gwyddel

gw. O'Curry, *On the Manners*, ii. 330; gyda'r un ansoddair ag yn y testun, *sciathlethain*, Windisch, *Táin*, 4133. Ar *cylchwy* gw. C.Ll.H. 163-4, ac isod, 395, 1382. Cf. hefyd M.A. 191a, Lluch y dan *ysgwyd ysgawn lydan*.

lledan, gydag *e* am *y* fel *megyrwas*? Digwydd hefyd yn B.T. 28, agheu . . . ys *lledan* y lenn; Lewis, G.M.L. 207; cf. D. *llydan* y ffordd (plantago maior), ond A.C.L. i, 43, *lledan* y ford; Cern. *ledanles*, ond Voc. Corn. *enlidan* (G.C.¹ 1076). Yn L.L. 199 ceir *letan* fel enw dyn, ond td. 229, carn *litan*; B.B.C.⋅58 (ymyl), *llidan*. Mewn Galeg ceir *Litano*briga; Gw. *lethan*, Llyd. *ledan*. Yr oedd *e* ac *y* gynt yn nes i'w gilydd o ran sain, ac ymgymysgent nid yn unig mewn orgraff, ond mewn ynganiad, W.G. 16.

6 **pedrein**, cwrr ôl march, "crupper." Daw o wreiddyn *pedwar*, felly cf. Gw. *cethir* "pedwar," a *cethramain* "thigh," *cethramthu* "a quarter," a'r Saesneg hind*quarters*, gw. Pedersen, V.G. ii. 57.

mein vuan. Gadewid *march* allan mewn ieithwedd farddonol, a safai'r ansoddair am yr enw hefyd, gw. B.B.C. 2, y ar *welugan*. *Mein winev* in diheu a dygan; ac isod, 307; 619 ny mat dodes y vordwyt ar *vreichir mein llwyt*; C.Ll.H. 62, ar *cann*.

7 **kledyuawr**, cleddyfau; ar *-awr* fel terfyniad enw lluosog gw. W.G. 210.

8 **ethy**. Yng ngeirfa Gwilym Tew (Pen. 51, 119), un o gynberchenogion Llyfr Aneirin, esbonnir hwn fel "ysspartunev," ac oddi yno cymerwyd yr ystyr hon i eirfâu eraill, megis D. "calcar"; felly Lhuyd, A.B. 45b. Gan fod y Tew wedi methu wrth esbonio cyn amled ag y llwyddodd, nid oes raid derbyn ei gynnig yn ddigwestiwn, gw. B. i. 217 (yno, printiais *ethy* fel darll. Pen. 51, ond ar fai; *ethi* sydd yn y llsgr. ond bod / ar ôl yr *-i* yn twyllo'r llygad).

Ni wn am enghraifft arall o'r gair. O'i adfer i hen orgraff, ceid *eti, *ethi*, neu *edi*, gan fod *t*, *th*, a *d* ar arfer am *th*. Pe tybid mai *edi* ydoedd, gall *ethy* fod yn gam-ddiweddaru, yn lle *eddi*, cf. D.G.G. 137, mân *eddi* graen; D. *eddi*, villi, -orum, yr un peth â *ridens*; T.W. *fimbria* ymyl gwisg, godre, amaerwy, *eddi*, gw. y disgrifiad o'r arwr Elotha, R.C. xii, 61, "A mantle with *bands of golden thread* was around him. His shirt had *trimmings of golden thread*" (Brat go *srethaib di orsnáth* imbe. A lene gond *indledhaib de orsnáth*). Yna enwir y cae aur ("brooch") ar ei ddwyfron, ei

ddau bâr ariannaid, y pum rhod aur am ei wddf, a'i gleddyf eur-
ddwrn, cf. W.M. 227-8 am ddisgrifiad o wychter Culhwch yn
cyrchu porth llys Arthur. Neu cf. Ll.A. 96, gwregys "wedi
rywehu *o van adafed eur.*" Felly yma gall *eddi aur* gyfeirio at y
ridens aur ar wisg neu wregys yr arwr hwn.

aphan. Un gair ai dau ? Fe'i deallwyd fel *a phan* a'i gyfieithu
"and ermine," gw. D. ar *pān*, a T.W. ar *pellis :* D.W.S. *pan*
"croen, furre" ; Llyd. *pañn* (Ernault, G.M.B. 458, sorte de velours
grossier) ; Cern. *pan* "cloth, linen or woollen cloth." Yn Ll.A.
96 (wrth yr ysgin o bali fflamgoch yr oed *pan* or ermin manurith)
gall olygu "lappet, skirt," fel y Ffr. *pan*. Yn ôl Stokes, A.C.L.
ii. 382, daw Gw. *pann*, Cymraeg *pan*, o'r Ll. *pannus*, cf. R.C. xxiv.
413, ac nid o'r Hen Ffr. *panne* sy'n tarddu o'r un gair. Ond dylid
gwahaniaethu rhwng *pān* a *pann ;* yr olaf a ddaw o'r Ll. *pannus*.
Gw. B. vi. 152, ar *pān*, enw blodeuyn, a *panwaun*.

Ond gan mai *aphan* yn un gair sydd yn y llsgr., cf. R.P. 39a, 21,
dyn wyf glan *aphann* offerenneu (=M.A. 231a, H. 33, *affan*);
22 a 38, A vo drwc a dric yn dihawl yn taerdan *aphann* uffernawl ;
36b 22, Yn uffern . . . yn *affan* poethuan peithawc drwydet (H. 256,
affan poethuann peithyawc drwyted) ; 22b 17, Rac oerwern
gethern uffern *aphan* (proest â *llawen*) ; H. 8, rac uffern *affan* wahan
westi ; R.P. 67a 8, trymder lucifer ae loes *affan* (cf. yr odlau yn yr
awdl, trwm ac ysgafn yn gymysg). Hefyd isod 339, kynn kysdud
daear kynn *affan*. Dyry G. 15 yr ystyron hyn ; fel enw,
"dyfnder" (am y bedd, a phwll uffern) ; fel ansoddair, "dwfn,
dybryd." Yn ôl S.E. "the pit of hell," ac "infernal," ond ni thâl
hyn yn ll. 339 nac am offerennau yn R.P. 39a. Gwelir hoffter
R.P. o ddyblu *n* yn ei enghreifftiau, ond gan na ddyblir yn y llsgrau.
eraill, ni fedrir bod yn sicr o bwysau'r sill olaf, ac oherwydd
hynny anturus yw ceisio negydd *bann* "uchel" yn y gair. Diogel-
ach yw ei gydio wrth *pan* yn R.P. 77a 10, yr tan *pan* poenboeth.
Cynigiaf yr ystyr "poen" pan ddigwydd gydag uffern ; ac yn y
testun, "gwaith," h.y. eddi *eurwaith*. Cofier am berthynas *cyni,
cynnif*, a *nyddu*, gw. B. ii. 299-303.

9 **ny bi,** ni bydd. Ar *bi* gw. W.G. 350.
ef a vi, fe fydd, gw. W.G. 428. Haws deall y ll. os gadewir
ny bi allan am ennyd ; *Ef a vi cas*, etc. "fe fydd cas rhyngof â thi."
Yna rhodder *ni bydd* o flaen y geiriau i'w gwadu'n bendant, dull
cryf o negyddu. Fe'i ceir gyda *nid* sy'n gyfystyr â *ni bi*, megis
yn R.P. 7a 43, nyt ef a geiff pawb a uynn ; 21, 24, nyt ef enir

L.

pawb yn doeth ; 43b 19, nyt ef y kanaf can digyoueint vym mryt ; Pen. 44, 55, nyt ef a vynho creawdyr nef a dayar dyodef ohonafy (R.B.B. 92, nyt ef a wnel) ; C.Ch. 18, nyt ef a darffo ; 95, nyt ef a wnel duw ; B.B.C. 86, 12, Nid ew rotir new ir neb nvy keis (cf. ll. 9) ; B.T. 8, 3, nyt ef caraf amryssonyat ; 39, 17, nyt ef dieghis yscwyt owein ; ac isod, 561, nyt ef borthi gwarth ; 1142. Y troad ymadrodd a elwir lleihad sydd yma, gw. 806–7.

10 **e rof,** rhyngof, W.G. 402–3.

11 **gwneif,** pres. myn. 1af yn -*if* (W.G. 319, C.Ll.H. 58), "gwell *y* gwnaf." Sylwer ar absen *y* yn yr hen gystrawen, cf. 123 ; a B. iii. 256, is mod cephitor ; is gur tum tarnetor ir loc guac ; B.B.C. 21, 2, Prit prinude (ond 31, 12, Bit chuero *y* talhaur ; ac isod 77, dengyn *ed* emledyn). Gw. lxiii ar ail drefnu'r odl.

12 **ar wawt,** mewn cân, ar gân. Dirywiodd *gwawt* bellach i olygu coegni.

13 **kynt y waet e lawr.** Bu Dafydd Nanmor unwaith yn berchen ar Lyfr Aneirin ; felly cf. D.N. 57, Odid kraith eilwaith, *kynt elawr* at wyr / *kynt arwyl na naithawr.* Amlwg yw fod D.N. wedi tybio mai *elawr* oedd yn y testun, a'i ddeall fel hen ffurf *elor* "bier" ; felly E. Ond yn W.G. 188 dangosir mai *gelor* ydoedd y gair i gychwyn ; ceir *gueler* mewn Llyd., *geler* ac *elor* mewn Cern. (A.C.L. i. 118 ; R.C. ix. 36 ; x. 383, G.M.B. 297 ; Wms. *Lex. ; Arch. Brit.* 17a, 59b ; yn llawnach R.C. xxv. 289– 90), cf. B.B.C. 72, *geloraur ;* Pen. 14, 28, ger bron y *gelor*=Ll.A. 77, rac bronn *dy elor ;* R.P. 76a, *gelorwyd ;* C.Ll.H. 121 ; isod 135, *gelorawr ;* 99, *gelorwyd.* Os cedwir y testun, rhaid deall *e lawr* "i lawr." Dichon, fodd bynnag, y dylid cywiro, a darll. *waet lawr* "maes brwydr," cf. 120, *gwaetlan.*

Ond beth yw *kynt ?* Gall olygu "cyflymach," cf. P.K.M. 10, Ny wydwn i varch *gynt* yn y kyuoyth no hwnnw. Neu "o'r blaen," cf. P.K.M. 10, no'r dyd *gynt ;* 11, nit oed uwy no *chynt.* Neu "sooner," Nyt *kynt* yd yskynn ef ar y uarch noc yd a hitheu hebdaw ef. Gweler hefyd B.T. 15, *kynt pwy kynt* techyn, "they will flee as quickly as they can" ; C.Ch. 82, *kynt bwy kynt . . .* ymhoyl attam, "Return to us as quickly as thou canst."

14 **nogyt,** ffurf lawnach *noc,* "nag," cf. Llyd. *eget,* Cern. *ages* "than." **neithyawr.** Yn ôl D. a T.W., priodas yw neithior (gw. ar *nuptiae* a *nuptus*) ; cf. Z.C.P. xiii. 86, gwneuthur *neithawr*=nuptias facere ; Pen. 14, 44, *gwled* vaur en eu *neithyaur ;* B.T. 9, 9, Atw[yn]

reith a pherpheith *neithawr ;* S.G. 79, Ef a vu gynt wrda kyuoethawc yr hwnn a darparawd *neithyawr* ac a wahodes pawb oe gymodogyon ae gedymdeithyon idi . . . ac ef a arganuu gwr ymplith y lleill heb dillat or *neithyawr* ymdanaw (=Math. xxii, 11, cf. *veste nuptiali ;* T.W.S. *gwisc priodas*) ; 80, ar *neithyawr* ar *wled* a allwn y gyffelybu y tabyl seint greal . . . dyuot yr *neithyawr* ar *wled* nyt oes drank arnei ; R.P. 28a 36, Gwnaeth ar y *neithawr* yg galilea or dwfyr y gwin melys ; 35b 17, Gwrth keli yoli kynn *neithyawr dayar* gwyl drugar dy gar vo dy gerdawr. Dengys yr enghreifftiau hyn ag eithrio'r olaf fod "priodas" a "gwledd briodas" yn hen ystyron ; ond ystyr *neithyawr dayar* yw'r bedd, gw. B. ii. 41–3 ; R.M. 100, Sef gwreic a vynnawd . . . Gwedy y *west* genthi (=cysgu genthi, gwledd briodas) ; R.P. 41b, bwyf gwas duw kynn *gwesti dayar* (=bedd, cf. neithyawr d.).

15 y vwyt, 'i' fwyd neu 'yn' fwyd, gw. P.K.M. 122, 329 ; cf. B.B.C. 100, Mi wi wiw, vintev *y bet ;* vintev *y aghev ;* M.A. 200a, Ef *y uaes* . . . Chwi *y goed ;* Ef *y vrynn* . . . Chwi *y bant.* Neu ynteu cf. P.K.M. 57, Mi a rodaf Duw *y uach* it. Wrth gymharu'r ll. â 53, tueddaf at ddeall *y* fel arddodiad, "to."

16 argyurein. St. "nuptial dowry," E. "conflict of spears"; A. "marriage." Ond yr ystyr yn sicr yw trefnu corff at gladdu, gosod mewn bedd, claddu ; gw. *Y Beirniad* vi. 206, cf. S G. 169, A phan daruu *argyfrein* galaath ae *gladu ;* B.T. 8, kyn vy *argywrein* ym garw gyfloc. ryprynhom ni an lloc yth ty di vab meir ; M.A. 150a, Gwelais gadau geirw a rud feirw *rain* / Oed ryd i fleidiau eu *hargyfrain ;* R.P. 47a, A chaffel aghenn ac olew . . . kynn non *reinyaw ;* V.V.B. 45, *arcibrenou,* Ox. 1, glos ar *sepulti.* Nid "death," fel *Tal.* 169, G. 41. Gweler isod 54, kyn noe *argyurein* e waet e lawr ; 288, A chynn e *olo* (gw. C.Ll.H. 124, "cuddio, claddu") . . . gorgolches e greu y seirch.

Deallaf ef fel *ar-gyf-* a *rhain* (="stiff, stretched out," fel ansoddair) ; felly cf. S.G. 250 (marchawc) neut marw, ac y mae gwedy y *estynnu* yn y capel. Yn M.A. 150, yr ystyr ffyrnig yw fod yn rhydd i'r bleiddiaid "gladdu" y celaneddau, cf. Geirfa, B. i. 319, *argyfrain* neu gladdyad.

Rhaid astudio 13–6 ochr yn ochr â 52–4. Nid yn unig y mae *kynt* yn amwys, ond felly hefyd *y* yn 13, 14, 15, 16, gan y gall olygu *i* yr arddodiad "to," neu "yn" traethiadol, neu "ei," rhagenw. Un ystyr bosibl yw fod yr arwr yn prysuro'n fwy ewyllysgar i *waed-lawr* nag i wledd briodas, ac i'r lle y bwydir brain, sef maes brwydr, nag i angladd heddychol (? gwledd angladdol). Pe darllenid yn 13, *waet lawr*, ceid pedair sill yn y ll. cf. 1, 3, (5), 19. Haws deall 53 yn y modd hwn (*kynt e vud e vran nogyt e allawr*), sef yr âi yn gyflymach a pharotach i wledd brain nag i wasanaeth crefyddol, cf. C.Ll.H. xi. 11, 198, âi Cynddylan mor llawen i gad ag i wledd gwrw.

Yr ystyr arall yw ddarfod i'w waed lifo i lawr cyn dydd ei briodas, ac aeth yn fwyd i frain cyn i neb gael cyfle i'w gladdu. Dengys B.T. 8, 18 (*vy* argywrein) fod modd deall *ei* argyfrein yn 16 fel yn 54. Wrth nodi ei farw cyn ei neithior, pwysleisid mai "gwas" ieuanc ydoedd. Ond gw. isod ar 53–4.

17 **Ewein.** Dealler *oedd* o'i flaen. "Cu cyfaill [oedd] Owain." Ei dad oedd *Marro*, ll. 20.

18 **kwl,** bai, cam, trosedd, pechod. "Pechod o beth" yw fod y llanc allan dan y brain, cf. Gw. *col* "sin, blame, reproach"; C.Ll.H. 80; B.B.C. 69, 20, bed einyavn ab cunedda / *cwl* ym prydein y ddiua; Llyd. *col*, gl. nefariam rem., V.V.B. 78.

19 **marth,** rhyfeddod, syndod poenus, gw. nodyn B. iv. .141–5, Cern. *marth* "a wonder, miracle, marvel, prodigy," Llyd. *marz*. Ces enghraifft trwy'r Athro H. Lewis o R.B.H. 1073, *Marth yr llygoden ny bo namyn vn ffeu idi* = Werner, L.S.S. 42, *Infelix mus est cui non uno lare plus est.*

ym, im, cf. Cern. marth *dhym*, B. iv. 143; C.Ch. 157, a *marth idaw* am nath ladawd.

pa. Crafwyd y memrwn fel nad oes ond rhan yn aros o'r ail lythyren. Cynnig Dr. Evans ddarll. *po*, a'r Athro Gwynn Jones *pob* a newid *vro* i *bro*. Darllenodd Thomas Wiliems yn 1594, *March ym pa vro*, gw. B.M. 32, 138; nid oes fawr o gamp ar ei gopi ef yn gyffredinol, ond gellir ei ddyfynnu o blaid *pa* yma. Heblaw hynny, addas yw'r gystrawen gyda *marth im*, "syndod im pa fro."

20 **llad,** cf. C.Ll.H. 15, Yn Aber Lleu *llad* Uryen. Sylwer ar y gystrawen ddieithr, y berfenw moel yn datgan syndod anghrediniol?

vn mab, cf. 255, *vn maban*; unig fab, cf. Ll.A. 114, gwreic wedw gwedy marw y *hun mab*; 162, gogonyant *vn mab* duw.

Marro. Ymddengys fel enw person. Yng Ngeirlyfr William Llŷn ceir *marron* "arglwydd," gw. *W. Llŷn*, 281; dyfynnir hyn gan D. a chwanega nad oedd ef erioed wedi ei weld. Tybed nad o'r testun y daeth? Dyry Holder, A.S. ii. 437, yr enw benywaidd *Marronia*, yn ogystal â *Marrius*, ac nid yw *Marron* yn amhosibl

NODIADAU

o'r un bôn. Nes byth yw ei *Marno(n)*, enw dyn, ii. 432. Ond gwell gennyf fuasai cael hen enw Cymraeg *Mar(g)no*, cf. *El(g)no, Elno*, C.Ll.H. 138. Am hen enwau yn *-o*, gw. P.K.M. 252-3, *Dono, Pabo*, heb sôn am ffurfiau fel *Guto, Bedo, Iolo*, enwau anwes cyffredin.

21 **kayawc**, un yn gwisgo cae. Dangosais yn B. i. 50-4 fod cae nid yn unig yn golygu gwrych, ond hefyd "clasp, brooch, belt, chaplet, collar." Dyry Pryce, *Arch. Cornu-Brit.*, 1790, *caiauc* "a volume or book," cf. *caeadu* am rwymo llyfr. Ond pan elwir Llywelyn Fawr yn *caeawc kynran*, R.P. 165b, rhaid mai tywysog yn gwisgo talaith yw'r meddwl, cf. D.G. 43, 19, Dafydd wedi cael *cae bedw* gan ei gariad, ac meddai, "*Caeog* wyf o frig gwiail." Mewn cywydd arall sonia am beth tebyg fel "Coron rhag tra hinon haf," a "Gwregys gwallt," D.G. 85, 24, 40. Felly teg yw deall *caeawg* y testun fel "taleithiog, wearing a diadem," cf. Moliant Cadwallawn, B. vii. 25, *Caeawc cynhorawc* ; C.Ll.H. 206.

kynhorawc, un yn ymladd yng nghynnor cad, sef yn y rheng flaenaf. Ar *cynnor*, o *cynt-* ac *-or*, gw. B. ii. 307; iv. 137, ac isod 630, 636, 864, 952, 1166, 1249.

men. Ceir *men* "man, lle" isod, 322, 534, 659, 1010, 1177, nid *man*, cf. Nettlau, *Cy*. ix. 285 ar *menn* "where" mewn Llydaweg. Gwrthyd J. M.-J. y cysylltiad â *mann*, W.G. 432, ond y mae'r arfer o "lle y" o'i blaid, cf. D. *menn* "locus, vbi. Hodie dicimus *mann*" ; B. iii. 29, *menn* y llwyt buches.

ydelhei, un ai *y delhei* neu *yd elhei*. Gwell gennyf yr ail, "wherever he went." (Y mae'r *lh* yma yn debyg iawn i *sh ;* cf. 27.)

22 **diffun.** Y mae dau air *ffun*. (1) rhwymyn, llinyn, cf. V.V.B. 128, *funiou*, gl. ar *vittae;* R.C. v. 469, ar *rudentibus* "rhaffau." Ym Môn *ffunen* yw "kerchief," *ffunen boced* "cadach poced" ; D.W.S. "a head bande" ; A.L. i. 56, 308 ; S.G. 191, ai breich yngcroc am y mwnwgyl wrth *ffunen* eureit ; B.T. 59, pen *ffuneu ;* Lhuyd, A.B. 58, ar *fascia*, gw. hefyd D. a T.W. ar *vitta, fascia, fasciola ;* B. ii. 139, *ffunenn* "talaith." Terddir hwn o'r Ll. *funis*, rhaff., cf. B. vi. 312, 313, *ffun, ffuniau*, term corygwyr Caerfyrddin am raffau'r rhwyd.

(2) Y ffun arall yw "anadl," gw. D. "halitus, anhelitus, spiritus"; cf. M.A. 155a, Pob llary ar llyfnfarch *diffun ;* 163a, y ar *drafun* veirch ; R. Vaughan, *Ymarfer*, 78 (95), Y lleidr a drôdd ar y *ffun* olaf o'i enau. Am farch gall diffun a thraffun ei ddisgrifio pan

fo'n dyheu ar ôl rhedeg; am lanc gwylaidd o flaen merch, er ei ddewred mewn brwydr, gwell "breathless" na "panting." [Nid yma yw lle Cern. *difun*, gw. Loth, R.C. xliii. 71, n.] Cf. 1030.

med a dalhei. Y cyferbyniad a hoffid gan y Cynfeirdd sydd yma : ofnus oedd y llanc gyda bun, ond dewr mewn brwydr. Yno talai ei fedd, canys *medd* oedd cyflog y milwr, a *talu medd* oedd ei deilyngu, cf. isod, 778, *am dal med;* 1306, *yr med a chwryf* yd aethant; Skene, F.A.B. ii. 41, ar dy teulu *teilug med;* R.P. 105a, A *gwin* y brenhin a *obrynynt;* M.A. 191a, Gwyr a *obryn tal* ympob caled; B.B.C. 92, a teulu *na fouch guydi met* meuil na vynuch. Un o ystyron *talu* yn y Cyfreithiau yw "bod yn werth, to be worth," gw. Lewis, G.M.L. 271, Evans, W.M.L. 34, Keneu gellgi brenhin tra vo kayat y lygeit, pedeir ar hugeint *a tal* (h.y. deuswllt yw ei werth cyfreithiol y pryd hwnnw); Pan vo kyfrwys, punt *a tal* (h.y. wedi ei ddisgyblu a'i hyfforddi, y mae'n werth punt). Ar ôl Gwarchan Cynfelyn isod, ll. 1411, nodir gwerth yr odlau a'r Gorchanau i bwrpas Ymryson Beirdd, cf. B.T. 30, Glaswawt Taliessin, XXIIII *a tal;* 31, Kadeir taliessin, XXIIII ; 34, Kadeir Teyrnon, CCC ; 35, Kadeir Kerrituen, CCC ; 36, Kanu y gwynt, CCC *a tal*. Hefyd Cern. *taly*, Wms. *Lex.* 330, "to pay, to requite, recompense," ond cf. Me a vynse a *talfens* mil puns dhodho a our da "I would they *were worth* a thousand pounds to him of good gold" ; Llyd. *taluout ;* esbonnir *taluoudeguez* fel "valeur," G.M.B. 675. Gw. hefyd Math. v. 13. Arhosais cyhyd ar yr ystyr uchod gan na rydd D. ond "pendere, soluere," a bod A. yn cyfieithu yma "he held mead," ac Ab Ithel "would he serve." Heb wadu ystyron eraill talu, daliaf mai'r ystyr yn y testun yw fod y llanc gwylaidd yn teilyngu ei gyflog fel milwr, cf. M.A. 191a (am osgordd Owain Cyfeiliog), *Talassant i met* mal gwyr Belyn gynt (ar y rheini gw. Lloyd, H.W. 184) : Kigleu am *dal met* myned dreig Kattraeth.

Ar *telediw, taladwy*, gw. G.M.L. 274, A.L. i. 568, 714, 730 ; P.K.M. 148 ; ar *talu*, C.Ll.H. 96.

twll, fel ansoddair *tyllog*, benywaidd *toll*, W.G. 239 ; Gw. *toll*, enw ac ansoddair, cf. B.B.C. 94, Neustuc manauid eis *tull* o trywruid ; R.M. 146, Breckan . . . galetlom *toll* . . . a llenlliein vras*toll*.

tal "front," cf. V.V.B. 218-9, gl. ar *fronte ;* Cern. *tal* "the front, fore-head ; end or top" ; Gw. *tul*, am darian "Wölbung oder Buckel," medd Windisch, W. 858; *Táin*, 1065. Sonnir am darianau â'r *tul* yn aur neu arian, un ai yr oedd wyneb o aur neu arian ar yr ochr allan i gyd, neu yr oedd bogel y darian felly, y canol, "boss"; cf. 1057, *twll tal y rodawr*.

rodawr, tarian gron, gw. ar 5, *ysgwyt*, cf. 1080, *rodawc*, M.A. 161a 40. Testun ymffrost oedd tarian dyllog, fel prawf o ddewrder.

ene klywei awr, lle clywai floedd ryfel. Cyfystyr yw'r *ene* yma â *men y* ll. 21, nid "until" fel y cymerth Anwyl, cf. P.K.M. 171, *ny caei;* C.Ll.H. 35, *yn y daw* Lloegyrwys; M.A. 188b, Caffawd beirt eu but *yn yt wyd* (=lle'r wyt). *awr*, tr. o *gawr* bloedd ryfel, gw. ar 46. Ei hamcan oedd cynddeiriogi'r rhyfelwyr, a chodi arswyd ar y gelyn. Pan glywai hwn hi, neu ple bynnag y clywai hi, ni roddai nawdd i neb. Sylwer ar yr odl Wyddelig rhwng *awr* a *nawd*(*d*).

24 **meint**, "so eager," meddai A., ond cf. 795, or *meint* gwlat yd y klywi; 230, Ceuei gwin gwaet meirw *meint* a wanut; 1225, *meint* a gaffeilau nyt atcoryet. Yr ystyr yn y testun yw "y cwbl, cynifer, all that, as many as," gw. Loth, R.C. xxvi, 222, a'r Cern. *mens* a def ynno "y cwbl a dyf yno"; Wms. *Lex*. s.v. *mens* a vynny "all that thou wilt"; B.T. 4, 17, *Nifer* a uuant ... ar *meint* traethadur a traethwys; 5, 17, *Nifer* seint ... ar *meint* glan a vendigwys; 6, 2, *Nifer* seint ... ar *meint* doethur a darogan crist; 7, 2, *Nifer* a uu ac a uyd, vch nef is nef *meint* yssyd. ar *meint* a gredwys; R.M. 146, y *meint* gwellt "y cwbl o'r gwellt"; R.B.B. 46, rac ofyn colli y *meint* gwyr a oed idaw. Yn yr enghreifftiau uchod o B.T. daw *nifer* bob tro o flaen *ar meint*, a chyfystyr yw'r olaf ag "a chynifer" (cf. B.B.C. 18, 5); enw gwrywaidd yw, ac ni threigla. Yn B.B.C. 72, 3, a geloraur mvy no *meint*, golyga "rhif"; yn M.A. 477a, ryvedu yn wuy no *meynt*, golyga "mesur": cf. heddiw *pa faint* "how many" a "how much." Ond cf. R.B.B. 173, *y veint* ladua; 199, *y veint* uudugolyaetheu, M.A. 501a, *Y veynt* wudugolyaeth honno—yn y rhain treiglir ar ôl y fannod, a'r ystyr yw "so great, such a great," h.y. ansoddair yw *meint* ynddynt. Yn y testun nid oes bannod nac arddodiad o'i flaen, na geiryn na rhagenw perthynol ar ei ôl rhyngddo a'r ferf; cf. B.B.C. 75, 9, Dreic angerdaul turvf moroet maur. *Meint achupvy*, gw. Thurneysen, *Handbuch*, 497-8, ar enwau yn troi'n gysylltiaid mewn Gwyddeleg, yn eu plith *méit* (=*quantum*) cytras *meint*, cf. *pryd*, *lle*, *amser*, C.Ll.H. 46, 47.

25 **camhawn,** brwydr, cf. M.A. 141a llyw *camawn;* Ef gogawn glyw *kamawn keimhyeid.* O'r un *camp* y daw *cam(h)awn, ceim(h)iad, cam(h)wri,* 1286 *camhwrawc.*

eny verei. Etyb *eny* + tr. meddal i *hit ni* Hen Gymraeg, gw. B. iii. 266, W.G. 446; yn ddiweddarach *hyny, yny, oni,* ac o'r diwedd *hyd oni* "until." Y ferf yw *beru* "llifo, drip, flow," cf. *diferu, goferu,* B.B.C. 95, y guaed *gouerei;* a'r ferf yn syml yn B.T. 21, auon kyt *beryt.* Cyffredin yw *gofer* am y ffrwd a lifa o ffynnon. Hefyd cf. hydr-*fer,* B.B.C. 36, piscaud in *hydiruer;* M.A. 262b, deigyr *hydyruer;* gw. B. vii. 31; Gw. *bir* "water," C.I.L. 218.

26 **waet,** gw. P.K.M. 96, ar y treigliad hwn o'r goddrych.

gomynei, cytras â'r Gw. *ben-im* "strike, cut"; gyda'r rhagddodiad *com- con-benim* "strike off," cf. *cymynu* torri; *cymynai* bwyall fawr coediwr, Llyd. *kemener* teiliwr, Pedersen, V.G. ii. 461-3. Rhaid bod *gomynu* yn tarddu o *go-, am-* a'r ferf *bynu,* cf. B. ii. 107. Isod, 345, 1378, *gomynyat* "lladdwr"; 210, *dygymynei.* Gw. 640, 649.

nyt echei, camrannu *ny techei;* y ferf yw *techu* "ffoi," gw. 149, 233, 1173, 1224. Ar *techu* Gw. *techim,* Llyd. *tec'het,* gw. Ped. V.G. i. 128; ii. 353, 639. Hefyd *godechu,* isod 34, 1223. Gw. ymhellach C.Ll.H. 64, 68, 113. Hen orgraff yw'r *t-* yn ddidreigl ar ôl *ny,* un ai am *d* neu *th,* canys ceid tr. meddal yn ogystal â'r tr. llaes ar ôl *ny* gynt, y cyntaf yn weddol aml mewn cymal perthynol, megis isod, 615, ny hu wy ny *gaffo* e neges; M.A. 192a, Gwr ni *dal* ni *dwng;* B. iv. 8, eiriaul ny *garaur* ny gyngein ... Eiriavl a garaur haud weith; 123, Avallen beren bren ny *grino; Cy.* vii. 142, Ys drwc a dec ewin ny *bortho* yr vn gyluin. Digwydd hefyd yn y brif frawddeg, R.P. 21, 16, kerennyd a dovyd ny *dwyll;* ac uchod B. iv. 8, ny *gyngein,* etc. Ond cf. 25, ny *chilyei.*

Ceir yr un math o gamrannu isod, 1007, dull *nyt echyn* (=*ny dechyn*).

27 **nys adrawd.** Aneglur yw'r *s* yn y llsgr., ond cf. isod ar 248, hefyd 853, *nys adraud* gododin guedy lludet hir rac pebyll madauc pan atcorhet; 840, *neus* adrawd, etc.; hefyd 503, 514, 780, 788. O'r ddau gwell gennyf *neus,* gw. ar 29. Am y gystrawen, gw. C.Ll.H. 121. Achub y blaen ar 28-9 y mae'r *s.*

adrawd, pres. myn. 3ydd. yw yma, ond berfenw isod 226, 365, 1191, cf. M.A. 159a, *Adrawt* gan hiraeth a wnaeth a wnawn. Yr ystyr gyffredin yw "tell, relate," ond weithiau y mae blas rhifo

NODIADAU 73

arno (fel y S. *tell*), "to recount," neu "give an account of," gw. R.C. xlv. 105 ar Gw. *rādim*, a'i berthynas â'r Ll. *reor ;* hefyd cf. Gw. *imrdidim* "I commemorate," A.C.L. iii. 287 : S.G. 192, heb allel y *adrawd* "beyond counting" ; R.P. 93b, *adrawd* dioer dir yna a wneir geyr bronn creir croc caluaria (y *rhoi cyfrif* yn y farn) ; 173a, Gosgord vynydawc . . . cawssant eu *hadrawd* (sef eu coffáu, eu clodfori); isod 226, 234, pressent *cyuadrawd* (un y mae'r byd i gyd yn sôn amdano); 1191, em ladaut lu maur i guert i *adraut* (i ennill clod) : M.A. 178b 2, A vo guan urth uan . . . pell yt *adrodir* (bydd sôn amdano'n hir neu *ymhell*, caiff glod hir); B.T. 57, 20; B. iv. 46, am emreis *adrant* (bai am *adraut*, adrawdd) edryfant ; H. 72, gwr hawd e *adrawd ;* 97, As *molaf* mal yt *adroter*.

[Defnyddir *rhifo* yn bur debyg "to set count on, to reckon, to esteem," cf. B.T. 3, ny *rifafi* eillon ; 66, Ercwlff a dywedei agheu nas *riuei ;* R.P. 24a, rwyf am *rifo ;* 25a, gabriel raphael am *riuant* yn gymhen ; 155a, gwr ny *rif* kebydyaeth ; 168b, ny *rifaf* i ar vun vot yn galet.]

Yn Nyffryn Aeron, *adrodd* rhywun yw dywedyd ei hanes wrth arall, yn ddrwg a da, B. iv. 188, enghraifft wych o gadw hen ystyr mewn tafodiaith.

Gododin, y gân ai ynteu un o'r bobl ?

ar llawr. Treiglid enw ar ôl *ar* ond pan ddechreuai gydag *ll*, cf. B.T. 42, 12, Gweleis waet ar *llawr*, gw. C.Ll.H. 77, 102 ; W.G. 438, *ar lled*. Eto ceir ar *lawr* yn W.M. 228b, R.M. 103.

mordei. Yn ôl Skene, F.A.B. ii. 364-5, enw'r wlad o amgylch Eidin Ysgor ; "the term *mordei* certainly implies that it was on the sea-shore" ; felly E. "in the land of Mordai." Ni raid i *lawr* olygu gwlad, cf. *ar lawr llys* yn R.M. 103 (Gw. *for lár* ind liss, *for lár* in taigi, Windisch, W. 654) ; ac ni raid i *mor*- olygu "sea," gan fod *mawr* hefyd yn gwyro i *mor*- yn y cyfryw sillaf weithiau (cf. 1063 cat *voryon ;* 1371, grad *voryon ;* M.A. 202a, tud *uoryon ;* B.T. 45, creitheu *moryon*) er bod Cymraeg diweddarach wedi adfer *mawr* yn *mawrion* yn groes i reol gwyriad (cf. *tlawd*, tlodion), rhag cymysgu tarddeiriau *mawr* a *mor*. Gall *mordei* felly ddyfod o *mawr-dei* neu o *mor-dei*. Yr ystyr naturiol i'r olaf fuasai "llongau," ond ni rydd hynny synnwyr yn y testunau. Felly dealler "tai mawr" ; Gw. *tigi mora*, R.C. xxvi. 132 ; M.A. 165a *mawrdy* am blas neu lys ; esbonnir *mordai* fel "llysoyd" yn Pen. 27 ii. 127, R. i. 358 ; B. ii. 231, a chan fod amryw *dai* "buildings" ynglŷn â phob llys, gall *mordai* olygu un llys brenhinol yn ogystal â llysoedd yn gyffredinol. Yn M.A. 197b ymddengys *llyghes vordei* yn gyfystyr â *llynges frenhinol* M.A. 731b. Gelwir Owain Gwynedd a'i frawd yn *ganawon mordai* yn M.A. 141, am eu magu yn y llys brenhinol? Ofna Myrddin Wyllt y bydd raid iddo ffoi *rac kinytion mordei* (B.B.C. 53), sef cynyddion llys Rhydderch Hael. Yn B.T. 66 dywedir am Ercwlff (Hercules) yscwydawr y *mordei* arnaw a torrei: yn sicr nid enw ardal ger Edinburgh sydd yma, cf. ymhellach B.T. 42, 4, Neur dierueis i rin. *ymordei* vffin; 63, 4. Hefyd isod 129, 202, 221, 1155, ac yn arbennig 143, ene vwynvawr *vordei*, a B. v. 130, gwelais organ gain ... y *morda*[*i*] Prydain.

Deallaf ef yn y testun, gan hynny, fel llys neu lysoedd.

28   **pebyll**, unigol; yr hen luosog oedd *pebylleu*.
   Madawc, cf. 841, 854, 1179, *madauc eluet*.
   atcoryei, dychwelai, gw. G. 45; R.C. xliv. 273; B. i. 1-2; Gw. *athcuirim* "I restore, put back, send," C.I.L. 146, 147.

29   **namen**, namyn, W.G. 442; R.C. xxxvii. 63.
   eny delhei, A. "until his coming"; ond ni all hynny fod yn gywir, gan na rydd synnwyr. Ymddengys i mi fod cystrawen *namyn* yma yn gofyn negydd, cf. 956, o osgord vynydawc *ny diangwys namen* vn; B.T. 55, 7, *namyn* seith *ny dyrreith* o gaer vedwit (felly 55, 12, 18, 24; 56, 3; 15, 17, *namyn* petwar *nyt atcorant;* 10, 11, *nyt* gwledic *namyn* ef. Y mae'r enghreifftiau cyntaf yn cyfateb mor dda i'r ystyr a ddisgwylid yn y testun fel na raid gwneuthur maen tramgwydd o 842, *namen* vn gwr o gant *ene* delhet. Cynigiaf ddarll. yma *ny delhei*, ac yn 842, *ny delhet*. O flaen pabell Madawg pan ddychwelai o'r frwydr ni ddelai ond un o gant o'r fintai oedd ganddo wrth gychwyn—dyna'r hyn a "adrawdd Gododdin yn y llys." Yr angen am negydd a barodd i'r copïwr roi *nys* yn 27 yn lle *neus*, ond y lle i'r negydd yw gyda'r ferf sy'n golygu dychwelyd, neu ddianc. Efallai y trowyd *ny* yn *eny* ar ddelw brawddegau fel y rhai a nodir gan Lewis, B. i. 9-12, Parry-Williams, 103; neu ynteu, o droi *n-* yn *en-*, cf. P.K.M. 104-5, *yneuad*. Wrth adfer *ny*, ceir dwy linell nawsill i orffen yr awdl.

30   **kynnivyat**, rhyfelwr, gw. B. ii. 299-302.
   kywlat e rwyt, cf. isod, 1283, *gwelydon rwyt;* C.Ll.H. 13, oed cledyr kat *kywlat rwyt;* a'r nodyn td. 119. Un yn rhwydo gelyn ydoedd, cf. M.A. 176b, Detholeis uy rwyf yn *rwyd gelynion*.

Ni welaf angen *e :* prin *e*="yn," cf. 1101, peis dinogat *e* vreith. Tybed fod tuedd i *r-* fagu *e* o'i blaen, fel y gwnâi *n-* yn achlysurol ? Cf. uchod ar *eny*, a hefyd isod ar 43.

31   **ebyr.** Aneglur yw'r *b ;* darll. Skene a Dr. G. Evans *ebyr*, ond T.W. (B.M. 32, 138) *y lyr :* Ab Ithel *ebyr*, ond rhydd pedair o'i lsgr. *y lyr.* Ar un llaw cf. B.T. 9, Atwyn *eryr* ar lan *llyr* pan llanwy ; ar y llall C.Ll.H. 4, Ruth[yr] *eryr* yn *ebyr* oedut. Y mae'r hyn a erys o'r ail lythyren yn debycach i waelod *b* nag *l*, ac y mae'r *e* yn sicr. Petasai modd darll. en *llyr* ceid cyseinedd â *llithywyt*, ond y mae *elyr* yn ddarlleniad amhosibl. Felly darllener *ebyr*.

pan llithywyt. Am y gytsain ddidreigl ar ôl *pan*, cf. B.T. 9, pan *llanwy ;* M.A. 205b, pan *llas ;* 188a, pan *llat*, pan *llochir—* lle ceir 19 enghraifft o *pan*, a threiglir *p, b, c, g* ar ei ôl, ond cedwir *ll*, gw. isod 1110, ban *llad.* Ar *llithyaw* "bwydo," gw. P.K.M. 96 ; ail ystyr yw "hudo."

32   **amot,** cytundeb, G. 24, cf. 217, er *amot* aruot aruaethei ; 453 ; B.T. 42, 23, pan *gattwyf amot ;* P.K.M. 18.

not, nod, pwynt ? Cadwodd ei gytundeb bob pwynt, cf. 328 gwarchatwei *not*.

33   **gwell a wnaeth,** cf. 11, *gwell gwneif*, lle nad oes geiryn rhwng yr ansoddair a'r ferf, gw. nodyn yno. Wrth adfer *gwnaeth* ceir cyseinedd lawnach.

gwnaeth, cf. 60, 370, 775. Yn ôl W.G. 337, diweddariad ar *gwreith*, amser gorffennol 3ydd. pers. o'r gwr. **uereg-* "work," cf. Llyd. *grez.* Yn Llyfr St. Chad, yn yr ysgrifen Gymraeg hynaf oll a gadwyd ynddo, ceir *guragun* am "gwnawn" (L.L. xliii ; R.C. vi. 31, Llyd. *groaff, graf*, Cern. *gvraf, guraf*). Gweler hefyd isod ar 1102, o grwyn balaot ban *wreith ;* Ped. V.G. ii. 545–6. Ceir gwahanol esboniadau ar *gwnaf* gan Rhys, J. M.-J., a Ped. Sylwer ar yr odl yma ag *aruaeth ;* 60, gwnaeth gwynnyeith gwreith ; 370, awdl gyfan yn *-aeth*, 775, Ketwyr am gat*raeth* a *wnaeth* brithret; =783, cetwir am gat*raeth* ri *guanaid* britret. Felly yn yr hen orgraff ceid *gwanaeth*, nid *gwreith*, yn y 3ydd. pers. ; cf. A.L. ii. 6, *guanaet ;* 10, *gueneutur*.

aruaeth, bwriad, amcan, gw. G. 38a, C.Ll.H. 61 ; isod ar 364 ; hefyd 111, 217, 295 ; R.B.B. 353, Ac wynteu heb dorri ar y *haruaeth* a gyrchassant gastell ystumllwynarth ; B. v. 215, o kwplau y *aruaeth* (sef yr hyn a ddywedai ei fod am ei wneud).

ny gilywyt. Ar y tr. meddal, gw. ar 26.

34 rac bedin Ododin, felly 103, 394, 566. Hen org. yw -*e*- am -*y*- yn *bedin*.

godechwyt, ciliwyd, o *go-* a *techu*, gw. ar 26, cf. 1223, Rac goduryf y aessaur *godechet*; M.A. 198b, heb *odech* pechawd; D.G. 12, 35, Dibech heb *odech* ydym.

35 hyder gymhell. Gan fod *e* mewn hen orgraff weithiau am *y*, gwell deall *hydyr* yma, fel yn 62, sef yr ansoddair *hydr*, nid yr enw *hyder* (gydag A. ac E.), cf. B.B.C. 76, *Hydir y kymhell* hywel env o pell. Ystyr *hydr* oedd cryf, cadarn, dewr (D. audax, strenuus, fortis): y radd gyfartal oedd *cyhydr*, a'r gymharol *hytrach*, cf. Llyd. Canol *hezr*; Hen. Lyd. *Gurhedr* (enw dyn, cf. L.L. 148, *Gurhitir*); isod, 240, *gwrhydri*; W.M. 130a, A *hydyr* oed y deu was arnaw; 199b, a ffan uei *hyttraf* gereint y llawenhai y gwr gwynllwyd ... a ffan uei *hyttraf* y marchawc y llawenhaei y iarll ay bleit.

cymhell, "gyrru, drive," cf. M.A. 677a, ev *kymhell* ar fo; R.B.B. 24, ac eu *kymell* a oruc gwyr tro ac eu llad; o'r Llad. *compello* gorfodi, gw. S.E. 1144. Deallaf *hyder gymhell* fel sangiad yn y frawddeg—i ddisgrifio gwthio'r gelyn yn ddewr a'u cymell i ffoi.

ar vreithel Vanawyt. Darll. *vreithell* i odli â *gymhell*, cf. 131, 371, 1402, -*yell*; 490, 1127, -*ell*; a gw. B. vi, 132-4. Credaf mai "bro, gwlad" ydyw, nid cytras Llyd. a Cern. *bresel* "rhyfel."

Manawyt, cf. B.T. 34, 9, ys gwyr *manawyt* a phryderi; B.B.C. 94, *Manawidan* ab llyr, oet duis y cusil. Neustuc *manauid* / eis tull o trywruid. Felly *Manawyd* oedd y sain, fel y dengys yr odlau yn y testun hefyd, gw. B. iii. 49. Tarddair yw o *Manaw*, a gwyddys nid yn unig am yr ynys o'r enw, ond am ardal hefyd ger Edinburgh, sef *Manau Guotodin* Nennius. Gelwir yr ynys mewn Gwyddeleg yn Inis *Manann*, a chedwir yr un ffurf yn *Clackmanann* a *Slamanann* ger Edinburgh, gw. Skene, F.A.B.ii. 366-7, am y manylion. Disgrifir Urien "ae varch y danaw yggodeu *gweith mynaw*," B.T. 59, 11; nid dros fôr yr âi ar farch, felly rhaid mai Manaw Gododdin oedd mangre'r frwydr, cf. hefyd B.T. 18, 4, o *vynaw* hyt lydaw.

36 nodi, noddi=noddai, hen ffurf amherffaith 3ydd. yn -*i*, cf. 66, 197, 793-8, 1107-9, B.T. 54, 21, ae *ketwi*; 22, tost yt *geni*; W.G. 324; ac am y meddwl, B.T. 56, 19, ny *nodes* na maes na choedyd ... dy ormes pan dyuyd.

ysgeth, cf. 1008. Yn ôl Pughe, a dilynir ef gan Ab Ithel, E., A., a T.G.J., "gwaywffon." O ran ffurf, cf. *ansceth*, gl. ar *nullum* yn Ox. 1, gw. nodyn B. vi. 113-4; a *gosgeth*, ffurf ar *gosgedd*. Cynigiaf mai "pryd, llun, gosgedd" yw'r meddwl. Os hwn yw'r gair yma, cf. R.M. 108, Sande bryt agel. ny dodes neb y waew yndaw yg kat gamlan *rac y decket*. Y mae gair Gwyddeleg *gasced, gaisced* sy'n golygu "arfau, arfwisg, dewrder," Windisch, W. 589, a allai roi synnwyr haws yma: tyb Pedersen, V.G. ii. 4, fodd bynnag, mai benthyg yw o'r Gymraeg, *gwisgad*.

37   **anet ry vaethpwyd.** Cymeraf hyn fel sangiad; ond E., "There is not to be found a habitation that abounded in dainties"; A. "Nothing is possible but what has been nursed into being." Nid yw'r naill na'r llall yn rhoi ystyr addas. Gwell cymryd *ny ellir* gyda 38, Ni ellir cadw rhag ergyd Cadfannan.

   anet. Gall fod am Hen Gymraeg *anit* "onid," cf. V.V.B. 41, *anit* arber bit, gl. ar *num* uescitur. Cyfeirir at Gadfannan: cadarn iawn ydoedd. Oni chawsai bob maeth i wneud milwr nerthol ohono? Neu darll. *ar met* "ar fedd."

38   **catwyt,** berfenw cadwaf, W.G. 391, cf. M.A. 154a, yn *cadwyd* maes; 153b, O *gadwyd* Prydain rac pryder gorwlad; 189b, o *gadwyd* eithaf; 234a, Roi e wann yw e annwyt. A rac pob cadarn *catwyt;* 265b, yn *cadwyt* ol; R.P. 22 a 32, wyt *brogatwyt* gedawl; B. iii. 23, Goreu camhury *katuyt* "y gamp orau yw cadw."

   Catvannan, bachigyn o'r enw personol Cadfan, cf. *Manawydan* a *Manawyd*. Hen ffurf Cadfan oedd *Catumandus,* Holder, A.S. i. 858, a rhydd -*nd*- yn Gymraeg *nn*, cf. H. 44, uchel *lann gaduann*. Ni all Cadfannan olygu "the battle of Manann," fel y tybiodd y golygwyr, wedi eu camarwain gan y tebygrwydd arwynebol i *Cath Manand* y Gwyddyl. Yn Gymraeg, i ateb i hwnnw, cawsid Cad *Fanaw,* gydag un *n* yn y canol. Isod, 457, 715, cyfeirir eto at Gadfannan yn marchogaeth ar feirch, ac yn ysgwyd ei gadwaewawr, ac yn y ddwy linell rhoir -*nn*- yn ei enw.

39   **bleid e maran.** E. "the wolf of the strand," fel petai *marian* yma, ond cf. isod 764, guron guorut *y maran*. Dealler fel *ym maran*, tr. o *barann* (Gw. *bara,* gen. *baraind*) "llid, ffyrnigrwydd," cf. 408, *baran* llew; 832, b. tan; 1143, b. baed; 1288, b. mor. Felly yma, blaidd oedd mewn ffyrnigrwydd, neu mewn brwydr ffyrnig, cf. B. iv. 46, peleidir guyr go ieithin *unbaran* (? *im*-baran). Am y tr. gw. 716, *emore*, ym more.

40   **gwevrawr,** cf. D. *gwefr* electrum, succinum, sef "amber." *Gwefr o liw* oedd gwallt melyn merch Ifor Hael, D.G. 7, 17: *glain gwefr* yw "amber bead"; yn Arfon *gwefrio* am beth yw "bod ar

dân" amdano; *gwefreiddio* "to electrify, to thrill." Yn y testun cyfeirir at addurn o ryw fath, megis "amber beads," gw. R.C. xxi. 90; Coffey, *Origins of Prehistoric Ornament*, 65, 67; *Misc. K. Meyer*, 250-2. Ymhellach gw. Dottin, *La Langue Galloise*, 146, am yr enw *Vebrumaros* ar un o'r Galiaid; L.L. 159 *guefrduur*, enw afon (cf. R.C. xxxviii. 283, ar hen enw'r Afon Weaver); 162, *guebrgur*, enw dyn; 257, *guebric*, enw dyn. A ddylid darllen *Gwefrwr* yma hefyd fel enw priod, yn lle *gwevrawr?* Ystyrier *chwefr-* hefyd.

godiwawr. Anhysbys i mi. Cynnig E. yw darll. *godrwyawr* "from *godrwy* a wreath or chain," ond ni welais mo hwnnw chwaith. Bai cyffredin wrth gopïo oedd achub y blaen, a rhoi terfyniad y gair sy'n dilyn i'r gair cyntaf. Tybiaf y gellir darll. *godiwawd* yma, yn bur hyderus. Ni thyr hynny mo'r mesur, canys odla *-awdd* ac *-awr* yn rheolaidd, cf. isod, 100; am y ferf, B.T. 51, 6, gyrth y *godiwawd* alexander; P.K.M. 173, "goddiweddodd." Am ystyr bosibl, gw. 1479-80, ac efallai C.Ll.H. 21, v. 3a.

torchawr, un ai gŵr yn gwisgo *torch* "collar" (cf. cerdd*awr*), neu, o bosibl, llu. *torch*, gw. C.Ll.H. 78 ar *eurdorchawc*. Gall fod yn oddrych neu wrthrych yma.

am rann, E. "encircled his brow"; A. "around his temples"; Loth, R.C. xx. 78, "Ambres formant collier autour des sourcils." Amlwg yw eu bod yn deall *rann* fel tr. o *grann*, gan roi'r ystyr "brow, temples" i hwnnw. Anghywir yw hynny, cf. Pen. 40 (R. i. 376) A gwaet . . . o benn hyt *rann*. O *rann* hyt lenn; A.L. ii. 200, gwaet hyt *ran* yw un a del o pen dyn hyt *ar y rud;* D.G. 27, 25; 128, 7; M.A. 338a, Llawer deigr *is grann;* 269a, deigr *dros ran;* R.P. 39a, kynn glasued kynn glassu *vyggrann* (cf. isod, 1053); R.P. 17a 20, gnawt man ar *gran* kyniuiat; 14a, Ac ar *grann* kynran man rud. Gan fod *bann* yn Gymraeg yn ateb i *benn* mewn Gwyddeleg, cf. Gw. *grend* "barf" : R.C. v. 6, *greann* .i. gruaidhfhionn "cheek-hair" (Cormac, 728, *grend* .i. gruaidfinn .i. find ngruaide); *greann* .i. ulcha no fésog "beard or moustache"; Llyd. *grann* "sourcil, cil" (Troude); ar y cytrasau gw. Ped., V.G. i. 46. Am y gair Cymraeg, gw. D. *grann* "cilium, palpebra," a chydia *amrant* wrtho gan ddiystyru'r *-t* ynddo; T.W. *cilium* amrant llygad, caead llygad; *palpebrae* blew'r llygaid, blew'r amrantau, caeadau'r llygaid, yr amrantau. Gellir deall gwaed hyd ael, neu rudd neu farf, a bod dagrau'n llifo dros ac is y blew llygaid; ond petasai *grann* yn golygu barf yn unig, ni allai'r bardd sôn am ael na grudd mynaches fel *grannau cŵyr!* Gall *glasu* *grann* gyfeirio at yr amrantau, "eyelids," neu at y gruddiau yn glasu yn yr angau, eithr nid barf na blew llygaid. Pe tybid fod *grann* yn golygu blew ar ael, neu ar amrant neu ar rudd, a hefyd grudd ei hun, ni allaf ddirnad sut y gellid gwisgo coler am yr un ohonynt. Ni thâl sôn chwaith am ddagrau dros ael na thalcen, ac o'r ochr arall nid ar farf milwr y bydd craith ond ar ei rudd neu ei ael. Oherwydd ystyr y gair Gwyddeleg, nid diogel yw gwrthod yr ystyr flewog, "barf," ond "grudd" yw'r ystyr sicraf yn ein testunau ni. Cf. ystyr ddyblyg *ael*, am y gwrym a'r blew.

Yn y testun dichon mai *rhann* a weddai orau; ar ei gytrasau ef, gw. Loth, R.C. xli. 400; C.Ll.H. 221-2, yr ystyr o blaid "party"; R.M. 148, "share," y marchog yn gofyn i Iddawg a gaffai *ran* o'r dynion bychain hynny, ac etyb yntau, "Y *ran* a wedei y mi y rodi mi ae rodaf"; P.K.M. 169, *rannyat* "billeting, quartering"; felly R.M. 145, *yn ran*; M.A. 170b, gwin a bann *rann* radlawn; isod, 43, 222, 1396; yn arbennig 950, mynawc *am rann* kwynhyator. Yno fel yn y testun digwydd gydag *am*, am un hael am rannu; felly M.A. 174b, Hael *am rann*; isod, 308, yt *rannei*. Gwrthgyferbynner B.B.C. 61, Kertorion allan heb *ran* teithi. Kyn safont in y drvs *tlus nys deupi*.

41   **gwevrawr.** Os gleiniau amber yw'r ystyr, y mae *gwerthvawr* yn addas: ond nid yw dechrau'r ll. yn cydio wrth ei diwedd, cf. 55-6. Medrir, efallai, gydio'r diwedd o ran ystyr wrth 42.

gwerth gwin. Cymer E. ac A. *gwerth* fel "worth," ond defnyddid ef gynt weithiau gydag *yng*, ac weithiau heb, i olygu "fel tâl am, in return for, because of." Ceir hefyd *guirth*, cf. 55, *gwerth* med eg kynted ... Hyueid hir ermygir; 424, 429, 989; 436, *guirth* med; B.T. 17, hyt pan talhont seith weith *gwerth* digonsant. Ac agheu diheu *yg* werth eu cam; 14, 24, *yg werth* eu geu; B.B.C. 84, *guerth* myned dros messur; H. 5, *yg gwerth* a rotes ar lles prydyt; isod, 1191, *i guert*. Cyfystyr yw *gwerth* na ag "am na," cf. 233, g. na thechut; B.B.C. 22, *gu[e]rth* na buost vffil. Gan fod *gwerth med* yn digwydd mor aml yn yr ystyr a nodwyd yn y canu hwn, deallaf *g. gwin* yn gyffelyb, cf. 1306, *yr med a chwryf* yd aethant; ac uchod ar 22.

[o] vann, darll. *o fann* neu *o bann* i gael naw sill yn y llinell. 1, *bann*, cf. Gw. *benn* "a cup or goblet made of horn," Meyer, C.I.L. 198. 2, *pann*, cf. 1052, *gwin o bann*; 1054, med mygyr *o bann*; M.A. 170b, Gwin *a bann* rann radlawn; 156b kedwyr

am pann; R.P. 39a, glyw *am bann;* 172b, gwirawt *o bann.* Ar y Galeg *panna,* gw. Loth, R.C. xli. 50; cyfeiria at B.T. 4, Ef am rodes med a gwin *o wydrin bann,* prawf fod *pann* yn golygu llestr gwydr o gryn faint i dywallt dogn i bob un; C.Ll.H. 99. Dyry Niedermann y glos *trulla, panna* (C.Gl.Lat. ii. 595, 45; R.C. xli. 494), felly cf. 697, y *am drull* yt gytvaethant; M.A. 191a, ymgynnull *am drull;* Lewis, G.M.L. 282, e *trullyat* a dely *trullyau* e llyn a rody y baub kemeynt ay kylyt; B. vi. 106–7, *dam an calaur, dam an patel.*

42 **ef gwrthodes gwrys,** cf. 1006, *ef gwrthodes tres;* hefyd *gwrys* yn 915. Ystyr *gwrys* yw "brwydr, ymosodiad, rhuthr," gw. R.C. xl. 370, cf. B.T. 71, 9, Vyg *wrys* bu enuys ym hescar; W.M. 246b, sef a wneuthum inheu mi am holl garant mynet *yggwrys* wrthaw y geissaw y diuetha. Golyga *gwrthod* "taflu'n ôl, repel, drive back," cf. 1294.

gwyar dis grein. Yn yr un cysylltiad ceir yn 1006, ef gwrthodes tres *tra gwyar llyn.* Ar *crain, ymgreinio* "syrthio, ymdreiglo," gw. B. ii. 48. Yma nid oes odl, ac felly darll. *dis* neu *odis grann,* a diystyru'r *ef* ar ddechrau'r llinell? Cf. Pen. 7, 59, yn y penn issaf *odis* y kynted; H. 177, *o dis* llaw; C.Ch. 48, *od is* y traet. Ar *grann,* gw. uchod ar 40; M.A. 338a, Llawer deigr *is grann;* 269a, llawer deigr dros *ran* wedi'r *greiniaw.* Ar *disgrein,* cf. isod, 247; B.T. 39, 25, Mawr *discreinawr* llafnawr am iat.

gwyar, gwaed, cf. 298, 568, 860, 1006; cf. 87, *gwyarllyt.*

43 **ket dyffei wyned.** Saif Gwynedd yma am wŷr Gwynedd, cf. M.A. 150a, nyt oedynt *wyned* wryd fychain. Ar *cyd* "though," gw. W.G. 446–7; ac ar *dyffei,* amherff. dib. *dyfod,* W.G. 363 (366; nid *dyfei* sydd yn B.T. 3, 8, ond *dyfi,* canys dilewyd yr *e,* ac odlir gydag *-i*). Enwir Gwynedd eto yn 220, 918, 920, 1383.

gogled, sef gwŷr y Gogledd, Brython Gogledd Lloegr a De'r Alban.

e rann. Ansicr. Un ai *i i rann,* i'w ran-dir ef; neu *e*="yn," cf. P.K.M. 169, R.M. 145, y doeth ronabwy ... y ty heilyn goch ... *yn ran;* neu anwybydder *e,* i gael llinell naw sill, a darll. *gogled ran* (1459, gogled *run=ran?*); cf. Deheu-*barth.*

Ar y posibilrwydd fod *r*- weithiau yn magu *e,* gw. ar 30, *e* rwyt.

44 **o gussyl,** trwy gyngor, cf. G. 188; Ox. 1, V.V.B. 92, *cusil,* gw. C.Ll.H. 152, ar *cyssul;* ac isod ar 643; B. ii. 120, Kyssul Adaon; Cern. *cusul* "counsel, advice."

NODIADAU

mab Ysgyrran, cf. 643, o gussyl mab dwywei; 1168, o gussyl mynydawc trossassei ysgwydawr. Y mae'r olaf mor debyg i'r testun nes awgrymu mai Mynyddawg oedd mab Ysgyrran.

45 **ysgwydawr angkyuan,** cf. 360, y. *angkyman.* Mewn hen orgraff safai *m* am *m* ac *f*, a diweddarai'r copiwyr yn ôl fel y deallent y gair, ond amwys oedd *cyman* iddynt, gan fod dau air i gael, un ag *m* (*mm*), a'r llall ag *m* (*f*); *cyman* "llu," cf. cymanfa, a *cyfan* "heb dorri, cyflawn." Felly cf. 259, 1259, 1321, *agkyman*; 336, gwaewawr uswyd *agkyuan*.

Ymddengys y testun yn llwgr; collwyd y cymal a etyb i 43.

46 **gawr,** bloedd, cri, bloedd rhyfelwyr; yna brwydr, Gw. *gáir* "bloedd," cf. 360, achubyat eng *gawr*; 372, yg cat yg *gawr*; 1249, ig cinnor *gaur*; B.B.C. 90, guan *gaur* adar.

47 **kyn no diw.** Ceir *cyn* "before" fel cysylltiad o flaen berf yn 176, 282, 350, (*kyn* bu; a *chyn* edewit; *kynn* caffat); fel arddodiad o flaen enw, berfenw, 329, k. dyuot e dyd; 339, k. kysdud; 552, k. gwawr dyd; 691, k. llwyded; (763, c. achlud?); 893, k. gorot; 922, k. kywesc dayar kyn gorwed; 1053, k. glasved; 1074, 1097, 1124, k. golo. Daw'r rhagenw rhyngddo a'r enw yn 288, a *chynn e* olo; 1235, a *chin i* olo; 1472, *kyn y* olo. Ceir *no'e* rhyngddo a'r enw yn 54, *kyn noe* argyurein; 265, *kyn noe* angheu (274, *kynn oe* agheu); 770, *cin oi* dalu; 1146, *kynn oe* dreghi; 1343, *kynn noe* geinnyon. Cf. hefyd *kynt noc, kynt nogyt*, 13, 15, 52, 53, gw. W.G. 412–3.

Gwelir nad oes un enghraifft o *cyn no* o flaen enw yn y Gododdin, dim ond *cyn no'e*. Ar ôl *diw* yn y testun ceir *e*; yn lle cydio honno wrth *gwr*, a'i deall fel "y gŵr," gan nad oes hyd yn hyn un enghraifft o'r fannod yn y canu, haws credu mai cam-osod yr *e* a ddigwyddodd, h.y. mewn hen gopi ceid *nodiw*, ac wedyn rhoed *e* uwchben. Yn lle darllen hyn fel *noediw*, camgymerodd y copïwr nesaf, a darll. kyn *no diw e*. Am beth tebyg, gw. ar 575. Y mae *diw* "dydd" yn digwydd droeon (295, 836–9, 846–52), felly darll. *kyn no'e diw*, cf. 329, is tawel *kyn dyuot e dyd*. Neu ynteu darll. i gael gwell mesur, *kyn noe diwed*, cf. R.P. 117b 38, *kynnoe dyed*; 50, *kynnoe diwed*.

gwrd, gwrdd, cadarn, cf. 905, 1003.

eg gwyawr, darll. *eg gwryawr*, cf. 88, *eg gwryawr*; 1151, *gwryawr*; M.A. 141b, Gruffut grym *wriawr*; 150a, Fal gwaith Fadon fawr *wriawr* oriain; 151b, *gwriawr* gwreidrwyd; 152a, g. goradein; 163b, gwrt auael g.; 203a, yn *wryawr* ordyfneid; 209a, vd dinac

M

dinas g.; 241a, aerdrangc gwr ieuanc g.; 221a, mawr g. gorwyr Maredudd; 162a, Braw rac y *wryawr.* Am yr ystyr cf. *ymwriaw* "ymladd"; M.A. 219a, A gnawd o dduch Tren trin *ymwriaw;* 253a, Hil eduynt bletynt bleit *ymwryaw;* 498b, kaffael *ymwryaw* ar Amerawdyr; *W. Llŷn,* 101, Dra fo dor a mor yn *ymwriaw;* D. *ymwr,* concertatio, impetus; *ymwrio,* concertare, impugnare. Dyfynna o D.G. "Tân a dŵr yn *ymwriaw /* Yw'r taranau dreigiau draw. Am gytrasau posibl, gw. Walde ar *urgeo;* neu ynteu Gw. *ferg* "llid," Gr. *orgē.* Am yr ystyr, cf. 1003, gwrd yg *calet.*

48 **kynran,** tywysog, rhyfelwr arbennig, champion, gw. C.Ll.H. 73. Ni fedraf ddilyn Loth, R.C. xxiv. 358-9, a'i darddu o *cintua rannā,* gan na all hynny olygu "y gŵr a gaiff y rhan orau," ond yn unig "y rhan orau," cf. *cynnor,* o *cynt-* ac *or;* i gael gair am y milwr, rhaid wrth *cynhorawg.* Hefyd odlir â *racwan,* awgrym nad *-ann* yw'r sill olaf.

racwan, rhuthro ar y blaen i bawb yn erbyn y gelyn, cf. 872, 883, rac cant em *guant ceseuin,* gw. C.Ll.H. 97; P.K.M. 169, 170. Hefyd cf. 376, *ragorei* tyllei trwy vydinawr.

49 **kwydei,** syrthiai, cf. di-*gwydd,* gw. G. 192; isod 171, 680, 974, 1170. Ceir yr un ll. eto, 377.

pym, ffurf hŷn pump oedd *pymp,* cf. *pym*-theg byth.

pymwnt, W.G. 258, "hanner cant." Am finteioedd o filwyr o'r rhif hwn, gw. O'Curry, *Manners,* ii. 381. Cf. isod 180, *pymwnt* a phymcant; B.T. 26, 2, pymp *pumhwnt;* 26, 24, pymp *pemhwnt;* 37, 5, Ac ef yn gyfoet a phymhoes pymhoet. a heuyt yssyd hyn pet *pemhwnt* ulwydyn; 45, 14, *Cant* armell ym arffet. A *phympwnt* cathet. Dilyn Loth y geiriaduron, a'i ddeall fel 500,000 (R.C. xxxi. 319n); buasai pum gwaith hynny yn lladdfa go deilwng i un dyn!

50 **Deivyr,** Deira, gw. Rhys, C.B. 112, 287; Lloyd, H.W. 178-9, "Rhys connects Deifr with the Welsh 'deifr,' waters, and assumes an original Debria or Dobria. It is strange, if this be so, that the labial is not represented in the early forms *Deur (Sax. Gen.), Deiri,* and *Deri* (Bede)." Ar hyn gw. isod ar 623, 1216. Cyrhaeddai Deira o'r afon Humber i'r Tyne neu'r Tees; diffaith oedd y tir rhwng y ddwy afon hyn, dyna'r rheswm am yr ansicrwydd, Plummer, *Bede,* ii. 120.

Brennych, Bernicia, Rhys, C.B. 111; Lloyd, H.W. i. 163: cyrhaeddai o oror Deira i fyny i'r Afon Forth. Unwyd y ddwy deyrnas, a'u galw yn Northumbria. Am ffurf yr enw, cf. 78, *brenneych* (odl â *beych*) ; 566, *breennych* (odl â *vreych*) ; ond gw. Mommsen, *Nennius*, 205, *Berneich* ; 206, Eadfered Flesaurs regnavit duodecim annos in *Berneich* et alios duodecim in *Deur*. Y rhain yw'r ffurfiau hynaf sy'n hysbys ar yr enwau Cymraeg, sef ffurfiau Harl. 3859, tua 1100. Cadarnheir y *Be-* gan y Nennius Gwyddelig, Van Hamel, 74, in *Beneroic* ; a chan yr enw yn Beda. Amrywia'r hen destunau, megis R.M. 303, *deiuyr a bryneic* ; R.B.B. 103, *deifyr a byrneich* (ym Mrut Dingestow, *Brennych*) ; 101, *byrneirch* ; B.B.C. 59, *brineirch* ; B.T. 69, *bryneich* ; C.Ll.H. 13, *Bryneich* (odl â *breich*, *vei(r)ch*). Am le o'r enw ym Meirionnydd, gw. teitl G.B.C. 1773, Rhys Jones o'r Tyddyn Mawr yn y *Brynaich*.

dychiawr. Yn ôl G. 139, gorff. 3ydd. yw *ciawr* "cwympodd" yn B.T. 52, Ryfedaf na *chiawr* adef nef y lawr o dyfot rwyf gawr Alexander mawr, cf. *ymchoeles* . . . o dyfot, B.T. 65, 25. Haws gennyf ei ddeall fel presennol (cf. B.T. 80, pan *syrth yn diuant*), canys enw yw *a'ychiorant* yn 1407, A minheu *om creu dychiorant*, cf. 242, A minheu *om gwaetfreu*. Gall fod yn enw neu ferf yn 132, maon *dychiorant* ; efallai enw neu ferf pres. 3ydd. llu. yn B.T. 6, 11, A their mil morialis plant hijs decembris *uch carant* (bai am *utcanant* ?) tra phen iessu *dichiorant*. Cf. hefyd 404, *rygiawr*, a gw. ar 891, *disgiawr*. Yn y testun cysyllter *dychiawr* ag *ugein cant*.

51 **diuant**, gw. 809. Rhaid cymryd *adfant a difant* fel pâr, megis *adwedd a diwedd*, gw. D.N. 154-5 ; Lewis, H.G.Cr. 132, ar *difant*, *difancoll* ; 164, ar *aduant* ; G. 45 ar *aduant* ; D. *difan, difant* "evanidus, fluidus . . . contemptibilis" ; *difannu* "evanescere, defluere, deficere." Fel enw, *difant* "cudd, ymguddio, diflannu o'r golwg" ; cf. B. iv. 45, Dyheit dyfet *in diwant* ; Pen. 135 (R. i. 846), o hynny allan ni wnaeth Owain gyrch mawr oni aeth *mewn difant* . . . ydd aeth Owain *mewn difant* . . . o hynny allan ni wybvwyd *i ddifant* ; weithiau am y marw yn mynd o'r golwg, M.A. 263a, Oer ym daw treisuraw tros *diuant* dragon (Marwnad Forgant) ; am Atgyfodiad Crist yn R.P. 67b, trydyd dyd dodyw *o diuant* (o'r bedd, o'r byd arall ?) ; cf. R.P. 24b, Mihagel yn ganllaw yr cannllu *or diuant*. Y mae *difannu* yn golygu ffoi o ŵydd, M.A. 200a, Rac diuei deyrn *diuennwch* / Rac dauyt . . . *kilywch* ; H. 307, hud aeth eu naf *yn diuant*. Anfoddhaus yw Loth, R.C. xxxviii, 170, "destruction, extermination," gwell yw ei "disparition." Dyfynna D. o L.G.C. *difant yr haul* ; onid "eclipse" ? Yn

B.B.C. 21 (oth *riit ageugant*. Ac *ysmortiuant* mal gossod amrant) ansoddair yw, cf. R.P. 20b, *atuant riyd*.

Ceir *yn difant* droeon (B.T. 56, 11 ; 63, 18 ; 71, 13 ; R.P. 38a), unwaith gyda *syrth* (cf. uchod ar *ciawr*), B.T. 80, Byt mor yw *aduant* pan *syrth yn diuant* etwa yn *geugant ;* gan fod *en* yn hen orgraff am *yn*, ac mai hawdd darll. *en* fel *eu*, efallai y dylid cywiro'r testun i *en* diuant, eithr nid yw *eu* yn amhosibl. Ystyr 50–1 yw fod ugain cant wedi mynd i'r byd arall yr un pryd.

en un awr, yr un pryd ; M.A. 224b, *yn vnawr* y llawr ae llwng.

52 **kynt**, gw. ar 12, 16.

53 **bud e vran**, cf. 281, Bu bwyt brein bu *bud e vran ;* M.A. 152a, I flaid rud i fraw *fud i frain*. Sôn yr ydys am golled y bleiddiaid a'r brain ar ôl y gŵr a'u porthai.

e allawr, gw. ar 16. Nid oes modd deall *e* yma fel *ei*. Yr ystyr hawsaf a naturiolaf yw fod yr arwr yn mynd yn hoywach i frwydr, gwledd bleiddiaid a brain, nag i neithiawr, nag i eglwys. Os yw *e allawr* yn golygu *i* allor, rhaid bod *e* (o flaen *vud e vran*) hefyd yn golygu *i* "to."

54 **kyn noe argyurein**, gw. 16 ar *kyn*. Yma yr ystyr "o flaen, before," sy'n gweddu orau. Onid hoffter y Cynfeirdd o chwarae ar air, a throi'n sydyn o un ystyr i'r llall, sy'n peri'r amwysedd yn y llinellau hyn ? Gw. C.Ll.H. lxxxiii.

55 **gwerth med**, gw. ar 41, 989.

kynted, gw. P.K.M. 131, rhan anrhydeddusaf y neuadd.

lliwedawr, lluoedd, cf. 916, 1296 (petwar *lliwet*) ; 1166, 1221 ; R.P. 61a, Molet pob *lliwet* llyw arglwydi mygyr wawr nef a llawr mab mawr mari ; 155a, rwym lloegyr *lliwet* trahaawc (cf. isod, 1160, lloegyr *lluyd* amhat) ; B. iv. 117, Canaon moruyn . . . vreisc *liwet ;* Ch.Br. 145, *Liuuet* mewn enwau Llydewig, er bod Loth yn ei gydio wrth *lliw* "colour" ; gw. C.Ll.H. 96 ar *lliw ;* am y terfyniad, cf. *ciwed*, neu isod, 1004.

56 **Hyueid hir**, arwr yr awdl hon ; cf. B.T. 61, 12, *hyueid* a gododin a lleu towys ; 62, 11, medu medlyn gan *hyfeid*. Sylwer ar y dull y cedwir yr enw'n ôl hyd ddiwedd y pennill, cf. isod, 83, 130, 177, 226, 249, 291.

etmygir, molir, cf. 1129, 1395 ; B. ii. 105–6. Nid oes rhagenw perthynol na geiryn o flaen y ferf. Ar *myg, edmyg*, gw. 178 ; R.C. xlvi. 150–3.

57 **Gwyr a aeth Ododin**. Golyga Gododdin yma y wlad neu'r fro : treiglir yr enw i nodi pen y daith (cf. Lladin, "Accusative of

Motion To, without a preposition"). Lluosog yw'r esiamplau, cf. y gyfres yn R.P. 151a, b, dywet an dyuot *geri*. Dos was *o geri* dywet y down *arwystli*, y down *benwedic*, y down *ueirionnyd*, ac isod, 68, 74, 84, Gwyr a aeth *gatraeth*.

Gwyr a aeth. Nid oes bannod yn y canu (hyd ll. 239), felly un ai "men who went," neu "the men who went," os cystrawen sefydlog heddiw a ddilynir. Ond cf. P.K.M. 1, *Pwyll* pendeuic dyuet *a oed* yn arglwyd "Pwyll was lord," nid "It was Pwyll who was"; hefyd 47, Y gwyr a gychwynwys o Iwerdon "The men started from Ireland"; B.T. 73, Trindawt tragywyd *a* oreu eluyd. A gwedy eluyd adaf; W.M. 90a 1, Maxen Wledic oed amperauder; 193a 1, Arthur a deuodes dala llys; 226b, Kilyd a uynnei wreic. Felly yma ac isod 64, 68, 74, etc. Nid rhagenw perthynol yw'r *a* yn y brawddegau hyn, a dylid cyfieithu "(The) heroes went."

chwerthin ognaw "laughter provoking," hoff o gellwair a pheri i'w gilydd chwerthin; math o ansoddair cyfansawdd, cyferbyniol i *chwerw en trin*. Ar *gognaw* gw. C.Ll.H. 236, B. v. 132, ys gwr gwych *gognaw*; cf. *dignaw* B.B.C. 63, R.P. 171b. Y gwreiddyn yw *cnaw*, nid *gnaw* fel yn R.C. xxviii. 195; Pedersen, V.G. i, 61; pe deuai o *gnaw* troesai **vo-gn-* yn *gwoen-*, neu *gwaen-*, cf. *adwaen*. Yn y cyfryw gyfansoddeiriau barddonol, treiglid yr ail elfen, cf. 64, chwerthin *wanar*.

58 **llain**, deusill, *lla-in*, yn odli â *trin*, cf. 95, 666, 990, 1015; M.A. 217b, odli â *godorin*, *werin;* 142b (odli â *dilin*), Dychysgogan Lloegyr rag fy *llain*. Math o arf ydoedd, cleddyf neu waywffon; ymddengys fel benthyg o iaith arall, gan na ddisgwylid cael *a* heb ei haffeithio i *e* o flaen *i* mewn hen air Cymraeg. Felly cf. Gw. *laigen* "lance"; R.C. xx, 433, Labraid Loingsech, "he was the first to make broad blue lances (*laigne*), whence the *Laigin* (Leinstermen) are named," ymgais i esbonio enw'r Gwyddyl y ceir eu henw byth yn *Lein*-ster, *Lleyn*, Din-*llaen*. Boed a fo am hynny, yr oedd gan y Gwyddyl waywffyn llydain a elwid *laigne;* petai *lla-in* yn wayw ac enw yn fenthyg o Iwerddon, gallai'r enw beidio â datblygu ar unwaith yn ôl rheolau'r Gymraeg, a chadw'r *a*. Rhydd D. ddau air *llain*, yr ail "gladius, lamina." Sylwer fod Cyndelw yn odli *llain* unsill â *gwain*, etc., M.A. 150a = H. 83, oet claer cletyf uch *gwein* / a llinon yg gnif a llif rac *llein*. (Y llinon fuasai'r coes, a'r llain y llafn ar y blaen.) Cf. G.B.C. 79, 80, am y gair unsill.

emdullyaw, cymryd ei le yn y rheng, ymladd, cf. 1035. Yn I.G.E. 173, ceir gair tebyg, *"ymlunio . . .* ymhen maes am hynny mwy," sef dadlau, ymladd. Ar *dull* "llu, byddin drefnus, array," gw. isod ar 252. Rhydd D. ystyron cyffredin *dull,* ac yna chwanega "Plica vestis, ruga, sinus," ond nid yw'n sicr nad *dill* a ddylai hynny fod; T.W. *plica,* plyg, *dull,* rhych; *ruga,* rhych, plyg, *dill; rugatus,* crych, *dilliog.* Cf. y modd y seinir *cynnull* fel *cynnill* yng Ngwynedd, a *ffill* am *ffull.*

59 **blyned,** un flwyddyn, nid lluosog, cf. y defnydd *un mlynedd* ar ddeg. Yn ôl W.G. 205, lluosog yw; eto cf. 437, lle'r esbonnir *yr-llynedd* fel cyflwr gwrthrychol blwyddyn; felly Ped., V.G. ii. 89. Yn y testun gwell "a short year" na "short years," canys mynych y cyfeirir at flwyddyn y wledd cyn y frwydr, gw. ar 93.

en hed, yn hedd, mewn heddwch; gw. ar 85.

endaw, darll. *en daw,* yn dawel, cf. 1377, eny vwyf y dyd *taw;* C.Ll.H. 55, oni fwyf i'm derwin *taw;* B.B.C. 68, kin bu *tav* y dan mein; Gw. *tô, tua.* Myn Loth, R.C. xliii. 412, fod *taw* arall yn Gymraeg, "marwolaeth"=Gw. *tâi, tâm.* Os oes dau, anodd eu datrys.

60 **mab Botgat,** cf. 20, mab Marro; 83, maban y Gian. Nid enwir y mab.

gwnaeth gwynnyeith gwreith. Yn W.G. 337, darll. *gw(r)eith g. gwreith e law* "work of vengeance wrought his hand . . . The quotation shows that scribes changed old *gwreith* to *gwnaeth,* the wrong *gwreith,* viz. the noun, being changed here." Yn erbyn hyn gw. 33, lle'r odlir *wnaeth* ac *aruaeth.* Yn H. 4, *goreu gweith gwynnyeith* y ferf a ddaw gyntaf; felly B.T. 67, gwenwyn a *wnaeth gweith* gwythloned. Daw'r ferf yn olaf yn B.T. 31, Atvyd mei ar venei crei cyflogawt. Atvyd mwy ar gonwy *creith gwynyeith gwnahawt.* Yn y ddarogan enwir Anarawt; felly cf. A.C. 880, Gueit conguoy *digal rotri* a deo. Efallai mai at ladd Rhodri y cyfeiria'r ll. gyntaf, ac at y *dial* am hynny y cyfeiria'r ail. Ystyr *gwynnyeith* mewn brwydr yw "dial, lladdfa," ond pan sonnir am saint "gwyrth," gw. *Y Beirniad,* iv. 65-6.

Ceir *gwreith* fel enw neu ans. yn enw *Cynnwreith,* brawd Cynddylan, C.Ll.H. 44, 48; L.L. xlvii. *Cingureid;* berf yw isod 1102. Yma gall fod yn enw gyda *llaw,* neu ans. gyda *gwynnyeith.*

61 **elwynt,** pres. dib. 3ydd. llu. "elont." Gellid gadael *e* allan, cf. 57, neu Pen. 7, col. 53, wynt a *doethant gaeruselem.*

NODIADAU

62 **a hen a yeueing,** gw. C.Ll.H. 88, *a . . . a* "both . . . and."
a hydyr a llaw. Ar *hydr* "cadarn," gw. 35 ; ar *llaw* "bychan, isel," gw. *Y Beirniad*, vii. 187; R.C. xl. 357; H.G.Cr. 235; P.K.M. 271, Llyd. Canol, *lau*.

63 **dadyl diheu,** sangiad, fel pe dywedid "gwir yw'r gair." Ar *dadyl* mewn ystyr debyg, gw. P.K.M. 150, cf. hefyd isod, 136, *anghen gywir*, sangiad arall. Hoff oedd y Gwyddyl o lenwi eu llinellau yn gyffelyb.
y eu treidaw, gw. C.Ll.H. 210. Cyfnewidir terfyniad berfenw, cf. 73, *treidu*; 61, *penydyaw*; 72, *penydu*; B.T. 57, *dullyaw*; 60, *ymdullu*. Er iddynt fynd i lannau i benydio, yr oedd Angau i'w cael, cf. 781, *ket bei kymun*. Ag *eu treidaw*, cf. M.A. 170a, Llwyr *ym treit* tremid goualon.

64 **chwerthin wanar,** yr un gystrawen â *ch. ognaw*, ll. 57. Am *gwanar* "arglwydd," gw. B. ii. 142 ; G.B.C. 80, Pybyr *wanar*; 81, Por dor dar yw'r *Gwanar* gorau. Ond nid hynny yw'r unig ystyr, cf. 141, 868, 888 ; M.A. 150a, gweleis eu hadaw . . . y dan draed adar *gwyr gwanar* gwain ; 154a, *Gwyr* g. gwawr trydar trais ; 163a, Yn llidwm . . . Yd wanei *wanar* yd waned ; 168a, Gwr gweinnyad yg cad *gwr gwanar* yn yg ; 170a, Gwaew gweinnyad . . . Gwaew *gwanar*; 177b, yn yt gar guyr *guaner* (R.P. 33b, *guanar*) guinwled ; 181a, yn arglwyd uffern wern *wanar*; 220a, Am drawsgar *gwanar*; 222b, Etifedd Gwynedd g. gyrchiad ; 226a, Gwenwyn a *gwanar* y deu gar gein ; 236b, Bar anwar *wanar* wenwynig ; 237a, Pumed iarll Clar / Rhag gwalch *gwanar* oedd gwareddawg ; B.T. 43, Clot wascar a *gwanar* yd ymdullyn ; R.C. xxxi. 508, Loth yn amau'r ystyr "pennaeth, arglwydd" ; ond yn R.C. xli. 210, "*Gwanar* a incontestablement le sens de *maître, chef*." Ymddengys i mi fod *gwŷr gwanar* yn golygu rhyfelwyr ; cf. hefyd *gwalch gwanar* (gw. isod, 868) â *gwalch ryuel* M.A. 281b ; *chwerthin wanar* â 420 isod, *ryvel chwerthin*, gw. ymhellach ar 450, 726, *nar*, gan fod modd *gwanar* o *gwo-* a *nar*, yn ogystal ag o *gwan-u*. Mewn rhai enghreifftiau ansoddair ydyw, "cadarn," neu'r cyffelyb.

65 **disgynnyeit,** ymosodwyr, P.K.M. 133–4, 204 ; C.Ll.H. 196.
diachar, diarbed, creulon, cf. 886 ; (Geirfa) B. i. 315, *achar*, ofn ; 330, *diachar*, diofn, diofnoc ; G. 6 *acharu*, caru ; B. vi. 136, Gwr dewr *diachar diarbedawg*.

66 **wy lledi,** lladdent. Ar y ffurf, gw. 36 ; ar y gystrawen, 57, gwyr a *aeth*. Eto gwell darll. *wy lledin* fel yn 633, gan amled *wy*

gyda berf luosog, megis 99, wy *gwnaethant;* 361, wy *lladassan;* 815, wy *guenint.* Ni threiglir y ferf.

heb vawr drydar, yn bur ddigyffro, heb fawr sŵn, bron iawn "without fuss" !

67 **colovyn glyw.** Ar *glyw* "arglwydd," gw. C.Ll.H. 205. Ond ar ddelw termau fel *colovyn greit* (1397), *post cad,* casglaf fod *glyw* yma="brwydr," cf. Gw. *gleo* "brwydr" (genidol, *gliad,* gw. Ped., V.G. ii. 102) ; R.P. 174b, dor *glyu;* 150a 6, llawr yg *glewyd;* M.A. 162b, 163b, llew *yg glewyd;* 169b, 174b, 184b, bleit *glyw glewyd* diwahart; 166b, gwr *glewyd* yn ergryd aergreu. Cf. *byw, bywyd.*

reithuyw, ans. neu enw priod ? Ceir *reith* "cyfraith" a *biu, beu* "byw" fel elfennau mewn enwau priod Llydewig yn Ch.B. 110, 159, megis *Arthbiu, Reithgualart, Reithuuobri,* etc. Isod, 1311, ceir *Teithvyw* fel enw dyn, a theg yw deall *Rheithfyw* yn gyffelyb yma.

rodi, rhoddai, gw. 36 ; neu ferfenw yn *-i* mewn ans. cyfans. fel *chwerthin ognaw* 57.

arwar, fel enw "diddanwch, hyfrydwch," fel berf "diddanu," P.K.M. 168–9. Rhoddai Rheithfyw hyfrydwch, neu gŵr yn ymhyfrydu mewn rhoddi ydoedd.

68 **fraeth,** parod, cyflym, nid "siaradus," fel y tybiodd E., er iddo fagu'r ystyr honno (gw. B. ii. 29, 32). Fe'i defnyddid yn aml iawn am feirch, megis yn R.M. 247, a cherdet yn uchelfalch drybelit *ffraeth* . . . a wnaei y march ; M.A. 149a, lliaws *gorwyd* . . . ffr. ; 152b, ar *feirch* . . . ff. leision ; 187a, *Emys* f. ; 211a 29, 251b 21, 261b 36, *ueirch* f. ; hefyd am ddyfroedd, 169b, *tonn fraeth;* D.G. 206, 21, *ffrwd* ffr. ; am ergyd, D.G. 199, 25 ; am bibydd, 137, 27 ; am law, B.B.C. 87, rodiad llara *llaw* fr. ; am aruaeth M.A. 265a ; cf. hefyd 351b, Ti a wnaethost yn *ffraeth* yr holl ffrwythau ; ac ystyron Llyd. *fraez, freaz;* Cern. *freth,* R.C. xxiii. 268, Wms. *Lex.* 153.

69 **glasved,** o *glas* a *medd,* fel B.B.C. 30, imtuin *glassuet;* nid o *glas* a *bedd* fel 1053 isod. Ar *glas,* gw. 681 ; yma gall olygu "fresh" (cf. Gw. *glas-ldth* "green or young warriors," *Cath Ruis na Rig,* 233=*glas* lanciau), C.Ll.H. 108 ; neu ynteu "pale green," cf. y caws a'r *gleision,* y gwlybwr melyn-wyrdd sydd mewn posel. Isod, 92, 1364, medd *melyn.*

ancwyn, o'r Ll. *antecoenium, antecena, antecenium*, R.C. xxiv. 84, xlvii. 415; "livery, daily allowance of food and drink," medd Lewis, G.M.L. 17; gw. A.L. i. 358, Pennteulu a geiff *ancwyn* yn y lety teyr seyc a thri chornneit o lyn; 350, (Edling) *ancwynn* a geiff yn diuessur canys digaun a dyly=A.L. ii. 816, Heres *cenam*, id est, *ankwyn*, debet habere sine mensura sed quod sufficiat; Llan. 2, 230, A hynny a dangosset y Ieuan abostol yn y gwsc ar yr *ankwyn* pan yttoed ae benn ar arffet Iessu Grist yn kyscu. Felly "cinio, swper, gwledd," cf. 370, 441, 686, 705. (Dyry Ed. Samuel, H.D.D. 201, *ancwyn* vulgo *ancwn*, rhyw ddanteithion blysig i fodloni'r Genau yn hytrach nag i borthi'r Corph. Arferir y gair yn ymbell fann i arwyddocau ffrwythau coedydd afiach, Di addfed.)

gwenwyn, cf. 366, 1234; fel enw "poison," a hefyd "chwerwder, creulondeb, tostedd"; fel ans. "chwerw, tost," cf. B.T. 51, 67; R.P. 5b, pennaeth g.; M.A. 184a, gwas g.; 170a, g. y dysgwyd; 220a 34, 221a, *gwenwyn gwyn* gennyf (mewn marwnad); C.Ch. 148, y llew arall ae achubawd (h.y. gafaelodd ynddo) yn llitiawc *wenwynic;* Pen. 40, trwy lit a bar a *gwenwyndra;* yng Ngwynedd heddiw clywir *gwenwyn* am genfigen "envy"; *gwenwynllyd* "envious"; mewn mannau eraill o'r wlad "peevish, cwynfanus," cf. R.P. 8a, bit *wenwyn* gwrach; M. M. 56, Or mynny na bych *wennwynic*, yf loneit plisgyn wy o sud y llysseu a elwir llygeit crist, ac *ny byd hawd gennyt sorri*.

A'r holl linell, cf. isod 139.

70 **trychant**, tri chant. Am *try-* "tri," cf. *tryfer, trybedd*. Cyfeirir at y 300 hyn isod, 86, 481, 694, 701, 707, 1126, 1132–8.

trwy, cf. 376, 727, 845, 874, 1357–8.

peiryant. Golyga "engine, machine" heddiw; ond ceir ystyron lletach yn y testunau, megis "cerbyd," S.G. 318, deu varchawc ... ymywn *peirant;* 193, ryw *beiryant* ar weith cadeir; Y.C.M.[2] 35, y *beiryant* (*y peiryant*, C.Ch., 45) a gynhalyei yr ystondard=*perticam* (Cy. xx. 111); *peirant*, A.L. i. 486, W.M.L. 57, 59 =Ll.D.W. 30, *treuen uechan*=A.L. ii. 828, *latrinam;* B. ii. 234, "tidieu, dyfais ne beiryennyn." Y mae M.A. 247a (O haeddais ai *clais* ai *clwyfiant* rhyfedd Ai rhyfel *am peiriant*) yn debyg i B.T. 72, Drigyaw y nef oed ef vy chwant rac eryr rac ofyn *amheirant*. Tybiaf mai ffurfiad yw hwn o *amharu* "niweidio," ac felly gall *peiriant* fod o *par-*, bôn y ferf *peri*. Am y terfyniad *-iant* yn affeithio *-a-* i *-ei-*, cf. *cyrraf, cyrreifiant*. Sylwer ar barau fel *clwyf, clwyfiant; mawl, moliant; moli, moliannu; meddu, meddiannu;*

cf. ar 949. Felly ceir hefyd *peri*, *parannu*, *peiriannu* fel cyfystyron, megis C.Ch. 166, heb ohir y *parannwyt* y canwr idaw ; 157, dywet idaw y *peiranna* y grogi ; Cy. iv. 118, yn *parannu* y frwytheu y dayar kynnuthu=Llan. 2, 220, *peri* yr dayar rodi frwyth ; W.M. 75a, *paranawd* arthur eu bedydyaw. Cf. hefyd *peir* yn y Juv., gw. B. vi. 223. Hefyd B. iv. 7, Dykit chwant tros *periant* pwyll (h.y. ymhellach nag y pair pwyll) ; iv. 45, *ympeirieint*, llu clydur lluybir y *peireint*. Gall *trwy beiryant* yn y testun olygu "mewn trefn," neu yn debycach "yn ôl gorchymyn" ; cf. ystyr ddyblyg *order* yn *in order* a *by order*.

cattau, trisill, "*cad-ha-u*," rhyfela, cf. B. iii. 10, *gwellau* (Jes. 3, *gwellahu*) odli â *llu ;* B.T. 66, *Brattau* (="brad-ha-u") iessu.

71 elwch, llawenydd, gorfoledd, twrf llawen, gw. C.Ll.H. 146 ; B. ii, 136.

72 e lanneu. Gadawer *e* allan, megis yn 61, a cheir ll. nawsill fel yn y gweddill o'r awdl.

74 veduaeth uedwn. Cymer A. yr ail air fel "perchenogi," J. "dywedyd," gan fod *meddaf* yn amwys, "I own," a hefyd "I say." Petai *medwn* yn ferf, ni ddisgwyliwn y tr. yn *veduaeth*. Nid yw "drunk" St. chwaith yn addas, gan na throesai *meddwon* yn *meddwn*. Ceir *gwinvaeth* fel enw yn 298, fel ans. yn 799, a gall *meduaeth* o ganlyniad fod yn enw neu ans. Hoffwn gael *med(d)wn* yn enw= "llu," gan fod *meddeu* (B. i. 29) fel pe golygai "luoedd" weithiau ; ond yr unig hen derfyniad yn *-wn* a ymgynnig yw'r un yn *chwegrwn*, gw. Ped., V.G. ii, 57. Ni wn pa mor hen yw *myrddiwn ;* efallai mai ffurfiad diweddar ar ddelw *miliwn*. Yr unig bosibilrwydd arall yw fod *med(d)wn* yma yn hen org. *mewn*, *mywn*, Llyd. *medon*, Ch.Br. 150 ; Gw. *medón* "canol," os gweddus yw sôn am du mewn arwyr yn llawn medd. Os ans. cf. B.T. 57, 1.

75 frwythlawn, grymus ; cf. 934, gwr *frwythlawn ;* B.B.C. 9, fr. traethaud ; M.A. 148a, awdyl fr. ; 538a, a roesoch yn gyghor da fr.=da *grymus ;* 553, gwledychu deudengmlyned en fr. dangnevedus ; Pen. 14, 61, kerdet en fr. ; C.Ch. 184, chwaen ffrangheid ffr. ; a da y traweint y ffreinc a *ffrwythlawn ;* M.A. 251b, Oe vreisc ueirch maeth *fraeth frwythlawn*. Ystyr *diffrwyth* am aelodau yw di-nerth ; cf. colli *ffrwyth* ei aelodau.

oed cam, "buasai'n anheg." Ar *oed* yn y gystrawen hon (=buasai), gw. Ch.O., 31 ; P.K.M. 121.

kymhwyll, crybwyll, meddwl, "mention, consider," yn aml crybwyll yn glodforus, canmol ; cf. R.P. 42b (Duw) ny *gymwyll* twyll trwy ymdiret ; C.Ch. 30, ny *chymhwyllir* ef yma yr awr honn =Y.C.M. 10, ny *chyrbwyllir* yma ; R.C. xxxiii. 190, mi a baraf beydyaw a *chymwyll* boned y genedyl honn ; Gw. *coicell* "considering, counsel, thought," C.I.L. 405 ; A.C.L. i. 287. Isod, 1392, ceir y berfenw, *cymhwylleit.*

76 **e am,** gw. G. 21 ar ystyron *y am.* Yma "hefyd, heblaw, besides," cf. P.K.M. 29, a guyrda *y am* hynny.

gwrmwn. Os disgrifiad o'r llafnawr, cf. *gwrm* "du, brown," Gw. *gorm* "coch" (R.C. v. 5, xxii.'424) a "glas," C.Ll.H. 179, 229 ; B. ii. 143, "du." Ond isod, 373, 568, 719, 833, 860, 868, 902, rhoir *gwrym* bob tro, gyda'r *y* anorganig. Nid "metal" yw *mwn* fel y tybiodd Anwyl, canys *mwyn* yw hen ffurf hwnnw, a phrofir *-wn* yma gan yr odl. Ceir *mwn* am wddf gwaywffon, lle'r êl y llafn i'r paladr, A.L. i. 440, 784, "socket" ; D.W.S. *mwn,* lle menybyr, "The soket" ; W.M. 65b, gwayw . . . a their ffrwt ar y hyt yn redec or *mwn* hyt y llawr. Gellid tybio *gwor-* yn rhoi *gwr-* megis yn Hen. Lyd. (V.V.B. 147-8, *gurclut, gurlimun, gurprit*) a'r *-m-* yn aros megis yn *gormod* a *gormes,* cf. B. iii. 256, *gur tum ;* vi. 102, *gurmaur* "gorfawr." Y dewis, felly, fuasai rhwng *gwrm-mwn (gwrm- (f)wn)* "with brown sockets," cyfeiriad at lafnau gwewyr ; neu *gor-mwn* "with great sockets."

77 **dwys,** D. "grauis, compressus," cf. 585, d. yd wodyn ; R.P. 105a, dewissaw gwiwdyn d. y gwydynt ; D.G.G. td. 43, *Dwys* oedd dwy wefus . . . yn gweini ; td. 44, *Dwys* iawn yw dy wasanaeth ; C.Ch. 99, *Dwyssewch* ar yr anffydlonyon ; 100, *Dwyssewch* yna ac hwynt, heb ef, kyversengwch wy ; B.T. 17, d. eu kussyl ; B. iv. 47, *duis* ig kifleuton.

dengyn, cadarn, cf. Gw. *daingen,* Zeuss, G.C.[2] 25 ; C.I.L. 589, *dangen* "firm, fast, strong"; fel enw "stronghold, fortress" ; *dangnigim* gl. ar *munio* ; B.B.C. 46, kad *degin ;* 55, A guneuthur dyganhuy *dinas degin ;* 58, treis d. ; B.T. 17, deu vnben d. ; 46, y grist gwledic d. volawt ; R.P. 5a, rieu ryuel *degynn ;* 34a, powys pobyl d. ; 164b, Pob *dengyn* a dyngant oe law ; A.L. i. 154, nas degant yr *degin* ket as deuetoent ar eu tauaut leuerit ; 160 (er bod Lewis yn deall hyn fel *dygn*).

ed, ydd, yr.

emledyn aergwn, cystrawen gyffredin mewn Hen Gymraeg, berf luosog a goddrych lluosog yn dilyn, C.Ll.H. 4, ant kynvrein (73) ; 10, a gerynt y gwraged ; 23, yt ganant gogeu ; isod, 171, kwydyn gyuoedyon. Yn rheolaidd, treiglir y goddrych. Ar *aergi* (cf. 946) ci rhyfel, milwr, gw. G. 12, Gw. *dr-chu* (C.I.L. 116, "slaughter hound, bloodhound"; metaph. of a hero), cf. *catki*, isod, 241. Ar amseriad y ferf yn *-ynt* gw. ar 133.

78 **ar deulu Brenneych**, cf. 1216, rac *teulu deor*. Ond yn y cysylltiad hwn anodd deall grym *ar*. Hen orgraff *teulu* fuasai *telu* (B. vi. 102, 106); a ddarllenwyd *telu* yma am *helu* "helw"? Cynefin yw hwnnw gydag *ar*, cf. 928, *ar y helw*; 939, *ar e helo*; B.B.C. 82, *ar helv* uy ren; R.M. 138, nas gwydyat duw was yn y byt *ar y helw* ynteu. Unsill yw *helw*, ac i gael mesur, a'r un ystyr bron, gellid darll. *ar ardelw*, cf. 909, 1475; P.K.M. 156, *ar y hardelw wy*. Golygai'r ddwy linell, pe derbynnid y newid, na adawsai'r bardd neb yn fyw ar helw'r gelyn, neu ar eu harddelw. Hawdd iawn fuasai troi *ar ar delu* yn *ar deulu*, trwy gymryd un *ar* fel ail adroddiad beius, a darll. *delu* fel *deilu*. Ond efallai mai gwell cadw'r testun, a'i ddeall fel *ar* du, *ar* ochr.

beych, baich (nid *bei'ch*, *pe'ch*).

barnasswn. I gael grym y ferf cf. *carasswn*, 988, 990, 992, 1033. Nid gorberffaith mynegol ond dibynnol, "I should have considered"; felly 79, *adawsswn*.

79 **dilyw**, bai am *eilyw*, eiliw "rhith"; cf. 1165, meirch e. eleirch; P.K.M. 274. Ni adawsai o'r gelyn neb ar lun a delw dyn yn fyw (petasai'r dewis ar ei law ef). Buasai eu harbed yn faich arno.

80 **diffleis**, gw. P.K.M. 116–7, yma "cywir, ffyddlon, dianwadal."

81 **rugyl**, cyflym, P.K.M. 164. Disgrifia'r *kyueillt*; un cyflym a pharod mewn brwydr ydoedd.

emwrthryn, ymladd, ymwthio yn erbyn ei gilydd, cf. B.B.C. 58, Ban diffon nortmin . . . advit *imurthrin* ina gan vitinaur; Lewis, G.M.L. 298; A.L. i. 174; ii. 134; 138, O deruyd *emurthryn* e rug deu den am tyr a dayar; B.T. 14, ymtreulaw ac *ymwrthryn* o diruawr vydinawr pan ymprofyn; R.P. 167a (Lloegr) ny chawssant gennyn . . . dyeithyr gwarth a *gwrthryn* wrth ymbrofi. Yn R.P. 175b (y bardd yn erfyn cymod), Nam *gwrthryn* . . . nam *gwrthot* "repulse, reject." Daw o *grynn* "gwthio"; ar hwnnw gw. B. iii. 54–5.

rynn. Gair anodd; nid yn unig fe'i ceir fel treigliad o *grynn*, ond y mae mwy nag un *rhynn* yn digwydd, ystyron a tharddiad yn amrywio. Mewn Gwyddeleg dyry Windisch bum enw *rind*, ac ystyron amrywiol iddynt oll; yn Gymraeg dyry D. *rhynn* "mons, collis, promontorium," fel yn *Penrhyn*; *rhynn*, *rhyndod*

"algor, rigor" ; *rhynnu* "algere, rigere" ; *rhynion* "farina crassa."
Y mae'r ail ar arfer nid am oerni, ond am ei effaith, sef "sythu, fferru, to become stiff, rigid, with cold" ; ac o hwn tybiaf y gellid ansoddair *rhynn* "syth, stiff, rigid." Yn A.L. ii. 784, gwahaniaethir rhwng blawd mân, sef peilliaid, a *rhynion*, y peth brasach ; ystyr *rhyn* fel ansoddair i'r enw hwn fuasai "bras, garw," cf. efallai R.M. 123, rac y *rynnet* (am wallt garw y cawr) ; B.B.C. 83, raun *rin* (am farch, cf. isod, 1164) ; 94, Oet *rinn* vy gueisson in amuin ev detvon ; cf. isod 443 ; M.A. 145a, Ef yngryd yngryn yn *ryn* rybud ; 210b, Oet *rynn* rut ebyr or gwyr gwar. Cyffredin yw am ddwfr garw neu gyflym, megys Pen. 14, 39, e duwyr *rynn* redegawc dwuyn ; M.A. 221b, ys gorwyn ewyn *rhyn* yn rhedeg ; 304b, Am falchliw ewyn glasddwfr *rhyn* rhyd (cf. isod 154) ; R.P. 73a, ne rynn *eirw*. Cf. y defnydd o *garw* isod, 873, Oed *garw* y gwnaewch chwi waetlin.

Yn y testun tybiaf mai *rhynn* "garw" sydd yn ateb orau.

riadwn. Ai *rhi* "arglwydd," ac *adwn* ? Ar yr olaf, gw. G. 9, " 'blaen, blaengar,' neu 'pen, blaen'," lle cymherir *lluadwn*, cf. hefyd M.A. 206a, *Hawl a.* ysgwn ysgwyd ; 162b, *clod a.* ; ac enghraifft amwys yn C.Ll.H. 30, 188, Tarv trin, *ryuel adun*. Dengys y rhain fod modd deall *adwn* fel ans. ar ôl enw. I ateb i *difleis oedwn* gellid tybio, fodd bynnag, mai'r ferf *gadu* "let go" (P.K.M. 175) sydd yma gyda'r geiryn *ry-*, "garw i mi ei golli." Neu gall *ry-* gryfhau'r ans. *adwn ;* yna bydd *rugyl, rynn, ry-adwn* yn ansoddeiriau i ddisgrifio'r arwr mewn brwydr neu ymwrthryn.

82 **mennws,** mynnodd ; *e* am *y*.
gwrawl, ansoddair fel enw, cf. *y dewr*.
gwadawl, gwaddol, "dowry," A.L. i. 522, 544 ; Lewis, G.M.L. 165.
chwegrwn. Yn ôl J. *chwe grwn* "six paces of the field" ; gwell yw'r ystyr arferol "tad yng nghyfraith." Bachgen ieuanc heb briodi oedd hwn.

83 **maban,** bachigyn o *mab*. Ai ato ef y cyfeirir eto yn 255, vn *maban* e gian o dra bannauc ?
Cian. Digwydd fel enw dyn yn yr *Annales Cambriae* (Cy. ix. 165), *Ciannant in mer*, sef Cīan Nanhyfer (cf. R.B.B. 259, *kynan uant nifer) ;* hefyd yn enw Llangīan yn Llŷn, ac fel enw clerigwr yn L.L. 174. Tyst yw Nennius (Mommsen, 205) i ŵr o'r enw fel bardd cyfoes â Thaliesin ac Aneirin, lle gelwir ef *Gueinth Guaut,* efallai "Gwenith Gwawd," gw. C.Ll.H. xix. Ato ef y cyfeirir yn

ddiau yn B.T. 19, 4, ac o bosibl yn y testun. Yn B.B.C. 67, 6, enw cyffredin yw am gi bychan neu ifanc, cf. Gw. (C.I.L. 539, *cú* "a greyhound; a hero." Frequent in proper names: 543, *cúan*, gl. canicula. Hefyd enw person, e.g. Z.C.P. iii. 206.)

Maen Gwynngwn, enw lle, yn ôl pob tebyg yn yr Alban, cf. 255, o dra bannauc, gw. C.Ll.H. 156. Am *Gwyngwn* fel enw person, cf. Ch.Br. 175, *Uuincon;* L.L. 203, *Guincon;* ac o'r tu chwith (fel y ceir *Maelgwn* a *Chynfael*), *Cinuin, Conuin,* yn yr un llyfr, 185, 210, 224, etc.

84 gan wawr, gyda'r wawr. Felly 90, 121, 207, 406, 915, 976; *gan dyd*, 97, 105, cf. C.Ll.H. 162 ac isod, 716, *emore*. Ar doriad dydd yr hoffid ymosod, B. iv. 10, Gnotaf kyrch *gan vore*, cf. 1454.

85 trauodynt. Heddiw "to discuss" yw *trafod*, troi a thrin pwnc mewn dadl. Rhydd D. ystyron hŷn, "llafur, brwydr" (*trafod*, labor, opera, molestia, industria, concertatio, pugna; *trafodi*, certare; *ymdrafodi*, concertare). Nid digon yw'r rhain chwaith, cf. R.P. 31a, ·gwae ot oe *drauot;* 73b, a *thrauot* med o garn; B. vii. 25, diau *trafodynt* lladd a llafnawr; M.A. 288a, Tra vwyf *travotwr* un amrant; Cy. vii. 144, Ny byd myssoglawc maen o vynych *trauot* (=B. iii. 24, oy uynych *kywyn*, a vynych *ysmuter*). Y geiriau perthnasol yw *cyfod-i, ymod* (di-ymod), *ymodi* (W.M. 39a, *ymodi* y pryf=R.M. 56, *teimlaw*, gw. P.K.M. 245-6), *od-i*. Ystyr y ferf syml yw "taflu," ond magodd y cyfansoddeiriau ystyron amryfal. Yn y Juv. ceir *immotetin*, gl. ar *iactata;* felly cf. ystyron Ll. *jacto*, sef "throw, toss about; torment, disturb; discuss," etc.; ac ystyr ddyblyg *trin* yn Gymraeg. Mewn trafodaeth "teflir" y pwnc o law i law, ac un ystyr i *ymodi* yw "handle." *Trafod* maen yw ei symud o le i le, ei *gychwynnu* (*kywyn*), neu ei gyf-*odi;* cf. *trafod amrant*.

Amwys yw'r terfyniad *-ynt;* gw. ar 133.

eu hed. Yn ôl E. *en hed* fel yn ll. 59; eithr *eu* sydd yn y llsgr. yma. Am *hedd*, gw. R.P. 5b, ympob *hed* gwled a gyuyt; B.T. 13, maraned a meued a *hed* genhyn; M.A. 200b, Bych gwr *het* yn hawturyd ar sawl / A geif tud an tad ysprydawl; W.M.L. 81, Ny thal neb heit [o wenyn] eithyr pedeir keinhawc hyny vo tri dieu *ar hed* ac yn wastat (h.y. until they have *settled down* for three days).

Ystyr y ll. yn ôl E. yw "they dealt peaceably with those who feared them." Cynnig A. "their fears disturbed their peace," ystyr bosibl i'r geiriau, ond anaddas i'r arwyr. Gan mai lluosog

NODIADAU 95

yw'r ferf, rhaid cael goddrych lluosog; unigol yw *hed*, ond gall *ofnawr* fod yn unigol "un yn ofni" (cf. 964, *foawr*), neu luosog, "ofnau." Felly rhaid deall yr olaf yma, a chymryd *hed* fel annedd, "dwelling," yn wrthrych; *trafod hedd*, "myned ymaith." Ni ellir dehongli *ofnawr* fel lluosog *ofnog*, neu ceid ystyr addas fod y rhai a'u hofnent yn newid preswylfod, ac yn ffoi o'u cyrraedd. Gorfodir fi, felly, i gynnig "their fears depart." Nid erys un ofn yn eu mynwes.

86 **milcant a thrychant.** Gormodiaith i ddangos y cyferbyniad rhwng y llu bychan o drichant (uchod 77) a nifer mawr y gelyn, mil ymhen pob tri !

a emdaflawr, cf. P.K.M. 72, y pedyt ny ellit eu reoli o *ymsaethu*; ac isod, 1008-9, tavloyw . . . *tavlei* vedin. Disgwylid *ymdaflant* mewn cystrawen ddiweddar lle cedwir grym yr *ym-*, ac anodd yw'r ffurf yn *-awr* yma, terfyniad goddefol neu amhers. pres. neu ddyfodol (fel *ymdeflir*). Efallai y gellir deall yr *ym-* fel yn *ymladd* "fight," nid fel *ymlâdd* "tire oneself," yr *ym-* yn cryfhau a helaethu'r ferf, nid yn troi'r grym yn ôl ar y goddrych. "Teflir" y ddau lu. Gwell gennyf fuasai cynnig y dylid ystyried a oedd modd i'r ffurf amhers. weithiau feddu grym berf deponent yn Lladin, cf. *gŵyr*, ffurf weithredol yn *-r*, nid goddefol nac amhersonol, cf. B.T. 16, trwy eiryawl dewi . . . hyt ffrwt arlego *ffohawr* allan (bai am *allmyn*, fel y dengys yr odl), "the foreigners will flee," nid "will be put to flight"? Gwell tyth'yw darll. *emdaflawd*.

87 **gwyarllyt,** gwaedlyd, cf. B.T. 45, 18, a lafyn *gwy ar let* (hen orgraff); 59, 16, *gwy ar llet*.

gwynnodynt, darll. *gwynnodyt gwaewawr* i gael odl fewnol a chyseinedd lawnach, gw. C.Ll.H. 165, ar *llewychyt*. Ar *lacticinia* dyry T.W. *gwynnod* "llaethfwyd": nid yw bwydo a diodi gwewyr yn syniad amhosibl. Ond cf. B.T. 59, ac elor y dyget a gran *gwyarllet am waet gwyr gonodet*; 74, *ygwaet gwyr gonofant*; C.Ll.H. 208-9, eryr yn *gwynofi* yng ngwaed gwŷr, nid "gwresogi" yn unig, ond ystaenio. O blaid cymryd *gwynoddi* fel amrywiad ar *gwynofi* y mae parau fel *Eifionydd, Eiddionydd; tyddyn, tyfyn; -uf* ac *-udd*, arddodiaid 3ydd llu. Dynoda'r ans. yn y testun sut yr ystaenia'r gwewyr.

88 **ef gorsaf.** Yn ôl A. ("their station") ac E. ("their post"), saif *ef* am *eu*. Go brin. Ceir *ef* o flaen berf droeon, megis 251, *ef* dilydei; 252, *ef* rodei; 273, *ef* gwneei; 666, *ef* lladawd;

813, *em* dodes; 1190, *em* ladaut; 1237, *ef* guant; 1238, *ef* ladhei. Mewn hen orgraff ceir *em*, ac nid hawdd fuasai troi hynny yn *eu*, y rhagenw, trwy gam gopïo. Ond ai berf pres. 3ydd. un. yw *gorsaf* yma? Disgwylid *gorseif*, pe felly. Ar ddelw 1003, *gwyr gorsaf gwryaf*, ac er mwyn cael ll. o 8 sill, darll. yma, "Ef gorsaf gwryaf eg gwryawr." Am yr enw *gorsaf* cf. M.A. 259b, glyw gloew *orsaf* byddin; 146b, *gorsaf* teyrned gwersyll wychawg / Gorsed i lluoed *gorsaf* nerthawg / *Gorsefyll* yn ryd; G.M.L. 161; A.L. i. 94; ii. 154, 156, 580, 584. Am y ferf pres. 3ydd. gw. B.T. 63, nym *gorseif* gwarthegyd.

Rhaid cymryd *gorsaf* yn y testun gyda *gwryaf* "dewraf," fel ansoddair cyfansawdd i ddisgrifio'r arwr, yr *ef*, cf. isod, 247; M.A. 170a, *Ef gunyad;* 181b, *Ef* is nef uch nef: *Ef* yn vreisc; 190b, Nid *ef digrefydd* a gretto Ddofydd; 199b, *Ef oreu rieu* ry gread; *ef vlawt kyfrieu ef vleityad* yn dygyn, *Ef kynnygyn kymynad, Ef doethaf ef doethuawr ygnad, Ef goreu* a vu o vab tad; 200a, *Ef uawrllyw* . . . *ef wrawl* . . . *Ef goreu rieu;* 202a, 202b, *ef milwr* ar vilwyr; 203a, *ef gyrchyad ragor* . . . *ef eryr* prydein . . . *ef goreu* vn gwron *ef haelaf ef teccaf;* 229a; 239b, *Ef diueiaf naf* . . . *ef goreu rieu* rec ouyt a wn. Gwelir hoffter y beirdd o'r radd eithaf yn y gystrawen hon, ef *doethaf*, etc. Cf. yn arbennig M.A. 159b, Gwr ny *orseuyid* a *orseui* / Gwr *gorsaf gwrhaf* gwrt yg kyni. Felly yma, "Ef oedd ddewraf ei orsaf (ei safle) yng ngwriawr," h.y. un ai gosodwyd ef yn y lle yr oedd angen am y milwr dewraf, neu ynteu ef oedd orau am ddal ei dir mewn brwydr, cf. isod, 1003.

gwryaf, "dewraf," ansoddair, gradd eithaf yr enw *gŵr* (cf. *pen*, pennaf); cf. 413, 1003, neu ynteu cf. *ymwriaw* "ymladd" uchod ar 47. O *gwr* disgwylid *gwrhaf*?

eg gwryawr, yng ngwriawr, ym mrwydr.

89 rac gosgord Mynydawc Mwynvawr, cf. 96. Oddeutu'r "teulu" hwn y try'r odlau, gw. 355. Yn 1164 gelwir hwy yn osgordd Gododdin: yn ôl 693-4, 699-702, 956-7, o osgordd Fynyddawg ni ddiangodd ond un o'r trichant, cf. hefyd 705-8, 1126-39. Mewn cyswllt â hwy enwir Eidin, 1167; Mynyddawg oedd udd Eidin 1220, ac ar neges Mynyddawg yr aethant i Gatraeth 804-5, ar ôl mwynhau'r ancwyn a wnaeth iddynt 370-1. Ef yw Mynawg Gododdin 949, a'i wŷr yw Brython Ododdin 805-7. Felly cf. y testun â 34, rac bedin ododin; hefyd 103, 394 (566). Ar *gosgord*, gw. 1436.

Ar ystyr *mwynfawr* "cyfoethog, mawr ei drysorau," gw. B. ii. 129–30, lle rhoir enghreifftiau; ac isod 143, lle disgrifia fordai neu lys.

91 **dygymyrrws.** Darll. *Cymyrrws* i wella'r mesur? Yn ôl E. "regretted are their absence and their disposition"; A. "their anxiety shortened their lives"; J. "Mirth made shorter their passions' sway" (gan ddarllen *hoen*). Yr ystyr, fodd bynnag, yw i'r beiddgarwch oedd yn naturiol iddynt, eu dewrder cynhenid, fyrhau eu hoes. Nid *hoed* "hiraeth" sydd yma, ond *oed* "oes," gydag *h* ar ôl *eu*. Ceir atsain o'r ll. hon gan Gynddelw am arwr arall, *kymyrrws y hoedyl y hyder*, lle ceir yr un drefn, berf, gwrthrych, goddrych. Ar y ddihareb hen, *dygemerryt hayarn hoydyl dyn*, gw. B. iii. 27. Daw'r ferf o *cym-* a *byrr-*, cf. Gw. *cumbair, cummair* "byrr" (R.C. xxxviii. 61, G. 242 ar *kymyrru*). Isod cf. 232, *asgym myrr hut*.

92 **evynt,** yfent. Darll. *evyn* i odli â *melyn*? Ar gynharwch *-yn* am *-ynt*, gw. C.Ll.H. 78–9, cf. odlau 77, *dengyn, emledyn;* 1172–3, *disgin, thechyn*. Amheus yw odli trwm ac ysgafn, eto cf. C.Ll.H. 50.

92 **maglawr,** o *magl* yn yr ystyr o drap, nid o ystaen; felly "ensnaring." Ceir yr un ansoddeiriau am fedd yn 914, 965.

93 **blwydyn,** cf. 59, 237, Gwin a med o eur vu eu gwirawt/ *Blwydyn* en erbyn urdyn deuawt; 364, buant gytvaeth/*Blwydyn* od uch med; cf. hefyd 1316. Onid yr ystyr yw iddynt gael gwledd am *flwyddyn* gyfan? Cf. B.T. 19, 15, *Tri vgein mlyned*/yt portheis i lawrwed; 22, 21, bum ebill yg gefel/*blwydyn* a hanher. Petasai'r gair *blwyddyn* ynghanol brawddeg, cawsid y treigliad meddal (cf. *Mis* y bum yno: bum yno *fis*).

llewyn. Ansoddair o *llewa* "bwyta ac yfed" (cf. Gw. *long-*, Pedersen, V. G. i. 92); neu'n well, lluosog *llawen*, cf. cadarn, *cedyrn* : caled, *celyd*, a'r enghreifftiau yn M.A. 166b, Llys ehorth llu adorth *llewyn;* 212b, Aryf eryr gwyr llewyr *llewyn;* 227a, Llary Argluyd *llauer lleuyn* gwanas (R.P. 26a, llawer *llewyn* gwanas). Hefyd B. ii. 147, *llewyn* : llawenyon, mewn Hen Eirfa (cf. B. i. 221). Mewn gwledd flwyddyn, nid syn cael cerddorion llawen, cf. B.T. 42, bit *lawen ygkalan;* 43, *llyfyn* (bai am *llewyn?*) y cherdeu *yn y cha an*. Rhaid wrth air deusill i gael mesur yno.

Gair arall sydd yn 1116, enw anifail.

94 **na phurawr.** E. "Redder were their swords than their plumes" (darll. *pluawr*) : J. "Redder were their blades than their

sheaths pure gold" (darll. *gwain* am *llain*) : Z.C.P. vii. 472, "helmets" a gynigir am *purawr*, benthyg o'r Ll. *pōrus* "crest, helmet." Diffygiol yw'r testun, fel y dengys y torr mesur yn 95 ; sut bynnag nid *cochach* yw *coch*, a phe newidid y darlleniad i *cochach*, ni all *na* yn B.A. olygu "than," canys *no*, *noc* oedd hynny. Felly dealler *na phurawr* fel gorchymyn, "na phurer," a'i ddeall fel sangiad yn y frawddeg. Coch oedd eu cleddyfau—a boed iddynt bara felly, h.y. dal ati i ladd. Neu ynteu, *na phurer/eu llain*, canys rhoir atalnod ar ôl *llain*, cf. 24.

llain, gw. ar 58. Rhy hir yw'r ll., ac eto y mae diffyg yn y meddwl. A gollwyd nifer o eiriau yma ? Hawdd neidio o un ll. i ganol un arall.

gwyngalch. Ar *calch*, gw. P.K.M. 233-4. Arferir am darian (neu arfau) fel rheol, cf. 403, 834, 1228 ; Gw. *cailc* "a chalked shield," Meyer, C.I.L. 300 ; *Fled Bricrend*, 16 (I.T.Soc. ii.), di *cailc* na sciath "from the enamel of the shields," medd Henderson, gw. ei nodyn, td. 209 *ibid.* ; hefyd Loth, R.C. xxxviii. 156.

95 **pedryollt,** wedi hollti'n bedwar, cf. 306, heessyt onn o *bedryollt y law*=316, ysgeinnyei y onn o *bedryholl llaw* ; Ll.A. 94, megys manwrychyon . . . o safwyrdan sychyon yskyryon *pedryholl* ffynnidwyd=Llan. 3, *pedryffollt* ; D.G. cvii. 28, Rhag pen bollt *bedwarollt* bol (nid saeth ond *quarrel* o fwa croes) ; Gw. *cethirscoiltigde* "four-cleft" ; *cethrochair* "four-cornered, square," C.I.L. 360. Yn *Irische Texte*, ii. 28, enwir gwaywffyn *cóicrinde* a *nóirinde* (rhai â phum neu naw blaen) : a saethau *cruaidgerai cethareochracha* "creulon, llym, pedairochrog." Hefyd cf. B.T. 22, 12, *pedrydawc* gwayw *llym*. Gall *pedryollt llaw* olygu "gafael," oddi wrth y pedwar hollt rhwng y bysedd, neu ynteu sgwâr cledr llaw, cf. *anghad* llaw, C.Ll.H. 65, 84, 121. Am wayw â phen sgwâr (ac eto'n llym) gw. Jackson, B. vi. 314, lle cymherir *angon* y Saeson. Am *holl*=*hollt*, cf. R.P. 136b 36, yr dy archoll . . . yr dy vronn *holl* ; M.A. 251b, Yt *hyll* goual vyg callon ; 267a, vsswyt *holli* ; Pen. 7, 215, yd *holles* y demyl yn dwy ran ; L. Môn, Dryllio'r mur draw *holli*'r main ; D.W.S. *holli* "cleave." Rhydd D. fel barn W. Llŷn a G. Tew, "*pedryging* yw'r tu mewn i'r llaw," cf. y Geirfâu, B. ii. 233, ar *pedrygeing* "dwrn," *pedrygin* "llaw." Cydfydd hyn â *phedryollt llaw*.

pennawr, lluosog *penn*, gw. isod ar 128, cf. B.T. 33, yt lethrynt lafnawr ar *pennawr* disgowen ; B.B.C. 98, briuint *penaur* peleidrad ; M.A. 160b, yd kwytynt *pennawr* pen o draed (cf. 160a, *Arueu* *pendrychyon* cochyon coches). Gall *pen* olygu "pennaeth" (cf. Gw. *cend* yn gyffelyb, "head" a "leader"), pen dyn, neu flaen gwayw, cf. R.M. 127a, *Penn y waew* a daw y ar y baladyr; 158, *penn* newyd gwaetlyt ar y paladyr. Yn y testun prin y gellir credu fod pennau'r gelynion wedi eu hollti bedair gwaith; llafur ofer fuasai hynny, debygid. Haws deall pennawr yma am bennau gwewyr, a *phedryollt* am ffurf y rheini ar ddelw *bollt bedwarollt* Dafydd ap Gwilym, cf. hefyd D. pâr *pedror*. Efallai y gellid deall yr ansoddeiriau yma yn draethiadol, coch oedd eu cleddyfau, gwyn oedd eu calch (eu tarianau), a phedryollt oedd blaen eu gwewyr. Golygai hynny ddarll. *calch*, *pennawr*, nid y ffurf dreigledig.

97   **gan dyd**, gw. ar 84 : B.T. 56, Arwyre gwyr katraeth *gan dyd*.
98   **neus goreu**. E. "Have not the best of battles their disgrace ?" A. "It wrought them shame after many a fight" ; J. "Of his battle he made a shame." Anaddas i'r testun yw'r cynigion hyn. Haws cael synnwyr wrth ddeall *cadeu* fel "byddinoedd," a'r cyfan fel "He inflicted shame on armies." Gyda *neus* gwell cymryd *goreu* fel berf "gwnaeth" (W.G. 338, C.Ll.H. 233), nid ansoddair, cf. 1392, *Neus goruc o* dyn dogyn gymhwylleit. Dealler *neus* fel geiryn cadarnhaol (*neu*) ac *s*, gwrthrych y ferf, yn rhagflaenu'r gwrthrych enwol, *gewilid*, cf. isod 104; B.B.C. 94, *Neustuc* Manauid eis tull o trywruid ; C.Ll.H. 13, *Neus goruc* o dir Bryneich /Gwedy gawr gelorawr veich ; a'r nodyn td. 121. I gael y meddwl, trawsosoder y geiriau : *Gwnaeth gywilydd o fyddinoedd* "He made of armies shame," cf. P.K.M. 20, Nyt oes ohonam ni namyn cleisseu. Cystrawen arall sydd yn 1392, gan fod *cymhwylleit* yn ferf-enw.

cewilid, cywilydd, mewn hen orgraff, gw. G. 139.

99   **en geugant** (cf. V.V.B. 86, *in coucant* ; Ch.Br. 90), G. 138, *ceugant* "sicr, gwir,",B. ii. 29, *certam* ; D. *ceugant* yw angau. Yma "Hwy barasant fod yn rhaid wrth elorau."

gelorwyd, gw. ar 13.

100 **annawd**, cf. 1446. Gall yr *an-* negyddu neu gadarnhau, a'r ail elfen fod yn *nawdd* "protection." Prin y dylid cvwiro i *anhawr* (G. 30), gan fod *-awdd* yn odl Wyddelig â *llavnawr*. Hefyd, cf. uchod ar *gwynnodynt*, 87 ; dichon darll. *annawf* yma fel disgrifiad o'r llafnau gwaedlyd. Ond cf. M.A. 275b, Neud cawdd im *anawdd* menestr canwledd. Mewn Gw. ceir *dd*, *ddh* "ffawd dda," *anád*, *anddh* "anffawd," C.I.L. 13, 89.

em bedyd, yn y byd (Cristnogol i gychwyn), cf. C.Ll.H. 130. Aeth bedydd yn gyfystyr â'r byd weithiau, cf. B.B.C. 42, *beirt y uedissiaud* am feirdd y byd; ond yn Ll.A. 97 (teirbann y *vedyssyawt* nef a dayar ac vffern) magodd yr ystyr "cyfanfyd, universe." (Yn ôl J. M.-J. daw *bydysawd* o *baptizati* "bedyddiedig.")

101 **goreu yw hwnn.** Gadawer *yw* allan fel yn 98, 104, a deall *goreu* fel berf. Rhydd hynny linell 9 sill fel 98-103. Gwrthrych *goreu* yw *enneint creu*.

kystlwn, G. 269, "perthyn, arddel, honni," fel berfenw. Gan fod *istlinnit* yn glosio *profatur* a *loquitur* yn Juv. (V.V.B. 168), a'r Gw. *slondim* yn golygu "enwi," gall *kystlwn* yma olygu "yngan," cf. Parry, *Brut*, 10, *ymgystlwn* ac ef ev hanuot or vn genedyl, h.y. *dweud* wrtho eu bod o'r un genedl.

kerennyd, carennydd, cariad, cyfeillgarwch, cymod, P.K.M. 99; G. 135; B. v. 220 (Siarlmaen ar ôl digio), A rodi *kerennyd* á oruc y'r urenhines a madeu idi y godyant; B.T. 60, O byd ymgyfaruot am *gerenhyd*. Cyn yngan y gair carennydd, cyn sôn am heddwch, gwnâi hwn *enneint creu* i'w elyn.

102 **enneint creu.** Am *enneint* "bath," gw. P.K.M. 138; *e. creu*, ymolchfa waed; cf. Ell. *Blutbad*, "blood-bath, lladdfa."

oe hennyd. Ar *oe* "i'w," gw. C.Ll.Ll. 19-20; W.G. 277. Ar *hennydd*, Llyd. *hentez*, Cern. *hynse* "arall, nesaf, cymydog," gw. B. iv. 339-41. Arferir fel *cilydd* am gyfaill, a hefyd am y gelyn sydd gyferbyn â dyn mewn brwydr, cf. M.A. 141a, gwanai bawb *yn i gilyt;* 219a, Gnawd cleddyf *gilydd* yn ymgiliaw/Cuall ac *arall* yn ymguraw; 489b, yn ymlad ... y guyr deurhaf ... a dan[g]ossynt eu deheuoed pop rey *oy gylyd* onadunt.

103 **bedin Ododin,** byddin Ododdin, gosgordd Mynyddawg, gw. 34, 89.

pan vudyd, cf. 820, 826, 1440. Deallodd E. hyn fel *pan fu dydd*, ond cf. B.T. 19, *budyd* emellin; 20, trwy ieith talhayarn, bedyd *budyd* varn; 25, Gruc *budyd* amnat; 74, byt *budyd* bychan ... Dysgogan deruyd *auu auudyd;* H. 41, Arch yt wyf ... yn y erchi am vun a *vudyt* y hamnodi. Ar amwysedd y ffurf a'r orgraff, gw. G. 83, lle cynigir yr ystyron "ffynnu, tycio, llwyddo; a ffynnai, a fydd"; ac y dangosir fod modd weithiau ei gydio wrth *budd*, weithiau wrth *mudaw*. Nid yr un gair, efallai, sydd yn yr holl ddyfyniadau uchod, a gall -*ydd* fod yn derfyniad enw neu ferf. Yma berf yw gyda *pan*, a chan fod *neus goreu* yn dilyn, haws yw ei ddeall fel gorffennol na phresennol. Felly yn B.T. 25, 9, Gruc *budyd* amnat, cf. 8, eithin *ny bu* vat, 4, ffawyd *ffynyessit;* 10, Derw *buanawr* racdaw *crynei* nef a llawr ; 11, clafuswyd ... kymraw a *rodes ;* 13, Per *goreu* gormes. Ond ni raid i *budyd* fod yn ferf yn 9, canys daw *dy werin swynat* yn y ll. nesaf. Ansicr wyf hefyd am B.T. 74, 25, byt *budyd* bychan, difa gwres huan. Berf yn ddiamau sydd yn y ll. nesaf, Dysgogan deruyd *auu auudyd* wybyr gerd geironyd. Ond pa amser ? Onid gorffennol yw H. 41 ? Y mae arnaf flys cynnig mai cyfystyr yw â *byddai*.

104   **deu bwyllyat.** Tr. ar ôl *deu,* felly *pwyllyat* yw'r cysefin, cf. 525, 1012 ; B.T. 1, a uo lleion nys myn *pwyllat ;* 7, *ympwyllat ;* 57, ny bu ffo pan *pwyllatt ;* 72, huyscein *ymhwyllat ;* 78, pobyl *pwyllat* enwir ; 79, a dodes trwy vy iat eneit *ym pwyllat*. Eil synhwyr *pwyllat* ym *pwyllwys* vyn tat ; 80, yn tri yt rannat. yn amgen *pwyllat*. vn yw yr asia ; R.P. 24a, caryat ae *bwyllat* ym ny hallo ; 39a, dawn yssyd ym . . . a thrylwyn *bwylladeu ;* 168a, amgall a *b[w]yllat* a verth *bwyllynt* am gyndelw brydyd y bryderynt ; *ym pwyllat* newit neut ydwyf am vun ; M.A. 143b, gweilging porfor *pwyllad* fyfyr ; 146a, dymgwadoles Duw dyfyn *bwylladoed*. Fel enw, tarddair yw o'r ferf pwyllo (cf. B.B.C. 49, pir *puyllutte* hun), cf. *crybwylliad,* ac o ran ystyr a ffurf, *bwriad*. Prin y gall fod yn fenthyg o'r Ll. *pugillor,* Z.C.P. vii. 472 ; agos yw i ystyr synnwyr. Gan fod gwneuthur dau fwriad yn taro'n rhyfedd yn y testun, darllener *deur* "dewr" yn lle *deu,* cf. B.B.C. 71, A guydi gaur *garu puyllad*.

neirthyat, cf. R.P. 27a, vy n. vych ; 105a 37, *nertheist* vyuy megys *neirthyat ;* B. ii. 120, y that y *neirthyat* y brawt ; B.T. 79, vyn duw vyn *neirthat ;* 74, a christ vy *neirthat ;* arysgrif Castell Ogwr, *Nertat,* Arch. Camb. 1932, 236. Gall fod yn enw priod yn y testun neu enw cyffredin "cynorthwywr," un sy'n rhoi nerth neu gymorth. Yn sicr dyma oddrych *goreu,* a *phwyllyat* yw'r gwrthrych.

gwychyd. Ymddengys fel ffurf ar *gwych*. Gan fod *gwychyr* "dewr, ffyrnig" yn ddeusill (cf. 219) ac y talai *-yr* fel odl Wyddelig, gellid darll. hynny yma. Ond cf. 330, *gowychyd* y wybot, lle na thâl *gwychyr*.

106   **ne llewes.** Darll. *neu,* geiryn cadarnhaol, neu *re* am *ry*. Arferid *llewa* am fwyta ac am yfed, cf. M.A. 324b, llwyr y *llewes* (Mallt wedi bwyta'r afalau) ; B.T. 68, *lleweis* wirawt gwin a bragawt.

medgwyn, o *medd* a *cwyn* "cinio," isod 244, 1232, gw. C.Ll.H.
55; G. 192, cf. B.B.C. 11, *metcuin* kywran; 79, *metcuin* ev gwirawd; M.A. 192a, *met ancwyn* an cydrotir.
  meinoethyd, llu. *meinoeth* canol nos, W.G. 93. Treiglir i ddangos cyflwr yr enw, fel abladol amser.

107   Cymerer *bu truan* gyda 108, a *gyuatcan gyvluyd* fel sangiad, oherwydd treigliad yr ail air.
  truan, cf. B.B.C. 1, Mor *truan* genhyf mor *truan*/a deryv am keduyw a chaduan.
  cyuatcan, galarnad, cwynfan, cf. *d-atgan* o ran ffurf, ac *argan* o ran ystyr, P.K.M. 73 (ar ôl lladd Pryderi), Gwyr y Deheu a gerdassant ac *argan truan* ganthunt parth ac eu gwlat. Dyry D. *cyfatcen* "adagium, prouerbium"; B. i. 327, *cybhatgen*, i. opprobrium: fo aeth yn gybhatgen: gw. S.E. ar y gair. Oherwydd agosed yr ystyr, cf. *cen, can; anghen, anghanawc*, am *-e-, -a-*. Ond yma profir *-can* gan yr odl fewnol.
  cyfluyd, cyfluydd, byddin, G. 211.

108   **neges**, yma "ymgyrch," sef y cyrch i Gatraeth, cf. 804-5; gw. C.Ll.H. 74. Anwybydder *ef* er mwyn mesur.
  trachwres, gydag *or* am *gor-*, felly *gor-drachwres*. Am gytsain laes ar ôl *tra*, cf. 260, 297, *trachas, trachywed;* B.T. 30, 7, *trachwres*. Ond cf. hefyd Llan. 2, 239, kymeint yw *tragwres* yr heul; M.M. 150, llygredic ynt y kyrf o *dragwres ;* 152, gan *dragwres* yr heul; C.Ch. 7; S.G. 121; B.T. 48, 24, *tra gwres*. Yn y testun, ansoddair, "llidiog, tanbaid."
  trenghidyd, lladdwr, o *tranc*, cf. *llemhidydd* o *llam* : *sugnedydd* (*sugn*): *medredydd* (*medr*), R.M. 111-2; B.T. 36, 19, kadeir *getwided* (cedwidydd, o *cadw*): 62, *segidyd*. "Woeful was his expedition—the lament of armies—that fiery man-slayer."

109   **cryssyws**, cf. 701, 707, 1137. Cyffredin yw'r ferf yn y Gododdin am wŷr yn cyrchu i'r frwydr. Rhydd D. *crysiaw* "festinare T.W. proficisci D.P."; G. 184, "rhuthro, cyrchu, brysio." Ceir awgrym o ruthr yn 206, 343, 406 (cf. M.A. 289b, *dychrys* gwrys gwres tande allan); nid yw mor amlwg yn 239, 363, 695, 1403-4. Cyfieither yn ôl y cyd-destun (fel y gweneir â *cyrchu*), "set forth (to)," "rush forth," "march," "charge." Cf. B.B.C. 108, *diwrissint* kedwir y cad.

110   **mawr**, ansoddair fel enw.
  ehelaeth, mawrfrydig, llydan, hael, cf. 292, 297, 1199; C.Ll.H. 116, *ehalaeth*.

111 **aruaeth**, gw. ar 33.
arwyt. Dengys -*t* ôl hen lsgr., lle safai *t* am *dd*, canys odlir ag *oswyd*(*d*). Hefyd yn hwnnw ceir -*wŷdd* nid -*ŵydd ;* felly nid *arŵydd* yw'r gair, er bod E. ac A. yn rhoi "standard" amdano. (Nid *arwydd* ond *arwydd* sydd yn B.T. 28, 2, R.P. 1218, 27, er G. 43.) Gellid proest ag *oswydd* wrth ddarll. *arued* "arfedd," cf. 163, 1427, Gw. *airmed* "mesur" ; ond cf. 364, buant gytvaeth / Blwydyn *od uch med mawr eu haruaeth*. Yno ac yma y syniad yw fod yr arwr uwch ben y medd yn arfaethu gwrhydri gorchestol. Felly darll. E *aruaeth* [*od*] *uch med*, oni cheir *arfedd* "gwledd."

112 **mor gyffor**, mor llwyr neu gyflawn. Saif *ff* yma fel droeon yn B.B.C. am *f* (gw. B. iv, 43), felly *cyfor* yw'r ansoddair. Arno gw. B. ii. 307, D. "ad oram plenus" ; G. 214, yn hytrach na G. 221.

113 **o Eidyn ysgor**, o ysgor Eidyn, cf. 1441, gw. nodyn ar *ysgor* yn B. i. 7-8. Yn lle ei ddeall fel "llu," fel y cynigir yno, gwell gennyf "caer, buarth, amddiffynfa" ; cf. M.A. 249a, Ny lleueis nep treis tros y *ysgor* / Ny chymwyll nep twyll tyllu y dor ; B.T. 26, bum yn *yscor* gan dylan eil mor. (Cymysglyd yw Loth, R.C. xl. 372 ; xliv. 278.) Benywaidd yw, fel y dengys M.A. 246a, *gwen* ysgor. Ceir *scor* mewn Gw., gw. Windisch, W. 761. Yn Sir y Fflint ceir plwyf a phentref *Gwaenysgor*. Isod, 122, ceir *ysgorva*.
Eidyn, cf. M.A. 290b, Kanllaw *nef idaw* eil *naf eidin ;* B.T. 22, 22 (24, 21 ?) ; 29, 26 ; 30, 20.

114 **a esgarei**, o *ysgar* "gwahanu," cf. ei gyfansawdd *gwasgar* "chwalu." Yr un amser i'r ferf â *lladei* yn 116. Pe medrid darll. *a esgor*, ceid odl gyrch fel yn 113-4, ehel*aeth* / e aru*aeth ;* am yr ystyr gw. P.K.M. 157, C.Ll.H. 111. Yn erbyn hynny, amheus yw *esgor* fel pres. 3ydd. un., cf. D.G.G.[2] 215, *esgyr*.
oswyd, gelyn, estron, D. Credo significare inimicos, aduersarios, hostes ; cf. 414, ef lladei *oswyd* a llavyn llymaf, mal brwyn yt *gwydynt ;* M.A. 141a, yn i fu weryd i obenn*yt*. Ni bytai diwyth i lwyth os*wyt*,\ 175a, yssic *dyd* os*uyd* oeswydr (R.P. 155b, *dyd oswyd*); 193a, Gwelei doryf ar doryf y gil*yt* / Gwelei doryf ar dyrrua oss*wyt ;* 203b, gwrth herw *dyt* oss*wyt* oes o yaen. Odlir bob tro ag -*ydd*. Mae'r enw Euros*wyd* yn Cy. vii. 130, P.K.M. 29, *Eurosswyd*, yn erbyn Loth, R.C. xliv. 278, a'i tardd o enw'r Sais *Osuiu*. Ceir yr enw *Osswyd* gan Parry, *Brut*, 211 ; Nennius, 202, 204, *Osguid*.

115 **ech e dir.** Ar *ech* "allan," gw. C.Ll.H. 60; W.G. 267, cf. isod 816, *ech eu temyr.* Gyda *lladd* golygai "gyrru allan," cf. *gwrthladd* a ddefnyddir yn gyffelyb am wrthsefyll gelyn a'i droi'n ôl; felly *gwrthod*, uchod ar 42.

116 **Saesson.** Enwir hwy eto yn 633.

seithuet dyd, "bob wythnos?" Fel y gall trydydd olygu un o dri, gall seithfed olygu un o saith, ac nid y seithfed mewn trefn. Tra chynefin oedd Tudfwlch â gwrthladd Saeson.

117 **perheit,** pres. myneg. 3ydd. un. *parhau;* gw. C.Ll.H. 233. Odlir ag *-yt*, cf. C.Ll.H. 165-6-9-70; ac felly darll. perhe-*yt* y wr*hyt*. Am *gwrhyt* gw. ar 2.

en wrvyd. Ansicr. E. "until he was overpowered"; A. "a hero shall he be"; Loth, R.C. xxxviii. 168, "sa valeur durera dans le *monde des braves*," fel petai'n darll. *en wr fyd*, er gwaethaf yr odl yn *-ydd* ! Pe darllenid *ene worvyd* "until he conquers," rhy hir o sill yw'r ll., ac nid da'r cyswllt â 118. Ai *yn wrfydd*, sef *yn* ac ansoddair *gwrfydd* neu *urfydd* (cf. 104, gwych-*ydd*) i ddisgrifio'r modd y para ei wroldeb a'i gofain? Am drefn y geiriau, gw. P.K.M. 195 ar *morbennyd*, gan fod *en wrvyd* i'w ddeall am y ddeupeth. Gall yr ansoddair olygu "hir" neu "hysbys." Beth am *urfydd*, o't un tarddiad ag *urb-* yn *Urbgen*, Urien?

118 **covein,** llu. *cof*, neu darddair ohono, cf. *wylofain*, gw. Loth, R.C. xxxviii. 168, Gw. *cumne* "souvenir, commemoration"; G. 159 (ond yn B.T. 44, deallaf *pwy llad* cofein, fel *pwyllat* c. gw. uchod ar 104); M.A. 276a, Mau ynnof mawr*gof* . . . Mal *cofain* cywrain Cywryd fardd Dunawd—cyfeiriad amlwg at farwnad gywrain i Ddunawd sydd bellach ar goll. Cf. C.Ll.H. 43, hwy *vyghouyon;* M.A. 149b, awen dofn o dwfn *gofiain;* 235b, chwedl am daw dolur ei *gofiain;* R.P. 108a, *koveu* beirdd prydein.

gan e gein gyweithyd. Ar *cyweithydd* "mintai," gw. P.K.M. 45, G. 272. Amwys yw *gan*, ond cf. y defnydd *cof gennyf; cofir gan* ei gyfeillion.

119 **dyvu Dutvwlch,** tr. goddrych ar ôl gorff. 3ydd. un., gw. P.K.M. 206. Hoffid chwarae ar enwau: nid bylchwr *tud* "pobl, bro," oedd Tudfwlch, ond nerthydd tud. Ar *tud*, gw. isod 559, 575. *dyvu* (cf. 194, 199), gorff. 3ydd un. *dyfod*.

tut nerthyd, ansoddair cyfansawdd, yn hytrach na deuair ar wahân; tr. ar ôl *dutvwlch*.

120 **gwaetlan,** llannerch waedlyd, lladdfa, cf. B.T. 27, 2, neu gorwyf *gwaetlan* ar naw cant kynran ; B. iv. 46, a guydy gortin *guaedlan.*

gwyaluan. Yr oedd i bob arwr ei le yn y cynnor, y rheng flaenaf lle'r ymleddid â gwaywffyn ; dyna ei orsaf ef, neu ei fan, cf. 338, mal gwr catwei *wyaluan* . . . diffynnei e *vann ;* 1308, *gwyalvan* weith. Am *gwyal,* gwial, gwiail, cf. M.A. 188a, Hwyl taerdan tra wan trwy *wyal ;* gw. W.G. 101 ; P.K.M. 79, mor*wyal.*

vab Kilyd, sef Tudfwlch, cf. y modd y daw *ef mab gwydneu* ar ddiwedd awdl yn 326, a'r modd digyswllt y saif *mab syvno* yn 212. Dygir enw'r tad i mewn yn rheolaidd, megis yn 20, 44, 60, 83, 391. Felly yma, "Pan ddaeth Tudfwlch (i'r frwydr), llannerch waedlyd oedd y man lle brwydrai gwŷr y gwaywffyn—mab Cilydd (ydoedd)." Gw. ar 1073.

122 **wyneb udyn.** Ni all *udyn* fod am *uddunt* (iddynt), er E. ac A. Darllen J. *wyneb udd* "with the look of a prince," ac *yn* gyda *ysgorva ysgwydawr.* Rhaid diwygio'r testun i gael synnwyr, ond anodd dewis y modd gorau. I ddechrau, nid yw *wyneb* yn addawol. Felly cf. ar 66, yr enghreifftiau o'r rhagenw *wy* "hwy" o flaen berf : y mae *-yn* yn bosibl am *-ynt* yn y canu hwn, gw. ar 92 ; a hefyd 1173, ny *thechyn ;* odli â *disgin ; gwin* (gwynn), etc. Ar y ferf *bud-,* gw. ar 103 ; ac yn arbennig 1440, nyt mwy *ry uudyt* y *esgor,* lle digwydd gydag *esgor* (cf. yma *ysgorva),* â'r geiryn *ry-* o'i blaen. Enw yw *budyn* yn 155, cf. L.L. 257, bet i *budinn ;* B.T. 78 (Saeson ar fôr), Hallt ac ynyssed vyd eu *budyn ;* Voc. Corn. *budin* "pratum" ; efallai o *bu* "cattle," fel yn *bu*-arth, a'r *dynn* (Gw. *dind*) a geir yn *tyddyn, trefddyn.* Os berf sydd yn y testun, ni thâl hwn, ond cofier mai *enep, einep* oedd wyneb mewn Hen Gymraeg a Llyd. (cf. Ch.Br. 128, *enepuuert,* wynebwerth). O adfer *eneb udin, enebudyn,* fel darlleniad hen lsgr., gellid "yn ei fuddyn" fel diweddariad arno, nid *wyneb udyn* fel y cynigiodd copïwr Ll. Aneirin. Buasai ef neu ei flaenoriaid yn newid *eneb* mewn hen destun yn reddfol i *wyneb.* Os *enepudin* oedd yno, ni wn am *pudd-* ond yn rhy-*budd,* cf. 1067, garw *rybud* o gat dydygei. Haws cael ystyr o'r llall, ac nid yw tybio mai *eneb,* nid *enep,* a geid mewn llawysgrif gynharach na Ll. Aneirin yn anturus iawn, cf. Llyfr Du'r Waun, lle ceir *ab mab, meib, paub,* ochr yn ochr â *nep, paup, vinep ;* gw. G.M.L. 182, *hueneb.*

ysgorva, gw. ar 113 ; hefyd B.T. 20, 12, am oesseu *yscorua ;* R.P. 144b, yn aber tawy tec *ysgorua.*

ysgorva ysgwydawr, gw. Stokes, U.S. 310, ar Gw. *scor*, lle cymherir Hen Nors, *skarad skjöldum* "a row of shields (formed like a wall of shields)." Cf. hefyd *Cuchulainn's Death*, R.C. iii. 177, "So they made a fence of their linked shields." Gw. isod 267, *creu*.

123   **crei kyrchynt.** Nid oes geiryn rhwng yr ansoddair a'r ferf, gw. ar 11.
   crei, G. 172, "amrwd (S. raw), llwm, garw," cf. Walde ar *crudus*. Gan fod D. yn ei esbonio fel "recens noṽumque," dyry A. yma "anew they attacked," ond ni thâl. Defnyddir am goed, B.B.C. 92 ; lliain, M.M. 46 ; bryd neu feddwl, ystafell ddiffaith Cynddylan, C.Ll.H. 165 ; am gelanedd, M.A. 153a ; dychryn, 149 a 17 ; gw. C.Ll.H. 206, ar *oergrei* (ac isod, 900, *adoer crei*) ; G. 47 ar *awchgrei* ; Ernault, G.M.B. 131. Yn y testun gyda *kyrchynt*, dealler fel "llym, garw," cf. B. vi. 136, Crau y dan frain a *chrai gychwyn*.
   kyrchynt kynnullynt. Yma pres. 3ydd. llu. ? Gw. ar 85.
   reiawr. Yn ôl A. a J. "steeds" ; ond gw. Ll.-J. yn B. iv. 53–6 ar *rëi*, gair deusill, "golud, cyfoeth neu anrhaith" ; *rëiawr* "goludoedd, anrheithiau" ; *rëiawc* "cyfoethog," (Dyfynna R.P. 23a— Dyd y parch *rei* yn ragyrwed—fel enghraifft o *rëi ;* onid gwell darll. *rei* "rhai" yno ? Cf. y ll. nesaf, y perchir *ereill* y parch *ar gled*. Cyfeirir at ddydd y farn, pan osodir *rhai* ar y llaw dde, *eraill* ar yr aswy). Y mae Loth hefyd yn esbonio *rei* fel "biens," R.C. xxxvi. 133 ; *Melanges d'Arbois*, 214, o'r un gwr. â *rhoi.* Yn y testun addas yw cynnull anrhaith.

124   **cynnan,** cf. 380, mor *orchynnan ;* gw. Lewis, H.G.Cr. 124, 126, "clodfawr," lle cymerir *en g.* gyda 123. Gwell gennyf ei gydio wrth y geiriau nesaf, "yn *sonfawr* fel taran twrf tarianau." Ymlaen y mae cyswllt *en gystud* yn 128, mi gredaf. Nid yn unig atseiniai'r ergydion ar y tarianau, ond fel barbariaid heddiw, arferai'r milwyr gynt guro eu tarianau er mwyn i'r sŵn beri arswyd i'r gelyn, cf. isod, 1223, rac *goduryf y aessaur* godechet *;* 444–5, *mal taran* nem tarhei *scuytaur.* Gw. ymhellach G. 244 ar *kynan*, "parod, rhwydd, ffraeth ; eglur, soniarus, croch."
   aessawr. Yn y testun, efallai llu. *aes* "tarian," cf. *scuytaur* yn 445, yn yr un cyswllt. Mwy cyffredin yw fel unigol, gw. G. 13 ; I.G.E. 15, 17, 21, 40, 51, 53 ; M.A. 191b, Trei eu *dwy* aesawr ; cf. L. Môn, Ektor a'i *aesor* ysic. Hefyd gw. isod ar 1226.

125   **gwr gorvynt.** Rhof ystyr foliannus i'r tri ansoddair yn y ll.

NODIADAU

hon, er mai ystyr ddrwg sydd i *gorfynt* yn aml, fel *cynghorfynt* "cenfigen, eiddigedd" ; cf. M.A. 231b, dwyn *goruynt* wrth y goreu. Ond o'r tu arall, cf. M.A. 164a, Llas *llary* vrodyr *gwyr goruynt* ; 238b, Goruolet y uyrt kyrt ae kyrcho / *Goruynt* chwetyl kenetyl ae canlyno ; R.P. 3b, beli hir ae *wyr gorwynt* ; ac isod 1455-6. Felly, er bod y cytras Gw. *format* yn golygu "envy" yn unig, cynigiaf y gall *gorfynt* fel ansoddair olygu "balch, uchelfryd," cf. P.K.M. 238 ; lle dywed W.M. *gorawenu*, rhydd Pen. 6, *gorfynnaw* ar wnaeth enteu wrth deced er eur. Daw o *gor-* a *mynt*, gwr. *men-* (cf. Ll. *mens, mentis*, gw. Boisacq, L.G. 626 am y cytrasau) ; felly cf. ystyron Ell. *übermut*, ac R.P. 168-9, *Gorwynny[a]wc* drythyll *goruynt* a dygaf ; M.A. 143a, *Gorfynnig* fy mhwyll.

Am y defnydd fel ansoddair gyda *gwr*, cf. 995, *gwr trin* ; 1054, *gwr gwled*. Fel yr aeth *Bleddynt* yn *Bleddyn*, troes *gorfynt* yn *gorfyn* ; felly cf. R.P. 176a, *gwr goruyn*. Lle rhydd B.T. 73 *gwyr goruyn gorynt*, ceir hŷn testun yn B. iv, 47, *guir gorvuit goruit* (bai am *goruint gorint*).

etvynt, pwyllog, doeth, cf. M.A. 148b, 253a, Hil *eduynt* bletynt ; 257b, Nam cassa pwylla pyllyawc *eduynt* rys ; B.T. 41, Duw *etuynt*. Os cymherir 1075 â 1098 isod, gwelir ôl glosio'r testun :

1075. ar rud llary hael etvynt digythrud.

1098. ar grud . . . hael etvynt *doeth* dygyrchet.

Ymddengys *doeth* yn yr ail linell fel glos ar *etvynt*.

llawr, unig, un yn ymladd ar ei ben ei hun, "champion" ; nodyn yn B. v. 5-6, cf. isod, 261, 769 ; B. ii. 146, *llawr* "rraclaw." Nid y gelyn yw'r gŵr gorfynt, edfynt, llawr, ond yr arwr ei hun.

126 **rwygei**, cf. B.T. 17, 13, *rwyccawt* lluyd ; Z.C.P. xiii. 65, *rwygaw arueu* ; H. 68, dreigyeu *rwyc arueu*.

cethrei, o *cethru* ; G. 138, "gwanu, tyllu."

cethrawr, llu. *cethr* "hoel," yma "picell." Dyma'r gair am yr hoelion ar y groes ; amrywia'r llu. a cheir *cethreu, cethri, cethron*.

127 **od uch**, odd uch. Yn ôl W.G. 420, daw *oddi o o a ddi*, eithr nid oes grym "from" ar *odd* yma, cf. 364, 1054, *od uch* med ; 450, *od uch* gwyar ; B.T. 52, eithyd *o duch* gwynt ; 60, *oduch* mynyd, *o duch emyl, o duch* pen gwyr ; R.M. 141, yn llenwi *o dy uchtaw* (W.M. 252b, *o dyuchtaw*) ; hefyd R.M. 151, disgynnassei arthur ae lu . . . *od is* kaer vadon ; 172, a honno ae medrawd *odis* y pardwgyl y kyfrwy ; Pen. 7, 59, yny penn issaf *odis* y kynted ; Y.C.M. 27, dec *oduch* y benn a dec *odis* y draet (=C.Ch. 48, *oduwch*) ; B.T. 34, Ar ffynhawn ffrwythlawn yssyd *oduchti*. Hefyd

gw. C.Ll.H. 164, *odywch* yn y Llyfr Coch, ac *oduch* yn y copi o'r Llyfr Gwyn. Cyfieither *od uch* bob tro fel "above," nid "from above" ; *odis* "below." Felly cf. L.L. 242, di penn ir inis *adhuchti* ha penn ir all *adisti* . . . i bron ir all *adis* ir eccluis nissien. Nid *odd* ond *add* sy'n rhoi ystyr addas. Cf. 239, *uch*.

lled. Yn ôl A. "death," J. "plain." Dieithr i mi yw *lledd*, ond cf. yr enw *Heledd* neu *Hyledd* ar ferch, C.Ll.H. 227, ac isod, 1333, Adef *led* buost lew en dyd mit. Dyry S.E. *adledd* fel ffurf W. Middleton ar *adladd*, ond prin yr helpa hynny yn 1333. Nid yw 129, *adyledawr*, chwaith yn eglur. Yn R.P. 117b 30 (afreolus dic oe *varw oled*) haws esbonio *marwoledd* fel enw o'r ans. *marwawl* nag o *marw* a *go-ledd*, cf. y ffurfiad tebyg, *breuoledd*, G. 76. Daw *goledd* "slope" yn iaith y De o *goleddf*, gw. P.K.M. 227 ar *lleddf*. Yn 450 ceir *od uch gwyar*, ac ar antur cynigiaf ystyr felly yma ac yn 1333.

128 **en gystud**, cf. 339, 1032. Nid enghraifft o dreigliad meddal ar ôl *en*, er 190, tri en *drin* en *drwm* (cf. 390, en *trwm*). Yn hytrach, diffyg orgraff i ddangos y tr. trwyn. *yng nghystudd*, cf. M.A. 251a, *yg galedi* ; B.T. 15, *yg-custud ;* R.P. 63a, eiryf *yghystud ;* 63b, kanwlat *yghystud* oth attal ruffud. Benthyg o'r Ll. *custodia* yw *cystudd* yn ôl Loth, M.L. 158 ; felly S.E. Dyry G. o ganlyniad yr ystyron hyn iddo "caethiwed, carchar ; yn ffig. gorchudd, amwisg," yn ogystal â "gofid, poen." Ni welais i fy hun un enghraifft ohono i ategu tarddiad Loth o *custodia*. Gwell gennyf fuasai ei darddu o'r gwr. **steu-d-* a welir yn Ll. *tundo*, *stuprum*, cf. ystyron *tundo* "curo, malu, malu'n fân," a *go-fal-u*. Rhoddai **con-steu-d- cystudd* yn rheolaidd, cf. *contundo* "beat, bruise, squeeze together," etc. ; gw. *dygystud*, C.Ll.H. 204. Yn M.A. 140b, *cystut* ar grut mynawc, cyfeirir at ruddiau yn curio : mewn cysylltiadau eraill (gw. rhestr G.) "dioddefaint, cur." Yn R.P. 63a, b, Gruffudd sydd yngharchar ond y wlad sydd *mewn cystudd* o'r achos. Gelwir Geraint yn B.B.C. 71, *gelin kystut*, sef cystudd-iwr neu boenwr gelyn : yn M.A. 143a, Caraf . . . eiliwed asserw a *seirch cystud*, golygir arfau rhyfel. Amwys yw'r testun. Y tebyg yw bod cyferbyniad rhwng *en gystud* "yng nghaledi brwydr," ac *emordei* "mewn llysoedd," a moes y gŵr yn y naill a'r llall.

Ar y gair ymhellach, gw. y glos yn M.C. (B. vi. 112), *custnud-eticc*, ar *confecta ;* ac ail gynnig Loth, R.C. xliii. 155, lle cymherir Llyd. *stu*, a *distuz* "fallow." Hefyd sylwer ar yr odl rhwng *gystud* a *dur*.

heyrn dur, arfau, cf. 1318, llavneu dur; 359, peredur arueu dur; C.Ll.H. 134. Yma gwrthrych *lladei* "trawai" yn 127.
arbennawr. Nid llu. *arben* (cf. Gw. *airchind* "chief"), ond dau air.
pennawr, D. "idem quod *Pennor.* Sumitur pro Galea, capital"; D.W.S. *pennor llo* "a moussell"; ond cf. Cy. vii. 153, Diwmerchyr ... y treulyawr *llafnawr ar ben* (R.P. 5b 11); B.T. 33, yt lethrynt *lafnawr ar pennawr* disgowen (Loth, A.C.L. i. 428, sur les casques); gw. uchod ar 95. Yn erbyn Loth, nid llu. *pennor* yw *pennawr*, cf. *cerddawr* neu *ysgubawr;* eu llu. yw *cerddorion, ysguboriau.* Felly dealler fel llu. *penn* "head," cf. M.A. 189a, Pan wnaeth penn dragon *pen drychyon* o wyr.

129 **e mordei,** ym mordei, cf. 202, 221, *e mordei,* 453 *e mlaen* "ym mlaen." Am yr ystyr, gw. ar 27 uchod.
ystyngei, cf. 893, 1148, ny *ystyngei* rac neb; M.A. 251a, Gwyr kyrchyad yg kad yg galedi blwng / Ny edynt *ystwng* ystrad Tywi; 266b, ry gwnaeth *ystwg* ar y estronyon; 240b, pan dreisych dros ffin / *ystwng* pawb hyd ben ei ddeulin; 242a, Och Dduw a ddaw ef etwaeth / I *ystwng* treiswyr; R.P. 18a, tyroed taer *ystyngant*; B.T. 22, llwyth nef nyt *ystyg;* Y.C.M. 104, y *ystwg* y paganyeit; Llyd. *stoua, stoui* (R.C. xix. 321; G.M.B. 659–60) "plygu pen," "baisser la tête, Troude 's' incliner"; voar ma *stoe* "ar fy ngliniau." Gyda'r rhagddodiaid *go-, cy-*, ceir *gostwng, cystwng* (cf. *ysgawd, cysgawd, gwasgawd*), cf. W.M. 61b, Sef a oruc pawb yna *estwg* y wyneb; 288, *ystwng* y benn; 291b, *gostwng* ev penneu; Ped., V.G. i. 538; G. 269.

Yn 1148, berf gyflawn; yn y lleill cymer wrthrych ar ei ôl.
adyledawr, cf. 455, an gelwit e nef bit *athledhawr.* Am $d=th$, cf. 759, *oth* gywir$=$771, *od* giuir; 775, a *wnaeth*$=$783, ri *guanaid.* Cynnig G. 47 ar *athledhawr* yw "achles, neu *athreidd-* neu *ath lehawr*"; S.E. *achledawr* "refuge, protection, shelter." Os yw *adledd* yn ddilys (gw. uchod ar *lled,* 127), gellid *adleddawr* fel "medelwr," neu "laddwr." Os *adledawr* yw'r gair, gw. B. viii, 230–2 ar gyfres *aeled.* Gair am filwr fuasai'n addas yma, fel goddrych *ystyngei.* Am y cyferbyniad, gw. 21–2, y cynhorawg mewn brwydr yn ddiffun o flaen bun; felly yma, y lladdwr odd uch *lledd* ym mrwydr, yw'r *adyledawr* sy'n ymostwng neu wyleiddio ym mordai neu lys. Rhoir y wedd wrol arno eto yn y ll. nesaf.

Ffordd arall i geisio deall y gair yw ei gydio wrth 774,

ardyledawc, gan gofio'r pâr, *rodawc, rodawr*, 23, 1080. Neu cf. Voc. Corn., G.C.² 1068, miles uel *adletha* "cadvur"=Zupitza, *Ælfrics Gram.* 300, *athleta*.

130   **Erthgi,** enw dyn, o *arth-* a *-ci;* cf. enwau fel *Bleiddgi* (275), *Gwrgi*. **erthychei,** darll. *erthychi* i gael odl. Am y ffurf, gw. ar 36. D. *erthwch,* "flatus et anhelitus ex magno conatu proueniens, fremitus." Yn y testun, tuchan gan ofn ; cf. H. MSS. ii. 199, dan gwynnaw ac *erthwch* yn aruthyr y kerdassant; B.T. 62, 5, neu vi *erthycheis* yn eis rachwyd peleidyr ar yscwyd.

131   **breithyell,** gw. ar 35. Dyma'r enghraifft debycaf i olygu "brwydr," cf. B.T. 51, *o gadeu* a for (=Porus) *pan adrodet*. Eto cofier 674–5, O *winveith a medweith* dygodolyn ; 547, *o gatraeth werin*.

o . . . **pan,** gw. P.K.M. 292 am enghreifftiau eraill. Nid *pan* amser sydd yma ; cf. W.M.L. 81, Bonhed gwenyn *o* paradwys *pan* yw "the origin of bees, it is from paradise that it is," h.y. o baradwys y daw gwenyn. Felly yn y testun, "Am fro Gatraeth yr adroddir"—llinell fel *Gwyr a aeth gatraeth* ar ddechrau awdl, math o gymeriad.

adrodir, gw. ar 27.

132   **maon,** cf. 193, 805, 812, 828, 978. Yn ôl Loth, R.C. xl. 342–3, "les Grands" o **magones*. Cymysglyd yw'r Geirfâu ; B. ii. 230, "arglwydd, kywirion, mor" ! Yr ystyr yw "llu, gwŷr, pobl" ; cf. Cy. ix. 333, "arglwyddi" ; M.A. 207a, A seint cler ar claer wyndiret / Nyd saesson y *maon* ae met ; 234a, Monwyssyon *maon* ll. 7=gwyr Mon ll. 32 ; B.T. 73, keredigyawn *vaon ;* B.B.C. 46, Dinas m. ; 49, Avallen . . . m. yn y chilch ; 105, Rut woauc *vaon* ny oleith ; M.A. 328a, Ef yw'r naf mwyaf a fag *maon byd* (Loth, "les grands du monde," yn lle "pobl y byd") ; D. "*maon* est Cywiriaid, ait G.T. sed vid. an potius Deiliaid, Subditi, famuli, clientes, Populi."

dychiorant, gw. 50 ar *dychiawr*. Gyda *maon*, a'r dibynnair yn gyntaf, "cwymp llu" ; dyma ran o'r *adrodd* yn y ll. o'r blaen.

eu hoet, yr hoed neu'r hiraeth ar eu hôl, gw. ar 670, cf. C.Ll.H. 108 ; M.A. 169b, Neud *y hoed* a gwynaf.

hir. Rhyfedd yw ei gael fel odl mewn pedair ll. o'r un awdl.

133   **edyrn diedyrn,** E. "a dominion without a sovereign" ; A. "sovereigns no longer sovereigns" ; J. "nobles ignoble" ; yn ôl Z.C.P. vii. 466, benthyg o'r Ll. *aeternus* yw *edern* ac *edyrn* o *eterni*.

Yn R.C. xxxi, 506-7, gwrthyd Loth yr ystyr "sovereignty" i *edyrn :* cyfieitha fel enw ac ansoddair, "marwolaeth," "ofnadwy" neu "farwol." Dengys y gynghanedd mai *d*, nid *dd*, oedd y sain ganol, megis R.P. 52b, ochein *edyrn* bronn vcheneideu ; M.A. 313a, a baich *edyrn* o bechodeu. Hefyd cf. B.T. 31, O heyrn erchwyrn *edyrn* dyrnawt ; 70, kyn *edyrn* anaelew (nid enw yw yma, er Loth, gw. G. 26); M.A. 296b, poen *edyrn ;* 282b, *Edyrn* trin vedgyrn ; 303b, Neud tra *edyrn* chwyrn chwerwedd gwenwynig . . . oi farwoledd. Rhywbeth fel "mawr, dirfawr" yw'r ystyr. Am y pâr, cf. 324, ny bu *hyll dihyll* na *heu diheu.* Felly "boed ysgafn neu drwm amygyn(t) dir ?"

amygyn dir, E. "a murky land" ; A. "defended the land."

Amser y ferf: gw. 77, 85, un ai pres. 3ydd. llu. fel y glosau *limnint, scamnhegint, nertheint* (ar *tondent, levant, armant*), neu amherff. 3ydd. llu. fel mewn Cymraeg Canol ; cf. 135, *dyforthynt ;* 959 ; 171, *kwydyn* ; 967-71 ; a'r rhestrau yn *ynt,* yn *Armes Prydein,* B.T. 13-15, lle y mae'r amser presennol (neu ddyfodol) yn addas.

Ystyr : y berf-enw yw *amwyn,* cf. *dwyn, dygaf ; adolwyn, atolygaf.* Yn ôl G. 25, "amddiffyn, gwarchod," cf. C.Ll.H. 195 ; B. i. 318 (Geirfâu) "achub, amddiffyn" ; D. "amddiffyn." Ond ni thâl hyn mewn llawer enghraifft, gw. gyda *gwin, medd,* yn 698, 712-3, 1167, ac *Ar. Pr.* 37-9.

amwyn a, cf. B.B.C. 57, A chivod hirell oe hir orwet y *amvin ae elin terwin* guinet ; 49, In *amvin eu terwin a* guir dulin ; 95, ym minit eidin *amuc a* chinbin ; Ar traethev trywruid in *amvin a* garvluid ; B.T. 58, am vryen pan *amwyth ae* alon ; W.M. 61b, ossit a uynho *amwyn y gorflwch* hwn *a* mi. Yn y rhain oll gelyn yw'r enw neu'r rhagenw ar ôl *a ;* ac ystyr y ferf yw ymladd. Rhoir yr hyn yr ymleddir amdano fel dibynnair ar ôl *amwyn,* neu fel gwrthrych ffurf o'r ferf. Felly yn y testun : gelynion yw *meibyon godebawc,* a *tir* yw'r hyn yr ymleddir amdano.

134 **meibyon Godebawc,** llwyth Godebawg, gw. Sk., F.A.B. ii. 454. Disgyn Urien, Llywarch Hen, Clydno Eidin, Dunawd, Gwrgi a Pheredur, Gwenddolau, o Goel Godebog, ond Rhydderch Hael, Mordaf, Elffin, Gafran, o Ddyfnwal Hen. Yn achau H. 3859, Cy. ix. 173, olrheinir *Clinog* (?) *eitin* i *Dumngual hen,* a *Morcant map Coledauc* i *Coyl* hen [? map] *Guotepauc.* Pwysigrwydd hyn, os dilys, yw yr awgrym sydd ynddo fod Aneirin yn fardd epil Dyfnwal Hen, ond Taliesin, fel bardd Urien, yn fardd

112 CANU ANEIRIN

llwyth oedd yn elynol i noddwyr Aneirin ; a chofier fod Myrddin yn fardd Gwenddolau o Goel, a bod ei elyn, Rhydderch, o lwyth Dyfnwal. Ar *godebawc*, gw. *Y Beirniad*, 1915, 275-6.

meibyon, cf. y modd yr aeth *plant-* yn *clan* "llwyth" mewn Gwyddeleg : B.T. 33, keint rac *meibon llyr ;* C.Ll.H. 52, *feibion Cyndrwynyn.*

gwerin enwir. Nid fel E. "an upright clan," A. "a loyal people," J. "a faithful band," oherwydd gelyn a ddaw ar ôl *amwyn a,* fel y dangoswyd uchod. Ar *enwir* (negydd *gwir*) "drwg," gw. C.Ll.H. 180, 196 ; Y.C.M. 76, yr hwnn yssyd *enwir* bagan.

gwerin, gw. 429, 547.

135 **dyforthynt,** cf. 959 *dyfforthyn ;* gw. ar 565 ; cf. 831, 897, 959, 992 ; M.A. 141a (Gruff. ap Cynan) Gwedi tonnau gwyrt gorewynawc / *Dyphorthynt* i seirch meirch rygyngawc. Ar *dyfforthi* "cludo, dal, dioddef," gw. Loth, R.C. xxxi, 472, 477 ; *porthi,* C.Ll.H. 60, 116, 122 ; P.K.M. 298.

llynwysawr, llu. *llynwys,* cf. 565, dyfforsei *lynwyssawr* oe vreych. Nid "gormes," fel Pen. 51, 119, ond clwyfedigion ystaeniedig â gwaed, gw. B. vi. 118, ar *linisant, edlynu* "smear, daub" ; D. *llŷn,* haint llŷn, "morbus contagiosus : *llynu* "inficere" ; B.T. 42 (berf), Rudyn ae *llynywys* (rhoed pwynt dileu dan yr ail *y*) ; M.A. 148b, tra*llynwys ;* Parry, *Brut,* 30, a lysc yr holl ynys gan y *llynu* (=225, insulam totam *inficiendo* concremabit). Digwydd *linuis* fel enw lle yn Nennius (Mommsen, 199) mewn tair llsgr., ond yn y prif destun ceir *Linnuis,* o *llynn* nid *llyn.* Ond cf. *Rhydlyniog,* neu *Rhydliniog,* Pwllheli "muddyford" ? Ar *-wys* fel terfyniad enw unigol, cf. *tadwys, mamwys, mabwys-*iad ; efallai *grewys* yn M.A. 149a. Hefyd ar Juv. V.V.B. 146, *guotricusegeticion,* gw. B. vi. 115-16.

gelorawr, gw. ar 13. Credaf, er bod y gystrawen yn amwys, mai hwn yw goddrych y ferf, "Long biers bore bloodstained men"; cf. y drefn yn M.A. 141a, Dyphorthynt i seirch meirch—berf, gwrthrych, goddrych. Am y meddwl, cf. B.T. 59, *ac elor* (=a gelor) ydyget *agrangwy ar llet* (=a gran gwyarllet) *am waet gwyr gonodet* (cf. ar 87, *gonofi,* gair arall am ystaenio).

136 **tru a,** "truan o," cf. 693, gw. P.K.M. 115 ys glut *a* beth. Darll. "Bu truan o ffawd a dyngwyd i Dudfwlch," cf. C.Ll.H. 11, *Truan a dynghet* a *dynghet* y Lywarch.

anghen gywir, sangiad i ddisgrifio'r dynghedfen ; rhaid oedd.

137 **tyngwt.** Ar *-wt, -wyt,* gw. W.G. 113, 327; *tyngu tynghedfen,* cf. W.M. 48a, mi a *dynghaf dyghet* idaw. Hefyd gw. C.Ll.H. lxvi ar y gred mewn tynged.

138 **ket,** "er, though," nid "ynghyd, together."
wrth leu babir, cf. H.G.Cr. 179; M.A. 178a, Berth y lloc *wrth lleu babir* (am Feifod); R.P. 13b, gordyfnassei *babir gloew* (aelwyd Rheged); 64a, *gloew babir;* gw. C.Ll.H. 145. Gall *lleu* fod yn enw neu ansoddair, yn union fel *golau,* P.K.M. 275-6; B. vi, 208; yma ans. oherwydd y treigliad ar ei ôl (cf. noson olau *l*euad "a moon-lit night" a golau *ll*euad "the light of the moon," "moonlight"). Esbonnir *pabir* fel brwyn, cannwyll neu ganhwyllau brwyn, benthyg afreolaidd o'r Ll. *papȳrus,* a chan y defnyddid y papurfrwyn nid yn unig i wneud papur ond hefyd "wicks" at lampau (cf. ei efell *pabwyr* "wick" yn iaith y De; D.W.S. *pabwyr* "weke"), gall *pabir* olygu cannwyll wêr, neu lamp, y rhan am y cyfan, yn ogystal â channwyll frwyn, cf. R.P. 145b (Marwnad) neut rygwyn terwyn *tyrua pabir.* Onid llu canhwyllau'r galarwyr? Os oedd hebogydd, yn ôl y gyfraith, yn cael dyrnfedd o gannwyll gŵyr i abwydo'r adar (G.M.L. 58), yn sicr goleuid y cyntedd noson wledd yn amgenach nag â chanhwyllau brwyn, gw. Ll.D.W. 20 ar swydd y canhwyllydd yn y llys.

139 **y gas,** ei chwerwedd, h.y. y chwerwedd a'i dilynodd, cf. 69, *gwenwyn* vu. Mewn Gw. "hatred" yw *cais;* ond *accais* "venom, poison, curse," C.I.L. 9, 307. Defnyddir *cas* yma fel *accais,* mi gredaf.

140 **Blaen echeching,** E. "before Echeching, the splendid Caer, he shouted"; A. "the flower of the stock of Eochu, from the splendid fort of Ewgei." Credaf mai allwedd yr awdl anodd hon yw cymryd mai enw dyn yw Blaen, a'r gweddill yn chwarae ar ei enw. Blaen oedd ei enw, yr oedd ar y blaen mewn brwydr a phopeth, ag eithrio pan gadwai'r ôl wrth encilio; yno yr oedd fel arth, ac nid âi yn ei ôl ond ar ei waethaf.

echeching. Ar ddelw *Coeling,* etc., gall hyn olygu disgynyddion Echach. Ond os felly, ni all fod yr un enw â'r Gw. *Eochu,* ag eithrio bod benthyg: nid etyb *ch* rhwng llafariaid yn Gymraeg i *ch* gyffelyb mewn Gwyddeleg. Yn Nennius, Mommsen, 219, rhoir un o ryfeddodau Môn: "Est aliud stagnum qui facit ligna durescere in lapides. homines autem fingunt ligna et postquam formaverint, proiciunt in stagno, et manet in eo usque ad caput anni, et in capite anni lapis reperitur: et vocatur *Luch Echach.*"

Enw'r llyn hwn sy'n troi coed yn gerrig yw Llwch Echach, a gall Echach fod yn enw dyn, neu'n ddisgrifiad o'r llyn, e.g. os pwll copr oedd ger Amlwch (Mynydd Paris), addas fuasai cyfansawdd o *coch*, a'r enw Am-*lwch*.

Ond gall *echeching* fod o *ech* "out of," arddodiad fel yn 115, 816 ; neu ragddodiad fel yn *ech*tywynygu, *ech*-ofn (ehofn) ; a'r gair *eching*, *echyng*, cf. M.A. 183b, kyrchyad cad *ken echyg* (=cyn ei farw) ; 185a, Bleityeu toryf teruysc *diechyg ;* 208b, *Echig* ynof cof, neum cafas edlid am edling teyrnas ; 169a, Handoet eu hachoet *kyn eu hechig* Ymerw derw duruet vuchet *vethig ;* M.A. 161b, *Diechig* wellig wallouyad. Gan fod *di*-ofn ac *ech*-ofn yn gyfystyr, cf. *di*-eching ac *ech*-eching. Yn yr enghreifftiau, gwelir fod *eching* weithiau'n ferfenw, ac yn digwydd ynglŷn â chladdu'r marw. Felly cf. *echwng*, M.A. 302b, *Echwng* is fy mron achul / *Och* hywyllt am wych Howel (cf. 208b, *Echig* ynof cof, etc.) ; 302a, Achwyn girad fu ... *Echwng* hoywrym Môn ; 304a, Gwaith blwng oedd *echwng* ... Glwysaf corph dan bridd glasar ; 304a, *Echwng* gwenlloer ... ymaengist (cf. 304b, *rhoi yn rhwym* irdderw lliw berw bastryd). Yn A.L. i. 106, un o freiniau gwŷr Arfon yw "na boent vreuan *hechuc*" (107 "not bound to the lord's mill"). Arno gw. ymhellach nodyn Lewis, B. v. 199, ar gariad y Drindod "yn eu kyssylltu ygyt ac yn an *hechvg* ninheu ac yn *gvascv* vrthunt vy" ; yno trafodir cynnig Loth, R.C. xl. 353, a chynigir fod *gwasgu* ac *echwng* yn gyfystyron. Cf. ymhellach, R.P. 63a, Ry vlin yw *attal* ... ry vlwng yw *echwng* echel deuryd ; 64a, tra blwng *echwng* echel dewred : M.A. 157b, Dyfynuet a *orchut* deifnyawc ... Eurged beirt neut *echwng ;* 206a, 219b, 242a, 253a, 266a, 266b, 296b, 301a.

O'r berfenw *eching* "gwasgu, caethiwo," neu'r ans. "caeth, gwasgedig," ceid *di-eching* fel ans. "rhydd, hael, parod" ; cf. M.A. 164a, balch digart *digwyg ;* felly ei gyfystyr (?) *ech-eching*. Cf. *eh-alaeth* yn yr ystyron o "lydan" a "hael," a *di*-alaeth. Yn y testun gall *echeching* fel "hael" ddisgrifio Blaen ; neu fel "llydan" y *gaer glaer*.

Efallai, wedi'r cwbl, nad yw *echeching gaer* ond bai am *ech Eidin gaer*, cf. 113, *o eidyn ysgor ;* 138 5, *Eidyn gaer* gleissyon *glaer*.

claer, "disglair, gwych," cf. 375, llurugeu c. ; 557, kledyf c. ; 800, 827, c. orchyrdon ; 520, *clair* cinteiluuat ; 165, aer adan *glaer ;* 947, 1385, Eidyn *gaer* gleissyon *glaer ;* 1413, am galch am *glaer*, gw. W. G. 100, 191 ; Ped. V.G. i. 66 ; S.E. s.v.

cwgel. Tywyll i mi. Cf. 473, *atguuc;* 1420, *dygwgei* en aryf en esgut; C.Ll.H. 17, Bleid a *uugei* wrth ebyrn; nodyn td. 137. Os *ef* yw *e*, mewn H.G. ceid *em* (1190, *em* ladaut), ac *uu* neu *gu* am *w; em uugei*, neu *em gugei.* Felly cf. B.T. 68, 6, Mon mat *goge* / gwrhyt *eruei menei* y dor (felly *gogei*) cf. *dygwgei.* Neu ynteu, *em agei* "ef a-ei"; ef âi o ryw gaer glaer, a gwŷr g. gwanar *a'i dilynai.*

141 **gwyr gweiryd.** Digwydd Gweirydd fel enw dyn yn M.A. 291a, R.B.B. 94-8; felly A. a J. yma, cf. hefyd B.T. 65, 3. Ond os wyf yn iawn mai Blaen oedd arwr yr awdl, rhaid deall *gweiryd* fel ansoddair "ffyddlon" (cf. di-*wair*), neu ddarll. *gweinyd.* Hawdd darll. *r* am yr hen *n*, ac i'r gwrthwyneb. Felly cf. M.A. 141a, ceraint *weinyt;* 141b, calan w.; R.P. 57b, geithulinder w.; 69b (berf), Gwae ny *weinyd* ffyd ffyryf dedueu dengair; 73b, llydannryd y *gweinyd* gwin; 77a, Edryd g. gwawt; 152a, a *weinyd* vyn tynghet; 72b, swyd... a *weinydaf;* 77b 4; Corn. Voc. *gonedhy;* A.C.L. i. 119, *goneth* "to labour, to serve." Gefell yw i *gweini(f)* (cf. B. ii. 301, *cynnif, cynnydd;* a Gw. *fogniu, fognim*) a'i ystyr yw gweini, gweinyddu "serve." Cf. ymhellach M.A. 157a, *gweiniuyad;* 161a, *weiniuyad, Dysgweinid* kyrt; R.P. 38a, gwenwyn *gweiniuyeit.* Ystyr *gwyr gweinydd* fuasai "gwŷr yn gweini, deiliaid."

gwanar, gw. ar 64; *gwyr gwanar* "rhyfelwyr," neu wŷr cadarn. Gyda *gweinydd*, "brave, reliable warriors attended him."

142 **ar e bludwe.** Prin y gellir cymryd hyn fel bai am *trabludd* "twrw, cynnwrf"; cf. R.P. 78a 40, 83a 21; 14a, 63b 7; B.B.C. 98, 7; B.T. 39, 19; 73, 13; Y.C.M. 50, 66, 73; S.G. 179; I.G.E. 300; R.C. xxxiii. 190; xxx. 207. A'r terfyniad -*we*, cf. 1416-7, *brithwe* arwe... ruthyr *anorthwe.* Hefyd B. vi. 137, 141, *Irwrnn* y dan fy nrhaed, hyd bryd Cyntun / *Plwde* y danaf hyd ymhen fy nghlun (C.Ll.H. 52, cynigiais *Irfrwyn* ... *Pludde*); *pludde* "clustogau plu," cf. W.M. 112a, yr amherawdyr Arthur yn eisted ar demyl o *irvrwyn* a llenn o bali melyngoch ydanaw a *gobennyd* ... dann penn y elin. Felly yma: Blaen yn eistedd ar ei *bludue* yn ei fordai. Gwell yw hyn nag E. "on the Bludwe," A. "at their assembly," J. "among his folk" (darll. *blwyveu*); G. 59, "? gwall am *brithwe.*" Disgrifiad yw o'r gŵr gartref mewn gwledd a hedd.

dygolloult, darll. gyda J. *dygollouei* er mwyn odl; y berf-enw yw *dywallaw;* cf. 898, *dymgwallaw.* Ar *dygo-* gw. isod, 658. O'r Dr. D. i lawr tybiwyd mai llygriad o hwn yw *tywallt* (ond cf. M.M.

86, *twallt*; 150, *ymdywallt* or petheu a gynhullawd yn y gylla). Cf. M.A. 191a, *dywallaw* di ... y korn yn llaw Rhys ; d. di y corn *ar* gynvelyn ; 191b, d. di'r corn ... yn llaw Vorgant ; 192a, *Dywallaw* di y corn *i'r* cynnivyeid ... *Dywallaw* di venestyr *vet* ... *o gyrn* buelin ; B.B.C. 72, Metcuin ev gwirawd metkirn ae *gwallaw* ; A.L. i. 32, ef a dely *guallau ar* ebrenyn ; 354, Naud trullyat yw or pan dechreuer *gwallaw* y gerwyn gyntaf hyt pan *wallofyer* y diwethaf=ii. 818, exhaurire ... donec *exhauriat* ultimum ; R.P. 20b, anaw / rihyd ac ef duw *dywallaw* ; M.A. 187b, *ked wallaw*/ *Gwallofyad alaf*; 201a, *Gwallaw* ym *anaw* / *Gwallouyad eur*; B. v. 131, *diwallaw* y llad / o law y Trulliad / *diwallaw* heb au / medd yn y meiliau / *diwallaw* y gwin / yn llaw y brenin ; 132, kant am *gwallawai* / or sawl a ddelai ; T.W. *effundo*, tywallt allan, dywallaw, gwallaw, heiliaw.

Gan y gwallofid *ced, alaf, aur, anaw*, yn ogystal â gwirod, cf. "dispense gifts." Cynnwys fwy na thywallt, sef estyn a dwyn, "serve," W.M. 229b, a *gwassanaethet* rei a buelin goreureit ; *anllofi*, B.T. 58, kwrwf oe yfet a chein trefret a chein tudet imi *ryanllofet*. Y gwr. yw *llaw(f)* "hand."

143 **bual**, corn yfed, 156, 778 ; C.Ll.H. 127-8, *buelin*; G. 81, 83, ac isod 546.

mordei, gw. ar 27. **Ar mwynvawr**, gw. 89.

144 **Blaen**, enw dyn. Am y gyfres cf. 1212-20.

gwirawt vragawt, cf. 160, yuei *win gwirawt*; 236, *gwin* a *med* ... vu eu *gwirawt*; 245, o *ved* g. ; 424, 430, g. *win*; B. v. 131 (kanu y *Trulliad*) *bragod wirodau*. Felly *gwirawt* "diod, drink," heb enwi'r math.

bragawt, G. 71, "diod frag." Benthyciwyd i'r Saesneg fel *bragget* "an ancient drink of ale and honey fermented with yeast ; later, mulled ale sweetened and spiced," F.W. ; gw. Lewis, G.M.L. 41, lle cyfeirir at *brocöit* fel benthyg i'r Wyddeleg, Cormac, 124 ; yno dywedir "dognither do braich ocus mil," "fe'i gwneir o frag (*malt*) a mêl" ; dyna pam y gofynnai'r Cawr am fêl i *fragodi* at neithior Olwen yn R.M. 121 ; cf. A.L. ii. 757, de *bragaut* [mulso].

ef dybydei, cf. 1028, Pan *ym dyvyd* lliaws pryder ; 1118, Neu*m* dodyw anghyvwng ... ny*m* daw ny*m dyvyd* a uo trymach. Yn y rhain datif yw'r *m*, a disgwylid datif yma. A ddylid darll. *ae dybydei*, "a ddeuai iddo" ? Manylu ar foethau Blaen yr ydys o 142 i 147. Neu *ae deubydei*? Cf. B.T. 17, 16, Saesson ... y gwarth *ae deubyd*.

145 **porphor,** gwisgoedd potffor ; 830, *porfor* gwisgyadur ; 1303, o blith p. ; 646, y *borfor* beryerin ; cf. C.Ll.H. 42, cochwed dillat.

kein as mygel. Oherwydd llacrwydd y cyfansoddiad gellid mewn H.G. roi'r rhagenw mewnol (yma *as*) rhwng elfen gyntaf berf gyfansawdd a'r ail. Felly mewn Hen Wyddeleg, gw. isod, 205, 1149 ; hefyd nodiadau yn B. iii. 269 ; v. 240. Y ferf yw *ceinmygu,* G. 124, "perchi, anrhydeddu, canmol" ; B. vi. 216, "moli, canmol." O'r rhain y nesaf i'r testun yw "canmol," neu, efallai, "ymhyfrydu," a deall *as* fel rhagenw llu. am *eur a phorphor* "he delighted in them" ; cf. R.P. 821, hu mynnei . . . yr eur a meirch mawr a med medweint" ; 20b, Golut byt eyt dydaw ket *ymgeinmycker* o honaw "wealth comes and goes, though people delight in it," ni saif er pob balchder ynddo ac o'i achos. Yn 1154, dyuit en cadw ryt *kein as myccei*, wrth ei fodd y byddai pan fai helynt ar y rhyd, cyfle i frwydro â'r gelyn ; yn 205, *erysmygei*, ei hyfrydwch oedd paratoi bwyd i frain. Ar *as*, gw. isod, 174.

146 **edystrawr,** llu. *eddystr* "march" ; Guto'r Glyn, "Pedestr o *eddestr* addwyn" ; B.B.C. 27-8, Tri thom *etystir*—Tri gohoev *etystir ;* B. ii. 135 (Geirfâu) *edhestr* "ebol : ath *edhestr* a dhaeth udhyn / ar warthabhl aur wrth i lin." Cf. Gw. *adastar* "halter, cebystr, capistrum," R.C. xl. 493 ; xlv. 173-5 ; a B.T. 9, At(wyn) *edystystyr* yg *kebystyr* lletrin (darll. *edystyr*, cf. 70, *edyrstrawt*, gyda phwynt dileu dan yr *r* gyntaf).

pasc, bôn y ferf *pesgi,* gyda grym "pasgedig, well fed" ; cf. bara *pryn,* caws *pob,* helyg *plan,* cf. H. 133, Pasgen wrys *pascueirch* urys ureisc dawn / *Pascadur* toruoet . . . *Pascle* kun.

ae gwaredel, a redai dano : daw *gwared-* o *gwo-* "o dan," a *rhed ;* cf. Ll. *succurro,* lle ceir ffurfiad tebyg, a ddatblygodd ystyr debyg.

147 **gwrthlef ac euo.** Ni cheir *efo* yn B.A., a rhy hir o sill yw'r ll. Darll. *acero,* sef *agerw,* gw. 935 ; a *gwrth lef* "wrth lef," cf. M.A. 165b, *bryd* ysgein *wrth lef ;* neu 169a, ny bu *warthlef* kert kynverching werin / O benn talyessin.

bryt, G. 80, "meddwl, bodd, bwriad" ; isod, 669, en vn *vryt* yt gyrchassant.

derllydei, cf. 397, 914, 1125. Ystyr *der-* neu *dyr-llyddu* yw "haeddu, teilyngu," B. vi. 131-2. Haeddai ei fawr*frydedd* ef y moethau a enwyd yn yr awdl.

148 **erwyre,** efallai bai am *arwyre,* weithiau enw, weithiau berf pres. myn. 3ydd. un. ; *arwyrein* "codi," G. 44 ; B.T. 56, *Arwyre gwyr* katraeth *gan dyd;* isod, 855, moch *dwyreawc* y more ; 861, moch *aruireit i more ;* 869, moch *dwyreawc* y meitin ; 880, moch *aruireith* imeitit. Am *dwyre, cywwyre,* gw. R.P. 167, B.T. 39, berf ac enw ; L.L. 75, *cimuireg,* enw dyn. Os gall Cyfwyre fod yn enw priod, gall *arwyre* olygu "cyfodwr." Neu ynteu, bai yw *erwyre* am *ef wyre* (H.G. *em uireg),* cf. 448, *wyre* llu ; 434, *dwyrem*=447 *wyrein.* Pe felly, "codai" Blaen floedd rhyfel.

buduawr, yn dwyn llawer o fudd neu ysbail ; G. 82, "llwyddiannus" ; B. iv. 122, gwastatuot clotuawr *budvawr* brydus.

trei. Isod, 403, *calch drei ;* 1228, *calc d. ;* 1219, *scuitaur trei ;* bob tro am darian dyllog. Eithriadol yw 531, diachor *din drei ;* cf. M.A. 191a, Ergyrwayw trylew *trei i darian ;* 233, Neud *trai calon donn.* Yn y testun gellid adfer (?) *calch* o flaen *drei,* neu ddeall *trei* fel dychweliad y fyddin o'r frwydr, cf. *trai* y môr; B.T. 29, 3, tros *trei* a thros traeth.

149 **llwrw,** ôl : yn ffig. "dull, modd" ; Gw. *lorg* "track" ; gw. ar 155.

byth, G. 87, yr unig enghraifft yn B.A. Ni wn a ddylid darll. *bedin* neu *budyn* yn ei le yma, yn null 155, e *lwrw budyn.* Ar *byth* gw. G. 87 : fel rheol, er nad bob amser, digwydd gyda'r negydd, ac nid oes negydd yma. Gwell darll. *bit* gyda J.

hwyr, araf, C.Ll.H. 107 ; B.T. 24, 22. Cyndyn oedd fel arth i gilio'n ôl.

150 **anawr.** Cynigiais yn *Y Beirniad* vi. 211, mai "cymorth, amddiffyn" ydoedd, ar bwys B.T. 17, ef talhawr o *anawr* garmawn garant / y pedeir blyned ar petwar cant. Yn ôl S.E. a G. 26, yr un yw ag *anhawr,* cf. B.B.C. 103, Teulv madauc mad *anhaur,* a chynnig G. mai "clod, moliant" yw. Ni welaf fod hynny yn bosibl yn B.T. 17, nac ym mrwydr y Coed, B.T. 25, Derw *buanawr,* racdaw crynei nef a llawr (os *bu anawr* yw hynny). Ni ddeallaf chwaith B.T. 21, *newyd anahawr* ydwyn. Ond cf. 47, *newyd anaw* ny mawr glywant dynyadon (darll. *anant* i gael odl). Yr anhawster yw dewis rhwng *an-* fel gwreiddyn (cf. amryw eiriau Gwyddeleg yn *an-*, C.I.L. 89-91) *-awr* fel terfyniad, ac *an-* fel rhagddodiad a *gawr* fel enw. Nid oes help yn y testun oherwydd ansicrwydd y gair nesaf, cf. E. "And now the early leader" ; A. "A steadfast post in the forefront."

cynhoruan, gw. 21, *cynnor*. Yma gyda *-man* (neu *ban*, G. 258), cf. *gwyaluan*, 120 uchod. Neu ynteu cf. y berfenw cwyn-*fan*. Pam y treiglwyd ar ôl *anawr*? Y mae arddull y pennill yn debyg i ddechrau XXIIIA isod.

151 **huan**, haul. Yn *Y Beirniad*, iii. 258, a Gruffydd, *Math*, 198-9, rhoir chwedl *Huan ap Gwydion*, yr un un â chwedl *Lleu* Llaw Gyffes. Cadarnhad gwych i'r esboniad "golau" ar enw *Lleu* (P.K.M. 275-6) yw ddarfod i *Huan* "haul" gymryd ei le ynddi, fel yr un a dwyllwyd gan "Twyll-huan"—hen ymgais i esbonio'r enw *tylluan* ar Flodeuwedd. Y cynnig diweddarach, wedi i'r enw droi yn *dylluan*, ydoedd ei bod yn "ddall yn yr huan," sef yng ngolau'r haul. Cf. M.A. 287b, *lloer a huan*. Yn union fel yr arferir lleu am fachgen penfelyn (ac am yr haul), ceir *huan* yn gyffelyb yn B.B.C. 51, Rac *maban hvan* heolit arweit; ac isod 280 (Bu chut e waewawr bu *huan*) fel disgrifiad o wewyr. Cf. *huenydd*, M.A. 148a, 181a, 186a, 243a, 280a.

arwyran. Cynnig G. 44 "dyrchafael" neu "dyrchafedig," gan ei gydio wrth *arwyre*, efallai. Gwell gennyf ddarll. *ar wyran* na cheisio cael *-ran* o'r gwr. a roes *-re, -rein*.

gwyran, math o wair, D. "genus graminis, foenum"; Davies, W.B. 200, *gwyran* "arundo colorata; Canary Reed-grass. Y gwelltyn hwn a wna lawer gwell to ar deisi, yn enwedig ar fythod, a llawer mwy parhaus na gwellt cyffredin"; Bryn*gwran*, enw lle ym Môn; G.B.C. 77, Dolydd glan *gwyran a gwair* / Ydau mewn cacau cywair. Felly cf. M.A. 279b, Pan lleuych *huan ar vann vynyd;* Voc. Corn. Fenum, *guyraf*.

152 **gwd**. Efallai bai am *gud*, tr. o *cud(d)*, cf. B.T. 71, Dydaw gwr o *gwd* (odli â kyfam*rud*), lle ceir yr un bai. Ar *cud*, gw. G. 184, "cêl, gorchudd, caead." Ond gwell yw darll. *kwd* "cwdd, ple?" Cf. B.T. 42, gogyfarch ty prydein / *kwd gygein* hyn "ple mae hyn i'w gael?" Ar *cw, cwdd*, gw. G. 188.

cyfgein. Bai am *cyngein*, gan fod *cyf-* yn amhosibl mewn cyfansawdd o'r fath. Darllenwyd yr *n* gyntaf fel *u*, ac yna rhoed *f* am honno. Ar *cyngenni*, gw. G. 223, "cael ei gynnwys, cydweddu, bod yn addas"; H. 53, *Rychyngein* prydein . . . y briodawr llawr . . . llywelyn. Yn y testun, *Gwledic cwd gyngein / Nef enys brydein* "Ple mae arglwydd nef Ynys Brydain i'w gael?" Neu, "Arglwydd, ple ceir nef ynys Brydein?" Deallaf hyn fel arweiniad i'r mawl i *kynted eidyn*.

gwledic, 399, 898, 1217, 1446, 1465, arglwydd.

enys Brydein, tr. ar ôl enw benywaidd, cf. B.T. 33, ynys *von*. Ond ceir y gytsain wreiddiol yn aml, megis B.T. 5, ynys *prydein*, oherwydd tebygrwydd *s-p* ac *s-b*.

154 **rac rynn.** Ni threiglir ar ôl *rac*, felly *rhynn*, nid *grynn* ; gw. ar 81. Yma, math o ddihareb, fel llinell lanw, "Garw yw rhyd o achos rhuthr y dewr drwyddi," cf. B.T. 73, Pan welych wyr *ryn* am lyn aeron. Felly *rynn* yma, ansoddair "ffyrnig," fel enw, "milwr."

155 **aes** "tarian," G. 13 ; B. i. 316. Oni bai am yr atalnod, gellid cydio *aes* wrth *rynn*, cf. M.A. 162b, *rynn ysgwyd*.
elwrw, gw. ar 149. Ceir Gw. *lorg* fel gl. ar *trames* "by-path, path, method, manner" ; Cern. tro *lerch*, gl. *semita* "footpath" ; Llyd. *war he lerc'h* "ar ei ôl." Yn y De aeth *llwrw ei ben* yn *llwyr ei ben* (cf. *wysg* ei ben, Gw. *èis* "footstep, ôl"); *cyf-lwrw*, bellach *cyflwr* "modd." Y llu. oedd *llyry*, megis M.A. 237a, A *llyry* tra *llyry*. / A *llwrw* tra *llwrw*. L*lyry byry* boethfan *llwrw bwrw* beithiawg. Am yr ystyr, cf. M.A. 262b, myned . . . *llwrw* na wys ; 175a (Crist) llyuyaudyr *lluru* seint.

O *lorg-* disgwylid *llwry* yn Gymraeg (cf. *gwyry, llary, daly*, o *virg-, larg-, dalg-*) ; ond gorchfygodd y llafariad yr *y*, a rhoi *llwrw*, cf. y modd yr aeth *daly* yn *dala*. Ond gw. 179, tri *llwry ;* 421, *e lwry* elfin ; 390, *e lwrw* mynawc, ac yma *e lwrw* budyn.

Deallaf *e* yn y rhain fel arddodiad "yn," cf. 149, Arth *en llwrw*, efallai *en e lwrw* "in his way" ; ond ceid gynt *e* (*y, i*) a olygai "yn." Felly *e lwrw* "yn ôl, ar ôl," ffiguro1 "yn null" ; cf. B.T. 69, 4, *Ylwrw* lywy . . . *Ylwrw* Aedon pwy gynheil Mon ; ac isod, 1215.
budyn, G. 83, "? buches, dôl." Ond gw. uchod ar 122. Yno ac yma daw *budyn* gyda tharian. Anodd gweld cyswllt rhwng y ll. 150–5 : y maent yn debyg i'r cymysgedd o ganu natur a diarhebion a geir ar ddechrau ambell hen gerdd. Brawddeg enwol yw 154, nid felly 151 na hon, ond enw gydag arddodiad, "tarian fel amddiffynfa." Dyna'r modd y rhuthrai'r gŵr *rhyn* drwy'r rhyd.

156 **arwynn,** G. 44, "hardd, gwych," cf. M.A. 214a, *Arwynn* yw gennyf arwein y vetwl / Ae veddyant hyd lundein ; 226a, Yssymy ner yn *arwynn* dillad / Yn arwein ysgin *ysgarlad*. Ni raid, gan hynny, ei gyfieithu fel "very white."

158 **e rihyd,** ei rihydd, "gogoniant," cf. B.B.C. 14, 2 ; 19, 8 ; 21, 3 ; H. 4, Hael a ri a *renni* yny *ryhyt ;* M.A. 194b, lle breinyawc *rannawc*

rihyt ; 195a, a dewi ryweled yny *rihyt* / Ual kyfliw a heul hwyl ysplenhyt ; R.P. 24b 15. Yr ystyr gyntaf fuasai gwychter brenhinol, canys daw o *rhi* "brenin," gw. R.C. xxxi. 510.

ryodres, bellach *rhodres* "display, affectation," o *rhy-go-tres.* Golyga foethusrwydd a gwychter ysplennydd, megis yn R.B.B. 202 (am wledd Caer Llion ar Wysg gan Arthur), Ar petheu hynny ae *ry otres* pei ascrifenwn ; 199 (am Gaer Llion a'i hadeiladau), A thei eureit megys nat oed yny teyrnassoed tref a gynhebyckyt y rufein o *ryodres* namyn hi ; B.T. 74, 15 ; M.A. 551a, derchavael agwnaethant en *ryodres* a *syberwyt ;* 494a, amylder a *ryodres* yr ynys o verthed a golut ; 513b (ail ystyr trythyllwch). *tres,* cf. 1006. Am *rhy-o-* yn rhoi *rho-* cf. *dy-o-* yn rhoi *do-* yn *dolef, dosbarth, dofod,* gw. P.K.M. 153-4.

Nid oes odl, ac efallai fod ll. ar goll, neu ynteu dylid gwneud 158-9 yn ll. o 10 sill, cf. isod, 171-2.

159   **medwawt,** yn meddwi, yn peri meddw-dod, cf. R.P. 174a, uch medut *medwawt ;* B.T. 22, pan yw mor *medwhawt ;* 41, Gorwyth medw *medwhawt.* Ansoddair yw yn *-awt,* cf. B.T. 9, 15, At[wyn] lloer *llewychawt* yn eluyt ; 27, At[wyn] pysc yn y lyn *llywyawt ;* 21, pan yw *baruawt* myn.

160   **win gwirawt.** Darll. *win wirawt* i gael gwell cyseinedd.

161   **eruit,** gw. C.Ll.H. 72-3 ; J.Ll.-J., B. ii. 107 ; Loth, R.C. xlv. 175. Gall fod yn ans. yma (? garw, llym) neu enw (? rhyfel, cf. *mit*), cf. 164 *aer gennin.*

   medel, cwmni o fedelwyr, hefyd un medelwr, C.Ll.H. 92 ; Voc. Corn. *messor* midil. Yma lladdwr mewn brwydr.

162   **gouel.** Ar yr wyneb ans. o *go-* a *mel* "gofelys," cf. 927, *gochwerw.* Ond ni thâl hyn yn B.T. 47, ny thric *ygofel* no neithawr llyr. Gellir *gofel* o *go-* a *bel,* cf. ar un llaw rhy-*fel,* ac ar y llall *adfel,* gw. isod ar 657, gwlat *atvel.* Cynnig E. yma yw "transparent," fel pe darllenai *go-wel.*

163   **a erueid,** darll. *aerfeidd,* oherwydd y mesur, a'r cymeriad *aer* yn 164-5.

   arued, G. 38, "arfaeth, bwriad, cynllun" ; cf. ar III, 1427, ac *arfeddyd* B. i. 36.

164   **aer gennin,** cymharu milwyr i gennin ? Petasent mewn gwyrdd a gwyn, ac yn rhesi, enw da ! Ansicr yw G. 131. Ni thâl E. "The reapers sing of war," oherwydd y ddwy *n* yn *gennin ;* a gwell yw deall *medel* yn unigol fel yn 161.

165 **adan.** Rhydd G. 8 *adein* "adain," a chynnig fod ail ystyr iddo, "llaw" neu "plu," pan sonnir am wayw yn adain, a'r cyffelyb. Ond cf. M.M. 12, Tri ryw ysgyueint yssyd : ysgyueint wst, a gwynn ysgyueint a gwaew dan y dwy vronn ac *y dan yr adein* ac ym penn y(r) ysgwyd a chochi y deu rud. Yma "braich" yw, yn sicr ; yn y gesail *dan y fraich* y mae'r boen. Ond yn y testun y ffurf yw *adan.* Gall fod yn hŷn nag *adein*—disgwylid *edein* ar ddelw *dafad, defeid,* eto cf. *canei,* nid *cenei.* Cyfyd yr un pwynt eto ar 218, 383 (*calan*), *celein, calanedd ;* ac ar 1215, *alan* (*elein, alanedd*). Sylwer fod yr affeithiad rheolaidd yn *celein, elein,* ac anodd deall pam nas ceir yn *adein.* Oni ellir esbonio ymaith *adan, calan, alan,* rhaid ail ystyried dosbarth y lluosogion lle ceir atroad affeithiad, megis yn *rhiain, rhianedd.*

Methais â gwneud *adan* yn ans. "llydan," o'r un gwr. â'r Ll. *patulus, pateo, patera,* Gr. *petannumi,* Zend *pathana* "large," ond cf. *adaf* "llaw," *edeu, adafedd.*

Os *addan* yw'r gair, cf. H. 106, Gnawd *atan* itaw a ruteur oe law / a rutueirch y danan. Ai "gosgordd" yw ? Posibilrwydd arall yw ei fod yn gytras Gw. *adand* "a rushlight," C.I.L. 14, cf. *ad-annaim* "I kindle."

166 **kenyn,** cenynt, un ai *canant* neu *canent* o ran ystyr ; nid fel A. "With us was true fighting found," fel pe darllenai *gennhyn* (M.A. 178b 30, 214b 40), ond yn hytrach cf. B.T. 24, *kenynt* gerdorion *kryssynt* katuaon.

keuit, bai am *keuyd* "cywydd," cân ? *k. aer* "rhyfelgan."

167 **seirchyawc,** arfog, cf. 384 ; *seirch* "arfau, armour, harness," 290, 373, 902, 943, 1061, 1084, 1162 ; B. ii. 237, "trapie meirch : damasg" (!).

168 **edenawc.** Gan fod *e* mewn H.G. am *ei,* gellir darll. *edeinawc* (cf. B.B.C. 94, anguas *edeinauc*) o *adein* "asgell." Dichon cadw'r testun fel y mae, wrth gofio'r enw priod yn H. 191, rudued . . . ac *edenawc* y danav.

169 **tiryf,** tirf, "D. viuidus, vegetus, pinguis" ; Salm xcii, 14, *tirfion* ac iraidd fyddant. Y gwrthgyferbyniol yw i "tenau, gwyw" ; felly cf. C.Ll.H. 22, *Teneu fy ysgwyd* ar asswy fy nhu. Felly yma : yr oedd ei ysgwyd wedi treulio gan ergydion gwewyr.

170 **plymnwyt,** gw. ar *plwm,* 191 ; cf. 930, ym *plymnwyt,* ac isod, 172, cat *blymnwyt.* Un o amryw gyfystyron "brwydr" yw, M.A. 143a, gweint ym *mhlymnwyd ;* 149, modur p. ; 162b 23 ; B.T.

NODIADAU 123

59, 10. Cf. hefyd *plymlwyt*, B.T. 25, 13 ; M.A. 286b 17 ; 295a 28 ; bai amdano yw *pymlwyt* yn B.T. 69, 24 ; B. ii. 234, *plymlwyd* "brwydyr" ; D. Antiqui rectius *plymnwyd*. Ond beth yw I.G.E. 291, Ymswyn ag ysgwr ... *rhwng plymlwyd a dur* ?

171 **kwydyn gyuoedyon**, berf luosog a'r goddrych yn treiglo ar ei hôl, C.Ll.H. 162-3. Dengys B.T. 68, 13, *kwydynt kyfoet* y gellid darllen hynny yma hefyd, a chael *-oet* i broestio â *plymnwyt* yn 170. Nid oes odl i *gyuoedyon* oni newidir 172 i *eg cat* [aruogion] a deall *blymnwyt* yno fel adlais o 170.

173 **diessic**, "llawn ynni, vigorous," hefyd "di-dor" ; org. wahanol *di-yssig*, cf. R.B.B. 354 (Castell Trefdraeth), A hwnnw o gyffredin gyghor a *yssigwyt ;* ac isod, 398, am neuadd, "heb dorri, cadarn, cyfan" ; gw. C.Ll.H. 92. Dygir *dias* a *diessic* ynghyd oherwydd hoffter o chwarae ar air, megis yn C.Ll.H. 96, *Talan teleist*, ac, os rhywbeth, prawf yw nad oes berthynas rhyngddynt.

e dias, ei ddias, gw. ar 2.

174 **as**, cf. ar 145 ; G. 3, 44 ; isod, 1141, Yg kyvrang nyt oed dang *as* gwnehei ; 1154, kein *as* myccei; 232 *as* gym myrr hut; B.B.C. 8, Nid ehala[e]th *as* traetha[w] ny chaffaw ae hamhevo ; C.Ll.H. 159, 233 ; B.T. 66, Ercwlf mur ffossawt. *As* am dut tywawt. *As* rodwy trindaw[t] trugared dydbrawt. Cyffredin yw mewn H.G., ond amrywia'r defnydd : weithiau ceir *ys* yn ei le, megis isod 225, *Ys* deupo, cf. B.T. 51, 25, *as* gwenwynwys y was ; 53, 6, *Ys* arganfu ; M.A. 149a, *As* rodwy fy ren ... I Fadawg fad gynnwys. Yma cyfeiria *as* at *dias*, neu at gwymp ei gyfoedion yn 171.

talas, talodd. Ai yn yr un ystyr â ll. 22 uchod ? Neu cf. B.T. 60 (Ceneu), bydei kymwyawc lew *kyn astalei* o wystyl nebawt.

175 **hudit**, E. "His will had to be conciliated" ; A. "Alluring was his wild passion." Daw o *hudo*, neu *huddo*, gw. ar y gair nesaf ; ond grym perffaith amhers. yn *-wyd* sydd i'r ffurf, nid fel heddiw, amhers. amherff. ; gw. P.K.M. 191, ar *yd edewit*, 217, 224, 228; 269, *perit*.

e wyllyas. Ar ôl *e*, boed arddodiad neu ragenw, disgwylid enw treigledig. Yn 1300 ceir *gwr gwyllyas / o* gyrn glas med meitin. *Gwr teithiawr / o* blith porfor porthloed bedin. Nid yw'r defnydd ansoddeiriol hwn yn gwahardd deall *gwyllyas* fel enw yn y testun, cf. 1054, *gwr gwled ;* 995, *gwr trin*.

gwyllyas. Yn ôl E. "will," fel petai'n gyfystyr ag *ewyllys ;* A. "wild passion," fel pe'n perthyn i *gwyll(t)*. Y mae mwy i'w

124 CANU ANEIRIN

ddweud dros yr ail na'r cyntaf, cf. Cy. vii. 147 (Englynion dydd brawd), Petwared dyd . . . arneit anniueilieit byt / gan *wyllessoed koet* yt gerdant (nodyn, "altered from *wyllyssoed*")=M.A. 250b, *yngwylltoed cyhoedd* cerddant=R.P. 148a; gw. ar *gwyll(t), gwyllon* "gwallgofiaid," B. i. 228-34; Gwyn. 4, 148, Ei varw oedd well i vardd iach / *Eb ei bwyll* no byw bellach / Myrddin *wyllt* . . . aeth i'r glyn glas / *Af yn wyllt* i vewn elltydd; M.A. 222a, Trydeydd (=trydydd) rhyfedd . . . Nid a gwyr Gwynedd *gan y gwyllion* . . . Am fod yn eu tud hwy alltudion; 267a, Diffrwythwys daear oe uod yngharchar / Aed ae car *gan wyllon*. Fe'i ceir am wŷr ffyrnigwyllt ym mrwydr, M.A. 199, *Kad wyllyon* dauyt; 201b, Ercwlff a samswn . . . Ac echdor gadarn *gad wyllon;* cf. *drud, gwychyr* "ffôl" a "dewr." A chymryd *gwyllyas* fel "gwyllt ias," cf. "Berserk fury" y Llychlynwyr. Neu gellid ans. ac enw yn *-as,* cf. *cyweithas* fel ans. a *cymdeithas, dinas, teyrnas,* fel enwau. Felly gyda *hudid* "a spell of frenzy was laid on him." Os *huddid* yw'r ferf, cf. anhuddo tân, anhuddo llid; R.P. 85a 28, Kynn hir *annud* prud prid a thywawt, G.30, "gorchudd"; felly "his fury was satisfied."

176 **clawr,** cf. 256, C.Ll.H. 116, *clawr glas,* daear las, "green turf."

177 **Gwruelling vreisc,** darll. *vras* i gael odl. Enghraifft o roi cyfystyr yn y testun a difetha mesur. Enw priod yw *Gwruelling;* ar yr ail elfen ynddo gw. 1374, B. iii. 270, R.C. xxxi. 508-9.

178 **teithi,** cf. B.T. 41, *Teithi etmygant* (40, *Teithi etmynt*), fel yma ar ddechrau awdl; *teithi,* G.M.L. 276, "legal or standard qualities"; cyneddfau, priodoleddau. Teithi cath, yn ôl y gyfraith, yw'r holl rinweddau hynny a ddylai cath eu meddu i fod yn gath dda a theilwng; Gw. *techte,* Windisch, W. 81b; ans. "right, lawful, due, legal"; enw, "law, right." Isod, 1072, mab teyrn *teithiawc;* 1095, mab brenhin *teithiauc;* W.M. 228b, mab brenhin gwlat *teithiawc;* B.B.C. 100, mab goholheth t.; B.T. 72, Ri rygeidw y *teithi.* Ynys vel veli *teithiawc* oed idi. Y mae blas hawl gyfreithiol yn amlwg yn B.B.C. 52, kaffaud paub y *teithi;* 61, kertorion allan heb ran *teithi;* B. iv. 46, *terchi* (=teithi) kertorion kynelwi o haelon; B.T. 4, 15, 16, hyt pan rychatwyf vyn t.; A.L. ii. 194, oth *cam* ac oth *anteithi.* Felly cyfystyr ag *iawn* "right" yw *teithi,* gan mai *cam* yw cyfystyr ei negydd; gw. hefyd R.C. xxxi. 511; Ped., V.G. i. 124.

etmygant, gw. 56 ar *etmygir.* Yn 1129 ans. yw *etmyc* (cf. B.B.C. 43, 15; 97; R.P. 78a 29), ond enw yn W.M. 71b, clot bychan ac *etmyc;* 229b, an clot ac an *hetmic.* Yn y testun, berf pres. 3ydd llu. ; daw'r gwrthrych o'i blaen, "They honour right."

179 **llwry,** gw. ar 155. Mewn Gw. ceir dau *lorg,* un "ôl, llwybr," a'r llall "ffon, coes bwyall, rhaw, etc." Yn sicr yr ail sydd isod, 1106 *llory eny law,* ac efallai yma hefyd, mi gredaf. Gyda'r rhifol *tri,* ceid llu. yr enw, megis yn *tridiau, trywyr;* felly *tri* neu *try-* a *llyry* a ddisgwylid. Dibynna'r ystyr ar y modd yr esbonnir *nouant.*

nouant, cf. 824, wyr *enouant;* 1411, *kyvnovant.* Gwelodd Sk., St., ac Anwyl enw'r *Novantae* yma, sef llwyth yn ne-orll. yr Alban ; gw. hefyd *Camb. Reg.,* 1796, td. 17. Amhosibl yw tarddu *nof-* yn Gymraeg o *nov-* mewn Celtig. Cynigiais yn 1906 mai cytras Gw. *ndme* (llu. *ndmait*) "gelyn" sydd yma, ond ni thâl, ysywaeth, o ran ystyr. Nid addas chwaith yw *comndme* am *cyfnofant,* er G. 212. Gwell yw cymryd gyda'i gilydd *gwynofi, gonofi, cyfnofi,* gw. C.Ll.H. 208-9, ac uchod ar 87. Yma, cf. B.T. 74, ygwaet gwyr *gonofant,* am filwyr yn ymdrybaeddu yng ngwaed gwŷr. Deallaf y testun fel "They stain (with blood) three javelins." Yna daw 180, "(Nay, rather), fifty and five hundred." Am *pymwnt,* gw. ar 49.

181 **trychwn,** cf. 344, 1138 ; tri aergi, gw. ar 70, 179, tri milwr. Dyma'r tri phennaeth a enwir isod, 182, 185-96.

trychant, gw. ar 70, cf. 1138.

182 **tri si chatvarchawc.** Anwybydder *si,* canys dengys y tr. llaes fod *chat varchawc* i ddilyn *tri* yn ddigyfrwng. Y mae *si* yn bosibl am *sy* (cf. B.B.C. 36, *y.ssi* un a thri), ond ni chymer hwnnw y tr. llaes ar ei ôl. Tybiaf i'r copïwr fethu â darll. *ch* y tro cyntaf ; efallai fod yr *c* yn uchel a hir, ac iddo ei chymryd fel *s* fain, a gwaelod strôc gyntaf yr *h* fel *i.* Gwelodd ei fai, ond anghofiodd ddileu'r cynnig cyntaf. Ceir ll. 4 sill eto yn 191.

183 **euruchawc,** efallai tarddair o *eurych* "gweithiwr mewn aur" ; cf. y modd y cafwyd *llurugawc* yn 184, o *llurig* (Ll. *lorïca*), yr *u* yn gorchfygu'r llafariad nesaf ; felly 375, *llurugeu;* 690, *llurugogyon;* ond *luric* yn 897, 1201. Cf. hefyd 1445 *budic,* 986 *vudic;* Ox. 1. *budicaul;* heddiw *buddugol.* Yn B. ii. 296, cynnig J.Ll.-J. ei gydio wrth *rhuchen.* Os felly, darll. *eur-ruchawc,* cf. C.Ll.H. 222.

185 **tri eur deyrn dorchawc,** h.y. tri theyrn eurdorchawc, trwy'r ffigur trychiad, C.D. 83, § 127.

186 **dywal,** ffyrnig, C.Ll.H. 76, 144, cf. 1140.

187 **cat gyhaual,** cydradd ym mrwydr, "battle-peers," G. 227.

188 **cysneit.** Cynnig G. 266 ddarll. *kytneit* neu *kyfneit* neu *kasneit.*
O blaid *cytneit* y mae 353, buant *gytneit,* gw. G. 197-8. Cynigiodd
Anwyl ddarllen *chyfneit kyfuar.* Amheus iawn yw'r ail ffurf.
Gwell gennyf fuasai *chyfneit cyfnar,* gan fod *cyf-* yn rheolaidd o
flaen *n-,* cf. *cyfnod, cyfnerth,* a bod yn hawdd darll. *f* fel *s* dal.
Am *naid, llam*="ffawd," gw. C.Ll.H. 124-5.
kysnar, G. 115, 266, bai am *casnar* "llidiog"; A. "three of
equal steps, three of equal passion" (fel pe o *cyf-* a *bar :* disgwylid
cymar); E. "mutually jealous"; Cy. viii. 202, *cassnor* "llid";
kasnar "brwydyr"; ix. 332, *casnar* "cat"; gw. C.Ll.H. 70. Gan
ddeall *cyfneit* yn llythrennol "leaping forward together," a *cyfnar*
fel "cyfnerth" (gw. 450), cynigiaf fod y ll. yn ail adrodd 187,
tri chat gyhaual.

chwerw, creulon, cf. 58, ac yn arbennig 925, *llaw chwerw.*

189 **fysgynt esgar,** rhuthro ar y gelyn a'i darfu, gw. C.Ll.H. 180
ar y ddeuair, ac isod ar 429.

190 **en drin en drwm.** Am *en* a'r tr. meddal, gw. 128. Yn sicr,
ystyr *en drin* yw "yn nhrin," ym mrwydr; mewn H.G. cawsid
en trin, heb ddangos treigliad. Dichon cymryd *trwm* yn gyffelyb
(megis 390, ny diengis *en trum ;* 418 ?) fel cyfystyr â *trin,* cf. 1003,
yg calet. Ond wrth gymharu 1066, *trwm en trin* a llavyn yt lladei ;
1089, *trwm en trin* a llain yt ladei, haws deall *trwm* yn y testun fel
ansoddair, a'r ail *en* fel *yn* adferfol.

191 **llew lledynt blwm.** A. "Three lions in the fray, in the stress,
even lead would they hew." Anodd deall y ffyrnigrwydd hwn at
blwm. Pe darllenid [*tri*] *llew* ceid 5 sill yn y ll. yn lle 4, a goddrych
llu. i *lledynt.* Ceir *llew* "lion" eto yn 408, baran *llew;* ond ansoddair
neu adferf gyda *lladd* sydd yn 875, oed *llew* y *lladewch* chwi dynin
(cf. 873, Oed *garw* y gwnaewch chwi waetlin ; enw sydd yn 1110,
ef *lledi* bysc . . . mal ban *llad llew* llywywc). Gall hwn olygu "fel
llew"; neu fod yn fenthyg o'r Ll. *levis* "ysgafn"; neu'n gam-
ddarlleniad ar *lleu* "golau, llachar," cf. M.A. 145b, Ar lad *lad
lachar.* Ceid goddrych y ferf yn y ll. o'r blaen. Cofier hefyd fod
lladd yn golygu "taro."

blwm, tr. o *plwm ;* yn sicr nid "lead" yn syml, mwy nag y
mae *gwaywawr plymnwyt* uchod (170) yn golygu "leaden spears."
Gan fod *trwm* ar arfer am frwydr galed, efallai fod defnydd
ffigurol o *blwm* gan y beirdd yn gyffelyb. Gall fod yn enw ac
ansoddair, megis *aur, arian, pren ;* felly *plymnwyd* "trym-nwyd,"
cf. 618, car*nwyt.* Sut bynnag, anodd gennyf ei ddeall fel gwrth-

rych *lledynt,* os hynny yw'r ystyr. A ddylid darll. *en blwm?* Rhoddai hynny hefyd bum sill yn y llinell. Ond ar y cyfan gwell yw tybio y saif *plwm* am "elyn," neu'r cyffelyb, gan gymharu 189, chwerw fysgynt *esgar.* Ni wn sut y trinid plwm : os oedd curo caled arno fel ar haearn, efallai y gellid deall y curo plwm yn ffigurol, cf. ystyron *ffustio, pannu.*

192 **cat gyngrwn,** "llu cryno," gw. C.Ll.H. 77. Y mae'r un anhawster yma gydag *eur* ag uchod gyda *phlwm,* a heblaw hynny amwys yw *e :* gall fod am "ei," cyfeiriad digyswllt at un o'r tri, fel mewn odlau eraill, lle daw'r unigol i mewn yn sydyn am ennyd ; neu *e*="i"="yn" (cf. 210), neu'r arddodiad *i,* sef bod y *plwm* a gurent yn *aur* i fyddin (pridwerth carcharorion ?). Ond sylwer ar *-wn* yn odli â *blwm,* neu'n proestio (?) ag *-on.*

194 **Brython,** hefyd 199, 806, 817, 1184.

195 **Kynri,** enw o gyflwr genidol yr enw a roes *Cynyr* yn y cyflwr enwol, cf. *Tudri, Tudyr.*

Cenon, Cynon, gw. 241, 399, 808.

196 **Kynrein,** gw. nodyn C.Ll.H. 73 : yma enw priod, fel yn Englynion y Clyweit, B. iii. 9, cf. isod, 241, 680.

Aeron, enw lle ac afon, 241, 809, 824, 987, cf. B.T. 63, Uryen diffreidawc *yn aeron.*

197 **gogyuerchi,** "gofynnai," gw. C.Ll.H. 229 am ystyr, ac ar y ffurf, 36 uchod.

ynhon, tr. o *gynhon* (nid "ashen lances" E., nac enw priod A.) ar ôl amherff. 3ydd un. Llu. *gynt* "llwyth, tribe," ydyw, a thybia rhai fod y gair hwnnw yn cyfeirio at wŷr Llychlyn yn unig. Nid cywir hynny, cf. *Armes Prydein,* B.T. 18, Attor ar *gynhon Saeson* ny byd : ni alwawr *gynhon* yn gynifwyr ; B.T. 71, a chat y *gynhon.* Yma am wŷr Deira, gw. ar 50. Yn B. iv. 47, gwall gwall uu arvoll ar *kynhon*=vii. 26, gwall gwall fu arfoll ar *gynhon,* cyfeirir yn ddiau at waith Gwrtheyrn yn derbyn y Saeson ar y cychwyn.

198 **diuerogyon,** gw. B. i. 18-21, 333, ar *diferiawg;* hefyd *difer* "twyll" ; Parry, *Brut,* 217, Ac o hynny allan y goruc y saesson yn *diveryauc ;* kynnal tagneued ryngthynt ev hvneyn. A diwyll y tiroed goreu, ac adeiliat kestill. a chaeroed. a dinessyd. Yma "ystrywgar," fel yn *Brut* 209, 2, "sapientius."

200 **wr well,** gw. P.K.M. 98, ny weleis a.:syberwyt *mwy ;* isod, 806-7, ny doeth en diwarth o barth vrython ododin *wr bell well* no chynon. Ceir y frawddeg lawn yn 1204-8, Ny wisguis . . . no neim ab nuithon *gur a uei well.* Treiglir ar ôl *a uei* (megis yn

197 ar ôl *gogyuerchi*), ac o golli *a uei* deuai *well* yn union ar ôl yr enw gwrywaidd *gwr*, cf. hefyd 1120-1. Dengys y testun fod y gystrawen heb *a uei* yn hen : nid oes le iddynt yn y mesur. Y cwestiwn a roir yng ngenau'r Saeson yw "A ddaeth o'r Brython filwr a fai well na Chynon ?" Yr ateb yw "Naddo!" **sarff,** cf. M.A. 201b (Ercwlff, Samson) *seirff* galon ; B. iii. 41, Selyf *sarff* cadeu : a'r defnydd o *draig* am filwr.

201 **seri alon.** Tr. yw *alon o galon* "gelynion," W.G. 213. Ansicr yw *seri*. Yn ôl A. "the serpent that stung the enemy," fel petai *seri* yn ferf amherff. 3ydd yn -*i* (gw. 36, *nodi ;* 66, *lledi*), ac *alon* yn wrthrych iddi. Ond cf. 718, *sarph seri raen* yn LXIII A (a gyfieithir gan Anwyl "a serpent whose scales are as bill-hooks") a etyb i 734, sarff *saffwy* grain ; 752, sarff *saffwy* graen. Felly mewn un hen gopi rhoed *seri* fel cyfystyr *saffwy*, neu i'r gwrthwyneb, *saffwy* fel cyfystyr *seri*. Enw ar arf milwrol yw *saffwy*, gw. 734 ; hefyd 384, vn *seirchyawc saphwyawc*. Gwelais *seri* mewn enwau lleoedd, megis Nant y *Seri,* ger Aberhonddu ; D.G.G. xxix ; efallai Cae *Sheri* ger Bangor, ac un arall ym Môn (onid *siri* "sheriff"); cf. M.A. 193b, *seri* gyuarpar *sathar sathru ;* 211a, meirw sengi mal *seri sathar ;* 252a, Gwr balch yn holi *seri sathar ;* 310a, *Seri* eglurvryn kyn kynhayaf; B.B.C. 27, Bucheslum *seri* march Gugaun cletywrut. Gwelir fod *sathar* ynglŷn â'r gair yn amryw ddyfyniadau, fel petai'n rhywbeth a sethrid yn gyffredin. Sathrai'r arwyr ar gelaneddau mor ddigyffro ag eraill ar *seri ?* Dyna pam na thâl Llyd. *ster* (llu. *steri*) "afon, ffrwd," G.M.B. 653, er bod Llyd. *steren* yn ateb i *seren*. Yn M.A. 310a, cyn cynhaeaf y ceir *seri* eglurvryn : felly "egin" yn hytrach na "sofl." Rhoir mewn geirfâu, B. ii. 237, *sseri* "meirch, march" ; a chynnig T.G.J. esbonio *Srïor* Sir Ddinbych fel *serïawr* "the place of steeds." Yn erbyn hyn gosodaf M.A. 310a. Os cyfystyron yw *saffwy* a *seri*, rhaid mai gwaywffon yw'r cyntaf a'r ail yn enw unigol am rywbeth blaenfain. Gyda *sarff* yr ystyr sy'n ymgynnig yw "colyn" ; felly am dyfiant, cf. *col* haidd, ac *egin* "shoots of grass," etc. Yn y testun, sarff yn pigo'r gelyn, colyn gelyn, yw Cynon, a'i golyn yw ei saffwy. Addas yw hyn yn 718, 734 hefyd, a gellir cymharu 723, *sengi waewawr*.

Yn Juv., V.V.B. 215, ceir *serr*, gl. ar *falce ;* Ox. 2, gl. ar *uoscera* (E.S.C. 4, *ferrum* uoscera) : ni all *seri* fod yn fenthyg o hwn, oherwydd nad oes *rr* ynddo mewn cymaint ag un enghraifft, ac nad arferol yw sathru lli na chryman. Haws yw'r Ll. *sera*

NODIADAU 129

"pren i gau'r drws," cf. gwayw-*ffon;* ond ni thâl mewn rhai enghreifftiau. Nid lluosog chwaith yw *seri.* A esboniwyd ef fel *meirch* am ei fod yn digwydd am farch yn B.B.C. 27 ? Os Cymraeg yw, efallai mai ei gytrasau yw'r Gr. *stereos, strenes,* Ll. *sterilis, stiria.*

202 **e mordei,** ym mordai, gw. ar 27.
203 **meint e vehyr,** A. "the company of his stewards," fel petai *vehyr* yn llu. *maer;* yn ôl St. "encampment" ; E. "spears." Gall fod yn dreigliad o *mehyr, behyr,* neu *gwehyr.* Ceir tr. eto yn 228, ery *vyhyr.* Ansicr iawn ; ond cf. M.A. 185a, Auch rotaf arawd aer dihauarch wyr / Nym *gwehyr* gwahan arch ; 153b, Eurdraig Eryri eryron *fyhyr* (H. 96, *uyhyr*) ; 171a, Gwirawd am gwrthuyn . . . Gan rwyf rad *rut vyhyr;* B.B.C. 12, 2, Moes vreisc vreyr moes wirth *vehir* milwir orvith.

Os *gwehyr,* nid berf pres. 3ydd un. fel yn M.A. 185a, ond enw. Cf. *gwo-gyrr,* neu llu. *go-hor?* Eto annhebyg yw cael *ve-* yn Aneirin am (*g*)*ue-*.

Os *behyr,* nid oes enghraifft arall, a'r ystyr yn amhosibl ei brofi.

Os *mehyr,* cf. *mahar-*uin, *maharaen, myharen,* gw. W.G. 114. Pe felly, nid *mahar* "male," fel y cynigir yno, ond "ffon," a gellid deall *mehyr* fel "ffyn, gwaywffyn." Y mae *rhudd fyhyr* yn M.A. 171a yn sicr yn awgrymu rhudd wewyr neu lafnau coch, cf. 76.

204 **kyuaruot gwyr,** brwydr, G. 202.
205 **erysmygei,** cf. 218, *ermygei galaned;* 677. Yma rhoir y gwrthrych *ys,* sy'n rhagenw am *bwyt e eryr,* rhwng y rhagddodiad a'r ferf, fel yn 145, kein *as* mygei ; cf. 435, *erit migam.* Yn lle *ermygei* rhoir *goreu* "gwnaeth" yn yr un cysylltiad yn 803, *ef gorev vwyt y ysgylvyon* (gwan iawn yw'r cynnig yn yr eirfa, B. ii. 242, *ysmycai* "a wnai dirmyg ai ysgeuluso : gwell yw 136, *emyngion* "debhnydh"=137, *ermygion* "defnyddiau"). Rhydd T.J. 1688, *ermŷg* "offeryn, rhaiadr neu gwymp dwfr," gw. D.G.G. 16, Aml yw rheydr o'r bargawd / *Ermig* nwyf, ar y mau gnawd. Os cafodd T.J. ei ail ystyr o'r enghraifft hon, tybed na chamgymerodd ? Gall *ermig nwyf* gyfeirio at gnawd Dafydd. Rhoir chwaneg o enghreifftiau ar 218 isod. Yma ystyr y ferf yw "peri, gwneuthur."

206 **cryssyei,** gw. ar 109.

gydywal, tr. ar ôl amherff. 3ydd. Yr enw oedd *Cadawal,* ffurf ar *Cadwal,* fel *Tudawal, Tudwal;* neu, bai yw am *Cinaual* 517 = 508, *kynhawal;* 527 *Cinhaual,* ffurf ar *Cynwal,* neu cyfans. o *cwn-* "ci," a *hafal.*

P

130   CANU ANEIRIN

kyfdwyreei. Bai yw'r *kyf-*, mi gredaf—neidio ymlaen i *kyui* yn y ll. nesaf.

dwyreei, codai; y berfenw yw *dwyrein*.

207   awr, tr. o *gawr*, gw. 24, 46. Yma, goddrych neu wrthrych y ferf.

gwyrd wawr, felly 406, cf. y bore *glas*; gw. ar 84 *gan wawr*.

kyui. Enw lle yn ôl A. "at Kyui he uttered it," gw. ar 579. Ond gw. y cymysgu sydd yn 779, *kyui*rynged=787, *-cuiei* riget; 789, *ceuei* cimun idau *ciui* daeret=781, *ket bei* kymun *keui* dayret (cf. M.A. 160b, *Kyuym* doeth kyuoeth *kyuym daered*); 230, *Ceuei* gwin gwaet meirw meint a wanut; 296, nyt erdit e dir *kevei* diffeith; 579, Cangen gaerwys / *Keui* dullywys. Mewn rhai o'r enghreifftiau ceir *cyfei,* cyfansawdd o'r *cy* "er, though" a geir yn *cet, cyt* "though," 61, 138, a'r ferf *bod,* cf. H.G.C. 130, nyt arbedus *keuei* yr egluysseu (mewn hen gystrawen cymer *arbed* yr arddodiad *i* ar ei ôl); B.B.C. 87, *kyffei* bart pridit; B.T. 53, Alexander *keffei* llawer nifer y wyr. Ar ôl y *cyfei* hwn daw enw, neu ansoddair. Ond yn y testun (a 579?) berf sydd yn dilyn *kyui, keui,* gw. G. 122. Yr ystyr addasaf yma, o leiaf, yw "ple bynnag," ond ni wn a oes modd cael ffurf ar *cw* (*cwd,* cwdd) "where," yn *cyfi.* Rhy fer yw'r ll. o ddarll. *kuu.* A ellid cymharu 21, *men ydelhei,* neu 23, *ene klywei awr?*

dodei, un ai *dodei* neu *doddei.* O blaid y cyntaf y mae 1042, *gawr a dodet;* o blaid yr ail y mae'r cyd-destun ôl a blaen yma. Ystyr yr ail yw "*doei,* deuai," cf. *rhoddai, rhoai, rhōi,* am golli *-dd-;* C.Ll.Ll. 25, ny *dodei.*

208   aessawr, gw. ar 124.

dellt, ysgyrion "splinters"; 1298, *aessawr yn nellt;* M.A. 290a, Aer daradr cadyr *delltwr* coedyd on (h.y. un arferai ddryllio gwewyr on).

anibellt, nid *ambellt* Dr. Evans. Rhoddwyd marc uwchben yr *i,* felly cf. M.A. 146b, rodawg *annibellt* "tyllog, briw, noeth," gw. C.Ll.H. 132–3. Yn Z.C.P. vii. 471, cynigir tarddu *pellt* o'r Ll. *pelta* "shield," ond cf. isod 1123, *pellws.*

a adawei. Nid oes angen yr *a* mewn H.G.; cf. isod *aruot aruaethei.*

209   pareu, llu. *par* "gwaywffon," C.Ll.H. 102.

rynn, efallai "syth," gw. ar 81, neu "ffyrnig, bygythiol," gw. ar 154.

NODIADAU

rwygyat, enw "rhwygwr," goddrych *dygymynei,* cf. 126, *ef rwygei;* 1247, *aruhicat.*

210   dygymynei, gw. ar 26. Torrai'r lladdwr hwn â'i gleddyf flaenau gwewyr y gelyn a'i bygythiai.

e gat, yng nghad, gw. ar 192.

211   bragat, enw ar fyddin neu ran o fyddin, A.C.L. i. 460; G. 71 "cad, brwydr; byddin, llu."

briwei, torrai, malai, drylliai, C.Ll.H. 62; 449, ysgwyt *vriw;* 587, 596, 607; 1352, yawn *vriwyn vriwyal.*

212   mab Syvno, gw. ar 120. O *syw* "doeth," a *gno(u)* "enwog." Dealler *syv-* fel *syw* i gyfateb i *syw*yedyd.

sywyedyd, dewin, doeth, gw. D. ar *syw;* hefyd *sywedydd* "Astronomus, astrologus, sapiens"; cf. B. vii. 27, a *Selyf* swynedig *sywedydd;* M.A. 201b, *Selyl* (=Selyf) ben *sywedytyon;* B.T. 3, 5, *syw;* 26, 5, *sywyt sywydon;* 32, 12, A *sywyon* synhwyr a *sewyd* am loer; 48, 19; 76, 8, Dysgogan *sywedydyon* ygwlat y colledigyon, Dysgogan *deruydon;* 79, 7; 38, 5, Seith seren . . . Seon *sywedyd* a wyr eu defnyd; 34, 7; 31, 23; 21, 7, Talhayarn yssyd mwyhaf *ysywedyd;* 20, 1; 19, 2, kanet pan darffo *sywyedyd* yn yt uo; 4, 18, *sywedyd* llyfreu; M.A. 194b, Dewi mawr mynyw *syw sywedyd;* 195b, seint s.; 272b, Geyr bron *Dovyd a sywedyd;* 309b, *Sywedyd Dofyd* divei haelnaf, cf. Gw. *sui,* R.C. ii. 328.

ae gwydyei, a wyddai hyn. Y gwrthrych yw'r *e,* rhagenw mewnol, yn cyfeirio ymlaen at 213-4; gwyddai'r dewin mai hynny fyddai tynged yr arwr.

213   a werthws, y goddrych yw *Mab Syvno.* Am *-ws,* cf. 109, *cryssyws.*

eneit, bywyd, gw. 356.

214   er wyneb grybwyllyeit. Berfenw yw *crybwyllyeit,* fel *ystyriaid, meddyliaid, tybiaid,* cf. 1392, dogyn *gymhwylleit;* 504, *damweinnyeit;* B.T. 67, *kysceit* "cysgu"; 73, Gwrd y *gyrbwylleit: wyneb* yw "anrhydedd," C.Ll.H. 58. Felly gwerthodd mab Sywno ei fywyd er mwyn ennill clod, er mwyn i bobl grybwyll neu sôn am ei arwriaeth, cf. isod, 1190-1, em ladaut lu maur *iguert i adraut;* 1195, *hit pan grimbuiller.*

215   lliveit, miniog, am erfyn wedi ei lifo, cf. *maen llifo* "grindstone," Ll. *lima,* gw. ar 249, 257. Sylwer fod y terfyniad *-eit* yma yn gyfwerth ag *-edig,* gw. 326, *moleit* "moledig"; 354, *hidleit* "wedi ei hidlo"; cf. Ch.Br. 146, Cher-*loscheit* (="llosgedig").

216   lledessit, lladdodd? Cf. isod ar 262, *heessit.*

ac athrwys ac affrei, E. "was slain by crosses and spears," ond *ac* . . . *ac* yw "both . . . and," cf. M.A. 195b, Collant *ar* llygeid *ar* eneideu ; 208b, Boed yn nef *ath* hendref *ath* hauod ; isod, 467, *ac* an nerth *ac* am hen. Heblaw hynny, enw dyn yw Athrwys, gw. A.C.L. i. 192, *Atroys* m. Fernmail ; *Atroys* m. Teudubric. Awgryma hynny mai enw priod yw *Affrei* hefyd.

217 **amot,** gw. ar 32.

aruot, G. 38, ergyd, dyrnod, ymosod, gw. B.M^2. 28.

aruaethei, gw. ar 33.

218 **ermygei,** gwnâi, parai, gw. ar 205 ; cf. C.Ll.H. 136, *gwneuthur* kelein. Am *ermyg,* chwaneger y defnyddia G.R. Milan, *ermig, ermygion* am "organs of speech" ; B. v. 30, ei bib ai dabwr nev ei *ermygion* erailh ("instruments," offer gŵr wrth gerdd) ; Parry, *Brut.* 11, a chadarnhau tri chastell . . . o wyr ac arueu a bwyd a diawt ac *ermygion* ymlad ; Lhuyd, A.B. 83, *machina,* magnel, peiriant, *ormyg* (bai am *ermyg*) *;* M.A. 683b, gwneithur *ermygyon* y ymlad ar castell (cf. 634b, A gwedy llauurys ymlad ac ef ac amryuaelon *peirianneu a dechymygyon* ymladeu) ; G. Mechain, *Rhyddid, ermyg*boeni "rack," sef peiriant poeni.

calaned, llu. *celain ;* felly 779, 836, 849, 1147 ; C.Ll.H. 34. Diweddar yw *cel*anedd, ar ddelw *cel*ain, gw. ar *adan* 165. Gall *adain* fod yn enghraifft o gydweddiad â'r llu. *ad*anedd, fel pe dywedid *calain* i gydfynd â'r llu. *cal*anedd. Ar bosibilrwydd unigol *calan,* gw. ar 383.

219 **gwyr gwychyr gwned.** Un ystyr, beth bynnag, i *gwnedd* yw "brwydr," a *gwr gwnedd* "rhyfelwr," cf. 785, *guid gunet ;* 1018, en dyd g. *;* 1383, etvyn *gwr gwned* gwyned e wlat ; 1133, Trycant eurdorchauc *gwnedgar ;* M.A. 286b, Dedveu treis geneu treis *gwned gyrchyat ;* 331a, Ac aros mal Geraint *yngwned ;* 214a, Ny chawsan droeduet *heb wan heb wnet* / O deruyn gwynet. Yn nhafodiaith Cyfeiliog ceir *caseg wnnedd* "in heat," cf. *llid, llawd.* Os yr un gair, dengys mai *llid, trachwres* yw'r ystyr gyntaf, a "brwydr" fel ail ystyr.

gwychyr, ffyrnig, dewr ; *gwychyrolyon,* gw. 1087.

220 **Gwyned,** gw. ar 43. Cofier mai'r llwyth a roes enw i'r fro, ac nid fel arall, cf. *Demetae,* Dyfed. Un o filwyr dethol Gwynedd oedd hwn, ac ymladdai o'u blaenau ; blaenor oedd ym myddin Gwynedd (nid fel E. "in the upper part of Gwynedd").

gwanei, rhuthrai (P.K.M. 169, 170), neu trawei (cf. 401).

221 **e mordei.** Nid oes odl. Cafwyd y Cymeriad ar ddechrau rhif XIX ?

222 **can yueis,** gan i mi yfed. Ar *can* o flaen berf, gw. C.Ll.H. 182, *can* medrit ; P.K.M. 111, 247.

disgynneis, ymosodais, cyrchais i'r frwydr, gw. ar 65, ac isod, 224, 903, 954, 982, 1166, 1172, 1477. Yfodd, ac felly rhwym oedd i'r cyrch (nid yfed nes syrthio).

rann fin. Ai cyfystyr â "dros ffin," dros y goror? Ar ystyron amryfal *rhan,* gw. ar 40. Ceir *ffin* eto yn 419, 450, 870 ; hefyd cf. ar 923, *gorfun* gododin, sef gorffin.

fawt ut, E. "the fate of allurement," fel petai yn *ffawd hud ;* A. "the famous one of the land," fel *ffaw tut.* Onid *ffawd ud,* ffawd i udo o'i herwydd, "woeful fate" ? Neu'r *ud* "llw," sydd yn an-*ud*-on, felly tynged ?

223 **nyt didrachywed,** y ffigur Lleihad ; saif am *trachywed vawr* fel yn 260, cf. M.A. 163a, Granwynnyon trychyon *trachywet* eitun ; 287b, *Trachywed* llechwed lluch a tharyan ; 298b, Cystegwr byddin drin *drachywedd ;* 239a, Llew kemeis llym dreis *drachywet* / Lle bo cad uragad uriwgoch rysset. Golyga *argywedd* "niwed" ; Hen Lyd. *arcogued* (gl. *niciuos*), gw. Pedersen, V.G. ii. 515, a disgwylid i *tra*-chywedd gryfhau'r ystyr drachefn. Ni thâl A. "Not uncongenial is the yoke of the bold." Gwell gennyf fuasai ystyr fel "distryw, mawr niwed" i *trachywedd,* ac yn y testun gyda'r ddau negydd, *nyt di-,* "niweidiol iawn, distrywgar."

colwed, G. 161 "? bron, calon ('heart,' W.G. 72, ond nid amhosibl ei gydio wrth *koly,* gyda'r ystyr 'gwaywffyn' neu debyg)." Yn y testun addas yw "calon" ; am -*wed,* cf. V.V.B. *munguedou,* gl. exta.

drut, gw. B. ii. 39, "ffôl, rash, foolish" ; hefyd "ffyrnig, diymarbed."

224 **pan disgynnei bawb.** Gwell darll. yma *esgynnei,* dychwelyd, troi'n ôl o gyrch neu ruthr, gw. ar 65, *disgynnyeit.* Pan giliai pawb, ei arfer ef oedd rhuthro ymlaen.

225 **ys deupo gwaeanat.** Ar *ys* o flaen berf yn y modd mynegol a'r modd dibynnol, gw. B. ii. 284 ; isod, 331, *ys deupo* car kyrd kyvnot y wlat nef ; 341, *ys deupo* kynnwys yg kyman can drindawt ; 1004, *ys deupo* eu heneit wy ... *kynnwys yg wlat nef.* Grym *deupo* yw "deued, deled, delo," pres. dib. 3ydd o *deu-* (cf. *deu-*af), a *bod* (cf. B. iv. 46, tri nis *deupi* metygon), a hynny hefyd yw *ys*

deupo. Rhoddwyd *ys* yma yn lle *ath,* gw. isod, 233, *Ath* uodi. Cf. uchod 174 ar *as*.

gwaeanat. Yr unig enghraifft arall a welais ohono yw M.A. 196b, Kyuodwn archwn arch diomet / Druy eiryoled dewi a duw a uet / *Gwae anad gwenwlad* gwedy masswet. Amlwg yw y cyfeiria at lawenydd y nef, testun y weddi. Ategir hyn gan yr hen ddarlleniad yn 233 isod, lle ceir *gwas nym*. Amhosibl yw cyfieithiad A. "Woe shall come upon thee."

gwerth na, am na, gw. ar 41.

pechut. Anaddas yma : gwell darll. *techut* gyda 233. Hawdd fuasai i gopïwr newid y syniad cyntefig, "Nef iti am na fynnit ffoi ," i'r syniad mwy uniongred, "nef am na phechit."

226 **pressent adrawd.** Nid enw priod yw *pressent* (felly St. ac E.), ond "y byd," gw. C.Ll.H. 136. Ar *adrawd* gw. ar 27. Gwell darll. *kyuadrawd* gyda 234 er mwyn y mesur, cf. M.A. 156b, Kynnytws aeruleit aerulawt teyrnet / *Teyrnas gyuadrawt*, h.y. enwog oedd drwy'r deyrnas : felly yn y testun, "enwog drwy'r byd, byd-enwog."

Breichyawr. Gwell darll. *Breichyawl* gyda 234. Digwydd fel enw dyn, cf. A.C.L. i. 193. Hefyd, gw. Z.C.P. vii. 466, benthyg o'r Ll. *bracchialis*.

drut. Gwell *glut* gyda 234, gan fod *drut* eisoes yn odli yn yr awdl.

227 **kein guodeo.** Ceir *-o* droeon mewn hen orgraff am *w*, gw. isod, LXXVB. Felly cf. M.A. 164b, Kut vedrawd ae ceidw wedy *kein wotew*, "moethusrwydd." Ar *goddew* gw. C.Ll.H. 165 ; hefyd 47, O diua *da y odew* (odli â *rew, tew*), "da ei faeth, neu ei fagwraeth" ; R.P. 14 a 44 (Meirch Geraint) gaṙhiryon *grawn odew* = "grawn faeth," cf. 1148, Scwyt dan *wodef*.

celyo. I odli darll. *celeo, celew*, cf. 435, cintebic e *celeo* erit migam. Enw moliannus yw, fel llew, eryr, neu'r cyffelyb ; prin enw priod, canys Breichiawl yw arwr yr awdl. Felly cf. 205, bwyt e eryr erysmygei.

as eiryangut. Yn y llsg. darllenir *celyo ery vyhyr ohanav ar a fysgut as eiryangut*. Y brifodl yw *-ut*, ac wele hi yn *fysgut* ac *eiryangut*, ond yn rhy agos i wneud mesur. Yr unig ffordd a welaf i gael hynny yw symud *as eiryangut* a'u gosod o flaen *ery vyhyr*. Y mae rhyw gymaint o gyseinedd yn 228 fel nad doeth torri ar y ll. honno, ond rhaid gwneud rhywbeth i'r ddeuair hyn.

Ag eithrio'r newid hwn, cedwais drefn geiriau'r llsgr. ym mhob
ll. arall drwy'r odlau oll. Ceir tor mesur eto yn 231; rhaid fod
y gwreiddiol mewn cyflwr llwgr, neu'n anodd ei ddarllen.
  as, gw. 145. Yma rhagenw yn cyfeirio at *guodeo.*
  eiryangut, berf amherff. ail bers. un., yr ystyr yn ansicr hollol.
Ar antur cynigiaf rywbeth fel "rhannut, darparut"; gwledd i
eryr (?), neus darparut? "Hardd, gwych" yw *eirian,* ond o ble y
ceid yr *-g?* Bai am *t?* Ceir *rhang-* yn *cyfranc,* a *rhengi bodd;*
ond ni fedraf ei gysylltu â'r ffurf hon, oni ddarllenir *erangut,* ac
esbonio'r *e* fel yn 30 uchod.

228   **ery.** Ansicr. Cf. 609, *ery brwydrin;* 1474, *erry.* Ceir *ery* fel
berf pres. 3ydd o *aros;* ans. *er-hy* "dewr," H. 3, modrydaf kymry
erhi uarchawc; enw dyn yn Culhwch, Greit mab *Eri;* ac yn
awgrymiadol enw cyffredin gydag *eiryan* yn B.T. 42, 19, Aduwyn
gaer ... bit lawen ygkalan *eiryan yri* (odli yn *-i*); cf. *yri* yn Er-*yri;*
B.B.C. 48, 18, *eri* attkas. (Ai *llu*'r Eingl?) Os yw *cyfor* yn
golygu "llu," gall *yri* hefyd. Cf. 203, *mawr meint* e vehyr.
  vyhyr, gw. ar 203.
  ohanav, ohonaw, gw. B. iii. 258 ar *hanaud;* isod, 1226, *ohanau.*
  fysgut, gw. 189.
  ar a. Ai *ara?* Cf. B.B.C. 102, 4, Athuit met *ara* phellas;
G. 34 ar y ddau.

229   **esgynnei,** gw. ar 224.

230   **ceuei,** gw. ar 207, 296. Ai cyfystyr â "pe bai" yw yma? Neu
"O na bai!" Gellid ystyr ddigon barbaraidd pe medrid cydio
hyn wrth *maer* isod. "Pe bai gwaed dy laddedigion yn win,
byddai digon ohono i'th faer am dair blynedd a phedair."
  meint a wanut, "cynifer ag a leddit"; *gwanu* yma "lladd,"
gw. 220. Ar *meint* gw. 24.

231   **tutet.** Dichon fod y brifodl yn llechu yn y *-tut;* e.g. [me]*ddut*
"thou wouldst possess." (Ni thâl darll. *tudded.*) Pe felly,
darn o'r gair am ystôr yw'r *et.* Llwgr yw'r gair, sut bynnag.

232   **en vavr,** yn fawr, neu'n well *enfawr.*
  yt uaer, darll. "i'th faer." Dengys y llsgr. gryn gymysgu
wrth droi *t*'yr hen orgraff, gan mor amwys oedd, cf. 730, *yth*
elwir; 736, *yt* elwir; 759, *yt* elwir; 771, *ith* elwir; 773, *godileit;*
761, *o dileith.* Y *maer* oedd ystiward y llys.
  asgym myrr hut. Berf eto, amherff. ail bers., yn cadw'r
brifodl, a'r *-h-* yn awgrymu'r modd dibynnol. Felly gw. 91, ar

dygymyrrws; yma "buasit yn ei leihau." *as* yw gwrthrych y ferf, gw. ar 227. Y mae'r dull y copïwyd y ddeuair yn dangos nas deallwyd gan yr ysgrifennydd.

233 **ath uodi,** "ath fo di." Datif yw'r *th,* a'r rhagenw ôl *di* yn ei gryfhau. Dymuniadol yw'r gystrawen, "May there be to thee." **gwas nym,** nef. *gwas* "dinas, gwlad"? (gw. cytrasau'r Gr. *astu,* Boisacq, 92); cf. B.B.C. 87, Bendith y *wenwas* ir dec diyrnas; M.A. 178b, Gein *uenuas;* R.P. 26a, Ymeiryawl ar y *wennwas;* 33a, Duw . . . teyrnas *wenn was;* Gw. *foss* "aros, gorffwys"; *anfoss* "restlessness," *anfossaid* "unstable," C.I.L. 102; efallai hefyd yr enw priod, *Annwas,* R.M. 107, 2.
Saif *nym* yn yr hen orgraff am *nyf,* genidol *nef;* cf. Gw. *nem,* genidol *nime.* Affeithiodd *-i* yn nherfyniad y genidol *e* ym môn y gair, a'i throi yn *y;* enghreifftiau eraill yn Gymraeg yw *pen, pyn* yn er-*byn; bre, fry; bore, afory.* Yn B.T. 4, 12, fodd bynnag, poet ym heneit ym buched. yn tragywyd ygkynted *yggwas nef* nym gomed.
techut, gw. ar 26, ac uchod ar 225.

234 **kyuadrawd,** gw. ar 226.
glut. Nid tr. o *Clud* "Clyde"; ni threiglid y cyfryw enw lle ar ôl enw priod, cf. Maelgwn *Gwynedd;* Ynyr *Gwent.* Dengys 226 *drut,* ddarfod ei ddeall fel ansoddair a rhoi cyfystyr amdano; felly *glud* "dewr, ystyfnig," gw. 532, *golut.* Ac weithiau, am ryw reswm neu'i gilydd, ni threiglid ansoddair ar ôl enw priod, cf. Alexander *Mawr,* Rhodri *Mawr,* Ieuan *Tew,* a *Llwyd* yn rheolaidd.

236 **o eur,** o lestri aur, prawf o gyfoeth a moeth Caer Eidyn, cf. 798, *aryant* am y ued *eur* dylyi.

237 **blwydyn,** gw. ar 93.
en erbyn, yma "yn ôl, according to." Isod, 369, *en erbyn* fraeth "ar gyfer."
urdyn, "urddasol," tarddiad Cymreig o *urdd,* neu fenthyg o gyflwr traws Ll. *ordo, ordinis,* cf. B. ii. 120, Meckyt Meir mab ac *urdyŋ* y arnaw (odli yn *-yn*).
deuawt, defod; yma y dull rhwysgfawr o wledda yn llys Mynyddawg.

238 **eurdorchawc,** arwyr yn gwisgo coler aur, gw. C.Ll.H. 78.

239 **or sawl.** Dyma'r fannod yn sicr, cf. 412, 1115, 1130.
yt gryssyassant, gw. C.Ll.H. 67–8 am *yt* o flaen berf; ac uchod 109 am ystyr y ferf.

uch gormant wirawt. Anodd deall "rhuthrasant *uch* gwirawt," ond cf. 1403-4, or sawl yt gryssyassant *uch med menestri*. Yr oeddynt yn llawn o wirod pan gychwynnent? Cf. 127, *od uch;* 74, *uedwn.*
gormant, A. "overflowing"; E. "excess"; ond cf. B. ii. 108-9; isod 439, Guir gormant; B.B.C. 77, 7, gurhid g.; B.T. 74, Duw gwener dyd g.; 61, llwyth llithyawc cun ar *ormant* gwaet; M.A. 212a, wytt g. teyrn; 195b, Yn amgant hotnant *ormant* oreu; 201b, eryr dreic *ormant;* 211b, ac aryant g.; R.P. 68a 4, traw yr braw ar *bryuet gormant.* Nid oes help yn y geirfâu, B. ii. 140, "dieithred, brwydyr, estron genedl"; T.J. "dieithraid." Dyfynna D. "dieithraid" fel barn W. Llŷn a Gwilym Tew, ond tuedda ei hųn at "magnus, immensus, excelsus," gan dybio perthynas â *gormaint.* Ai'r un *mant* sydd yn *adfant, difant?*
240 **ny diengis,** darll. *nyt engis.*
gwrhydri, camp, gorchest, nerth arbennig; T.J. *gwrhydri, gorhydri* "gwroldeb, calondid." Nid o *gwrhyd* (ll. 2 uchod) a *ri,* ond o'r rhagddodiad *gwor-, gwr-,* a *hydri,* enw o'r ans. *hydr,* gw. ar 35; cf. B.T. 42, ac amser pan wna mor mawr *wrhydri,* ys gnawt gorun beird uch med lestri. Yno cyfeirir at helynt a chyffro'r môr yn ystormydd y gaeaf.
fossawt, gair am frwydr, C.Ll.H. 153; isod, 248, 256. Yn y geirfâu, B. i. 325, cledde est *ffoss;* Idem *ffossum, ffossod* et *fossawd* ictus gladii; ii. 138, *ffosawd* ryfelwr, dyrnod; 271, *ffossod* lladdva; gw. hefyd Z.C.P. vii. 467, "gash, cut," benthyg o'r Ll. *fossatum* "ditch" (Loth, Ch.Br. 124, 130, 147, dicofrit *difosot* diuuoharth et sine ulla re ulli homini sub coelo—am dir nad oes gan neb hawl i ofyn un math o dreth arno); H. 109, Bolch y lafyn *o lawur fossawd.*
241 **catki,** gw. 77 ar *aergi.* Y ddau oedd Cynri a Chynrein yn ôl 195; cf. M.A. 170a, Un kadkun val *cadki aeron.*
Aeron, gw. 196.
Cenon, y trydydd a enwir yn 194-6.
dayrawt, A. "now in the earth." Gair go anodd, gw. G. 287, B. ii. 1-5, ar *daeret* gyda *daerawt* fel gorff. 3ydd un, megis y ceir *gwaret, gwarawt;* yr ystyr, meddir, yw "daeth (yn adnau) i fedd." Nid yw hynny yn addas yma, canys diangodd tri *yn fyw* o wrhydri, a'r bardd yn bedwerydd oherwydd ei awen. Ni welaf ddatif i gael yr ystyr "perthyn" sydd i *deiryt,* pres. 3ydd un.; nid oes

yma *i* Gynon, *i* minnau. Ni wn chwaith am ans. *taerawt* na *daerawt*, onis ceir yn Cy. vii. 125, keneu y vrawt *kyuun daerawt* ny bu geluyd; B. vi. 136, py du *daearawd;* cf. isod 1135, *kyuun kyuarvavc ;* 159, *medwawt, llywyawt, barfawt.* Ai bai am *durawt,* fel yn 663, llavyn *durawt* (efallai hefyd yn 244, dragon *ducawt*)? Llai byth o newid fyddai darll. *daenawt,* pe gellid sicrhau ystyr addas (gw. 717, angor dewr *daen*), cf. yn arbennig B.T. 39, 11, Rac gwyar ar gnawt, rac afar *ystaenawt.* Ansicr.

242 **gwaetfreu,** tywalltiad gwaed; cf. B. ii. 276, Arthur . . . rudyeist ongyr *yggwaetfreu.* Ar *ffreu* "llif, ffrwd," gw. C.Ll.H. 83–4.

gwerth, am, gw. ar 41.

gwennwawt, cf. 466, *gwenwawt.* Cyfansawdd o *gwyn* (neu *gwên*) a *'gwawt* (cf. ar 12). Os benywaidd *gwyn* yw *gwen,* fel yr awgryma dyblu'r *n,* "glân, hardd," neu "santaidd" yw'r ystyr, cf. Duw *gwyn ;* Mair *wen ;* a mein*wen.* Os *gwen,* cf. *gwên* "smile" ; a *gwên,* cân santaidd ?

243 **Uyg car,** fy nghâr, "my kinsman."

yng wirwar, A. "my trusty gentle one," fel petai "fy ngwir wâr," cf. mein*war* am ferch ; ond gall *yng* fod yn arddodiad, o flaen *gwirwar* neu *gwiruar.* Os *gwar* yw'r ail elfen, cf. P.K.M. 168 ar *ymaruar ;* pe felly "diddan," neu "diddanwch," a *gwirwar* "gwledd" ; cf. G. 203, *kyuarwar* "difyrrwch, llawenydd, diddanwch."

nyn gogyffrawt, A. "nothing has ever disturbed us." Ansicr iawn, cf. B.T. 8, Atwyn kyfed *nwy gomed gogyffret ;* 22, Atwyn yt rannawt / Gwawt *nwy mefyl gogyffrawt ;* 3, gwyth *gogyffrawt ;* 46, yn ran eluyd yn temhyl selyf seil *ogyffrawt.* Yn ôl G. 221, enw yw *cyffrawt* "cyrch, brwydr" (cf. [B. vi. 136, Cynddylan kynrhan *cyffrawt*), a chymhara *amgyffret, amgyffrawd, gogyffred, gogyffrawd,* gw. isod 997, *angkyffret.* Ceir *amgyffrawd* fel berf ac enw, medd Loth, A.C.L. i. 421 ; enw yn unig, medd G. 22, ond dywed y gall *gogyffrawd* fod y naill a'r llall, cf. *gwaret, gwarawt.* Ceir berf yn B. iii. 88, Ar seirff a *ogyffredynt* kyrn tanolyon yn fustaw y gwraged (cf. 456, *krennit* e gat waewawr, Brandes, *Visio S. Pauli,* 66, angeli habentes cornua ignita percuciebant eas). Ai "ysgwyd"? Yn y testun rhaid cael berf ar ôl *nyn;* felly hefyd pe darllenid *nyu* am *nwy,* y negydd a'r gwrthrych, W.G. 114, 281–2, cf. B.B.C. 7–8, nis guibit ar *nwy* gelho ; ae coffa ar*nwy*dalho ; ir nep *nuy* hatnappo. Gellid rhoi un i mewn ar ôl *nyn*, a deall g. fel enw; wedyn dibynna *o neb* ar yr olaf. Ond nid yw'r cyd-destun yn glir i mi, a phetrusaf wrth weld B.T. 21, 17, Pwy *amgyffrawd* gwyd *o* aches amot dyd.

244 **o neb ony bei.** Efallai mai bai yw *o neb* am ddechrau *onebei* mewn hŷn copi. Ond gw. uchod.

o gwyn. Ar *cŵyn* "gwledd," gw. C.Ll.H. 55, G. 192. Nid "lament" fel A. na "white commander" E.; na Skene, F.A.B. ii. 378, "*Gwyn Dragon* must have been a Saxon commander." Cymerer *dragon* gyda *ducawt*. Am *o gwyn* cf. 441, *o ancwyn mynydauc.*

dragon ducawt, disgrifiad o'r arwr, neu o .Fynyddawg, "rhoddwr y wledd." Yn Z.C.P. vii. 466, esbonnir *ducawt* fel benthyg o'r Ll. *ducatus*. Nid yw gweddill yr awdl mewn orgraff mor hen nes galw am -*c*- rhwng llafariaid yn lle -*g*-; felly darll. *durawt*.

durawt, caled, creulon, cf. B.T. 31, *durawt o lin anarawt*; B.B.C. 11, Gretyw detyw *duraud*; H.1, run hir ryuel *durawd*; ac isod 663, llavyn *durawt*.

245 **ny didolit o.** Gall y ferf fod o *didawl-* neu *diddawl-*; amwys yw *d* yn y llsgr.; *diddawl, diddoli*, sydd orau yma, gw. V.V.B. 100, Ox. 2, *didaul*, gl. *expers* "having no part in"; B.B.C. 62, 10; 86, Nam *ditaul oth* wt (=*uut*); M.A. 160a, *oe* varannet nym *ditoles* / nys *ditolwy* duw *oe* deyrnles; 225b, kwl y *ditawl* . . . *o* le gwetawl; 230b, Ny byt da gan duw y *ditoli* / Ny bo *ditawl* Nest nef boed eiti; 258b, nam *diddolit*; R.C. xxxviii. 170; Gw. *ddl* "cyfran," *gwaddawl*. Gall - *dd* - *l* galedu yn -*d*- -*l*, cf. *pedawl*, W.G. 160; felly o *diddawl, diddoli*, cafwyd *didol-i* yn ddiweddarach, gw. D. Ceir enw *tawl* (a berf *tolio*) a allai roi *didawl* yn uniongyrchol, ond ni thâl yma o ran ystyr.

246 **ar beithing peithyng,** A. "he made of the tribes of the Picts a tribe laid out in swathes"; E. "Had he not laid waste our convenient position." Ond cf. M.A. 145b, Ar gad gad greude / Ar gryd gryd graende / Ar lad lad lachar. Felly darll. *Ar beithing beithing*. Daw *peithing* o *peith*, cf. y ferf yn M.A. 157a, Dwrn dra dwrn dra dengyn yd *peith*; gw. C.Ll.H. 205-6, a'r enghreifftiau yno o *peithiawg, peithwyr*, a'r posibilrwydd fod *diffaith* yn tarddu ohono. Hefyd isod, 1265, *peithliw*; 1269, a phor a *pheith* a pher; 1161, nav ugeint am bob vn am *beithynat*; C.Ll.H. 87-8. ar *peithyll, peithynau*; A.L. i. 258, *pethendo* "roofed with shingles";

Pen. 16, *peithynen* e neuad=Pen. 4, *toat* y neuad; C.Ll.H. 34, Pan disgynnei ym priffwch cat. kalaned yn *deudrwch*. Yn y testun, gwnâi haen ar haen, to ar dc, o ddistryw neu ddinistr, lladdfa ar laddfa.

aruodyawc, G. 39 "? ergydiol, llym"; gw. 217, *aruot*.

247 **ef disgrein**, gw. ar 42. Nid berf yw yma, ond ansoddair, neu enw, i ddweud beth oedd ef yng nghad. Nid yw'r *crain* sydd yn *ymgreinio* yn addas, A. "he wallows in battle," A oedd *(y)sgrein* gynt? Cf. yn arbennig B.T. 39, Mawr *discreinawr* llafnawr am iat. Rhywbeth fel "diofn, diysgog" sydd ei eisiau yma. Ar y modd y rhoir enw, ans., a berf yn ddiwahaniaeth ar ôl *ef*, gw. 88, cf. M.A. 203a, Ef rywr, ef gogel, Ef gogawn, Ef gogwyt, Ef dreissyc, Ef dreissyad, ef gyrchyad, ef eryr. Ef mwyhaf y met adrotyeid. Pe *disgein*, cf. Gw. *scén* "ofn."

aelawt, G. 11 "limb"; prin felly yma, ochr yn ochr â *chat*. Haws credu mai'r un gair a *trallawd* (*tra-llawd*), ond gyda rhagddodiad gwahanol, **ad-*, cf. *aeled*, a gw. B. viii. 230–2 ar ei berthynas â *llid*, *llawd*.

248 **neus adrawd**. Ni thâl *neus* gyda *nebawt* yn y ll. nesaf. Darll. *nys* fel yn 256, *ny sathravt*=*nys athravt*; gw. ar 27, cf. yn yr un awdl 506, *neus adrawd*, a *nys adraud* yn 517, 526.

249 **Llivyeu**, enw dyn; yn 257 gelwir ef yn *Llif*. Chwaraeir ar ei enw; nid oedd neb na dim llymach (gw. ar 215, *lliveit*) na *Llifyeu*.

nebawt, neb, dim, C.Ll.H. 135.

250 **cyrchei**, ymosodai, cf. 123, P.K.M. 174, 266.

kywlat, gw. 30.

anvonavc, hefyd 254; gw. isod ar 318.

251 **dilydei**, rhyglyddai, haeddai, gw. 147, *derllydei*.

252 **dull**, llu trefnus, rhestr, "array," wrth fwrdd gwledd neu mewn brwydr; gw. C.Ll.H. 128; yma mewn gwledd, cf. 697, *gloew dull* y am drull yt gytvaethant (cf. 237, urdyn deuawt); byddin yn 259, 966, 972; gw. uchod ar 58, *emdullyaw*.

gwychiauc, dewr, cf. 437, *guichauc*; 1020, yg kyvryssed buant *gwychawc*; 1081, cas ohir *gwychauc*.

253 **ardwyei**, cf. 1156, 1163; Vendryes, R.C. xlv. 329, "il administrait (réglait le sort de) cent hommes"; B. v. 18, Naf glanbobyl *ardwyat*; G. 36, *ardwy* "cynhaliaeth, amddiffyn, nawdd; llywydd, rheolwr"; *ardwyat* "cynhaliwr, arglwydd"; *ardwyaw* "cynnal, cludo, arwain." Nid yw'r un o'r ystyron hyn yn gweddu yn

R.B.B. 9, a phan welsant hwy y llu yn *ymardwyaw* Priaf a ymadrodes ar llu. Ac nid rhyfedd hynny, gw. y Lladin (*Dar. Phryg. Hist.* ix) et ubi visum est *navigari* posse Priamus exercitum alloquitur. Bai yw am *mordwyaw!*

mynawc, bonheddig, noble ; gw. isod ar 390.

254 eissyllut, anian, natur, C.Ll.H. 71, isod 554, 1045. alltut, yma "estron," brodor o wlad arall.

255 vn maban, cf. 20, *un mab ;* 83, *maban.*
Cian, gw. ar 83.
tra Bannauc, y wlad tu draw i fynydd Bannawg yn yr Alban, C.Ll.H. 156.

256 ny sathravt, cam-rannu a cham-ddiweddaru *nisatraut* mewn hen orgraff, sef *nis adrawdd,* gw. ar 248. Sylwer fod twll yn y memrwn rhwng *ny* a *sathravt* ac nid oes ond rhan o'r *s* i'w gweld.
clavr, clawr "bwrdd," wedyn "wyneb daear," a "bro" ; gw. C.Ll.H. 116 ; gyda *fossaut,* "maes brwydr."

257 llif, gw. ar 249 ; rhydd *Llivyeu* well mesur.

258 aryf angkynnull, arfau ar chwâl. Un ll. yw 258–9, disgrifiad gwych cynnil, "Scattered weapons, broken ranks, steadfast," gw. 1258, dechrau Gwarchan Tudfwlch.

259 agkyman, gw. ar 45, *angkyuan ;* cf. 336, gwaewawr uswyd *agkyuan.* Os negydd *kyman* "assembly" (gw. 341), golyga fod y dull neu'r fyddin wedi torri'r rhestrau. Os negydd *cyfan* "whole," golyga "toredig." Agos yw'r ystyron.
dull, gw. 252.
agkysgoget, "disyfl." Er torri'r rhengoedd, daliai unigolion eu tir ; gw. ar 387.

260 trachywed, gw. 223, cf. H. 59, 7, *trachywet* an knawd.

261 treiglessyd. Amwys, enw neu ferf, tebycach yw'r olaf, hen org. am ffurf fel *heessit* yn 262, 302, *heessyt* yn 306, *seinnyessyt* yn 325, *disgynsit* yn 418, *ervessit* yn 1144, gw. 262. Yr ystyr oedd "treiglodd" ; ar *treigl* "tro," *treiglaw* "troi, mynd am dro, teithio," gw. Ch.O. 33–4. Yma gyda *ciwed* fel gwrthrych, "dymchwelodd." Os enw, gweithredydd yn *-ydd* o **treiglas,* cf. *trigias, cymwynas,* ac uchod 175, *gwyllyas.*
llawr. Prin "tir" (gw. 27, ar *llawr* mordei), oni ddealler *treiglessyd* fel "dymchwelwr." Os derbynnir mai berf yw hwnnw, rhaid cymryd *llawr* fel "arwr, champion," megis yn 125, 769.

Lloegrwys giwet, y dibynnair gyntaf, "pobl Lloegr," cf. 916, *lloegrwys lliwedawr.* Ar *Lloegrwys,* gw. 671 ; hwy oedd y gelyn ; cf. B.T. 57, 20–4, hwy yw'r rhai a anrheithir gan Urien. *ciwet,* "cenedl," o'r Ll. *civitas ;* cf. 738, mur pob *kiwet.*

262 **heessit,** cf. uchod 261, a nodyn ar *disgynsit,* 418 ; hefyd 302, 306, 325, 1245 ; B.T. 25, 2, *bernissit ;* 4, ffawyd *ffynyessit,* kelyn *glessyssit,* 6, *gorthoryssit.* Heddiw gorberffaith amhers. yw'r ffurf yn -*essit,* ond mewn H.G. fe'i ceir hefyd fel gorff. 3ydd neu amherff. 3ydd ; gw. dau destun Rhif XXVI : yn A. ceir *heessyt onn ;* yn B. *ysgeinnyei y onn ;* yn LXVI A. *dimcones ;* yn B., *riuesit ;* B.T. 29, *kewssit* da nyr gaho drwc=B. iii. 25, *kauas* da ny gauas druc ; B.T. 54, 11 (Jona), kiwdawt niniuen bu gwr llawen *pregethyssit* (odlir yn -*yt*) ; 12, Riein tra mor bu (k)yscawt ior *yscoryssit* (am Mair, "esgorodd" ?) ; W.G. 326, ar R.P. 1184, *delyessit* Ieuan . . . vab Duw . . . yn dwfyr echwyd, "John *held.*" Felly cf. B.T. 52, 30, Alexander . . . *hewys* hayarndawn. (Sylwer ar wahaniaeth ystyr y ffurf yn B.T. 12, 16, yn nefoed bu cryt / pan ym *crogyssit.*)

eis. Yma, efallai llu. *as* (cf. *as-en* "rib"), fel *ais* heddiw, am brennau cul main "laths" a ddefnyddir wrth doi a gwneud parwydydd. Yn y cysylltiadau sydd i'r gair yn y testun, "gwewyr ysgeifn, javelins," cf. 302, heessit *waywawr ;* 306, h. *onn.* Beth yw yn 910 ?

263 **kynnor,** gw. 21.

eis. Anodd credu y ceid gair yn odli ag ef ei hun mewn pennill (er *hir* yn xv). Yma, gellid darll. *treis,* cf. 472, 829, 921. Ar y cyfan gwell gennyf hynny na cheisio deall *eis* yn y ll. hon fel llu. *aes* (cf. *maen, mein*), er yr hoffid odli dwy ffurf unffurf, os oedd eu hystyron yn amrywio, cf. C.Ll.H. 32, *Maen, maen.*

cat uereu, brwydr â gwewyr. Ar *ber* "spit, picell, gwialen fain," gw. G. 55, cf. M.A. 115b, glas *ferau* heiyrn *heasant ;* R.B.P. 176a 38, rud*uer.*

264 **lludw.** Nid *lludw* "ashes" na *llydw* "teulu" (L.L. 120, dy *lytu* yr *ecluys* . . . dy *lytu* teliau), ond *llyddw,* neu *llyddf,* er mwyn odli â *gwydw, gwyddw,* cf. 273 *llydw.* Ffurf yw ar lu. *lleddf* "yn isel, flat, prostrate" (gw. P.K.M. 227–8) a'r *f* wedi troi'n *w ;* cf. Gw. *cuirm, cwrf, cwrw ; twrf, twrw ;* Gw. *ainm, anw, enw ;* neu'n well, *gwddf, gwddw.* Felly "he laid men *low.*"

265 **gwydw,** llu. *gweddw.* O'r Ll. *viduus* ceid *gwyddw,* unigol gwrywaidd ; o *vidua* ceid *gweddw* trwy affeithiad *a,* ans. benywaidd

NODIADAU 143

unigol. Yn rheolaidd defnyddir yr un ffurf am yr ans. llu. gwr. a benyw, megis dynion *gwyn*, a merched *gwyn* (nid *gwen*), ac felly disgwylid *gŵr gwyddw, gwraig weddw, gwragedd gwyddw*. Cydweddiad a roes *gweddw* yn y cysylltiadau eraill oherwydd amlder a mynychter y term *gwraig weddw*. Cf. ymhellach 672, *gwraged gwyth*.

266   **greit uab hoewgir.** Ar *greit, greiduab*, gw. C.Ll.H. 115 ; B. ii. 141, *graid* "llosc" ; viii. 321, *greidio* "scorch." Amhosibl yw *hoewgir* oherwydd yr odl. Cydier yr -*r* wrth *ac* yn y ll. nesaf, i gael *rac,* darlleniad 276.

267   **ysberi,** llu. *yspar* 1044, "gwewyr," gw. Walde ar *sparus*, W.G. 143. Galeg yw yn ôl Dottin, *La Langue Gauloise,* 30, cf. Z.C.P. vii. 473 ; B. vii. 25, y *ysperi* pell yd glywer.

y beri, un ai'r arddodiad *y* "i," neu ynteu bai am *ry beri* "achosi." Os darll. *greu* gyda 276, rhaid deall *ry beri* fel "rhy barai," cf. 66, *lledi.*

creu. Yn 102 nid oes amheuaeth nad "gwaed" yw'r ystyr ; felly hefyd 290. Dichon dadlau mai hynny sydd yma, parai waed o flaen gwewyr. Dyna'r ystyr i'r copïwr a ddarllenodd *ac ysberi.* Eto cofier am y *creu* sydd yn P.K.M. 71, sef lle diogel i gadw moch. Dyry Meyer chwe *cró* mewn Gwyddeleg, un yn golygu gwäed, un arall yn golygu "an enclosure, circle, fold, fence," ac fel ail ystyr "a cattle-fold, a pig-stye, stall, pen," yna "hut, cell" ; un arall "socket, the eye of a needle," cf. *crau* nodwydd ddur. Y mae'r ail a nodais yn gyffredin fel term milwrol, e.g. *cró catha ;* doringned *cró sleg* 7 *sciath* acco 'ma rig nHérenn ; bátar na sloig ina *crú* umpu ; *cró bodba,* a'r cyffelyb, C.I.L. 522 ; Windisch, W. 453. Amlwg yw y golyga gylch o filwyr a'u gwewyr a'u tarianau yn ffurfio amddiffynfa, cf. uchod 122, *ysgorva* ysgwydawr, ac ystyron *ysgor*, Gw. *scor ;* hefyd B.T. 62, 7, neu vi a weleis wr yn *buarthaw.* Felly yn y testun, credaf mai "amddiffynfa, battle-fold, fence," yw'r ystyr orau.

268   **pwys.** Tywyll yw'r llinell oll. Efallai nad yw ond gweddill ll. o 12 sill (fel 269–70, 271–2, yn wir y cwbl o XXIII), 4 + 4 + 4, a bod yr ail bedwar a odlai â *rydre* ar goll.

Ceir *pwys* eto yn 961, 1037 (odli â *dadodes ?*) ; 955, porthes mawr*bwys*. Ar *blaen* gw. xvi.

rydre. Cf. C.Ll.H. 192, *gwerydre* "gwlad." Neu ynteu, cyfans. o *rhyd* a *re ;* neu *rhy–* a *tre,* cf. *godre.* Ceir *rhyd* fel pe'n golygu "cyfle" yn M.A. 552a, pan gavas ef *ryt* ar i kyvlawan ;

662a, A chael *ryt* ohonaw boregweith y dyuot yr ystauell; 251b, Och am *ryd* esbyd oesboen dagreu rwy; B.T. 43, 22, oed meu *yrydeu* adewisswn: cf. hefyd en-*rhyd*-edd.

Hefyd, gellid odl fewnol wrth ddarll. ry-*drei* i odli â *ferei*.

ferei. Ai berf o *ffer* "cadarn, ffyrnig," C.Ll.H. 88–9 ? Cf. isod 391. Os *fferru*, gw. D. "algere, rigere." Gwell gadael *y* allan, sut bynnag, i gael 4 sill yn y cymal olaf, a darll. *ferei gadeu*. Ofnaf gynnig *ry* a *tryferei* gadeu.

269   **dryll** "darn." Yr unig enghraifft yn y llsgr., a gall fod yn fai am *dull* (trwy ddarll. *drill*, a diweddaru'r orgraff).

kedyr. Anhysbys. Deusill yw yn ôl y mesur. Ai bai am *kedyrn*, neu *kedwyr* ? Prin enw priod, o *Caturix* ?

270   **crysgwydyat,** 509, *crisguitat* (=498, *krysgrwydyat*); B.T. 11, Oed mynych *kyfar chwerw* / Y rof am kefynderw / Oed mynych *kyryscwydat* / Y rof y am kywlat / Oed mynych *kyflafan* / Y rofi ar truan. Os o *crys* a *cwydd(i)ad*, gw. ar 109 am *crysiaw* "cyrchu," a 49, am *kwydei* "syrthiai," cf. B.B.C. 27, Or saul *dymguytat* ar lleith dimgorbit. Enw yw'r cyfansawdd yn B.T. 11, felly enw yw *cwyddyad* (cf. *digwyddiad*); *crys-cwyddiad* "cyrch-ddisgyniad," ymosodiad. Dyry G. 184, "brwydr, ymdrech, cynnen, cythrwfl," a chwanega "anodd dewis rhwng *d* ac *dd* . . . *kwyddaw* neu *ysgwydaw*."

bryt am gorlew. Rhaid darll. -*leu* i odli, a chan fod *l* yn troi'n *ll* ar ôl *r*, disgwylid *gorlleu*. Tywyll yw i mi, cf. 147, *bryt ae derllydei*, lle ceir rhagenw perthynol a berf ar ôl *bryt*. Neu ynteu, cf. 2 *am dias*; neu B.T. 75, 10, kathyl gwae canhator kylch prydein *amgor*; M.A. 150b, amgen *am gor*; 188b, Kedwyr dor *am gor* am gyrwyd; G. 22, *amgor* "cylch, ffin."

271   **diechwith**, "ffodus," neu "anffodus," gan na wyddys beth yw *echwith* ai cryfhau *chwith* ai ynteu ei negyddu. Ar ddelw parau fel *trin, edrin*; *trist, athrist*; *taw, athaw*; *cadw, achadw* (gw. G. 6, *achlaf* "claf, gwael, nychlyd"), gall *echwith* olygu "chwith iawn," a *di-echwith* "deheuig," neu "ffodus," cf. 1025, *frwythlam*.

llam "naid," weithiau "ffawd, tynged," C.Ll.H. 124.

272   **y orwylam**, cf. 1024, *an gorwylam* / enyd frwyth*lam*. Tywyll i mi. Ymddengys fel enw, yn hytrach na berf gorff. 1af llu. yn -*am*. Ond ni wn am derfyniad -*am* a ellir ei roi ar ôl *gŵyl* "feast," nac *ŵyl*- "wylo," na *rwyl*- "llys," cf. Cy. ix. 332, *Kwyl* (bai am *Rwyl*) "llys"; D. "aula, regia"; I.G.E. 167; H. 63; M.A.

NODIADAU 145

157a, 236a, 237b, 276b, 299a, 309b, 328a 4, b 10. Os *gorwy* a *llam,* tybed a ellid *gorwy* fel amrywiad ar *goreu* (cf. *aswy, asseu*), cf. H. 62, *goreu kyrchlam* ym kyrchu ataw? nat, cân, gw. 648, 655. ry gigleu, "a glywais," neu "a glywodd," gw. W.G. 371; yma y cyntaf? Cf. 1321, twryf neus *kigleu.*

273 ef gwneei. O ran mesur, gwell yw 264, *goruc,* ond gellid diystyru'r *ef,* pe bai raid. Yn 246, 311, ceir *gwnaei.*

274 kynn oe agheu. Gwell yw 265, *kyn noe,* cf. 54, *kyn noe* argyurein.

275 breint, enw cyffredin yma, er ei fod yn digwydd fel enw priod, megis yn R.B.B. 240, L.L. 245, 257.
mab Bleidgi, gw. ar 130 (cf. L.L. 155, *Bleidcu*).

276 creu, gw. 267.

277 arwr y dwy ysgwyd, A. "the hero of the two shoulders beneath a forehead decked with many hues." Yn sicr ni thâl hyn. Rhaid tybio llwgr yn y testun; sylwer ar y fannod *y,* peth eithriadol yn y canu hwn. Mewn hŷn org. cawsid *argur ir dui scuid* neu *scuit,* ac ar destun felly y mae'n rhaid gweithio i gael synnwyr. Ystyrier fel cynigion, *arwr ardwy ysgwyd,* o *ardwy* "amddiffyn," ac *ysgwyd* "tarian"; neu *arwr yr* (neu *ry*) *dwysgwyd,* o'r ferf *twysgaw,* D. "congregari, conglomerari, coaceruari"; *twysg* "pars, portio ... acervulus, cumulus"; neu ynteu *ryddysgwyd,* neu *yd wisgwyd,* h.y. arfogwyd. Nid wyf yn dawel ar yr un ohonynt, gan nad yw *talvrith* yn glir i mi, a bod *adan* yn amwys hefyd.

adan e dalvrith. Ar *adan* gw. 4, 165. Gall *tal* olygu talcen, neu wyneb neu fogel tarian, gw. 23, *tal y rodawr.* Am y ddau air ynghyd, cf. R.P. 172b am y ddau frawd, "diarchar aryal *adan daleu.*" Am *talvrith,* cf. B. iv. 46, *Penvrith* o buarth kadvan; B.T. 48, 13 (march) *Yscwydurith* yscodic gorwyd llemenic; 22, bum kath *penurith;* yn arbennig, B. iii. 37, Ithel *Dalfrith.* Dichon mai "talcen frych" a olyga, canys dengys yr enghraifft olaf y gall fod yn ans. am ddyn; ond dengys P.K.M. 79 fod *brithaw lledr* hefyd yn air arferol. Gwallt yn *britho* yw "hair turning grey," a gall *penfrith* olygu "grey-haired."

278 eil, yma "tebyg," megis ar lafar, "Ni welais mo'i *ail,*" ond cf. 389, am ystyr arall.
tith, cf. 283; Llyd. *tiz;* amlach yw *tuth,* gw. C.Ll.H. 165; hefyd Osthoff, Z.C.P. vi. 416.

gorwydan, bachigyn o *gorwydd,* march, 452 ; cf. am ystyr, 301, Ny deliis meirch neb marchlew.

279 **bu trydar.** Yn ôl A. "he has been a centre of tumult" ; gwell cymryd *trydar* "twrf," fel goddrych *bu,* "there was tumult" ; cf. 66. Un o gyfystyron brwydr yw *trydar,* megis yn 688, 729, 933 ; yr ystyr seml yw sŵn, cf. 445, *tarhei.*

aerure, aerfre, bryn brwydr.

tan, gwreichion o'r arfau.

280 **bu ehut e waywawr.** Os cedwir *e,* rhaid cyfieithu *bu* fel "he was," yn groes i 279 ; ond 8 sill sydd ym mwyafrif ll. yr awdl, felly darll. *bu ehut gwaywawr.* Ystyr *ehud* yw ffôl ; os dilys, cf. *drud.* Onid gwell darll. *esgut* "cyflym" neu "awchus" ? Cf. H. 66, gwreit*lafyn escud ;* 69, ysgwyt tan llachar . . . *esgut wayw.* Eto cf. R.P. 100b 32, *ehutrwyd* mordaf. Haelioni Mordaf oedd enwog, ei barodrwydd i roi. Felly bu "barod" ei waywawr ?

huan, gw. ar 151. Yma, llachar, os at y gwewyr y cyfeirir : "there were keen flashing spears." Yn erbyn darll. *buan* y mae'r atlais o *ehut.*

281 **bwyt brein,** cf. 205, *bwyt e eryr ;* 811, *buit i sgliuon ;* darll. *bwyt e vrein ;* cf. B.B.C. 103, Yn lluithauc in *llithiav brein.*

bud e vran, cf. 53, kynt e *vud e vran.*

282 **a chyn edewit.** Grym perff. amhers., nid amherff. amhers., sydd i'r ffurf ; gw. P.K.M. 191, *yd edewit.* Am ystyr, cf. C.Ll.H. 30, oe *adav* ar lan awon / Y gid a llv ewur llwydon. Efallai y dylid darll. *a chyn e adaw,* ar ddelw 288. Gan fod yr un syniad eto yno, tybiaf fod dau bennill wedi eu cyfuno yn XXIV.

rydon, A. "Rhyddon." Un ai llu. *rhyd* (cf. B.B.C. 68, Piev y bet yny *ridev*) neu *rhyd-on,* "Ash-ford." Ond cf. R.P. 1, 10, Yr gweith *arderyd* ac *erydon.*

283 **gan wlith,** A. "when dew began to fall," neu "dan y gwlith." Nid *blith,* er B.B.C. 72, *eririon blith.*

eryr tith tiryon, milwr hyfryd ei symudiadau, pendefig cyflym ei ruthr.

284 **o du.** Ar *tu* "ochr," gw. 813 ; C.Ll.H. 91, 116, 159, 194. Ffurfia arddodiad gydag *a, ac at, ar* (P.K.M. 216 ; S.G. 126, yny doethant y ymyl y mor y *tu ar* Iwerdon) ; daw ar ôl *o,* megis, *o du*'r gogledd, *o'r tu* deau ; H. 3, Bum *o du* gwledic yn lleithi[g]awc ; M.A. 197b, y dwyre *o du* gweilgi; cf. *o ochr.* Efallai mai *o'r ochr*

yw'r ystyr yma, eithr nad oes bannod yn y canu hwn. Yr anhawster yw *tu bronn* yn yr un llinell, os golyga "ger bron." A ellid deall hynny fel "ochr glan," neu "fryn " ?

gwasgar gwanec. Gall *gwasgar* fod yn ferf, pres. 3ydd. un : o'r ochr ton neu waneg y rhyd yn ymwasgar ger bron ei fedd, neu ei gelain. Neu ynteu, *gwasgar gwanec* fel enw, "gwreichion ton, spray"; yr oedd ei gorff dan wlith ac asgellwrych y don, lle gorweddai wrth ochr y rhyd. Y mae 9 sill yn y ll. yn lle 8 ; efallai y gellid dileu *tu*.

285   **gwyr o gallon,** gwŷr o galon, cf. 1199. Ar *callon*, gw. G. 99 ; am yr ystyr o ddewrder, gw. P.K.M. 54, ni byd o *galhon* gan grydyon nac ymlad a ni nac ymwarauun. Gwaith y beirdd yw barnu'r dewr o galon, pwy sydd ddewr, a phwy ddewraf. Ond os darllenir *wr* yn lle *wyr* (gw. uchod ar 121, *Gwr* a aeth) ceir cymal i ateb i *a chyn edewit* uchod. Cyn ei ladd, dedfryd y beirdd oll arno oedd ei fod yn "ŵr o galon." Yma y dylai'r awdl orffen : buasai felly yn odli yn *n* ar ei hyd, ac yn diweddu yn ôl y ddefod gyda gair o fawl i'r arwr marw.

286   **diebyrth,** A. "completely sacrificed"; Vendryes, R.C. xlv. 330, "n' etaient pas sacrifiés son droit, ses conseils." Deallaf ef yn hytrach fel gorff. 3ydd un. o *diebryd* "colledu, ysbeilio, cymryd ymaith, deprive," fel *cymyrth* o *cymryd,* Loth, R.C. xxxvii. 299 ; Ped., V.G. ii. 469 ; fel enw, cf. Gw. *diubart* "detrimentum" ; A.L. ii. 318, a menegi py vn or tri *diebryt* yth *dieberwyt* oth eidaw ; H. 32, *ediebrid* ny dyodric ; ymhellach, gw. Windisch, W., 485, *diupairt;* gl. Wb, 9c, *na tiubrad* ne privet ; *doopir* privat S.G. 221b ; *oc diupirt* in decrescendo (am y lleuad) ; *cen diupairt* "without fraud."

O *diebred* y cafwyd *diebreidyawc*, H. 4, kwynif ny bytif d., cf. *diffred, diffreidiawg ; gorwedd, gorweiddiog.*

certh, "gwir" (cf. Gw. *cert,* ansoddair "right, just, true" ; enw "right, justice, due, claim, C.I.L. 350) ; gw. B. iii, 131 ; R.C. xlv. 328-9 ; ac isod, 1163, ardwyei waetnerth *egerth* or gat.

cynghyr, llu. *cyngor,* yn ôl G. 224, "cyfarfod, ymladd, ymosod" ; gwell yw deall cyngor yn ei ystyr arferol, fel yn B.T. 75, brython ar *gyghyr ;* R.P. 172, deu lew yn eu *kyngyr ;* cf. isod, 644, Nyt oed *gynghor wann,* h.y. beth bynnag oedd yr argyfwng, ni roddai gyngor llwfr. Felly yn y testun, colledwyd y gŵr hwn gan ei gynghorion rhyfelgar ; nid ei les ei hunan fyddai ganddo o flaen ei feddwl ; fe'i tlododd ei hun, gw. 287.

287 **diua,** ansoddair yw yma : heddiw berf a berfenw, "distrywio" ; cf. C.Ll.H. 39, Eglwysseu Bassa ynt *diua* heno / Y chetwyr ny phara ; 43, Hi gyua ; *diua y gwyr;* felly yma, ffrwyth ei gyngor oedd fod ei filwyr wedi eu lladd.
cynrein, yma lluosog *cynran,* gw. ar 48, 680, 881 ; M.A. 321a =R.P. 84a, *Oe gynrein* mirein amyl mawred yn llaw o gystal anaw ae gystlyned, h.y. câi ei filwyr dethol gystal rhoddion ganddo â'i deulu.
gan wyr, cf. 1197, "gan ryfelwyr" ; prin *cant o wŷr ;* gw. 253, ardwyei *cann wr ;* yno ni luosogir yr enw ar ôl *cant.*

288 **a chynn e olo,** cyffelyb i 282, *a chyn edewit,* cf. 1235, 1472. Ar *golo* "claddu," gw. C.Ll.H. 124, 184, 187, cf. isod, 1074, 1097, *kyn golo ;* hefyd 1124.
Eleirch Vre, bryn eleirch ; enw lle. *bre* "bryn," G. 73.

289 **gwryt, arch,** dau air amwys ; *gwryt,* gw. ar 2 (1) chwe throedfedd, (2) dewrder : *arch* (1) cist, "coffin" ; (2) canol corff, "waist" ; (3) gofyniad, cais. Yma, *arch* yn yr ail ystyr, cf. R.P. 31b (am Grist), yr y *arch* vriwdoll ; Llan. 2, 239, y rwymyaw am eu *harch ;* A.L. i. 390, brathu dyn yn y *arch* hyt y keu ; Ll.A. 94, A chorff lleweid arderchawc ac am y *arch* yn aduein ; Y.C.M. 26, aduein oed am y *arch ;* B. iv. 9, geneu mwyalch ac *arch* bleid ; Gw. *arc* "trunk of the body," C.I.L. 115. Yma "yr oedd dewrder yn ei fynwes." Cymerer fel sangiad yn y frawddeg, "Cyn ei gladdu golchodd ei waed ei arfau."

290 **gorgolches.** Ni ddangosir y tr. ar ôl *gor-*. **seirch,** gw. 167.

291 **Budvan vab Bleidvan.** Hoffid cael un elfen yn gyffredin yn enwau tad a mab, cf. Cy. ix. 170, *Cat*gualart m. *Cat*gollaun m. *Cat*man ; 178, *Pop*delgu m. *Pop*gen ; 180, *Cat*tegirn m. *Cat*ell ; *Cat*gur m. *Cat*mor ; *Morgen* m. *Mor*mayl, gw. C.Ll.H. xxxii.
dihavarch, cf. 560 ; D. "fortis, strenuus, impiger, gnavus," C.Ch. 156, Coffa y duffust yn *dihauarch ;* B. ii. 279, Arthur *ddihafarch* ateb ; M.A. 517, megys y lledynt ef en *dyhavarch* (=absque cunctamine) ; B.B.C. 50, dulloet *diheueirch ;* W.M. 130b, ac *ymdihauarchu* ac ef... ae rwymaw ae dwylaw ar y geuyn ; Pen. 12, 125, Dy gyghor ath gusul yw amouyn a doeth, ymoleithio a glew, *ymdihauarchu* a drut, kany didawr drut pa wnel. Sylwer ar yr odli o 288 hyd 291, *-eirch, arch, -eirch, -arch ;* cf. isod, 1118-25.

292 **cof,** gw. ar 118, *covein.*

camb, cam; o ddamwain neu ynteu hen hen orgraff, cf. Galeg, *Cambo*-dunum; *Cambo*-ritum; caer ar y Wal Rufeinig, *Cambo*-glanna "Cam-lan." Ond gwell gan G. a J. ei gywiro i *camp*. Os felly, *camp ehelaeth*, disgrifiad o'r arwr y mae'n gam ei adael heb ei gofio.

293 **adwy,** "bwlch, breach, gap," G. 9; cf. R.C. xi. 357, Llyd. *ode, oade,* "adwy mewn gwrych"; xxix. 70, *ado* "brèche," yn ynys Eusa (Ushant).

yr adwryaeth, A. "for puny men"; yn hytrach, "trwy lyfrdra," cf. Gw. *athfher* (=adwr), "an unmanned worthless person, a coward," C.I.L. 148. Sylwer ar y gyseinedd, *ada*wei, *adw*y, *adw*ryaeth.

294 **kerdoryon.** I gael odl, darll. *kerdwryaeth,* cf. M.A. 155a, Llywelyn *lles kerdawr.* Yn y testun, yr oedd yr arwr yn lles i'r beirdd, am y byddai yn ei lys ddydd Calan i roi calennig iddynt, cf. M.A. 165a, *kelennic* a dyry: 160a, Nyd oet *am galan yt ymgelei hael.* Credaf mai ychwanegiad difeddwl yw *prydein ;* ni thâl fel cyrch gan nad oes odl iddo yn 295.

295 **diw calan Yonawr,** dydd calennig hyd heddiw.

ene aruaeth, o fwriad, yn ôl cynllun, gw. ar 33.

296 **erdit** (y berfenw yw *aredig,* a'r ferf *arddaf,* etc.), pres. 3ydd un. neu amherff. amhers.

kevei, gw. ar 207, 230, 781, 789; H.G.C. 130, nyt arbedus *keuei* yr egluysseu; M.A. 495a, ac na choffeyt *kevey* Elydyr rac dahet arglwyd oed Peredur; 240a, Lliaws ae kyveirch *kefei* nyd geu; Pen. 14, 26, hep wybot *keuei* yth wreic ygchvaethach y eraill; C.Ch. 102, *kevei* tra yttoedwn yn ymlit y cwn; Brut. Ding. 14, A phwy a alley ellwng kenedyl Tro hedyw yn ryd yr hon ryvuassey y ssawl vlwydyned ac amseroed yg keithiwed a dan vrenhyned Groec? Pwy *keuey* a geissei llauuryaw y gyt ac wyntwy y geyssaw rydyt or ryw geythywet honno? (R.B.B. 50, Pwy a geissei lauuryaw.) Amlwg yw fod *kevei* yn yr enghreifftiau hyn gyda'r negydd yn golygu "hyd yn oed"; ac felly yn yr olaf mewn cwestiwn a ddisgwyliai ateb negyddol. Daw o *cy* "er, though," a *bei,* amherff. dib. 3ydd *bod;* cf. *cyfoed,* o *cy-* a *boed* yn y rhain, A.L. i. 202, ny dylyir marudy *keuoet* maru; 258, *keuoet* kan arall e llosko; 236, *keuoed* gureyc uo; ii. 10, kanys *keuoet* maru er abat e clas ar kanonguyr a dele y da ef.

diffeith, ansoddair am fynydd, B.B.C. 73, 3; am fôr, 105, 12; 06, 10; am dref wedi ei dinistrio, C.Ll.H. 33, Yr ystyr yw "heb neb yn byw yno," cf. C.Ch. 23, ac or emelltith honno y maent yn *diffeith* etwa=Y.C.M. 4, ac wrth hynny y maent *heb neb yn y presswylaw* yr hynny hyt hediw; R.B.B. 58, y wen ynys. A *diffeith* oed *eithyr ychydic o gewri* yn y chyuanhedu. tec oed y hansawd o avonoed tec a physcawt yndunt a choedyd a bwystuileit yndunt yn amyl. Dengys hyn y gall gwlad ffrwythlon gael ei galw'n ddiffaith, oni bydd pobl ynddi. Yn y gyfraith, *diffeith brenhin* y gelwir "pob da heb perchennauc ydau," A.L. i. 170, gw. 78, 110, 486, etc. Yng Ngwynedd dyn drwg iawn yw dyn diffaith, cf. B.B.C. 61g, Escyp ... *diffeith* difid. Ai "anniwylliedig" ? Yn ôl D.W.S. golyga "leude" yn ogystal â "tennantless," cf. Voc. Corn. *pelagus* mor *difeid ;* Ch. Br. 202, Kaer *diffeth (diffez) ;* 109, Barb-*difeith* ("barbe inculte").

Yn y testun proestir ag -*aeth ;* neu ynteu rhaid darll. *diffaeth* "afrywiog," C.Ll.H. 220, negydd *ffaeth* "brau, rhywiog," i gael odl lawn. Ond cf. odlau 288-91 : ni ellir pwyso ar hyn.

297 **tra chas.** Treiglwyd i'r feddal, felly rhaid bod cystrawen â'r ll. o'r blaen. Un ystyr yw "gelyn," cf. M.A. 145b, Ardwyreaf hael ... / A gennys *dra chas* dra Chors Fochno.

anias. Y mae'r mesur o blaid cymryd *anias* yn drisill; felly hefyd -*i*- yn lle -*y*-, yr arwydd cyffredin am *i* gytsain. Eto, cf. 1419, Odef *ynyas*. Gall fod o *an*-, cadarnhaol, ac *ias* gwres ; neu *an* negydd gydag *ias,* neu fel *an-nias,* negydd *dias ;* neu'n fai am *amdias,* gw. 2. Cynnig G. 29 "? twrf, trwst, godwrdd; ? brwydr" ; tardd ef o *dias,* a gwrthgyferbynna *ynyas*.

dreic, sarff (cf. 201), yna pennaeth, gw. 244, 298, *dragon.*

298 **gwyar,** "gwaed," yma "brwydr."

gwinvaeth. Enw yw yma (ac yn 1175 ?) am wledd win ; ansoddair yn 799, 1198, am un a fagwyd ar win. Oherwydd ansicrwydd y testun a'r orgraff, anodd deall prun ai cyfansawdd o *maeth, meith,* ai o *gweith* "pryd," fel yn "pryd bwyd," yw *gwinveith, gwinweith ;* 440, Gwinweith a *medweith* oedyn (ansoddair llu. ?); 674, O *winveith* a *medweith ;* 689, O *winveith* a *medweith* / Yd aethant ; 695, O *winveith* a *medveith* yt gryssyassant (enw am wledd). Sylwer ar y bwhwman rhwng *v* ac *w.* Hefyd cf. B.T. 9, 27, bual wrth tal *medueith.* Y mae cyfochredd a *gwinveith* yn erbyn deall yr olaf fel tarddair yn -*eith* o *meddw ;* gw. isod ar 674.

299 **Gwenabwy vab Gwenn.** 469, 496, *gwenn ;* 477, *Gwenauwy* mab *gwen.* O blaid -*abwy* y mae enw fel *Rhonabwy ;* o blaid

NODIADAU

-*afwy*, y mae 920, *cadavwy*. Cf. B.B.C. 59, y *Wenabuy*; R.M. 109, o *wennabwy* merch kaw y uam; L.L. 401 (Index), *Guenopoui, Guernabui, Guernapui*; *Guinabui*; 402, *Guorabui, -apui*; *-habue, -habui, -aboi, Gurpoi*; R.M. 130, Eryr *gwern abwy*. Y mae tystiolaeth go gref i -*abwy* fel treigliad o -*apwy* yn y cyfryw enwau.

Gwenn, enw ei fam? Y mae'r orgraff yn erbyn darll. *Gwên*, enw dyn, cf. C.Ll.H. 57; felly hefyd yr odl â *gynhen*; a'r odlau yn XLII AB, XLIII B. Felly cf. B.B.C. 66, llvytauc uab *lliwelit*, cf. *Parochialia* iii. 70, enw merch "Llewelidd."

cynhen, G. 255, "brwydr, ymryson"; 250, *kynhennu* "ymryson, ymladd," cf. B.B.C. 68, Bet talan talyrth *yg kinhen teir cad*. Pa gystrawen yn y testun? Nid oes le yn y mesur i roi arddodiad o'i flaen, ac awgryma'r treigliad fod y cyswllt yn y ll. o'r blaen. Efallai fod llinell ar goll yma, neu ddwy wedi eu cymysgu, megis yn 648.

300 **bu gwir**, Yn 312 ceir *geu* "celwydd"! Eto ceir yr un ystyr ag yma gan fod *na* ac nid *ny* yn dilyn.

mal y meud e=312, *ath diwedus*. Ar ôl *gwir* a *geu* disgwylid berf yn golygu hysbysu neu ddywedyd, cf. am y meddwl, 347, *ys vyn tyst*. Ar yr olwg gyntaf tebyg yw *diwedus* i orff. 3ydd yn -*ws* o *dywedaf*. Y ffurf reolaidd ar y perffaith (cadarn) yn yr hen gyfnod oedd *dywawt*, ond ceir tystiolaeth yn y llsgr. hon i'r gymysgfa ryfedd a fu gynt ar ffurfiau'r ferf, fel na ellir gwadu posibilrwydd ffurf wan fel *dywedws*, cf. *gwetws* yn iaith y De heddiw. Sut bynnag, addas yw'r ystyr. Y mae'r *ath* o'i flaen yn nodi'r ail bers. un. datif, ond yn y testun y mae *e* yn debyg i ragenw ôl yn ategu rhagenw mewnol pers. 1af *ym*, ac nid oes ond *eud* neu *meud* yn aros o'r ferf. Efallai mai gweddill ffurf o'r ferf *meddaf* yw, neu ynteu cf. y ffurf ferfol anodd arall a welir yn B.T. 41, 14, *am keud y* ar teithiawc. mi hun am gwarawt; W.M. 237a, 239a, b, 240a, *amkeudawt* "dywedant," neu "dywedasant"; llu. 243b, *amkeudant* wrthaw; unigol, *amkawd* gwrhyr, gw. W.G. 378. Pe medrid cywiro'r testun i *amceud e* ceid synnwyr da, ond collid grym y pers. cyntaf, a rhaid esbonio'r *e* yn wahanol, h.y. fel *amceude(i)*. Os *c* oedd yn y gair, nid *k*, haws deall sut y gallai'r copïwr neidio drosti i'r *e* a ddilynai. Dyma'r newid lleiaf i roi synnwyr addas, ond eto, ystyrier ffurf fel *godiweud* yn 1479–80, ochr yn ochr â *godiwes*. Egyr hynny ddrws arall i esbonio *diwedus*, sef fel ffurf ar *diweddaf*, go-*ddiweddaf*. Ond ni thâl yr ystyr.

Yn ei Ddiarhebion dyry D. gyfres yn dechrau *Mal;* un yw "Mal vn oll *yn ieud* Grugunan." Ond "Mal *mi* oll *ymeud* Grugunan," medd H.L. sydd yn y Llyfr Coch.
Catlew. Digwydd yr enw eto yn 1406. Yn B. darllenir *tutleo ;* tebyg oedd hen *t* ac *c*, a cheid math o *a* benagored a oedd yn debyg i *u*. Hawdd cymysgu *cat-* a *tut-* o'r achos. Credaf mai bai am Catlew yw *cathleu* hefyd yn 894 ; darll. *t* fel *th*, ac *u* am hen *u=w*. Yn groes i'r odl, mynnodd St. ddarll. *gathleu* yma, "as the songs report," felly ei lsgrau. 1, 2, 3, 5 ; felly E. "as songs relate."

301 **deliis,** felly 313, daliodd, cf. 451, *deliit ;* ar y ffurf gw. P.K.M. 154 ar *dellis,* ac am y meddwl, gw. 278 ; R.M. 108, Hen bedestyr ny chauas eiryoet ae kyfrettei o dyn. nac ar uarch. nac ar droet. Henwas adeinawc ny allwys mil pedwar troetawc eiryoet y ganhymdeith hyt un erw yghwaethach a ue[i] bellach no hynny.

302 **heessit,** 306, *heessyt*, 430 *heyessit ;* gw. 262.
y glyw, yng nglyw, ym mrwydr, gw. 67.

303 **y ar llemenic,** ar neu oddi ar farch llamsachus, cf. 307, *y ar* veinnyell. Cyffredin yw *y ar* gyda *march*, cf. 962, *y ar orwyd ;* 1146, *y ar aruul cann ;* 1164, *e ar ravn rin | meirch ;* 1212, *i ar fisiolin ;* B.T. 63, *y ar orwyd ffysciolin ;* B.B.C. 2, *y ar welugan ;* R.P. 5 a 23, *y ar veirch.*

Ar *llemenic* "neidiwr," gw. V.V.B. 172, gl. *salax ;* Gw. *leimnech* "leaping" ; enw dyn, C.Ll.H. 242.

llwybyr dew, ans. cyfans. fel y dengys y treigliad, nid enw ac ansoddair ; gw. isod ar 408 baran llew *llwybyr vwyhaf ;* cf. B.T. 77, *llwybyr tew lluossawc ;* a'r gwahaniaeth rhwng *gwallt melyn* "yellow hair" a *gwallt felyn* "yellow haired." Ystyr *llwybyr* oedd "ôl, track" ; cf. R.P. 176a 10, gnawt vch cnawt knudoed ar gylchyn ar *llwybyr* llawr ; Llan. 2, 218, dyfred yr holl vyt . . . a sychant gan adaw eu *llwybreu* yn sychdwr ; M.A. 144a, Dyfryded yn Lloegr rag *llwybr* fy llaw ; 260b, o *lwybyr* dy law.

304 **keny.** Nid o *gan* (fel E. ac St.), ond o *cy* (Gw. *ce* "though") a *ni* (Gw. *ceni, cini,* gw. W.G. 447) ; gw. ar 296, cf. M.A. 158a, A *chenym* karo nam keryted vyth "though she love me not, may she never blame me."

am vyrn am borth=314, *am byrth amporth*. Gall *byrn* fod yn llu. *bwrn* "baich," G. 84. Ceir ystyr arbennig yn *Brut. Ding.* 153, nachaf y guelynt *bwrn* o weissyon yeueinc yn gware=R.B.B. 141, *nifer*. Ond cf. hefyd yr enw Din*byrn ;* Gw. *bern* "breach, adwy,"

C.Ll.H. 137; neu Voc. Corn. Aceruus, *bern;* Llyd. *bern* "tas." Yma oherwydd cyseinedd, gwell darll. *am byrth,* cf. M.A. 161a, Tri ehorth *am borth am byrth* saeson. Deallaf *pyrth* fel llu. *porth* "gate." Oherwydd hofhter y Cynfeirdd o chwarae ar air, gall *am borth* gynnwys *porth* arall, sef "help, cymorth," cf. R.B.B. 134, ellwg kenadeu hyt yn germania y erchi keissaw *porth* odyno; 185, y geissaw *porth.* Neu ynteu *porth* "dioddef," gw. C.Ll.H. 60; neu *porth* "clud," C.Ll.H. 116, 122; P.K.M. 298. Ceir *porthi* hefyd am fwydo, cf. *ymborth.* Trydedd ystyr *porta* gan Du Cange yw, "Domus hospitum in monasteriis, quod ad portam monasterii extructa esset : eadem de causa *Porta* apud monachos appellabatur locus ubi pauperibus eleemosynae distribuebantur."

305 **dywal,** gw. 186, 391, 954, 1140, 1425. Isod, 315, ceir *cadarn* yn ei le.

cledyual, ergyd â chleddyf; gw. G. 145, ac isod 337, *kledyual dywal* diwan; 876, *cledyual dywal* fysgyolin; 480, c. am benn; 685; M.A. 165b, c. am drwyn; 188a, Cletyfeu goruthur c. ar wyr / A oruc. Ffurfiad tebyg yw *peleitral,* B.T. 16, 12, Atvi *peleitral* dyfal dillyd; gw. isod, 911, bu godeu *beleidryal.*

emborth=315, *ynyorth.* Medrid adfer yr ail i hen orgraff fel *eniorth,* ac o hynny, dichon cael *emorth* trwy gamddarllen *ni* fel *m,* eithr nid *emborth.* Annerbyniol yw A., "As food for a swordstroke" : gwell dilyn yr orgraff hynaf. Onibai fod gormod o *borth* eisoes yn yr awdl, hawdd fuasai cywiro i *am borth,* gan fod *am* yn dilyn cleddyfal droeon yn yr enghreifftiau uchod, h.y. ffyrnig ei ergydion *ar borth* caer neu *o gwmpas* porth caer.

306 **onn,** gwewyr onn.

o bedryollt y law=316, *o bedryholl llaw,* gw. ar 95. Pa mor hen yw odli *-ollt* ac *-orth?* Ai cyfnod *-olt, -ort?* Prawf o gynharwch diamheuol.

307 **y ar veinnyell**=317, *y ar vein erch.* Am *y ar,* gw. ar 303.

meinnyell, yma "march" ; o *mein* "slender" a'r terfyniad bachigol *-ell,* neu tr. o *gell* "melyngoch, rhuddgoch," gw. ar 621. Hefyd gw. B.T. 26, Whech march *melynell* . . . Vy march *melyngan* (M.A. 159a, Corn *rueinell* yn ol gellgwn. Bai am *meinell?*) Am ansoddeiriau dwbl am farch, cf. ar 620; R.M. 301, *y ar y kethin kyflym ;* ac uchod ar 16.

mygedorth, A. "from the top of a narrow and gloomy heap of corpses." Rhois fy rhesymau yn llawn yn B. viii. 232-4 dros wrthod hyn, a deall y gair fel *myged* "mwg, agerdd, ager, vapour, steam," ac *orth* "codi"; disgrifia'r ager a godai o farch neu o fyddin mewn caledi brwydr. Yma yr ystyr gyntaf sydd orau.

308   **rygu e rywin,** A. "A man too kind would share his own ruin"; E. "he delighted to spread destruction." Eithr nid "rhewin" o'r Ll. *ruina* sydd yma, ond *rhy-win*. Am *rygu,* cf. y ddihareb, Ni bu *rygu* na bu *rygas* "y gelynion chwerwaf yw'r rhai fu yn gyfeillion pennaf." Yma, "Rhannai'r pennaeth tra hoff ei win tra helaeth." Cyferbynnir yn ôl y ddefod ei diriondeb mewn gwledd, a'i greulondeb mewn brwydr, *yt ladei,* etc.

309   **a llauyn vreith o eithin,** A. "he hewed with a blade a copse of gorse." Gwaeth byth yw E., "he would slaughter with a variegated sword from a furze bush." Rhy hir yw'r ll. o sill; hefyd, llu. yw *eithin,* ac ni ellir darll. *vreith eithin.* Haws darll. *vreith veithin,* neu hepgor *vreith.* Os cedwir y testun, tr. sydd yma o *go-eithin.*

llauyn vreith, cf. B.T. 26, 16. Yg cledyf *brith gwaet* "spotted with blood"; 23, 10, bum cledyf cul*urith;* R.P. 174a 33, Briwgoch bric ongyr *brithawt.* Felly yn y testun: ystaeniedig oedd ei lafn gan waed.

Os **veithin,** tr. o *beithin* neu *meithin.* Esbonia Loth, R.C. xl. 343, *tan veithin* yn 644 isod fel "tân mawr," gan darddu *meithin* o *maith;* ond nid esbonia o gwbl y treigliad afreolaidd ar ôl yr enw gwrywaidd *tan.*

Os **go-eithin,** cf. B.T. 24, eido . . . mor *eithin* yr gryt (h.y. mor wyllt neu danbaid i'r gad); B. iv. 46, dychyffrwy kenhyf yg kyman / peleidir guyr *go ieithin* unbaran=B. vii. 28; gw. isod, 993, ef dodes e gledyf *yg goethin.* Cynigiaf mai'r un gair sydd yn R.P. 1b, 28,

> O leas gwendolen ygwaetfreu arderyd
> handwyf *o eithur*
> Morgant uawr uab *sadyruin.*

Amlwg yw y dylid darll. *Sadyrnin* yn y drydedd linell. Os darllenir *o eithin* yn yr ail, ceir odl yn *-in;* hawdd darll. *in.* fel *ur* os bydd yr atalnod (a safai uwch y llinell, nid ar y ll.) yn cyffwrdd yn yr *n*, ac yn tebygu i'r tro ymhen *r.* Yn yr englyn rhaid mai "chwerw, gwyllt," neu "wallgo" yw'r ystyr: disgrifiad o gyflwr Myrddin ar ôl colli ei noddwr. Gellid "gochwerw" yn B. iv. 46, neu "go-ddrud." Gellir cymharu Gw. *écht* (1) "a slaying, slaughter. (2) loss (in a battle), casualty. (3) Exploit, prowess, deed of valour," medd Geiriadur y R.I.A. f. ii. 31; gw. hefyd

Windisch, W. 517. Dyletswydd yr *aire echtai*, meddir, "was to avenge family quarrels and insults," cf. y *dialwr* Cymreig, isod, 1182. Ond gall *eithin* ddod o *aeth* "poen, gloes, tristwch" G. 14 ; cf. hir-*aeth*. Am y terfyniad, cf. 609, *brwydrin*. (Gwreiddyn y gair Gw. yw **ank-*, gw. Walde-Pokorny, *Verg. Woert*. 60. Ni welaf ddim yn erbyn esbonio *aeth* yn gyffelyb, sef o **ank-t-*.)

310 **pan vel medel.** Ar *medel*, gw. 161. Anodd yw *vel*. Gall fod o'r ferf a welir yn B.T. 44, *belsit* milet o trwm aelet ; isod 1425 ; cf. rhy-*felu*. Os felly, cf. "lladd" gwair. Neu gall fod yn fai naturiol am *vet* o *medi*, trwy i lygad y copïwr ddisgyn ar *medel*, a chael odl yn lle cyseinedd. Cyffredin yw achub y blaen fel hyn, cf. B.T. 40, 21, Teithi etmynt gwr a *gatwynt gwynt*, lle gwelir yr un bai. Am y meddwl, cf. M.A. 490, Ena y syrthynt y gwyr brathedyc ... megys y ssyrthyei yt e kenhayaf pan vydynt y medelwyr da yn amrysson ; R.B.B. 73, a chyntebic y digwydei y rei brathedic y yt gan vetelwyr kyflym.

breithin, hin ansicr, tywydd ansefydlog, ac ar dywydd o'r fath bydd medelwyr yn lladd â'u holl egni ; gw. S.E. *breithinon* "an interval of fair weather."

311 **gwaetlin,** cf. 663, 873, 992, o *gwaed* a *llin* "rhediad" ; M.M. 44, y dorri *gwaetlin* redegawt ; 76, rac g. o ffroeneu ; 105 ; B.T. 14, Eu *bydin ygwaetlin* yn eu kylchyn ; 76, a *bydin* a *gwaetlin* ar y escar ; R.P. 21, 6, Dychyffre gwaew *gwaetlin* (odlir ag -*in* fel yn y testun) ; Llan. 2, 328, Veronica ... gwreic ... yr ys deudeg mlyned a *gwaetlin* arnei ; D.W.S. *gwaedling* "Bleding" (cf. *pring* am *prin ;* *Llading* am *Lladin*) ; D. *gwaedling, gwaedlif* "fluxus sanguinis." Yng Ngwynedd clywir *gwaedlyn* am lif gwaed o'r trwyn, ond dengys y testunau mai -*llin* yw'r ail elfen. Isod, 839, 857, bai yw *gwaetlun,* efallai i geisio odl â *llun, clun* yn y ll. neu cf. *tith,* 278 uchod=*tuth.*

Ar *llin,* Llyd. *lin* "gôr," Gw. *lionach* ("the blood and water corruption that issues from a sore or wound after the *bracha,* Dinneen), gw. R.C. xlvi. 145, G.M.B. 368.

312 **diwedus tut leo,** gw. ar 300.

313 **na deliis.** I fod yn gyson â 301, dealler *na* fel *am na* fel yn P.K.M. 115, 245, *na dywedeis*=am na ddywedais ; *na weleis*=am na welais.

315 **ynyorth,** gw. ar 305. Un ai "yn ei orth," a deall *orth* fel tr. o *gorth* "lle, gorsaf ym mrwydr," neu ynteu cf. M.A. 164b, Oet

anwas cas cad ehorth / Oet anwar par *yn y porth.* Pe darllenid *eniborth* deuid yn nes i *emborth* yn 305. Prin cytras Gw. *ort* "lladdfa, dyrnod."

316   **ur,** gw. ar 309, *eithur* am *eithin.* Darll. *in,* cf. ar y gair nesaf, M.A. 213b, *yn rwy.* Prin y medrir ei gydio wrth *orth* er bod *orthur* yn digwydd isod, 1435.

rui, 706, *rwy* e ry golleis ; 757, *rwy* gobrwy ; C.Ll.H. 188, 214, 215 (ar 39, *rwy* vy hiraeth, *rwy* vyg galar) ; A.L. i. 456, o *rwy* neu o eisseu ; M.A. 161b, Digrawn rwyf rwyt rann rwyuan *rwy* digrifwch ; 190b, Nid *rhwy o obrwy* ry obryneis (cf. 757 isod) ; 213b, yn ganmlwyt yn rwyt *yn rwy* ar gymry . . . duw ath attwy ; 251b, dagreu *rwy ;* 286a, R*wy* a mwy y mae no gwae ; 298b, Cyfun Oronwy *rhwy* rhwysg mawredd. Yr ystyr yw "gormod, llawer," yn y rhain. Ceir *rhwy* hefyd fel geiryn o flaen y ferf, cf. M.A. 166b, yg gyflawn voli ri *rwy dirper* ("*who* deserves it"), sef *ry* a gwrthrych mewnol. Yn y testun, er bod berf yn dilyn, gwell y cyntaf, canys *y onn* yw'r gwrthrych.

ysgeinnyei (=306, *heessyt*), gwasgarai ; B. iv. 146, J. Ll.-J. "llamu, neidio, esgyn" ; D. *ysgain,* aspersio ; *ysgeinio, ysgeintio,* aspergere ; T.W. *aspergo,* ysgeinio, taenellu, caenennu, ysgeintio, taenu ; yng Ngwynedd clywais *ysgeintio* halen "sprinkle." Ond y mae mwy o rym ysboncio "spring" yn A.L. ii. 46, O deruyd bot deu dyn yn kerdet trwy goet ac *ysgeinaw* gwrysgen y gan y blaenhaf ar lygat yr olaf ; Hav. i. 63a, tan llychar yn *esceinaw* or arueu=*Brut. Ding.* y tanllachar yn *ysgeinnyaw* or arueu=R.B.B. 162, y tan or cledyueu ac or helmeu yn *ehedec* megys llucheit ymlaen taran ; Hav. 2, en *eskeynnyaw* megys llwuchynt em blaen taran, R.M. 149, yny *ysgeinwys* y dwfyr am penn arthur . . . ac y *hysteynei* (bai am *hysceynei*) y dwfyr or ryt am penn arthur. Am *ysgein, ysgeinat, huysgein,* gw. R.P. 18a 33 ; B. iv. 47, ar ysci *asceini* ascellurith (=asgellwrych, sef "spray") ; M.A. 159, 162b, 165b, 186b, Cynnetyf yr cedwyr *ced ysgein* y veirt ; 187b, 236a, 253b ; B.T. 26, *ysceinynt* yn ufel ; 29, 48, 72, R.P. 153b 4, cf. Gw. *scingim, scendim ;* Pedersen, V.G. i. 125, ar *scén ;* Walde ar *scando.*

pedryholl, gw. ar 306.

317   **mein erch,** march main o liw *erch* "brych, dappled," P.K.M. 96-7, cf. R.P. 151b 4, dywan *ar vuan veinerch* / dywet an dyuot lannerch (am gennad Owain Cyfeiliog yn marchogaeth o gylch Cymru o'i flaen). Cyfetyb i *meinnyell* yn 307.

NODIADAU 157

318 **Issac.** Yn L.L. 406, ceir y ffurf ysgrythurol *Isaac* cf. hefyd y gof arian o'r enw ym Mhrydain yn y 4edd ganrif, *Roman Britain*, 270.

anuonawc, A. "an emissary," E. "was sent"; ond cf. 250, e glot oed a.; 254, a. eissyllut; 388, neuad mor a.; M.A. 156b, meirch *anvonawc mynawc* mawr; B.T. 30, kennadeu am dodynt mor ynt *anuonawc*. Cynnig G. 27 "anorffwys, aflonydd, cyffrous, cythryblus, terfysglyd"; a dyry *anuynawc, anuynnawc* fel gair arall, G. 28, "ffyrnig, milain, chwerw," gw. ei enghreifftiau. Sylwer mai un *n* sydd yn y testun hŷn yn B. iv, ond bod y Llyfr Coch yn ôl ei arfer yn dyblu ar yr esgus lleiaf, cam a chymwys. Credaf mai'r un gair yw y cwbl; ans. "aruchel, enwog, gwych, eminent," ac mai ffurf gref ar *mynawc* ydyw, uchod, 253. Daw o'r un gwreiddyn â *mynydd* (cf. arysgrif *Monedorigi ;* Llyd. *monid,* Win*monid,* Caer *menedoch,* Wen*mened* id est *montem* candidum, Ch.Br. 152); cf. Ll. *mons, emineo.* Hen org. yw *mon- anvon*ynddo, cf. y ffurf gyffredin *mynawg,* a'r Llyd. *monoc, Monocan* (=Mynogan), Cernyweg *Conmonoc,* Ch. Br. 152; ond isod, 1094, *menavc* (=1071, *mynawc); R.M.* 106, *Moren mynawc,* 159 *Moryen manawc*=Ch.Br. 153, *Morgen-munuc ;* gw. isod 382, 389-90, 629. **o barth deheu**, o'r deheubarth, mewn cyferbyniad i'r hen Ogledd, nid gogledd Cymru; gw. B.T. 38, 12.

319 **lliant,** "môr, llifeiriant," P.K.M. 147; R.C. xlvi. 143. Am y meddwl "tra hael," cf. M.A. 165b, *Gretyf eigyawn ny grawn* ny gryny gormot.

deuodeu, cf. 237; R.P. 28b 30, Gwae wynt y pennaetheu ... a tyrr *deuodeu.*

320 **gwyled.** Pan sonnir am ferch "modesty, gwyleidd-dra"; V.V.B. 138, Juv. *o guiled* gl. ar Ll. *pudore,* cf. Gw. *féle* gl. ar *honestas, verecundia,* Zeuss, G.C.[2] 18 ; B.B.C. 62, Gwraget heb *gvilet.* Nid hynny yw yn B.T. 65, Lloyfenyd tired ys meu eu *reufed.* Ys meu y *gwyled.* ys meu y *llared.* ys meu y *delideu* ae gorefrasseu med o uualeu a da dieisseu; cf. hefyd B.T. 58, Gnawt *gwyled* ymdanaw; M.A. 141a, Crist ... boed trugarawc Wrth Ruffut Gwynet *gwylet fotawc* (=H. 4, *vodawc*). Felly cf. C.Ll.H. 151-2, 175, 198, ar *gwyl, gwylat* "llawen," Ox. 2, *guilat* "hilaris." Credaf mai un ystyr i *gwyledd* oedd "rhadlonrwydd, llawenydd."

llaryed, A. "gentleness"; yn hytrach "haelioni," cf. B.B.C. 53, pen teernet goglet *llaret* mwyhaw; B.T. 65, *llared* (gw. ar *gwyled* uchod). Yr ansoddair yw *llary, llara, llar,* cf. R.P. 4b, na

158   CANU ANEIRIN

vyd *anhylar*; 157a 27, *llar* yw a gwiw; B.B.C. 7, gueithred *llara*; 71, [Pedyr] *llara* cloduaur; 87, Beirniad rodiad *llara* llau fraeth; 41, duv llaur *llariaw*; 77, haelaw *lariaw*; isod, 399, 409, 554, 1044, 1075 (1239, *llarahaf*). Benthyg yw o'r Ll. *largus*, "abundant, giving abundantly."

322   **men**, gw. ar 21.
yth, bai am *yt*, troi *t* mewn hen orgraff i *th* yn ddiangen, cf. 1177, *men yt* welet. Treigla'r ferf ar ôl *yt*.
clawd, pres. 3ydd un. cloddiaf.
offer, arfau, cf. A.L. i. 584, *Offer* goff (=gof); ii. 676, creiryeu eglwys nay llyfreu nay *hoffer*; nid fel E. "along the rampart of Offer to the point of Maddeu."

323   **pwyth**, cf. 396, Yn dyd gwyth bu ystwyth neu *bwyth* atveillyawc; R.P. 84a, Talaf . . . am *bwyth* a gefeis; M.A. 198b, Keueisy wyth *ynhal pwyth* peth or wawd yrgeint; D.G. 32, 6, wyf heb *dâl pwyth*; 33, 31; 42, 56; 94, 58, O *bwyth* i'r carl boethi'r coed; B.T. 46, 6; P.K.M. xxix; Deut. vii, 10, *talu y pwyth* i'w gas; 32, 41; Esa. lxvi, 6; Hosea ix, 7; 1 Tim. v, 4, a *thalu y pwyth* i'w rhieni; D. *pwyth*, pretium, merces; *tâl pwyth*, compensatio. Golyga *talu'r pwyth* dalu'n ôl (er da a drwg), "pay back, requite."

madeu, gollwng, gadael iddo fynd. Ystyr y frawddeg yw fod ei ddial ar ben, wedi iddo unwaith daro ei arfau yn ei elyn, cf. 401, E neb a wanei nyt atwenit. Pe ceid enghraifft o gladdu arfau yn y ddaear gan Gymry fel arwydd o heddwch, gellid cymharu dull yr Indiaid Cochion, "bury the hatchet." Hyd yn hyn, ni welais yr un.

324   **ny bu hyll dihyll**, cf. Hirlas Ewein, M.A. 191b, Cedwyr am gorug gwasanaetheu / *Nid ym hyn dihyll nam hen deheu*=R.P. 172b, *nyt ym hun*. Yn 1178 (nyt oed *hyll ydellyll* en emwaret), efallai y dylid darll. *y dihyll*, cf. D. *hyll*, horridus, efferus, ferinus, semiferus; *hyllu*, obbrutere, horrere; T.J. *hyll*, horrid, cruel, also ugly or ill-favoured. Heddiw yr olaf yw'r unig ystyr ar arfer, os na chedwir peth o'r ystyr gyntaf yn *hylldremu*, *-io*, "edrych yn wyllt," chwedl T.J., er ei fod yn rhoi *hylldrem* "a cruel aspect," nid "wild," cf. hefyd y defnydd ar lafar o *hylltod* am swm neu nifer "aruthr," a chofio bod *aruthr* hefyd yn golygu i gychwyn "dreadful." Yn y testun, yn ôl A. "his fury was fury indeed"; E. "he was not fierce without heroism." Cf. 133, *edyrn, diedyrn*; 938, *guec, guero*.

na heu diheu, A. "and his hurling was no empty name," fel petai'n darll. *heu* fel berfenw *he-af;* ond deusill yw hwnnw, ac unsill sydd yma, ac ans. nid enw. Felly cf. *diheu* "sicr, dibetrus"; yn ôl W.G. 187, daw o'r negydd *di-* a *geu* "celwydd, celwyddog." I'r bardd hwn *heu* yw'r ffurf seml, nid *geu,* cf. *amheuaf* (er bod W.G. 264 yn tarddu'r *heu-* ynddo o'r un gwr. â'r Ll. *sagax, sagus*); efallai Gw. *sóim* "troaf," *impoim* "troi o gwmpas," U.S. 305; Ped. V.G. ii. 635-7; prin Gw. *sdeb, sóib* "gau," er addased yr ystyr, gan na fedraf i o leiaf gyfartalu hwn â'r ffurf Gymraeg.

325   seinnyessyt, 385, *seinnyessit,* gw. ar 262, 418, cf. B.T. 24, 22, Siryan *senyssit.*

ym penn mameu. Gall olygu yng ngenau mamau. Sonient am ei gleddyf oedd mor enbyd i'w meibion, cf. 673, Llawer mam ae deigr ar y hamrant. Am *ym penn,* gw. A.L. i. 162, O deruit ir duipleit dodi eu hardelu *emen tesdion;* R.M. 105, a notto dy *benn* ath dauawt; B. ii. 16, Gogel rac caffel or wyn bychein dim o wlan eu mameu *yn eu penneu* rac eu tagu. Neu ynteu, yr oedd ei gleddyf yn atseinio ym mhen mamau am fod y sôn amdano yn seinio yn eu clustiau.

326   mur, ffigur am amddiffyn, 647, m. trin; 731, m. catuilet; 1437, m. onwyd; 738, m. pob kiwet; 760, 772, m. pob kyuyeith; B.B.C. 103, 3, 8, 12, 15.

greit, gwres, llid, brwydr; gw. ar 266, cf. 422, 427, mur g.= m. trin; 1397, colovyn g.=post cad; C.Ll.H. 115.

moleit, 422, 427, 432, 438, 696, gwyr en reit *moleit* eneit dichwant; B.T. 5, 14. Ansoddair o *mawl*="moledig," cf. *lliveit,* ans. am arfau wedi eu llifo, 215.

ef mab Gwydneu, gw. ar 120, 212, 651. Yn R.M. 111 (Culhwch) ceir *gwydneu* astrus; 122, mwys *gwydneu* garanhir; B.B.C. 98, *guitneu* garanhir; 106, maes *guitneu;* ond ym Mreuddwyd Rhonabwy, R.M. 150, elphin uab *gwydno;* a'r Trioedd, 305, ruawn peuyr ab *gwydno;* gw. C.Ll.H. 138 ar *Elgno, Elgnou.* Profir y ffurf yn y testun gan yr odl. O'r tu arall, yn B.T. 38 odlir *mab idno, do, llo, vro, vo,* tir *gwydno.*

328   achubei. Un o hen ystyron *achub* (o'r Ll. *occupo*) oedd "cymryd gafael, seize, snatch," megis P.K.M. 75; C.Ch. 152, *achub* y dillat a wnaeth ef ar hynt ac eu gwiscaw; M.A. 674, yna yr *achubassant* meiryonnyd, kyveiliawc a phenllyn; R.B.B. 274, lle yd oed swllt y brenhin ae vrenhinolyon oludoed, ac *achub* y rei hynny a oruc. Un arall, "ymosod ar, set upon," gw. C.Ch. 125, 146;

H.M. ii. 199, y *achub* ef yn aruthyr a rwymaw y dwylaw ae traet.
Yn y Gyfraith, "holding, gafael," A.L. ii. 210, Or gwna mab
hynaf adeilat ar tref e dat koret neu uelin neu peirant lle ny bo
tydyn y neb nac *achub* kynn no hynny, cf. *Rachub* = Yr Achub,
Llanllechid, Arfon.
    gwarchatwei not, cf. 32, e amot a vu *not a gatwyt ;* B.B.C. 10,
kerenhit *nod clod achvbiad ;* isod, 530, *gwyr not.* Yn y testun,
enillai Ceredig glod neu enwogrwydd a'i gadw, dal i'w haeddu.

329   **lletvegin,** 1052, *lletvegin gwin* o bann ; B.T. 48, A march lleu
letuegin (odli â *taliessin*) ; M.A. 164b, L*leduegin gŵin* gwyrt uual ;
R.P. 133a, Yr pan ladawd . . . y ki *lletuegin* llwyt a uegeis ; B.B.C.
17, *lledvegin* grim llim yd grim glev ; A.L. i. 494, Gwerth pob
lleduegin brenhin neu y vrenhines punt yw ; 728 ; ii. 48, Ny dyly
neb talu gweithret *lletuegin,* sef yw ll. vn a dofher o wydlwdyn
mal beleu neu lwynawc neu y gyfryw hwnnw ; 110, neu *letuegin*
a dofer o vwystuil gwyllt ; 798, Precium *lleduegyn* [animalis
mansuefacti] ; 901, altilis i. *letuegin ;* T.W.S. Math. xxii, pascedigyon ; ymyl, *lledveginot ;* W. Llŷn, 280, *lledfegyn* anifail wedi i
ddofi ; D. *lledfegyn,* alumnus, altilis, vid. an *lledwfegyn ;* Jes.C. 6,
Yna dywedut a oruc duw, dyket y dyfred *ledveginot* a bywat
ynddunt . . . ysgrybyl a *lledveginot* a bwystviledd y ddaiar . . .
dyn . . . a rhac vlaenet hwnnw i bysgot y mor ac i ehediait y nef
a bwystviledd a phob *lledvegin* a chreadur ar y ddaiar a gyffroo
(Vulg. Producant aquae *reptile* animae viventis . . . iumenta et
reptilia et bestias terrae . . . et praesit piscibus . . . et bestiis . . .
omnique *reptili* quod movetur in terra. I'r cyfieithydd hwn,
cyfystyr oedd *reptilia* ac *altilia ;* i'r Dr. Davies, *-yn* oedd y
terfyniad. (Dyma lle cafodd Goronwy ei "*ledfegyn* rhwng *dyn*
a diawl," sef "mongrel.") Ond dengys yr odlau mai *lledfegin*
yw'r ffurf orau : profir gan y Gyfraith mai anifail llaw*faeth* "pet"
yw un ystyr sicr iddo. Y gwr. yw *mag- ;* am y terf. *-in,* cf. bren*in*.
Gyda'r affeithiad ceir *megin* (cf. yr ystyr "bellows," y peth sy'n
magu'r tân). Yr elfen gyntaf yw *lled-* "hanner, *semi-*" (cf. *lledryw, lled dda, llediaith*), neu affeithiad o *llad* "cwrw." Tueddwyd
fi i dderbyn yr ail, oherwydd cyfatebiaeth a *gwinfaeth* am arwyr
y Gododdin, ond y mae'r Gyfraith yn erbyn. Nid ar lad y megid
lledfeginod. Credaf y gellid croesi o'r ystyr "pet" i'r defnydd am
filwr ieuanc poblogaidd yn weddol hawdd, cf. enw Dafydd ap
Gwilym arno ei hun, "dillyn y gwragedd." Gwell hyn na'i
ddeall fel gair am un ar hanner ei fagu ! Felly, "a petted youth,"

NODIADAU 161

eto nid un llawfaeth yn ystyr Gwynedd i *llŵath* ; *lledfegin gwin,*
llanc a fagwyd ar win. Cyferbynner â *lletffer* "hanner gwyllt,
creulon."
is, hen org. am *ys* "it is," cf. 347.

330 **e dyd,** ei ddydd i farw, cf. H. 4, Gwr a rotei gad *kyn dybu y dyt.*
gowychyd, gw. 104.
gwybot, cwrteisi, gw. P.K.M. 98, 118 ; W.M. 113a, rac daet
y *wybot* kynt y kyuarchawd ef well y mi no mi idaw ef.

331 **ys deupo,** gw. 225.
car, G. 110, "perthynas, cyfaill (yr ystyr olaf gan amlaf yn yr
unigol)."
kyrd kyvnot, yn ôl D. *cyfnod* "tempus assignatum, assignatio
temporis" ; T. W. "*assignatio,* pennodiad, dydd pennod,
cyfnod." Magodd ystyr "period" bellach. Ond cf. B.B.C. 24,
A *chiwnod* sened. A cheugant *kinatled ;* M.A. 159a (Marwnad)
Neum dotyw defnyt dyt dyuytlawn / Dyuod *y gyfnod* y gadwallawn
(sef yr amser penodedig iddo farw) ; 177a, 206b, 228a ; P.K.M.
19, gwna *oet a chyfnot* y del Riannon i'th ol ; G. 212, "amser
penodol, adeg."
Ar *kyrd,* llu. *cerdd* "cân," a hefyd ll. *cordd* "llu," gw. G. 133,
nodyn llawn. Ar *cordd* gw. B. iii. 130. Ceir "cyrdd" eto yn
1380, 1411 : gyda *car,* cf. H. 111, ys *car kyrt kyflef ;* M.A. 217b,
car cyrdd cerdda pob diffwys. Hefyd cf. 800, *gorchyrdon.* Yn y
testun, ans. yw *kyvnot ;* neu ynteu dibynna *car kyrd* ar yr enw
kyvnot.

332 **y wlat.** Gellir hepgor *y* (gw. ar 57) ; wedyn bydd 329-32
yn englyn rheolaidd.
adef, G. 10, "trigfan, annedd," cartref, gw. 1156.
adef atnabot. Pa gystrawen? Yn ôl A. "the home of
knowledge" ; cf. M.A. 153b, Boed llawenyd boed lleufer / Boed
cyfadef nef ym Ner ; isod, 1005, yg wlat nef *adef avneuet ;* B.T. 3,
wlat nef *adef goreu ;* 52, Ryfedaf na chiawr *adef nef* y lawr ; 54,
adef menwyt ; 72, *a. nef ;* R.P. 24a 8 ; b 10, nef a. *adas ;* 36b 38,
caffel yn *adef nawd nef* nodet ; 164b, gwenwlat nef boet *adef* idaw.

333 **cynran,** gw. ar 48.
334 **keimyat,** "champion," P.K.M. 135.
gouaran, "llidiog," o *go-* a *baran,* gw. 39. Cymerer gyda
keimyat, gan na threiglwyd ar ôl *cat,* enw benywaidd, cf. 1049,
Diechyr eryr *gwyr govaran ;* B.T. 27, Pan yw *gofaran* twrwf tonneu ; ac am drefn y geiriau, 345, *en trin gomynyat.*

R

335   eur crwydyr, cf. W.M. 228a, Cledyf eurdwrn ... a chroys
eurcrwydyr arnaw ; Anwyl, R.C. xxxiv. 408, "*Crwydyr* (=Ir.
criathar) means literally "a sieve," and was apparently used to
denote some kind of sieve-pattern ornamentation", a chyfeiria
at W.M. 90a, Taryan *eurgrwydyr ;* gw. ymhellach, Zimmer, Z.C.P.
i. 96 ; Vendryes, R.C. xxix. 206 ; Loth, V.V.B. 89, Juv. *cruitr*
gl. ar *pala* ("winnowing-shovel, sieve").
cadlan, maes brwydr, G. 89.

336   uswyd, D. *uswydd,* frustatim ; T.W. "yn ddarnau, yn ddrylliau,
.bob yn ddryll" ; M.A. 239b, lliwgoch y lafnawr aesawr *uswyt ;*
R.P. 156a, klwyf *uswyd.*

337   diwan. Gall fod o *gwan-u* (ystyr sy'n cydfynd â chleddyfal),
er bod mwyafrif yr odlau o blaid *-ann.* Diogelach, fodd bynnag,
yw ei ddeall fel *di-wann* "cadarn," cf. M.A. 234a, Mab diuei
difefyl y nerth / Mab *diwan* eirian Iorwerth.

338   mal gwr, gw. ar 1.
gwyaluan, gw. ar 120.

339   kysdud, gw. ar 128, cf. B.T. 52, kyn *gwasc tytwet.*
affan, gw. ar 8.

340   o daffar, cf. M.A. 148a, O diphwys ei d. ; 181a 9, Yn d. taervar
tan amgyffred ; 29, Un mab Duu diffuys y d. ... guraul y d. ;
210b, yn aber conwy cein d. uy llyw ; 231a Duw am difero om
dafareu ; 252a, Gwr a wnaeth adaw adar ar gynrein / Val kicvrein
ywein awyd *ddaffar ;* 331b, Llafar llu *daffar* lle diffaith heb ri ;
R.P. 10a, gwae a dwc d. o law ; B.B.C. 46, Dinas maon duv d.
Yn ôl Loth, R.C. xx. 205-6 (*do-ad-par*), A.C.L. i. 497-9, "provisions, matériaux" ; Jago, *Glossary of the Cornish Dialect,* 150,
daffer, "crockery ware, as the tea things, etc" ; Wms., Lex. Corn.,
84, *daffar* "convenience, opportunity" ; Troude, ar *darbari,*
daffari ; D. *daffar,* rectius *daphar,* Idem quod *darpar,* parare,
praeparare; Ernault, G.M.B. 140, *daffar,* "matériaux ; *dafarou,*
"utensiles," gw. hefyd R.C. vii. 155.

341   kynnwys, G. 259, "croeso, derbyniad" ; C.Ll.H. 101, 104,
129, 213 ; B. v. 131, Ys *kynhwyso* dofydd ; R.P. 176b, Yn rann
orfowys yt *gynhwysser. Y ĝhynnwys rydit.*
kyman, G. 231, "llu, torf, cynhulliad, cymdeithas, brwydr,"
cf. 774, 782, 790, 819, 825, 1048. Yma, llu nef, cymdeithas y
saint ; Gw. *commann* "community, company," C.I.L. 448 ; gw.
nodyn B. vi. 216 ar *ciman* yn Juv.

342   can, gan, gyda. Y ffurf gynnar oedd *cant;* cf. R.P. 40b, boet ef y bydwyf gwedy bedrawt, *gyt ar* vnduw mawr yn y vndawt.

344   mal. Pe darllenid *amal* (gw. Juv. V.V.B. 36) ceid 8 sill yn y ll. fel yn 343, 345–8.

trychwn, A. "thirty men"; gwell gennyf "tri phennaeth," fel yn 181, 1138.

trychyat, lleiddiad; *-yat,* terfyniad enw gweithredydd; *trwch-,* cf. *trwch* y blewyn; *trychu,* D. "truncare, secare"; Llyd. *trouc'ha* "couper, tailler, tondre (herbe)" (cf. *lladd* gwair); *trouc'her moc'h* "lladdwr moch." Isod, 481, 830, 963; Y.C.M. 40, da iawn y *trycha* vygkledyf i.

345   en trin gomynyat, lladdwr ym mrwydr, gw. ar 26. Am drefn y geiriau, cf. 334.

346   ef llithyei wydgwn, rhoddai fwyd i fleiddiaid. Ar *llithyaw,* gw. P.K.M. 96; B.T. 61, llwyth *llithyawc* cun ar ormant gwaet; R.P. 60a, Gwnaethost yn aer katcun eur vaer *coetkwn iruwyt* / *llithyeist* ath ron aerueryuon ar uoreuwyt; 14b, gwnaeth eryron yn llawn. Anwybydder y sangiadau, a darll. "Pan gryssyei Garadawc y gat . . . ef llithyei wydgwn." Gall *gwyddgi* fod o *gwydd* "coed" neu *gŵydd* "gwyllt," cf. *coetkwn* yn y dyfyniad uchod.

oe anghat, o'i law, cf. 351, gw. C.Ll.H. 65, 84, 121; P.K.M. 149, craf*anc.*

349   cymynat, lladdfa, nid lladdwr yn y cysylltiadau hyn, gw. G. 242, cf. 345.

350   Brynn Hydwn, gw. P.K.M. 268 ar yr enw *Hyddwn.*

caffat, cafwyd; cf. 774, 782; G. 94; Parry, *Brut,* 141, Kyuerssenghwch weithon y saesson neur oruuwit arnadunt. canys *caffat* hengist (h.y. daliwyd Hengist); B. v. 133, Kain ni bu mad / yr awr i *kaffad;* B.B.C. 95, Pan *colled* kelli. *caffad* cuelli.

352   vrun, St. E. "Gwrien"; A. "Brun (? Bran)." Ond cf. A.L. i. 108, ny dele enteu rannu *urun* o henne ae wreyc; 238, Puy bynnac a adeuo sarhau *urun* or rey ry dywedassam ny uchot; ii. 158, nyt reyt y mynheu urth *urun* onadunt hue. Felly yma, "ni welodd *yr un* ei dad." A dyma'r fannod *yr* yn y Gododdin, oni thybir mai bai yw *yr un* am *nepun,* gair cyfystyr, gw. V.V.B. Am y newid *ir-un* i *ur-un,* cf. *iddun, uddun; mi-hun, muhun; di-hun, duhun,* P.K.M. 143. Amcan y sôn am weld tad yw pwysleisio ieuanged oedd y bechgyn.

353 **cytneit**, cf. 188, *cysneit ;* G. 197-8, yn cyd-symud, cydamserol, cyson, gwastad, deheuig ; cf. y brain yn R.M. 155, A gwedy kaffel eu hangerd . . . yn llidyawc orawenus *yn gytneit* y gostyngassant yr llawr am pen y gwyr.

354 **hoedyl vyrryon**, llu. *hoedlfyr*, byrhoedlog.
hidleit, wedi ei hidlo, "strained, clarified." Am rym cyffelyb i *-eit*, gw. 215, *llifeit ;* 326, *moleit*.

355 **en reit**, "ym mrwydr," cf. 696, 1400 ; C.Ch. wrth na elly di bellach dim *yn reit gwyr*=Y.C.M. 33, kanys ny elly vyth mwy *yn ryuel ;* B. iv. 30, deur *in reid* dyre paub oe gilit ; M.A. 458b, clady y calaned a ladasit *yn y rait*. Yn fwy cyffredinol am galedi, R.B.B. 189, Ym pop *yg a reit* y galwei ef arnei [Mair].

356 **gwerth**, "tâl am" yw yma ; gw. ar 41 ; cf. *er* yn 214.
eneit, bywyd, nid "soul," cf. 213, a *werthws e eneit*.

359 **Gwawrdur**, hefyd 1244 ; yn 1220 ceir *guaurud*, cf. B.T. 48, a march gwythur a march *gwardur* (?). Heblaw *gwawr* "toriad dydd," enw benywaidd (Gw. *fáir*) ceir *gwawr* "arglwydd," ac "arglwyddes," cf. M.A. 265b, *Gwawr* cadarn yn cadwyt ol ; R.P. 31b (Duw) g. ysprydyeu ; 37b, g. gwyr ; 57b, g. dayar deheu a gogled ; 61a, mygyr *wawr* nef a llawr mab mawr Mari ; B.T. 28, g. gwyr goronwy ; "arglwyddes, merch," M.A. 333a (Marwnad Gwenhwyfar) Ni rodded llawr ar *wawr* well . . . Gorchudd *gwawr* yw llenn fawr faen ; *Cefn Coch MSS.* 188, chwe *mab* . . . a ffum *gwawr* (tad i unarddeg oedd y tad). Yr un gair yw'r ddau yn ôl Loth, R.C. 352-3.

360 **achubyat**, gafaelwr, achubwr, gw. 328.
gawr, gw. 46.
angkyman, cf. 45, ysgwydawr *angkyuan*. Wrth sôn am darianau gwell darll. *anghyuan*, a thybio i'r copïwr beidio â diweddaru'r hen orgraff, lle ceid *m* am *f*. Ond gw. 259, 1259, 1321.

361 **cet**, cyd, "though."
lledessynt, cf. 1128, *ket rylade*[*t*] *hwy wy ladassant ;* B.B.C. 72, *a chin rillethid ve llatysseint ;* M.A. 164a, Llas llary vrodyr . . . A *chyd lletyd llatesynt ;* B.B.C. 63, *ny llesseint heb ymtial*. Yr ystyr yw, er iddynt gael eu lladd, lladdasant hwythau tra medrent. Ar *lledesseint*=*llesseint*, ffurf oddefol luosog, gw. C.Ll.H. 82 ; hefyd 219.

lladassan, heb *-t*, fel y prawf yr odlau o'i flaen ; cf. C.Ll.H. 78-9, ar amseriad hyn. Ond yma daw ffurf ferfol arall ar ei ôl, a gellid odli cwpled.

362 **neb.** Rhaid cael negydd i roi'r ystyr "no one," ond gall y negydd ddilyn fel yma. Cyferbynner â'r defnydd yn 401. **tymhyr**, tiroedd, cyfoeth ; gw. C.Ll.H. 138. **atcorsan.** Am ystyr, gw. 28 ; am y ffurf, rhoi *-san(t)* yn ddigyfrwng ar ôl bôn y ferf, cf. *atcorsant*, 702, 1139, 1405 ; hefyd hen ffurfiau fel R.P. 15a, *amucsei ;* isod, 698, *amucsant ;* Juv. *ritpucsaun*, a rhai diweddar fel *gwelsant, rhoesant*.

363 **cytvaeth**, magwyd hwy ynghyd ; cf. B.T. 73, Deudec meib yr israel, *buant gytuaeth*.

364 **blwydyn**, gw. 93.
od uch, gw. 127.
aruaeth, gw. ar 33 ; yr arfaeth oedd y bwriad i ruthro i Gatraeth ; cf. R.B.B. 183, *Arvaethu* a wnaethant pan vyd dyd mynet allan a rodi kat ar vaes ; M.A. 464a, Ac nit oed lai y *arvaeth* no goresgyn holl Europia ; Havod, 1, 13b, heb peidaw ar *aruaeth hwnnw* (nec adhuc a *proposito* meo divertor).

365 **mor dru**, "how sad !" ; cf. 693, O osgord vynydawc *vawr dru /* O drychant namen vn gwr ny dyuu ; 701, O drychan riallu ... *tru*, etc. ; 1130, Or sawl a aytham ... *tru ;* 1139, *tru* nyt atcorsant, gw. Ox. 1, V.V.B. 189, *mor tru*, gl. ar *eheu ;* C.Ll.H. 135; 201, *mor dru ;* B.B.C. 1, *mor truan*. Hefyd y defnydd isod, 367, *mor hir* "how long !"
adrawd, gw. ar 27.
angawr, fel rheol "barus, gwancus, greedy" ; ansoddair ac weithiau enw am gybydd, megis D.G.G. 142, I.G.E. 280, Cyngor *cybydd angor* yw, cf. B.B.C. 31, Guae *agawr* a graun maur uerthet ; B.T. 18, nac *agawr* brydyd ; D. "avarus," gw. G. 16. Yma, am hiraeth cryf yn dyheu am ei wrthrych.

366 **gwenwyn**, gw. 69. Nid fel A. "poison caused their fall : no mother's son brewed it."
adlam, trigfan, cartref, cf. *Y Beirniad* iii. 213-4 ; G.M.L. 6 ; G. 8 ; D.B. 93, dinas a wnaeth Perseus yn *atlam* y Bawl ebostol (38, Tharsus civitas, a Perseo constructa, Pauli apostoli *inhabitatione* gloriosa) ; 89, malwot, ac yn eu kybynnev y geill dynyon *atlamv* (32, testudines, de quarum testis capacia *hospitia* sibi *faciunt* homines). Camddeallwyd y gair *diadlam* gan D., ac ar ei ôl ef Ellis Wynne a Goronwy Owen.

maeth, magodd, C.Ll.H. 183, 220; isod, 1317, hiraeth er gwyr gatraeth am *maeth* ys meu. Y mae rhediad y meddwl yn awgrymu mai at yr arwyr y cyfeirir. Os defnyddir adlam yma am eu gorweddle ar faes y frwydr, "Creulon oedd eu gorffwysfa: nid ymgeleddodd neb mohonynt." Os eu cartref, yna "chwerw oedd eu cartref," am yr un rheswm. Ni wn a ellir yr ystyr "ymgeleddu" i *magu*; haws fuasai sôn am fagu *hiraeth*, neu *etlit*, gw. y cysylltiadau ôl a blaen.

367 **mor hir**, ebychiad, "how long!"
etlit, hiraeth, ymdeimlad o golled; C.Ll.H. 74; B. viii. 230.
etgyllaeth, cyfystyr ag *etlit*, cf. I.G.E. 354, Nyt *hiraeth etgyllaeth* gŵyn / Am eur na charyat morwyn / *Hiraeth* am eur bennaeth byw; B. ii. 135, *edlid* "hiraeth ac etgyllaeth."

368 **en ol**, cf. W.M. 75a, colli y liw ae wed o *tra hiraeth yn ol* llys arthur = 304a, *o etlit adaw* llys arthur.
pebyr, cf. 1001, ucheneit hir ac *eilywet / en ol gwyr pebyr*; P.K.M. 286, Gronw *Pebyr*; D. *pybyr* "strenuus, robustus, fortis"; D.W.S. *pybyr* "thryfty"; *pybyrwch* "Thryfte"; B.T. 55, Ynys *pybyrdor*; R.P. 136a, vn anyan yw myr ac awyr *pybyr*; 24b, Caru duw y bawp oed *bybyryaf*; D.G. 35, 26, Pwy biau'r *gwallt pybyr* gwiw?; 93, 27, Dinag bobl doniog *bybyr* / O dir Gwent lle mae da'r *gwyr*; R.M. 155 (mackwy) a *gwallt pybyruelyn* ar y benn; I.G.E. 3, Cegiden *bebyrwen* babl. Nid yw ystyron y geiriadurwyr yn addas yn yr hen enghreifftiau. Y mae mwy o flas "tanbaid" arno weithiau, dro arall "gloyw, gwych."
temyr, cf. 362, *tymhyr*.

369 **Gwlyget Gododin**. Ato ef y cyfeirir yn *Kulhwch*, R.M. 122, Corn *gwlgawt gogodin* (*sic*) y wallaw arnam y nos honno = W.M. 241a, Corn *gwlgawt gododin*. Fel y prawf *Dinoot* (am *Dunawt*) gan Beda, seinid -*aw*- gan yr Hen Gymry yn debyg i *o* agored. Bwrier mai *Gwlgawt* sydd gywir, a bod hen gopi yn rhoi *Gwlgot* amdano (cf. isod 530), medrir deall *Gwlget* fel bai am hynny. Cf. *Sanas Cormaic*, 850, *Modēbroth* am lw Padrig, a esbonnir fel *muin Duiu braut*.
fraeth, gw. 68.

370 **ancwyn**, gw. 69.
gwnaeth, gw. 33.

371 **prit**, prid, drudfawr, costus, D.W.S. *prid* ne ddrud "dere"; R.P. 53b, a *phrit* alar; 63b, tristit p.; Y.C.M. 58, *a* llyna beth a uyd *prit* yr paganyeit kyn diwed yr haf; D.G. 17, 7-8, Cyd bai

brid newid i ni / *Prid* oedd wr priod iddi ; 21, 21 ; 84, 15 ; 109, 2. Ceir *prid* hefyd fel enw, R.P. 20b, ny cheffir da heb *prit ;* A.L. i. 490, 548, 550, Tri ryw *brit* yssyd ar dir ; ii. 192b, na *phrit* na gwerth na rod na benffic ; cf. *pridwerth,* cyfansawdd o gyfystyron ?
breithyell, gw. 35, *breithell.*

372 **yg cat yg gawr,** fel byddin, a chyda bloedd ryfel.

373 **nerth.** Ar y gwr. gw. R.C. xli. 207-8. Ei ystyr reolaidd yw "cadernid," fel heddiw, ond weithiau "rhinwedd, virtue," megis Pen. 14, 61, em pob kyfryu *nerth* en berfeithyaf (cf. R.C. xxv. 390, ibunt sancti de uirtute in uirtutem. i. raghait na naoimh *do nirt for nirt*=391, Stokes, "from virtue to virtue," sef Salm lxxxiii, 8). Gan mai "Arglwydd y *lluoedd*" yw *dominus virtutum* y Lladin, tybiaf fod modd i *nerth* olygu "llu," a rhoddai hynny synnwyr yma, cf. C.Ll.Ll. xvii, a'r Nennius Gwyddeleg, is iat na dá chruim na dá *nert* .i. do *nert* su com Bretnaib et *nert* Saxan : *nert* "gallu milwrol."

Dichon, fodd bynnag, mai bai yw *nerth meirch* am *mythmeirch* fel yn 567, meirch cyflym.

gwrym, gw. ar 76.

seirch, arfwisg, cf. 290, 719, *wrymgaen ;* 833, *gwrym dudet ;* 902, *gwrymseirch ;* B. ii. 143, *gwrmseirch* "harnais, kyvrwyau."

374 **peleidyr,** llu. *paladr,* coes gwaywffon, weithiau gwaywffon, gw. 910. Gan fod *gwaewawr* yn y ll., dealler p. fel "shafts," cf. R.M. 155, yn llaw y mackwy yd oed *paladyr* bras vrith uelyn. A *phenn* newydlif arnaw. Ac ar y *paladyr* ystondard amlwc ; 272, yny uyd *penn* y gwaew allan a thalym or *paladyr* trwydaw.

ar gychwyn, ar godiad "on high, held aloft," cf. B.B.C. 47, ban vo y gad in ardudwy, Ar *peleidir kychuin* am edrywuy. Ystyr arall yn B.T. 18, Allmyn *ar gychwyn* y alltudyd, ond gw. G. 194 ; C.Ll.H. 160.

llym waewawr, pen neu flaen gwayw oedd yn llym, cf. uchod, *penn newydlif.*

375 **llurugeu,** gw. 184.

claer, gw. 140.

376 **ragorei,** cymerai y blaen, rhagflaenai, cf. 1051, *ragorei* veirch racvuan / en trin, gw. B. ii. 307-8 ; iv. 137 ; A.L. ii. 366, ef a wnaethpwyt seith *ragor* yr eglwys *rac* llys ; R.M. 270, erchi a oruc ynteu [Gereint], y enit ysgynnu ar y march a cherdet *or blaen* a chymryt *ragor* mawr ; 273, a chadw y *ragor* a oruc. Weithiau *ragor*="blaen byddin," gw. 1442 ; M.A. 162a, Coch y lauyn o lat *yn ragor.*

168 CANU ANEIRIN

tyllei, cf. 403, *tyllei* vydinawr.
377 **kwydei,** gw. ar 49, yr un ll. Ond yma dangosir y tr. rheolaidd *bym* ar ôl amherff. 3ydd un.
378 **Ruuawn hir,** "Rhufawn the tall." Sylwer ar y gystrawen; cyflwr enwol rhydd, cf. M.A. 208a, Rys rebyt, ef dyrllyt dyued.
379 **cet a choelvein,** cyfystyron am "rodd, anrheg."
380 **gorchynnan,** gw. Lewis, H.G.Cr. 124–5, "clodfawr"; M.A. 162a, *Gorchynnan* gosgort gwasgawt calchdoed. Yn y testun cyfeirir at neuadd y wledd yng Nghaer Eidyn. Ar ddull *cân, cathl* (*cantlo-n), gellid *dan, dathl* (**dantl-*); felly cf. *diddan*, a *dathlu* "celebrate," os daw *cynnan* o *cyn-* a *dan*. Cymysgwyd *cynnan* yn y testunau â'r *cynan*, bachigyn o *cŵn*, a roes yr enw priod, *Cynan*.
381 **cyvlavan,** dyrnod, briw, trosedd, gw. P.K.M. 144–5; G. 209. Nid oes flas trosedd yma: gwell ei ddeall fel "brwydr, lladdfa," sef helynt Catraeth.
382 **dyrllydut.** Ystyr y ferf yw "haeddu," cf. 147, 914. Ymddengys y ffurf yma fel amherff. 2 un. ac nid berfenw neu enw yn *-ut*.
medut. Gall fod yn ferf amherff. 2 un. o *meddu*, cf. B.B.C. 13, Menestir *vytud* meuvet *vetud molud* esmuith, lle'r etyb i *byddut* yn y cymal cyntaf. Ond ceir enw hefyd yn *-ut* (cf. *mol-ud* uchod), gw. B.T. 3, Dygofi dy hen vrython. gwydyl kyl diuerogyon. *Medut medwon*; 7, Creic pen perchen ... yn *gwna medut meddawt medyd*; 43, Aduwyn gaer yssyd ae *gwna* kyman / *medut* a *molut* ac adar bann; 44, Aduwyn gaer ... Gochawn *ymedut* y *molut* gofrein; 16, nys *gwnaho* molawt meiryon mechdeyrn / na chynhoryon saesson keffyn ebryn / Nys *gwnaho medut meddawt* genhyn / heb talet o dynget meint a geffyn / O ymdifeit veibon ac ereill ryn; R.P. 174a, mur mawrdut *uch medut medwawt*. Cf. â'r olaf, 159 uchod, e *ved* medwawt. Sylwer mor aml y digwydd gyda *medwawt, med[w]dawt, medwon, medyd*, ac ar ôl y ferf gwneuthur. Gall fod o *medd* "mead"; neu'n well, o *medd-u* "mwynhau, enjoy." Os felly, "llawenydd," cf. C.Ll.H. 29, Ni'm *guna lleuenit llad*, lle ceir y ferf *gwneuthur, llawenydd*, a *llad* "cwrw" yn ei beri. Yn y testun, y mae *dyrllyddu* yn awgrymu cysylltiadau tebyg, canys sonnir am *ddyrllyddu meddgyrn* yn 1125, a d. *medd* melys yn 914. Gan fod y ll. yn fer, efallai fod *med* wedi colli o'r testun, d. [*med*] *medut*.

Moryen, 389, 465, 629, cf. R.M. 106, bratwen m. *moren* mynawc. a *Moren* mynawc e hun; 159, *Moryen* manawc; 107, *bratwen* m. Iaen a *Moren* m. Iaen; gw. uchod ar 318, *anuonawc*.

tan. Ai disgrifiad o Moryen ? Os felly, cf. 948 ; R.M. 98, ffaraon *dande*, gw. C.Ll.H. 193. Ai aelwyd Moryen ?
383 **traethei.** Pwy ? Onid Moryen ? Cf. 994-5, *Neus* (bai am *Nys) adrawd* gwrhyt . . . *na bei* mab Keidyaw clot vn gwr trin.
Kenon, cf. 1310.
kelein, cf. C.Ll.H. 16, Pwyllei Dunawt *gwneuthur kelein* (h.y. lladd dyn). Nid oes ll. arall yn yr awdl nad yw'n diweddu yn *-an*. Llu. celain yn Aneirin yw *calanedd*, gw. 218. Os yw *adain* yn ail ffurfiad o *adan* (gw. ar 165), gall *celain* hefyd fod yn lle *calan*, ffrwyth cydweddiad â phâr fel *gwraig, gwragedd*. Cf. ymhellach, 1215, ar *alan*.
384 **seirchyawc**, arfog, gw. 167.
saphwyawc, un â *saffwy* ganddo "spear-man" ; cf. 734, 752 ; Geirfa, B. ii. 237, *saphwy*, gwayw ; M.A. 161b, Rutbraf y *saffwy ;* R.P. 84b, mywn arueu goreu oed eil garwy / mwyn (bai am *mywn*) aerua bu da y dwyn *saffwy*. Am y ffurf, cf. G. 145, *cleddyfawc, tarianogion, ffonogion*, C.Ll.H. 185.
son edlydan, cf. B.B.C. 99, *clod lydan*. Tybed nad bai am *soned lydan ?* Cf. B.T. 62, neu vi a weleis wr yn buarthaw / sarff *soned* virein ; 64, huenyd *soned* ganmwyhaf.
385 **seinyessit**, gw. 325.
garthan, cf. Pen. 169, 208, Henwau brwydr, *aer, garthan, bragad ;* B.B.C. 99, Mi a wum in lle llas bran / mab ywerit *clod lydan* / ban ryerint b*r*ein *garthan* . . . ban ryreint *brein ar crev* . . . *brein ar cic*. Ymddengys *brein g*. fel enw arall ar frain *tyddyn*, sef "carrion crows." Am *garthan*, cf. R.P. 60a, Gwas yg*garthan* a thrwm ogan ny thremygwyt (h.y. enillodd glod mawr ym mrwydr) ; M.A. 176b, fysgyat yn fysgyau *biu garthan ;* 191a, Trylwyn yn amwyn am *wiw g. ;* 185b, llofrutyeid g. ; 203b, Haelwas hwy(l)wys *yggarthan ;* 204b, yn amwyn g. gyrch y dande ; 241a, Oedd bann gawr *am ben garthan* / Pan gafas aerwas eurwan (? *erwan*) ; B.T. 21, py dydwc g. ; 39, yscwydawr yn llaw g. yg gryn ; 23, 19, bum yspwg yn tan bum *gwyd (yngw)arthan*. Gan fod *garth* yn golygu "enclosure," megis yn bu-*arth*, llu-*arth*, gall *garthan* fel bachigyn ohono olygu "battle enclosure" (cf. *cadlan*) ; • neu, gan fod sôn am fiw g. (a gwŷdd yng *ngarthan*), gall olygu "gwersyll" neu'r amddiffynfa o'i gwmpas, "rampart" ; cf. Llyd. G.M.B. 254, *garz spern* "gwrych drain," a *cadlys drein*, M.A. 226a. Felly cf. M.A. 175a, *Pebyll llywelyn* llew cat a welet (? *welat) yn oleu arthanat* (=R.P. 155, *arthawat ;* ond gw. G. 43). *Biw* g.

yw'r gwartheg a gedwid i fwydo byddin mewn gwersyll ? Yn y testun, cyfeirir at gleddyf yn taro ar y palis oddeutu'r gwersyll. (Efallai y dylid cyfeirio at Llyd. *garzou*, G.M.B. 255 = "swmbwl" ; Voc. Corn. *garthou*, gl. stimulus ; V.V.B. 129 ; Ox. 2, *gerthi*, uirgae ; ond cf. Pen. 7, 57, yn lle *erthi* y gymell yr ychen ; A.L. i. 754, *ac erthi ;* D.W.S. *ierthy ne irai* "A gode.")

386 **noc ac esgyc.** Darll. *noc y cesgyc.*

cesgyc, pres. myn. 3ydd un. o *cysgogaf,* sef *ysgogaf,* a'r rhagddodiad *con- ;* cf. B.T. 66, Dayar yn crynu ac eluyd yn gardu. A *chyscoc* ar y byt. A bedyd ar gryt ; M.A. 142b, *Dychysgogan* lloegyr rag fy llain (Gw. *scuchim*, Ped., V.G. i. 125 ; ii. 617; am bâr tebyg, cf. *cysgawd*, ac *ysgawd*). Gwelir *ysgog* yn 742, *anysgoc ;* 753, 1085, *anysgoget ;* 1176, *ynysgoget ;* ond *cysgog* yn 259, 1062, *agkysgoget,* ac isod yn 387. Efallai hefyd yn 1008. Dibynna *noc* ar *ny mwy* yn 387, cf. M.A. 256b 44-5, *Noc y bu* gyuyg ... *Ny bo* kyuyg duw ym kyuet.

vyr. Rhy hir yw'r ll., a thueddaf i adael *vyr* allan. Gall fod yn fai am *vawr,* heb ei ddileu gan y copïwr. Os gwrthodir, *carrec* yw'r goddrych, a berf gyflawn yw *cesgyc.* Os cedwir, goddrych *cesgyc* yw, a *carrec* yw'r gwrthrych, cf. *dygystudd deurudd dagrau.*

myr, (1) llu. môr. Pe felly, y darlun yw tonnau yn methu â symud carreg fawr ar y traeth ; (2) *myr* "morgrug," gw. C.Ll.H. 145. Llechant dan y garreg, ond ni allant ei symud mewn modd yn y byd. Disyfl yw.

mawr y chyhadvan, disgrifiad o'r garreg ; dyna pam y buasai colli *vyr* yn rhwyddhau'r gystrawen.

cyhadvan, yr unig enghraifft sydd gan G. yw hon : cynnig "blaen, ysgithredd, trum." Ar *advan* gw. B. iv. 139 ; hefyd B. v. 130, ni cheffir yn *adnan* (=*aduan*) gyhafal Arthan. Os wyf yn iawn yno, mai'r ystyr yw "goror, bro," cyfeirir yn y testun at gwmpas y garreg, ei *chylch* ar lawr, bron iawn "circumference." Dylid darll. *vawr y hadvan* i drwsio'r mydr, a deall *chy-* fel dechrau'r gair cyfystyr *chy*lchyn (gw. 1362, e greu oe *gylchyn*). Enghraifft o beth tebyg yw R.M. 2, dy *ged*erennyd (cychwyn ar *ged*ymdeithas, yna gweld mai *ger*ennyd oedd y gair). Ni ellid *cyh-* fel rhagddodiad o flaen *advan.*

387 **ny mwy,** nid mwy, gw. P.K.M. 294.

cysgogit. Am *-it*=*-yt,* cf. 325, 385 ; C.Ll.H. 165, 166, 169, 170.

Gwit, neu Gwyd, cf. yr enw Celtig, *Vitus,* Holder iii. 415 ; cf. cyfans. ohono yn L.L. 401, *Guidir* (cf. Plas *Gwydyr,* Llanrwst) ; R.M. 306, *Gwydyr,* enw dyn. Yn yr eirfa yn B. ii. 143, rhoir *gwid* "brwydyr," a *gwnid* "brwydyr."
Peithan, gw. 246 ar *peithing.* Yn L.L. 211, 268, ceir *Guobeith, Guabeith,* enwau dynion ; ac yn 32, 43, inis *peithan ;* 257, ynis *peithan,* enw dyn eto, ond odid.

388 **anvonawc,** gw. 318.
389 **ony bei.** Ni cheir cystrawen eglur ar ôl y Cymeriad hwn, *ny wnaethpwyt neuad,* ond yn 380–1. Cydier 389 wrth y ll. sy'n dilyn, nid yn ôl wrth 388, gw. isod ar 391.
eil Caradawc. Ar *eil* "mab, etifedd," gw. P.K.M. 213. Yma, fel yn 278, gall olygu un *fel* Caradawg, cf. H. 1 (Gruffudd ap Cynan) handoet gad gyffro *o anarawd* / Ac *eil o run hir* ryuel durawd.
ny diengis, darll. *nyt engis* i gael 9 sill yn y ll., gw. C.Ll.H. 70.
390 **en trwm,** gw. 190.
elwrw, gw. 155.
mynawc, gw. 253, 318 ; D. "mitis, generosus, comis" ; *mynogi* "comitas, generositas, humanitas" ; 538 ; 805, 828, mynydawc *mynawc* maon (cf. 193, tri *theyrn* maon) ; 925, m. lluydawc llaw chwerw ; 949, *mynawc* gododin ; 950 ; 1046, hael m. oedut ; 1071, riein a morwyn a m. = 1094, a *menauc.* Ymddengys fel gair am "arglwydd, teyrn," cf. M.A. 300b, hawl *fynawg* ddwyreawg ddar ; B.B.C. 12, *mynogi* gwyth ; B.T. 35, 4, Bum *mynawc* mynweir, 24, *Mynawc* hoedyl ; R.P. 21, 22, kynnic m. marchogaeth, 26, m. kerd ketwyf eillyaeth ; 4b 2, Gwendyd wenn benn *mynogi.*
Fel ans. "boneddigaidd, cwrtais," cf. B. v. 132, wyf bardd hardd *mynawg* mirain a ffodiawg ; H. 2, kwl klywyt kystut ar grut *mynawc.*
Gan fod enw Moryen yn y ll. o'r blaen, gw. uchod ar 382 am *Moryen Mynawc* yn llys Arthur ; a 318 am y Llydawiad, *Morgen Munoc,* gŵr o'r nawfed ganrif. Tybiodd d'Arbois mai'r un un oeddynt, R.C. xix, 230 ; gw. Ch.Br. 152. Yn R.C. xlvii. 163, cymherir *mynawc* â'r Hen Lyd. *guomonim,* gl. ar *polliceor,* a'r Ll. *moneo.* Rhois gynnig arall uchod ar 318.
391 **dywal,** gw. 186. Enw yw yma, "milwr dewr."
dywalach. Er na fedr yr orgraff ddangos y tr., darllener *ddywalach,* canys rhaid wrth hynny i gael cystrawen i *ony bei* uchod :

"*Ony bei* Voryen . . . nit engis en trwm . . . dywal [*a fei*] *dd*ywalach no mab Ferawc," gw. ar 200, cf. 1120, Ny magwyt yn neuad *a vei lewach / noc ef, nac yng cat a vei w*astadach.

Ferawc, enw priod. Ar *ffer* "cadarn, ffyrnig," gw. C.Ll.H. 88-9; digwydd fel enw priod, A.C.L. i. 201, *Fer* m. Co*nfer*, lle ceir yr un elfen yn enw'r tad a'r mab, gw. ar 291. Yma yn ôl arfer y Cynfeirdd, chwaraeir ar yr enw. Isod, 1125, ceir mab *Feruarch,* cf. L.L. 265, *Fermarch.*

392 faglei, D. *ffaglu* "flammare," rhoi ar dân, h.y. ffoai ei elyn rhagddo mor wyllt nes bod tân yn ffaglu o garnau ei farch! Dull y bardd o ddweud hyn yw ei fod yn rhoi tân ar sodlau ei elyn, cf. B. ii. 138, *ffuclawr, ffaglawr,* "ryfelwr : brys neu ffest."

fowys, "ffoadur," ans. o *ffo* a'r terf. -*wys* (Ll. -*ensis*), cf. L*loegrwys.*

393 dias, gw. ar 2.

dinas, noddfa, cf. B. i. 5 (Seint) yn yg yn ehag ym pop reit / bwynt *dinas* yn corff ac yn heneit. Felly hwn : yr oedd fel dinas noddfa i lu ofnus, cf. isod 410 ; hefyd 978, *asgwrn aduaon.*

394 bedin Ododin, gw. 34.

395 cylchwy, yma "tarian," ond gw. C.Ll.H. 163-4 ; G. 230 ; weithiau *cylch,* megis B. v. 27, ac y rhoessant i'r clerwyr *cylchwy* vnwaith bob tair blynedd.

cymwy, "gofid, caledi, stress" ; C.Ll.H. 199 ; G. 241.

adeuawc, gw. G. 8, lle petrusir rhwng *adefawg* ac *addefawg,* a'i esbonio naill ai fel "tanllyd, disglair," neu "cadarn, di-ildio" ; cymherir â B.T. 30, yn eidin yn *adeueawc.* Gan fod *addef* a *bod* ar arfer am breswylfod, ac y ceir *bodawg* "sefydlog, constant, reliable," o *bod,* gwell gennyf ddeall *addefawg* yma fel tarddair o *addef,* yn yr ystyr "di-syfl, steadfast." Er yr atalnodau yn y llsg., darllener "Rhag byddin Ododdin bu ei darian ar chwâl. Yn ei galedi, safodd yn ei le, ni ffôdd." Nid yw *addef* "cyffesu, admit," yn rhoi ystyr mor addas.

396 dyd gwyth, dydd cynddaredd, brwydr ; C.Ll.H. 80, 242 ; cf. isod 405, 484, 1142.

ystwyth, cyflym ei symudiad, nid "supple" yma, ond "agile." pwyth, gw. ar 323.

atveillyawc, A. "or gave a return blow fraught with death," ond cf. 699, o osgord vynydawc an dwyf *atveillyawc*=705, o ancwyn m. handit *tristlavn vy mryt ;* 441, o ancwyn m. anthuim *cim mruinauc.* O'r rhain cesglid mai "trist, chwerw," yw. Nid yw 1315 yn gwahardd hyn, gan vynydawc bu *atveillyawc* eu gwirodeu, cf. 69, glasved eu hancwyn a *gwenwyn* vu. Yn ôl G. 45, yr un yw ag *atueilawc*, neu daw o *ball* "pla, haint, tranc." Yn erbyn y cyntaf y mae nifer yr enghreifftiau o *-ll-* ; yn erbyn yr ail y mae grym *at-* mewn gair fel *adwryaeth* 293 ; neu *adfyd, adflas, adwledd,* a'r cyffelyb. Gall yr ans. heb *at-* olygu "hyfryd." Hoffwn gynnig mai ei gytras yw'r Gw. Hen, *meall* (a *meldach*) "hyfryd, melys," a drafodir gan Loth, R.C. xlvi. 10, gwr. **meldo-*. Dyry Windisch, W., 685, *meld* (ba mór *meld* a acaldam, Ml. "very pleasant was his converse) ; Mag *Mell* "the Plains of Happiness" ; *mellach, meldach* Zeuss, G.C.² 10, "gratus." Dyma wreiddyn posibl hefyd i *meillion*, a'r gl. *mellhionou* ar *uiolas,* V.V.B. 184. Os cywir hyn, *adfeilliawg* "chwerw" ; chwerw oedd y pwyth, y tâl, a gafodd am ei ddewrder ym mrwydr. Grym *neu* felly fuasai "yn wir," geiryn cadarnhaol.

397 **dyrllydei,** gw. 147.

eillt, deiliaid, gw. 918, *eillt wyned;* P.K.M. 290; B.T. 29, *Eillon* a ui caeth ; 43, noc *eillon* deu traeth gwell *kaeth* dyfet : hefyd isod 1198 ? Cf. R.C. xxxix, 64, a G.M.L. 147.

398 **diessic,** gw. 173.

399 **no Chynon,** cf. 409, *a chynon.* I gyfrif am *no* rhaid tybio ans. gradd gymharol mewn ll. a gollwyd rhwng 398 a 399 (? Na neb *dewrach no* Chynon).

ceinnyon, gw. G.M.L. 70, *keynyon* "the first liquor drawn for the hall, and regarded as the best" ; G. 123 (1) dillynion, tlysau ; (2) Y ddiod gyntaf a ddygid i'r neuadd. Nid yw enw lle yn amhosibl weithiau, *Y Beirniad*, ii. 111-2. Digwydd eto yn xcvii, ll. 1183, *eur ceinyo[n]*, ac enwir Cynon yn 1185.

400 **nyt,** bai am *neut.*

tal lleithic, cyfystyr â *tal being* yn 537, pen y fainc, y lle anrhydeddusaf i eistedd ; cf. O'Currie, *Manners and Customs of the Ancient Irish,* i. 350, "One of the highest honours which the master of the house could confer upon a guest was to give him a place against the wall, or at least where no one sat between him and the wall."

lleithic, mainc, glwth, "couch," 986, 1471 ; Ll. *lectica;* B. ii. 141, pedeir gradd llys arglwydd y sydd. kyntedd ac radd a meinc a *lleithig.* kyntedd yr iymyn, y radd yr yscwiereid', y feink yr magwyeid, *lleithig* yr Teyrnedd.

401 **gwanu**, yma taro; **atwanu**, ail daro, cf. C.Ch. 101, ac nyt oed reit eilchwyl y dar[a]w a drawei ef unweith: isod, 1230, Nit *atwanei* ri *guanei* ri *guanet*. Ystyr arall efallai yn 220.
neb nyt, gw. ar 362, mewn ystyr arall.
e neb, enghraifft o'r fannod? Ond sylwer mai amherffaith yw'r awdl, â chymysgedd odlau ynddi, fel pe gwnaethid un awdl o weddill dwy.

402 **raclym**, llym iawn, cf. M.A. 162a, Coch y lauyn o lat yn ragor / Yn raclan yn *raclym* eissor. Am y defnydd o *rac-*, cf. 1051, ragorei veirch *racvuan* en trin; 404, *rac vuan* y veirch.

403 **calch drei**, ans. cyfans. i ddisgrifio'r arwr gan fod ei arfau yn ddarnau neu'n dyllau, cf. 1228, *calc drei*. Ar *calch* "arfau calchedig, tarian," gw. C.Ll.H. 187, P.K.M. 233-4, G. 98; cf. isod 1219, *scuitaur trei*. Ond dengys 834, calch *doet* y golyga arfau amddiffyn "armour," yn ogystal â tharian. Ar *drei* gw. 148, 530. Am y tr. cf. calch *doet*, ac isod ar 530. Hefyd H. 249, Balch yn *ysgw*[*yd*] *loew galch laes*. A'r holl linell, cf. 376.

404 **rac rygiawr**, gw. 402 am *rac* fel rhagddodiad sy'n cryfhau. Ar *dychiawr, ciawr*, gw. 50. Cf ymhellach Hanes Taliesin a'i ffo rhag Ceridwen Wrach, B.T. 22, bum gronyn ... Amettawr *am* dottawr yn sawell *ym* gyrrawr *ymrygiawr* o law wrth vyg godeidaw. *Am* haruolles yar. Yn y gyfres hon rhaid deall *ym* fel "y'm," ac *am* fel "a'm"; felly berf pres. amhers. yw *rygiawr* ynddi, a'r *'m* o'i blaen yn wrthrych iddi. Ar *o law* "wedi hynny," gw. C.Ll.H. 61. Cyffredin yw *wrth* gyda berfenw i ddynodi amcan a diben. Pe felly, *wrth vyg godeidaw* yw "i'm goddeithio," gan gyfeirio at grasu'r ŷd. Ond gall *wrth* hefyd olygu amser; pe felly "pan oeddwn yn cael fy nghrasu" (fel gronyn o ŷd yn yr odyn). Y peth nesaf a nodir yw ddarfod i iâr ei arfoll neu ei dderbyn. Wrth *gofio* fod *ciawr* (gw. 50) yn sicr yn golygu "syrth, disgyn," gellid cynnig yma hefyd mai ystyr *ymrygiawr* yw "fe'm gollyngir i lawr," ac wedyn yn naturiol cyfyd iâr ef i fyny yn ei phig, a'i *arfoll*. Yn y testun, gan fod *disgyn* yn air a ddefnyddir mor aml am "syrthio ar y gelyn, ymosod" (gw. 65), cynigiaf ddeall *rygiawr* fel cyfystyr iddo yn yr ail ystyr hefyd. Cyfeiria gyda *rac* at yr arwr yn arwain yr ymosodiad ar ei farch tra chyflym, cf. 220, *em blaen* gwyned *gwanei*; 376, *ragorei*; 48, *racwan rac* bydinawr. Ef sy'n "disgyn" gyntaf. Neu, os mynner, cymerer *rac rygiawr* fel disgrifiad o'r meirch, "racing in front."

NODIADAU

Gan fod peth anwadalu rhwng *-awr* ac *-or* yn yr hengerdd (cf. 1268-9, *dygochwiawr* yn odli â *phor ?*), dylid cyfeirio at B.T. 68, Tristlawn deon yr archaedon kan *rychior* / Nyt uu nyt vi yg kymelri *ygyfeissor*. Os gorffennol yw hyn "since he has fallen," efallai mai'r geiryn perff. *ry-* sy'n peri hynny, nid bod *ciawr* ei hun yn ffurf amser gorffennol.

405   **atwyth** (o *at-* a *gwyth*, gw. 396), G. 9 "aflwydd, anffawd, drwg." Yma gwell yw "dinistr, distryw, angau," cf. 1179, *atwythic*, cf. B.T. 60, *eil agheu oed y par*. Yn Arfon clywais "cael adwyth" am gael afiechyd difrifol.

408   **lew.** Y mae'r atalnod ar ei ôl fel pe'n ei gydio wrth y ll. o'r blaen. Ond y mae bwlch yn y meddwl yma gan nad oes cystrawen i *mor hael . . . a Chynon*. Cynigiaf ddarll. *neu* yn lle *lew*. Mewn hen org. cawsid *lleu ;* darllenwyd *ll* am *n*, a chymerwyd *u* fel *w*.

baran, gw. ar 39, R.P. 150b, 17, b. llew.

llwybyr vwyhaf, ans. cyfans. oherwydd y tr., gan mai enw gwrywaidd yw llwybr, ac ni threiglid yr ans. ar ei ôl ond mewn cystrawen felly, cf. uchod ar 303, *llwybyr dew*, a G. 42, *arllwybyr ;* R.P. 150b, 19, *arllwybyr llew* lloegyr ; 156b 26, ef oed *aerllew arllwybyr* cat.

409   **Cynon lary vronn,** yr un ans. yn 399 am Gynon. Isod, 416, chwanegir enw ei dad, a gwelir mai Cynon mab Clytno yw, gw. Sk., F.A.B. ii. 454 (Bonhed Gwyr y Gogled) *Clydno Eidin* a Chynan Genhir a Chynuelyn Drwsgyl a Chatrawt Calchuynyd meibon Kynnwyt Kynnwydyon mab Kynuelyn mab Arthwys mab Mar mab Keneu mab Coel. Wyrion i Arthwys oedd "Gwrgi a Pheredur, meibon Eliffer Gosgorduawr" ; felly cf. A.C. 580, *Guurci* et *peretur* moritur. Buasai'r rhain yn gyfoeswyr â Chynnwyd, taid Cynon. Yn ôl A.L. i. 104, *Clidno Eydin* oedd un o dywysogion gwŷr y Gogledd a ddaeth i Arfon gyda Rhydderch Hael i ddial Elidir Mwynfawr, a gwyddys fod Rhydderch yn gyfoes â Cholumba (521-97), gw. C.Ll.H. xxv. Tipyn yn anghyson yw hyn ag achau Harl. 3859, Cy. ix. Yno, yn Ach VII, ceir [C]*linog eitin* map Cinbelin map Dumngual hen. Cynigiais 510 fel amcan am flodau dyddiau Dyfnwal Hen, C.Ll.H. xxv, a rhoesai hyn y [C]linog *eitin* hwn yn ei flodau tua 600. Prun bynnag a ddilynir, y mae Cynon ap Clydno yn perthyn i hanner olaf y chweched neu ddechrau y seithfed ganrif.

adon, gw. isod ar 554, llary vronn *haeladon*.

410 **dinas y dias,** cf. 393, glew *dias dinas* e *lu* ovnawc: hefyd 533, oed *dinas* e *vedin* ae cretei. *dias,* gw. ar 2.
ar llet eithaf, gw. ar 630, cf. H. 226, och hyt attat ti duw a dotaf yn dde / o welet wy lle *ar llet eithyaf* (cf. ar led ymyl); 58, gwr gwrt yn kyrchu llu *lled eithaf.* Am *ar ll-,* gw. G. 33.

411 **dor,** cf. 531.
angor, ffigur am gadernid diysgog, G. 19, cf, isod, 717.
eilyassaf, gw. ar 659.

412 **ymyt,** gw. ar 456. Anodd penderfynu rhwng "yn y byd" ac "ym myd," sef ym mrwydr, cf. y dyfyniad ar y gair nesaf, B.T. 24, *ym byt.*

413 **aryf gryt.** Os cyfans. cf. Gw. *arm-chrith* "a trembling of arms'," neu *arm-grith* "clang of arms, alarm," C.I.L. 124-5; ceir cyfans. yn B.T. 24, mwyhaf teir *aryfgryt* achweris ym byt. Ac vn a deryw o ystyr dilyw. a Christ y croccaw a dydbrawt racllaw. Amlwg yw mai cyffro mawr a olygir, sef adeg y dilyw, y croeshoeliad, a dydd y farn, nid ysgwyd na thwrf arfau, yr ystyr gyntaf (fel yn B.T. 25, 2?). Yn y testun nid yw'r naill ystyr na'r llall yn gweddu gyda *emdwyn:* gwell rhoi atalnod ar ôl *aryf,* a chymryd *gryt* gyda *gwryt.*
gryt, cf. Gw. *grith* "twrw, bloedd." Dyry D. *gryd,* proelium, conflictus, pugna; *grydian,* grunnire; T.W. *grundio* "grwytho, grydwst, grydian, erthychain fel moch"; T.W.S. Luc v, 30, murmuro (ymyl, *grwgnach, grydiaw, ymrydwst*). D.W.S. *grydyan* val llwdyn hwch, "grunt"; *grydwst* "grone," cf. B. ii. 141, *gryd* "gryngian moch, brwydr"; B.T. 57, 2; B.B.C. 62, lleis adar duwir dyar ev *grid;* 72, En llogporth... guir *igrid;* 93, gwir *igrid* C.Ll.H. 1, llym vympar llachar *ygryt;* ar y cytrasau gw. Vendryes, R.C. xxviii. 140; xxix. 207.
gwryaf, gw. 88.

414 **oswyd,** gw. 114.

415 **yt gwydynt,** o'r ferf *cwyddaw,* syrthio, gw. 49.
adaf, llaw, gw. C.Ll.H. 60, 212.

416 **Klytno,** gw. ar 409, cf. R.P. 147a 31, mal *clytno eidin* prif gyfrin prein. Daw y *clyt-* yn ei enw o'r un gwr. â *clod.* Am chwarae cyffelyb ar enw priod, gw. 119, 249.
yty or. Darll. *yt yor* "to thee, lord," gan fod *or* eisoes yn odli ynghanol 417, cf. isod 1044, *y or* yspar llary *yor.* Am gyfarch cyffelyb, gw. B.T. 65, 16, Teyrned pop ieith *it* oll ydynt geith.

417 **or,** ymyl, gw. B. ii. 307 ; iv. 137 ; W.M. 236b, dauates uawr a welynt *heb or a heb eithaf* iti (R.M. 114, heb *ol* (!) a heb eithaf idi), h.y. yr oedd cynifer o ddefaid yno na welynt ymyl na phen draw i'w nifer. Felly mawl Cynon, "without limit, without end," yn ddifesur.

eithaf, gw. ar 630.

418 **disgynsit,** gw. nodyn ar 262, *heessit.* Mewn Cymraeg Diweddar ystyr y ffurf yw gorberff. amhers., ond yma gorff. 3ydd. Cyffredin mewn H.G. yw cael dwy ffurf ar y pres. 3ydd un., un yn *-it, -yt,* a'r llall heb derfyniad. Ond ceir enghreifftiau digamsyniol o beth tebyg yn y gorff. 3ydd, megis B.T. 52, Alexander . . . *aeth* dan eigyawn / Dan eigawn *eithyd* / y geissaw *keluydyt* . . . *Eithyd* o duch gwynt / rwng deu grifft ar hynt / y welet dremynt. Dengys yr odl mai *eithyt* yw'r ffurf (cf. B.T. 24, 18, Ffuonwyd *eithyt* erbyn llu o *gewryt;* 75, 12, *eithyt,* odl yn *-yt*), a chyfystyron yw *aeth* ac *eithyt.* Rhoed *-yt* ar ôl bôn y gorff. *aeth*yn union fel y rhoir *yt* ar ôl bôn y pres., cf. B.T. 24, 19, *gwneithyt* "gwnaeth" ; W.G. 332. Nid oes ddadl chwaith am yr enghraifft yn Llyfr St. Chad, L.L. xliii., *rodesit* elcu guetig equs "*rhoddes* Elcu wedyn farch." Deallaf *disgynsit* fel "disgynnodd," yn yr ystyr o gyrchu i'r frwydr, ymosod, cf. 982 ; neu 954, en aryal ar dywal *disgynnwys.*

en trwm, ym mrwydr, gw. 190.

kessevin, G. 137, fel enw "blaen" ; fel adf. "gyntaf, yn gyntaf, yn flaenaf" ; fel ans. "cyntaf, blaenaf." Gydag *yg* dealler fel enw "blaen rhuthr, blaen byddin" ; cf. yr adf. 872, rac cant ef gwant *gesseuin.*

419 **diodes,** gorff. 3ydd un. *diot* "tynnu ymaith, remove" ; cf. Llan. 2, 325, *diot* temyl duw ae hadeilyat yn y tridieu o newyd (cf. Math. xxvi, 61 ; Ioan ii, 19) ; Pen. 4, 88 (Crist) e *dyot* y ar e prenn ; W.M. 72b, hyt yn lluest walchmei y *diot* eu harueu ; 77a, *diot* y wisc y amdanaw ; Ryfed yw genhyf kadarnet y dywedy ti dy vot, pwy a *diodes* dy lygat ; M.A. 488b, *dyodassant* wy y gelynyawl arveu hynny y amdanunt ; 491b, *dyot* y penffestyn ; *dyot* eu harveu ; 733a, (Duw) yr hwn a *ddiyt* y cywaethogion syberw og eu cadeir.

gormes, yn yr ystyr o elyn, C.Ll.Ll. 41, "oppression, oppressor." Gyrrodd y gelynion allan o'i fro.

fin, ffin, goror ; 222 ; A. "he fixed the battle line" ; yn hytrach rhoi terfyn nad oedd y gelyn i'w groesi, "Hyd yma y deui."

420 **ergyr gwayw,** ans. cyfans. *ergyrwayw,* er na ddangosir y tr. yma, cf. M.A. 161a, Tri *ergyrwaew* glyw glew ganaon; Gw. *erchor;* Hen. Lyd. *ercor* (V.V.B. 122, gl. *ictum*) "dyrnod, blow"; felly *ergyrwayw* am un medrus i daro â gwayw; gw. 1026; P.K.M. 289; B. i. 2, *cyfergyr.*
rieu, cf. 1037, ar lles r. Amwys yw, unigol a lluosog, "lord" a "lords"; un. megis M.A. 140a, R*iau* rwyf elfyt ruyt *i* folawd; 190b, Can *wyd rieu* hael, can wyd rodiad; llu., 142b, Ceuais i liaws awr eur a phali / gan vreuawl *rieu* er *eu* hoffi. Yma unigol yw.
ryvel chwerthin, ans. cyfans. "laughing in battle."

421 **hut effyt,** A. "he places his valour at Elphin's service"; St. "the forward Elphin was manly as the enchanted Ephid"; E. "Even as far as Effyd reached his valour which was like that of Elphin." Ond cf. 175, *hudit e wyllyas,* a'r nodyn yno. Gellid darll. *hutessyt* yma (a chyfrif ff yn fai am ff) yn ystyr "hudodd," pe gwnâi synnwyr. Os dilys yw *effyt,* dealler *hut* fel geiryn "felly, so" (gw. 709), ac esbonio'r ferf fel benthyg o'r Ll. *appeto,* "ymgyrraedd at beth, ymosod." Neu ynteu gall y ferf fod o'r un gwr. a'r *-pet-* sydd yn *arbed.*
gwrhyt, gw. 2.
e lwry, gw. 155, *e lwrw.*

422 **moleit mur greit,** gw. 326.

424 **gwerth med,** gw. ar 41, 55; a 989, lle ceir yr un ll. eto.

428 **Kywyrein.** Ceir yr un Cymeriad isod, 656, 664, 668. Y mae xxxixb yr un â 424-7, ag eithrio'r ddwy linell gyntaf. Enghraifft yw hyn o roi Cymeriad awdl arall i awdl anghyflawn a gollasai ei dechrau, ar bwys yr odl. Ar y geiriau gw. ar 656.

429 **gwerin,** gw. ar 547.
fraeth, gw. 68.
fysgyolin, ans. "cyflym," cf. 876, cledyual dywal *fysgyolin;* 1212, *i ar fis[c]iolin;* B.T. 63, *y ar orwyd ffysciolin;* C.Ll.H. 180 ar *ffisscau,* Cern. *fesky* "hurry"; (B. ii. 739, *ffysgiolin* "drud haelioni ne hael" !), ac uchod ar 189.

434 **alauoed,** llu. *alaf,* gyrr o wartheg, "cattle," P.K.M. 242; G. 19, "cyfoeth"; B. ii. 276, na choll dofyd yr *alaf* (cf. *cyfalaf*).
dwyrem=447, *wyrein.* Felly rhaid darll. *dwyrein* yma. Yr odl yn y llinellau nesaf yw *-am,* hen org. am *-af.* Pe darllenid *alaf* yn lle *alauoed,* a'i symud i ddiwedd y ll., ceid mesur rheolaidd.

NODIADAU 179

Cyffredin oedd cyrch am wartheg y dwyrain. Hefyd, newidier *in* i *rac* fel yn 447 (cf. 449, *rac* biw), a darll. *rac dwyrein alaf.* Ond ni thâl hyn yn 447, oni ddarllenir *alafawr* yno. Ansicr wyf.

435 **cintebic,** cynhebig, cyffelyb, G. 249; Y.C.M.² 47, *kynhebic oed y lew.*
e celeo, hen org. am *celew,* gw. uchod ar 227, *e celyo.*
erit migam, ermygaf, a'r rhagenw mewnol, gw. ar 145, 205, 1149.

436 **Guannannon,** cf. 829, a merch eudaf hir dreis *gwananhon;* 919, eillt wyned klywer e arderched / *gwananhon* byt ved. Ymddengys fel enw lle, cf. o ran ffurf *Trisantona,* hen enw'r afon a roes *Trent* yn Saesneg. Yn Gymraeg cawsid *Traeanhon ;* a chredaf mai'r un enw yw *Trannon, Tarannon,* afon yn Sir Drefaldwyn, a red i Hafren.
guirth med, gwerth medd, gw. 41, 55.
guryt, gw. ar 2.
muihiam, mwyhaf, mwyaf mewn hen orgraff.

437 **ac,** un ai *at,* neu'r cysylltiad *ac,* gw. V.V.B. 29.
guich, gwych. Neu bai am *guith* "gŵyth"?
fodiauc, ans. o *ffawd,* cf. B. v. 132, wyf bardd hardd mynawg / mirain a *ffodiawg ;* H. 3, yueis gan deyrn . . . yn llys aberfraw yr faw *fodiawc ;* Voc. Corn. *fodic.* Ai'r un gair sydd yn B.T. 68, Twll tal y rodawc / ffyryf *ffo diawc?* Ai "diog i ffoi, slow to retreat"? Cf. 64, E* eichauc gwallawc yn llywet / *hwyrwedawc* gwallawc artebet ; uchod, 149, arth en llwrw, byth hwyr e techei.
guichauc, gwychawg ; gw. ar 252 ; H. 2, pan vei gyfluyt o wyr *gwychawc.*
inham, un ai "yn haf," neu bai am *hinham* "hynaf" ; Ox. 2 ; V.V.B. 154 ; E.S.C. 9, et patricius qui sedit iuxta regem in sede .i. *hinham ;* C.Ll.H. 36, Gwedy colli y *hynaf :* gw. nodyn arno, td. 206, "pennaeth." Os y llall, cf. B. iv. 10, Gwr pawb *yn haf ;* C.Ll.H. III, 36b.

438 **map Bodu at am.** Y mae *Boddw* yn elfen go gyffredin mewn hen enwau (Gw. *badb, bodb,* Windisch, W., 382 ; C.I.L. 234, *bodb* "a scald-crow" ; *Bodb,* "a war-goddess") ; cf. L.L. 403, *Gurvodu, Guorvodu ;* Cy. ix. 162, *Elbodugo ;* 163, *Elbodg ;* 181, *Artbodgu* m. *Bodgu.* A ellir enw o *Boddw* ac *adaf* "llaw crafanc" (cf. C.Ll.H. 212, adaf eryr) ? Cf. *Rhi-adaf,* C.Ll.H. 51. Dyfynna Loth, Ch.Br. 110, *Euboduu, Catuodu, Tribodu,* a chysyllta *boduu* â

*boud- buddugoliaeth, trwy *boudvos. Annhebyg iawn. Ar yr enwau Llydewig *Conatam, Riatam, Rumatam, Uuoratam,* gw. Ch.Br. 120.

439 **guir gormant,** gw. ar 239.

cennin. Nid yr un gair ag yn 164 : yma odlir yn *-yn,* cf. 689, O winveith a medweith yd *aethant e genhyn.* Ar *cennyn, genhyn* fel 1af llu. yr ardd. *cant, gan,* gw. G. 101–3, a'r enghreifftiau yno : hefyd *y gan* yn yr ystyr "oddiar, oddiwrth." Ni welaf ddim yn erbyn deall *cennin* yma yng ngolau 689, fel "oddiwrthym," yn hytrach na "chyda ni." Gwell hynny, ar y cyfan, na cheisio ffurf ar *cant* "enclosure" yma, a'i ddeall fel "maes brwydr," neu *cant* "llu," er bod cystrawen o'r fath yn bosibl. Ni thâl y cyfryw esboniadau yn B.B.C. 49, Or saul y deuant ny*dant y kenhin* / namuin seith lledwac gwydi ev llettkint=B. iv. 123, *y genym.* Rhaid cymharu'r holl awdl ag LX ac LXI isod.

440 **gwinweith a medweith,** gydag *oedyn,* rhaid mai ansoddeiriau ydynt, llu. *gwinvaeth,* a *medvaeth ;* gw. ar 298, cf. *emeith* yn B. ii. 12, llu. *amaeth,* am yr affeithiad. Nid felly yn 674, 689, 695.

441 **ancwyn,** gw. 69, 370, ac isod 705.

442 **anthuim,** hen org. am [*h*]*andwyf* "ydwyf," gw. R.C. xlviii. 311 ; C.Ll.H. 90, 95 ; P.K.M. 277 (*handit*). Fe'i ceir gydag *o,* cf. 699, *O osgord vynydawc an dwyf* atveillawc ; 705, *O ancwyn* mynydauc *handit* tristlavn vy mryt ; R.P. 1, 28, *O* leas gwendoleu . . . *handwyf o eithur* (=*o eithin*).

cim mruinauc, cymrwynog, o *brwyn* "trist," C.Ll.H. 56 : cf. uchod, *tristlawn vy mryt,* yn yr un cyswllt ; G. 238, *kymrwyn* "gofid, poen, tristwch."

443 **gur gunet,** gŵr gwnedd, gw. 219.

rin, "ryn," fel y prawf yr odlau ; gw. nodyn ar 81 ; B.T. 73, Pan welych wyr *ryn* am *lyn* aeron ; H. 2, *Rynn* ruthrei doruoet.

444 **mal taran,** gw. 124 am yr holl linell. Darll. [*a*]*mal taranaur ?*

445 **nem,** hen org. am "nef." Yma gall fod yn fai am *em* "ef."

tarhei, cf. 1214, *terhid* rei. Yr ystyr yw fod tarianau yn atseinio dan ergydion yr arwr, neu'n hollti gyda thwrf, "resounded," neu "cracked." Agos yw'r ystyron, a gall un darddu o'r llall. Os "torri" yw'r cyntaf, daw "torri gyda thwrf" yn ail. Gan fod *-rdd* yn rheolaidd ar lafar yn colli'r *dd* mewn tafodiaith ddiweddar, a bod rhyw gymaint o dystiolaeth i ansefydlogrwydd *dd* mewn H.G., e.e. *cor, cordd, cascor, gosgordd ; mywn ; i fyny*(*dd*), *rhof, rhoddaf, uddudd, uddu,* etc. (heb roi barn ar wir berthynas yr "efeilliaid" hyn ym mhob achos), carwn dynnu sylw yma at ystyron Llyd. *tarʒ, tarʒa ;* Cern. *tardh, tardhe,* e.g. Llyd. *tarʒ an deiʒ* "toriad dydd," Cern. *dydh tardh ;* Llyd. *tarh-calon* "torrcalon" ; *tarʒ-coff* "torr-llengig" ; *tarʒ-curun* "taran" ; *tarʒa* "se fendre, crever, éclater," Ernault, G.M.B. 681 ; Loth, R.C. xxxi. 511. Cyfieithir y testun gan yr olaf "Comme le tonnerre du ciel, *éclataient* les boucliers." Gweler ymhellach ar 1267, *tardei.* Dylid ystyried hefyd *trydar, tar-an* (a'r ffurf *taryan* 1276).

446 **rynnaud,** rhuthr, gw. ar 81, cf. B.T. 29, rac *rynawt* tan dychyfrwy mwc ; 56, neu wynt pwy hynt pwy *y rynnawd ;* M.A. 166a 52, Rwysc *rynnawt* morgymlawt ; 196b 36, Kyn kyflechwyf r. ; 228a 12 ; 254a 19, 287b 42 ; H.G.C. 134, *rynnawd* o dydyeu adan gel ; R.B.B. 67, gwedy bot velly *rynawd ;* 244, kyt bydynt *rynnawd* yny medu ; W.M. 120a, am *rynnawd* or dyd ; 126a, ymphen *rynhyawd ;* 128a, a uu *rynnawd* gyt a hi ; B.B.C. 13, *Ruthur* vthir avel. *Rynaut* uvel ; Pen. 14, 33, em pen *rynnaud* vechan ; B. iv. 7, Djgawn yw guare *rynnaud.* Yn R.C. xli. 217, cyfieithir y testun gan Loth, "attaque impétueuse." Mewn mannau eraill, sylwer mai "ysbaid" (lle ac amser) yw'r ystyr, cf. y defnydd o *ruthr* yn W.M. 301b, Am *ruthur* or kyet (=*koet*) ; Y.C.M. 84, pylu *ruthur* oe allu ef ; S.G. 111, gwedy ymdidan *ruthur* ohonunt, bwrt a gychwynnawd ymeith odyno.

447 **alauoed wyrein,** gw. ar 434. Yr odl yma yw *-awr,* yno *-af.* Nid oes ond 6 neu 7 sill (yn ôl fel y rhifir (*y*)*sgwydawr*) yn 448 ; gellid symud *wyrein* iddi, a dileu *wyre,* neu ddarll. *kywyrein* yn lle'r ddau, megis yn 656, 664, 668. Dengys yr ail-adrodd yn xxxix A a B fod cymysgu rhwng cyfres *Disgynsit* ag un *Kywyrein.*

448 **llaes,** gw. C.Ll.H. 163-4, Neur *laesswys vyg kylchwy.* Nid ymffrost yw hynny, beth bynnag, ac nid moliant sydd yn B.T. 55, i'r llawyr *llaes eu kylchwy.* Pe gwrthodid y nodyn yno, a deall *kylchwy* fel "tarian," ceid ateg yn y testun, lle nad oes amwysedd yn y gair *ysgwydawr.* Ni wn a oedd tarianau yn "llacio," i gael grym y Ll. *laxus* yma, na chwaith a oedd ystyr i "lusgo" tarian. Moliant o leiaf sydd yn H. 249, Balch yn *ysgw*[*yd*]*loew galch laes.*

449 **briw,** toredig, tyllog, C.Ll.H. 64 ; isod 587, *ysgwyt . . . dal vriw.* **biw,** gwartheg, G. 56, C.Ll.H. 161 ; B.T. 59, o loi a *biw. biw blith* ac ychen.

Beli, enw priod, G. 54-5. Awgrymodd Syr E. Anwyl i mi flynyddoedd yn ôl y gallai *biw Beli* fod yn derm barddonol am donnau'r môr. Os felly, cf. B.T. 30, Gnawt rwyf *yn heli beli wirawt*. Ansicr wyf nes cael enghraifft bendant. Yn y testun gellir enw personol.

450   **nar**, E. "a dwarf," A. "hero." Gall fod o'r un gwr. â *ner*, gw. 188, *kysnar ;* 726, eil nedic *nar ;* C.Ll.H. 70, *Casnar ;* B.T. 62, bit vy *nar* nwy hachar kymryeu ; B. ii. 232, *naredd* "arglwydd."
fin festinyawr, A. "line of helmets," gan fod *penffestin* yn golygu math o helm, R.B.B. 155, *Penffestin* mars (=Ll. *galea*) ; A.L. 304, *Penfestyn* (mewn rhestr o arfau) ; Y.C.M. 101, *Pennfestin* llewenyd. *Helym* milwryaeth ; C.Ch. 102, taraw mawstarot ar awch y *helym* yny blygwys y helym trwy y *benffestin*. Yma golyga y cap o dan yr helm ? Cf. R. i. 424 ; Pen. 55, *penffestyn* yw *saled* (F.W. *sallet* "a hemispherical helmet of the 15th century") ; W.M. 118b, trwy y *helyn* ar *pennffestin* ar *penguch* . . . a thrwy y kroen ar kig ar asgwrn yny glwyfawd ar yr emennyd. Dyna'r gwahanol haenau yn amddiffyniad y pen, a'r p. yw'r nesaf i'r helm. Felly cf. A.L. i. 308, *Penfest* aredar (amr. "Aradyr neu *penffest*) ; D.W.S. *gwydd aradar ne penffestyr*, "à ploughe" ; Sommerfelt, R.C. xxxix. 186, Hen Nors, lang-*festr ;* a phroblem anodd Llyd. *penffestr*, G.M.B. 476, a *penffust* (Gwynedd) hefyd yn Gymraeg ; ond gw. D. *penffestr* "Aratrum. Item *capistrum* et sic Arm." Gelwir rhan o'r gwŷdd hyd heddiw, *cebyst,* er mai ystyr gyffredin *cebystr* (Ll. *capistrum*) oedd penffrwyn. Cf. ymhellach Holder, A.S. i. 1494, *Festiniācum,* enw lle yn Ffrainc, heddiw *Festigny ;* *Ffestiniog* ym Meirionnydd, disgrifiad o'r lle, neu darddair o *Ffestin,* enw pers. o'r Ll. *Festus,* fel y ceir *Sadyrnin* o *Saturninus, Saturnus ?*
Ceir berfenw yn M.A. 187b, Teruysc fysc *festinyaw,* ac yn Z.C.P. vii. 467, esbonnir ef fel benthyg o'r Ll. *festino* "brysio." Gan fod *penffestin* yn sicr yn golygu "amddiffyniad i'r pen," o ryw fath neu'i gilydd, da fuasai cael ystyr "amddiffynnol" yn y testun ; y nâr yn cadarnhau'r ffin.

451   **an deliit**, A. "we pictured the warrior, whose locks were turning grey, after councils, as a steed of prancing form, yet with the qualities of an ox with collar of gold." Ond cf. M.A. 206a, yth garchar dolur *deliid / Deliis* gruffut mawr maon prydein ; 655b, Ac ef a *deliit* gurmund brenhin denmarc ac ae gwnaethpwyt yn gristion ; gw. uchod 301, *deliis* "daliodd" ; isod, 890, Ny *deliit.* Yn sicr, pres. 3ydd un. amherff. amhers. neu perff. amhers. *dal ;* y bôn yw *dal̦i*- (gynt *dalg*-), ac affeithiwyd gan *-it* i *del̦i*-. O ran

NODIADAU 183

ystyr, cf. uchod 282 ; P.K.M. 191, *edewit*=adawyd ; 269, *perit*= parwyd, os amherff. neu berff. amhers. yw. Ond tueddaf at ei ddeall fel pres. 3ydd, fel 455, *an gelwit* ; 456, ef *krennit* ; haws cael ystyr bersonol i'r rhain nag amhersonol. Felly yr ystyr yw, "a'n deil," efallai : y goddrych yw *kynllwyt* neu *nar*. Am *an* o flaen berf, cf. 455, *an gelwit* ; 687, *an dihun* ; 930, *an gelwir* ; 947, *an gelwir ny* ; 965, *an dyrllys* ; 1040, *ef an dyduc* ; G. 2, 3, 26. Yn y testun gellir *n* fel gwrthrych y ferf, neu ddatif.
kynllwyt, G. 252, "? blaenllwyd, penllwyd ; ? llwyd, brith." Gall gyfeirio'n ôl at *nar*, "milwr penllwyd."
y ar gynghorawr. Digwydd *y ar* "ar" yn aml ynglŷn â meirch, a hefyd yn ystyr "oddiar," gw. G. 34 ; uchod 307.
cynghorawr, G. 225, "Gellir cynnig mai gwall am *gyntorawr*" ; 262, *kyntorawr* "blaenor, arweinydd." Rhydd hefyd *kynghorawr* "cynghorwr, hyfforddwr," B.B.C. 85, (Duw) can uid *kighoraur*. Ar 1150 isod, cynnig ddarll. *uyg kyntorawr* yn lle *yg kyndor aur*. Ar *kynhorawc*, gw. uchod ar 21. Nid yw'r ystyr yn glir i mi. "A'n deil (neu *daliwyd*) gŵr penllwyd ar flaenor / march chwareus." Ni thâl hyn.
Gellir *cynllwyt* o *cwn* "ci," fel yn *Maelgwn, Cynfael* ; a *llwyt*, gair da am flaidd, cf. M.A. 145b, A lithws *llwytgun* ar fun fo / A borthes branhes. Felly "Nâr a ddeil i ni flaidd mewn ymladdfa waedlyd, wrth amddiffyn y goror." Rhaid wedyn gymryd *y ar gynghorawr gorwyd gwareus* gyda'i gilydd, fel disgrifiad o'r nâr hwn, neu'r gelyn ar ei farch medrus (neu "addas i flaen y gad"), nwyfus, neu chwareus.

452 **rith,** ffurf, P.K.M. 335.
ych eurdorchawr. Nid *ych* "ox" ond gair am bennaeth : cyffredin yw yn y cywyddau yn yr un defnydd ffigurol, cf. M.A. 246a, Hoed ach dwg *ych* digerydd. Wrth sôn am *ych*, addasach fuasai *tywarchawr* nag *eurdorchawr*, cf. I.G.E. 154, Pob march a phob *tywarchawr* / A ardd y maes. Yr ych arall yn y wedd oedd y *rhychor*, a daeth hwnnw hefyd yn air mawl tra chyffredin. Os cedwir *eurdorchawr*, dealler am y milwr !

453 **twrch,** baedd, ffigurol am filwr, cf. isod 1070, ef gwenit a dan *dwrch trahawc* ; C.Ll.H. 194, 234 ; Cy. vii. 151, rac arderchawc *twrch* toryf hy. Tipyn yn gymysglyd yw cael blaidd, ych, a thwrch ynghyd !
amot, gw. 32.

184   CANU ANEIRIN

ystre, gw. C.Ll.H. 59-60, lle cynigir "goror, glan, ffin, clawdd terfyn" neu "res hir" o feirch ; Z.C.P. vii. 473, Ll. *striga ;* cf. cyfeiriad at *ffin* yn 450 ; isod 856 *rac ystre,* ond 870 *rac fin ;* hefyd 576, 714, 892, 1454 ; B.T. 31, ar ystrat ar *ystre.* Cf. hefyd *ystred, kyuystrawd* (M.A. 160b, G. 220), rhag ofn bod perthynas rhyngddynt fel rhwng *re, ret, rawt.*
  ystrywyawr, A. "stratagems" ; gwell amddiffynfa *fedrus ystrywgar* ar y goror, neu res o filwyr *cyfrwys.* Ans. i ddisgrifio *ystre* yw, mi gredaf, nid llu. *ystryw.* Am y defnydd o *-awr,* cf. eurdorch*awr,* neu tywarch*awr* uchod ; Ll. *-ārius.*

454   **teiling,** hen gyfystyr i *teilwng,* medd D., cf. M.A. 164a, Mor dec moli mor *deilyg* (odli â *digwyg*) ; 256b, Noc y bu *gwyg* gwlyd *teilyg* gwlet / Ny bo kyuyg duw ym kyuet ; R.P. 171b, llwrw trylew llawr llew lluryc *deilig.*
  teith. Amwys : (1) *taith* "siwrne" ; (2) cytras Gw. *techt* "cennad"; (3) cytras Gw. *téchte,* cf. *teithi,* "hawl, right," uchod 178. Cf. isod, 1426, 1435.
  gwrthyat, cf. B.T. 25, 15, kastan kewilyd *gwrthryat* (?) fenwyd ; 39, 18, Yscwyt uolch *wrthyat* yg kat trablud. Credaf fod *caniad* "permission" i'w ddeall fel y rhagddodiad *cant-* a'r ferf *gad-u,* gw. P.K.M. 138 ; gall *gwrthyat* fod o *gwrth-* a'r un *gad-u.* Yr ystyr efallai "refuse, reject, repulse," neu "refusal" ; gyda *gawr* "a shout of refusal" ?

455   **an gelwit,** fe'n gelwid (cf. *an gelwir,* 930, 947), neu "fe'n geilw," "a'n geilw." Dyma eiriau y gwrthodiad. Disgrifiad sydd yma o'r ddau lu yn wynebu ei gilydd. Gwrthyd y Brython heddwch. "Yr Un a'n geilw i nef, bid athledhawr (ym myd)."
  bit, bydded, boed.
  athledawr, G. 47, "? *achles* neu *athreidd-,* neu=*ath lehawr,*" gw. ar 129. Enw yn golygu "amddiffynnydd" a weddai orau.

456   **e myt,** ym myd (o *byd*), os oes cyferbyniad ag *e nef* yn 455. Onid oes, gwell darll. *myd, mid,* "brwydr", a chymharu 1333, buost lew en dyd *mit ;* 817, Oed *odit imit* o barth urython / gododin o bell guell no chenon ; B.T. 36, drut *ymyt ;* uchod, ar 412, *ymyt* en emdwyn aryf *gryt ;* B. vii. 25, Yd wnao Cadwallon pan gymhwyllo *y myd ;* R.P. 3a, *llidyawc ymyt* (ond gw. B. iv. 116, llidiawc lluyduawr *ymyt*).
  krennit, pres. 3ydd *cryn(n)u.* Ysgydwa ei waywffyn i herio'r gelyn, cf. H.G.C. 120, e kyrchus . . . ruffud *gan frydyaw gleif* "brandishing his spear" ; C.Ll.H. 46, *A phyrydyaw y onnen.*

457 **Catvannan**, gw. 38.
er a. Efallai fod gair ar goll, o leiaf sill.
clut clot vawr. Y mae amlder yr enghreifftiau o *clut clot* gyda'i gilydd yn y testunau (gw. G. 149, *clut clot* enynnv; Hil einyawn *glut* unyawn *glot* anned; *clot* yr *clut* alaf; molut *klut klot* wasgar; Eurdhraig *glud glod* wasgar; walch trahydyr *clutvydyr clotuawr*) yn erbyn ceisio *Clut* "yr Afon Clyde" yma. Os darllenir *Alclut* yn lle *clut,* gwanychir y gyseinedd. Y mae *clot yr clut* (H. 88a 11) yn awgrymu darll. *er clut* yma, ond ni ellir hynny heb fyrhau ll. sydd eisoes yn fyr. Beth am ddarll. ynteu *ry oruc* neu *ef oruc clut clot vawr?* Ffurfiai *-uc -ut* odl Wyddelig.
clut, yma "pentwr o ysbail, anhraith," G. 149; Vendryes, R.C. xlvi. 261; V.V.B. 75, *clutam,* gl. ar *struo;* *clutgued,* gl. ar *strues.*
clotvawr, G. 148.

458 **cynhennit,** gw. G. 250 ar *cynhennu,* ymryson, ymladd. Ystyrier hefyd a oes modd deall *c.* fel ffurf ar y ferf *cynanu,* gw. G. 244 ar y ffurfiau *kynan, kynnan, kynhan;* yn arbennig H. 7a, ny *chynnhan* ny chlyw. Pe felly, cf. y frawddeg ddefodol, *nys adrawd . . . na bei,* cf. 256-7, 506-7, 526-7, 994-5.
llawr, gw. 27 am un ystyr, ac 125 am un arall. Yr ystyr yma yw y gwyddai pawb fod llu wedi eu sathru dan ei draed, wedi eu llwyr orchfygu ganddo.

459 **am drynni.** Felly yn 470, 478; yn 486 *am ginyaw,* cynnig i esbonio *drynni* a chael odl â *drylaw.* Dyma'r cais cyntaf i esbonio'r gair, fel pe cyfeiriai at ancwyn Mynyddawg. Yng ngeirfa Gwilym Tew, Pen. 51, ceir *trynni* "kwmpassev," *trylaw* "daear," *trylen* "cad" (gw. B. i. 217-8); ni welaf ystyr y ll. os cywir y rhain. Ni welais *trynni* mewn testun arall. Rhydd Pen. 169, 209, *trwn* "teg," efallai oherwydd B.B.C. 99, *Ystec* vy ki ac *istrun* / Ac yssew orev or *cun;* ansoddair yw yma am gi, ac un *n* sydd ynddo. Enw sydd yn D.G. 159, 30, Distryw mawr . . . Yn y *trwn;* I.G.E. 174, O'r *trwn* lle mae'r taranau. Benthyg yw hwn o'r S. *tron, trone,* "throne"; hefyd "market, market place," a "weighing machine," Lladin Isel, *trona,* Ll. *trutina* "mantol"; cf. efallai M.A. 244b, Keinuaut om tavaut ar draethaut *drun.* Gwell gobaith sydd o *Iolo Goch,* 298, Y fo nid rhaid ofni *tryn /* ag Iolo yn ei galyn; cf. Gw. *drenn* "ymryson, brwydr"; *drenn* "garw"; *Trans. Cym.* 1913-4, td. 96; R.C. xxvii. 294, dar *drennaib* "over rough places"; V.V.B. 46, *ardren,* gl. praepugnis. Troes *dr-* yn

tr- mewn amryw eiriau, megis *drum,* trum ; *drem* trem, a gall *drynni, trynni* yma fod yn enw benywaidd un. o'r un tras â'r *drenn* Wyddeleg. Ffurf dreigledig sydd i fod ar ôl *am,* a gofyn y gyseinedd am *dr* nid *ddr.* Ar amcan cynigiaf mai cyfeiriad sydd yma at frwydr Catraeth, neu at dir garw (cf. am *drynni* . . . am *lwys* am *diffwys dywarchen*).

trylaw. Ceir *try-* hefyd yn *tryfrith, tryloyw, trylwyn ;* gw. W.G. 268, "through, thorough." Ceir *llaw* "hand" mewn ans. megis "hylaw" ; ac ans. o darddiad gwahanol yn *llaw* "bychan, isel, trist," megis uchod, 62 ; cf. M.A. 181a, Cyn *dylau* gychwyn tydyn tytwet. Buasai *trylaw* o'r ail, "trist iawn," yn addas am frwydr Catraeth. Anghytunir ar ystyron *afrllaw, adlaw, aelaw,* fel nad oes help o'u dyfynnu.

trylenn. Nid y *trylen* diweddar "well read" (o *llên*) yw hwn, o achos yr *-nn* ynddo. Mewn llsgr. o'r unfed ganrif ar ddeg yng Nghaergrawnt, yn llaw Ieuan ap Sulien, esgob Tyddewi, 1071–89, ceir darn o bennill ar yr ymyl, sydd fel adlais o'r testun, ond ar bwnc arall (C.C.C. Ms. 199) :

Amdinnit trynit *trylenn*
Amtrybann teirbann treisguenn
Amcen creiriou gurth Cyrrguenn
Amdifuys . . .

Gw. L.L. xxv ; *Arch. Camb.* 1874, 340 ; Bradshaw, *Coll. Papers,* 465. Gwelir *trylenn* yn hwn hefyd, y Cymeriad yn *Am-, trynit,* a'r gair *amdifuys.* Am ystyr cf. *dilenn,* isod 894, dilud dyleyn cathleu *dilen ;* R.P. 17b, Deutu aeruen *diffwys dilen* dydaw luyd ; 34a, Can uod duw yt vun y *dilenn* / tut wledic elwic elvydenn ; 35b, *dilen* o bressenn ban yn bryssyawr ; 170b, Eurdorchogyon etlit ym dilyt yn eu *dilenn.* Cf. Llyd. *dilenn* "dewis," nodyn Loth, R.C. xlv. 184–5. Ar Gw. *dilgend* "dileu," gw. Lewis, Ped. 377.

Os *ciniaw* "gwledd" yw *trynni,* rhaid gwrthod y cwbl. Yn C.C.C. 179, berf efallai yw *trynit,* ac un *n* sydd ynddi. Tywyll yw'r darn pennill, ac ni helpa'r dehongliad yn y testun, er ei fod yn ateg gwerthfawr i hynafiaeth y traddodiad.

460 **glwys,** "hardd, glân, tlws," B. ii. 139, "melys, mewn llais teg, digrif" ; fel enw, "harddwch, gwlad gyfannedd" ; D. "almus, suauis, bellus, pulcher, sanctus."

diffwys, cf. M.A. 225b, Gwenwyn yn amwyn am dir breinyawl powys / *Ae diffwys ae glwys* a glyw y hawl (h.y. "ei mynydddir diffaith a'i gwastadeddau diwylliedig") ; 194b, A glascwm *ae eglwys* (H. 200, ae glwys) gyr glas *uynyt*. Arferir am greigiau uchel serth, enw ac ans., megis B.B.C. 35, (*g*)*vastad a diffuis ;* 63, yn y d. graeande ; 58 (ymyl) d. lin ; R.M. 83, Kymeu a welei a *diffwys* a cherric uchel ; R.P. 9a, *diffwys allt ;* C.Ch. 74, mynyd uchel d. ; D.G. 101, yn *niffwys* allt ; M.A. 527, kelli a cherric d. en y kylch=R.B.B. 175, a cherric yn y chylch d. y meint ("saxa praerupta") ; yna fel "anferth, ofnadwy" am unrhyw beth mawr ryfeddol, M.A. 148a, 181a, *daffar ;* 149a, *grym ;* 175a, *dig ;* 195b, *trefneu ;* 214a, *toruoet ;* 233b, cad *amdiffwys ;* yn M.A. 217a, *Cerdda pob diffwys*, efallai "bob terfyn" ; B.T. 46, ar vor d. "dwfn" (cf. Ll. *altus* "uchel" a "dwfn"), neu "diffaith" (cf. B.B.C. 54, a myned y loegruis d. trewi)." Digwydd mewn enwau lleoedd ar graig uchel ; ym Môn clywais hefyd *diffwys o law* am law mawr anferth. Yn y testun penderfynir yr ystyr gan y cyferbyniad â *glwys*. Dyna pam na fedraf ddarll. *amdiffwys* fel ans. cyfans. gyda G. 21. Ysgrifennir fel deuair yn 471.

tywarchen, gw. C.Ll.H. 125 ; V.V.B. 226 (Juv.), *tuorchennou*, gl. ar *glebis*. Yma "gwlad," y rhan am y cyfan, cf. 529, *tywyssen* am feysydd yd ; M.A. 178b, kynglas *dywarchenn*, "gwlad K."

461 **cwydaw**, syrthio, gw. 49.

e ar, oddi ar.

462 **y am**, cf. P.K.M. 13, 18, 76, 131, 138, 267, *y am hynny* "ar ôl y rheini," "besides" ; G. 21, *y am* "yr un ystyr ag *am* yn gyffredin, ond gellir hefyd yr ystyr 'oddieithr, heblaw'."

eryr. Yn B.A. "eagle," gw. 31, 205, 283 ; yn 1049 (diechyr *eryr gwyr* govaran) digwydd gyda *gwyr* fel yma. Ceir hefyd yr ystyr "glann, goror," gw. B. iv. 137. Yma "prif ymladdwr, champion," fel y mae eryr yn deyrn yr adar.

Gwydyen, enw priod, gw. A.C.L. i. 202, *Guitgen* m. Bodug= Cy. ix. 180 ; td. 176, Louhen m. *Guidgen ;* B.T. 61, 14, ygwaet *gwyden ;* 63, kyn mynhwyf meirw meib *gwyden ;* M.A. 167b, Mor debic uy mod megys *gwydyen* (yn y ll. o'r blaen, cymherir Rhirid Flaidd i *brydeu braduen*, cf. isod 468, 485). A oedd cof am *Gwydyen* yn wylo ar ôl *Bradwen* ?

463 **gwyduc**. Ai enw lle ? A. "he led men," fel pebai'n darll. *gwyr duc*.

neus amuc. Gall yr *s* gyfeirio'n ôl at *Gwyduc*, "he defended *it*."

ae waiw. Yn ddiweddarach trowyd yr *i* yn *y*, *wayw*. Anghyflawn neu lwgr yw'r testun gan nad oes odl yn -*en*. ˙ Felly cf. 473, *ae guiau hem* (am *henn?*). Rhy hir yw 464; a gellid cael dwy lythyren o ddechrau *ardullyat* i orffen y ll. hon; h.y. *ar*, bai am *an* (bai am **en?*) a rhoddai *dullyat* well cyseinedd â *diwyllyat*. Ai *guialen* oedd yr hen destun? Disodlid hynny yn hawdd gan *gwayw*.

464 **ardullyat**, *dullyat*, trefnwr, G. 37, cf. 259, *dull*.

diwyllyat, un oedd yn troi'r gwyll(t) yn ddof, troi coedwig yn dir âr; gw. ar 599, ry duc *diwyll* o win bebyll.

e berchen, sef perchen *Gwyduc*, fel enw lle, gwrywaidd?

465 **Moryen**, cf. 473, atguuc *emorem;* 495, ny bei marw *mor em*. Rhaid cywiro'r olaf i *moren* i gael odl, a helpa hynny'r ddadl dros newid yn 473 yn gyffelyb; gw. uchod ar 382, ac isod 629. Yn ymyl yr olaf, sef yn 628, enwir *bratwen*. Sylwer ar y ffurf *Moren* a ddigwydd ddwywaith yn R.M. 106, a hefyd yn 107.

466 **gwenwawt**, awen, cf. 242.

mirdyn, mewn hŷn org. *mirdin*. Mewn cyswllt â *gwenwawt* disgwylid enw bardd, a hawdd iawn adnabod *Myrddin* yma, cf. B.B.C. 1, 2, 6, *Myrtin;* ond 3, 5, *Mirtin*. Mewn llsgr. lle ceid *d* am *dd*, ysgrifennid *Mirdin*, ac o gopi felly newidiwyd yma i *Mirdyn*, gan fod *y* yn y rhannau diweddar o Lyfr Aneirin yn disodli *i* mewn geiriau o Hen Gymraeg. Rhoi'r *y* yn y sillaf gyntaf a fuasai'n gywirach. Dyma'r cyfeiriad hynaf at y Cynfardd hwnnw. Un arall cynnar yw B.T. 15, yn *Armes Prydein*.

cyvrannu, G. 215, "rhannu, rhoddi, gosod, dodi." Nis deallaf yma, oni olyga "dodi," a'i ddeall gyda'r ll. nesaf.

467 **prif eg weryt**. Rhy hir yw'r ll. ond fel y mae "Pennaeth yn y pridd." Ni chredaf mwyach mai o'r Ll. *equaritia* y daw *egweryt* fel yn B.M.¹25. Gall *prif* fod yn los ar *penn;* neu'n well, cywirer *egweryt* i *iguert* "yng ngwerth," cf. 1191, *iguert i adraut*. Dyry hynny odl â *nerth*.

ac an nerth, fel y mae "ac ein nerth." Gellid darll. *a channerth*, gw. G. 107, *cannerth* "cymorth, cynhorthwy, nawdd." Ni thâl *annerth* "gwendid," G. 30.

ac am hen, efallai *a chamhen*, cf. D.G.G. 76, *Gamen* môr; enw lle, *Cammen Mawr*, Braich y waun, Llanfyllin, Trefaldwyn. Neu gw. isod ar 488? *camhunben*.

468 **trywyr**, tri o wŷr.

yr bod bun, cf. B.B.C. 49, kymaethlissvne iny bon *ir bot* y *wun;* M.A. 143a, Ac *er bod Llywy* lliw eiry ar goed / Pan fu aer rag caer cyforiais waed. Ymladdai Bradwen cystal â thri er teilyngu ffafr ei fun ef.

469   **deudec.** Ymladdai Gwenabwy cystal â deuddeg er bodd ei gariad yntau. Rhydd y ddwy linell synnwyr o'u deall felly. Ond anodd credu fod y testun yn ddilys wrth gymharu *deheuec* yn 477, 496.

Gwenabwy vab Gwenn, gw. ar 299.

472   **tri hue baruaut,** cf. 489, *arwr baruaut,* a 468, *try-wyr.* A ellid darll. *tri huc,* "tri hwch," tri milwr? Cf. enwau fel *Culhwch, Unhwch,* C.Ll.H. 111, 197, ac isod, 1188, *un huc* an guoloet. Cynefin yw *twrch* "baedd" am filwr, megis uchod, 453 ; cf. *hwch* fel enw gwrywaidd yn R.M. 137, Gouynnwys y gwyr y arthur peth oed ystyr yr *hwch hwnnw* (sef *Twrch* Trwyth). Am *c=ch,* gw. 1132, *Trycant=*trychant. Ar *baruawt* "barfog," gw. G. 52. Barf oedd arwydd gwrolaeth, C.Ll.H. 233. Am rym *-awt,* cf. H. 1, *pennawd, breuawd.*

Neu ynteu darll. *tri hue* fel "tri chwe," cf. Llyd. *triouec'h,* "deunaw."

dreis, cf. 829, d. gwananhoń; t. yn 756, 816, 921. Neu bai am *dres o tres?*

dili, gw. isod ar 525, *edili.* Gall fod am *diu* neu *dui.*

plec hen. Tywyll iawn. (1) *plethen?* (2) *dilip lechen?* Cf. *llibin,* P.K.M. 147, "llesg, gwan, diysbryd"; neu cf. *enllib.* Ceir enwau pers. yn cynnwys *llib* megis L.L. 393, *Conlipan,* 410, *Libiau,* Lech *Libiau,* cf. hefyd isod, 1463, Ystofflit *llib* llain.

473   **atguuc,** cf. 476, *at gu.* Cyfetyb i 465, *amuc,* cf. H. 3, *Dym guc* neum *goruc* yn oludawc. Ond gw. G. 9, *adwyn* "dwyn, dwyn ymaith"; P.K.M. 118, *atwyn, attygaf,* a'r pres. 3ydd un. *attwc;* neu cf. isod, 1420, *dygwgei,* a darll. *atguuce(i) morien ae guialen.* Gwrthrych y ferf efallai yw'r *tri chwe* barfog yn 472; y goddrych yw Morien, a'i offeryn yw ei *guiau hem.* Neu cf. H. 5, gwern *gwygid* gwanei bawb yny gilit.

emorem. Darll. *Morien,* nid *emore* "ym more."

guiau hem, cf. 463, *ae waiw,* a darll. *guialen ;* neu ynteu *Gwiawn hen ?* Rhaid cael odl yn *-en.*

474   **hancai.** Anhysbys. Ai bai am *arcai* "argae"? Cf. M.A. 177a, *Argae* toryf rhac twryf aessawr. Rhaid mai hen org. sydd yma *-ai* am *-ae-* fel yn y glosau, a hawdd methu rhwng *n* ac *r* yn yr hen wyddor. Ar ystyron *argae* gw. G. 39, "caead, amddiffyn, nawdd."

ureuer. Efallai ans. *breuer* fel yn C.Ll.H. 165 ; G. 76 "croch, soniarus, huawdl"? Neu cf. B.T. 61, ioed ydygyfranc adur *breuer* mawr ; H. 19, Bid sswyssawc serchawc bannawc *breuyr*. Enw sydd yma, a gellid enw yn y testun. Ystyrier *breyr* neu ryw ffurf arno, neu gw. hen ffurfiau *breverat* "rhuad" yn G. 73 ; megis *breuerat* yn D.B. ac Y.C.M.

urag. Ber yw'r ll., a dichon darll. [*cy*]*urang*, gw. isod 484, Neu ystyrier *gwrang-* yn Caer *Wrang-*on ; neu *gwr(e)ang*, B. i. 15–18.

denn. Prin benywaidd *tynn ;* nid chwaith y *den* yn *han-dden* (hamdden) o achos yr un *n* yn hwnnw, a dwy *n* yma. Efallai y gellid darll. *brag(a)denn,* o *bragad* "byddin." Neu cf. *gordden*, B.T. 33, 2, am *orden ;* 47, 10, Oduw *gorden* aduw reen ; 52, 10, Mawr *yorden.* mawr duw reen ; 78, 3, brenhin g. ; M.A. 134a, 168a, 186b, 195a, 205b.

475 **at gwyr,** cf. 492, *ar gynt,* gwell yw'r olaf yma ; gw. ar 197, *gynhon,* çanys cyfeirir at y Saeson fel y trydydd gelyn.

Gwydyl, Gwyddyl yn yr Alban neu ymosodwyr o Iwerddon.

Prydein, bai am *Pryden* (fel y dengys yr odl), sef y *Pictiaid,* gw. C.I.L. 538–9, *Cruthen* "a Pict" ; *Cruthne* "Pictland" ; *Cruthni,* llu. "Picts."

476 **at gu,** gw. ar 473, *atguuc.* Neu cymerer fel cyfans. o *cu* "annwyl" ac *at- ;* ystyr wrthgyferbyniol *atgas.*

kelein rein. Ystyr *rein* yw "stiff," cf. M.A. 150a, *rud feirw rain,* ac addas yw gyda *kelein.* Eto gw. C.Ll.H. 224, 242, ac efallai 29 (*kelein aruiar*) am enghreifftiau o droi *kelen* mewn hen org. sef *celyn,* yn *kelein* gan y copïwyr.

guen. Ymddengys fel bai am *Brat(g)uen,* gw. 468, 485.

477 **deheuec,** tarddair o *deheu* "right," yn golygu "iawn," neu "llaw ddehau" ? Ni fedr olygu "ochenaid" (fel petai o *dyheu*) fel y cymerth E. ef, oherwydd enghraifft sydd yn M.A. 195a, Dothyw y dewi *yn deheuec /* Gan borth duw porth dyn yn diatrec. Nid yw'r ystyr yn rhy eglur yno chwaith.

479 **gweinydyawr.** Gydag *ysgwydawr* disgwylid ans. yn golygu "tyllog," neu'r ferf "tyllid" ; neu ynteu air fel "cludydd." Gall *gweinyd-* fod yn ffurf oddefol fel C.Ll.H. 82, *colled-eint ;* B. iii. 260, *diconet-ent.* Ond ni fedraf gael *gweinid-* o'r ferf am dyllu, *gwanu.* Y ffurf sydd wrth law yw *gweinid-* yn *gweinidog,* neu *gweinydd-* yn *gweinydd-af* (gan fod *-d-* yn amwys yn y testun), cf. G.M.L. 175, *gueynytuarch* "working-horse" ; *gueyny* "service, work" ; *gueynydauc* "? embroidress." A derbyn y cyswllt hwn, yr ystyr yw fod gwaith caled i'r tarianau yn y frwydr ; cf. hefyd H. 2, atgoryn

NODIADAU 191

deyrnet yn *wenytawc* / pob pymp pob pedwar yn war *weinyawc*. Disgrifia hyn elynion Gruffudd yn dychwelyd o'r frwydr yn "llafurus, flinedig."

gweithyen, "brwydr," o *gweith* "brwydr"; C.Ll.H. 139, nid enw lle (fel A.), 'cf. B. vii. 25, kyman a *Gweithen*; B.T. 62, 12; Ch.Br. 173-4, enwau priod Llyd. a *Uuethen* yn elfen ynddynt; cf. L.L. 390, Cat*gueithen*; 401, *Gueithgen, Gueithenauc, Gueithgno*.

480 aryal, G. 41, "nwyf, ynni, ysbryd, ffyrnigrwydd"; C.Ll.H. 179, *aral*; cf. 951 a. flam; 954, *en aryal* ar dywal disgynnwys; 1031, a. redec; 650, yg gwyd cant *en aryal* en emwyt. Felly ceir *en aryal* deirgwaith, fel pebai *aryal* yn ans. "nwyfus, ffyrnig" (nid yn unig enw am frwydr, fel Gw. *argal* "contention," C.I.L. 120).

cledyual, gw. ar 315.

481 Lloegyr. Felly nid yn yr Alban y bu'r frwydr.

drychyon, bai am *trychyon*, cf. M.A. 161a, Tri chyurin a thrin ac a *thrychyon*; 145b, A llurugawr glas a gloes *trychni* / A *thrychyon* yn dud rag reidrud ri; isod, 830, dir *amdrychyon*; G. 21, *amdrwch, amdrychyon* "drylliog, chwilfriw, briwedig." Llu. *trwch,* nid yn yr ystyr o "anffodus," ond o ddyn wedi ei dorri i lawr: felly "celanedd," neu "clwyfedigion"? Wrth adfer *trychyon* ceir cyseinedd â *trychant*.

trychant, gw. ar 70.

482 dalwy, pres. dib. 3ydd *dal* "dalio." Cyfeirir at orchest Bradwen un tro, pan afaelodd mewn mwng blaidd a'i ladd, heb gymaint â ffon yn ei law.

483 gnawt, ans. "arferol," cf. 567.

gwychnawt, anian ddewr, o *gwych* a *nawt* "natur," cf. M.A. 165a, yn ryt, yn rwyt *nawd*; 179a, lluch*naut*; 299b, *Nawd* ffawd ffyddlonrwydd Nudd; 300b, Am eryr mawrfudd N*udd* nawd (cf. 293b, To gro . . . A gud N*ud nattur*); 328b, Nid llawwag un *nawd* Llywarch / *Nawd* Llywarch; 336, Selyf un-*nawd*. Yn B.T. 31 (Nyt arbet na *nawt* na chefynderw na brawt), golyga berthynas, fel mab neu ferch, gw. *Y Beirniad* vi. 275-6.

484 cyurang, cyfranc "cyfarfod," weithiau "brwydr"; gw. C.Ll.Ll. 9; G. 214.

gwyth, gw. ar 396.

asgen, "niwed, anaf, colled," G. 44; cf. 895, rwych ac *asgen*; M.A. 159b, Cad a.; 165, brwydyr a.; 178b, dinas *diasgen*; 286a, am kar rac escar rac *ascen*. Y mae *gwyth* "llid" ac *asgen* "niwed" yn sefyll am y ddau brofiad sy'n nodweddu brwydr.

485 **trenghis**, bu farw. Ceir ystyr letach i *trengi*, sef "darfod"; cf. B. iii. 87, heb *drang* heb orffen; iv. 45, *tregit* deweint. **ny dienghis**. Darll. *nyt enghis*, fel yn 240.
486 **cinyav**, gw. ar 459.
487 **trym dwys**. Gwell yw 460, 471. Gall *trym* fod yn atgo o *trynni* neu *tryni*.
488 **kemp e lumen**. Cynnig G. 128 *kemp* "plygedig," fel ffurf fenywaidd ar **kymp*. Y mae'r testun mor llwgr ac mor anghyson yn yr awdl, nes peri anobaith cael sicrwydd. Ni welais erioed *kemp* na *llumen*. (Ar *llumon*, gw. C.Ll.H. 85.) Felly cynigiaf y dichon y geiriau hyn fod yn llygriad o *kamhunben*, gair a esbonnir fel "tywysog arwrol" gan G. 100. Cf. uchod, 467, *ac am hen*.
489 **asgell / vreith**. Ceir *ascellurith* yn B. iv. 47, ond bai yw am *asgellwrych* "ewyn, spray," trwy gamddarllen hen lsg. Y mae'r testun yn atgoffa 165, *adan glaer*; a 277, *adan e dalvrith*, ond nid yw'r ll. 489-90 yn perthyn i'r awdl yn y ffurf sydd arnynt. Gellid darll. *arwr baruaut breith asgell / edrych eidyn a breithell*, i roi pennill seithsill, ond *-en(n)* yw'r brifodl yn XLIII A, B; XLIV A, B; ag eithrio'r ddwy linell hyn. Heblaw hynny, tywyll iawn yw'r ystyr. Ceir ll. lawn mor anodd yn 472, lle ceir *tri hue baruaut dreis dili plec hen*. Ai cymysgedd o'r glosau ar hon yw 489-90? Y mae swn troi i'r geiriadur yn 490, *edrych eidyn a breithell !* Ai cynnig ar *vreith* yw? Ar *breithell*, gw. 35.
491 **goruchyd**. (1) Berf yn *-yd*, o *goruc*? (2), Enw yn *-ydd* o *goruch, gor-uwch*? (3) Bai am *gowychyd*, gw. 330?
lof len, cf. 802, dimcones *lovlen* benn eryron; 810, riuesit i *loflen* ar pen erirhon; 896, *lovlen*; 960, Ry duc oe *lovlen* glas lavnawr; M.A. 168b, Eurdwrn oet y lauyn yn y *loflen*; 178b (Tyssilyaw) Llann a wnaeth ae lauvaeth *lovlen*; 174a, Rud onnen oe *lovlen lau*. Cyfystyr â "llaw" yw gan amlaf; weithiau gall olygu maneg (ryfel), o *llaw* a *llenn*, neu fod yn air am "ddehau," canys chwanegir ef at law, cf. Loth, R.C. xxix. 14, "gant, main gantée." Sylwer mai am sant yr arferir yn M.A. 178b.
492 **gynt**, gw. ar 197, y llu. *gynhon*; B.B.C. 55, seith ganllog o *ynt*.
493 **a chynyho**=482, *a dalwy*. Gall *ch* fod yn fai am *cl* neu *d* oherwydd tebygrwydd hen *d* i *cl*, cf. Evans, B.B.C. 55, 11, aber *clev*, lle buaswn i yn darll. *dev*, a rhoes llaw ddiweddar *gleddeu* yn yr ymyl, i ddarll. *Aber deu gleddeu*. Mewn hen org. *diniho*, efallai *dinnho* neu *cliniho*? Ar B.T. 7, 12, meint am *clyho*, cynnig G. 152 ddarll. *clywho* neu *dyno* (tyno). Rhagenw yw *a* yn y testun, "he

who," ac ni chymer dreigliad llaes ar ei ôl ; dadl yw hynny o blaid *a dynyho* "a dynno" ; neu *a glynyho, a glyuho*. Ai *clywed* "handle."

494 **gwychlaut.** Dyry 483 *gwychnawt*, haws darlleniad ar yr wyneb, oherwydd dieithrwch *llaut*, ond cf. R.C. ii. 326, Gw. *ldth* "the heat of animals in the season of copulation" ; sef *llawd* yn Gymraeg, a *llodig* fel ans. ; gw. D. am yr un peth. Petasai *laut* yn ddilys yn y testun, gellid cynnig "gwres, angerdd, llid" amdano, gw. B. viii. 230-2. Rhydd "gwych angerdd" gyfystyr addas i ddewrder yn y testun.

495 **prytwyf,** pres. dib. 1af *prydu* "barddoni," a *ny bei* yn dilyn ? Disgwylid "daroganaf na fydd," neu "daroganwn na fai." Symleiddid peth ar y gystrawen wrth adfer *prytif, prydif ny bi* i'r testun, gw. C.Ll.H. 58, am enghreifftiau o droi hen *-if* yn *-wyf ;* ac uchod ar 9, *bi ;* 10, *gwneif*. Ond y mae cymharu 495 a 484 yn dwyn anobaith. Eto cf. 506, neus *adrawd . . . na bei*.

mor em, bai am *Moren*, Morien, fel y dengys yr odl, cf. 473,

497 Y mae XLV A, B, C yn dair ffurf ar yr un awdl, a rhaid cymryd y tair ynghyd. Y ddiweddaraf o ran org. yw A. Yn B. cymysg yw'r org. o eiddo'r nawfed ganrif ag un y drydedd ar ddeg. Y mae C bron iawn yn org. y nawfed drwyddi. Y brifodl yw *-yat*, ond llygrwyd llawer ar y testun, nes torri'r mesur.

eur ar vur caer A ; cytuna B ag eithrio *mur* heb ddangos tr. Bai yw *clair* yn C am *caer* (hen org. *cair*). Ni ellir tarddu *eur ar mur* AB o'r un gwreiddiol a *huitreuit* C.

eur ar vur. Prin y gellir deall hyn ond yn ffigurol, un ai fod milwr mewn arfau addurnedig ag aur yn sefyll ar fur caer (cf. 1241, brein du ar uur caer), neu fod y milwr hwn yn werth aur, fel ymladdwr, ar fur caer, cf. gair y cywyddwyr *"aur o ddyn."*

498 **krysgrwydyat** A, bai am *crisguitat* B. Deallaf *cinteiluuat* C fel adlais o linell olaf yr awdl. Am y gair yn B, gw. ar 270.

aer A, **dair** B, **claer** C. Gan fod *dair* yn fai posibl am *clair* (gw. 493, ar debygrwydd hen *d* ac *cl*), gwell darll. *claer* gyda C. Sylwer ar 270, *kein* crysgwydyat. Ar AB yn unig gellid darll. *taer*.

499 **cret ty na thaer** A, **caret na hair** B, **cleu na clair** C. Rhaid gwrthod C canys ei odlau yw *clair, claer, clair !* Heblaw hynny, rhy fyr yw o un sill yn y cymal hwn o'r ll. oni ddarllenir (*clair*) *cleu na clair*. Yr unig air sy'n gyffredin i ABC yw *na*. Gall fod yn negydd gyda berf (gorch. ail bers. un. ?) neu fod yn enghraifft o *na* fel isod, 548, *mi na vi*, gw. yno.

hair, haer. Dyry D. *haeru* "affirmare, asserere"; *haerllug* "importunus." Ceir *haer* yn M.A. 145b, a bu terfysg *taer* i *haer* holi; B.T. 35, kadeir gynif *glaer* / Awen huawdyl *haer*. / Pwy enw y teir *kaer*. / rwg lliant a *llaer*. / nys gwyr ny vo *taer* / eissylut eu *maer* (dyma gyfres o eiriau unsill yn *-aer* yn odli); cf. A.L. ii. 470, Os y dywededig Ieuan a vydd mor *daer a haerllyd* a gwadu, cf. *haerllug*, Lhwyd, A.B. 68, *importunus*, impudens; A.L. i. 466, deturyt gwlat yn erbyn *haerllugrwyd;* ii. 452, or byd *kyhaerlluket* Dauid a gwadu; M.A. 200a, Meirch... hir llam *haerlluc;* D.G. xx. 31; M.A. 256b, Dreic anhuenyt herwyt *haeret* (=haeredd); gw. Stokes, R.C. xiv. 68, Gw. *sár* (yn *sár-chonaig* "very prosperous") "=W. *haer*, Old Celtic **sagro-*"; Loth, R.C. xxxvi. 160; Ch.Br. 212 (enwau priod), Haerchomar[ch], Haermael, Haerveu; mewn arysgrifau Netta*sagru;* Sagrani; Ped., V.G. i. 79, esboniad arall, a chysylltu Gw. *sár* (cf. *sar*-ha-u) â Gw. *tár* "contempt, disgrace, insult." Mewn gair fel *haerllug* cryfhau y mae *haer*- yn sicr, beth bynnag yw ei darddiad; agos iawn hefyd, fel y gwelir yn yr enghreifftiau, yw grym *haeru,* a *taeru.* O ganlyniad nid nepell yw *na thaer* A oddi wrth *na hair* B.

cret ty A. Ni wn am *cret* ond yn yr ystyr o "belief," ag eithrio yn y ferf *dygredu* "ymweld â," C.Ll.H. 109; W.M. 226b, *dygredu anhed*. Yma ceir *cret ty,* fel petasai yn cynnwys *ty*="annedd," neu *ti* rhagenw ôl, ail bers. un.

caret B. Un ai *cared,* neu *caredd,* fel y dealler *-t*. Mwy addawol yw'r ail, gw. 563.

aer vlodyat A, **air mlodyat** B, **air** (**uener**?) C. Y mae *aer* (mewn hen org. *air*) yn sicr, a cheir *mlodyat* B wedi treiglo i *vlodyat* yn A, gair sy'n cadw'r brifodl, ac felly yn fwy cymeradwy na *uener* C. Ar *blawdd* gw. G. 57, enw "? twrf, cynnwrf, braw, dychryn"; ans. "cyffrous, cythruddol, brawychus, uthr." Er bod -*d*- yn amwys yn yr org. am *d* ac *dd*, gwell darll. *mloddiad*, oherwydd cyfansoddau fel *aerflawdd, cadflawdd,* na cheisio *mlodiad* o'r un gwr. â *blawd* "flour," sef *mal*-u. Felly yn y testun, *aer-floddiad*.

Yn ôl D. *blawdd* "chwyrn, agilis, celer"; gw. Loth, R.C. xxvi. 380, *air mlodyat*, nodyn anhygoel ar y testun, tybio y cedwir ynddo hen gyflwr gwrthrychol yn -*n* i'r gair *aer*, a'r -*n* honno yn tr. *b*- yn *blodyat* i *mlodyat*. Yr ystyr, meddai, yw "qui agite, met en tumulte la bataille"; *blawdd* "agitation, impétuosité, etc., actif, impétueux." Nid eglurir o gwbl y rheswm am y cyflwr gwrthrychol yn elfen gyntaf cyfans. o'r fath (un hollol wahanol, e.e. i *beunydd*, W.G. 436). Dyry Holder, A.S. i. 443, *Bladus*, enw dyn. Yr help sicraf i'r ystyr yw ystyr y cyfans. *cymlawdd*, G. 236, "cynnwrf"; *mor gymlawdd* am gyffro'r môr (cf. Boisacq ar Gr. *phlaχō*, ac ar tud. 1030). *-yat*, yma terf. enw gweithredydd, nid gweithred. Hefyd cf. isod, 1255, *guor vlodiat* riallu. Nid yw cael *m* yn un testun a *b*, *v*, *u* mewn un arall yn eithriadol ; cf. 503, 506, a vo *mwy*=514, *byv*, 517, *biu ;* neu cf. H.G. *mawd*, heddiw *bawd* ond yn *mod*rwy) ; ac yn arbennig Celtig *ml-* yn rhoi *bl-* yn Gymraeg.

500 **vn axa ae leissyar A, un s saxa secisiar B, sehic am sut seic sic sac C.** Cyfetyb *aeleissyar* yn burion i *secisiar*, a *seicsicsac*, h.y. medrir deall y camgopïo a fu ar waith. O blaid *-yar*, *-iar* y mae'r odl ag *adar*. Nid oes drafferth chwaith i adnabod *un s saxa* fel tarddell *vn axa*. Ond tywyll yw'r ystyr i mi. Efallai fod yr enw *Saxo* (Sais) yma, neu'r gair Saesneg am gyllell, a gedwir yn y Brut, bloedd Hengyst, R.B.B. 139, nymyth awr *saxys*. Ceir yr enw *Gleissyar* yn y Trioedd, R.M. 304, Cy. vii. 128, tri meib *Gleissyar gogled*, cf. R.P. 170a, gwr oed gyhaual (cf. isod 507) dial dyar. ar goreu a vu o veib *gleissyar ;* hefyd yr enw cyffredin *glassar*, R.P. 57b 12, 70a 32, 107a 25, 109b 43. Ceir *bannyar* bloedd, G. 51, sy'n awgrymu *lleisiar* o *llais*. Y mae ffurfiau fel *kafresshiaul*, *kefrejsiaul*, *kereishiaul* yn y Ll. Du o'r Waun, G.M.L. 92, am *cyfreithiawl*, yn profi y gellir darll. *lleithyar* yma fel yn R.P. 165a 33. Gellir *sec* mewn H.G. am *seic* "saig," a cheir *seic* yn C. Ond nid oes weledigaeth eglur, serch hynny, beth yw'r hen destun yma.

501 **ar gatwyt adar A, argouuduit B.** Ceir *catwyt* uchod, 38, berfenw *cadwaf ;* gellir hefyd amhers. perff. o *argadwaf* yn A yma. Anos yw B. Yn 15, 205 sonnir am *fwyd* i frain ac i eryr ; yn 53 am *fudd* i fran ; 728, *gwledd* i adar ; 1245, *llithyessit adar ;* 1369, *goborthyat adar*. Nid addas yw berf o *gofud*, gofid ; gwell "gofwydwyd" neu "gofuddiwyd."

502 **brwydryar A, bro uual B :** gw. G. 79, *brwydryar* "cynnwrf ymladd, gawr brwydr, gyda therfyniad *bannyar*, *tonnyar*, *uuelyar*." Ond o ble ynteu y daeth *bro uual?* Rhydd hwnnw hefyd odl gyrch i adar. Ar *bual* gw. 156. Nid amhosibl yw "bro fual" am "wlad y meddgyrn."

syll o virein A, pelloid mirein B. Y peth tebycaf i hyn yn C yw *edili edili ui puillyat*. Ymddengys *syll o* (hen org. *sill o*) fel pe tarddai o *pell*oid. Os yw *pelloid* yn hen lu. *pell*, gw. 208, *ani-*

bellt, C.Ll.H. 132, *pell*, lle cynigir *pelloedd* "gwisgoedd," cf. Ll. *pellis* neu Gw. *celt* "hair, dress." Ond *puillyat* C sy'n rhoi'r brifodl. Ai glos yw *mirein* o ymyl y llsgr.? Hyd yn oed pe darllenid *mirein belloed* ni cheid mesur yn AB.

503   neus adrawd A, nys adraud B. Ar yr anwadalu rhwng *neus* a *nys* gw. 27, 248.

a vo mwy A, byv B; eto yn 506 *mwy* A, 517 *biu* B, ond yn C *nys adraud gododin* fel yn 27, etc. Yn 994 (neus adrawd *gwrhyt rac gododyn na bei*) ceir amrywiad arall. Ni wn am enw priod, *Avomwy, Avobyw*, a rhaid darll. *a vo* "y neb a fo." Os *mwy* a ddarllenir, "y neb a fo mwy (ar y ddaear)"; "adroddir gan bawb *byth mwy* am helynt yr arwr." Os *byw*, haws yw'r gystrawen a symlach, gyda *neus* a *nys* adrawd. Yn 506 o'r tu arall, fel yn 517, 526, ymddengys *nys* yn orfodol. Pe darllenid *nys* hefyd yn 503, y meddwl yw na fedr neb sy'n fyw ddod i ben i adrodd ei wrhydri.

504   o damweinnyeit A, o dam gueinieit B. Ar *dam* "o amgylch," gw. Juv. B. vi. 106–7. Y mae *od am* mor bosibl ag *od uch* (127, 364), a gellid *gweinieit* fel llu. *gwan*, "am lyw gweiniaid?" Haws yw hynny, efallai, nag i ni ei ddeall o *gwanu* fel "lladdedigion." Dichon *damweinyeit*, fel berfenw *damweiniaf*, cf. 214, *crybwyllyeit*. Am *o* gw. 546, *o* ved . . . *o* gatraeth werin . . . *neu[cheint]* ; felly yma *o* damweinnyeit ll. *neus adrawd*.

llwy A, lui B. Ceir *llwy* yn *ar-lwy* efallai yn ogystal â *llwy* "spoon." Ond haws yw *llyw* "arweinydd, pennaeth"; neu *lliw* yn un o'i ystyron, C.Ll.H. 95. Cf. M.A. 191a, ar llaw deheu ein *llyw gyvlavan ;* D. *llyw* (tri gair), 1 "clavus navis," 2 "Gubernator, rector, dominator, imperator," 3 "Victus." Ar y chwarae rhwng *wy, yw, ui, iu*, cf. *diu* "dwy" yn y glos., V.V.B. 107; L.L. 122, *diufrut ; pwy* yn Gymraeg, *piou* mewn Llyd., a *pew* Cern. ; *nwy, nyw* (negydd a'r rhagenw) *wy, yw, iw* "to his, to her." Weithiau nid yw namyn ansicrwydd parthed darllen *ui, iu* mewn llsgr., lle ni nodir y llafariad. Sylwer fod marc i nodi'r *i* yn *lui* B, er yr odl yno â *byv*.

505   od amluch A, o dam lun luch B, gw. uchod ar *od am, o dam*. Prin *Amlwch !* A ellid darll. *od amliw* i gael odl gyrch fel yn 501–2 ? Cyfeiria *llun lluch lliuanat* at yr arwr, os dilys yw'r testun.

lluch, D. *"lluch* est *gweddi* ait G.T." (gw. B. ii. 148). Ond cf. B.T. 26, *lluch llywei* nifer (yma gyda *llywio*, cf. C.Ll.H. 12, *llary llywyei llu*, a *llys*) ; 55, cledyf *lluch* lleawc (cf. M.A. 143a, *llachar* fy nghleddau *lluch* yd ardwy glew : *lluch* ei anwyd) ; 76, ardyrched katwaladyr *lluch* a *llachar*. Weithiau golyga yr un peth â *lluched* "mellt," cf. B.B.C. 25, *lluch a tharian* (B.T. 10, *lluchet a tharyan*); 90, *lluchedic* auir. Ans. yw yn M.A. 142b, *lluch* fy ngordin; 144b, ll. efras; 148a, ll. ysgwn pan esgen ufeliar; 164a, Llywelyn *llachar lluch* uaran gyuet; 191a, ll. y dan ysgwyd ysgawn lydan. Ai "claer, golau, disglair, yn fflachio"? Cf. isod, 646.

lliuanat. Gellir darll. hyn fel *lliwanad, llifanad, llyw-* neu *llyfanad*. Y gair tebycaf o ran ffurf yw *llafanad* "elfen" neu "ddeunydd," B.T. 25, Nyt o vam a that pan ym digonat. Am creu am creat. o naw rith *llafanat* (ffrwyth, briallu, blawt gwyd, prid, etc.); 38, *y seith lauanat*; 79, *vy seith llafanat* (tan, dayar, dwfyr, awyr, nywl, blodeu, gwynt). Os hwn yw'r gair yn y testun, disgrifiad yw o arwr tanbaid ei natur.

Os darll. *llifanad*, cf. o ran ffurf *chwibanu, chwibanad*, G. 281; isod, 1384, *dychiannawr* dewr *dychianat*; neu 225, *gwaeanat*. Dyry D. nid yn unig *llif* "inundatio," ond gair am finio, *llifo, llifianu* "limā vel allone acuere et terere," gw. 215, *lliveit* (cf. maen *llifo*). O *llifianu* gellid *llif(i)anad*, cf. uchod y modd y ceir *lluch* am gleddyf. Prin y dylid ystyried, mi dybiaf, *llifiant* "consumptio, phthisis," na *lliwiant* "exprobatio." Ond posibl yw ffurf o *lliwio, llifo* "colorare, tingere." Gw. ymhellach Loth, R.C. xlvi. 143–4, ar *lliant* yn yr ystyr o olau?

506 **neus** A; gwell yw *nys* B, C.

mwy A; gwell yw *biu* B neu *gododin* C. Gall *biu* fod yn adlais o 503, 514, a gall *gododin* yr un modd ail adrodd 27 a'r cyffelyb.

en awr blygeint A, **in dit pleimieit** B, **in dit pleigheit** C. Gellir anwybyddu A; nid yw ond rhoi gair hawdd yn lle un anodd. Heblaw hynny, nid *plygeint* yw ffurf hynaf y gair, ond *pylgeint*; cytuna BC ar *pl-*. I gael ei air hawdd bu raid i A newid *dydd* ei wreiddiol (a ategir gan *in dit* BC) i *awr*, gan nad addas dydd plygaint, cf. M.A. 246b, ni blygud *yn awr blygain*.

pleimieit, pleigheit, berfenw yn *-ieit*, cf. 214; hefyd B.T. 30. Digonwyf digones y lyghes o beleidyr o *bleigheit* pren / wres. Gair am ddydd lladd neu frwydro caled yw; cf. Ll. *plango* "curo, curo'r fynwes, galaru." Os benthyg yw o hwnnw, gwell ei gymryd o'r ystyr gyntaf: nid oes sŵn galar yn B.T. 30. (Beth yw *plygneid* yn H. 270?) Cf. hefyd R.B.B. 46, *displeimaw* cledyf ("evaginato gladio"), er mai *disbeilio* sydd gyffredin o *di-*, ac *ysbeilio* "tynnu'r croen i ffwrdd." Gan fod *-ini-* yn ffeirio ag *-ingi-*, megis *einion, eingion, engan*, haws derbyn *pleinieit* fel ffurf gyfochrog *pleingieit*.

507 **Kynhawal** A, **Cinaual** B, **Cinhaual** C, enw'r arwr, nid yr ans. "tebyg" ; cf. 995 isod am linell gyffelyb gyda *na bei* lle daw *mab keidyaw* yn union wedyn. Yn y Trioedd, un o'r Tri Tharw Unben oedd *Cynhaual* ap Argat, Cy. vii. 127, gw. G. 249. Gall ffurf B fod yn amrywiad ar *Cynwal* (fel *Tudawal, Tudwal ; Dyfnawal, Dyfnwal*) ; cf. Rhys, W.P. 406, *Cunovali ;* ond y mae AC o blaid *cwn* "ci," a *hafal* "tebyg."

kynheilweing A, **cinelueit** B, **citeluat** C. Gofyn y synnwyr am enw unigol, *kynheilwat* a geidw'r brifodl. Yn C ceir y terfyniad cywir. Yn A etyb ffurf y sill gyntaf, *kynh-* i H.G. *cint-* a ragdybir yn *cit* C, Cytuna BC ar *-el-* yn yr ail sill. Amwys yw hynny mewn hen org. ; weithiau saif am *-el-*, weithiau am *-eil-*, a diweddarodd A yn hollol gywir. Y mae *-eing* yn A yn enghraifft wych o ddarllen *t* mewn hen law (un Wyddelig neu Hib-Sax.) fel *g* yn yr un wyddor, bai posibl mewn llsgr. cyn dyfodiad y Norman, gw. ar 551. Felly y gwreiddiol ydoedd *cinteluat,* cf. 520. Ar *cynhelw* "support," *cynhe(i)lwat* "supporter," gw. Lewis, H.G.Cr. 121–4 ; cf. H.G.C. 110, A christ a vo audur a *chynhelwr* ynn y henne, ac nyt diana nac apollo (h.y. Crist sydd i'w gynnal neu ei gefnogi yn y gwaith o ysgrifennu Buchedd Gruffudd ap Cynan) ; A.L. 156, Ac guedi heni e may [iawn] yr eneit proui e kedueit y edric a duc pop rey onadunt huy bot en priodaur e bleit e maent en i *kanhelu* "uphold" ; M.A. 183a (I Dduw) *kynheilwat* kynheilwet vuyvuy / Gan Gyndelu *kynhelu kannorthuy ;* 205b, *Kynheilwad* prydein ; 234a, Hawd yr byt gennyt *gynnelw ;* D.G.G. 155, Bum yn *cynnelw* ar gelwyd / Gwawr serch ar y gwir y sydd ; G. 255, *kynnelw* "plaid, cefnogaeth, nawdd, moliant"; D. *cynhelw,* idem quod *Cynnal ; Cynnelw* cinnyn gan gadechyn. Oherwydd tebygrwydd sain ac ystyr, cymysgir ffurfiau o *cynnal* ac o *cynhelw* yn y llsgr. Daw'r gair yn ôl G. o'r rhagddodiad *cant-* a *delw*, "Y mae ystyr *arddelw* mor agos i ystyr *kynnelw* fei nad rhaid chwilio am wreiddyn arall, megis *helw* iddo." Os felly, cf. 1474, *delwat.* Ond cf. hefyd B.B.C. 37, bartoni *ar helv* eloy ; 82, *ar helv* uy ren uy ren y guiscav ; *Betha Colmdin*, 54, swyn i ddiogelu defaid, "mo cháorig robet *ar seilb* an oenfir . . . *for seilb* Colmain"; Pedersen, V.G. ii. 623, *selb- ; ddsélbem* gl. *contestificabor ; asseilbiud* gl. *adtestatione.* Y mae'r olaf yn agos iawn i ystyr cynhelwi yn y Cyfreithiau.

NODIADAU

Ond cf. eto, Parry, *Brut,* 127, *kynhelw* hagen y petheu newyd a dyrcheuir=R.B.B. 146, *kanmawl* petheu newyd hagen a dyrchefir. Yn y testun yr ystyr yw na ddywedai neb na bu Cynaval yn gynorthwywr yn nydd caledi, h.y. addefid yn rhwydd gan bawb iddo fod yn gynhorthwy godidog, cf. 534 am ddull cyffelyb o ymadroddi, neu'n nes byth, 995.

519 **huitreuit,** gw. yr amrywiadau dan 497. Yn y glosau, V.V.B. 157, ceir *hui* am "chwi," a gellid darll. yma ffurf ar yr ans. *chwidr,* D. "ferus, gwyllt, ehud"; G. 281; D.W.S. "rasshe"; D. *chwidro* "sylvescere" (T.W. "tyfu yn wyllt, tyfu yn goedladd"); cf. *hynefydd* "pennaeth," o *hynaf,* C.Ll.H. 206; M.A. 193a, *heneuyt* bro hiryell; B.T. 9, at[wyn] *enefyd* yn neuadwys: felly dichon o *chwidr* ffurf fel *chwitrefydd* "y milwr ffyrnicaf"? Bron nad anturiwn mai esboniad ar *huitreuit clair* yw 520, *cinteiluuat claer.* Gwell yw hyn na *hu trefyd* o *hu* (cf. 615) a *trefyd,* pres. 3ydd un. *trafod,* R.P. 8b, Y deilen a *dreuyt* gwynt.

521 **cleu,** gw. B. ii. 110–11. O flaen *cleu* ceir *claer* ddwywaith yn y llsgr., ond croeswyd yr ail i'w ddileu.

522 **uener,** cf. M.A. 258a, Katelling ener *wener* wenit. Ai *gwanar?* Cf. 141.

sehic, gair deusill neu ffurf ar *seic,* 523.

523 **am sut,** cf. 1328, *amsud.*

seic, saig (o fwyd?).

sac. Gw. Jenkinson, *The Hisperica Famina,* xxxii, td. 30, ar ddiwedd un testun, FINITUM EST HOC OPUS. SIT. SIC. SAT. Hoc. Hic. *etc.* A oes perthynas?

524 **adleo,** G. 8, "Efallai y dylid darllen *cadlew* . . . neu *sangat lew.*"

gogyuurd, gogyfurdd, cyfartal, o'r un radd; cf. Y.C.M.[2] 215, "teitl a roddir i ddeuddeg marchog cyfurdd, sef prif farchogyon Siarlymaen." I gael cyseinedd well, a ellir darll. *gogymrud(d)* yma? Cf. G. 199, *kyfamrudd* "lladdfa"; 238, *kymrudd* "celfydd, doeth." Ond y mae'r *gog-* yn ddigon i gyseinio.

gogymrat, o *brad,* mewn ystyr dda "ystryw," cf. enw fel *Bradwen.* Neu darll. *gogyfrat,* a chymharu G. 214, *kyfrat* "cyfran, rhan," o *rhad.* Elai "gogyfurdd gogyfrad" yn dda gyda'i gilydd. Cofier fod yn y testun amryw enghreifftiau o ddiweddaru orgraff gair a chadw'r nesaf ato yn ei hen ddiwyg.

525 **edili,** gw. 472, *dili.* Ceir *edil* fel glos yn Ox. 2 ar *stipa,* a chynigiodd Zeuss ei ddeall fel "eiddil"; a Loth, V.V.B. 115, ei ddarll. fel *ebil.* Yn erbyn, gw. B. v. 4; gwell darll. y lemma fel *stiva*

(T.W. llawlyw aradr) "plough handle." Tystir i *edil* yn Hen Gymraeg gan yr enw priod *Edilbiu*, L.L. 169, 191 (a gellid darll. *ediluiu* yn y testun yn lle *edili ui,* efallai). Os yr un yw â'r gl., rhaid mai rhywbeth fel "llyw, gafael" yw ei ystyr. Oherwydd amwysedd yr org., ystyried hefyd *eddyl,* A.L. i. 610, neu gamwynt y rhydaw ae *edyl;* ii. 302, ryngthaw ae *eddyl;* B.B.C. 82, *etyl* butic; B.T. 61, mynan eigyl *edyl* gwrthryt (? W.M. 230a, hyt yr *etil* heul); Vendryes, R.C. xlii. 401, "devoir, tâche, dessein, but"; *angeneddyl* 402, "nécessité, but, ou affaire nécessaire." O *eddyl* "rhaid, amcan," gellid *eddyli* "amcanion," cf. B.T. 56, 16, kyf*edeily* teyrned (fel arall G. 206).

Ceir enwau priod hefyd, a all fod yn perthyn, megis D.G. cv., *Eiddilic* Cor; C.Ll.H. 178, ar *Cindilic;* Cern., R.C. i. 340, "*dylic, dylyc* in *Wurdylic*. Our*dylyc* is borrowed from *dilectus*"—tarddiad amhosibl; *Dylan,* Cyn*ddylan*.

ui puillyat. Saif *ui* am *wy* "i'w," neu bai yw am *in* "yn"; cf. B.T. 72, huyscein *ymhwyllat*. Ar *puillyat* "bwriad, amcan," gw. 104. Os yw *eddyl* hefyd yn golygu "amcan," ni thâl "amcanion yn amcan" yma. Addasach fuasai "amcanus" neu "doeth," ac atgoffa hynny ansoddair fel afr-*ddwl*.

526 **pleigheit.** Yn y llsgr. y mae ail strôc yr *h* yn troi i mewn i gyffwrdd yr addurn ar waelod y strôc gyntaf nes i Skene ddarll. *b,* ond ar fai.

528 **kynnivyn,** ymladdwr, cyfystyr â chynifiad. Gair arall (er G. 251) sydd isod yn 756.

clot, weithiau enw, weithiau ans., G. 147. Yr ail yw yma.

529 **amwyn,** G. 25, "amddiffyn, gwarchod"; B. iv. 117, Pan disgynno katwaladyr . . . diw merchyr y *amwyn* gwyr gwyned; cf. isod, 1127, 1167.

tywyssen, yr un am y lliaws, "meysydd yd," cf. 460.

gordirot. O *gor-* a *tir,* ceir *gorthir;* D. "terra siue regio superior"; maenol *orthir;* tir uchel mewn cyferbyniad i fro, A.L. i. 538, Seithtref a vyd ym maenawr *vro,* teir tref ar dec a vyd ym maenawr *vrthdir* ("lowland," ac "upland" yw'r cyferbyniad); felly Loth, R.C. xxxi, 509, gwrthyd yr ystyr "goror," cf. P.K.M. 84, Mur Castell . . . yg *gwrthtir* Ardudwy. A gymysgwyd *gor-tir* a *gwrth-tir?* Cf. ymhellach G.M.L. 161, *gorgulad* "border country"; y neb a differo buch neu ych rac lladron *yn vn wlat* ar perchennawc iv k[einhawc] a geiff ef. os *y gorwlat* y differ viii geinhawc a geiff. Dengys hyn fod *gorwlad* weithiau dros y ffin. Cyfeiria Lewis at R. i. 9, Main a *gwyrth* Môn a'i *gorthir ;* yma "goror" yw ; profir y ffurf gan y gynghanedd. Cf. hefyd R.P. 155b, yn llu goruedu *gorwlat.* At y gymysgfa *gwrthtir, gwrthdir, gorthir, gorwlad,* rhaid rhoi *gordir* a'r llu. rhyfedd yn *-ot,* cf. M.A. 208a, Canhorthwy gordwy *gordirod ;* R.P. 5a (Cy. vii. 152) Kadarn wrth wann [gwlat] aduot / gwann wrth gadarn *gordirot.* Ai *gor-or-dir* a roes *gordir* trwy gywasgiad ? Neu a ddylid darll. *gorddirod* (cf. M.A. 208 ? *gorddwy gorddirod*) o *gor-* a *dir* (fel yn *diriaw*), a deall *gorddirod* fel "gelynion" ? Haws deall *-ot* fel terf. llu. am bobl nag am *dir.* Os derbynnir hyn, rhaid gwrthod yr ystyr arferol i *amwyn* yn 529, a'i ddeall fel *achub* "cymryd gafael mewn rhywbeth," meddiannu.

530 **haedot,** enw o *haeddu,* cyfystyr â *haeddiant ;* efallai *-ot*=-*awt ;* gw. ar 369.

en gelwit, "y'n galwyd" neu "y'n gelwid."

redyrch. Prin o *rhed* ac *yrch,* llu. *iwrch ;* gwell ei ddeall fel llu. *rhydderch ;* cf. *ardderch-*og ; V.V.B. 122, *erderh,* gl. Llyd. ar *euidentis ;* M.A. 213b (H. 297) Tremyn llywelyn llyw *rydyrch* prydein (? B.B.C. 50, Oef kas gan gwassauc guaessaf *Rydirch*) *;* Gw. *rodarc,* Windisch, W., 746, "golwg." Petrusaf rhwng yr ystyr "enwog," os llu. ans. ac "agwedd" neu "olwg" os enw. Enw yw *drem* "llygad," ond ans. un. yw *erddrym* "noble," ac felly tueddaf at ddeall *rhyddyrch* yn gyffelyb.

gwyr not, gw. G.M.L. 232, dwy ystyr, "men of distinction" a "marked or branded men," B.B.C. 3, Tryuir *nod.*

531 **diachor,** a'r llu. *diechyr,* cf. 1048-9, *diachor* angor yg kyman / *diechyr* eryr ; gw. J.Ll.-J. yn B. i. 1, *achor* "approach," *diachor* "unapproachable" : rhydd y cyfeiriadau—R.C. xliv. 273, *achor* "accès," *diachor* "inaccessible" ; G. 6, *a.* "ymosod, rhuthr ; cyrraedd ; dyfodiad." Ond cf. B.T. 31, Tri dillyn d. ; 37 (Y Gwynt) ef yn d. ; 42, dinas d. mor oe chylchyn ; 56, Ae vn vfel tan twrwf d. ; 68, ffuryf d. ; M.A. 150b, hawl d. ; 191b, kyvargor d. camp *diachyr.* Fal ans. am ddinas, twrf, gwynt, hawl, angor, dôr, addasach yw "cadarn," neu weithiau "di-ildio, unyielding."

din, dinas, cf. *Dinlleu, Dinbych, Dinm(a)el,* cf. B.T. 42, *dinas diachor.* Nid *din, gorddin,* 539.

drei. Enw gwrywaidd yw *din* (fel *dinas* gynt), ac os *trei* yw'r ans. disgwylid y ffurf dd*i*dreigl yma, *din trei ;* nid yw ans. cyfans.

(lle treiglir yr ail) yn addas. Tybed nad *trei,* enw, sydd yma ? Gw. 148, 403. Yn ôl D. *trai* "decrementum, diminutio, refluxus maris." Ni rydd yr un synnwyr gyda *dinas,* oni ellir din *drei* fel "dinas i gilio iddi" ; cf. dinas *noddfa.* "He was a strong defence, a stronghold of refuge."

532   **mynut,** fel ans. "cwrtais, mwyn, boneddigaidd," gw. 859, bu *golut mynut ;* 1045, molut / *mynut* mor ; A.C.L. i. 404 ; R.C. xlvii. 415 ; Loth, M.L. 188 ; Llad. *minutus ?* Ei negydd yw *anfynud,* G. 28, "anfwyn, blin, chwerw." Enw sydd yn M.A. 195a, cadw oes a moes a *mynudydd ;* W.M. 64b, dyscu *moes a mynut.* Yn B.B.C. 96, y iscuid oet *mynud* erbin cath paluc. Os yr un gair, cf. "smooth," a "polished, polite" ; a'r modd y mae *garw* "rough" yn gyfystyr ag anfoneddigaidd ; hefyd cf. H. 28, lliaws *aes esmwyth.*

golut. Nid "rich," fel A., na "wealth" fel E., ond ans. *go-lud* (cf. 859, bu *golut mynut ;* 867, *buguo lut minut*) : cyffredin yw'r ans. *glud* "dyfal, dewr, taer," cf. 234 uchod, P.K.M. 282 ; R.P. 172b, *glut* men yd ant gloew heyrn ar neit ; M.A. 234b, Bolchlauyn *lut* am dut am tir ; 237b, *Drud* a *glud* . . . Doeth a choeth. Ceir hefyd enw *glud,* D.W.S. "byrdlyme" ; B.T. 32, *glut* ac ystor, Ll. *glūten* "glue." Ond cf. M.A. 205a (H. 299), Gruffut mynawc vt *mynud* / *Mynud wrth uolud* wrth uilwyr bu gwrt. Dyma'r un cyferbyniad ag yn y testun : mwyn oedd wrth y neb a'i ceisiai yn wylaidd a gostyngedig, ond garw wrth y cadarn, cf. M.A. 152b, gwlyd wrth wlyd . . . garw wrth arw . ... chweg wrth chweg . . . chwerw wrth chwerw . . . gwrd wrth wrd . . . glew wrth lew . . . gwyl wrth wyl ; H. 269, gwr gwlyt wrth eirchyeid . . . llew wrth aer a llwfyr wrth eirchyeid. Rhaid deall *go-lud* fel "go-daer," ans. am eirchiad, neu gardotyn, ac nid *golud* "cyfoeth." Am *go-,* cf. 1049, gwyr *govaran.* Gw. isod 894.

kyrchei, a ddeuai ato. G. 264-5 ; P.K.M. 174, 266 ; B.T. 65, Vryen a *gyrchaf.* Idaw yt ganaf.

533   **dinas,** gw. 393, 410.

534   **gwinwit.** Odlir ag -*it* yn y ffurf ferfol *elwit,* ond gall honno fod yn -*yt,* gw. ar C.Ll.H. 165, 166 ; Deil *cwydit :* *divryt* divro. Felly gellid darll. yma *gwynfyt,* a deall *i* fel hen org. am *y,* ac *w* am *f.* Nid oedd neb yn galw "Gwynfyd ," lle nad oedd hwn ; h.y. lle bynnag y byddai, yno y gelwid "Gwynfyd !" Am y dull o roi'r

meddwl, cf. 507. Am *gwynfyd* gw. H. 113 (Rhys) *Gwynnuyd* gwyr
... *Gwynnuyd* beirt ; B.B.C. 47 ; 49, 14 ; cf. 51, 6, *guinwydic*
"gwynfydig."
    men, gw. ar 21.

535 Cymharer XLVII â C.Ll.H. I, 48–50 ; gw. yno td. 98–9. Dafad grwydr o ddiadell Llywarch Hen yw'r englyn, ac ni pherthyn yma.

536 **Keny,** enw mab i Lywarch Hen ; ceir *Kyni* yn C.Ll.H., ond odlir ag *-y.* Yn L.L. digwydd yr enwau *Cini* a *Cinhi ;* cf. hefyd arysgrif o'r seithfed ganrif yn Llangaffo, lle ceir CINI EREXIT HUNC LAPIDEM. Felly, nid fel A., "I perceive anxieties haunting me."

537 **penn gwyr,** gw. C.Ll.H. 99. Sylwer ar gystrawen y geiriau, cyflwr enwol rhydd.

    tal being, St. "the standard price," E. "the contribution" ; Cy. vii. 203 (Geirfa) *dalbeing* "darogan." Benthyg yw *being* o'r Hen S. *benc* "bench, bank" ; cf. M.A. 196a, a pharch *beinkeu.* Yn ddiweddarach rhoes *mainc* trwy gyfnewid *b-* ac *m-,* cf. *bath, math.* Am *-nc, -ng,* cf. 484, *gyfrang* am *gyfranc ;* P.K.M. 27, y *geing* hon yma ; 48, 65, 92 ; R.M. 26, yr eil *geinc ;* B. i. 15–18 ; P.K.M. 248, 257, *gwreinc* (*gwreng*) "gwŷr ieuainc" ; *gwreigyang* "gwraig ieuanc" ; G. 54 ; A.L. i. 72, en *tal e ueyg.*

    Ystyr *tal* yma yw "pen," gw. 400, *tal lleithic* am gyfystyr.

    dely, pres. 3ydd un. *dylyaf.* Dyna ei ddyled, ei hawl, sef eistedd yn y lle anrhydeddusaf. Rhifir *dely* yma yn ddeusill (cf. B.T. 35, 5, ny *dyly* kadeir (mewn cyfres o bumoedd), ond cf. G.M.L. 130, *dly, dele, dyly* yn y Ll. Du o'r Waun.

    Yr englyn cyfatebol yn C.Ll.H. 8 yw :
        Atwen Ieueryd Kyni
        Pan disgynnei yg kyfyrdy
        Penn gw[y]r pan gwin a dyly.

538 **nyt wyf.** Oherwydd tebygrwydd *M* yn y nawfed ganrif i *N,* gellid darll. *Myt wyf,* cf. B.T. 69, *Mydwyf* taliessin ; 23, *Mitwyf ;* 31, *Mydwyf* Merweryd ; *Nyt mi wyf* kerd uut ; 32, *Nyt mi wyf* kerd vas ; 71, *Midwyf* vard moladwy. Ond gan fod Cymeriad *ny* yn 538–40, gwell cadw'r testun. Carcharor yn gorwedd ar ei hyd sydd yma, ac meddai, "Nid gŵr bonheddig wedi blino wyf !" fel y gellid tybio oddi wrth ei ystum. Ar *mynawc,* gw. 390.

    blin, G. 58, "lluddedig, poenus" ; cf. glosau Llyd., V.V.B. 55–6, *blinion* ar *inertes ; blinder* ar *segnitia.* Y mae mwy o flas llesgedd a lludded nag o boen yn y testun.

539   **dialaf vy.** Anwybydder *vy* "vi" (y rhagenw ôl) i gael 6 sill, fel yn 546, 548 : pum sill yw'r mesur oddieithr hynny (gw. ar 548), canys gellir diystyru *y* yn 540 ac *e* yn 551 yn gyffelyb.

gordin. Methodd D. wrth ei esbonio, "*gorddin,* fluxus, effusio, a *Gor* et *dineu*" gan nad oes a wnêl â *dineu* "tywallt" ; gw. R.C. xxxviii. 176.   Ei ystyr yn ôl Loth yw "violence, oppression," cf. isod 661.   Yn W.M. 76a (peredur a *ordinawd* y varch) yr ystyr yw ysbarduno, gyrru'n galed ; cf. Y.C.M.[2] 147, *gordinaw* y uarch a oruc yn llidiawc a chyrchu Gorsabrin a'e wan ; felly W.M. 199b, 285 ; cf. B.B.C. 96, 2, a talei y *ortinav ;* B. iv. 46, a guydy *gortin* guaedlan ; M.A. 142b, lluch fy *ngordin* "rhuthr" ; 186b, Cynnetyf . . . y werin argoed . . . Nas gouwy *gordwy* na *gortin* "trais" ; 213b, Ys gwrt yny *gordiner ;* 217b, Gorug . . . Ar y brenhinedd braw a *gorddin ;* 320b, trwy *lid* a *gorddin ;* R.P. 21, gosgymonn gwyth *gordin* "provocation" ; 75b 25, blas diawt iessu [ar y groes] . . . a roet . . . idaw yr *gordinaw* llaw llyw bedyssyawt.   Ceir y ferf syml yn R.P. 20b, A glew chwerit creu oe *dinaw ;* 21, o hir *dinaw* dychwynir.   Yn y testun ni all y bardd yn ei garchar ddial ei gam, pa orddin bynnag ("provocation") a roir iddo.

541   **ronin,** A. "a maned steed" ; Sk. ii. 381–2, *gronyn* "a grain or particle, a while or short space" ; "Under foot there is grain (or gravel)." Gwell gennyf ei ddeall fel *rhonin* i gadw'r odl yn *-in.* Ni chwardd y bardd o dan droed rhywbeth a eilw'n *rhonin,* a ellid disgwyl ei gael mewn carchar tanddaearol.   Nid oes le i'r "maned steed."   Felly deallaf ef am ymlusgiaid, nadroedd, neu'r cyffelyb, cf. R.P. 124b, Llyssenw einyawn moel*rawn* mws ; moel*ron* "morlo, seal" ; Gw. *rón* "morlo" ; *cynrhon ;* Cern. *contronen* "cimex" ; Llyd. *kontronenn.* Os yw tarddu'r Gw. *rón* o'r H. Saesneg *hrán* yn gywir (R.C. xxxvii. 149 ; Ped., V.G. i. 21), a *cynrhon* o'r gwr. **ter-,* **tr-* (Henry, *Lex.* 75 ; Ped., V.G. i. 139), nid yr un *-rhon-* sydd ynddynt.   Yn erbyn yr olaf cydnebydd Pedersen y dylai *-ntr-* roi *-thr-.*   Yn erbyn y llall, cynigiaf nad tebyg y ceid cyfans. fel *adron,* H.G.C. 120, am "enys y *moelronyeit"* (=136, *ron* enys "enys dinewyt y mor") ; a *moelron,* petai *ron* yn fenthyg o'r Saesneg.   Sylwer mai *ron* a geir yn H.G.C., nid *rawn.*   Am *rôn* mewn Gw. cf. Cormac, 1125, rasmoel .i. rōn ; R.C. v. 34 ; A.C.L. iii. 203.

Gan fod y tarddiadau mor ansicr, ystyrier hefyd a all *ronin* fod

o *rhawn* "blew neu gynffon ceffyl," P.K.M. 171, am ymlusgiaid blewog, cynffonnog, "hairy slugs" o bob math.
Am rym *-in*, cf. isod *buelin*, neu 725, *gwernin.*

543   ty deyeryn, daear-gell, cf. 558, *carchar* . . . *daear.* Am *-in*, cf. *heyernin*, a'r ans. cyffredin *eurin, derwin, lledrin.*

546   o ved (hefyd *o gatraeth* yn 547), "am," cf. 504-5. buelin, gw. *bual* 143.

547   Catraeth werin, llu Catraeth, y gwŷr a aeth yno, nid gwŷr y lle, cf. 428-9, kywyrein ketwyr . . . *e gatraeth gwerin* fraeth fysgyolin. gwerin, D. "viri, virorum multitudo, plebs" ; g. gwyddbwyll "chessmen" ; W.M. 76b, arllwyssaw y clawr or *werin ;* 87b, gwydbwyll . . . a phob vn or *dwy werin* yn gware yn erbyn y gilyd ; V.V.B. 137, *guerin* gl. ar *factio ;* Gw. *foirenn* "troop" ; R.C. xxxiii, 473 ; xxxiv. 489.

548   mi na vi Aneirin, St. "will do" ; E. "will compose," fel petai *na* am *wnaf !* Ond gw. C.Ll.H. 91, *rodyn na rodyn, cysgu na chysgu, gwelit na welit, mynho na mynho ;* H. MSS. ii. 203, *mynnych na mynnych* reit yw yti gerdet hyt yno ; 211, Ynteu a gerdwys yn truan ac yn trist *mynhei na mynhei.* Pan ddaw *na* fel hyn rhwng berfau a berfenwau, yr ystyr amlwg yw "whether or not," ni waeth prun, *nolens volens* "willy-nilly." Yn B.B.C. 62 (A mi dysgoganawe gwydi henri *breenhin na breenhin* brithwyd dybi) daw *na* rhwng dau enw ; felly Cy. ix. 5, *barwn na farwn* "barwn neu beidio" ; R.P. 3a, A mi disgog[an]af wedy mab henri *brenhin na vrenhin* brithuyt a ui . . . pwy wledych wedy *brenhin na vrenhin* (yma dangosir y treigliad o *b i v* ar ôl *na*) ; T.A. ii. 538, Lle bu Deon Du, dyn doeth arbennig . . . *Deon na ddeon* a ddoeth, h.y. deon nad oedd yn werth ei alw'n ddeon ; Parry, *Brut* 32, Yna y dywedir yn ynys brydein *brenhin na vrenhin*=225, Post hec dicetur per Britanniam, *Rex est et rex non est.* Gw. Lewis-Pedersen, 250.

Negyddir rhagenw pers. gan *na* mewn atebion weithiau, megis Pen. 14, 73, Ae *mivi*, hep yr yessu, ath vyryws di. *Na thi*, arglwyd ; C.Ch. 142, mi a gredwn . . . taw ti oed bown. *Na vi*, heb ynteu (cf. ar yr un td. "ae bown oed ef ae nyt ef").

Yn y testun negyddir y rhagenw *mi ;* nid *bi* o'r ferf bod sydd yma (gw. ar 9, ef a *vi*), ond "Mi (Aneirin) na fi Aneirin." Yn 551 dywed iddo ganu'r Gododdin : *ceint* yn y ll. honno yw'r ferf a gydia wrth *mi* yma o ran meddwl er nad cystrawen. Yn 546-7 ar ôl *o* rhoes destun ei gerdd, ac yma y mae ar *fin* dweud "*Mi geint*," ond newidia'r ymadrodd (cf. Paul, Gal. ii. 20, byw ydwyf eto *nid myfi*), nid ef ond ei awen biau'r clod, "Mi—na, nid myn (Gŵyr Taliesin beth yw'r profiad ; y bardd sy'n canu, eto nid efô chwaith), ond prun bynnag, mi genais i'r Gododdin cyn gwawr dydd dilin." Dyna'r unig ddull y medraf ddeall y negydd yma, cf. M.A. 223b, Traethws fy nhafawd / *Trwy nerth y drindawd* / Traethawd om barddwawd ; H. 197, *Am roto douyt* . . . *awen* gan awel ; gw. Gerallt, *Desc.* c. xvi, ar awenyddion Cymru, a'u honiad na wyddent beth oeddent yn ei ddweud pan ddisgynnai'r awen arnynt. Cf. M.A. 217, Dafydd Benfras yn gweddïo Duw am gyflawn awen "i ganu moliant mal Aneirin gynt / Dydd y cant Odod(d)in." *Mi na fi* yw profiad bardd yn ei awen. Arweinia hyn yn naturiol at y cyfeiriad at *Taliesin Ben Beirdd*.

Aneirin. Yn Nennius enw'r bardd yw *Neirin*, a chynigiodd J.M.-J. ddarll. hynny yma er cael 5 sill ŷn y llinell. Ar derfyn *Anrec Vryen*, Cy. vii. 126 ; R.P. 18a, ar ôl canmol Urien fel yr haelaf "o'r tri theyrn ar dec o'r gogled," daw'r ll. "A wn eu henw : *aneirin* gwawtryd awenyd / mineu *dalyessin* o iawn llyn geirionnyd." (Nid oes gyfeiriad yma at *Lyn Geirionnydd*, ger Trefriw, Arfon ; cf. B.T. 19, ry phrydaf y *iawn llin* parawt hyt *ffin* yg kynelw *elphin ;* nid *llynn* ond *llin* yw'r sain). Darogan ddiweddar yw'r *Anrec*, medd Loth, R.C. xxi. 45, ar ôl 1135. Pe tybid mai ar ffurf ymddiddan rhwng *Aneirin a Thaliesin* ydoedd, fel yr un hynafol a geir yn nechrau'r Llyfr Du rhwng *Taliesin a Myrddin*, teifl diwedd y naill olau ar ddiwedd y llall. Felly gw. B.B.C. 6, *Can ys mi myrtin* / guydi *taliessin* / bithaud kyffredin / vy darogan. Dull y daroganwr yw hyn i nodi'r personau yn yr ymddiddan, cf. B.B.C. 102, *Vgnach yw vy heno* mab mydno . . . *taliessin viw inhev*. Cynigiaf ddarll. yn yr *Anrec* yn gyffelyb, *Hwn yw vy henw, Aneirin ;* ac wedyn daw'r llais arall, *A minneu Dalyessin*. Gwan iawn yw darll. y llsgr. *A wn eu henw ;* ac wrth ei gydio yn y ll. o'r blaen, troir mawl Urien yn destun chwerthin. Pe tybid fod yr *eu* ynddo yn hen, gall fod yn ffurf gynnar ar *yw* (gw. P.K.M. 235). Boed a fynno am hyn, mae'r cyplysu ar enwau Aneirin a Thaliesin yn yr *Anrec* yn ateg i'r testun, neu'n tarddu o'r testun. Ystyr arall sydd i'r cyfeirio at Daliesin yn y rhudd-deitl i Warchan Maeldderw.

549   **ys**, rhagenw, gwrthrych *gŵyr* "Taliesin knows *it*," gw. W.G. 278 ; cf. uchod ar *as*, 174, 225.

NODIADAU

550 **Talyessin,** fel *Pen beirdd*, gwyddai'n dda beth oedd grym awen. **govec kywrenhin,** ans. cyfans. i ddisgrifio Taliesin. **govec,** ymadrodd, meddwl; D. "mens, animus"; Loth, R.C. xlvi. 151, "cyfansoddiad barddonol, meddwl," cf. B.T. 22, Traethattor vyg/*gofec*. Yn efrei yn efroec; B.B.C. 22, Nid endeueiste kiwrev beirt *gouec* higlev; R.P. 169b, ban dyweit o vreid wedeid *wouec*; M.A. 234b, uy rwyf rwyd *ouec* Mordaf; D.G. iii. 1, Ufudd *serchogion ofeg*; iv. 26, Rodd Ifor rwydd ei *ofeg*; Cy. ix. 23, A *min* gynefin *ofeg*. **kywrenhin,** cf. 428, ketwyr *kywrennin*; 656, 664, k. *kywrenhin*; 890, *kywrennin* benn, G. 274, "cyfarwydd, parod, grymus, nerthol"; o *kywreint,* megis y perthyn *breint* i *brenhin*; cf. M.A. 246b, Eurfrenhin *cywrennin cywrain*. Yn ôl Loth, R.C. xlvi. 151, "habile, artistique"—am y testun.

551 **neu,** geiryn cadarnhaol yw yma. **ceing,** bai gwerthfawr am *ceint,* canys dengys ôl camgopïo gwreiddiol mewn org. hŷn na dyfodiad y Norman i Gymru. Yr oedd *t* ac *g* mewn llythrennau Gwyddelig yn debyg i'w gilydd, cf. 507 *kynheilweing*. **ceint,** gorff. 1af un. canu, W.G. 327, 337, G. 109; am y tr. ar ôl *neu,* cf. B.T. 19, Bard yman y mae *neu cheint* a ganho; cf. isod 990, *neu chablwys*. **e,** nid yr arddodiad *i* ond rhagenw ôl, pers. 1af un. tra chyffredin yn Llyfr Du Caerfyrddin. Diystyrer yma er mwyn mesur. **Gododin,** yma y bobl.

552 **dilin.** Amwys. Gall fod yn hen ffurf ar *dilyn,* gan fod *i-y* yn rhoi *-i-i,* megis P.K.M. 243, *llinin,* yn lle *llinyn,* gw. enghreifftiau yn W.G. 111; C.Ll.H. 197; I.G.E. 286; isod, 657, 665, 740, 882, in towys *inilin*. Rhydd "before dawn of the following day" ystyr dda. Y posibilrwydd arall yw cymryd *dilin* fel ans., cf. I.G.E. 292, aur *dilin*; odli â *gwin*; Job xxviii, 17, llestr o aur *dilin* (ymyl *dilyfn*); gw. D. "*dilin* pro *dilyfn,* vt nonnulli existimant. *Aur dilyfn,* vulgo *Aur dilin,* Aurum recens." Gwrthyd S.E. hyn, ac esbonia y *dilyn* hwn fel "worked, wrought, beaten, made fine, pure," er cydnabod fod *aur dilyfn* yn digwydd yn y beirdd. Cf. H. 77, oet *dilywyn eur* a dalei. Am y testun, "day of woe" yw cynnig A., ond prin iawn y tâl. Sylwer fod *dilyn* yn B.T. 62, 11, yn odli â *medlyn*.

553 **goroled.** Tebyg yw i "gorfoledd," felly A. "joy," cf. B.B.C. 48, *goruolet* y loegyr gorgoch lawnev. Ond os cedwir yr *f* yn

B.B.C., pam y collwyd hi yn B.A. ? Nid teg cymharu *Urien* (o *Urbgen*), canys yno collid ƒ yn yr -*gh*- a ddilynai, sef treigliad yr *g* ar y ffordd i *i* gytsain. Eto gallasai ƒ roi *w* ac i'r *w* golli yn yr *o* a ddilynai, cf. *gwor, gor ;* felly **gworwoled, goroled ?* Anturus iawn, ond posibl. Wedyn buasai'n rhaid esbonio *gorfoledd* fel ail ffurfiad o'r newydd o *gor-* a *moledd.* Cf. 796, *arolli,* a roir gan G. dan *aruolli ;* B. ii. 140 (Geirfa), *gorod* = gorvod, cf. isod, 893, *gorot.* Esboniad symlach a naturiolach yw ei ddeall fel bai am *gwroledd,* enw o *gwrawl,* cf. G. 76 *breuoledd ;* a *marwoledd,* R.P. 117b 30. Y gŵr hwn oedd gwrolder y Gogledd ar ei orau.

554 **llary vronn,** disgrifiad o'r *gwr* yn 553, cf. 399, 409.

haeladon, efallai *hael adon* yn hytrach na llu. *hael* fel enw (cf. *dyniadon,* H. 265, *y bobyl yadon ;* B.T. 61, y *geissaton ;* 73, *keinyadon ;* isod, 1334, *keissyadon.* Dyry G. 10, *addon* "ffrwythau, doniau," gw. uchod ar 409, a chynon lary vronn *adon deccaf ;* ac isod ar 627, *adonwy.* Seilir y cyfieithiad hwn ar B.B.C. 51, Afallen . . . Kid keisseer ofer vit heruit y *haton,* 52 (herwit y *hafon*). Os ei cheisio yr ydys oherwydd ei haddon, addas yw'r esboniad, ond dichon mai ei haddon sy'n peri mai ofer yw'r cais, fel yn 49, *y hangert* ae hargel rac riev Ryderch (sef cynneddf arbennig yr afallen). Felly cf. R.P. 61a, Neuadawr wenllys o winllat *adon ;* o waet y gallon ; H. 269, yn eryr ar llawr wyr lleityeid / yn *adon* medwon met kynteid ; B.B.C. 71, y duv y harchaw arch *aton* dihev . . . arch hewid *kywiawn* . . . arch *giwreint* bresswil. Yn B. i. 221, rhoir *addon* "teg" ; 316, *addion* "arglwydd" ; *adhon* "hil, epil, hiliogaeth." Dengys hyn fod yr ystyr yn ansicr yn gynnar. Ymddengys weithiau fel enw, dro arall ansoddair. Ai cyfystyr *mynawc* "noble" yw ? Cf. 1046, *hael mynawc* oedut ; 254, *anvonawc eissyllut ;* neu 1075, *hael etvynt.*

ny, "yn ei," cf. 623 ; L.L. 196, minid ferdun *nihit* ("yn ei hyd") dir luch ferdun iminid *inihit* bet blain hilin. hilin *inihit* bet mingui ; 184, ar hit ir ard *nihit ny* bron i'r allt ; 146, Lyfni *ynyhit* bet y lynn.

essyllut, anian, natur, gw. C.Ll.H. 71, ar *eissillut ;* cf. 254, *eissyllut ;* 1045, *heissyllut.* Dengys y rhain mai hen org. yw *ess-* yma am *eiss-.* Sylwer ar yr odl, -*ut,* -*uc.*

555 **emda,** ymdda, teithia, gw. Ped., V.G. ii. 453 ; R.P. 21, keudawt kyt *worymdaa* o ovrys ny wys kwt a (cf. *gorymdaith*) ; Pen. 50, 87 (R. i. 394) bytheuat buanllym llawn *ymddeith ;* B.B.C. 20, Dihafal dy *imteith* dy isscar ath *kedimteith* (-*t*- am -*dd*- yn y llsgr.).

nyt emduc mam. A ellir trawsosod i *mam nyt emduc* i gael odl?

556 eiryan, hardd, cf. 1050; C.Ll.H. 9, Kynn bum kein vaglawc, bum *eiryan*.

caduc. Gellir darll. "cadug" neu "caddug," oherwydd amwysedd *d* yn yr orgraff. Yn ôl G. 93, *cadduc* "caen, gorchudd, gwisg arfau"; Loth, "combat"; D. a T.W. "tywyllwch, niwl." Oherwydd y croes-esbonio, cf. Lhuyd, A.B. 70c, Ll. *ingurgito* "to devour greedily"; un cyfieithiad yw "bwrw ir *kadhyglyn*"; a rhydd S.E. *cadduglyn* "a gulf, a bottomless pit," eithr heb enghraifft; ond cf. T.W. *gurges* "*caddug*-lynn."
Yn y testun rhaid cymryd *haearn gaduc* ynghyd fel ans. cyfans. i ddisgrifio arwr hardd, ac y mae cyseinedd ag *eiryan gadarn* braidd o blaid darll. *cadug*.

Cymhara G. 93 *catgadduc* a *katkaen; eurgadduc* ac *eurgaen;* o blaid Loth y mae tebygrwydd *tarw catuc* i *tarw trin* a'r cyffelyb; yn ei erbyn anhawster cael synnwyr i *cad-gadug*. Gwahaniaetha H rhwng -*d*-, sef -*d*-, a -*t*- sef -*dd*-, eithr anwadal yw, fel na ellir dibynnu ar yr orgraff i brofi fod dau air gwahanol, *cadug*, a *caddug*, megis yn H. 242, dragon gyrchyad *gad gaduc*, ac H. 279, yn llys y wytgruc a lloegyr yg *catuc* / llawer an goduc yn ym goti . . . Am bob treis ry duc ar bob *tarw caduc* / ac ar bob sarruc yr eu sorri. A'r olaf, cf. H. 260, Dadolwch teyrn *tarw catuc* pryduawr. Yn R.P. 167a, ceir *ygkaduc* = H. 279.

Cf. ymhellach Sk. ii. 456, Tri *Tharw Caduc* Ynys Prydein (cf. Tri *Phost Cad* Y. P.; Tri *Tharw Unben*) Kynuarch *Cat Caduc* mab Kynnwyt Kynwytyon, Gwendoleu . . . Vryen; A.C.L. i. 527, Kenwaur *Cadcathuc*, cf. R.P. 70b, eil kynuawr *catgaduc;* ond cf. A.C.L. i. 526, Gurycon God*h*eu uxor Ca*th*raut Calchuynid (er mai Ca*d*rawd yw'r enw). Cymysg yw'r dystiolaeth. Ond y gair byw heddiw yw *caddug*, ac oherwydd hynny diogelach yw darllen -*dd*- yn y testun, a bodloni ar gyseinedd rhwng sain gyntaf *gadarn* a *gaduc*, gw. Holder i. 670 ar y bôn *cado*-; 671, *cad-ro*-. Ni ellir anwybyddu enwau Galeg fel *Cadus, Cadurcus, Cadurca, Cadurci*. Rhodder -*t*- at *cad*-, a cheir *cas* fel yn *Cas*-wallon, etc.

557 e hamuc. cf. 558, *em* duc. A ddylid darll. *em amuc?* Ar ystyr *amwyn, amygaf*, gw. G. 25, "amddiffyn, gwarchod." Yma "gwaredu"?

558 carchar anwar daear. cf. 543, ty *deyeryn*. Cell danddaearol oedd ei garchar. *anwar*, creulon, G. 32.

U

210   CANU ANEIRIN

em duc, y'm dug.
559   **cyvle angheu**, G. 210, *kyfle* "lle, lle addas, lle priod neu arbennig, cylch." Lle ydoedd y gellid disgwyl angau ynddo. **anghar**, G. 16 "gofidus, creulon, gelyniaethus." Yr olaf yw yma gyda *tud*.
tut, bro, gwlad. Gan fod ei gytras Gwyddeleg *tuath* yn golygu llwyth o bobl, gellid mewn hengerdd yr ystyr honno. Yma, gydag *o*, haws ei ddeall fel gwlad ; ac *anghar dut* "bro ym meddiant y gelyn," nid fel A. "realm of ghosts." Cf. B.T. 12, 10.
560   **Keneu vab Llywarch**. Mewn un rhestr o feibion *Llywarch Hen* ceir yr enw Cenau (C.Ll.H. xxx); gresyn na chawsid *Hen* ar ôl enw *Llywarch* yma l Rhy gyffredin oedd yr enw Llywarch i ni anturio dal mai mab Ll. Hen a waredodd Aneirin, er bod hynny yn bosibl o ran cyfnod. Cf. B.T. 63, 20, a *cheneu* a *nud hael* . . . kyn mynhwyf meirw meib *gwyden* gwaladyr gwaed gwenwlat *Vryen*.
drut, cf. 223. Yn yr awdl hon ceir pum odl *-uc* a thair *-ut*.
561   **nyt ef borthi**, "ni phorthai," gw. uchod ar 9, *ny bi ef a vi*. Dull cryf o negyddu yw. Ar yr amherff. 3ydd yn *-i-*, gw. uchod ar 36. Am *porthi* "dioddef, dwyn, cludo," gw. C.Ll.H. 60, 116, 122. Y gwrthrych yw *gwarth*, a'r goddrych yw *Senyllt*, os ystyrir gweddill yr awdl. Pe newidid *ae lestri* yn y ll. nesaf, i *a'e llestri*, ceid cyseinedd â *llawn*, a haws cystrawen i *gorsed*. Y goddrych yn awr fydd *gorsed*, "Ni phorthai gorsedd Senyllt warth," a chytunai *a'e llestri* â hynny, gan mai benywaidd ydoedd *gorsedd*. Golygai hyn fod *ef* yn *nyt ef* wedi dirywio, a throi yn eiryn diryw. Ond o'r tu arall, cf. A.L. ii. 775, Teyr *gwarth keleyn* [tres contumelie cadaveris]: scilicet, quando interrogatur quis eum occidit; cuius est feretrum; cuius est tumba. Yn gyffelyb, *gwarth gorsedd* fuasai crintachrwydd neu gybydd-dod; ni chyhuddid Senyllt o hynny, ni haeddai ei lys mo'r fath gyhuddiad ; cf. 806, nydoeth en *diwarth ;* 946, *gwarthvre* sydd fel pe'n gyfystyr. Yn nes byth, gw. 1173, *ny phorthassan warth*.
gorsed, enw cyffredin am domen bridd, gw. P.K.M. 120, C.Ll.H. 229 ; hefyd am lys, fel yma, gw. Lewis, G.M.L. 161, "tribunal, court" ; A.L. ii. 332, Teir *gorssed* gyfreithawl yssyd ; g. arglwyd ; g. escob ; g. abbat. Tomen bridd â chrwyn arni fuasai un math o "orseddfainc" gyntefig ; wedyn lledai'r ystyr. Yn B.B.C. 30, 6, "mound, bedd" yw, kin myned im guerid im iruet . . . *im gorsset*. Cf. ystyron *tribunal* yn Lladin.

562 **Senyllt**, gw. Sk. ii. 456, Tri Hael Ynys Prydein. Nudd Hael mab *Senyllt*; Mordaf Hael mab Seruan; Ryderch Hael mab Tutwal Tutclyt. Ai tad y Nudd Hael hwn sydd yn y testun? Dyry hynny bwynt i'r *meiosis*, ni chyhuddid ei lys o grintachrwydd, h.y. enwog oedd am haelioni (cf. Hübner, Rhif 209, ar garreg Yarrow Kirk, Sir Selkirk, lle ceir un darlleniad a gynnwys *Nudi* a *hic iacent* in tumulo duo fili *Liberali*). Digwydd yr enw yn Achau Harl. 3859, Cy. ix. 172, *Senill* m. Dinacat, y pumed o *Maxim guletic*. Cf. Geirfa, B. ii. 237, *senyllt*, ysgarmes, rhingill, cyhoeddwr.

563 **godolei**, A. "he commended a sword to his kinsfolk"; cf. 564, g. lemein e ryuel; 1240, *godolei* o heit meirch e gayaf / *gochore* brein du ar uur; B.T. 69, Mydwyf taliessin deryd gwawt *godolaf* vedyd. Bedyd rwyd rifedeu *eidolyd*; R.P. 21, o vychot *godolir*; M.A. 146a, Madawg madioed *godoli* / Mwy gwnaeth uy mod no'm codi (H. 29, madawc madyoet *gotoli*); isod, 675, O winveith a medweith / *dygodolyn* gwnlleith; Lhuyd, A.B. 217, *godholi* "to portion." Y mae H. 29 o blaid darll. -*d*- fel *dd* ynddo, felly "goddolei"; o *go-*, a *dawl*. Cyffredin yw'r ffurf *gwaddawl*, cf. Gw. *fodálim* (Windisch, W. 557, *fo-dailim* inf. *fodail, fodil* "divisio"), *dáil* "rhan"; V.V.B. 100, Ox. 2, *didaul*, gl. ar *expers*. Y mae'r ystyr o rannu yn bosibl yn 1240 isod; hefyd R.P. 21. Yn ôl Windisch, arferid *dáil* yn arbennig am rannu diod, gwallaw diod, a *rand* am rannu bwyd; cf. C.I.L. 582, 583, *dál* (verb. n. of *dálim* "a dispensing of drink or food"; *dálem* "a drawer, cupbearer; cup or ladle for distributing drink"; *ddlim* "I draw, pour out, dispense, assign"). Yn y testun yr ydys newydd sôn am lestri llawn medd: naturiol wedyn yw sôn am wallaw. Eithr *nid* naturiol yw gwallaw cledyf na llemain; felly cf. Tal. 211.

Ceir trafferth eto gyda 675, *dygodolyn*, gw. y cyfieithiadau amryfal yno. Hefyd uchod ar 245, *didolit*. Ystyrier R.P. 167b 26, *hydolawc* hawd y belre; B. iv. 56; A.C.L. i. 503n. Dichon mai *dôl* fel yn *dolen* yw'r gwr. nid *dawl*, felly cf. 676, *eidol*, os *eiddol*; ac enwau fel *Gwenddoleu*, L.L. 200, *Eudolan*. Y mae'n werth ystyried tarddu *addoli* o'r un gair, canys "plygu, ymgrymu" yw ystyr symlaf y gair, a cheir *i* ar ei ôl, addoli *i* Dduw, *i* Fair, etc. Yma hefyd ceir *e* gared, *e* ryuel, ond ni welaf ystyr addas.

cared, "kinsfolk" A., ond cf. B. i. 324; ii. 28; V.V.B. 64, *cared* gl. *nota*; *nequitiae*; isod, 1149, wyneb *cared* erythuaccei; 1283, riein *gared*; Gw. *caire* "blame, fault"; G. 112, "camwedd, pechod; chwant, trachwant; serch"; ac â ymlaen "nid yr un ystyr sydd i'r gair hwn ymhob enghraifft, a gellid dosbarthu'r enghreifftiau dan ddau air, y naill ag iddo'r ystyr gyntaf, a'r llall ag ystyr a'i cydia wrth *câr* a *caru*." Cf. *tru, trugaredd.* Y mae amwyster y gair hwn yn chwanegu at anhawster dehongli *godolei.* Sylwer ar anwastadrwydd hyd y llinellau trwy'r awdl.

564 **llemein.** Yn ôl D. "saltare. Frequent. a *Llammu*," ac felly berfenw; T.W. enw, *saltatio;* berfenw, *saltito* "mynych neidio, mynych lemain"; cf. D.G. xvi. 5, Cyflyma wyd, cofl *lemain.* O ran ffurf gall hefyd fod yn llu. *llam,* fel *cemmein,* V.V.B. 67, llu. *cam* (gl. in *gradibus*); 121, *enuein,* llu. *anw, enw.* Sylwer ar yr odl, *gared, ryuel.*

565 **dyfforsei.** Yn y llsgr. rhoed *th* uwchben *rs,* a darll. Sk. *dyfforthsei;* gw. uchod ar 135, *dyforthynt lynwyssawr* gelorawr hir; 943, *dyfforthes* cat veirch; 959, *dyfforthyn;* 992, *dyfforthes* gwaetlin; 831, *dyfforthes* meiwyr = 843, *Ni forthint* ueiri. Ni welaf rym mewn gorberffaith yma, h.y. *dyfforthsei;* gwell yw tybio org. neu dafodiaith, lle ceid *s* am *th,* gw. G.M.L. *gueisret* (gweithret); *pesh* (peth), *vngueys* (unweith), *kefreis* (kyfreith), *reis* (rheith). Wedyn cywirwyd yr *s* hon trwy roi'r *th* reolaidd uwchben. Darll. *dyfforthei.*

llynwyssawr, gw. ar 135, "clwyfedigion,' 'nid "pestilences" fel A.

oe vreych, cf. 569, *oe law.*

566 **bedin Ododin a Breennych.** I odli, darll. *Brenneych,* gw. ar 50. Credaf hefyd mai bai'r copïwr yw *Ododin* yn lle *Deivyr* megis yn 50, effaith llinellau fel 34, 103, 394; *rac bedin ododin,* ar ei gof. Sylwer fod naw sill yn y ll. fel y mae, ac nad oes un o'r hyd hwnnw yn yr awdl hon. Wrth ddarll. *Deivyr,* nid oes ond saith, megis mewn chwech o'r pedair ar ddeg.

567 **mythmeirch,** gw. ar 3, *meirch mwth.*
568 **gwyar,** cf. 42. Berr yw'r ll. o sill neu ddwy. A ellid chwanegu *gwaywawr* ati?

gwrymseirch, gw. ar 76, 373.

569 **keingyell,** gwialen, gwaywffon? bachigyn o *cainc;* cf. 371, *breithyell;* B. ii. 315, ar T.W., *cingell (gwaywffon hir)* dan *veruina;* cf. B.T. 39, keing ar yscwydawr.

hiryell, gw. B. iii. 50-2, ar *Hiriell* fel enw personol Arthur Gwynedd. Yma ans. cyfans. yw o *hir* a *gell,* gw. ar 621, gell e *baladyr gell.*

oe law, yn ei law, i'w law, cf. 625, bud *oe law* idaw.

570   en elyd, bai am *en e lit* "yn ei lid," mewn hen org. yn hytrach nag *en e luyd* "yn ei luydd." Esbonia A. *elyd* fel "time of need"; B. ii. 136, *elydd* "ymladd." Beth yw *yn edyd*, B.T. 61, 9?

571   **gwen ac ymhyrdwen**, cf. 572, *disserch a serch*. Felly, gwên a gwg?

ymhyrdwen, "a smiling attack" A. Ystyr *ar hyrddiau* yw "o bryd i bryd, ar gyrsiau," a gall *hyrddwen* olygu "gwên achlysurol." Fel cyferbyniad i *gwên*, disgwylid gair yn golygu "gwg" neu'r cyfryw.

hyrdbeit, ans. "ysbeidiol, achlysurol," efallai, peidio ar hyrddiau, cf. D. *hwrdd* "impetus, ictus, insultus, impulsus"; P. 14, 39, duwyr dwuyn cadarn e *hwrd* en redec; B.T. 35, bu gwrd y *hwrd* yg kadeu; A.L. i. 452, tri *hwrd* ny diwygir; vn yw *hwrd* gwr ac aryf ynny elyn am y gar gwedy as gouynno yn tri dadlev a heb gaffel iawn kyt as lladho nys diwc; 778, a gwan *hwrd* yndaw a gwayw yny uei uarw, "gwth, thrust"; cf. S.G. 113, 368, Ll.A. 39, ffustyaw ehun o vynych *hyrdeu* = 202, assiduo *pulsu*.

Gellid enwau personol, efallai, Gwên ac *Amhyr* (cf. L.L. 277), neu *Emyr*. Gwell fyth, cf. M.A. 282b, *Emyrd* kyrd kerdoryon llauar. Neu cymerer 571 i gyd fel glos ar 572.

572   **disserch a serch**, cas a serchog.

ar tro, bob yn ail, "alternately, in turn."

573   **nyt oedyn**. Sylwer ar y ferf luosog mewn cymal perthynol, negyddol, ar ôl *gwyr*, cf. 57, gwyr *a aeth*.

drych draet fo, ans. cyfans. am rai a ddangosai eu traed wrth ffoi; yn Saesneg, dangos eu sodlau "show a clean pair of heels"; cf. Y.C.M. 94, *dangos eu kefneu* yr ffreinc a orugant.

574   **Heilyn**, enw priod.

achubyat, G. 7, "gafaelwr, cipiwr, meddiannwr."

bro, efallai yn ei ystyr gyntefig "goror," cf. B.B.C. 53, in cynull preitev *o pop eithaw*; M.A. 217b, *ar bob terfyn* torri.

575   Ceir tri amrywiad o'r awdl hon, a diddorol yw eu cymharu. Anodd bod yn sicr o'r mesur gwreiddiol, er bod rhai llinellau yn weddol sicr.

575   **leutu** A, **leud ud** B, **llefdir** C. Ceir enghraifft yn y ll. o'r hyn a ellid ei alw yn atroi, neu atroad, sef ail adrodd o'r tu chwith, troi'n ôl, cf. 580, 581; B.B.C. 91, Bronureith breith bron. Breith bron bron ureith; B.T. 20, pan tynhit gwytheint. Gwytheint pan tynnit. Pan yw gwyrd gweryt. Gweryt pan yw gwyrd. Pwy echenis kyrd. kyrd pwy echenis ... pet wynt pet ffreu. pet ffreu

pet wynt; 46, Ef oed ygnat. Ygnat oed ef; 58, a med
meuedwys. Meuedwys med ... A rodi chwant, chwant oe rodi
... yt vac yt vyc. yt vyc yt vac ... Annogyat kat diffreidyat
gwlat. gwlat diffreidyat kat annogyat. gnawt am danat twrwf
pystylat. Pystalat twrwf ac yuet cwrwf. kwrwf oe yfet. Yr
ymdrech hon am gelfyddyd a barodd i'r copïwyr gymysgu mor
ddybryd yma. Dengys B mai'r darll. cywir (yn orgraff A) yw :
Llech leutut tutleu vre.
Etyb *llech* (gw. P.K.M. 303, C.Ll.H. 113) i *vre* ar y diwedd ; atroir
leutut i *tutleu*, h.y. ail adroddir *llech leutut* o'r tu chwith, ond er mwyn
cydio â *stre*, rhoir cyfystyr (*bre*) yn lle *llech*, cf. 904, *aer dywys ry
dywys ryfel*; 908, *seingyat am seirch seirch seingyat*; Traethawd
Lilienfeld, Cy. xlii. td. 297, rhif 7, *Retrogradi secundum litteras*,
math o hexametr, lle dygir y gamp ffôl hon i'w heithaf trwy atroi'r
llythrennau oll :
  Mane tace, rixe si vis exire catenam ;
  Signa te, signa, temere me tangis et angis.
Yn A gwelir fod *leutu* wedi colli'r gytsain olaf, sef -*t* yn ei orgraff ef.
Yn B, sydd mewn hŷn org., ceir *leud ud*. Rhaid fod A yn tarddu
o gopi cyffelyb lle ceid -*d* am -*d* ar y diwedd, canys gwelir y *d*
goll hon wedi ei chamosod yn nes ymlaen yn y ll. yn leu*d*vre !
Mae'r esboniad yn amlwg ; mewn copi cynharach na Llyfr
Aneirin ysgrifennwyd ar fai *leudu*; ond fe'i cywirwyd trwy roi *d*
uwchben. Wedyn daeth copïwr Llyfr Aneirin neu ei wreiddiol,
a throi *leudu* i'w org. ei hun, *leutu*, a rhoi'r *d* i mewn yn amryfus
yn *leuvre*. Cofier fod *leudu* o flaen ei lygaid wrth iddo ysgrifennu
leudvre.
 Yn C gwelir ôl llaw arall. Yno, yn lle *lleutut*, neu *lleutu*, rhoes
rhywun ei gyfystyr *lleudir*, ac wedyn troes copïwr diweddarach y
lleu ynddo yn *llef* yn union fel y gwnaethpwyd yn y Mabinogi ag
enw L*leu* Llaw Gyffes, Nant*llef* am Nant*lleu*, gw. P.K.M. 277.
Gan mai "tir agored, golau (heb goed ?)" yw lleudir, dengys
hyn y modd y deallid *lleutut* hefyd ; *lleu* "golau," gw. P.K.M.
275-6, a *tut* "gwlad."
 llech, bre. Weithiau golyga *llech* garreg fechan "slate, slab,"
bryd arall graig fawr fel yn yr enwau Pen*llech*, Ystum*llech*, Har(*dd*)-
lech. Yr ail ystyr sydd iddo yma, gan mai *bre* a gyfetyb iddo. Ar
hwnnw, gw. G. 73, "bryn," cf. Moel*fre*.
 Ystyr y ll. felly yw, "Craig neu fryn creigiog ar dir agored,"
disgrifiad o'r lle y bu brwydro. Prin y gall *lleudud* fod yn gyfystyr
â Lleuddiniawn, "Lothians."

576 **Gododin ystre.** At *ystre, stre*, gw. uchod 453. Os "Gododdin ffin" yw'r ystyr, cf. 923.

ystre ragno ar y anghat A, stre ancat B. Nid yw B yn rhoi dim rhwng *stre* ac *ancat*, ond efallai mai o ddarll. tebyg y cafwyd *tith ragon* yn C, neu *ystre anhon*. Ni wn am ystyr i *ystre* a allai fod yn addas gydag *ar y anghat*, os yw *anghat* yma yn golygu "llaw," gw. C.Ll.H., 65, 84, 121; G. 16. Yn wir, gall *ar y* fod am *aryf* 597, neu'n fai am *anc-*, darllen dechrau *ancat* fel *ari-*, yna gweld mai bai ydoedd, ac anghofio ei ddileu. Y mae absen *ragno* hefyd o B o blaid cymryd hwnnw hefyd fel glos neu fai. Ai ar *ystre?* Ond y mae'r holl awdl yn falurion, ac anodd cael synnwyr. Yn yr Eirfa, B. ii. 235, ceir *ragno* "kyngor"; oddi yno aeth i D. *Rhacgno* est Cyngor, ait D.P. Potius, Praemeditatio, praemansio, ruminatio.

A oes modd berf *angat, anghat*, o *engi?* Cf. 1117, *Nyt anghei;* 708, *nyt anghassant*. Onide, beth am yr ystyr "gafael" gydag *ystre*, cf. 574, *achubyat pob bro?*

Neu, beth am ddarll. *argat* yn lle *angat?* Digwydd fel enw pers. G. 39. Os "rhyfelgar" yw'r ystyr, cytuna â *gynghor* yn dda. Rhy gadarn, fodd bynnag, yw tystiolaeth AB i *ancat, angat.*

577 **e leuuer cat A.**; nid oes dim tebyg yn BC. *lleufer* "golau," weithiau "lamp", P.K.M. 283-4; cf. B.T. 15, *canhwyll* yn tywyll a gerd genhyn / kynan yn racwan ym pop discyn.

578 **cangen gaerwys A**; nid oes dim tebyg yn BC. Ymddengys *caerwys* fel ans. yma. yn hytrach nag enw lle (cf. *Caerwys* yn Sir y Fflint). Arferir am febin, bun, am aes neu darian, gw. G. 97. Felly cf. *caerawc* am fath o ddeunydd drud, *pali c.*, G. 97, "damask, interwoven." Am -*wys* fel terf. ans., cf. *llynwys*, 135; H. 28, a milwyr *dragonwys.*

579 **keui dullywys.** Nid yw yn BC.

keui, Anwyl, Trans. Cy., 1909-10, 104: "is almost certainly the 'Kevy' of the name Pitkevy to the North of the Firth of Forth"; tybia G. 122, y gellir hefyd ei esbonio fel *ke* a ffurf ar y ferf *bod,* cf. *kevei, keuit*, gw. ar 207.

dullywys, efallai gorff. 3ydd *dullyaw*, gw. C.Ll.H. 128, ac uchod 259. Ond gall -*wys* fod yn derfyniad ans. (cf. *caerwys* uchod) neu enw, fel *tadwys, mamwys.*

580 **tymor dymhestyl A, cyngor temestyl B, tymor tymestyl C.** Medrir derbyn AC yma yn hyderus, "gaeaf."

581 **tymestyl dymor** A, ond **trameryn lestyr** B, tra **merin llestyr** C. Gwell yw BC. Sylwer ar yr odl *-estyl, -estyr*. Efallai y dylid ystyried *e beri restyr* A fel atgo o'r un testun.

582 **restyr**, rhes, rheng, D. "series"; Ll.A. 96, A *restyr* o eur kyfulet a llaw yngogylch yr ysgin yn gyfulawn o rudemmeu, "border"; M.A. 313b (Uffern) Ae *restr* ffyrnic; D.G. liv. 16; lv. 38; clii. 31; clxi. 36, 40; clxiv. 43; B. vii. 39, Cefn R*hestr* Main; I.G.E. 191, *cyfrestr* (G. 216); 198, *rhestrog*.

rac riallu A. Yn y cyswllt hwn *trameryn lu* sydd gan B, *tra merin llu* C; ond rhydd C *rac riallu* yn nes ymlaen, 604.

riallu, cf. 701, O drychan r.; 983, rac naw r.; 844, rac trin r.; 1255, guor vlodiat r. Ei ystyr gyntaf, mi gredaf, yw milwr yng ngosgordd brenin, h.y. "champion," cf. B. ii. 236 (Geirfâu), *ryallu* "arglwydd," wedyn "gosgordd brenin." Rhaid gwrthod D., decem myriades, Deng myrdd yn y rhiallu; deg rhiallu yn y Buna, deg buna yn y gaterfa"; Pedersen, V.G. ii. 131; Loth, R.C. xxxi. 40; Lhuyd, A.B. 77 "legio." Cynigiodd Rhys ei darddu o *rhi* a *llu*; cf. isod ar 1101, *Dinogat*; hefyd M.A. 143a 31, 146b 11, 193a 11, 297b 38; R.P. 22a 26, 107b 14; sylwer ei fod yn digwydd fel enw priod, L.B.S. iv. 110, fel bai am *Huallu*. Er ei fod yn golygu "nifer" yn rhai o'r enghreifftiau, y mae 701 isod yn profi ei fod hefyd yn golygu un milwr. Nid 300 × 100,000 aeth i Gatraeth, ond 300 o filwyr a ffurfient un gosgordd. (Tybed nad o B.T. 51, 23, y cafwyd yr ystyr anghywir? "*mil cant* riallu a uu varw rac sychet.") Sylwer ddarfod ei aralleirio yn yr ail destun, 707, o drychan *eurdorchauc*.

583 **o Dindywyt** ABC; yn ôl St. "from the town of Tweed"; E. *Dindywydd*, a cheir lle o'r enw *Dindywydd* neu *Tre Dindywydd* yn Llŷn, ar ochr ogleddol Mynydd y Rhiw. Ond odlir yma ag *wyt*, a rhwystra hyn ei gydio wrth enw fel *Téidh*, Saesneg *Teith* "the big tributary which joins the Forth near Stirling," er cystal fyddai cael enw o'r cyffiniau hynny (os yw tarddiad Diack i'r gair yn gywir, R.C. xli. 116). Nid digon *-twyd-*; rhaid cael *dy-wyt*.

584 **yn dyvu wyt** A, **en dyuuwyt** C. Fel *buwyd* o *bod*, gellir *dyfuwyd* fel gorff. amhers. o *dyfod*, gyda'r ystyr "daethpwyd."

yn dywovu A, **en dyowu** B, **yn dyouu** C; gw. P.K.M. 153-4 ar *dy-o-fod, dofod*. Fel enw ystyr *dofod* yw "da heb berchen y digwydd i ddyn ei gael, a find, a prize, Ll. munus," cf. *dyfod* "come," *darfod* "happen." Gall *dywovu* yma fod yn gyfystyr â *darfu*, cf. darfu *inni*, a'r *en, yn* yn y testun. Cf. isod, 1186, *Dim guoiu*.

585 **yd wodyn,** *yd* hen org. am *yt* y ll. nesaf, a threiglir ar ei ôl. **gwodyn,** pres. (neu amherff.) 3ydd llu. o'r ferf **gwoddaf*; cf. Llyfr St. Chad, L.L. xliii, *imguodant* ir degion guragun tanc. Rhaid i hyn olygu "*Cynghora'r* gwyrda, 'Gwnawn dangnefedd,' " neu ynteu *erfyniant*, Lewis, D.I.G. 114; neu ynteu un o'r berfau hyn yn y gorffennol. Cynnig Rhys yn betrusgar ddeall y ffurf fel *imguotant*, "corresponding to a third sing. *imguaut* parallel with *dywawt* 'dixit,' and from the same root." Yn erbyn hyn dylid gosod ffurfiau megis *gwawdd*, M.A. 221b, Ys gwae fi am iaith *gwawdd*faith gofeg / Yr *goddau* chwedlau imi a fai chweg; 375a, Bint dy glustiau yn ystyredigion / Wrth *lef* fy ngweddi a *gwawdd* fy nghalon (Salm cxxx, in *vocem* deprecationis meae).

Tebyg iawn yw'r olaf i "*erfyniad* fy nghalon"; a gall *imguodant* sefyll am "ym-erfyniant, they plead with one another." Ymddengys *gwawdd* i mi fel o'r un bôn â *gwedd-*i, cf. Gr. *potheo*. Yn B.B.C. 83, ceir *rygig woteid* am farch; ans. i ddisgrifio ei "awydd" i redeg (cf. ll. 1 *redech hiraethauc*) neu ei symudiad "dymunol"; gall *gwoteid* fod yn ferfenw yn *-eid*, yn hytrach nag ans. fel *llifeid*, *moleid* (cf. ll. 4, *rygig otew*, "r. *oddef*"). Hefyd cf. y testun â B.B.C. 94, 10, *duis y cusil.*

586 **gwenyn,** pres. 3ydd llu. *gwanu.*

llwyr, cf. yr un cyfosod yn B.B.C. 17, *llim* yd grim glev . . . llauer a vyr. *llvir* id woriv; hefyd B.T. 3, wyf *llwyr* wyf synhwyr keinon; A.L. i. 486, Brawdwr a dyly gwarandaw yn *llwyr* . . . dysgu yn graff datkanu yn war; B. ii. 276, Yr eryr . . . Ath *lwyr* ofynnaf; M.A. 227a, Guledic nef a llaur a *lluyr* dinas; 227b, a ll. grevyd; 194b, Gwelaf y wir yn *llwyr;* 239b, *Llwyr* waeth yw y gas noe gerennyt; 244a, Pan *lwyr* vedylier penyt; Loth, R.C. xxxix. 68, "entièrement," a hefyd "clair, clairement"; gan gymharu Gw. *léir,* a ddefnyddir am "gyflawn" mewn cyfansoddiad; ar ei ben ei hun, "diwyd," ac "eglur"; cf. P.K.M. 38, *llwyr wys* "complete levy"; B.B.C. 66, E beteu yn hir vynyt. *yn lluyr* y guyr lluossit (Gw. *co léir* "entirely, completely").

cenyn. Yn y gyfres hon y mae *canu* "sing" braidd yn anaddas. Ystyrier y ffurfiau a rydd G. 107, dan *cannu,* megis B.T. 53, Selyf ygnat a *gennis* gwlat; H. 29, tranc am *kennis* kyn no mi; neu'r ferf am*canu*, G. 21; neu'n debycach fyth, *ken*, G. 129, *ym ken, am cen;* H. 317, a *chenaf ucheneid*, cf. 130, rac erthgi *erthychei* vydinawr.

587   yscwyt Rugyn AC, scuyt Grugyn B; cf. L.L. 155, *Grucinan*, enw dyn; R.M. 137, *Grugyn* gwrych ereint (un o foch Twrch Trwyth).
tarw trin A, taryf trun B, doleu trin C. Gall *trun* B fod am *triin* (gw. ar 588, *leech*), nes bod ABC yn cytuno ar *trin*. Anodd deall yr amrywiad arall. O blaid A y mae amlder *tarw trin* mewn hengerdd; os hynny oedd yr hen destun, pam y newidiodd B ef i *taryf*, ac yn rhyfeddach fyth C i *doleu*? Ond gw. ar 596, *tarf*, D. "dispersio," gwasgar; *tarfu* "arcere, dispergere, absterrere."
y dal vriw vu A, tal briv bu B, tal vriw vu C. Darll. *talvriw*, ans. cyfans. am darian dyllog, cf. M.A. 183a, Ar *daryan* daer *daluriw*. Ar *briw*, gw. C.Ll.H. 62, 63, 64, *ysgwyt* brwyt *briw*. Ystyr *y* yn A yw "yn."

588   leech. Am ddyblu llafariad mewn hen org., cf. isod 1159, *deetholwyl;* B. vi. 113, 114, Ox. 1, *ceenn, piipaur, coorn*.
leud ud. Dau dwll yn y memrwn a barodd fod bwlch yma.

591   trameryn, cf. M.A. 258b, llauar *merinnyeu* "tyrfus yw tonnau"; B.T. 32, A gwadawl *tra merin;* 35, Aches ffyscyolin. mordwyeit *merin;* 76, *tra merin;* D.G. xv. 19, *merinwyr* "morwyr."
Pwysig yw'r cyfeiriad at "lestri tramor," a "llu tramor," cf. isod 979, *tra mordwy alon*.

592   heidilyaun lu ineidlyaun B, llu meithlyon C. Nid oes modd gwahaniaethu rhwng *in* ac *m* mewn ambell air oni cheir marc uwchben i nodi'r *i*. Hefyd ceid llythyren debyg i H am N mewn hen lsgrau., nes bod yn hawdd darll. *meidl-* yma neu *meithl-*. Gall *-yon* am *-yawn* fod yn arwydd hynafiaeth neu ddiweddarwch (cf. P.K.M. 191, *Edeirnon, Edeirniawn*). O blaid *ineidlyaun* y mae hyd arferol y darnau llinellau yma, sef 4 sill, ond cf. 587, 596, lle ceir trioedd hefyd. O ran ffurf gellid *meithliawn* o *methl*, D. "implexus, irretitio, deceptio," cf. T.W. *irretio* "dal mewn rhwyd . . . maglu": D. *methlu* "irretire, implicare." Am yr affeithiad cf. *Edern, Edeirniawn; Iorwerth, Iorweirthiawn; gorwedd, gorweddiog*.

593   let lin lu. Gan fod *llin* yn golygu "llinach," gall *lled-lin* olygu "lledryw, mongrel." Cyferbynner â *iawn llin*, uchod ar 548 o B.T. 19. Os *llyn* yw'r ail air, cf. B.B.C. 58, Ban diffon

nortmin *y ar llidan llin* ; B.T. 42, 24 ; 78, 1, yn eigawn tra *llydan lyn*, sef y môr. Prin *Llychlyn lu* ?

596 **taryf**, cf. uchod ar 587 ; hefyd B.B.C. 104, *Tariw* escar y *iscuid* in dileith ; B.T. 78, Yn wir dedeuhawr ae lu ae longawr ae *taryf yscwytawr* ae newityaw gwaywawr ; R.P. 19a, *taryf* ar uaryf o uarwawl lyfyrder ; H. 137, *taryf* rac twryf glasuor ; R.C. xli. 410. Gwelir wrth yr enghraifft gyntaf mor hawdd cymysgu *tarw* a *tariw* "taryf, tarf" yn org. ysgol Llyfr Du Caerfyrddin.

597 **llefdir**, cf. B.B.C. 45, ban llyuneis y *llentir* deguch a weluch y medi (bai am *lleutir*) ; 67, yn *lleutir* guynnassed ; B.T. 39, Kychwedyl am dodyw o *leutired* deheu ; R.P. 33b, *leudir* kyuannhed meiuot wenn ; 155b, llwyth *llewdir* ystwyth ystrat (=M.A. 334a, *lleudir*) ; 166a, *llewdir* teyrn ; 171a, mygyr yt ladei loegyr hyt *lewdir* trenn (=H. 144) ; M.A. 161b, yn *lleudir* meruynyawn (H. 134). Cyferbynner â'r Gw. *dubthir*, R.C. xvi. 37, *as cach dubthair diaroile* "from one jungle to another," a chwanegir "and her face never fell on a field" ; 35, And at Daiminis Guaire killed Daire, so that a *wood and stunted bushes* overspread Guaire's country . . . Whence *Dubthir* 'dark-land'." Felly *du-dir* "tir gorchuddiedig gan goed" ; *lleu-dir*, "tir agored."

aryf gardith tith ragon. Y mae *gardith tith rag-* yn atgoffa yr atroi uchod, a gellid *sarffgar dith tith (dd)ragon* fel cynnig ar ei adfer. Y mae *tith* yn awgrymu meirch (cf. 278, *tith orwydan*), a chydfydd hynny â'r defnydd o *ystre* am feirch, a'r *tec ware* sydd yn y ll. nesaf. Ond ni fedraf gysoni C ag AB. Os darllenir *ragon* i gael odl ag *anhon*, gellid hefyd ei ddeall fel ardd. pers. 1af llu. o *rac*. Ond beth am *ragno* yn A ? Gw. ar 576. Ai *ragor?*

598 **anhon**, gw. uchod 436, *guannannon ;* 829, 919, *gwananhon*. Ymddengys y ddwy linell yn C fel ymgais i wneud synnwyr a mesur rywsut o'r gymysgfa hynafol yn AB. Ai *ystreannor?*

599 **diwyll**, cf. 464, *diwyllyat ;* H. 266, Ef yn wyl yn olud anuon / Ef diwyl *diwyll* gwleidyaton ; R.P. 93a, Gwynn y vyt . . . a gae vendith duw . . . Kynn *diwyll* esgyll esgyrn yn vlawt ; Pen. 14, 12, egkylch *diwyll* duw ; 81, *dywyllwr* duw ; Y.C.M. 100, *Diwyllywr* y temleu ; M.A. 505a, y kyvreythyeu yn adwyn tros yr holl teyrnas a *dywyllyws ;* C.Ch. 74, *diwyll* mahumet yn lle duw idaw ; A.L. ii. 74, O deruyd y alltut kymryt urdeu neu yspydwryaeth neu *diwhyll arall* heb ganhat y arglwyd ; 208, yn uanach neu yn *diwyll ;* i. 142, *dewillau* e *dayar* (gw. G.M.L. 136) ; R.B.B. 150, yn *diwhyll ;* R.C. xxxiii. 209, y rei a *diwyllynt* Duw ; D. *diwyll et*

diwyllio, "colere"; hefyd *diwyll* "cultus"; *diwylliwr Duw* "Dei cultor"; *Diwylliawr tir* "Cultor agri, agricola"; S.E. *diwyll* "cultivation, worship, cult."

Yma, gwrthrych *duc*, a dibynna *o win bebyll* arno. Daw o *di* a *gwyll*, hŷn ffurf *gwyllt*, a magodd amryfal ystyron. Yma "moeth," cynnyrch "gwareiddiad," neu'r cyffelyb, "luxury."

600   **ar lles**, ar neu er lles, gw. C.Ll.H. 77, 102, G. 33; isod 929, 1037, 1295; *yr lles* 1394.

tymyr, cf. 368, *temyr gwinvaeth*. Cyfeirir at y meithrin ar win a drefnodd. Yr anhawster yw nad yw *tymyr* yn odli. A ellid darll. *teilu* "teulu"? Cf. 1037, ar lles *rieu;* 1295, ar lles *pedyt*. Y teulu yma fuasai teulu Mynyddawg, ei osgordd, y *riallu* yn 604.

604   **kein gadrawt rwyd**. Yn c yn unig, a heb odl, oni ddarllenir *rwyt*.

cadrawt, o *cad* a *rhawd* "llu," gw. B. i. 22. Tybia G. 89 y gall darddu o'r Ll. "quadratum," a chynnig hefyd "rhawd neu gyrch ymladd." Ond gw. y cyfeiriadau yn B. i. 22; rhawd o beleidr, rhawd Saeson, rhawd wenyg, naw rawd (nef), etc.

rwyd, rhwydd, cyflym, cf. ebrwydd. Os *rwyt*, gw. C.Ll.H. 119. Prin bod angen newid.

607   **doleu**, gw. 1412.

608   **erkryn**, ergryn. Weithiau enw, "ofn," cf. Pen. 14, 4, o ovyn ac *ergryn;* weithiau berf, "ofni," fel yma, cf. B.T. 76, *ergrynaf* kyllestric kaen gan wledic gwlat anorffen; B.B.C. 51, *ergrinaf* wynragon.

e alon, ei elyn, cf. 813, ar guaiu *galon;* C.Ll.H. 5, Pan gyrchei bawp y *alon;* yn ôl W.G. 213, lluosog yw. Blas unigol yma? Os felly, cf. R.C. iv. 428, Gw. *galann* .i namha "an enemy." Gall -*on* fod yn derfyniad unigol neu luosog, cf. *dragon*, Teyr*non*, meddy*gon*.

araf. Rhaid mai *e alon* yw goddrych y ferf, "his enemy fears," a disgwylid gwrthrych gyda'r rhagenw meddiannol, megis *e arf* "his weapon, his blade" mewn hen org. *aryf*, efallai *araf*, cf. G.M.L. 34, *baraf* "barf"; 151, *gauar* "gafr"; R.M. 76, a gauas o *auar*. Dyry hyn well ystyr nag *araf* "mwyn, tyner, tawel," gw. G. 35. Sylwer ar yr odlau: (*arf*), *chuar*, *carw*, *barr*, *distar*, *chward*. Cyffelyb yw odli *arf*, *carw*, â 264-5, *lleddf*, *gweddw*, neu *llyddf*, *gwyddw;* cf. hefyd 601-2, *tymestl*, *llestr*. Nid oes drafferth i dderbyn *chwardd* i'r gyfres gydag *arf*, ond wrth dderbyn *barr* iddi, gwelir yr egwyddor yn ymledu. Gall *rf* odli ag *r* + unrhyw sain dawdd gan gynnwys *r* ei hun. Oni olyga hyn fod *chuar, distar* yn diweddu gynt â chytsain ddwbl? Cf. am fai tebyg R.P. 7a, Eiry mynyd hyd ar *daryf;* gnawt gan gynrein eiryan *araf;* ac ysgynnu o du *corof;* a disgynnu bar ar *araf.*

609 **ery,** cf. 228. Neu ynteu darll. *eryr.*

brwydrin, G. 79 "trin, brwydr, ymladd"; G.M.L. 44, "battle," a hefyd fel ans. "fierce." *anyueyl brwydryn* y Gyfraith yw ystalwyn, baedd, tarw, bwch, ceiliog, ceiliagwydd; rhaid mai "ymladdgar" yw grym yr ans., sef nodwedd y gwryw. Yn M.A. 217a (Gwreidd teyrneidd taer *ym mrwydrin*) rhaid mai enw am frwydr yw. Yma, os darll. *er(h)y,* enw yw; os *eryr,* ansoddair. Yn y cysylltiad hwn gwell yw'r ail.

tra chuar. Yn ôl G. 276, *chwar* "ffyrnig, nwydwyllt," cf. B.T. 48, hut vyn deu garant, deu *dichuar dichwant.* Rhaid cael sillaf drom i odli yma, ac felly ni thâl y *chwar-* sydd yn *chweris,* R.C. xl. 372; xlvi. 162-3. Cynigiaf *tra chwar(d),* o achos hynny, a B.B.C. 95, Kei ae heiriolei *trae llathei* pop tri : Arthur ced *huarhei* / y guaed gouerei. Nid yw cael *rychward* yn 613 yn gwahardd hyn, cf. xv, ar *hir* fel odl bedair gwaith yn yr un awdl. Gall *tra chwardd* fod yn ans. neu'n gymal gyda *tra,* cysylltiad, "while he laughs." Gwell yw'r cyntaf, yn null 420, rieu *ryvel chwerthin.* Cytuna *trin tra-chward(d)* â hynny.

Gw. uchod, 445, ar ansefydlogrwydd *-dd.*

610 **kwr,** G. 191, "congl, ymyl, ael," ac yn y testun "cylch." Anodd cael synnwyr, fodd bynnag, wrth ddeall y gair yn un o'i ystyron arferol. Mewn Gw. ceir nid yn unig *corr* "point, peak, corner," ond ans. *corr* "1, plain, even, smooth, long ; 2, peaked, pointed," heblaw ystyron eraill (neu enwau eraill o'r un ffurf, megis *corr* "dwarf"), gw. C.I.L. 491-2. Yn ôl trefn y geiriau gall *cwr* yn y testun hefyd fod yn ans. a gwedda'r ystyr "blaenfain, pigog." Gan fod y beirdd yn hoffi chwarae ar air, dichon bod dwy ystyr iddo yn y ll. hon.

bankeirw, llu. *bannkarw,* G. 51, "carw bannog." Cyfans. yw o *bann* a *carw,* a gall *bann* fod yn ans. yn golygu "uchel" (cf. *ban*llef), neu'n enw "corn," cf. yr ans. *bannawg* "corniog." Petasai *bann* yn ans. disgwylid *bangarw* ; haws deall *bann-carw* fel cyfans. o ddau enw, ar ddelw *pentan,* lle na threiglir yr ail elfen, ac ni luosogir ond yr ail (cf. ban*keirw*, pen*tanau*). Felly "corn carw." Mewn hen freinlen sy'n nodi tiroedd Aberconwy ger pen y "Weddua vaur," ceir a ganlyn : "Hinc usque *bankarw*. Hinc per cacumen rupium *Bancaru* usque *bleau* [? blaen] *teyrw*. Hinc per fluvium *Teyru* . . ." Enw lle yw yma ; eir dros ben creigiau B. hyd flaen Afon Teirw. Tybed nad tebygrwydd i gorn carw a awgrymodd yr enw ? Rhydd S.E. *corn carw y mynydd* "common club moss," a thebyg iawn yw i gorn carw (cf. S. *buck's horn* plantain). Gellid arfer yr un enw ar graig ysgithrog, bigog, a hefyd, mi dybiaf, am waywffon neu bicell, canys gellid blaen picell gyntefig o gorn carw. Felly "llym oedd ei waywawr" ?

am gwr. Ceir *am* seithwaith yn yr awdl, a haws ei ddeall fel rhagddodiad nag fel arddodiad yn y mwyafrif ohonynt. Ond rhaid ystyried *am gwr* ac *amgwr*. Pan geir *am*- o flaen ans., cryfha'r ystyr, cf. G. *amdlawt, amdost, amdrei, amdrist, amdrwch, amescut, amgalet, amgall, amgoch, amlwm*. O flaen enw, weithiau pair i'r cyfans. olygu "gwahanol, amryfal," cf. *amliw, amgen, amryw*. Felly hefyd mewn Gwyddeleg, gw. Windisch, W. 619, ar ei gytras *imm*- mewn cyfans., ac ystyron *immamnas, immdub, immgéir, immlóm, immnocht*, a'r cyffelyb. Os cywir yw deall *kwr* fel ans., ystyr *amgwr* yw "llym iawn," ac felly B.T. 34, Areith awdyl eglur. awen tra messur. *am gwr* deu awdur. Os arddodiad ac enw sydd yma, gellid cynnig chwarae ar air fel hyn. "Cwr(r) (llym) ei fanceirw (gwewyr) am gwrr (oddeutu, o amgylch) Bancarw (enw craig ysgithrog ?)," gw. D. *cwrr* "ora, limbus, latus." Dyry hyn well synnwyr na "llym ei wewyr, llym iawn ei wayw."

611 **brych**, ans. fel enw (cf. Dyfnwal *Frych*, isod 977), gan mai un felly oedd yr arwr, cf. 660 ; B.T. 62, 1, *vrych* mor greidawl.

briwant, "drylliant."

barr, G. 52, "? blaen, brig ; neu fel gan S. gwaewffon." Golyga "pen" yn B.T. 44, dychyrch *bar* karrec crec mor ednein ; ac mewn enw Brythonig fel *Barrivendos* (Berwyn), cf. *Bar*-goed, *Pen*-coed ; hefyd Gw. *barr* "top, point, peak, metaph. crown, head," C.I.L. 182. Am fysedd yn briwo pennau yn llythrennol, gw. hanes Efnysyen yn P.K.M. 42–3. Diogelach deall "pen" yma nag anturio mai hen ffurf yw ar y gair a roes "iron *bar*" yn Saesneg (gw. S.E.), er bod plygu pedol â'r bysedd yn gamp oes ddiweddarach yng Nghymru, cf. Syr Hywel y *Pedolau*.

Sylwer ar y gyseinedd, y gystrawen, a'r absen treigliad. Am gystrawen gyffelyb, gw. B. vi. 136, Caith cwynynt briwynt grydynt alaw.

612   **am bwyll,** gw. ar *amgwr* 610; darll. *ambwyll* "amryfal bwyll." Dyn oedd "of many moods," neu ynteu "aml ystryw, pwyllog iawn," gw. P.K.M. 95, *ambwyll-* yn ymgyfnewid â *hanbwyll-*.

am disteir, darll. *amdisteir* ac *amdistar* (efallai 2, *amdias*). Ar ddelw *distaw, taw; disgwyl, gwylio,* gall *dis-* gryfhau yma. Ar ei ôl daw *-teir* a *-tar,* ond yn yr ail disgwylid *-tarr, -tarf,* neu *-tardd* i odli'n llawn. Oni bai am hynny, hawdd fuasai cynnig *-tar* fel yn try-*dar* "twrw," a chyferbynnu *distar* a *distaw;* neu'r *tar-*sydd yn *taradr,* Ll. *tero,* yn enwedig gan fod dwy ffurf ar y bôn, sef **ster-* a **ter-,* gw. Boisacq, ar *stereos.* Ond i ddyblu'r gytsain olaf rhaid wrth gytras i'r Ll. *torreo;* pe felly "sych iawn." Os *distar*(*f*), cf. *tarf* "gwasgar, dychryn," Gw. *tairm* "sŵn, alarm." Ar 445, trafodir *tarhei,* a chymharu'r Llyd. *tarz,* Cern. *tardh,* torri, hollti (gyda thwrf); felly yma, *distar*(*dd*) "tyrfus"? Ceid odl lawn rhwng *distar*(*dd*) a *rychward*(*d*).

Mewn Llyd. ceir *dister* "ysgafn, dibwys," a'r cyffelyb, G.M.B. 186; ni fedraf ei gysylltu â'r testun yn hawdd iawn, onid fel *amysgawn,* S.E. "light, not heavy or ponderous, very light, fleeting, pleasant." Dyfynnir o *Ipotis* "Ef herwydd annyan a vydd *amyskawn* a *gorwyllt* yn y gallonn ... Ac *ambwyllog* vydd a gwresawc *ymyscawn.*" Gellid ystyried hwn fel cytras *amdisteir,* a chydio *amdistar* wrth *tar*(*dd*)? Nodi gwahanol ansoddau'r arwr yw amcan y ddwy linell.

613   **am rodic,** darll. *amrodic* (o *amrawdd*), G. 24; V.V.B. 37; Juv., is *amraud* gl. *mens* est; Gw. *rád* "ymadrodd"; *ráddim* "dywedaf," *immrddim* "meddyliaf." Felly *amroddig* "meddylgar" neu "ymadroddus."

am rychward, darll. *amrychward,* ans. cyfans., "chwerthinog." Cyferbynner ag *amrygwyn,* G. 25, "cwynfanus, alaethus."

614   **bro.** Chwanegwyd yr *r* uwchben (gan y llaw wreiddiol?). Y mae'r holl linell mor dywyll nes ei bod yn anodd deall grym *bro* yma. A ellid darll. *ys browys brys?* Ceir *browys* isod am feirch, 1185, ac mewn mannau eraill yn y Gogynfeirdd, gw. R.C. xlii. 73; G. 78, "pybyr, bywiog; disglair, gwych." Addas yw gyda *brys,* o ran ystyr, o'i ddeall felly (nid fel D.=brawus !), a naturiol yw ei gystrawen gydag *ys* "it is," cf. M.A. 149a, Lliaws

gorwyd gwelw gwalch *frowys*; 280b, *browysuarch*; Ll.A. 164, *brywys*; T.A. 135, carw *browysgryf*, gw. T.A. 707.

treullyawt. (1) "treuliawdd" (-*t* am *dd*), cyfeiriad at ei haelioni. Ond tebycach cael *l*=*ll* yn y llsgr. hon nag i'r gwrthwyneb. (2) *trew(y)llyawc* (-*t* am *c*), cf. Cy. vii. 123, Teirdrut heirua ... pan doeth medrawt y lys arthur ... nyt edewis na bwyt na diawt yn y llys nys *trewyllyei*; B. vi. 136, Diengynt ai herchyll *trewyll* yn taer. (3) *treillyawt*, cf. D. *traill* "revolutio"; B. ii. 239, "treigl"; ac isod 710, mal pel ar y e. Gw. isod ar 615.

rys. Ai enw'r arwr? Ni welaf enw personol arall yn yr awdl.

riwdrec. (1) bai am *riodres*, rhy-odres, rhodres. Dyry hyn odl i ateb 615-6, a chydfydd â'r syniad o dreulio'n hael. (2) *ruid rec* "rhwydd reg," rhoi anrheg yn rhwydd. Nid oes odl. (3) *Rhiw Dres*, enw lle, neu fel *aerfre* am fryn brwydr.

615 **hu** "felly," gw. B. viii. 237-9. Sut? Credaf fod hyn o blaid deall 614 fel disgrifiad o bendefig hael yn "gwastraffu" ei gyfoeth, yn brysio i'w ddifa. Nid felly y bydd arglwyddi a fetho mewn rhyfel. Ar *neges*, gw. uchod, 108.

caffo. Mewn H.G. ceid pres. dib. 3ydd un. yn -(*h*)*oe*; amrywia i -(*h*)*wy*, -(*h*)*o*, B.B.C. 53, ar ny *creddoe* y dovit; R.P. 38b, gweryt creawdyr ae *crettwy*; 24a, y ae *cretto*. Os adferir *ny gaffwy* i'r testun, ceir odl fewnol ag -*wy*, ac odl groes (os caf greu gair) â 616 (*wy—anghwy*; *gaffwy—wanwy*). Cf. y croes-odlau yn 57-8, 64-5, 72-3.

e, yma "eu," gw. P.K.M. 329 ar *y*=eu.

616 **anghwy,** pres. dib. *engi*, dianc, yma gyda grym dyfodol.

gwanwy. Ar *gwanu* "taro," gw. P.K.M. 169-70, a'r enghreifftiau yno o *dywanu ar* "taro ar, chance upon." Dyna'r ystyr yma.

godiwes, berfenw *goddiweddaf*, bellach, *go(r)ddiweddyd*. "Ni ddianc neb y digwydd iddo ef ei oddiweddyd," cf. 1115-7 am y meddwl.

617 **ny mat.** Ar *mat* "ffodus," gw. B. ii. 121-2; B.B.C. 46, *Mat* dodes y mortuit ar merchin march lluid. I negyddu ans. heddiw arferir *nid* ag eithrio mewn hen idiomau fel *ni dda gennyf, ni wiw* i mi. Ond diogel yw ystyried yr ans. fel yn ffurfio cyfans. â'r ferf mewn aml frawddeg gynnar, a threiglid ar ôl *ni* yn ôl rheol brawddeg negyddol. Ni threiglid berf yn *m*- ar ôl y negydd: ni threiglir chwaith ans. yn *m*- pan ffurfia gyfans. â berf, megis yn y testun, a 619, ond cf. 1322, *Ny phell gwyd*; B.T. 51, *ny phell*

garcharwyt; isod 629, *ny waeth wnelut,* h.y. treiglir *pell-gwydd, gwaeth-wnel* fel berfau eraill yn *p-* ac *g-* ar ôl *ni*. Ond cf. R.P. 21, a uo marw *ny moch welir*.

gwanpwyt. I osgoi odli â'r brifodl, darll. *wanet* "tarawyd, tyllwyd."

618 **Cynwal,** enw'r arwr (nid march, fel y cynigir yn G. 262).

carnwyt. Yn ôl G. 113 "carnol, carnog," gan ddilyn Pughe ac S.E., a'i gydio wrth y march yn 620. O'r tu arall, addasach yw sôn am dyllu tarian ar neu o flaen milwr nag ar farch, ac felly ans. am y milwr yw hwn, o *car* "kind, caredig," *carr* "cyflym," megis yn *carrawg* "afon gyflym," neu *carr* "cerbyd," cf. Kynan *Garwyn,* R.M. 159; B.T. 45; k. *garrvin* B.B.C. 28. Am *-nwyt* "natur, tymer," mewn cyfans. cf. plym*nwyt*.

619 **dodes y vordwyt,** efallai *dodes mordwyt,* cf. B.B.C. 46 d. y *mortuit,* C.Ll.H. 6, 86. Ni threiglid gynt ar ôl gorff. 3ydd, cf. y gyseinedd yn 42, gwrthodes *gwrys gwyar ;* 1006, gwrthodes *tres tra* gwyar.

620 **breichir,** "hirgoes," ans. am yr enw *march ;* cf. B.B.C. 27, Tauautir b. m[arch] Kadwallaun ; Cy. vii. 131, awwydawc *vreichir* march kyhoret. Ceir braich am goes anifail, B.B.C. 62, parchellan . . . *breichvras ;* R.M. 156, ar *varch* erchlas . . . ar *vreich* deheu idaw yn purgoch ; 157, ar uarch kanwelw ar *ureich asseu yr march* yn purdu hyt y mynnwes y garn ; 158, a phenn y *goes* asseu yr march yn purgoch ar *vreich* deheu hyt y mynwes y garn yn purwyn. Y fraich yw'r goes flaen : y goes yw'r ôl, gw. G. 73-4.

meinllwyt. Yn y llsgr. *men—llwyt,* a rhoed *i* uwchben mewn inc gwannach. Hen org. oedd *e* am *ei,* gw. Juv. B. vi. 206, *per* "peir," *couer* "cyweir." Am ans. cyfans. cyffelyb am farch cf. B.B.C. 2, *mein winev,* ac uchod ar 307.

621 **gell,** gw. P.K.M. 142-3 ar *gellgi ;* B. ii. 139, *gell* "gwinau." Ans. am liw ydyw, cf. Ernault, G.M.B. 296-7, Llyd. *guel, guell* "rhuddgoch" (*bai, roux*), *bleau guell* "gwallt-goch" ; Loth, Ch.Br. 98, "brown." Oherwydd y cymysgu rhyfedd sydd ar enwau lliwiau, dyfynna Henry, L.B.M. 131, Gw. *gel* "gwyn, bright" ; ar hwnnw gw. Pedersen, V.G. i. 147. Hefyd cf. Walde ar Ll. *helus,* o'r gwr. **ghel-* "gwyrdd" ; *helvus* "lliw mêl" ; gw. y drafodaeth ar Ll. *flavus,* a'r S. *yellow.* Y mae ystyron *glas* yn Gymraeg yn dangos y modd y gall hen enw olygu amryfal liwiau a wahaniaethir bellach yn bendant. Yn 622 dywedir fod *gobell* "cyfrwy"

x

yn *gell;* dengys hynny mai un ystyr iddo oedd lliw lledr. Gall enwau Llyd. a Chymraeg fel *Gellan, Gellawg* (gw. M.A. 323b, Ch.Br. 132, L.L. 399, *Rec. Caer.* 257, *Botelok,* Rhys, W. P., 388, *Andagelli*) gynnwys yr un elfen, "melyn, melyngoch, rhuddgoch." Yn y testun, am baladr neu goes gwayw, gall olygu "melyn" neu "frown," cf. R.M. 155, yn llaw y mackwy yd oed paladyr bras *vrithuelyn;* 156, Gwaell paladyr*las* . . . oe dwrn y vynyd yn *rudgoch.* Cf. isod 1251, tal *gellauc.*
 Cf. ymhellach B.T. 26, whech march *melynell* (yn y llsgr. *melynaell* â phwynt o dan *a*), ac uchod ar 307, *meinnyell.*
 gobell, cyfrwy, C.Ll.H. 86.
623 y mae. Hir yw'r ll. a gellir ei byrhau drwy adáel *y* allan : felly C.Ll.H. II, 12a, cf. XI, 22b, a gw. G. 60. Dyma'r unig enghraifft o *mae* yn Aneirin.
 dy wr, E. "thy man" ; St. "Thy husband is in the pantry." Efallai I Neu gall fod am *dewr,* neu *Dewr,* un o'r Deifr (gw. ar 50, 1216) fel pe dywedid "Mae Sais yn ei ffau," gw. ar 626.
 ene. Gellid ei ddarll. yn unsill, cf. *ny* "yn ei," 554.
 cell, "bwthyn, hut." Cf. C.Ll.H. 21, gwrach yn siarad "o drws y *chell."* Nid oes blas parch ar y gair : dyna pam y tybiaf mai at elyn y cyfeirir yma.
624 **cnoi,** deusill, *cno-i,* cf. R.P. 23b, *kyffroi, grynnoi* yn odli â *yoli, torri.* Blas dirmyg yma eto.
 anghell, E. "shoulder" ; G. 16, "crafanc, llaw," cyfeiria at T.A. 446 (Gwalch), Adar a gaid ar y gwynt / O'i ddwy *angell* ni ddiengynt (ond *angor* sydd mewn dwy lsgr.). Dyfynna D. y cwpled gan ddarll. *angell,* a rhydd o T.A. (eto am walch) crafangog cryf ei *engyll;* ond ei ystyr iddo yw "armus, brachium, lacertus, crus" ; T.W. *armus* "ysgwydd, ysgwyddog, palfais, angell," cf. B.T. 26, 24, *aghell;* I. Deulwyn, 44 (am ychen) ny ssengid wrth bwys *angell* / a throed un na thorrid ell ; Hafod 16, 21 (meddyginiaeth), kymer *aghelled* moch a llosc a gwna bwdyr ohonynt.
625 **bwch,** G. 84, "bwch gafr," cf. P.K.M. 87. Cymerer gydag *anghell.* Byw go fain oedd arno, os coes bwch gafr a gnoai. Ond ni feiddiai ddyfod allan i geisio eidion, pan oedd Cynwal yn fyw.
 bud, budd, ennill, ysbail.
 oe law. Amwys yw *oe;* un ai "i'w," sef "yn ei," neu "o'i," cf. 569. Nid yw *llaw* yn cadw'r brifodl, ond yn cyrchu at *idaw* yn y ll. nesaf. A ellid darll. *oe logell?* Rhydd hynny bum sillaf

yn y ll. fel yn 617-8, 620-2, 624, 626. Cf. isod, 820, llawen *llogell* byt bu didichwant : 826, llawen *llogell* bit *budit* (cf. *bud* yn y testun). Bachigyn o *llog* yw, cf. mynach*log ;* rhydd D. amdano "loculus, loculamentum" ; T.W. *loculus* "lle bychan cynnwys. Pwrs . . . prennol, llogell." Addas, felly, fuasai "budd yn ei logell," yn ei bwrs (nid poced !).

626   **ymbell,** ffurf ar *ambell,* cf. Ll.A. 93, *ambell*ulew (ar amrant) ; 94, yn y eneu ydoed manwynnyon danned *ymbellyon ;* S.G. 292, *Ambell* vu y titheu a gwelet gwalchmei, heb ef. Na weleis i, heb y meudwy, dim ohonaw ef yr pan euthum yn veydwy ; C.Ch. 87, Pony thebygut titheu gallu ohonam ninheu ymerbynnyeit ymrwydyr a charlymaen ae lu.   *Peth ambell,* heb y gwenwlyd= Y.C.M. 84, *pell iawn ;* Cy. iv. 116, ac *ambellach* vyd nyr amser y bo ef yn maystroli, "it will be rarer" ; H. MSS. ii. 235, *ampellaf* yn y byt yw udunt vy adnabot ; *Hen Gwndidau,* 78, Mae'n *ambell* sy'n rhodio mewn cariad ; C.Ll.H. 172-3, *ambell* fel y gwrthgyferbyniol i *amwnc* "mynych" ; W.G. 312, *ymbell air* "an occasional word," *ambell dro* "occasionally." Dengys rhai o'r enghreifftiau yn glir fod mwy o rym "anfynych" yn y gair gynt, "rare," cf. T.W. *rarus* "anaml, an-nhew, *ambell vn,* anghyffredin, anvynych." Weithiau golyga "annhebyg, unlikely." Felly yn y testun, "boed anfynych iddo fudd yn ei logell."

Oherwydd hyn rhaid deall *dy wr* yn 623 yn ddibetrus fel gelyn.
627   **da y doeth A, da dyuot B.** Y mae'r ddau yn ategu ei gilydd yn erbyn darll. *dywot o dywedyd* yma, ac o blaid *dyfod.* Darllenaf *adawssut* fel gorberff. 2 un. o *addaw* (nid *adaw*), a chan hynny cynigiaf ddarll. yma *da ddofot,* neu *ddyofod (doouot)* "a find, a prize, hap, treasure trove," gw. P.K.M. 153-4, ar ffurfiau'r gair, yn eu plith sylwer ar W.M. 210b, llyma *dyuot da* yn ni . . . pedwar meirch a fedwar arueu. Os dechreuir y ll. gyda "Rhodd dda" neu "hap dda," ceir synnwyr yn "am addawsut" ar ei diwedd.

Adonwy. I gael cyseinedd, darll. fel Addonwy. Ar *adon* gw. uchod ar 554. Os "teg" yw, cf. *Addonwy* â *Tegonwy,* L.B.S. iv. 223.

atwen A, adonwy B. Gwell gennyf B, er G. 46-7, *adwen* "tirion, mwyn," gan fod rhai o'r enghreifftiau mor debyg i *adwen,* adwaen. Gwell byth fyddai gadael allan *atwen* a'r ail *adonwy* i fyrhau'r llinell.

ym adawssut A, am a. B, "a'm addawsit" o *addaw* "promise."
628   **wenn heli A, bai amlwg am a wnelei B.** Ond sylwer ar y prawf

sydd yma o hen org. *a weneli* neu *wenhe.'i*, gw. 783, *guanaid*
"gwnaeth"; a G.M.L. 176, ar fflurfiau'r Llyfr Du o'r Waun,
gueneutur (gwneuthur), *guenel* (gwnêl), *guenelhont*, *guenelhey*,
guenelynt, *gueneler*; ac ar *-i* fel terf.=*-ei*, gw. 66, 793–6.
Bratwen, tad *Moryen* 629. Yn B *vratwen* ceir y tr. rheolaidd
ar ôl amherff. 3ydd un.
gwnelut, "What Bradwen would do, thou would'st do," sef
lladd a llosgi.

629 **Moryen**, gw. ar 382, 465.
ny waeth wnelut, cf. 617, am safle'r ansoddair rhwng y
negydd a'r ferf; neu V.V.B. 67, Ox. 1, *Ni cein guodemisauch*,
gl. ar *non bene passa*.

630 **ny delyeist A, ny chetweist B**. O'r ddau, gwell yw B gyda'r
termau milwrol sy'n dilyn (cf. R.M. 194, Owein yn *kadw yr ôl*
"guarding the rear"); felly hefyd pes deallid fel cyfeiriad at
gadw'r addewid. Ond eto cf. isod, 1438, *ny dheli* na chyngwyd
gil na chyngor.
eithaf, cf. P.K.M. 5; y dyn *eithaf* yn yr holl gyfoeth oedd y
dyn ar y goror neu ymyl pellaf iddo, cf. B.B.C. 53, guendolev
... in cynull preitev o pop *eithaw* (sef casglu ysbail o bob terfyn);
B.T. 25, ef lladei a pherued ac *eithaf* a diwed; 71, a rewinyaw
gwyned oe *heithaf* oe pherued oe dechreu oe diwed; M.A. 189b,
o gadwyd eithaf / Athwyd uyth ath enw yn uwyhaf; 221b, Nid a
eill cadarn yn *cadw eithaf* / A all gwan truan trist a allaf : uchod, 410,
dinas y dias ar llet *eithaf*; 417, clot heb *or* heb *eithaf*; 1238, ef
ladhei *auet* ac *eithaf*; B. v. 243, *heitham*. O'r rhain gwelir fod
cadw eithaf yn derm am gadw goror gwlad yn ddiogel; neu os
eithaf byddin a feddylid, yna golygai ben pellaf un o'r ddwy
asgell, lle pwysig ac enbyd.
cynhor, gw. ar 21, G. 257 "blaen (byddin neu frwydr)." Felly
"thou did'st not guard the extreme wing or the front of the host."
Ple'r oedd ynteu? Credaf mai'r awgrym yw iddo gwympo'n
fuan yn y frwydr, gan adael lle gwag lle'r oedd mawr angen am
filwr dewr. Ni welodd y dial ar y gelyn, 632.

631 **ysgwn**, "parod, cyflym, cryf, dewr," gw. C.Ll.H. 77.
drem A, "llygad," ond yn B **tref**. Buasai hynny mewn hen
org. yn *treb* (V.V.B. 223) neu *trem* (cf. L.L. 124, *Trem* carn); 125,
Tref carn; 125, *Trem* canus; 43, *Trem* gyllicg; 159, *tref* irgillicg.
id est *tref* iscil antiquo nomine; Gw. *treb*, Hen Lyd. *treb*. Dengys
y cymysgu yn L.L. fod *b* ac *m* wedi treiglo yn gynnar i sŵn 'f,"

ac nad oedd digon o ynganiad trwynol ar *f* o *m* i'w gwahaniaethu yn hollol ddiogel oddi wrth *f* o *b*. Y mae A yma fel yn 628 gyda'i *wenn heli* wedi cadw'r hen org., o leiaf yn ei *m*. Beth am ei *d-*? Hen ffurf *trem* fuasai *drem*, ac ni fethasai B ei darllen yn gywir? Ond pe tybid mai *trem* oedd y darlleniad hen, gallasai A dreiglo *t* ar ôl *ysgwn*, a B o'r tu arall ddiweddaru'r *-m* i *f* a chadw'r dechrau fel yr oedd.

Y mae'r naill air a'r llall, *drem* a *thref*, yn bosibl gydag *ysgwn*.

dibennor A, **dy beuwel** B. Y mae'r ddau o blaid gwreiddiol yn *dibenn-* neu *dibeuu-* ; ac os yw'r ll. yn gyfan, rhaid dilyn A a darll. *-or* ar y diwedd i gael odl â *chynhor*. Rhydd D *pennor* fel yr un â *pennfar*, *pennawr* (gw. ar 95 uchod), a *penwar*, ac esbonia fel "capistrum" (T.W. cebystr, rheffyn, tennyn, *penwar*, rhwymyn) "fiscella" (T.W. basged wiail . . . *Pennor* i lestair i anifeiliaid grafu coed ieuaingc). Gall *dibennor* fod am *dibenuor*, sef "dibenwor," ac ategir hynny gan *beuw-* yn B. Pe felly, cf. *marwor, marwar ; pedwor, pedwar*, am *-wor, -war* yn ymgyfnewid, a'r Llyd. *digabestr* "di-benffrwyn, rhydd, annibynnol," am yr ystyr. Cf. ymhellach T.W. *capistro* "cebystru, . . . tido, *pennori, penffrwyno*."

Ar y cyfan darlleniadau A sy'n rhagori ; a gwell ei ddilyn ef ar bwynt petrus fel *drem, tref* na B. Addas yw "llygad dewr agored."

632 **ny weleist** A, **ny weleis** B. Gwell yw A.

emorchwyd mawr A, **or mor bwyr mor** B. O'r un gwreiddiol y daw A a B, ac nid gobeithiol yw'r ymgais i gael gafael arno; cf. M.A. 232b, pan uyt kedeyrn yn *ymorthwyt* (=H. 39 ; R.P. 41a, pan vyd kedyrn yn *ymorthwyd*) ; 233a, Ac wrth lew *ymorchwydd* (R.P. 156b, Maeth madawc mynawc mynutrwyd wrth lyw ac wrth lew *ymorchwyd*) ; 260a, Llyw glyw glew yn *ymorchwyt* (=H. 237, *ymorthwyt*) ; R.P. 100 (gwaelod) Vympenn vymperchenn *ymhorchwyd kamawn ;* Cy. viii. 208 (Geirfa) *ymorchwedd* "llid" ; *ymorchwudd, ymorchwydd* "llid"=B. ii. 241, *ymorchwydh* "lhid" ; Lhuyd, A.B. 220, *ymerchwydh* "anger." Yr un gair sydd yn y cyfan, ond bod *-th-* wedi ei rhoi ar fai yn lle *ch ;* fe'i cyferbynnir â *mynudrwydd* "cwrteisi," a chyplysir ef â *chamawn* "brwydr." Nid yw "llid" ymhell o'i lê fel ystyr iddo ; un o gyfystyron brwydr ydyw. Gall ddod o ran ffurf o *cwydd* "syrthio," neu o *chwydd ;* haws yw'r ail o ran ystyr, cf. Ll. *tumeo, tumesco* "to swell up, become swollen with passionate excitement," a'r modd y chwyddir gan gynddaredd yn ogystal â balchder.

marchogyon A, cf. 639, marchauc B. Ond cydia ffurf A yn naturiol wrth *wy* "hwy" yn 633, ac odla â *saesson*.

633 **Saesson,** y gelyn, sylwer.

rodi nawd, arbed. Ysgrifennwyd *nawd* ddwywaith yn y llsgr.

638 **or mor bwyr mor,** "from the sea to the sea." Sylwer fod y fannod yma ddwywaith, yn "o'r" a "bwy'r." Gan mor gyson y cadwyd y fannod allan yn yr odlau eraill, y mae ei chael yma yn ddadl yn erbyn darlleniad B. Er bod *mor* yn odli â *chynnor* 636, nid odla â 639, a gall y testun fod yn gamddarlleniad ar *emorhuit mor*. Cf. B.T. 42, *ymorthoed gododin*.

639 **no od gur.** Testun llwgr, canys ni cheid *no* o flaen llafariad eithr *noc* "than"; nid yw *gur* yn odli, ac afreolaidd yw hyd y ll. hon a'r un o'i blaen. Ac eto dylid ei hastudio; rhaid bod darlleniad hollol wahanol i 633 o dani. Ni ddangosid coll sill (cf. C.Ll.H. 203, *gwedy yr* "gwedy'r"); a allai *no od* fod am *no'th*? Pe felly, dengys *d=th* hen org. a rhydd fwy o bwysigrwydd i'r darlleniad. Ond ymddengys *a vei waeth* fel atgo o *ny waeth* yn 629, ll. a gollwyd o B.

640 **Gododin.** Y gân, nid y bobl, fel y dengys *dy* A (*oth* B) blegyt.

gomynaf A, **gomynnaf** B. Os un *n* sydd gywir ynddo, cf. 26; ei ystyr yw "taro, torri i lawr." Os dwy, cyfans. yw o *mynnaf*, efallai hen org. am *gofynnaf*. Dengys 654-5 fod Aneirin yn ei fedd, a chyferchir yma ei ganu enwocaf gan fardd oedd yn ei adrodd mewn cerdd ymryson. Dywed ei fod yn *gofyn* neu'n *gomynu* o'i blegid.

dy A (**oth** B) **blegyt,** cf. B. ii. 9, Vy mab dwc dy uuched yn gall *oblegyt* duw ar byt; Llan. 2, 327, kans *o blegyt* duw y mae y wyrtheu; S.G. 82, A chwbyl or rei a oedynt ar arueu duon ymdanunt a oedynt *oblegyt* y kastell. ar rei ar arueu gwynnyon a oedynt *oblegyt* y fforest; 105, na chroes na dwfyr na chreir na neb ryw arwyd or a berthynei *oblegyt* Iessu grist; 110; 187, ny bydy iach di vyth ony bydy *om plegyt i*; 276-7, a ovynnawd idaw *oblegyt* pwy yr oed ef yn dwyn yr arueu hynny. *Oblegyt* vyntat, heb y paredur; 336, y mae ar y porth deu lew. un gwynn ac arall coch. yr gwyn y credy di kanys *oblegyt* duw y mae; 347, Yr awr y roet y gorff yndi ef a aethpwyt ac ef ymeith. ny wnn i ae *oblegyt* duw. ae *oblegyt* diawl; yr amryuaelyon anturyeu a oedynt yn dyuot *oblegyt* duw; A.A. 11, Ac ot oed vawr eu parch . . . *oblegyt* y brenhin, mwy, pei gallei, oed lavur y vrenhines yn eu hanrydedu ac yn eu perchi; 23, Raphael angel, arglwyd . . . *o blegyt duw*, a doeth attav; B. ii. 275,

Yr eryr ratlawn *blegyt* / ath ovynnaf heb ergryt . . . Yr eryr ratlawn *adef ;* Ff.B.O. 37 (67, 101), Ewch odymma o *blegyt Duw* (Ite cum gratia Dei) kany cheffwch dim o argywed *o'n plegyt ni* (a nobis) rac llaw ; 48, ar bob pont y mae keitweit yn gwarchadw *o blegyt* yr Amherawdyr Kan (*pro* magno *Cane*). Dengys y rhain nad " o achos, because of" yw unig ystyr *oblegit* ond ei fod yn golygu "o ochr, o du, dros, ar ran, o blaid," ac weithiau "er mwyn" ? Dywed D. fod *plegyd* yn gyfystyr â *plaid ;* ond gwahaniaetha *obleid* ac *oblegid* "quia, because," oddi wrth *o bleid* ac *o blegid* yn ddeuair, "ex parte". Esbonia *plaid* a *plegid* fel "pars," rhan ; felly cf. W.S. (O.S.P. 3), "*O bleit o ran* ych bod chwi yn darguddio hen lyfreu ych iaith "because, since, on account of," cf. A.L. ii. 356, kas *obleit* gelynyaeth . . . a hynny o gas *achos* gelynyaeth ; Pen. 14, 77, *o bleit* yr yspryt glan (=133, ar ysbryt glan yn y dwyn) ; C.Ch. 30, minheu *obleit* duw ac oy awdurdawt awch ellyngaf oc awch holl bechodeu (=Y.C.M. 10, o awdurdawt yr arglwyd). Cf. hefyd *kymhlegyt* G. 235, "plaid, plegid, bodd, herwydd."

Os derbynnir *dy blegyt* A, gwrthrych yw i'r ferf *gomynaf* "I demand thy support," a rhaid darll. *gofynnaf.* Os derbynnir *oth blegyt,* gellir darll. *gofynnaf* a chyfieithu, "I ask on thy behalf," neu "for thy sake," neu ynteu *gomynaf*, "I contend on thy account." Sut bynnag, cydia hyn yn well wrth 650, darll. B, nag wrth 642, darll. A.

641 **tynoeu.** Ymddengys darll. A o'r ll. hon yn annilys, gw. isod ar 652.

dra thrumein. Yr hen ffurf oedd *drum,* fel na all *thrumein* fod yn wreiddiol.

drum essyth. Medd Skene, "The ridges of Drum Essyd may refer to the Kilsyth hills ; the old form of the word was Kilvesyth," F.A.B. ii. 383 ; A. "the mountain ridge is in fragments." Ond dengys yr odlau yn *-yt* fod *essyth* yn amhosibl ; cf. B, ll. 652, lle ceir gwell darlleniad, sef *treissyt.*

642 **gwas chwant y aryant** A ; ni rydd hyn synnwyr na chysylltiad yma ; gwell yw B, **yg gwyd cant en aryal.**

heb emwyt A, **en emwyt** B. Yn B. ii. 136 ceir "*emwyd* cywilydd"; felly A. "without reproach." Ni thâl yn B.T. 24, Auanwyd gwneithyt. ny goreu *emwyt.* yr amgelwch bywyt. Rhyw fath o amddiffyn yw yno ; cf. Walde ar *vieo ;* Boisacq ar *itus ;* ac ystyron *gwden* yn Gymraeg, *withe* yn Saesneg. Mewn Gw. ceir o'r un gwr. *imte* "gwrych," a'r rhangymeriad *imbithe* "circumseptus," wedi i "amgae-u." Hanfod yr ystyr yw plethu, gw. Ped. V.G. 517: ac uchod yr enw pers. *Gwyt*, 387. Gellid *di-wyd* o'r un gwr. (am ystyr cf. 80, *di-ffleis*).

643   **o gussyl A, a guarchan B.** Ar ôl y Gododdin daw ei dri gwarchan neu orchan, enw ar fath arbennig o gerdd, cf. Gw. *forcanim* "dysgaf" ; *forcetul* "doctrina." Dengys hyn mai cyfystyron yw *cusyl* (gw. uchod ar 44 ; C.Ll.H. 152, am yr ystyr a'r amrywiadau ffurf) a *gwarchan*. Gall y ddau olygu "athrawiaeth, cyngor, dysg," a cheir y ddau fel enwau ar gerdd, cf. B. ii. 120 (teitl cân), *Kyssul* Adaon ynt yr englynyon hynn ; 121, *Kyssul* ath rodaf nac anrefna dy ty / A phryn tra vlingylch ; *Kyssul* ath rodaf na vit afrwyd gennyt. Yma, gwell yw'r ystyr "cân," a darll. *a* gyda B, nid *o* gydag A. Ymorchestai'r bardd yn y Gododdin *ac* yng ngwarchan mab Dwywei.

Yn y ll. nesaf ceir y gair *gynghor ;* rhy hir o ddeusill yw o'i chymharu â 643. Credaf y gellid hyd rheolaidd wrth ddeall *gynghor* fel glos ar *gussyl*, a'i dynnu allan.

mab Dwywei, awdur y cysul neu'r gwarchan. Ai Aneirin ? Ai Deinioel ? Rhydd L.B.S. ii. 392, Dwywai fel enw sant a santes. I'r ail yn unig y gwelais i dystiolaeth hen, gw. *Bonhed y Seint*, Pen. 16 (1200–25), L.B.S. iv. 369, Deinyoel m. dunawt vwrr m. pabo post prydein A *dwywei* verch leennawc y vam (tr. n. "The mothers of Deinioel and Assa are transposed in the original, but rectified in a later hand, and so printed here") ; td. 371, Pen. 45 (diwedd y drydedd ganrif ar ddeg) Deinyol . . . A *dwywei* uerch leennawc y uam ; gw. ymhellach L.B.S. ii. 326. Os yr un Ddwywei sydd yn y testun, ac nid oes dim i brofi na gwrthbrofi hynny, y gwarchanwr ydoedd Deinioel Sant, neu frawd iddo. Ar Gwallawg fab Lleennawg, gw. C.Ll.H. xxi–xxvii ; y mladdodd yn erbyn Hussa mab Ida, brenin Northumbria, yn niwedd y chweched ganrif. Rhydd hynny amcan am adeg ei nai. Yn ôl yr Achau yn Harl. 3859, a'r cyfeiriad yn Nennius, cyfoesai Urien fab Cynfarch a Gwallawg "m. Laenauc," y ddau yn y bedwaredd genhedlaeth o Goel Hen. Buasai "mab Dwywei" yn y bumed.

dy wrhyt A, da wrhyt B. Gwell gennyf ddilyn B. Am *gwrhyt* gw. 2.

644   **cynghor,** gw. ar 643. O'i ddeall fel glos, darll. *Nyt oed wann wael*. Y mae cyseinedd o blaid deall yr ansoddeiriau fel tr. o *gwann gwael*, nid *gwan fael* (o *mael* "tywysog").

tan veithin, gw. 309 ar *o eithin*; esboniad Loth ar *meithin* yw "mawr," o *maith*. I mi y mae *maith* yn golygu "hir," nid "mawr": gwell gennyf fuasai tarddair o *maeth* (cf. *megin o magu*, offeryn i "fagu" tân) yma "blazing." Ond cf. hefyd B.T. 47, 20, o duch llawr tan *tanhwytin*; 63, 8, mal rot *tanhwydin*.

645 **llychwr**, gw. J.M.-J. *Tal.* 103, lle'r esbonnir ef fel "daylight"; S.E. ar *cyflychwyr* "evening twilight" (cf. *cyfnos, cyfddydd*); B.T. 26, 8, Gwaryeis yn *llychwr*, kysceis ym porffor; B.B.C. 67, yn yda lliv yn *llychur* (enw afon, cf. Cas-*llwchwr*); A.L. i. 418, or pan vo goleu y dyd hyt pann vo pryt *kyulychwr* (ii. 838, sole lucente); Parry, *Brut*, 152, *pryt kyflychwr*; R.B.B. 179, A phan oed gyfliw gwr a llwyn=Hav. 1, 72a, yn *gyflychwr* (=cum crepusculo); D. *cyflychwyr* "crepusculum vespertinum"; T.W. *crepusculum* "godywyll bore a nos, cyflychwyr, cyfliw gwr a llwyn; clais dydd, llug y dydd"; R.P. 80b, 41, llochwr gwirion *llychwr* gareat. Dengys y ffurf ddiweddar *cyflychwyr* effaith cydweddiad â *hwyr*, a chadarnha hynny yr ystyr. Y mae'r cyfuniad yn y testun fel pe'n golygu "o gyfnos i gyfddydd," ac awgryma fod i lychwr ystyr ddwbl *crepusculum* yn ôl T.W. (er mai *diluculum* sydd arferol am "odywyll boré," y cyf-ddydd). Ni raid ystyried cynnig St. am y ll. "from Lucker to Lockerby, Lochmaben"; gwell yw E. "from twilight to twilight."

lluch bin. Yn y cysylltiad, deallaf fel "flaming pine," un ai ffaglau "torches," neu goed pîn ar y tân y sonnir amdano yn 644. Am *lluch*, gw. ar 505.

646 **lluch dor.** Meddylier am neuadd y wledd yn olau drwy'r nos a'r drws yn agored i'r golau dywynnu allan ac i'r pererin yn ei wisg borffor gerdded i mewn.

porfor beryerin. Ymffrostia'r bardd yn B.T. 43, 19, yn ei len neu fantell "lliw ehoec," sef porffor yn ddiau, cf. B.T. 9, At[wyn] *gruc* pan vyd *ehoec*; 61, 25, nyt ymduc dillat na glas na gawr na choch nac *ehoec*, cf. Windisch, *Tdin*, ll. 66, dillad y brenin "porffor (*corcair*) a gwrm a du," etc.; 4315, bratt *corcra* gen dáithi impi (yn ôl W., td. 614, porffor ydoedd y lliw brenhinol, a chyfeiria at *Tog. Bruidne Dd Derga* §§ 105, 116). Isod, 830, oed *porfor* gwisgyadur (am ferch Eudaf Hir); (Culhwch ar gychwyn i lys Arthur) R.M. 102, *llenn o borffor* pedeir ael ymdanaw ac aual eur wrth bob ael idi (h.y. pêl aur wrth bob congl); cf. uchod ar 145.

Benthyg yw *peryerin* o'r Ll. *peregrinus*; disgwylid *pereirin* o hwnnw. Ymddengys fel pe cawsid *pergerinus ohono (efallai drwy gydweddiad â *pergo*), cf. Voc. Corn.*pirgirin*, Llyd. *pirc'hirin*; M.A. 154b, *perierin* (=H. 117, *peryerin*); ond B.T. 32, 15, ar llaw *pererin*.

647 **llad gwaws gwan maws** A, **er pan want maws** B. Cyfeirir at ladd Aneirin, gw. R.M. 303-4, Tri gwythwr ynys brydein a wnaethant y teir anuat gyflauan, llofuan llaw diffro . . . llongat grwm uargot eidin . . . a heiden uab euengat a ladawd aueirin [Aneirin] gwawtryd verch teyrnbeird [mechteyrn beirdd]. Y mae darll. A yn odli'n llawnach nag un B, ond collodd A ran o'r testun a chymysg yw 648 o'r llinellau a gadwyd gan B, 654-5. Rhy fyr yw A a B yma (chwe sill, cf. 645, 646, wyth; 654, naw; 655, deg), ac nid yw'r meddwl yn gyflawn. Pe darllenid "Er pan want [Heiden] maws mur trin," neu "Er pan *wanet* maws," neu [Anuat vu] llad" ceid synnwyr addas.

Gw. G. 33 *anwaws, annwaws* "llidiog, athrugar, creulon," cf. isod 1011. Gan fod *gwaws* a *maws* yn golygu "mwyn, hyfryd," rhaid eu deall am Aneirin, ac felly *mur trin* hefyd.

gwan, berfenw diderfyniad=*gwanu*, gw. 220, 401.

maws. Ystyr dda sydd iddo bob amser, medd D, ac ansoddair yw gan amlaf: rhydd esboniad W. Llŷn arno, sef "moesawl" heb gynnig drosto'i hun, cf. G. 232, *kymaws* "gwychter, gogoniant, llawenydd, hyfrydwch"; M.A. 142b, *Maws* llafar adar; 147a, Madawg *maws* odrud / Mygrfab maredud; 153b, *Maws* medgyrn teyrn tyncr a'm rodai; 204b, rac colouyn lliaws *maws* mab nwyfre; 282b, molawdyr *maws* nyd moes y gytpar; 154a, *maws* mab Cadfan; 203b, Nyd yr da y hwfa hen / namyn yr *maws* ym y hun / y molafy vletyn; B.B.C. 11, *maus* pedir pedror; R.P. 107b, Rydraws *vaws* voned; 149b, Owein . . . *maws* medgyrn mechdeyrn mon; 157a, traws *maws* madawc uab gruffud; gw. Loth, *Mém. de la Soc. de Ling.* xiii. (R.C. xxviii. 421).

648 **anysgarat vu y nat** A, **nu neut ysgaras nat** B. Gwell darll. 654 o flaen y ll. hon, *er pan aeth daear ar aneirin*. O linell felly y cafodd A *ac aneirin* i orffen ei linell ef, ond rhydd B well synnwyr, gw. isod.

anysgarat, G. 33, "diwahan, anwahanadwy." Ansoddair yw yma; ond ceir berfenw *scarat* mewn Hen Lyd. gw. V.V.B. 214.

nat, cân, cerdd, cf. marw-*nad*, a *nadu* yng Ngwynedd am wylo'n uchel (defnydd coeglyd).

650 **yg gwyd cant**, ger bron llu.

en aryal, G. 41, "nwyf, ynni, ysbryd, ffyrnigrwydd," cf. C.Ll.H. 179. Ond yma ans. yw, cf. 954, *en aryal* ar dywal disgynnwys.

en emwyt, gw. ar 642. Anodd dewis rhwng "yn blethedig, yn ofalus," ac "mewn lle caeedig, buarth, llys," gan mai enw sydd yn B.T. 24.

651 **guarchan,** gw. ar *cussyl,* 643 ; cf. Voc. Corn. *incantator* "vurcheniat," sef "gwarcheiniad."

652 **gno.** Yr hen ffurf oedd *gnou* fel y dengys Llyd. Canol, *gnou* "amlwg, manifest, evident" ; cf. Gw. (Geirfa O'Clery), R.C. v. 5, *gnó,* oirdheirc ; *gnóach,* oirdhearcas "conspicuous" ; (Geirfa Lecan) A.C.L. i. 84, *gno* "famous" ; ii. 375, *gnoe* "conspicuous or delightful." Dyma ail elfen enwau fel *Tud-no, Gwyddno, Machno,* a'r cyffelyb, gw. ar *Gwydneu,* 326.

tyno. Yr hen ffurf oedd *tnou,* cf. L.L. li. 420, *tnou, tonou ;* Llyd. Canol *tnou* "pant, cafn, hollow, valley" (wedyn *trou, traou, traouen,* gw. R.C. xxvii. 139 ; xxxix. 57 ; Ernault, G.M.B. 695). Erbyn Llyfr Du Caerfyrddin yr oedd y gair yn ddeusill, gw. B.B.C. 162, Dabre genhiw im *tino* "i'm cartref" (odli â *gorysgelho, Mydno*) ; cf. M.A. 211b, awdl i Lyw. Fawr (cyn 1240), lle'r odlir *gno, tho, heno,* ar *dyno* (a brynn). Gan i *tnou* aros hyd amser L.L. o leiaf mewn rhai o'r breinlenni, disgwylid cael yn y testun, "Poet *gnou* en vn *tnou.*" Troer i 641, a gwelir *tynoeu* yn y darll. arall o'r awdl hon, fel pe'n atgo o ffurf felly.

en vn tyno, yn yr un lle.

treissyt, pres. myn. 3ydd neu modd gorch. 3ydd o *treisiaf.* Sylwer nad oes geiryn o'i flaen. Felly "treisia" neu "treisied." Y mae am i'r Gododdin, a gwarchan mab Dwywei ennill yn yr ymryson.

654 **daear ar Aneirin,** cyfeiriad clir at gladdu'r bardd, a phrawf nad ef yw awdur yr holl ganu, a dweud y lleiaf.

655 **nu** "yn awr," neut, geiryn cadarnhaol, "yn wir" ; cf. C.Ll.H. 193, B.B.C. 53, *nu neud* araf ; B.T. 29, pwy karo *nu* (odli ag *-u*) ; arno gw. Loth, R.C. xxxvii. 59 ; W.M. 193b, ryued yw genyf *nu* nam atwaynost ; 209b, Dyw ath gyghoro *nu* mab, heb yr erbin ; H. 3, gwedy tonneu . . . a *nu neud* gweryd yn warweidyawc.

ysgaras "ysgarodd." Efallai y gellid darll. *ysgarat* oherwydd yr *anysgarat* sydd yn 648, ac i gael odl â *nat.* Pe felly, "ysgarwyd." Bellach, ar ôl claddu Aneirin, torrwyd y cyswllt rhwng y Gododdin a cherdd : ef oedd biau'r testun, ac nid oes neb i ganu arno (neu iddynt) mwyach.

656 kywyrein. Am yr un cymeriad, gw. 428, ac isod, 664, 668. Sylwer fod yr un arwydd ag a geir ar ddiwedd awdl pan fo rhan o'r ll. yn wag, wedi ei roi yma ar ôl 657, a bod y pennill 656-7 yn digwydd eto yn 664-5 ar ddechrau awdl fer arall. Ymddengys fel petai wedi ei roi i mewn yma yn amryfus.

kywyrein, gw. G. 219, ar *kyfwyrein* "dyrchafael, mawrygu, llonni; rhwysg, gorfoledd, llawenydd; fel ans. aruchel rhwysgfawr"; *kyfwyre* "dyrchafael, rhwysg, gorawen"; A. "the joint rising of warriors of equal privilege." Ond cf. 709, Hv bydei yg *kywyrein* pressent mal pel; yno darll. yg *kywyre in pressent,* gw. nodyn; 748, *kywuyrein* bard / kemre tot tarth. Hefyd gw. ar *wyre, wyrein* 447-8; a 679, breein *dwyre* / wybyr ysgynnyal. Yn 428-9 dilynir *kywyrein ketwyr* gan *e gatraeth,* fel petai'n golygu symudiad. Felly, cf. y defnydd o'r Gw. *coméirge* yn y *Tdin* am y Gwyddyl yn "codi" allan i'r frwydr, yn arbennig (Windisch, 5784) lle mae Laeg yn deffro gwŷr Ulster i'r frwydr, ac yn eu cyfarch ar gerdd, gan ddechrau "*Comergid* rig Macha / morglondaich." Yna fe'u disgrifir yn "codi," cf. hefyd 5805, 5810, 5854, lle ceir yr un gair (cf. Meyer, C.I.L. 137, *as-regim* "I arise, I take the field"; 440, *com-érge* "a rising up," "a rising, a *hosting*"). Gwêl Laeg wŷr Iwerddon "ac *comeirge* i n-óenfecht ac gabail a scíath 7 a n-gae 7 a claideb 7 a cathbarr" yn "cyfwyrain" ar unwaith gan gymryd eu tarian, eu gwayw, eu cleddyf, eu helm, etc. Cymharer golygfa gyffelyb, P.K.M. 44, "Ac yna *ymgyuot* o bawb ar hyt y ty. A llyna y godwrw mwyhaf a uu gan yniuer unty, *pawb yn kymryt y arueu.*" Yr *ymgyfod* yno yw *coméirge*'r Gwyddel, a *chyfwyrain* y testun.

kywrenhin, gw. 550. Efallai y gellid darll. *yn* o'i flaen, cf. B.B.C. 57, Ban kyhuin llu . . . y harduy dev kenev *in kywrenhin.*

657 atvel, G. 45 "? mawr, cadarn, cryf," cf. B.T. 10, 6, *Atuelach* kaffat, gw. ar 162, *gouel;* 1354, *dyvel.* Ni wn na ellid llu. *adfel* yn B.T. 44, 17, Efrei *etuyl* ar veib israel.

Sylwer ar yr odl *-el, -er.*

gochlywer. Ar rym -(*h*)*er* fel dyfodol myn., gw. W.G. 324; C.Ll.H. 89, 173. Treigliad meddal a geir ar ôl *go-* fel rheol, ond cf. y tr. llaes yn 1104, *gochanwn gochenyn;* 1142, *gocheli;* 1380, *gochawn.* Am yr ystyr, cf. 918, eillt wyned *klywer* e arderched; R.P. 21, 40, A vo glew *gochlywir* y glot.

dilin, gw. 552, cf. 662.

658 **dygoglawd.** Am *dygo-*, hen org. am *dy-o*, cf. 142, *dygollouit;* isod, 1268, *dygochwiawr* (a'r glosau, Ox. 1. *diguolouichetic, diguormechis;* Eut. *doguo-*, C.C.V. *doguo-*) : cyferbynner 584, *dywovu;* R.P. 20a, 39, *dygoui;* B.T. 3, 4, *dygofi;* 3, 10, *digoui*, gw. P.K.M. 154, *dyofod.* Am ystyr, cf. M.A. 144a, *Dy goglad gwenyg* gwyn gyngreawdyr fynyd. Yn y ddau le, ton sy'n curo ar y lan, ond daw un ferf o *cladd* a'r llall o *clawdd*, gw. uchod 322, C.Ll.Ll. 27. **bevyr beryerin** "bright pilgrim," disgrifiad o'r don, gw. C.Ll.H. 25, *tonn / Peuyr.*

659 **eilyassaf.** Tybiodd Pughe fod gwreiddyn *al* yn bod, a olygai "universal harmony," a gwelodd ef yma. Ei gyfieithiad ef ac E. yw "in full melody," A. "where his blades ring clearest." Gwell yw cynnig J.M.-J. "chieftain," *Tal.* 183. Gall fod yn enw dyn yn Englynion y Clyweit, B. iii. 15, A glyweisti a gant *eilassaf;* cf. B.B.C. 76, Hyuel haelaf vaur *eilassaw* gorescynhwy; B.T. 64, kenhaf gan doeth y gan llu *eilassaf;* 65, 8, kynnwys a gaffaf. Ar parth goreuhaf y dan *eilassaf;* 76, Gayaf ... *keithyawn eilassaf* mynut ryffreu. Yn yr enghraifft olaf daw'r gair mewn Canu Natur a Darogan. Y testun yw'r gaeaf, a dyma un o hynodion y tymor, cf. B.B.C. 90 (am yr un adeg) *karcharaur* goruit ("gorwydd, march") ... Guenin *igkeithiw*. Cynigiaf ddarll. *keithyawr* "carcharor" (cf. W.M. 239a, llad naw *keithawr* a oed ar naw porth) yn gyffelyb yma, ni all *eilyassaf* chwaith grwydro yn y gaeaf mwy na'r gwenyn a'r meirch. Yn H. 232, canmolir Rhys Ieuanc, "eithyryat brat *bron eilyassaf*"; rhaid mai ans. yw yma, "cwrteisiaf, boneddigeiddiaf, balchaf, haelaf, noblest," neu enw cyfystyr, cf. Rec. Caer. 257, *Botelias* in Llyn=34, *Bodeilas* : cedwir yr enw ar ffarm ger Pistyll, Nefyn. Hefyd gw. uchod 411.

elein. Yn ôl E. "young deer," trwy ei gymysgu ag *elein*, D. "hinnulus, damula," R. "fawn." Ond odlir yma ag *-in;* nid felly elain yn T.A. 24, *Elain a rhydain* eilon rhodwydd. Yn ôl A. a J.M.-J., *Tal.* 183, "blades," gan ddarll. yma *lle-in* fel llu. *lla-in* (cf. uchod, 58). Gofyn yr *ynt* yn y frawddeg am enw llu. i ddilyn. Nid llu. yw *eilyassaf*, nac *elain*, ac felly rhaid mai *elēin* yw'r gair. Ceir gair trisill go debyg yn B.T. 9, Arall at[wyn] *ellein* gymraec. Dengys y tr. *gymraec*, fodd bynnag, mai enw unigol benywaidd yw hwnnw, ac ni thâl yma. Ni wn ystyr *Elēi*, enw'r afon ger Caerdydd, L.L. 397, na sut i gael lluosog ohono a dalai yn y testun.

660 **o brei vrych,** A. "on a hill of uneven verdure," gan ddeall *brei* fel *bre* "hill." Yma tr. ar ôl *o,* felly *prei* os dilys. Gellid darll. *O breid brych* (cf. 611) neu *wrych.* Am golli *-d* (dd), cf. C.Ll.H. 34, *bleid dilin* yn PT eithr *blei* yn R. Yma gellid *preid*(*d*)- *wrych* fel enw am wrych i amddiffyn praidd, cadlys. O hwnnw ni welych "weyelin" ar ôl yr ymosodiad ? O blaid (*g*)*wrych* y mae cyseinedd â (*g*)*welych* (*g*)*weyelin.*

gwelych, pres. dib. ail. Ai dichon yw'r meddwl ? Ni *ellych* weled ?

gweyelin, cf. B.T. 65, 18, kyt ef mynasswn *gweyhelu* henwn. Ymddengys fel ffurf ar *gwial,* hŷn *gŵyal,* gw. W.G. 101 ; B.T. 46, *gwyeil* iesse : cytuna hynny gyda chymryd *vrych* fel tr. o *gwrych.* Neu ynteu cf. B.B.C. 65, 15 : dan y gwellt ae *gvevel :* R.P. 9b 4, *geu vel* crin ; os felly, bai am *gwevelin ?*

661 **cemyd,** pres. myn. 3ydd *cymod,* cyfans. o *bod,* cf. B.T. 14, 2, *dechymyd ;* 3, *dechymyd* aghen agheu llawer. *decymyd* anaeleu dagreu gwraged ; 5, *dechymyd* tristit byt aryher (o *dygymod*) ; B.B.C. 43, ny *chimv* a hi ; B.T. 53, 26, *dygymuant,* gw. G. 236–7.

haed, cf. B.T. 28, 17, yssit a pryderer or bressent *haed.* gwedy an reufed pyr yn gwna ni byrhoedled. Deusill yw yno, ond cf. B.B.C. 14, Ry *hait* itaut. rycheidv y naut. rac caut gelin. Ystyrier haedd yn *cyrraedd,* a haedd yn *haeddu.*

ud, udd, arglwydd, cf. 1096, erys mewn enwau fel Mared*udd,* Griff*udd.*

gordin, gw. ar 539.

662 **pyrth,** pres. myn. 3ydd *porthi* "goddef," C.Ll.H. 60.

mevyl, mefl, gwarth, C.Ll.H. 183, yma gwrthrych y ferf, cf. H. 129, Branhes ymborthyad *nyd amborthei gabyl.*

Moryal, enw dyn, B.B.C. 63, C.Ll.H. 43, B.T. 65, 2 (Ar hwn cyfeiria Evans, td. 114, at *Bryn Morial* i'r gogl. ddwyrain o Groesoswallt, medd Edw. Lhwyd : yna ceisio ei egluro fel "the Greater Yale" !). Anodd cael cystrawen i *eu dilin* ar ôl enw dyn. Dichon y dylid darll. *en dilin,* cf. 871, *yn dylin*=882, *inilin ;* dichon hefyd mai atgo yw o 657, 665.

663 **llavyn durawt,** ans. cyfans. i ddisgrifio Moryal, cf. B.B.C. 11, Gretyw detyw *duraud ;* B.T. 30, 12 ; 31, 15, *durawt* o lin anarawt ; R.P. 174a 36, bronn dewrdor *durawt ;* M.A. 140a, ryfel *durawd ;* 147a, present penadur prysur *durawd.* Tarddair o *dur* yn golygu

"caled." Cf. hefyd H.2, *cletyf durawc* sy'n ateb yn dda i'r testun, ac efallai uchod 244, *ducawt*.

gwaetlin, gw. 311.

666 **a chymawn a llain**, A. "he slew with war," gan ddeall *cymawn* fel *camawn*, gw. 25. Ni thâl lladd "with war." Arf yw *lla-in* (gw. 58), a gellid enw arf arall yma. Cynnig G. 100 ar y testun "Nid amhosibl *camawn*, Hen Wydd. *cammân* 'a hurley stick' "; pe felly, "pastwn" yw yma.

667 **carnedawr**, gw. G. 113, B.B.C. 99, Kint y sirthei kadoet rac *carnetaur | dy ueirch* no bruyn briw y laur. Dyma'r unig enghraifft lle mae'r ystyr o garnau meirch yn eglur, a sylwer bod *meirch* yn y frawddeg. Nid yw yn y testun. Ar yr wyneb llu. *carnedd* yw, oni bydd gair i'w ddeffinio'n fanylach. Yn y testun dichon bod cyfeiriad at farchogaeth dros elynion: fe'u lladdai â lla-in ac â charnau.

Os o *carnedd*, yr oedd rhyfelwyr yn garneddau o gelanedd o'i flaen.

gogyhwc, A. "of exceeding swiftness"; Cy. viii. 204 (Geirfa), *gogywg* "unfryd" (ond gw. B. i. 220; nid esboniad yw *unfryd* ond y gair nesaf ar y rhestr!). Digwydd isod, 1107, am gŵn, ac yn B.T. 21, cwd amewenir mwc / mawr meint *gogyhwc*. Un ai "cyflym, ffyrnig," neu "anferth o fawr"?

669 **yt gyrchassant**, A. "they made the journey"; yn hytrach "ymosodasant."

670 **byrr eu hoedyl**. Chwarae sydd yma ar debygrwydd *hoedl* a *hoed*, ac ar amwysedd yr olaf, canys gall fod o *oed* neu *hoed* "hiraeth." Byr oedd eu hoes, ond hir oedd yr hiraeth yng nghalonnau eu ceraint ar eu hôl. Oni bai am *ar eu carant* gallesid deall *hir eu hoet* fel "hir eu hoes," peth gwrthun o groes i'r cymal cyntaf.

hoet, cf. C.Ll.H. 10, heneint heint a *hoet;* H. 226, *Hoedyl* egin brenhin *hoet* a borthaf. Gwell fyth yw M.A. 184b (Marwnad Fleddyn Fardd) mab o *oed* ae *hoed* yn hwy. Atgo o'r testun? Cf. H. 172, meu *hoed* am *hoetyl* y dragon.

carant, llu. *car* "kinsman," gw. 700, 1130; heddiw *ceraint*. Ar y ffurf, gw. W.G. 209.

671 **seith gymeint**, h.y. saith gwaith eu nifer hwy eu hunain.

Lloegrwys, gwŷr Lloegr, cf. 261, 916. Anodd penderfynu'n hollol sicr ystyr gyntaf y gair. Trigolion Lloegr, yn ddiau, ond o ba genedl? A pha ran o'r ynys a adwaenid fel Lloegr i gychwyn? Yn C.Ll.H. 35, 37, hwy oedd gelynion Cynddylan; ac mewn hengerdd o ddarogan enwir Eingl, Iwys, Lloegrwys, Keint (B. iv. 45, cf. vii. 23) yn ogystal â Saeson.

672   **o gyvryssed.** Cydia A. hyn wrth *gwraged* "from the quarrel of women." Ar yr enw, gw. P.K.M. 268, G. 218, C.Ll.H. 239, "cweryl, ymryson, brwydr"; cymysgir *cyf-rysedd* a *cywrysedd* (B.T. 24, 25, kadeir *gygwryssed*) oherwydd tebygrwydd ffurf ac ystyr. Gwell gennyf ei ddeall fel "brwydr" yma, ac esbonio *o* fel yn 729, neus duc... gwled y adar *o* drydar drin. Gan hynny rhaid cymryd *gwraged gwyth* fel gwrthrych *a wnaethant*. Nid oes awgrym yn y canu mai ymryson gwragedd a fu'n achlysur y gyflafan. Gw. isod, 1019, 1160.

gwyth, gw. ar 396. Yma credaf mai bai yw am *gwyddw* neu *gweddw*, mewn hen org. *gwetu* neu *guitu*. Gwnaeth y kedwyr hyn wragedd yn weddwon, cf. uchod, 265, *Goruc* wyr lludw / a *gwraged gwydw.* Ceid cyseinedd gyfoethocach fyth a hen gystrawen trwy ddarll. yn y testun hefyd *gwraged gwydw gorugant*. Yna daw dagrau mamau yn naturiol yn y ll. nesaf. O'r frwydr y ffrwyth oedd gwragedd gweddwon a dagrau mamau.

673   **deigyr,** cf. M.A. 269, Llawer *deigr* hylithr yn hwylaw ar rud... Llawer *deigr* dros ran wedi'r greiniaw. Cf. hefyd *Cath Almaine*, R.C. xxiv. 52, bad brónaig máthair; 53, "sad were the loving mothers, wailing and lamenting and keening for the noble children."

674   **gwinveith a medweith,** felly yn 689; ond yn 695 *-veith* yn y ddau, gw. uchod ar 298, 440. Yma gwledd a olygir lle ceid gwin a medd, cf. H. 120, *gwinueith;* 118, 119, *metueith;* M.A. 332a, *meddfaith.*

675   **dygodolyn,** A. "the hounds of death of Huwrreith's mother were attending the solitary Eidol"; E. "they deplored the death of the mother of Hwrreith"; St. "glutted were the slaughtering dogs"; gw. uchod 563, *godolei*. Dilynir yr un Cymeriad yn 689 gan "yd aethant... llurugogion"; 695, yt gryssyassant, gwyr en reit: y ferf yn y ddau le yn golygu mynd. A ellir cael hynny yn y testun? Ceir *o* gyda'r ferf yma, ac yn 1240; ond fe'i ceir hefyd gydag *aethant* 689, ac yn 695, 703, 705.

gwnlleith. Ceir *Cynllaith* fel enw cwmwd ym Mhowys; hefyd *cunlleith, cwnlleith, cynlleith* "brwydr, cyflafan, difrod," yn ô G. 187; A.C.L. i. 413, 491. Tebycach yw'r ail yma, o wlede aethant i frwydr, cf. B.B.C. 105, llawin aryrad *ig kad ig cvnlleith*

(H. 118). Hawdd darll. *cunlleith* fel *cwnlleith*. Rhannodd A. hyn yn ddeuair, *cwn* "dogs," *lleith* "marwolaeth"; eithaf posibl, canys treiglir y goddrych yn y gystrawen hen hon, "from the feast the hounds of death set forth," neu'r cyffelyb. Gan nad wyf yn sicr o ystyr y ferf, tywyll yw'r cyfan i mi. Heblaw hynny, rhyfedd yw bod nys *gwn lleith* yn digwydd eto yn 690, a'r ystyr yn hollol wahanol. Ond cf. 747.

676 **mam**, cf. 688. Anodd credu fod dwy fam yn yr awdl. Ceir *mam* hefyd yn C.Ll.H. 18 (mam Vryen ken ny diw) mewn cyswllt na fedraf ei ddeall, a'r llsgrau. yn rhoi'r amrywiad *nam*. Yma gellid ystyried hefyd *main*, hen org. *maen*.

hwrreith. Nis gwelais. Ond cf. H. 119, Par greulyd peir gwrhyd *gwr reith;* G.M.L. 259, *reith* "body of compurgators," Gw. *recht* "deddf, cyfraith." Neu cf. G. 31, *anorreith* "na ellir ei reoli, anhydrin," o *an-wor-*reith.

eidol, cf. 821, hu mynnei eng kylch byt *eidol* anant / Yr eur a meirch mawr; 900, *eidol* adoer; R.P. 73b 33, Kat / ol eil *eidyol* y lit; B.T. 69, 10, Bedyd rwyd rifedeu *eidolyd;* 74, 16, Duw ieu escorant *eidyolyd* anchwant; B.B.C. 11, Gur oet eit*oel* gorvy re*ol*. gordeth*ol* doeth; R.B.B. 140, *eidol* iarll kaer loyw (arwr Brad y Cyllyll Hirion, yn y Brut). Dengys y rhain fod *Eidol* (neu *Eiddol*) yn enw person, a bod hefyd enw cyffredin *eid(y)ol,* llu. *eid(y)olydd,* neu *eiddiol, eiddiolydd.* Y mae *eitoel* y Llyfr Du o blaid darll. y gytsain ganol fel *dd,* a'r odl ag *-ol* yn dangos mai bai yw *-oel.* Felly yn 900, *eiddol addoer?*

Cf. hefyd V.V.B. 159, *idolte;* Gw. *idul-Taigae* "fani," temlau eilunod.

enyal, A. "solitary," St. "in the desert," E. "energetic," yn ôl fel y cysylltir y gair, un ai ag *anial, anialwch,* neu ynteu ag *arial* a'r cyffelyb, Gw. *gal,* cf. S.E. ar *anial,* 1. wild, uncultivated, desert; 2, extreme, wonderful, amazing, wild, monstrous. Hefyd cf. H. 152, a glew *ynyal* yn *ynnyeil* / y glyw ymyw madawc hael; 299, Tyllon y alon y al a gedwis / o gadwent ac *ynyal;* M.A. 277 Llygad gwr ... Odid ei gystal *ynial* uniawn; Carolau Dic Hughes, C.Ll. 209, Rwyf yn hu *anial* pan nith welwy / Fe lloyr deg: D.G. v. 39, O fwrw dyn o *fryd anial* (amr. *fwriad a.*); ci. 41, A lle *anial* a llannerch; M.A. 197b 6, yn *ynyal* aruon yn eryri; 292b, *Ynyal* barabyl; 301a, ior *ynial* wryd; B.T. 63, y ar orwyd ffysciolin tut *ynyeil* gwerth yspeil taliessin; R.B.B. 319, yn y coet *ynyal;* S.G. 161, fforest vawr dec *ynyal;* D.G. xxxv. 13; lix. 21.

Y

Amlwg yw bod *ynial* ar arfer am le anghyfannedd, unig, a hefyd fel ans. neu adferf i gryfhau ; hy anial, glew ynyal, yw hy anghyffredin, glew iawn ; gwryd ynial yw gwryd arbennig, cf. Ll. *unicus* "one and no more," yna "alone of its kind, uncommon, unique" ; a'r defnydd dwbl o "ar ei ben ei hun" am "unig," ac "unique."

677 **ermygei**, gw. 205, 218.

rac vre. Ni threiglir ar ôl *rac* yn y ll. nesaf, rac *bronn*, nac yn 28, 34, 48, 96, etc. Felly rhaid newid y testun i *rac bre*, neu ddarll. *racure*, fel un gair, cf. cyfans. fel *rhagddor, rhagbyst*, lle treiglir yr ail elfen. Gall fod o *rhag* a *bre*, neu *gwre*, a dylid cymharu ffurfiau *achwre* yn G.M.L. 4, *acgure, acure*, to tey ac eu *hacure ;* trayan [gwerth] e to a uyd ar er *acgure* "thatch," yn ôl Lewis. Derbyn G. 7 hynny, a chwanega ail ystyr "amddiffyn, nodded," yn H. 240, Morgant *achwre* cant : R.P. 147a, kadoed *achwrein*, urdut ny blygut yn awr blygein ; R.C. xxxviii. 301-2, Gw. *fraig*, pared, toad mewnol tŷ, ceibr. Ceir *gwre* arall isod, 1480. Ond gw. hefyd G. 73 ar *bre*, ac yn arbennig B.T. 31, 14, briwhawt *bre a brwyn / Gwellt a tho tei* ty tandawt.

Os teg yw "peri" fel un ystyr i *ermygu*, y mae modd deall hyn fel "gwnai amddiffynfa, clwyd-waith, wattle-fence," ger neu rhag bron buddugre.

678 **budugre**, A. "victorious steeds," fel "buddug" a *gre*, Ll. *grex;* ond digwydd fel enw lle ac fel enw cyffredin, cf. Cy. ix. 328 (Maelyenydd) cwmwd "Swydd *vuddugre*" ; M.A. 155a, Rhan Llywelyn . . . Or rug hyd ym *mudug wre ;* H. 293, ef kymer hyder hyt *uuddugre* lys. Ceir Buddugre yn Iâl yn ogystal ag ym Maelienydd, gw. G. 83. Ar Bach *Buddugre*, gw. I.G.E. clxviii. Anos deall B.T. 67, 3, Tra uu *uudugere* (dilewyd yr *e* gyntaf) vore dugrawr. Daw hyn ym Marwnad Corroi. Os oes dwy enghraifft ohono fel enw lle yng Nghymru, gall y testun gyfeirio at un ohonynt, at le o'r un enw yn y Gogledd, neu ato fel enw cyffredin. Eglur yw'r elfen gyntaf ynddo, *buddug*, gynt *buddig*. Gall yr ail fod o *bre* neu *gwre*, prin *gre*, o achos y ffurf yn M.A. 155a. O *buddigfre*, neu *buddigwre*, y cam cyntaf yw troi *i* yn *u* yn yr ail sill ; ynà colli'r *w* gron neu *f* wefusol a ddilynai, megis *g(w)reddf yn rhoi *greddf ;* *gwrug yn rhoi *grug*. Cyffredin yw colli *f* mewn cyfuniadau fel *test(f)un, gwrth(f)un ; lled(f)rith, Bod(f)organ ; Armterid, Arfderydd, Arderydd*. Nid oes dim yn annaturiol mewn

ffurfiad fel *Buddugfre* am fryn lle'r enillwyd brwydr; neu fryn a elwid ar ôl *Buddig,* enw go aml ar ŵr ac ar wraig. Gw. isod, 946, am y gwrthgyferbyniol *gwarthvre,* er bod *gwrth vre* yn bosibl yno.

679   **breein,** bai am *brein,* cf. 676, 682, 685, 688, trisill sydd o flaen yr odl fewnol er G. 73. Am ddyblu *e* yn ddiangen, cf. 1304, *Breeych,* 566 *breennych;* yma, fodd bynnag, ceir *bre* ar ddiwedd llinell, ac *ein* ar ddechrau'r nesaf. Naturiol yw sôn am frain *wybyr ysgynnyal* uwchben ac o flaen bryn brwydr a lladd.

dwyre, cf. R.P. 171b, Gwawr pan *dwyre* gawr a dotet; B.B.C. 71, naut *duire* y rolre seint; M.A. 197b, Glaer gloew y *dwyre* o du gweilgi; H. 293, ef *dwyre* prifgat / megys y hendat; M.A. 207a, hyd y daerahawd heul hyd y *dwyre.* Diddorol yw'r gystrawen, os berf yw yma, "brain cyfyd"; ond gellid arfer *dwyre* fel enw, neu ans., cf. G. 44 ar *arwyre.*

wybyr. Gw. nodyn Lewis, D.B. 117, cf. D.W.S. *wybren* a cloude; R.B. 995, yr *wybr* a dywedir pan yw llogeu kawadeu ynt (dicuntur autem *nubes* quasi nimborum naves); Llan. 2, 222 (Crist) ymdangos a wna ar *wybren* wenn yn yr awyr ... yr heul ... ni disgleirya mwy noc y gwelir yr awrhonn pan vo kudyedic gan *wybren* ymlaen diruawr gawat; Ll.A. 21, *wybyr*=188, *nubes.*

ysgynnyal, gw. G. 250, ar *cynial.* Daw hwn, fodd bynnag, mi gredaf, o *esgyn,* a'r terf. *-al, -yal* a welir yn *cledyual* 685; *peleidryal* 911 (er y dichon mai bai yw yno am *peleidrat*), cf. hefyd B.T. 69, 21, *ys kynyal* cunedaf kyn kywys a thytwet. Yno "dyrchafedig" yw; yma gyda *wybyr* "dringo i'r cymylau, cloud-mounting," yn llythrennol.

680   **kynrein en kwydaw,** "milwyr medrus yn disgyn arno, rhuthro arno," gw. 48, 49.

681   **glas heit,** A. "like green barley," fel pe darllenai *heid* "haidd." Gwell yw E. "like a virgin swarm," cf. C.Ll.H. 108 ar *glas* "fresh," a G.M.L. 192, *heyt* "swarm of bees." Disgynnai mintai o'r gelyn arno fel haid o wenyn ar wrthrych, yn sydyn gyda'i gilydd, cf. B.T. 69, *heit haual* am wydwal gwnebrwyt.

682   **heb gilyaw gyhaual,** heb beri iddo gilio na gwneud dim byd tebyg i gilio, nid fel A. "with never such a routing," ond yn hollol groes i hynny. Treiglir ar ôl berfenw eto yn 1329. Ar *cyhafal,* gw. G. 227.

683   **synnwyr.** Anaddas ac anamserol yw A. "understanding skill is a tower and a temple." Heblaw "sense," fel yn B.T. 79, 13,

golyga'r gair "teimlad, profiad," cf. R.M. 116, *Deu synnwyr* oed genthi. *llawen* oed genti . . . a *thrist* oed genthi; R.P. 169b 5, dewis *synhwyr*. Yn S.G. 30 (dywedut ytti *synhwyr* yr anturyeu); 65 (y mae *synhwyr* mawr ar hynny) golyga "ystyr, meaning, significance"; cf. R.P. 19b 41, a *synhwyr* llwyr llyfreu. Yng Ngwynedd *synhwyro* yw "to sniff, smell," megis ci.

ystwyr. Cf. *stwyrian* yn Arfon am blentyn bach yn dechrau deffro, ac ymestyn; Fynes-Clinton, V.B.D. 508; D. *ymystwyro* "pandiculari. Ab *am, ys* et *dyŵyro,* quod fit a *Dy* et *Gŵyro.*" T.W. *pandiculor* "dylyfu gên ac ymystyn, ymystwyro"; B.T. 62, a ryt a rotwyd eu harwylaw. a gwest y dan geird (? llu. *cerdd* "glan, bank," fel yn *gogerdd*) ac *ymdwyraw* (disgrifiad da o filwyr yn gwylio rhyd ar y goror, cysgu ym môn clawdd, deffro ac "ymystyn"). Rhydd D. hefyd *twymdwyro* "calefacere, tepefacere," gw. B. viii. 325, arno a'r ffurfiau *tyn*(*h*)*wyro, tyndwyro, tymdwyro.* Ateg yw'r rhain i *twyr-*, gydag amryfal arddodiaid, a'i ystyr yn gyffelyb i "estyn, lledu"?

ystemel. Dengys yr odlau mai *ysteml* yw'r sain. Cymerer gyda 685 *ardemyl;* cf. 1454, Ar ystre gan vore *godemles ;* 1162, *ardemyl* meirch a seirch a seric dillat; *ardeml,* G. 36, "adeilad, trigfan, annedd; gorchudd, nodded." *ardemlydd* "? trigiennydd; cynhaliwr, noddwr." Ond gw. B.T. 5, Yndi y proffwydwys crist vab meir verch ioachim o *artemhyl* pen echen pan ym; R.P. 51a 4, Ar dawl mawl mat. *ardemyl* garyat. ardeilwng rat; 62a 8, Ardal eur bennyal. erbynnyat anant *ardemyl* blant molyant milyoed borthat; 176a, Ardwyreaf y dreic . . . ar / *demyl* ehangdoryf am ehangder; M.A. 247b, *Ardemyl* gwir ar tir ardwyreaf / *Ardymyl* gwyr eryr yt yth uarnaf; 376a, Cynnal ith ardal *ardeml* gyfluydd; 377a, Od af i mewn i *ardeml* fy nghartref (=Salm cxxxii, 3, Si introiero in *tabernaculum* domus meae); Lle i'r Arglwydd, *ardeml* i Dduw Iago (=donec inveniam locum Domino, *tabernaculum* Deo Iacob); Ni a awn attei i mewn hyd yn ei *hardeml* (=Introibimus in *tabernaculum* ejus); 376b, ar ysbryd sant saint *ardemlydd;* R.B.B. 309, Diogelwyr yr eglwysseu ae *hardemylwyr.* Ac amdiffynnwyr y tlodyon; M.A. 441b, Ac ynte a dywat y rodei hi y wr heb *ardemyl* or byt gida hi (San Marte, sine terra et pecunia; R.B.B. 66, *argyfreu*).

Ar y gair syml *teml* rhydd D. "templum, fanum," ond cf. W.M. 112a, Ymperued llawr yr ystauell yd oed yr amherawdyr arthur yn eisted ar *demyl* o irvrwyn a llenn o bali melyngoch y danaw.

Nid "teml" yw hyn ond crug o frwyn, pentwr ohonynt yn ffurfio gwely "couch"; Guest, "a seat of green rushes"; gw. Loth, *Mab.* ii. 4; O'Curry, M.C. ii. 304; cf. *gorsedd* (1) "mound"; (2) "throne." O'r defnydd anarferol hwn y gellir darganfod ystyr gyntefig y gair, cf. R.P. 65a, bedeu *temleu* tomlyt, un ai "gwelyau, gorweddfâu," neu "mounds." Yn y Beibl, wrth gwrs, "teml" yw'r ystyr, cf. *ardeml* Dafydd Ddu Hiraddug "tabernaculum." Daw o'r Ll. *templum*, medd Loth, M.L. 210. Ond *tym(h)l* a ddisgwylid o hwnnw, cf. *tymp* (*tempus*), *tym-or-* (*tempor-*), *tymhestl* (*tempestas*), *tymer* (*temper-*). Rhaid esbonio *teml* fel benthyg o *templa, fel enw benywaidd unigol. Rhydd T.W. ar *templum* nid yn unig "teml," ond "rheswydd ty, tylathau, trowstiau, ceibrau." Yn V.V.B. 194, Ox. 1, *nom* (a berthyn i *nef*, *neu*-add) glos ar *templa*, cf. I.G.E. 165, Ydd oedd ar ei gywydd ef / Draw'n *y deml* dri nod amlwg / Mesur glan a chynghanedd / A synnwyr. Nid teml yw hyn ond rhywbeth fel "cymanfa, gorsedd beirdd." Ni roir teml ar ystre yn y bore, gw. 1454; addasach fuasai "amddiffynfa, clawdd, mound"? Ond dichon cael ystyr i *godemlu* a fai nes i un gyntaf *contemplor*, "to look around carefully on all sides, to survey"; ac i *ysteml* wrth gymharu *extemplo* "sydyn, ar unwaith." Gŵr felly oedd, cynllun llydan, sydyn?

684   **y ar weillyon.** Prin "ar feillion"; gwell (*g*)*weillyon* i gyseinio â (*g*)*webyl*, gw. *atveillyawc* uchod 396, neu C.Ll.H. 139 (17, O vraw marchawc *ysgweill*). Nid yw *gweinyon* yn amhosibl (darll. *ll* am *n* yr hen ysgrif), na *gweilwon*, llu. *gwelw*, cf. H. 95, carn *weilwyon* (meirch). Rhwystra dieithrwch *gwebyl* i mi amcanu'n nes. Y mae *y ar* yn gyffredin o flaen gair am feirch.

gwebyl. Os hen org. am *gwefl* "lip," petrusaf a odlai *-efl* ac *-eml*; a pha ystyr?

685   **ardemyl,** gw. uchod. Gwell darll. yma *ar demyl* yn ddeuair, i gyfateb i *ar weillyon.*

cledyual, ergyd cleddyf, G. 145; uchod 305, 480. Cytuna hyn â'r ystyr o amddiffynfa ("rampart," neu'r cyffelyb) i *teml*, cf. 385, seinnyessit e *gledyf* em pen *garthan*; 1444, gossodes ef *gledyf ar glawd* meiwyr.

686   **blaen,** gw. ar 140; G.M.L. 36.

ancwyn, gw. 69, 370.

anhun, gw. G. 29. Dichon tarddu hyn o *Antonius*, enw dyn:

246 CANU ANEIRIN

Antonia, enw merch (y fam yn 688 ?) neu'r enw cyffredin *an-hun* "methu a chysgu," fel gwrthgyferbyniad i *an-dihun* yn y ll. nesaf. Pe felly, cyferbynner *blaen* hefyd a *hediw.* Yn yr achau ceir *Anhun* m. Keretic m. Cuneda ; A.C.L. i. 534 ; cf. B.T. 24, 11 ; B.B.C. 38, Duu paul ac *annhun.* Rhaid ystyried y naill bosibilrwydd a'r llall.

687   **an dihun.** Un ai "a'n deffry," neu ynteu *an-dihun, annihun* "aneffroadwy," na ellir dihuno. Cyferbyniad addas sydd o blaid yr ail. O'r blaen, gwledd effro ; neu ŵr effro i wledd. Heddiw, hun farwol, ni ellir ei ddihuno.

688   **mam.** Ai bai am *mann,* neu am *mab,* fel yn 326 ? Os *mam,* cf. *Anhun* fel enw merch.

reidun. Rhydd D. *"rheiddun,* vid. an idem quod R*haidd,"* sef gwaywffon. Ond cf. M.A. 149a, As rodwy fy ren *reidun* drugarawg / i Fadawg fad gynnwys ... ynglan Baradwys : 177a, Ruyf dragon rodyon *reidun ;* 145b, Ardwyreaf hael o hil balch run / O Faelgwn Gwyned gwinfaeth *reidun* (=H. 15, gwynet gwinuaeth *reitun*) ; 289b, Duw am ryd om *reidun* ovan / Rwyd obeith o weith y winllan (=R.P. 39a) ; R.P. 34a, Pann gyrchwyt ... yn *reidun* orun oresgyn : H. 158, *Reitun* am rotes howel / reityawc veiniawc vannawc vil / keueis ... tarw tec talgarth ; H. 305, Duw douyt dym ryt *reitun* awen ber / ual o beir kyrriduen ; M.A. 236b, Duw rym roddwy / R*heiddun* arlwy erlid cyngor / R*hodd* fodd fedru / Rhif brif brydu ... / R*heg* deg draethawd a draethitor. Dengys cynghanedd y rhain mai *rheiddun,* nid *rheidun,* yw'r gair. Daw ar ôl y ferf *rhoddi* droeon, fel pe golygai anrheg. Gelwir Tarw Talgarth yn *rheiddun* a roddes Hywel i'r bardd. Dyry Duw *reiddun* awen. Aralleirir yn M.A. 236b fel *rhodd a rheg.* Amhosibl, felly, yw ystyr D. iddo, sef "hasta, lancea" ; gwell "rhodd, dawn, gift, grant." Dyry A. "The best of Anhun's cordials to-day kept us awake, the mother of Reidun, lord of the turmoil" ; St. ac E. "the mother of Rheiddun." Digwydd fel enw personol efallai yn L.L. 239, *redun.* Cf. R.M. 337 (Index), tri enw *Reidwn :* yma odlir fodd bynnag ag *-un ;* amwys yw ffurf L.L.

rwyf, cf. 700, *rwyf* a golleis =706, *rwy e* ry golleis ; 1475, *rwyf* bre ; 757, *rwy* gobrwy, gw. ar 316. Cymysgir *rwy* a *rhwyf,* oherwydd y duedd i golli *f* ar ddiwedd gair er yn gynnar, cf. *Tre* yn Llyfr Llandaf ochr yn ochr â *Tref ; Cantrebachan,* td. 41, *cantref maur,* td. 124 : *henntre* 172, *henn tref* 268, *lauhir* 118 (cf. *llof-*rudd) ; hefyd cf. kyf*rwy,* mod*rwy,* breich*rwy,* llu. b*rey*ch*rwy*eu yn Pen. 16,

NODIADAU 247

ond breich*rwyfeu* yn R.M. 84, gw. G. 74. Os darllenir *rwyf* yma, y mae ystyron amryfal i'r gair : (1) mewn cwch, "oar" ; (2) mewn gwlad, "brenin," cf. Cern. *ruif*, *ruy* "oar, king" ; *ruifadur* "rower, rhwyfwr" : *ruifanaid* "teyrnas," *ruifanes* "brenhines" : ac isod, 731 *rwyuyadur*, 760 *rwyfyadur* ; R.P. 19b 28, *rwyfuan*, 39, gan *rwfan rwyfueu* ; B.T. 34, *ri rwyfyadur* ; 63, *rieu rwyfyadur* ; H. 1, Reen nef . . . *rieu rwyf* eluyt ; M.A. 168a, b, ryuel *rwyuaw* / *Rwyuan* tan taerwres ; medreis uot uy *rwyf* ; B.T. 2, 29, *rwyuannusson* ; B.B.C. 67, 9, *ruyvenit* ran ; 52, Rite[r]ch hael *ruyfadur* fit ; 64, 16, *rviw* cant ; 17, *rvif* llis ; 65, 2, *ruyw* gwir ; M.A. 168a, riryd *rwyf* uuelyar ; 169b, *Rwyf* cadeu ; 194b, Gweleisy am vcher vchel eu *rwyf* ; 338a, Enid un*rhwyf* Wenhwyfar : R.M. 111, yscubawr . . . kyt bei *rwyf* dec erydyr ar hugeint yndi ; S.G. 224, nyt *rwyf* reit ym wrth o anesmwythdra mwy noc yssyd arnam ; H. 287, O bob teyrnas teyrnged yn *rwyf* / nwy *rotwy* gogeled ; A.L. ii. 438, *rwyf* ne eisseu (A.L. i. 456, O *rwy* neu o eisseu) ; T.W.S. td. 39, ymoglyd nac (=rac) *rhwysc*, ymyl *rhyvic*, *rhvvyf* ; I.G.E. xc. 35 ; xcviii. 29, A'th *rwyf* dithau, a'th *ryfig* / A wnai Dduw beunydd yn ddig (ond cf. liv. 69, *rhwyf* hinon) ; c. 2, *rhwyfaw'r* brig ; 5, Rhyfeilch ydym yn *rhwyfaw* / Rhyfig, Duw yn ddig a ddaw ; D.G. xxx. 33, hoywdrais *ehudrwyf* ; 49, dagrau *digrwyf* ; xlv. 21, Darllain i'r plwyf, nid *rhwyf* rhus / Efengyl ; Hen *Gwndidau*, 182, A llawn *rwyf* oedd a nwyvant ; 55, bailchon trawson mawr ywn *rhwyf*, tra vo ni ar nwyf yn peri ; 112, heb na *rhwyf* na chainog ; 135, pan vych vwyaf oll dy *rwyf* yn llawn o nwyf gorwagedd ; Can. *y Cymry*, 25, Rhodiodd hefyd ar y môr / Gan ostegu ei *rwyf* a'i rôr ; R. *Rhwy*, *rhwyf*, too much . . . superfluity, excess ; D. *rhwy*, *rhwyf*, rex, imperator (o'i *Lib. Land.* ef, sef *Voc. Corn.*) *rhwy*, *rhwyf*, nimium, nimis, redundantia, nimietas ; T.W. *nimietas*, rhwy ; *nimis*, yn rhwy ; *nimius*, rhyw (=rhwy) rhy, rhyfawr, gormodd : nodyn yn D.G.G. 192-3.

Dengys y rhain y cymysgu ffurf ac ystyr. Yn y testun gwell yw deall *rhwyf* fel arglwydd, llyw, cf. R.P. 144b 38, gwystlon y *rwyf mon* rymynycha ; M.A. 211b, Gwyr a byrth uy *rwyf* ym pob calan ; a'r gyfres *Detholeis uy rwyf*, M.A. 176a, b ; H. 297, Traha yw y neb na bo caeth ym *rwyf* / *gwr* ny rif kybytyaeth.

trydar, cf. 279.

689 **e genhyn,** gw. ar *cennin*, uchod 439 ; A. "there went with us," ond cf. B.B.C. 49, Seith log y deuant . . . A seith cant dros mor y oreskin / Or saul y deuant nydant *y kenhin* / Namuin seith lledwac

gwydi ev llettkint. Amlwg yw fod *myned y gan* yn golygu "myned oddiwrth" nid "gyda" ; ac felly "oddi wrthym ni" yw'r meddwl yma. Odlir yn B.B.C. trwy'r awdl ag *-in,* sef *-yn,* ag eithrio *llettkint,* yn union fel yn y testun.

690 **llurugogyon,** llu. *llurugawc,* 184. Ar y ffurf gw. ar 183. Disgrifiad yw o'r Brython, nid o'r gelyn.

nys gwn lleith lletkynt. Amhosibl cael synnwyr o hyn, gw. A. "I know not their death, their ruin," a gwaeth fyth yw St. ac E. Ni chydia chwaith wrth *gwnlleith* uchod, 675, onis deallir fel bai'r ysgrifennydd, rhyw atgo o 675 yn peri iddo ysgrifennu *lleith* yn lle *llet-* yn *lletkynt* ac anghofio dileu wedyn. Nid digon yw darll. *nys gwn lletkynt* i adfer y meddwl ; rhaid hefyd droi *nys* yn *neus*; gw. ar 27 am fai tebyg. Yn wir, ceid synnwyr o ddarll. *neus gwn lleith lletkynt,* gan fod *lleith* weithiau yn golygu marwolaeth, cf. M.A. 242a 5, *lledgynt farwolaeth.*

lletkynt, D. *lledcynt,* ira, iracundia. Gwell fuasai llid tristwch na llid digofaint, cf. B.T. 30, Dygawn ym *lletcynt* meint vyg keudawt ; M.A. 148b 26, Am orwyr Bledynt / Ym gorflawd *lledcynt ;* 157b 31, Nyd wyf *diletkynt* am diletcawt hael . . . Oe golli tewi nyd hawt ; 180b, Y loegyrwys hwysgynt *lledcynt* nyd llei ; 164a 34, Essillyt merwyt *mawr a letkynt* yw / Nad ynt vyw vegys gynt; 168a 25 ; 211b, L*ledkynt* argoedwys (h.y. wedi ymosodiad Llywelyn ar Bowys) ; 246a 31, Hoedylfyrrion haelion hil Bleddynt / Trwm arnaf eu *lletcynt ;* 249a (Llangadfan) Dyffryn *diledkynt* di ledkreuyt ; 253a 2, Hil maredut draws hawt drostaw *ledkynt ;* 266b, Kwdd edynt *lletkynt* llit anoeth goval . . . Mawr dduw a ddyckych beunoeth / Mor wael na welir dranoeth. Gair yw a ddigwydd yn gyson mewn marwnadau, a rhaid ei ddeall fel tristwch, poen, galar ar ôl y marw, trallod, gw. R.C. xxxviii. 158. Hefyd cf. R.P. 3b 9, Gwendyd gwarandaw *letkynt,* rhywbeth fel "chwedl drist."

691 **kyn llwyded,** cyn gwynnu neu lwydo eu gwallt, cf. M.A. 210a, Dwyn meibyon kynan *cyn bu llwyd yr un.*

lleas, marwolaeth, lladd, cf. 991 ; B.T. 59, Ny bydwn lawen bei *lleas* vryen ; B.B.C. 48, 17, kymyn *leas* eingyl ; 69, *lleas* paup pan rydighir (gw. isod ar 1325) ; R.P. 26a, Gwae ny wna kynnif kynn oe *leas* / kymmot ar creawdyr ; W.M. 76b, *lleassu* "lladd, rhoi i farwolaeth" ; A.L. ii. 308, or *lledir* ynteu ar y fford gyfreithawl . . . llyna y lle y perthyn croc am *leas.*

dydaruu, a ddarfu. Sylwer ar absen rhagenw perthynol ond *dy-*, a'r tebygrwydd yma i gystrawen *ry-*.

692 fraeth, cf. 68, Gwyr a aeth gatraeth oed *fraeth* eu llu.

693 vawr dru, nid *wawr dru* fel E. (gw. A. "on one daybreak of woe" !); cf. *tru* "truan," 136, 702, 708, 1131, 1139; ac yn arbennig ar 365, *mor dru* "how sad."

o drychant, gw. ar 70.

696 en reit moleit, cf. 355, *enwawc en reit,* gw. nodyn yno, a 326 ar *moleit.*

eneit dichwant, A. "with souls contented." Gwell, "reckless of their lives," dibris o'u bywyd oeddynt mewn brwydr, cf. M.A. 191b, Cad ymerbynieid *eneid dichwant;* B.T. 15, kymry kyneircheit *eneit dichwant;* ac isod, 820, bu *didichwant.*

697 dull, gw. ar 259.

y am drull, cf. M.A. 191a, Ac ymgynnull *am drull;* C.Ll.H. 128, a'r Ll. *trulla,* llestr i godi gwin. Etyb *y am* (isod 704, *e am*) i *dam* yn Juv. B. vi. 102, 107, mi am franc *dam* an calaur ... *dam* an patel.

cytuaethant, cf. 363, buant *gytvaeth;* gw. G. 196b, ar *kytuaeth.* Isod, 704, yt *gynuaethant,* gw. G. 247 ar *kynuagu.*

698 amall. Gellir deuair ohono, *a mall,* sef "a diod frag, bragawd," heblaw gwin a medd. Neu gellir ei ddeall fel ans. am y medd, *amhall,* di-ball. Diogelach yw'r cyntaf, oherwydd enghreifftiau eraill lle y mae'n haws darll. *a mall,* megis B.T. 59, gwin *amall amed;* 32, 14, *A mall amerin* ... a chorwc gwytrin ar llaw pererin; 32, 18, *A mall* ameuued ... a *gwin;* 41 (Kanu y cwrwf) ef ae tawd weith arall hyny vo yn *vall.*

amucsant. Dyma enghraifft o'r ferf *amuc-* gyda gwin a medd; cf. hefyd 712-3, hut *amuc* ododin / *o win a med.* Nid yw'r cyfieithiad cyffredin "gwarchod, amddiffyn" yn talu yn y rhain, cf. hefyd R.P. 172a (Hirlas Owein) Dywallaw dyr corn kanys myuyr gennyf men yd *amygant med* an tymyr; B.T. 73 (B. iv: 48), Or pan *amygir mel* a meillon; H. 311, Powyssed angheu powyssuc ay gwyr / o'r goreu y *hamwc* / a edeu ryeu ryddrwc / ac a wo da ef ay dwc (h.y. y mae angau yn dwyn ymaith y gorau oddi arni, ac yn gadael y drwg ar ôl, dyna brofiad Powys); C.Ch. 17, y mae eu gweithredoed yn dangos ... eu bot *y amwyn* vyn teyrnas i oc eu swynneu = B. v. 218, Yn dangos eu bot *yn achub* vyn teyrnas oc eu swynnev. Ni all *amwyn* olygu "amddiffyn" yn y rhain, ond yn hytrach "achub" yn ei hen ystyr o "occupy, seize, cymryd meddiant o rywbeth, gafael ynddo." Cf. eto, Y.C.M. 76 (C.Ch. 78) Kyrchwnn cesar awgustwm . . . ac na ochelwn dreulaw an buched yn y hamwyn (Gautier, La Chanson de Rolant, Metez le siège á tute vostre vie). Yn llaw't gelyn yr oedd y ddinas ar y pryd, a dyma annog y Ffrainc i ymladd amdani, i'w gwarchae. Ceir atgof am yr ystyr arbennig hon yn y geirfâu, B. i. 221, *amvc* "mwynhav"; 318, *amug* "mwynhau" C.K.; yn ogystal ag *amwyn* "achub" E., "amddiffyn" B.H.

Nid cyfeillion yw *amygeid gwlad* yn M.A. 203a (rodri gwrt ri gwrth *amygeid gwlad* / A gwr gwlyt wrth eirchyeid) ond y gelynion a gais gymryd meddiant o'r gororau, cf. ystyr *achubyat*, llu. *achubyeit*, G. 7, "gafaelwr, cipiwr, meddiannwr."

Yn yr hen gân, *Armes Prydein*, ceir yn B.T. 15, 10, gwyr deheu eu tretheu a *amygant*. Ni fedraf ddeall hyn fel "amddiffyn" : gwrthod talu'r trethau yw'r meddwl. Dichon mai'r ystyr yw "daliant eu gafael yn eu tretheu, gwrthod eu gollwng." Yn Llyfr St. Chad, ceir enghraifft anodd arall : ffrae am dir, "haluidt iuguret *amgucant* pel amtanndi." Cynnig Rhys yw "he complained," o *ymoganu*. Annhebyg.

699 **o osgord vynydawc.** Yn y ll. gyfatebol yn B ceir *o ancwyn m*. Dengys hyn y rhyddid a gymerid â'r testun. Bai cof?

an dwyf atveillyawc A, handit tristlavn vy mryt B. Nid yw *atveillyawc* na *tristlavn* (*vy mryt*) yn odli. Pe darllenid *atvant vy mryt* ceid prifodl yr awdl hon, a'r un ystyr â *tristlavn*, cf. C.Ll.H. 23 (163), cogeu a ganant / Ys *atuant gan vym bryt* / ae kigleu nas clyw heuyt (B.B.C. 33, Ban ganhont cogev . . . handid muy vy llauuridet . . . kan ethint uy kereint in attwet).

Ceir yr un syniad a'r un geiriau yn 441-2, *o ancwyn mynydauc* / *anthuim cim mruinauc* (gw. ar *atveillyawc* 396), a'r un ferf yn y tair ll. *andwyf, handit, anthuim*; gw. ar 442. Os darll. *andwyf* "ydwyf," pres. 1af, nid oes angen *vy mryt* mwy nag yn 442. Os dewisir *handit* "ys, ydys," rhaid wrthynt. Ar y ffurfiau, gw. C.Ll.H. 90, *handwyf*; P.K.M. 277, *handit*.

700 **rwyf A, rwy B.** Gw. ar 688, yma "llawer, gormod."

a golleis A; gweler y modd y cedwir hŷn cystrawen yn B, *ry golleisy*.

gwir garant, gw. 670 ar *carant*. Ac â *gwir* gydag enw perthynas, cf. y defnydd o *derw* "gwir," Gw. *derb*, gyda *brдthir* "brawd,"

NODIADAU

a *siur* "chwaer" (*derfethar*) ; *cefnderw, cyfnitherw*. Tystia hyn mai un o'r Gododdin oedd y bardd.

701   **riallu** A, **eurdorchauc** B. Ar *riallu* gw. 582, "milwr dethol, aelod o osgordd arglwydd." Am *eurdorchauc* gw. 238, 1132.

702   **atcorsant**, cf. 362. Yn B *anghassant* (gw. 616, *anghwy*; 1117, *anghei*), "di-angasant."

703   **o osgord mynydauc pan**, cf. 695 *o winveith . . . yt.* Onid gwell yw'r olaf? Cf. 705, *o ancwyn m.* Ar *o . . . pan*, gw. 131 ; P.K.M. 292. Y mae *o . . . pan* yn golygu mai oddiyno y *daethant*, a gwedda'n well ag *ancwyn* a *medveith* nag â gosgordd. Sylwer ar wahaniaeth ystyr *o* yn 695, 699.

706   **rwy e ry**, rwy ry. Pam *e*? Ai cymysgu *rwy er* a *rwy ry*? Aeth *ry* yn *yr* (*er*) o flaen berf a berfenw yn yr hen destunau, cf. Brut Dingestow, 62, Ac wrth hynny *yr* wnathoed (=R.B.B. 817, *y* gwnathoed); trwy y rei *yr gewssynt* (=R.B.B. *y kewsynt*; 64, y gyulauan *yr* wnathoed (R.B.B. 88, y gyflauan *a* wnathoed); P.K.M. 307, *ar* wnaeth; 308, sefyll *er* wnaeth, cf. 56, seuyll *a* wnaeth. Felly yma *rwy ry, rwy er,* a cheir y cam nesaf yn 700, a golleis. Ond cf. hefyd yr *e* ddiystyr o flaen *r* yn 30.

ry golleis y, y rhagenw ôl pers. 1af un. yw -*y*. Nis rhifir yn y mesur.

707   **a gryssyws.** Darll. gyda 701 *gryssyassant* i gael odl. Sylwer fod yr hen destun yn gofyn am ffurf luosog y ferf, ond bod y copïwr wedi ei throi i'r ffurf unigol yn ôl arfer ei oes ef ei hun, er gwaethaf odl a mesur ; pwynt pwysig yn hanes y gystrawen.

708   **anghassant**, gw. ar 702.

709   **hv**, "fel, felly" ; gw. ar 615. Mewn cywyre felly y byddai, sef "mal pel ar y e."

kywyrein. I gael mesur, rhaid darll. *kywyre in ;* gw. 656 ar *kywyrein*, a 679 ar *dwyre*.

in pressent. Un ai "ym myd" (cf. 456, *emyt*) neu "yn gyson, bob amser," yn ôl fel y dealler *in.* Ar *pressent* "y byd hwn" gw. C.Ll.H. 136. Hefyd cf. y defnydd o *preswyl*, ac *yn breswyl* yn y Cyfreithiau (G.M.L. 251, *pressuyl* "a stay, continuance" ; *yn b.* "always").

710   **pel**, cf. C.Ll.H. III. 11b, td. 118, Oed *olwyn* yg kat (Urien) ; B.T. 63, *mal rot . . .* mal ton *. . .* val mor yw vryen. Os teg cymharu pennaeth mewn brwydr i *olwyn*, a *rhod*, felly hefyd i bêl, am ei fod yn neidio ymlaen yma ac acw ?

ar ↘ e, cf. H. 290, llawer ucheneid yn reid *dy re*=R.P. 167b, om reit *yt re*; B.T. 39, ny *reei* warthec. Yma i gael mesur gellid darll. *ry-re*, neu *amal* pel *a re*. Yr ystyr yw rhedeg (cf. *rhy-red*), cf. B.B.C. 72, Oet *re rereint* dan vortuid gereint=R.P. 14, Oed *re redeint*, gw. R.C. xxix. 33; xli. 218–9, er bod Loth fel pe'n cymysgu'r ferf hon a *gre-u* "croak," cf. R.P. 167b, *yt gre* branhes; gw. Ch.O. 28. O blaid darll. *mal* fel *amal*, y mae'r ffurf yn y glosau cynnar, V.V.B. 36. Gw. ymhellach ar *re* fel berf, M.A. 145b, a ragdaw *rewys* dwys dyfysgi; B.T. 7, ny *reha* bryt ry odic; B. iv. 46, deur in reid dy *re* paub oe gilit; rvy *rean* ryuel aruyvan.

711 **atre**, G. 46, "? bywiog, gorawen." Efallai mai gwell cymharu *atgor* yn yr ystyr o droi'n ôl. Ans. yw yn R.P. 167b, coet nyt *atre*. Ar gyfansoddeiriau *re*, gw. J.Ll.-J., B. iv. 53.

712 **hut**, sef *hu* o flaen berf yn dechrau â llafariad, cf. *ni, nid*.
amuc, gw. 698.
Gododin. Goddrych ai ynteu gwrthrych y ferf? Y tebyg yw mai goddrych, a bod y gwrthrych yn y ll. nesaf. Dibynna hyn ar yr ystyr a roir i *amuc* yn fwy nag ar y treigliad, cf. 119, lle treiglir y goddrych ar ôl *dyvu*.

713 **o win**. Rhy hir yw'r ll., a gwell darll. *gwin*. Nid oes *o* gydag *amucsant* yn 698, ond cf. B.T. 33, 9.
en dieding, A. "without neglect", E. "he was lavish." Ond cf. B.T. 70, Ef dywal diarchar *dieding;* R.P. 171b, Bardeir om kyueir ny byd kyuing. ym kyuedeu breu *brwydyr dieding*. Gellir deall yr olaf fel rhai na fynnent adael brwydr, ystyfnig, didroi'n ôl. Safent yn eu lle. Yn y testun y gair nesaf yw *yng*, felly cf. M.A. 195b, H. 203, Dewi yn ehag yn rann rwytged / Ac *yn yg dietig* dewi wared. Os *diedding* yw'r sain, collir y cyswllt a *di-ad-u;* ond anwadal yw org. H. Ansicr wyf o'r ystyr; gall d. ddisgrifio'r ing fel "caled, creulon," neu ynteu sut un oedd Dewi mewn ing, sef "ffyddlon, cywir." Sut bynnag, gair yw sy'n digwydd gyda *brwydr* ac *ing*: felly rhaid diwygio'r testun. Cynigiaf ddarllen:
    hut amuc Ododin
    gwin a med en [Eidin]
    dieding yng stryng stre.

714 **yng**, ing, caledi, cyf-*yng*-der, nid fel 88, 243, 245, 1073, 1109, 1121, lle ceir yr ardd. *yn* o flaen geiriau yn *c-, g-*.
ystryng. Gair dieithr a phrin. Gellid cymharu Ll. *stringo* "to draw tight, touch, strip off, hold in check"; dau air gwahanol, medd Walde, 745, (1) Perthynas i *striga* "stroke, line"; (2)

*strengo, Hen Almaeneg *stric* "rope, string" ; Hen Saesneg *streng,* "caled." Mewn Gwyddeleg Canol ceir *srengim,* Windisch, W., 791, "llusgo, tynnu, drag, haul," gw. Boisacq, 917, ar y cytrasau. Gan fod *ystre* hefyd yn ansicr ei ystyr (gw. 453), petrus yw pob cynnig, ond addas fuasai rhywbeth fel "ystyfnig mewn caledi brwydr :. cadernid goror."

715 **Catvannan,** gw. ar 38.
cochre veirch, gre neu yrr o feirch cochion, G. 155.

716 **godrud,** godrudd "ffyrnig" (yn hytrach na *goddrud*) o'r un gwr. â *cythrudd,* Ll. *trudo, contrudo,* cf. 1136, trychan meirch *godrud ;* B.B.C. 73, *Godrut* y var. gurt in trydar ; R.P. 165a, oed angud *godrud* gwaetryar ; 176a, hawl *wodrud* hil mawruud meruyn ; M.A. 143a, Gwaedreid fy nghleddyf a *godrud* ynghad ; 147a, Madawg maws *odrud* / mygyrfab maredud ; 148a, hawl *odrud ;* 161b, Par *odrut* parawd vut votlawn ; 183b, Hoed hydyr am hoedyl wydyr *wodrut ;* 186b, Pan wnaeth balch *odrut* bylchu flemissyeid. Ceir berf yn B.B.C. 19, Ban wanha y gnaud y *diodrut* y isscaud, gw. H.G.Cr. 127.
emore, cf. B. iv. 10, Gnotaf kyrch *gan vore,* gw. 84.

717 **dewr.** O'r pum ffurf ar yr awdl hon, ceir y ll. hon mewn pedair. Yn BCD *deor* nid *dewr* a geir, a chyfyd hynny gwestiwn tarddiad *dewr,* canys deil Thurneysen, Loth (R.C. xxxii, 28–9), Parry-Williams (E.E.W. 36–7) mai benthyg o'r Anglo-Sax. *deor* yw, a phwysa Loth ar org. y testun i ategu, er addef fod *o=w* yn Llyfr Aneirin, megis isod, 935–42, *delo,* delw ; *ero,* erw ; canys, medd ef, ni cheir hyn ond ar ddiwedd gair. Beth ynteu am *moe* yn B.B.C. 22 ? O'r tu arall, dyry Ped., V.G. i. 39, 312, ii. 3, *dewr* fel datblygiad Cymreig o *de* a *gwr,* cytras Gw. *dag-fer, deg-fer* "gwrda, gŵr bonheddig" ; cywasgwyd yn unsill fel *mewn* (cf. Gw. *medón*), cf. hefyd *deon* (Llyfr St. Chad, *degion*) "gwyrda." Yr wrthddadl yw fod *hy-wr, rhy-wr* wedi aros yn ddeusill : ceir ar-*wyr* fel llu. ar*wr,* byth *de-wyr* fel llu. *dewr.* Unsill yw *deor* yn y testun, os yw'r mesur yn gywir. A ddigwyddodd y cywasgiad mor gynnar â hyn ?

Yr anawsterau i mi yw'r rhain. Mewn Hen Lyd. ceir *deurr* fel glos ar *acri,* V.V.B. 99 ; ac enwau priod fel *Deuroc, Deurhoiarn,* Ch.Br. 123. A fuasai benthyg o'r Saesneg wedi cartrefu yn y ddwy iaith, Cymraeg a Llydaweg, yn ddigon bore iddo ddyfod yn elfen mewn enw personol ? Nid *dego-vir-os yw'r unig darddiad posibl. Nid "noble-man" yw *dewr,* ond ans. ac ystyr gyffredin

gynt i *dewredd* oedd "harddwch, gogoniant, prime of life," gw.
P.K.M. 229 am enghreifftiau. Cyfyd y meirw yn eu dewredd
yn ddewraf, medd y Llyfr Du, gw. isod 1279. Nid oes neb yn
esbonio *mawr, llawr* "champion," *cawr,* fel pe cynhwysent *(g)wr,*
ond amrywia'r tarddiad. Hoffwn gael enghraifft arall o *-eo-*
Anglo-Saxon yn rhoi *ew* yn Gymraeg cyn derbyn mai benthyg
sydd yma. Ymhellach, nid oes sicrwydd o gwbl mai *dewr* "brave"
yw'r gair yn y testun, gw. uchod ar 623, ac isod ar 1216. Problem
anodd yw perthynas *Deifr* Cymraeg Canol â *Deur* Hen Gymraeg
fel enw gwŷr *Deira ;* a gall mai enw'r gelyn sydd yma.
  daen A, **dain** BCD, hen org. *-ai-* am *-ae-,* tr. o *taen,* cf. R.P. 54a 7,
Neud cor muner maen . . . is grud glo gro graen, ger *taen tonyar ;*
B. ii. 290, cynnig J.Ll.-J. fod *taen* yn gytras Gw. *tdin* gyrr, gyrru ;
Dinneen, "cattle, flock, herd ; cattle-spoil, spoil, raid ; story of
a cattle spoil or raid ; a company (of heroes) ; a tribe (in
contempt)." Yn 411 ceir *dor angor bedin ;* ymddengys hyn o
blaid deall *taen* yma fel "llu" neu "cyrch," a *dewr* fel ans. Yn
erbyn y mae ystyr gyffredin *taenu* "chwalu, spread," cf. D.W.S.
taenell, taenelly ; taeny brwyn "strowe russhes" ; *tany* "sprede."
Clywir *taenu dillad* a *tannu dillad* ar lafar Arfon mewn gwahanol
ardaloedd. Dyry D. *taen* "Vna conspersio, aspersio ; *taenu,*
sternere, dissipare ; *tanu* sternere, spargere, dispergere." Dywed
fod *taenell* (bachigyn) yn gyfystyr â *taen,* ond chwanega yr arferir
ef mewn rhai lleoedd am gawell (*sportula,* canistrum). Ai fel
basged i hau ? Am y ffurf *tannu,* gw. B.T. 8, Mal *tannu* engwyn
(? ewyn) ar traeth : Y.C.M. 23, *tannwys* . . . eu pebylleu (=C.Ch.
45, *tynnwys*) ; 43, a *thannu* llieineu ; 45, *tannysant* eu pebylleu ;
C.Ch. 101, *tannu* y paganyeit ; R.M. 89, A *thynnv* pebyll a wnaeth
yr amh[er]awdyr yno. Dengys hyn gymysgu pellach rhwng
tannu a *tynnu.*
  Os yw Cymraeg Diweddar wedi cadw gwir rym *taen-u,* sef
"gwasgar, chwalu," gellid "Deifr-chwalu," neu "Deifr-wasgar"
fel ystyr, gw. isod 1201, oed luric *teinim.*

718 **seri,** gw. 201. Yn BD. *saffwy* "gwaywffon."
  raen, B **grain,** D **graen,** cf. Gw. *grdin,* Windisch, W. 601 ;
O'Reilly, "success, deformity, loathing, abhorrence" ; Stokes,
A.C.L. i. 307, "a loathing" ; ond ans. yw'r gair Cymraeg, D.
"lamentabilis, luctuosus." BD. sydd yn yr org. hynaf, a'r tebyg
yw mai *saffwy graen* yw'r darlleniad gorau. Newidiodd A yr enw
i *seri* a treiglodd yr ans. ar ei ôl. Gyda *sarff* gellid deall *seri*

fel "colyn," a'r waywffon a gyfetyb iddo wrth ddeall *sarff* fel milwr. Addas yw *graen* fel ans. i'r ddau, cf. M.A. 235a, hydyr *raen y ongyr* ... a *braw gwayw*; Windisch, 601, *goth* "a spear," a'r enghr. yw co n-*goth-gráin*; M.A. 290a, *yggraen ved* yggro yn vut; 303b, twrw torredwynt g. am gaen gogled; 339b, am wyl gariad g.; 346b, er dy *raen*-waet; 371, moliannus amherawdr *greawdr graen*; R.P. 7a 15, *graennwyn* gro; 54a 7, gro *graen*; 129b 39, dryw a dreweis dyrnawt *graen* a maen; I.G.E. 19, gwaewlym g.; 111, g. fu'r gred; 163, uwch *graenfedd gro*; lid g.; D.G.G. 124, Llygad glas gron gwmpas g.; 137, man eddi g. "Ofnadwy, erchyll" yw'r ystyr amlaf, yna "trist"; cf. M.A. 145b, ar gryd gryd *graende*; am y Creawdwr, "un i'w ofni, awe inspiring." Ond gyda *gro* ystyrier a oes modd ei ddeall fel *graean*, cf. H. 42, gro *graeanuet*. Gwelir fod cryn wahaniaeth rhyngddo a'r gair Gwyddeleg.

719 **sengi**, sangai.

gwrymgaen, gw. 76, 373; *caen*, G. 95, "gorchudd, croen, llurig."

720 **e mlaen** A, **em blaen** C, heb *em* yn BD. Y mae'r llosgwrn—fel y gelwir ll. fel hon—yn 4 sill trwy AC, 3 a 4 yn D, 3 yn unig yn E.

721 **arth arwynawl**, gw. 1254 am yr un deuair. Yn ôl G. 44, *arwynawl, arwynyawl* "aruthr, brawychus, digofus," cf. R.P. 2b 38, Vnic a.; 144b 27, a. y meint; 154 b 9, a. eryr; M.A. 208b, Cedawl a. ar wyneb prydein; 210a, a. ym plymnwyd; 231a, a. gwrawl; 200b, arwr *arwynyawl* fossawd; 203b, engiryawl *arwynyawl* ut. Y mae blas arall yn M.A. 201b (=H. 264), lle sonnir am y beirdd, "*arwynyawl pryduawr* ar wyneb prydein"; 239b, y gwr ae rotes yn rwyf dedwyt / ar wynet *arwynawl dreuyt* / Ae cadarnhao ... yn hir. Clywais *arwinol* gan hen bobl yn Arfon fel "ofnadwy," yn arbennig *oer arwinol*. Ni wn a gymysgwyd *arwynol* a *gerwinol*.

722 **drussyat**, cf. B.T. 25, Glelyn glew *drussyawr* y enw ym peullawr; H. 53, llywelyn dreis erlyn *drussyad* / dros deheu agheu oth angad; 94, Burthyad cad kedeirn ar *drussyc*. Gall fod o *drws*, a golygu "drysawr," un yn cadw drws neu fwlch yn y mynyddoedd, C.Ll.H. 113; neu o *trws* "trwst," cf. B.T. 10, Pan dyffo dews ... ef an gwnaho mawr *trws*; 20, *trws* llafnawr, a golygu "cynhyrfwr." Ai -*w*- yw'r -*u*- ynddo? Y mae absen gwyriad i -*y*- ymhob enghraifft o blaid *trus*, neu *drus* fel bôn y gair, beth bynnag yw.

treissyawr, o *treis*, yn hytrach na tharddair o *tres* (gw. 1006), fel *cadyawr* o *cad* yn 724 : gan nad affeithiwyd -*a*- i -*ei*- yn yr olaf, nid tebyg y troid -*e*- i -*ei*- yn *treissyawr*.

724 **cadyawr**, brwydr, gw. G. 89, lle cynigir mai *gawr* yw'r ail elfen. Ond cf. isod 970, *dullyawr* (=*tylluavr*, 976).

725 **clawd gwernin**, cf. 1444, gossodes ef gledyf / ar *glawd* meiwyr. Yr ystyr gyffredin oedd "ffos," heddiw ceir hefyd am wal bridd, "ditch," "dyke." Ni rydd G. 143 mo'r ystyr olaf, ond gweddai yn 1444, er nad efallai yma.

gwernin. Golyga ans. yn -*in* ddefnydd peth, megis *eurin* "of gold," *lledrin* "of leather." Rhaid bod ystyr ehangach yn yr enw Bryn *Derwin* ; nid o dderw y mae'r bryn, ond bu derw yno rywdro. Felly *Gwernin* fel enw Cymraeg *Ferns* yn Iwerddon, Ll.A. 110, Yr oed *aydan* sant yn y eglwys e hun yn dinas *gweruin* (bai am *gwernin*, cf. R.C. xl. 374, Aidanus, alias Moedoc, episcopus *Fernensis* ; xxvii. 276, Maedôc *Fearna*) ; cf. C.Ll.H. 50, im *derwin* fedd. Felly ffos lle tyfai gwern yw, "moat" o amgylch dinas neu gaer ? Ond cf. isod ar 1244, *guernor*. Ar y terfyniad -*ino*-, a'i rym, gw. Marstrander, Z.C.P. vii. 378-80.

726 **eil**, mab, ŵyr, neu etifedd, gw. ar 389.

nedic nar, gw. ar 450 am *nar* fel o'r un gwr. â *ner*. Ceir *Nedd* fel enw afon yn y De, a gall *Neddig* fod o'r un tarddiad ; neu o *nadd* yn *naddu*, cf. *cad*, *cedig*. Os darll. *Nedig*, cf. *nad* "cân." Isod, 732, enwir tad yr arwr, sef *Madyein* ; felly hynafiad (taid neu hendaid) oedd hwn ; neu dealler *eil* fel yn 278, un tebyg.

727 **neus duc**, *s* yn achub y blaen ar y ll. nesaf fel gwrthrych y ferf ; gw. uchod ar 98.

bar, llid, G. 51.

729 **trydar drin**, "brwydr," cyfans. o gyfystyron i bob pwrpas.

730 **kywir yth elwir**. Ail adroddir y llinellau hyn yn BCD. Y drefn orau yw *Enwir yth elwir*, os deallir *enwir* fel dau air *en wir* "yn wir," ac nid *enwir* "anwir, celwyddog, anghyfiawn." Nid synnwyr yw galw neb yn *enwir* o'i *gywir* weithred. Sylwer yn 736 i'r copïwr ddechrau gydag *enwir* ; yna newidiodd ei feddwl a rhoes y ll. yr ail dro gan ddechrau *kewir* ac ail adrodd *cywir* gyda gweithred. Diau bod hynny hefyd yn rhoi synnwyr ; fe'i gelwir yn *gywir* o'i *gywir* weithred. Yn D dyna'r drefn arall unwaith eto, *enwir . . . oth gywir* : felly yn E 771. Darll. *en wir* "yn wir y'th elwir o'th gywir weithred yn rector, rwyfiadur," etc., cf. I.G.E.

203, Tydi elwir o wir ward / Eryr sawdwyr oes Edward. Yn B.T. 76-8 ceir cyfres o awdlau yn dechrau *Yn wir*.
yth A, yt BD, ith E. Saif *t* am *th* yn BD.

731   **ractaf** A, **rector** BDE. Gwell tystiolaeth i'r ail.
ractaf, ans. gradd eithaf, "foremost," o *rhag*, cf. *cyntaf, eithaf gwarthaf*, cf. yr enw *racter* yn M.A. 234a, 15, 16, Ysgwn ysgwyd rwyd *racter* / *Racter* y niuer, gw. B. i. 112.
rector, benthyg o'r Ll. *rector* "guider, leader, ruler"; defnyddid hwnnw am dduw ac am lywodraethwr talaith neu bennaeth byddin, yn ogystal ag am gyfarwyddwr yr ieuainc. Felly gwych o fawl oedd galw Merin yn *rector*. Yn M.A. 175a, 18, 19, ceir ffurf hanner Cymreig neu Wyddelig ar yr enw=R.P. 155b, 15, calchdoet seith riuet syr / kylch vy rwyf yny *rechtyr* / *Rechtyr* croeseswallt cryssyassant am dreic; M.A. 237b, H. 63, A *rechdyr* ae wyr bynt waretawc / Yt ddreic y weun, cf. Gw. *rechtaire* "a steward," *rectire* "praepositus gentis," Windisch, W., 734; gw. Cormac, rhif 1078, "*Rechtaire* i. rector a rege"; yn ôl Ped., V.G. ii. 51, daw o'r Gw. *recht*, ac -*aire* o'r Ll. -*ārius* (fel *notire* o *notarius*). Ffurfiad cyffelyb yn Gymraeg fuasai *rheithawr;* ond yn syth o'r Ll. *rector*- cawsid *rheithur*.
Ategir ystyr *rector* yn y testun trwy chwanegu ato gyfystyr Cymraeg, *rwyuyadur*, cf. parau fel *Deus ren* B.B.C. 9; *Meir Mari*, 45. Tybed nad *rector douyd* a ddylid ddarll. yn B.T. 1, 23, yn lle *pector dauyd?*
rwyuyadur, gw. 688, *rwyf;* M.A. 236a, *Rhwyfiadur* dygenrad digain / *Rhwyf* Arfon Iorwerth fab Ewain; B.T. 34, 17, Aereom *rechtur* (cf. *rector*) ae *ri rwyfyadur;* 63, 11, Un yw *rieu rwyfyadur;* Cern. Voc. Corn. *remus* ruif: *remex uel nauta* ruifadur. Cf. hefyd am y ffurfiad, R.P. 34b, *pennyadur*.
catuilet, llu, gw. C.Ll.H. 128, R.C. xxvii. 205-6, G. 89.

732   **Merin a Madyein**, sef Merin ap Madiain, cf. 739, *mab madyeith;* W.G. 184, *Amhadawc*, "Ap Madawc"; Cy. vii. 129, run *amaelgun;* H. 61, hywel *am madawc*. Ar y ffurf *Madyein*, gw. B. i. 3; ii. 122; yn yr Eirfa, B. ii. 229, *madiein* "vrddas"; H. 91, arglwyt mawr *madyein*. Cyfeirir at *Merin* eto yn 750.
mat, lwcus, ffodus, B. ii. 121; C.Ll.H. 85-6; M.A. 199b, Y anant *y eni* bu *mad;* Llyd. *Matganet*, Ch.Br. 131, 150.

734   **saffwy**, gw. ar 201, cf. I.G.E. 14, Gwr *praff* wrth baladr *saffwy*.
736   **gverit**. Nid *gweryd*, ond bai am *gweithret* (gw. 737) sy'n odli.

z

258   CANU ANEIRIN

Dengys 771 *guereit*, sef hen org. *gwreith* "gweithred," sut y camgymerwyd.

740   **aches**, llifeiriant, llanw, G. 6, C.Ll.H. 74.

guolouy. Ai bai am *guoloyu*, o go- a *gloyw*, ai *guo- lywy*? Ceir *llywy* "teg" isod, 895 ; B.B.C. 74, 3 ; D.G. xxiii. 35 (llewych *llywy* ; odli â *pwy*); efallai yr enw *liugui* yn L.L. 235, cf. M.A. 143a, er bod L*lywy* (enw merch); B.T. 9, 27, pysc yn y lyn *llywyawt* ; Loth, R.C. xl. 25. Felly gellir *llywy* am ddŵr yn union fel *gloyw*, a disgrifiad yw'r gair yn y testun o lifeiriant.

glasvleid. Addas yw *glas* am ddŵr y môr, a hefyd am flaidd. Os darllenir yma *glas bleid*, ceir ll. o ganu natur, "Sparkling is the sea ; grey is the wolf." Ar *glas* gw. P.K.M. 242 ; C.Ll.H. 108. Ond gellid cymryd *glasvleid* gyda'r gair nesaf, *duuyr*, mewn mwy nag un ffordd, e.e. "blaidd yw'r môr," ni ellwch ymddiried iddo, pa mor loyw bynnag. Gresyn na ellid sicrwydd o ystyron y ddau air nesaf ! Hawdd fuasai gorffen y ll. "a storm follows." Ar amwysedd y rheini gw. 2, 532. Ni ellir dibynnu ar *bleit* "gwallt, blew," yn B.B.C. 59 ; canys *blew* sydd yn y testun arall, Pen. 3 (B. iv. 128, llwyt yw *mlew*).

Ni pherthyn y ll. hon i'r awdl, fel y dengys y testunau eraill. Rhaid mai o ymyl y ddalen y daeth i destun C, am fod *dilin* yn odli, ond *Angor* yw'r Cymeriad. Efallai mai disgrifiad yw o'r olygfa o flaen llygaid y copïwr, neu linell o ganu tywydd fel B.B.C. 90, garv mir glau a uit hetiv. Arwydd glaw yn Arfon yw gweld môr llachar dros Ynys Fôn adeg machlud haul.

742   **anysgocvaen** C, **anysgoget vaen** D. Gormod o sill yw darll. D.

744   **letrud**, "coch, gwaedlyd" ; hen org. yw *l* am *ll*, cf. 762 ; B.T. 61, *lletrud* a gyfranc ; 56, gweleis y *wyr lletrudyon*.

leuir. Odlir ag *-yr* ; darll. *lleuyr*, llewyr, gw. C.Ll.H. 89 ar *llywyr, llewyr ;* M.A. 206a, Eryr gwyr *llewyr* lleissyawn ; 212b, Aryf eryr gwyr *llewyr llewyn* ; 257b, Eryr *llewyr* llaw bergyng ; B. iv. 8, Ergryn *llywyr* lliaus eru (D. Ergryn *llwfr* lliaws addoed). Yn sicr nid llu. *llwfr, llyfwr* yw ; gwell fuasai cyfans. o *llaw* "bychan, isel," a *gwyr*, h.y. gwŷr cyffredin, gw. uchod ar 62. Neu gall fod yn llu. *llawer* (cf. *llawen, llewyn,* gw. ar 93, a'r enghraifft yn M.A. 227a, Llary Argluyd *llauer lleuyn* gwanai : ochr yn ochr â'r un uchod yn 212b, *gwyr llewyr llewyn*. Tueddaf at yr olaf, "Gwaedlyd llaweroedd" ; yna manylu yn y ll. nesaf, "meirch a gwŷr."

NODIADAU

745 **a ... a,** "both ... and."

746 **rac Gododin,** o flaen y Gododdin, cf. M.A. 145b, A *ragdaw rewys dwys dyfysgi* / a rewin a thrin a thranc.

747 **re cw gyuarch.** Bai amlwg yw'r gair olaf am *gyuarth,* canys odlir â *tarth, garth,* cf. G. 203, am yr un bai mewn man arall. Anodd yw *re cw;* mewn hen org. *re cu,* neu *re cuu?* Ystyrier *regu,* D. *rhegu* "imprecari, execrari," melltithio : *rhy-gu* "hoff, tra hoff" ; *cegu* D. "glutire," llyncu : neu ynteu *re* (gw. 710), *dwyre, wyre* 679, Yn 974 ceir *re ry gwydyn* (=968, *redegein*), a gellid *re* fel adferf yma hefyd, "cyflym." O blaid darll. *re cwn cyuarth* y mae 675 ac 816.

cyuarth, gw. P.K.M. 237 ; rhoi cyfarth, anifail yn dal ei dir "stand at bay" ; G. 203, "ymladd, gwrthwynebiad." Arferir am frwydr, M.A. 346a, Brân a gre yn y *gyfarthfa.* Llas *arch* (bai am *arth*) yn y *gyfarchfa* (bai am *gyfarthfa, ch* am *th* fel yn y testun).

748 **kywuyrein,** gw. 656, "codi i'r frwydr." Darll. *cywyrein* yn hytrach na *cyfwyrein?* Ond gw. H. 101, lluch *gyfwyrein* gawr ; cf. hefyd gletyual *gynwyrein.*

bard. I odli, darll. *barth,* tr. o *parth,* gw. 318, o *barth deheu ;* 806, o *barth* vrython ; 1158, o dineidin *parth.* Amrywia'r ystyr fel y gwna *rhan ;* am yr ystyr "mintai, llu," cf. C.Ll.H. 221-2.

749 **kemre,** cf. 1477, ysgavl dhisgynnyawd wlawd *gymre,* G. 237, "? gorchudd, amddiffyn, gw. *cymreith, kymrëydd.*" Ar yr olaf dyry "? noddwr, amddiffynnwr" ; H. 6, edewis eurwas clas *kymreyt* / canawon mordei mynogi ryt ; 172, Ewein arwyrein eur wron kymry / *kymreyd* orchordyon.

tot, cf. Voc. Corn. Pelagus, *mor difeid ;* Occeanum, *mor tot.* Cymherir â *tawd* "extensio" gan Zeuss, G.C.[1], 1066 ; felly Williams, *Lex. Cornu-Brit.* 340. Cf. B.T. 23, 5, bum y ar *wadawt* / yracdaw bum *tawt ;* B. iv. 46, bluityn*daud* parahaud bruydir beynit (=vii. 27, Blwyddyn*dawd* parawd brwydr beunydd). Efallai mai ans. am flwyddyn yw *dawd* yma, tr. o *tawd,* h.y. blwyddyn *gyfan* ; efallai mai terfyniad, cf. *ciwdawd.* Rhaid cofio, fodd bynnag, am *Dinoot* Beda, a'r posibilrwydd i -o- mewn hen destun gadw org. gyntefig. Hefyd gall -*t* fod am -*dd* mewn hen org., pe felly *tawdd.*

Cynnig arall fuasai ffurf ferfol *cymretot* (?) cyfystyr â '*cyfyd,*' neu *cyfretor,* am darth yn codi o flaen Garth Merin. Ansicr.

750 **Garth Merin.** O'r ddau air *garth,* (1) headland, pentir, (2)

enclosure, fel yn bu-*arth*, gwell yw'r cyntaf, cf. A.C. 722, gueith *gart* mailauc.

753   **anysgoget**, gw. 386, 742. Os yw'r *-y-* yn cyfrif, rhy hir o sill yw'r ll., cf. B.T. 45, 16. Ond ar ddelw *ansceth* yn y glosau (B. vi. 113) ochr yn ochr â *gosgeth*, gellid *ansgoget*, os yw'n ddigon cynnar i roi ffurfiau'r iaith cyn i *sc-* fagu *y* o'u blaen. Daw *ynysgoget* eto yn 1176, ond amrywia hyd y llinellau yn yr awdl honno, fel nad oes help i sicrhau hyd y gair.

755   **arall arlwy**. Haws cael ystyr wrth ddarll. *ar all*, sef ar graig neu fryn, cf. *Alclut, All-clud*, A.C. 870, *Alt* clut. Neu'n well, gan fod y ddeuair yno, cf. B.B.C. 74, *arial arlvy*, wrth gofio *aral am arial* yn B.B.C. 68, 91, 15. Pe felly, camddiweddaru oedd troi *l* yn *ll* yn *arall*. Ar *arial* gw. G. 41, "nwyf, ynni, yspryd."
arlwy, G. 41, "paratoi neu hulio (gwledd) ; gwledd ; darpar, taenu."

756   **tra chynnivyn**, gw. ar 528, *kynnivyn*. Yma bai am *tra chymwy* a'r *yn* a ddylai ddechrau'r ll. nesaf. Ar *cymwy*, gw. 395.

757   **yn rwy**, gw. 688, 706; B.T. 38, 3.
gobrwy, yr un ystyr â *gobr, gwobr*, medd D. ; cf. Ll.A. 57, a thaleu dros y *gobrwyeu* (=214, pro *meritis* remunerationes) ; 56, *gobrwyon* (=214, *merita* ipsorum) ; B.B.C. 86, 14, Nid *ruy o obruy* a *obryneis* (h.y. nid gormod oedd ei haeddiant) ; R.P. 27a 4, Ac an gwna lle yn tecca bre yg*gobrwyeu ;* Y.C.M. 105, wyth *obrwy* yr eneit ; Ll.A. 141, A rodi nef ... yr sawl ae *haedo* ac ae *gobrwyho ;* 146, Seith weithret y drugared yr *gobrwyaw* idaw nef. Y mae mwy o flas haeddiant na gwobr ar amryw o'r enghreifftiau.

758   **gordwy**, D. *gorddwy*, oppressio, pressura, vis ; *Trais a gorddwy*, vis et oppressio ; G.M.L. 159, "violence" ; M.A. 206b 7 ; 213a, Py geidw yr gorddwfyr rac pob *gorddwy* (=H. 292) ; 322b 29 ; 345a 22, 32 ; 350b 24 ; B.B.C. 74, 10 ; R.M. 101, ble mae plant y gwr am llathrudawd *yggordwy*=W.M. 227a, kwt ynt plant y gwr am rydyallas yg *gordwy ;* R.P. 23b 19, Ardelwaf oth nawd rac tawd tanawl / Eiryf *gymwy gordwy* angerdawl vffern ; 38b 12 ; A.L. i. 688 ; ii. 206, heb *treis*, heb *ordwy ;* 769, 834, 881, 882 ; cf. Gw. *ding-, for-ding-*, "oppress," Ped., V.G., ii. 505–6.
lain, sef *lla-in*, deusill, i odli, gw. 58.

759   **weithret**. I odli, darll. *gweith*, neu *gwreith*, cf. 771.

760   **kyuyeith**, cf. 772, 1329, G. 209. Yma saif am rai o'r un genedl.

NODIADAU

761 **Tutvwlch**, gw. 115, 119, 137.
treissic, treisgar, cadarn, meistrolgar.
o dileith D, godileit E, gyda *t* am *th*. Sylwer ar yr hen gowedi troi'n *o*, gw. 999, penn *o* draet.
dileith. Dau air gwahanol : (1) "marwolaeth," cf. L.L. 144a, y *dylyt* melen, "yellow plague," P.K.M. 148, *dileith*, gw. nodyn yno; (2) *dyleith* "bar ar ddrws," felly "amddiffyn, diogelwch"; cf. V.V.B. 97, *delehid*, gl. ar *sera;* T.W. *sera* "clo"; Andrews, "A bar for fastening doors"; B.T. 12, kayator y *dyleith* / arnawch y vffern lleith; D.W.S. dolen *dylaith* "staple"; M.A. 134a 7; 157a 52, wyf *dyleith* ar gert; 185a, d. bytin (cf. *clo* byddin, *allwedd* byddin, R.P. 3a 20), 193a 14, kymry *dyleith;* 332a 9, cad *ddylaith* Caeaw; B. iv. 46, *dyleith* y pob guineith guneyw; L.G.C. 427, *Dylaith* trev Vachynllaith wen (nodyn anghywir ar waelod y ddalen); Loth, R.C. xxxviii. 172; R. *dôl;* *dolen* and *Dylaith*, a staple, chain, or wyth fastened to yokes"; felly D., cf. T.W. *ampron*, dolen neu ddylaith iau. Yn y testun Tudfwlch yw'r amddiffyniad diogel ar gaer, bar ar ddôr caer. Neu ynteu, a deall *go* fel arddodiad "o dan," caer *dan* glo, wedi ei chau.

762 **llafnaur let rud**, darll. *lletrud*, cf. 744, M.A. 211b, A *llafnawr lledrut* uch grut a grann. Yn 1221, ceir *e lauanaur*, gydag -a- anorganig rhwng *u* ac *n*. Trwy'r awdl hon ceir cymysgedd orgraff, hen a diweddar yn yr un ll., *l* ac *ll* am *ll;* *d* a *t* am *dd;* *f* ac *u* am *f;* *u* am *u* ac *w;* *-gu-* am *-w-*; *s-* am *ys-*.

763 **laun**, cf. 765 *laun*, 769 *laur*. Darll. *l(l)awr* drwodd : tebyg oedd hen *r* i *n*, a methid yn aml wrth ddiweddaru'r naill a'r llall.
llawr, gw. 125, "unig"; am ymladdwr "ceimiad, champion." Hefyd ceir *llawr* "floor, ground."
ciuachlud, G. 199, *kyuachludd* "machlud, marw," gan ei gydio wrth *guron*. Gwell gennyf gydio *guron* wrth *guorut*. Yma, gan ddeall *llawr* fel "ground," yr ystyr yw bod y llafnau cochion yn cuddio'r llawr â chelanedd; cf. Ll. *occludo* "cuddio"; *ym-achludd*, ymachlud, "ymguddio." Ceir ystyr arall *llawr* yn sicr yn 765, 769. Os am ei gael yma, darll. *cyn achludd*, cyn ei gladdu.

764 **guron**, gwron, yr unig enghraifft yn y canu hwn.
guorut, gworudd, *t* am *dd*. Un ai *gor-udd* "arglwydd," neu *go-rudd* fel lledrudd uchod. Oherwydd *y maran* sy'n dilyn, gwell yw'r ail.
y maran, ym maran, ym mrwydr. Ar *baran*, gw. 39, bleid *e maran*.

765 **laun,** darll. *llawr* "champion."
leidyat, lleiddiad, lladdwr.
766 **laguen,** hen org. *llawen,* cf. Juv. *leguenid* "llewenydd" ; Nennius (Mommsen, 205), *Tataguen* am *Tad Awen,* lle ceir *-w-* fel *-gw-*.
udat. Prin o *udd.* Darll. *uidat* "fyddat," sef "byddai." Ar hwnnw, gw. G. 65b.
767 **stadal,** gw. G. 268, ar *kystadl* (kystal), *distadl, ystadl.* Os yr un gair, dyma *-a-* anorganig yn ddigon cynnar i ffurfio sill, cf. am beth tebyg, 776, *sathar* sanget ; M.A. 211a, *sathar* a *gossathar* yn odli ag *ar.* Nid oes le i amau nad yr un gair yw â bôn *sathraf,* lle nad oes lafariad rhwng *th* ac *r.* Yn B.T. 56 (gwen ystrat *ystadyl* kat kyny gyd / Ny nodes na maes na choedyd) teirsill yw *ystadyl kat* yn ôl y mesur. Os dileir yr *y-,* a darll. *Gwen strat stad*[*a*]*l kat,* bydd y cymal cyntaf yn rhy fyr. Cf. eto B.T. 65, *ystadyl* tir penprys a gwallawc. Yma eto deusill yw *ystadyl,* a barnu wrth y llinellau wythsill. Trafodir y ffurfiau gan Loth, R.C. xl. 366–9, a chyfieitha y testun "comme loup d'étable, c'est-à-dire qui est *comme un loup dans une étable,* loup dans l'assemblée." Prin iawn y gall hyn fod yn gywir. Beth bynnag yw grym *stadal,* nid blaidd yw bleiddiad. Cynnig J.M.-J., *Tal.,* 164, "border" am *stadal,* a chyfieithu *s. vleiddiat* fel "defender of a border."

Mewn geiriau Gwyddeleg fel *arathar* ceir *a* anorganig rhwng *th* ac *r ;* cyferbynner ag *aradr (aradyr* Cym. Canol). Mewn geiriau unsill fel *gafr, budr, llyfr, pobl,* amrywia'r datblygiad yn Gymraeg yn ôl y dafodiaith. Yn y De cafwyd *gafar, llyfyr ;* yn y Gogledd, *gafr, llyfr :* yn y naill a'r llall *budur, pobol.* Tybed a fu amrywio tebyg mewn Hen Gymraeg ? Cyfeiria Loth at *lauanaur* yn 1221. Nid yw'r ail *a* yno yr un peth gan nas rhifir fel sill.

Deallaf *stad-l* fel "safle, post, station, status" ; *cystadl* "of equal rank, cyfurdd" ; *distadl* "of no rank, di-nod"; cf. 88, *gorsaf*.

bleidyat, cf. 1279, oed *bleidyat ryt* eny dewred ; G. 58, "ymladdwr fel blaidd, amddiffynnwr dewr" ; R.P. 172a, enwawc dudyr hael / hawl *vleidyat* lluch ar ysgyr ; H. 258, Ef ulawt kyfrieu, ef *uleityad yn dygyn ;* Loth "blaidd," J.M.-J. "amddiffynnwr." Os o *blaidd* ac *-iad* (cf. *moch, meichiad*), golyga un sy'n cadw bleiddiaid draw ? Ond cf. S. "to wolf" am ysglyfio, llarpio. Gydag ystyr debyg, *hawl fleiddiad* yw un sy'n ymladd fel blaidd am ei hawliau. Ceir *eirthiaw,* fel pe bai o *arth* yn B.B.C. 96, R.P. 170a, M.A. 213b, B. iv. 10, Gwell tollyaw noc *heirthau ;* h.y. gwell cynilo nag ysglyfio.

ciman, cyman, llu, gw. 341, cf. B. vi. 216, *iciman guorsed.*

768 **luarth,** lluarth, gardd. Ceir y llu. lluyrth fel gl. ar *horti,* gw. V.V.B. 178, *luird.* Daw o *llu* "llysiau" ; *garth (gorth)* "gardd," cf. B.T. 9, At[wyn] *lluarth* pan llwyd y genhin.

teulu, mewn hen org. *teilu* "war-band, y milwyr yn y llys," gw. P.K.M. 107. Yr oedd fel gardd lysiau i'w osgordd, yn gofalu am bob cynhaliaeth iddynt.

769 **in ladu,** yn lladdu, berfenw prin *lladdaf,* cf. B.T. 8, Mal *lladu* llyry a gwyeil, "curo pastynau â gwiail," gwaith ofer.

770 **cinoidalu.** Ni welais ferfenw yn *-u* o *dal.* Yn B.B.C. 44, 4, ceir un yn *-i,* sef *deli* (cf. 8, 5, *delli,* gyda dwy *l,* nid *ll,* o **dalg-).* Haws tybio fod *dalu* yma yn hen org. am *dallu.* Am *cinoi,* cf. 265, *kyn noe angheu ;* gw. ar 47.

771 **od,** o'th, cf. 736, 737, 759, *d* am *th.*

guereit, "gwreith," *t* am *th,* fel y dengys yr odl, cf. 736, oth gywir *gverit.* Yr ystyr yw gweithred, cf. 730, 737, 759. Sylwer ar *guer-* yn lle *gwr-* o flaen *-e-,* cf. A.L. ii. 10, *gueneutur* "gwneuthur," ac isod 783, *guanaid* (775, *wnaeth*). Ar *gwreith* o'r ferf **gwraf, gwnaf,* gw. W.G. 152, 337, ac uchod ar 60. Y mae *gverit* yn 736 yn atgo o'r un gair, ac yn enghraifft o'i arfer o'i le.

772 **liuidur.** Yn y lleill ceir *rwyf* yadur am bennaeth : yma ffurf o *llyw.* Cofier mai rhwyf hir oedd yr hen lyw, cf. B.T. 55, llen *l'ywyadur* (bai am *llyadur,* darllenydd ?) ; G.M.L. 210, *lleuyadur* "rule," H. MSS. ii. 7, llinyeu a tynnit urth *lywyawdyr* gyfyawn, h.y. pren union, "ruler." Yn ystyr arall i "ruler," sef rheolwr, arferodd W.S. ef yn ei Destament, 58, *llywiawdr,* 59, *llywyawdur,* a'r lluosog, td. 19, *llywiawdwyr.* Os yw *liuidur* yn ddilys ac nid bai am *liui*[a]*dur,* rhaid ei ddeall fel *llywydur,* neu *llywidur.* O enwau yn *-ĭtōr-* ceid *-idur* fel y caed *-adur* o *-ātōr-.* Haws credu mai bai'r ysgrifennydd sydd yma.

773 **hair.** Darll. *aer* gyda 761 yn hytrach na *haer* yn *haeru, haerllug ?*

godileit, *t* am *th,* cf. A.C. 880, *Gueit* conguoy "Gwaith Conwy."

774 **Ardyledawc** canu yw'r Cymeriad yma ac yn 790, 800, 819, 827 ; ac yn yr org. hŷn *erdiledaf canu* yn 782, 825 ; *erdyledam,* hŷn wedyn yn 808 ; enghraifft ddiddorol o ddiweddaru org. a newid gair. Dyry G. *arddyledawc* "? dyledus, iawn, ? ardderchog," gan gymharu *dyledawc, dylyedawc.* Mewn hen org. disgwylid *ardylyedawc,* cf. 798, *dylyi;* ond cf. B. v. 209, teyrn *deleedawc* (B.T. 13, 19, yssyd wr *dylyedawc*) ; P.K.M. 27, *dyledogyon ;* Llyd. Ch.Br. 123,

Delehedoc; H.G.C. 120, brenhin *dyledawc.* Nid oes lawer o anhawster i ddeall *ardyledawc* fel org. y ddeuddegfed ganrif. Y drafferth yw esbonio colli pob olion o'r *-g-* a welir mewn Gw. *dliget* (dlyed, dylyed) mewn testun digon cynnar i gadw *-am* am *-af, erdyledam.* Anodd credu fod berf *erddyledaf* ochr yn ochr â *dylyaf.* Dyrys hefyd yw *dyledawr* yn 129. Rhyngddynt gorfodwyd fi i feddwl am berthynas i *guoled* "golaith" yn Juv. B. vi. 206. Eto ni rydd hynny gystal ystyr a ffurf ar *dylyet.* Ni wn a ellir dod dros yr anhawster wrth ddeall *erd(i)ledam* fel ffurf ar *erdliedam,* ans. o'r radd eithaf o *erddlyet.* Ceir ans. o'r fath o *penn, lles, diwedd, ol,* cf. Cpt. B. iii. 256, *diguedham* "diwethaf." Yn y glosau ceir *racdam* V.V.B. 207, gl. ar *sibi ;* felly "rhagddaw." Awgrvma hyn y gall *-aw* darddu o *-am* (cf. hanes H.G. *etem* edef, edau ; efallai *goddef, goddeu*), neu fod *-am* (=*-af*) yn arwydd am *-aw* hefyd mewn H.G. Hefyd ystyrier B.T. 16g, 17, 15 ; yn *prydaw* luyd ; Dybi o *lydaw prydaw* gyweithyd. Nid yr un gair yw â *prydau* yn A.L. 180, *prydau* eu tir. Berfenw yw hwnnw o *prid.* Ond yn B.T. ans. yw *prydaw,* rywbeth fel "hardd," o *pryd* "harddwch." Os medrir deall hwnnw fel ffurf gyfystyr ag ans. gradd eithaf "hardd iawn," gellid esbonio *erdlyedam* yn gyffelyb, cf. P.K.M. 26, *Yawnahaf* "iawnaf," o ran ystyr. Gair arall i'w gofio yma yw *lled(d)* yn 1333, pe gellid ystyr addas iddo. Sut bynnag, deallodd hen olygydd y canu hwn *erdiledam* fel ans., a rhoes ffurf ei oes ei hun arno.

caffat, gw. 350. Bai yw *cafa* yn 781. Sylwer ar *caffat, cat* yn y brifodl, a'r gweddill o'r awdl yn *-et,* cf. B.T. 45.

am Gatraeth, cf. H. 106, *Am* byrth caer uyrtyn porthes gwyr gwaedlin ; C.Ll.H. 34, *Am* Drebwll twll dy ysgwyt ; H. 5, *am* drefan dryffwn, etc.

a wnaeth. Sylwer ar B, **ri guanaid,** rhy wnaeth : enghraifft o'r modd y disodlwyd *ry* gan *a,* y rhagenw perthynol, neu eiryn berfol.

brithred A, **brit ret** B, cythrwfl, G. 77, cf. ei gyfystyr *brithfyd,* croes i *gwyn*-fyd. Ond cf. hefyd Gw. *brechtrad* (1) "variety, chequer-work," (2) "spells," C.I.L. 252–3.

776 **brithwy** A, **britgue** B, o *brith* a *gwe,* am frethyn wedi ei weu o wahanol liwiau. Bai yw darll. *-wy* ynddo, camddiweddaru *e* yr hen destun, cf. isod 1416.

a wyar A, **ad guiar** B, "gwaedlyd," cyfans. o *ad* neu *add* a *gwyar* "gwaed." Y mae G. 9 o blaid *ad-,* cf. B.B.C. 46, pendevic *adwin* *adviar.* Nid yw orgraff y Llyfr Du yn hollol gyson, a cheir *d* droeon am *dd* er mai *t* yw'r arwydd amlaf. Yn y testun cyfeirir at ddillad hardd wedi eu llychwino â gwaed. Ei ail ystyr yw "creulawn." Nid *adwy* yw'r bôn, er Loth, A.C.L. i. 446–7. **sathar sanget**, sef y dillad gwaedlyd a fathrwyd dan draed. Ar *sathar*, gw. uchod ar *stadal*, 767 ; hefyd R.C. xliii. 339.

sanget, sangwyd, sathrwyd, amhers. perff. Yr un gystrawen sydd yn *kyman caffat*.

777 **sengi wit gwned** A, **segit guid gunet** B. Gwell yw B, *segit* neu *sengid*, yntau'n ffurf amhers. perff. (nid amherff. fel heddiw ;) cf. P.K.M. 191, *edewit* "adawyd." Y mae *wit* a *guid* yn erbyn cywiro'r testun i *gwyr*, er 794 *gwr gwned ;* 218, *gwyr* gwychyr *gwned*. Os rhaid darll. *guid* fel "gwydd," dealler yn ffigurol am ryfelwyr fel "pyst cad." Ond cf. hefyd H. 18, *gwyth* gwnet.

778 **bual** A, **dial** B. Gwell yw B o synnwyr a chyseinedd.

tal med, gw. 22.

779 **kyuirynged.** Efallai *cyfryngu* a'r rhagenw mewnol yn wrthrych i'r ferf; cf. 787, *o* galanet *cuiei rigɛt;* B.T. 19, 23, Neur *deiryghet o rif* eur dylyet. Ond cf. 849, calanet *a ciuriuet ;* B.T. 58, 16, a chet *achyfriuet.* Yr odl yma yw *-et,* a gellid deuair *cyfei* (gw. 296) *ryget* "rhy-ged," rhodd fawr : neu *rhi-ged*, cf. teyrn-ged. Ond pa ystyr ? Ai "er bod y tâl medd yn haelionus, â chalanedd y talwyd amdano?"

780 **nyt adrawd** A, **nis adraud** B, gw. ar 27.

Kibno A, **Cipno** B, cf. 1257, cem bu *gipno* mab guen gat, cf. A.C.L. 165, *Guipno* m. Dūgual hen m. Cinuit. Yma odlir *-no* ac *-o*.

wede A, **guedi** B. Yn C.Ll.H. xi. 18, odlir ag *-y*, cf. B.B.C. 25, *widy ;* Ox. 1 *guotig.* Saif *-e* yn A, ac *-i* yn B, am *-y*.

781 **ket bei** A, **ceuei** B, gw. ar 296.

kymun A, **cimun idau** B. Rhaid cael *idau* "iddaw" i roi mesur a synnwyr. Yn ôl J.M.-J., *Tal.*, 216, hen org. am *cyfun* (*m* am *f*), a chyfieitha "an equal to him," gw. hefyd G. 219, ar *kyfun* "cytûn, bodlon." Dyry Anwyl, "though the revenue of Keui were made one" ; ond E. "since thou hast received the communion." Ceir *kyuun* isod, 1135, heb os : amheus wyf yma. A ddywedid *cyfun i ?* Onid *cyfun â ?* Pe bai *cyfun* yn enw "cyfaill, cwmni, comrade," gellid *i* ar ei ôl, "er ei fod yn gyfaill iddo, er bod cyfaill iddo."

Ond cf. 61, ket elwynt e lanneu e benydyaw. Er iddo yntau gael cymun cyn cychwyn, ni thyciodd. Felly cf. *cymun,* y sacrament, offeren ; B.B.C. 19, *kymun* bid paraud in erbin tridaud ; R.P. 4b, 31, kymer *gymun* kynn agheu. Ny chymeraf *gymun* gan ysgymun uyneich . . . am *kymuno* duw e hun ; 6a, a gaffaf i *gymun* ynghardawt ; 102a, dyro ym uarglwyd . . . kynn yr agheu. Kyffes a *chymun gyuunn* gouyeu. Hefyd, y llinell ffyrnig yn H. 139, saesson sag . . . *Bu creu eu callon eu kymun*. Mewn un lle fe'i ceir, gyda *daerawt* (cf. *daeret* yma), sef R.P. 17b 13, Keneu y vrawt. *kymun daerawt* ny bu geluyd (Yn anffodus amrywia'r darll. yn Cy. vii. 125, *kyuun*). Yn B.T. 69–70, ceir marwnad Cunedda ; 70, 6, A naw cant gorwyd kyn *kymun* cuneda. Onid y cymun olaf a gafodd yw hyn, nes bod cymun yn gyfystyr ag angau ?

keui A, ciui B, gw. G. 122 ; yn ôl Anwyl, yr un â Pit*kevy*, i'r gogledd o'r Forth. Heb wadu bod hynny'n bosibl, cynnig J.Ll.-J. y gellir *ke* fel yn *kevei*, a ffurf ar y ferf bod. Yn erbyn hynny y mae darll. B, lle ceir *ceuei* eisoes yn y ll., a disgwylid cael *ceuei* yr eildro yn yr un gystrawen, petai'n ddilys. Gall *cefi* fod yn amherff. 3ydd yn -*i* o *cael*, cf. 36 *nodi*, 66 *lledi*, neu ynteu yn ferfenw yn *i*, fel *rhoddi, moli*. Y gair nesaf yw *dayret*, cf. H. 318, cyfres o *keueisy*, ac yna *yt ym daerhawd*. Rhaid ystyried hefyd y posibilrwydd fod yma gyfansawdd o'r hen ddull., *cyf-i-daeret*, cf. B. iii. 256, *emmi guollig ;* v. 238, *erit migam*.

dayret, gw. 241, *dayrawt ;* G. 287, *daeret ;* B. ii. 1–5 ; M.A. 160b, Gan vawrdraws arglwyd *rwyt ym roted* / Gan vawrdreis emreis amryw duted / *Kyuym doeth kyuoeth kyuym daered* / Kyfliwyon gweilwyon gweilch ogyfred. Ar *kyuym* gw. G. 220, "*ym* fel rhagenw mewnol yn glwm wrth fanyn cyflwynol, . . *kyu-ym-daeret ; kynnaeret*" ; hefyd 199, ar *kyfaeret ;* 287, *daeret* "dodiad, adnau, teyrnged, treth, cymyn," a rhoir y testun dan yr ystyr hon ; yna dan y berfenw *daeret* rhoir y *kyuym daered* uchod o M.A. 160b ; R.P. 33b, 12, ysgereint / nys *daeret* trefret y triseint ; cf. *Welsh People,* 217, *daered* "income or fees" ; A.L. ii. 90, os mwy a vyd o da idaw ynteu no seith punt y adaw oe blant y dalu y *daeret ae dylyetyon ;* G.M.L. 112, *daeredwyr* is applied to the officers collecting the *dawn-bwyd ;* et unus denarius *ministris* id est yr *daeredwyr* ae kynnwllo, A.L. ii. 785 ; gw. enghreifftiau G. 287 o'r defnydd cyfreithiol. Rhyw ddâl, rhodd, neu ddyled cyfreithiol yw *daered* fel enw, "dues," a digwydd droeon gyda "dyledion."

Gan fod yn rhaid cael gwrthrych i *nyt adrawd* yn 780, ac mai *keui dayret* yw'r unig eiriau posibl yn y ddwy linell, cynigiaf ddeall *keui* fel berfenw *cafaf*, cyfystyr felly â *cael*, a *daeret* yn enw yn dibynnu arno. "Ni ddywed Cibno iddo gael ei dâl ar ôl y frwydr (y wobr a haeddai), er iddo gymryd y cymun cyn mynd," cf. M.A. 190b 12, ef *daered ei fudd;* B.T. 46, 15, O pop aduer y torof uroder *dychyfaerawt* / *bud* adefic y grist gwledic degyn volawt.

783 **in,** ein. Nid yw yn A.

ri guanaid, rhy wnaeth. Odlir â *gatraeth,* ond cedwir *ai* yr hen org. am *ae,* a saif *d* am *th.* Dengys hyn fod *gwraeth* yn ffurf ddilys mewn Hen Gymraeg ar y gorff. 3ydd o'r ferf *gwraf,* heddiw *gwnaf;* nid oes raid troi pob *gwnaeth* yn *gwreith,* cf. *kymerth* ochr yn ochr â *cymyrth.* Daw'r *a* sydd rhwng *gu* a'r *n (r)* o'r sill nesaf, cf. uchod ar 771, *guere-* o *gure-.*

790 **govri,** doeth, enwog? Y mae mwy o flas *bri* yma, er Ox. 1, *guobri,* gl. ar *gravis:* *guobriach* gl. ar *sapientior;* yn B.B.C. 45, cyferchir yr arddwr fel dyn *gowri* "gofri" (rhywbeth fel S. "my good fellow"); cf. B.B.C. 44, ew ae mam dinam daun *owri;* B.T. 42, pwylluawr *wofri* (am Dduw). Digwydd *-uuobri* mewn amryw enwau personol Llydewig, gw. Loth, Ch.Br. 177, Bresel-*uuobri,* Cat-*uuobri,* etc.

791 **ryuerthi.** Nid yw gan D., ond dyry *rhyferthwy,* diluvium (cf. B.T. 29, Ryferthwy hiraeth; 53, Neur dineuwy trwy *ryuerthwy* a uawd adar; 76, Prit *myr ryuerthwy* ar warr tonneu). Ond ceir y llall yn B.T. 34, ket *ryferthi;* 41, grayan mor heli / kyn traeth *reuerthi;* R.P. 61b, Jor ... a digawn oe dawn dwyn *ryuerthi;* hefyd y ferf yn 37a 9, *ryuerthir* ennwir yn annwar. Hefyd, R.P. 25a, rwysc *kyuerthi* am Ryferthi (G. 208). I hwn yr etyb y Llyd. *reverzi,* llu. *reverzieu,* gair am lanw uchel, "spring tide," gw. Ernault, G.M.B. 573-4; R.C. xxx. 28; Zeuss, G.C.¹, 864, *robarte* (profectus maris), *robartai, robarti* (gl. *malinae,* pl., cf. *Medieval Latin Word List, malina* "spring tide," enghraifft yn A.D. 860); gw. A.C.L. ii. 146, *roborta* "abundance"; iii. 206, *rabhartha* "springtide"; *Amlyn ac Amic,* 20, 22, disgynnawd *ryverthin o wylaw* ar Amic, cf. S. "flood of tears."

Rhaid canmol y pedwar peth a enwir yn 790-1, gan eu tebyced, cf. M.A. 198b, Mi ae mawl *a melyn eithin.*

792 **varchawc,** darll. *marchawc.*

mysgi, cythrwfl brwydr, cf. *cymysg;* B.B.C. 66, Pell y *vysci;* D. *mysgu* "miscere." Dywed mai cyfystyr oedd yn Nyfed â *datod* (soluere, dissoluere) yng Ngwynedd, cf. L.G.C. 227, A'm esgyrn yn vriw braidd na *mysgyn.*

793 **ruduedel.** Amwys: (1) Mintai o ryfelwyr gwaedlyd, llu; (2) un rhyfelwr gwaedlyd, gw. C.Ll.H. 92. Dymunai'r arwr fod yng nghanol *rhuddfedel rhyfel;* neu ynteu, "y lladdwr rhudd—rhyfel a ddymunai."

a eiduni. Ar ddelw 783 *ri guanaid* i ateb i 775, *a wnaeth,* gellid darll. yma *ry eiduni* i gyfoethogi'r gyseinedd. Berf amherff. 3ydd yn *-i,* "eiddunai"; dymunai'n angerddol; cf. 1156, *eidun ;* B.B.C. 16, 10; 43, 11, R*ieitun voli ;* 85, 4, *Ymeitunaw* ar seint; R.P. 7b 11, *eidunaf* na bwyf gann mlwyd; 75a 24 (Crist) ranneu oe donnyeu a *eidunaf;* B.T. 52, 26 (Alexander) A *eidunwys* yn y vryt a gafas or byt; Ll.A. 94, dwy wefuus . . . yn *eidunaw* kussanev sercholyon, gw. R.C. xi. 352-3, ar *Ediunet.* Gwelir fod y dymuno yn arwain i weddïo, neu ofyn, yn rhai o'r enghreifftiau.

794 **divudyawc,** gw. G. 8, *aduuddyawc* "? diwerth, difudd," cf. M.A. 541b, Ac ena sef a oruc gwr a elwit Marcel mut mynnu dial ar Walchmei llad i gytemdeith ai emlit en *divudyawc*=R.B.B. 215, nachaf marell . . . oe holl ynni yn keissaw dial qwintilian ac yn ymordiwes a gwalchmei yny ol ac yn mynnu y dala; *Brut Dingestow,* 172, (Marcell yn) erlit Gualchmei yn *diuudyawc* ac ual yd oed yn ymodiwes ac ef ymchuelut a wnaeth Gualchmei arnav a llad y ben; W.M. 242b 3, *diuudyawc* uyd yn y geissaw. Yn Ll.H. 213, 214, *aduutyawc* yw arfau gwaedlyd ar ôl brwydr, a chelanedd y gelyn. Yn y rhan hon o'r llawysgrif saif *-t-* am *-dd-*. Felly gallwn darddu'r ddau air o *budd.*

dimyngyei. Darll. *difyngi* i gael odl, a hefyd gyseinedd â *divudyawc,* cf. C.Ll.H. 153, *difwng* "rhugl, parod." Fel y rhuthrai Marcel yn awchus ar ôl ei elyn, felly y rhuthrai hwn yn eiddgar i gad. Cf. ymhellach M.A. 169a, mawr mygyrvut *mig ;* 185a, ar uygyrueirch ar uygyr *uyg ; durfyng,* Ed. Samuel "vehement, strict"; *durfingderau* "austerities, difficulties."; Pen. 29, 31, och uawr . . . o *dyruygrwyd ;* R.B.B. 21, 23, Ymlad yn *duruig* wychyr; 365, ymlad ac wynt yn *duruig ;* C.Ch. 133, ae swynaw in d. gadarn; R.P. 71a, rudgled kynn derwued d.; 94a, prif ruthyr yng *durvyng* dewr uaed; M.A. 257b, Nam gwrthod yn *dduruyg* (odli â *bymllyg, bergyng, yng*); 297a, Arf yn *ing* aer *ddirfing* ddur; 344a; 537b, dewrach a *durvingach* vydei e gwyr o heny; T.W.S. 65 (Marc i.) gorchymyn o hanaw iddo yn *ddirfing* (ymyl, *galet*); D. *durfing* "austerus, chalybeus."

795 or meint gwlat, gw. 24. Sylwer ar y fannod.

yd y klywi, cf. 1266, *yd i gweles.* Un ai *hyt y* clywai; neu, gan fod *yd* "ydd" yn y ddau le, deallerydd y geiryn berfol, ac *y* fel rhagenw mewnol, gwrthrych y ferf *klywi,* ac yn cyfeirio at *cat,* "where he heard it."

796 hut, "felly," gw. 615, 709, 712. Atebir iddo gan *mal* yn 797.

arolli. Ni thâl B. i. 223, *arolli* "hollti," er bod *holli* yn gyffredin am *hollti* yn y testunau. Ceir synnwyr wrth ddeall hyn fel *arfollai* "derbyniai," cf. W.M. 240a 1; teifl y cawr wayw "Ae *aruoll* a oruc kulhwch"; daliodd y waywffon yn yr awyr. Ar *arfoll* gw. B. i. 226-7; G. 39. Yma "he used to pick up (his) spear as readily as a glass of sparkling wine," cf. C.Ll.H. 34, mor wylat gantaw mal y gwrwf y gat; ac isod 873-4.

797 wayw. O ddarllen *gwoyw* ceid odl dda â *gloew,* gw. C.Ll.H. 66.

798 aryant am y ued, mewn llestri arian yr oedd ei fedd. Ar *am,* gw. C.Ll.H. 169, meil *am* ved.

eur dylyi, haeddai rai aur.

799 Gwaetnerth, eto yn 1163, cf. yr enw *Guaythenerth* ap Eignon, *Survey of the Honour of Denbigh,* 188. Darll. *Gwoed(d)-, Gwaed(d)-,* yn yr enw hwn, gw. enwau Llydewig yn Ch.Br. 177, o'r breinlenni cynnar, lle'r amrywia'r org. rhwng *Uuoet-, Uuoit-,* a *Uuod-, Guoed-,* megis *Uuoet-hoiarn, Guod-hoiarn, Uuoit-hoiarn;* cymhara Loth yr enw Cymreig yn L.L. 202, *Guoid-hearn.* Felly hefyd gellid cymharu â'r enw yn y testun ffurfiau L.L. 209, *Guoidnerth;* 401, *Guidnerth, Guaidnerth, Guednerth, Gaidnerth,* yn ogystal ag enwau fel *Guoidcen, Guoidci, Guoidel, Guoidgar,* gw. hefyd Loth, R.C. xli. 205.

Llywri, cf. L.L. 161, *Louri* ochr yn ochr â *Loumarch* sef *Llywarch.*

800 gorchyrdon "lluoedd," cf. 827 yn yr un Cymeriad. Ar *cordd* "mintai, torf," gw. uchod 331, y llu. *kyrd;* G. 133, 164. Ceir *gorchordd* yn B.B.C. 26, 57, *gorchortion;* B. vii. 24, dewr *orchordon;* B.T. 47, *gorchordeon;* 63, 72, M.A. 189a 6, *gorchordyon;* hefyd cf. *gosgor, gosgordd* (B.T. 21, 26). Gellid *gorchyrdd* fel llu. *gorchordd,* fel y ceir un. *cordd,* llu. *cyrdd.* Dyma luosog dwbl fel *bardd, beirdd, beirddion* (H. 95, molawd mil *ueirtyon);* gw. ymhellach ar 1436. (Nid mintai o *gerddorion* yw fel y tybiodd Loth, R.C. xliv. 276.)

801 dyrreith, cf. 1371, *Dyrreith* grad voryon / adan vordwyt haelon; B.T. 31, Adoer lleith *dyrreith* anaw barawt; H. 119, Ry gelwir gelyn agkyfyeith / geleu rut geloreu *dyrreith;* M.A. 221b, Neud

maith i'm *dyrraith* dir ofalon ; R.P. 61b 21, llauurgwyn gwenwyn dirrwyn *dyrreith ;* B.T. 54, Tri lloneit prytwen yd *aetham* ni idi nam[yn] seith ny *d.* o gaer sidi ; H. 20, Endeweisy eryr ar y ginyaw dyuyn / *dyreith* gwynet gwyar itaw / pan amwyth ywein eur a threui dinbych ; Rhys, R.C. vi. 26, "The verbal root from which *dyrreith* comes was *reg-,* and we have it in the imperative *dyre,* colloquially *dere* 'come' " ; td. 56, esbonia'r *-rr-* fel arwydd o'r rhagenw perthynol mewnol. Amhosibl yw hynny yma, ac yn 1371. Yn B.T. 54, berf yw, gorff. 3ydd, "dychwelodd, daeth" ; yn H. 119, gyda *geloreu* ymddengys fel pe golygai lwytho'r rheini, eu llenwi â chelanedd, cf. C.Ll.H. 121, gelorawr *veich ?* Yn H. 20, un *r* sydd yn *dyreith ;* berf yw, a saif am waith gwŷr Gwynedd yn peri bod digon o waed i'r eryr ar ei ginio erchyll, cf. 802-3. Buasai rhagddodiad *dyr-* fel yn *dyrwest* "dirwest" yn cyfrif am *-rr-.* Berf yw bob amser, medd J.Ll.-J., B. iv. 54, gw. yno. Y mae rhyw ddwsin o enghreifftiau o *gwedy,* wedi, yn Llyfr Aneirin, ac enw a ddaw ar ei ôl bob tro, ag eithrio yma, os yw'r testun yma yn eithriad ddilys. Gwell gennyf fuasai tybio dwy ffurf, un yn ferf orffennol, 3ydd, a'r llall yn enw (cf. *dile-af,* a'r enw *dileith ; rhe* a *rheith*).

dylleinw, cf. B.T. 21, Auon . . . gogwn pan *dyueinw* gogwn pan *dyleinw.* Cyferbynnir *difenwi* "lleihau, tynnu oddi wrth" (cytras â'r Ll. *deminuo,* gw. L.L. 121, yr neb ai torro hac ay *dimanuo* y bryeint hunn) â'r gair arall *dylenwi* "llanw." Yn y testun gellid darll. *dyueinw* yn lle *dylleinw* i gael cyferbyniad tebyg : nid anodd methu wrth gopïo *u,* a rhoi *ll* yn amryfus yn ei lle. Felly, *a gwedy dyrreith dyueinw auon* "after a flood (?) a river diminishes," h.y. daw trai ar ôl pob llanw. Y mae'r un mor bosibl cael llanw ar ôl trai l Nid yw'n werth aros yn hir ar destun y ll. hon ; dengys yr hŷn testun yn 809, mai cynnig yw i wneud synnwyr o linell nas deallwyd.

auon. Yn y llsgr. ceisiwyd newid hyn i *aeron,* gan y copïwr gwreiddiol, mi gredaf. Yn y ll. gyfatebol yn B ceir testun tra gwahanol, ond *aeron* sydd yno hefyd ar y diwedd. Tybier mai *aeron* oedd yng ngwreiddiol Ll. Aneirin : ysgrifennodd y copïwr *dylleinw* (yn gam neu gymwys), ac ar gip, gwelodd air addas yn dilyn, sef *auon.* Erbyn craffu gwelodd ei gamgymeriad, a cheisiodd ei gywiro.

802   **dimcones** A, **riuesit i** B. Rhaid darll. *i* i gael ystyr gyda *lovlen.* Ystyr *dimcones* yw "digonodd," efallai, ond anodd deall *dim-* am

NODIADAU 271

di-. Yma eto gwelodd Rhys ragenw perthynol (gw. R.C. vi. 55-6) a chyfieithodd "that satisfied the grip of grey eagles' beaks." Mewn nodyn tybia y gall *dim-* fod yn fai am *din-* neu *dun-.* Ond cf. berfau fel *dym-*chwel; *ym-*chwel; neu B.T. 74, Deudec meib yr israel a *wnaeth* douyd . . . Deudec meib yr israel *dym*gofu o ganhat iessu; 44, 5, *Dimpyner* oduch llat pwyllad cofein; 72, Pymp pennaeth *dimbi* o wydyl ffichti . . . pymp ereill *dymgoi* o nordmyn; 75, y vrython *dymbi* gwaet; 76, Yn wir *dymbi* romani kar. Y mae anhawster *riuesit* yn B yn peri petrus am ystyr *dimcones* hefyd. Cf. nid yn unig *digoni,* ond *gogon-*ed; V.V.B. 41, *anguoconam* (gl. *lacto*); 228, *utgurthconetic* (gl. *obnixus* i. *perduram*). **lovlen A, loflen B,** gw. 491.

803 **gorev,** gwnaeth, gw. 98.
ysgylvyon A, sgliuon B, anifeiliaid rheibus *ysglyf*aethus; cf. y ferf *ysglyfio;* M.A. 240a, *ysgyuyl* anreith; 148a, Esgud ei angad / I *esglywu* gwlad; gw. ar y berfenw *ysglyfyeit* Ch.O. 51. Ceir sŵn bleiddiaid ać eryron yn H. 95, yn twryf llu a *llef ysglyuyon;* enghraifft dda arall yw R.P. 165a, *ysglyfyon ysglyfyynt* llwrw bar.

805 **ar neges,** gw. 108; daw'r un ll. eto yn 828.
mynawc maon, gw. 132, 253, 390.

806 **ny doeth en diwarth,** cf. 9-10 am leihad cyffelyb.
o barth vrython, darll. *Brython,* efallai cf. B.T. 36, Mwyhaf gwarth y marth *o parth brython.* Ar *parth,* gw. 318; yma cyfystyr yw â *tu, plaid,* R.B.B. 73, llawer o greu . . . a ellygwyt *o bop parth* "on both sides."

807 **Ododin A, Gododin B.** Y mae'r tr. yn A yn awgrymu deall "*i* Ododdin." Gwell yw B. Chwanegir *Gododin* at *Brython* i ddweud o ba le y deuent. Gwŷr y Gogledd oeddent, cf. y modd y defnyddir Manaw *Gododdin* i nodi pa Fanaw.
wr bell well. Ar *pell* gw. C.Ll.H. 106. Ar gystrawen A, gw. ar 199-200; yn B tr. *bell* ar ôl *o.* Lleihad yw'r ffigur yma eto; nid oedd neb cystal ag ef o bell ffordd yw'r ystyr.

808 **i cinon cigueren,** bai am "cyman cywreint," cf. 819, 825. Ni pherthyn i'r awdl hon, gan na rydd odl, a gwell darll. fel 800.

809 **in guanth.** Os dilys, darll. *gwant* i odli â *diuant.* Amheuaf y geiriau : (1) nid oes dim tebyg yn A ; (2) gwnant y ll. yn hir; (3) yr oedd y copïwr newydd fethu wrth ddarll. *cigueren* yn lle *ciguereint* (cf. 825), *kywreint* (819), mewn awdl lle ceid -*ant* yn y brifodl. Gall y ll. ddechrau yn naturiol *ac cin bu* hen org. am "a chyn bu," fel y dechrau 801, *a* gwedy.

Ar *diuant*, gw. 51; ar *dileit*, hen org. am *dyleith* "bar, clo," gw. 761, 773. Hwn oedd "amddiffynnydd Aeron."

810 **riuesit.** Ar *-esit* fel terf. ffurf bersonol 3ydd, gw. uchod, 418. Ceir ystyr hen i *rifo* yn B.T. 3, 5, ny *rifafi* eillon; 65-6, Ercwlff a dywedei / agheu nas *riuei* ; 70, 5 ; R.P. 24a, bod duw a haedwyf rwyf am *rifo* ; 25a, gabriel raphael am *riuant* yn gymhen ; 155a 19, gwr ny *rif* kebydyaeth ; 168a 20, riein nym *riuei* kyt am *rifynt* ; b 13, ny *rifaf* i ar vun vot yn galet.

ar pen, cf. *ar dafod* leferydd, os oes lle i *ar* yn y ll. Gall fod yn fai am ddechrau *erirhon*, canys anwybyddir ef yn A. Ond daw *ar* gyda rhifo yn R.P. 168b 13, ny *rifaf* i *ar* vun. Pe rhoddid ystyr i *rifo* fel sydd i *cymwyll* yn R.P. 42b am Dduw, ny *gar* traha ... ny *gymwyll* twyll trwy ymdiret (cf. R.P. 6b, gan duw py vn peth gassaf ... gwaethaf twyll trwy ymdiret), ystyr 802, 810 yw fod yr eryron yn moli neu ogoneddu llaw'r arwr.

811 **en anuit.** Dyma ddarll. Dr. Evans yn lle *em rannuit* Skene. Y mae'r *e* yn eglur, a strôc gyntaf *u* neu *n* ; aneglur yw'r ail strôc ; yna daw bwlch go gul ; wedyn *a* â dwy strôc a all fod yn *n* ; yna *uit* yn eglur. Nid oes le i'r llythrennau a brintiodd Sk. Odlir â *buit*. Ar *an*(*n*)*wyt*, gw. G. 31 : dau air, un "oerni," y llall "anian, ... hwyl, aidd." Gair am frwydr fuasai'n addas yma gydag *en* "yn" o'i flaen, nid berf amhers. gorff., canys golygai hynny ddeall *guoreu* fel ans. yn erbyn 803.

egliuon, gw. 803.

812 **ar les,** hen org. *ar lles,* gw. C.Ll.H. 77, 102.

813 **em, ef.**

itu, ei du, ei ochr (gw. C.Ll.H. 194, ar *cu a rodeist*). Gosododd ei ystlys yn erbyn gwaywffyn y gelyn : disgrifiad o filwr yn y cynnor yn gwthio yn erbyn cynnor y fyddin arall.

galon, gw. 201.

814 **ar Gatraeth,** cf. 944. Yn 775, 783, ceir *am* Gatraeth. Ai *ar* "o flaen" sydd yma, fel yn *Arfon, arfor-dir* ? Cf. 692, *rac* catraeth oed fraeth eu llu.

815 **wy guenint,** cf. 66 *wy lledi*. Ar *gwanu* gw. 220, 401.

seiuogion, cf. 26, gomynei *gwyr nyt echei*, h.y. y rhai oedd yn sefyll i'w wynebu, nid ffoi rhagddo. O *saf*, *seifiog ? Ar ddelw *Ysgeifiog* o *ysgaw*, gall fod o *saw*, cf. D. gwag*saw* ; "immodestus, leuis, vanus" ; M.A. 217b, Oed braw *saw* saeson clawdd y Cnwckin.

816 **ech,** gw. 115, *ech e dir* ae dreuyd / *ef lladei Saesson; temyr,* gw. 368.
canaon, cenawon, llu. *ceneu* "whelp," gw. G. 129, cf. *athro, athraon.* Gall "cŵn trais" ddisgrifio *aergwn* y Brython neu'r Saeson.

817 **odit,** "prin, eithriadol, scarce," cf. B.T. 12, 26; 13, 1; 19, 21; 28, 26, *odit* ae gwypwy (C.Ll.H. 50, *odidawg* a'i gwypo); 38, 15, *Odit* o gymry ae llafaro : "rhyfeddol," B.T. 80, 14, Byt mor yw *odit.*
imit, ym mid, gw. ar 456; 1333, buost lew en dyd *mit.*

820 **llogell,** gw. ar 625; bachigyn o *llog,* benthyg o'r Ll. *locus* (cf. ystyron y bachigyn Lladin o'r un gair, *loculus* "a little place, a bier, a stall, coffer, casket"), cf. V.V.B. 177, *locell* vel *fonn,* gl. *ferculum* "bier, dish." Nid "poced" yw yma, ond y lle llawen yng nghyntedd Mynyddawg, cf. B.T. 8, wyf *kell . . .* wyf *llogell kerd.*
byt bu didichwant A, bit budit did di [diwedd td. olaf y llsgr.; collwyd amryw ddalennau] B. Y mae *budit* yn atgoffa 103, *budyd.* Ar *dichwant* gw. 696. Ceir *byt* deirgwaith yn yr awdl, yma, ac yn 821, 823; ond cf. 919.

821 **eidol,** gw. 676. Yma, "moliant" ?
anant, G. 26, "cerddorion, prydyddion, beirdd."

822 **yr eur,** er aur. Mynnai glod gan y beirdd er aur, etc.
medweint, D.W.S. "dronkenesse"; M.A. 324b 49, gwyr m. "gwŷr meddw"; D.G. xlix. 54 : lxxxi. 34, Er maint oedd y *meddwaint* mau. Ffurf fel *henaint* o'r ans. *hen ;* felly hwn o *meddw.*

823 **hoffeint,** cf. M.A. 226a, Tyrrua klawt offa clot. yn *hoffyein ;* B. iv. 45, rac prideint (? Prydein) priodaur *hoffeint* / Eigil ywuys lloegruis keint. Yn B. iii. 84, y *gweineint* yw'r "gweiniaid, llu. gwan"; a gellid *hoffeint* fel llu. yr ans. *hoff* yn ogystal ag amherff. 3ydd llu. Neu'n well byth, enw (fel *medweint* uchod). Berfenw (cf. *llemain* "llamu") yw *hoffyein* yn M.A. 226a, "canmol, ymffrostio." A ellid darll. *o vit hoffeint* yma ? Ar *mid* "brwydr," gw. 817. Ar *hoffi* gw. P.K.M. 159, 230; B. ii. 39-41.

824 **Kyndilic Aeron.** Eto yn 987. Ceir yr enw yn C.Ll.H. 28, 31; R.M. 106, 114, *Cyndelic* kyuarwyd; R.B.B. 200, *Kyndelic uab nwython.* Gwelais yr enw ar Groes Lugri yn Amgueddfa Douglas, Manaw, wedi ei dorri yn ysgafn â chyllell, CONDILICI. Am ffurfiau tebyg, gw. R.C. i. 344 (Bodmin), *Ourdylyc, Wurdylic ;* L.L. 144, *Gurdilic ;* Loth, Ch.Br. 124, *Gur-dilec.*

wyr enouant. Ni wn am enw *Enofant;* os oes un, gellid
deall *ŵyr* "grandson." Yng ngolau B.T. 74, ygwaet *gwyr gonofant*
haws credu mai tr. o *gwyr* sydd yma. Cf. 179, 1411, am *nouant,
kyvnovant.* Pan ddelai o frwydr, molid ef gan wŷr ystaeniedig â
gwaed ? Neu ynteu, celaneddau gwaedlyd oedd testun ei
ymffrost ? Hyn rydd rym *namen :* yn ei lys, mawl am haelioni,
ond wrth ddychwel o'r gad, mawl am ladd. Deallaf *ene delei* yma
fel "pan ddelai," nid fel yn 29 uchod. Tebycach yw i *men y delei.*

825 **ciguereint,** hen org. *cywreint.*

829 **merch Eudaf Hir,** gwraig Mynyddawg ?
Gwananhon, gw. 436, 919, enw lle, bro, gwlad ?

830 **porfor gwisgyadur,** un a wisgai borffor, gw. 646, 1303.
dir. (1) yr ans. "rhaid," D. certus, necessarius, B.B.C. 84,
Ystir (ys dir) nithiau ny bo pur ; (2) tr. o *tir.*

amdrychyon, G. 21, *amdrwch* "drylliog, chwilfriw, briwedig" ;
R.P. 166a, gorllanw gwaet am draet a ymdrychant / *amdrychion*
pan ymdrechasant ; 167a, ar gyfniuer gwaet *amdrychyon* am draet ;
H. 89, *am drwch* yt aethant ... *Am drychyoet am drychu* naw cant /
Amdrychyon beryon buant. (H. 14, a *thrychyon* yn dut rac reitrut
ri) ; 96, Creulanw gwaed am draed *am drychyon / amdrychid* eruid
aruogyon y lawr / am eurglawr mwynuawr mon.

Os darll. *tir* a., cyfeirir at Gwananhon ; os *dir,* at y lladd fu ar
y *neges* hon o anghenraid.

831 **dyfforthes A, ni forthint B,** dau ddarlleniad hollol groes i'w
gilydd, gw. ar 135, *dyforthynt ;* 565, *dyfforsei ;* a chymeriad awdl
arall, 943, *Dyfforthes.* Cf. hefyd 992, *dyfforthes* gwaetlin.

meiwyr A, hanner-gwyr, gwŷr llwfr, cf. Gw. *midlach* "coward,"
gw. B. i. 36–7.

meiri B, llu. *maer* "steward." Ceir llu. dwbl yn B.T. 13, 16,
meiryon, cf. ffurf fel *beirddion,* ac uchod ar 800, *gorchyrdon.*

molut, "moliant," yn ôl B. ii. 231, ond gw. C.Ll.H. 155,
"defnydd arbennig am dwrf y môr, canys sonnir am fôr yn
gwneud molud wrth fynachlog (neu eglwys)." Yn B.T. 43,
disgrifir Dinbych y Pysgod, Aduwyn gaer yssyd ae gwna kyman /
medut a *molut* ac adar bann ; cf. isod 1044–5, *molut* mynut *mor.*

nyuet A, niuet B, gw. P.K.M. 298–9 am ei hen ystyr, yma
"neuadd." Digwydd fel enw dyn yn Cy. ix. 171, sef *Nimet* m.
Dimet, ac felly y cymer Loth ef yma, R.C. xxxi. 477, ond ar fai,
yn ôl fy marn i.

Am ystyr y ll. oll, ni thâl derbyn darlleniad A : "cynhaliodd llyfrgwn foliant (neu dwrf) neuadd. Haws yw deall B, "ni oddefai meiri dwrf neuadd," h.y. yr oedd cymaint cythrwfl yn y neuadd na fedrai meiri ei ddal, sef y gwŷr oedd yn cadw trefn yn y llys ? Sylwer ar yr hen gystrawen yn B, berf luosog, yna'r goddrych wedi treiglo, cf. 171. Medrid cyfrif am *dyfforthes* yn A fel atgo o 943. Collwyd hefyd yn A y ll. a etyb i 844 yn B sy'n ymhelaethu ar y twrw oedd yno, ac yn arwain i'r gymhariaeth yn 832, 845. Os cymysgir A a B, gellir yr ystyr nad meiwyr oedd y gwŷr a gadwai'r fath dwrw yn y llys.

832   baran A, tebihic B.   Ar *baran* gw. 39. Fel y mae *greddf tân* yn golygu "fel tân" (gw. ar 1), gall *baran tan* (cf. B.T. 79, 5, kynran *baran godeith*) fod yn gyfystyr â "fel tân, tebyg tân," a rhydd *tebihic* B well cyseinedd.
   teryd, cf. 1214, *terhid*; B. ii. 238, *terydh* "cyfhlym" ; Z.C.P. vii. 473, "ardent," Ll. *torridus*; gw. C.Ll.H. 161, ans. am *gawr, gwawt, taryan, aer*. Felly cf. *trydar* am y gwreiddyn, ac *amrydar* "cythrwfl," G. 24.   Gyda *tân*, cf. *turuf goteith* (B.B.C. 73, 3); cymhariaeth gyffredin am dwrw mawr, cf. S. "roaring fire."
   ban gynneuet A, drui cinneuet B.   Darll. *trwy* i gael cyseinedd gyflawn.   Gall *cynneu* fod yn enw ar dân (gw. P.K.M. 205), a *cynneuet* yn darddair enwol ohono, rhywbeth llosgadwy wedi ei baratoi i gynnau, neu wedi dechrau cynnau.   Am -*et* fel terfyniad, cf. *myged*-orth uchod ; *tan, tanet* (Ch.Br. 166) ; B. viii. 233, Llyd. *moged* "mwg" ; *toet* yn 834.   Neu cymerer *cynneuet* fel berfenw (cf. *gweled*) a *trwy gynneued* "wrth losgi." Y mae *ban gynneuet* A, sef "pan gyneuwyd," yn syml, ymgais yw i osgoi anhawster y darlleniad hŷn.   Ar *trwy*, gw. 70 ; B.T. 11, 7, ac eryf *trwy* alar / ac enynnu *trwy* var.

833   duw, ond *diw* yn y llinellau dilynol, "dydd," gw. 47. Am bennill wythnos cyffelyb (fel darogan), cf. B.T. 74.
   gwisgyassant, sef ymarfogi, C.Ll.H. 55.
   gwrym dudet A, cein duhet B.   Ar *gwrym*, gw. 76 ; hefyd 719, gwrym *gaen*.   Cyfystyr yw *caen* yno â *tudded* yma, sef "covering," gw. C.Ll.H. 225.   Bai yw *duhet* B, darll. hen *d* fel *h*?

834   Merchyr, y ffurf reolaidd (o *dies Mercurii*), gw. W.G. 16, 91. Ohono cafwyd *Mercher* yn ddiweddarach, cf. B.B.C. 46, Dyv *merchir* gueleisse *guir* yg cuinowant.
   perideint A, cf. 1060, *gelwideint* am y ffurf, a'r Cpt. *diconetent*, B. iii. 260 ; hefyd C.Ll.H. 82, *lledesseint, llesseint*; pe darllenid

prideint ceid 9 sill yn y ll. fel ym mwyafrif ll. yr awdl ; ond nid yn y cwbl. Gwell yw ffurf ferfol o *peri* na *priddo* yma, cf. P.K.M. 83, ual y *paryssei yr arueu* idaw. Deallaf ef fel ffurf oddefol luosog amser gorff. Fel y ffurfir gorff. *peri* yn *peris* ond digones o *digoni*, ceir *-id-* yn y naill ac *-ed-* yn y llall ym môn y ffurf oddefol ; yna daw *-eint* i nodi'r rhif a'r person. Ond nid oes fawr o bwys i'w roi ar y darll. yma, cf. B *bu guero eu cit unet.* Ac ymhellach : cyfystyr yw *calch doet* â'r *gwrym dudet* yn 833. Nid addas yw iddynt ymarfogi ddydd Mawrth a chael arfau ddydd Mercher ! Ymddengys *calch doet* fel esboniad ar *gwrym dudet*, a wthiwyd i mewn i'r ll. nesaf. Arno, gw. G. 98 : uchod 403, *calch.* Deusill yw *to-et*, cf. M.A. 163a, lle'r odla â *ged.*

Am ffurf arall yn *perid-* gw. B.T. 55, 20, 26, *peridyd*; cf. Cy. vii, 154, yn aber ydon *peritor* cat.

835 **divyeu, Difiau,** sef "diw Iau." Yn A a B ceir hwn fel cyfans. ac nid deuair fel enwau'r dyddiau eraill.

bu diheu eu diuoet A, cennadeu amodet B. Oherwydd colli'r testun cywir yn y ll. o'r blaen, rhaid i A roi'r brwydro a'r lladd ddydd Iau. Dyry B amodi cenhadau y dydd hwnnw, canys buasai'r *cit unet chwerw* y dydd cynt.

diuoet, gair trisill, enw ac nid berf amhers. ; rhydd S.E. *difoed* "a laying waste," gan ei darddu o *difio.* Ceir *difo* fel ans. yn Llofan Llaw-*ddifo*, gw. C.Ll.H. 140–1, ond amrywia'r llsgrau. rhyngddo â *-ddifro*, ond cf. R.P. 20b, chwannawc vyd llen llwydawc *llaw diuo.* Ceir *difo* fel pres. dib. 3ydd yn y diarhebion i ateb i'r pres. *diuyd*, B. iv. 4, A *diuo* cancar ef *diuyd* cannos ; A *diuo* y dorth ae deheith ef *diuyd* a wnel y weith ; Ar ny *diuo* pwyll pyd iw, cf. R.P. 21, 16, *nwy diuo pwyll.* Ni ellir enw *diuoet* o hwn. Yn M.A. 188a (H. 103) ceir berf arall o'r bôn *difo-*, Gwrys hwylurys haeluron a honnir / Gwyr gwasgavd deuawd *diuoir*, cf. 155b, Ry gelwid Madawg cyn noe laith / Rwyd galon *difogion* diffaith (? llu. *difo*-awg, cf. B.B.C. 105, *rutwoauc* vaon ; D.G.G. 220, *rhuddfo-awg*; P.K.M. 147, *moi* am gaseg yn bwrw ebol). Etyb yr enwau Gweith*foed*, L.L. 150, Con*voet*, i ffurfiau Llyd. Ch.Br. 152, *Moetgen, Moietgen ; Moetnou ; Uuormoet, Mormoet, Mormohet ;* Cernyweg R.C. i. 338, Argant*moet ;* cf. Galeg *Mogetimaros, Mogeto*briga ; *Mogetius,* ac amryw eraill, Holder, A.S. ii. 607–17. O *moget-* ceid *mo-ed* yn ddeusill, cf. *to, toed*, o **tog-*. Mewn cyfans. fodd bynnag fel *di-fo-ed* ni ellir bod yn sicr nad *bo-ed* yw'r gair syml; felly ystyrier Ped., V.G. ii. 460–1, 477; ffurfiau yn *beg-*, *bo-n-g-*. O blaid *mo-ed* y mae'r enwau Galeg, Llydaweg, a Chymraeg. Gellid tarddu rhudd-fo-awg o wr. Gw. *bongim*, C.I.L. 239, "I break, cut, reap," oherwydd ei ystyr (cf. rhuddfedel), ac o'r tu arall darddu *mo-ed* o'r un gwr. a Gw. *mag*, *mog* "mawr." O'r *mo-ed* hwn y daw *moidit* ieith, B.B.C. 12, 4 (4 sill yn y cymal).

Sut bynnag am y tarddiad, y mae ystyr fel "difa" yn edrych yn addas yma (cf. Gw. *díbaigim* "I extinguish, annihilate" C.I.L. 633). Gan fod amrywiad rhwng **brog-* a **brag-* (cf. *Cymro*, *Cymra-es*, *Cymra-eg*), gellid tybio perthynas debyg rhwng *difo-* a *difa-*.

836 **calaned amdyget A, calanet a ciuriuet B.** Daw *amdyget* eto yn 838; felly darll. fel B. Ond i gael naw sill, hepgorer *a*.

837 **divwrn A, didurnn B.** Ar y cyntaf, cf. B.B.C. 46, Kadeir deur am *diwurn* (odli â *Maelgun*) ; Loth, A.C.L. i. 417, "actif"; ond yn R.C. xxx. 268, dywed mai *di-mwrn* yw, a bod *mwrn* yn y Gyfraith yn golygu *timor injectus* ; ac mai'r un gair yw *diffurn* yn B.T. 21, *diffurn* dyd reges gwae ae harhoes. Ei gyfieithiad bellach yw "di-ofn"; ni thâl yn B.T. 21. Heblaw hynny, cymysgodd *murn* a *mwrn*, ac ni soniodd am bosibilrwydd *difwrn* o air arall, *bwrn*.

mwrn, gw. I.G.E. 246, Croyw emau modrwyau *mwrn*.

murn, A.L. ii. 839, *kenllvyn* [insidie] et *murn* [timor injectus]: cf. A.L. ii. 769, *dynyorn* [timorem injicere] seu *kynlluyn* ; D. "*murn* est Cyfrsang, cudd, ait Ll. Occultum homicidium, factum furtivum, Insidie. Hinc *murnio* occultare . . . *murnio* pen ffyrdd fel lladron I.D.R."; Lhuyd, A.B. 47, "celo"; 65, "homicidium"; Gut. Owain "*murnio* bitel a *chelu*" ; M.A. 292a, *divurnyat* gyngor; 307a, gorug nef ddewin . . . *Difurn* waith y dwfr yn win; 312a, Rac *murn* mawrbla / O ben Eva; 313a, Rac *murn* a *thwyll*; 301a, m. dig; A.L. i. 608, bot hwnn yn *lletrat* ac yn *vurnn* a herwyd y *murnn* y uot yn dirwy deudyblyc; 120, "theft and *waylaying* "; S.G. 272, *twyll* neu *vurndra* ; 387, a heb na *murn* na *lletrat* y l[l]as lawnslot ef.

Os *bwrn* "baich," yna ysgafn yw *divwrn*.

Os *di-* a *murn*, "di-dwyll, agored, cyhoedd." Ond nid odla â *sadwrn*.

Os *didurnn* a ddarllenir, h.y. *diddwrn* i odli â *sadwrn*, gall fod cymysgu *f* ac *dd* yma, fel yn *Eifionydd*, *Eiddionydd*, ac mai *diddwrn* sy'n wreiddiol; felly cf. M.A. 157a, *Dwrn dradwrn* dradegyn yd peith "ymladd law-law"? Neu *di*=*ddi*=*i*, cf. *i dreis*.

838 eu llavneu A, laueneu B, heb *eu.*
amdyget A, a atranhet B. Gwell yw B; gw. G. 46.
839 gwaetlun. Os yw'n odli â *llun, clun,* gair gwahanol i *gwaetlin* yn 311, 663, 873, 992. Ond efallai nad yw ond effaith yr odl *llun, clun.* Eto fe'i ceir yn A a B, a gellid arfer *llun* gyda *gwelet,* ond cf. 923 *orfun* i odli â *gododin;* bai am *orfin?*
gwelet, efallai berfenw, efallai berf amhers. gorff., cf. B.T. 37, Ac ef ny anet. Ac ef ny *welet;* 45, 20, ny ry *welet.* Gwell yw'r ail.
840 neus adrawd A, nys adraud B; gw. ar 27.
Madawc, cf. 840-2 â 27-9.
842 ene delhet. Nid yw'r ll. yn B, ond gw. ar *eny delhei* 29. Dealler fel *ny* delhet.
844 riallu, yma "gosgordd," gw. 582.
gorthoret. Nid oes dwy *r* yn *toret* yma, ond ni thâl *gortho-ret.* Gan hynny cf. *godor,* A.L. i, 512, 776; ii, 80; D. "mora, interruptis," o *torri,* cf. B.B.C. 103, Goduryw a glivaw *godor* drein waewaur. Y mae D. yn amau *torredwynt* ac yn awgrymu *troedwynt=trowynt,* ond cf. R.P. 95a 10, *torret* wynt; H. 180, twryf gawr gorwydawr gochwys / ual *twryf torredwynt* am brys; Loth, R. C. xliii. 151, *torredlu* "armée formidable" (Parry, *Brut,* 180, a *thorrec* (sic) lu ganthaw=*aneirif* o lu); *torredwynt* "vent impétueux"; B.T. 25, 6, Gwinwyd *gorthorat. gorthoryssit* y gat; M.A. 201a (H. 262) Gwyl dauyt lawryt lawr *orthorri* cad. Dyma -rr- yn y gair. Felly, cyfans. o *gor-* a *torri,* cf. Gw. *brissim* "break, rout," C.I.L. 263; Windisch, W. 404, *brissim cath for* am "ymosod"; B.T. 51, ef *torres ar* dar teir gweith yg kat "he conquered Darius in three battles."
847 guero, hen org. "chwerw," gw. LXXV isod.
cit unet. Ceir berf *unaw* "dymuno" yn R.P. 37a 6, *vnaf* wen o wedi glaear / ym peryf; M.A. 189b 13; A.L. i. 92, am*hunaw* meuel ar y uaraf (sef gwraig yn dymuno mefl ar farf ei gŵr); ii. 94, dywedut geir gwythlawn wrth y gwr val *unaw* mefyl ar y uaryf neu uaw yny danned, G.M.L. 290. O hon gellid enw *uned* "dymuniad, gweddi," cf. H.G.Cr. 84, Archaf y Duw *dwy uned /* Un fyt a chreuyt a chred. Yn y testun, os hwn sydd yma, creulon oedd eu hawydd ffyrnig o boptu am frwydr. Os yr *uno* arall sydd yma, cf. 1135, *kyuun* kyuarvavc; B.T. 13, *o vn ewyllis bryt* ytt ymwrthuynnyn; 14, kymry kynyrcheit *kyfun* dullyn.
848 amodet, gw. G.M.L. 15, *amodi* "to make a compact"; G. 24.

849 **ciuriuet**, os berf, "cyfrifed, cyfrifwyd" ; ac nid oes angen *a*. Os enw, "cyfrif," cf. *rhifed (afrifed)*. Os ans. negyddol, darll. *achyfrifed*, gw. *Tal*. 176, 178, B.T. 58, ac awr achet *achyfriuet achyfriuyant;* yn ôl J. M.-J. "unnumbered, innumerable."

854 **hir.** Nid yw yn A, mwy nag y mae ll. i ateb i 842 yn B.

855 **moch,** "buan, cynnar, early, soon," cf. Cy. vii. 138, A vo marw ny *moch* welir.

dwyreawc, ans. o *dwyre* "codi," gw. 679 ; M.A. 142b, *Mochdwyreawg huan* haf dyfestin. Yn B *aruireit,* cf. 880, *aruireith,* G. 44, "enw yn golygu dyrchafael," o *arwyre*. Gall hefyd fod yn ferf gorff. 3ydd. cf. B.T. 27, py *datwyreith* mwc.

856 **kynnif aber rac ystre A, icinim apherym rac stre B,** cf. hefyd 870, *o gynnu aber rac fin*. Y mae A fel disgrifiad o olygfa mewn Natur, ond B o fan brwydr, a chadarnha 870 fod arddodiad ar ddechrau'r ll. A darllen *i cinim* "i gynnif," neu "yng nghynnif" (*cinim* fel enw), neu "y cynnif," a'i ddeall fel pres. myn. 3ydd. a oes rhaid derbyn *apherym* fel prawf fod odl fewnol (*i cinim aperim*) yn y ll. wreiddiol ? Deallodd A *aperim* fel "aber," felly yn 870 ; ond B *a* arddodiad "with," a *peri* llu. *pâr* "gwayw," neu ynteu *a* cysylltiad, a'r enw *peryf* "lord." Ar *cynnif* gw. B. ii. 299–303 ; G. 250, *kyni;* 256, *kynnif,* geiriau am frwydr, ymdrech, trafferth. Os *aber,* o ble y cafwyd yr *-ym* yn *apherym ?*

Mewn H.G. ceir *oper* am *Aber;* cynefin oedd copïwyr â throi *oper* i *aber* yn org. y drydedd ganrif ar ddeg. Ond ceid hefyd *oper* "gwaith, llafur," gw. C.Ll.H. 171 ar *ober*. Petasai hwnnw yn y gwreiddiol, hawdd y gallasai copïwr ei droi yn *aber* yn ddifeddwl. Pe ceid berfenw *oberi(f)* buasai "cynnif-weithio" yn addas yma, cf. *an-oberi*, D. res nihili, vilitas.

Ar *ystre*, gw. 453. Unsill oedd, a gwnâi hynny'r ll. yn rhy fer— ateg arall i ddarll. *icinim* B.

857 **bwlch,** G. 84 ; bwlch yn rhengau'r gelyn ? Am ans. gw. Cy. ix. 174, Morcant *bulc*. Prin y gellid darll. *bwrch* yma, fel yn B.T. 14, 26, "fort."

twlch, cwt, cut, bwthyn. Dyma'r ystyr i gydfynd â *bwrch*. Yn Gymraeg ceir *cnwch,* cytras â'r Gw. *cnocc,* a *cnwc* fel benthyg ohono. Gellid yn yr un modd *twlch* yn gytras Cymraeg â'r Gw. *tolc,* a *twlc* yn fenthyg. Dyry D. *twlc* "tuguriolum," sef bwthyn, cwt ; G.B.C. 147 (Harlech) Cornhir *dwlc* lle cryn y Diawl ; D.G. 108, 30, o *dwlc* moch ; *Can. y Cymry*, 14, o dafarn i *dwlc ;* Meyer, R.C. xi. 456, *tolc,* W. *twlc* "cot" ; ond Z.C.P. xii. 448, ar y testun dywed mai cyfystyr yw *bwlch* a *twlch,* a bod yr olaf yn ateb i Gw. *tolc* "Durchbruch, Bresche," sef torri trwodd "breach." Beirniadu cyfieithiad Loth y mae, gw. am hwnnw R.C. xxxvi. 408, "il y eut une brèche, un *bûcher* enflammé" ; mewn nodyn cynigiodd Loth mai "bryncyn" oedd *twlch,* a chymhara Gw. *tolc, tolgda ;* felly yn R.C. xlvi. 160n.

Yng Ngwynedd dywedwn nid yn unig "heb na thŷ na *thwlc,*" lle golyga'r gair "cwt," ond hefyd "buwch yn *twlcio,*" cf. Gw. *tulca* "a sudden charge with the horns" ; *twlc* yn y cysylltiadau hyn (rhoi *twlc,* cael *twlc*) yw "a toss with the horns." Nid Cymraeg yw *lc,* a theg ei gysylltu â'r Wyddeleg. (Gair arall hollol wahanol yw *tolc* gennym ni, sef "pant," S. dent; *tolcio* "to dent.") **tande,** fel ans. "tanllyd" ; fel enw "tân," gw. C.Ll.H. 193. Os darll. *bwrch,* a *twlch* "bwthyn," "Fort and cot were set on fire." Os *bwlch* a *twlch* "breach," "there was a gap, and a fiery breakthrough."

858 **twrch,** gw. 453. Dyma'r milwr ffyrnig. Daw'r wedd lysaidd arno yn 859.

vre, bre, bryn, yma cyflwr gwrthrychol heb arddodiad, i'r bryn, i fyny, cf. *fry.*

859 **golut** A, **guo-lut** B, ans. go-lud, gw. ar 532, Oed *mynut* wrth *olut* ae kyrchei.

lle A, **lee** B (cf. 588, *Leech* am y dyblu llafariad). Ceir *lle* fel ans. "prudd, trwm," yn M.A. 221b, Mor *lle* ym alar am a garaf. Felly cf. ei gyfans. *aele,* G. 11, "trist, alaethus, gresynus" (o *ad-le-*). Enw llu. sydd yn B.T. 72, 12, oduch *lleeu* llestreu llat ; V.V.B. 50, *aurleou.*

860 **gwyar gweilch** A, **guanar gueilging** B. Gan mai am un arwr y sonia'r awdl, gwell yw B, nid *gwyar* "gwaed," ond *gwanar,* gw. ar 64, cf. M.A. 237a, Rhag *gwalch gwanar.* Os yw *gwanar* yn golygu "rhyfel," cyfystyron wedi'r cwbl yw *gwyar* ac yntau, ac esbonnir sut y cafwyd *gweilch* yma yn A am *gueilging* B, gw. 868.

gwrymde, gw. 76 ar *gwrym,* a C.Ll.H. 193, ar *-de* yn *tande ;* B. ii. 278, wirodeu *heilde ;* B.T. 5, 12, gwyr *llacharte* (llachar-dde ?); 22, 23, tarw *toste* (tost-dde).

863 **ciuarch,** cyfarch, gofyn, G. 201. Bai am *cyfarth* sydd yn 747, ac efallai yma.

gueir guiat. I gael 5 sill yn y ll. darll. *gueirguiat* a'r *i* olaf yn gytsain. Ceir *guero* am "chwerw" yn 847, a gellid "gweirwiad" o hwnnw, cf. H. 95, carn *weilwyon* o *gwelw+ion.* Felly cf. 58, *chwerw en trin;* 189, *chwerw* fysgynt esgar; 925, *llaw chwerw.* Am *-gw-* cf. Cy. ix. 181, *Artbodgu* map *Bodgu* map *Serguil;* A.C. 768, *Elbodugo;* 809, *Elbodg* (am *Elbodgu*). Ceir *guerg* "efficax, celmed," yn V.V.B. 136, ond ni rydd hwnnw *-gw-*.

864 **ig cin or or cat**, "yng nghynnor cad" (gw. 21), os bai yw dyblu'r *or*. Annhebyg iawn yw *o'r gat;* gwell cynnig *on-gat* (cf. 263, *yg kynnor* eis *yg cat uereu*), neu *ig cat*. Ceir *Argat* fel enw dyn, C.Ll.H. 30; a'r enw cyffredin *orgiat,* gl. *caesar,* V.V.B. 200, "lladdwr," Gw. *org-,* cf. Galeg *Orgetorix;* a gellid synnwyr da wrth ddarll. "yng nghynnor *orgiat.*"

865 **ciueillt**, cyfaill(t).
ar g arat, efallai *argarat* "annwyl iawn, hoff," cf. C.Ll.H. 103, *digarat;* Carad-og, *Angharad, caradas.* Yn B.T. 77, 18, ceir *agarat,* ond cynnig G. 40 ddarll. yno *argrat* "cryd, dychryn, cyffro."

866 **init gene**. Y brifodl yw *-e;* nid wyf yn deall y gweddill. Ni wn am enw *itgene* a ellid ei gael ar ôl ardd. *in* "yn," fel cyferbyniad i *yng nghynnor.* Ni allaf ei gysylltu â'r Cpt. *nacgenei* o achos yr odl. I gyseinio ag *argarat* disgwylid *init gere.* Ai *yn yt gre* "where he pleases"? Cf. B.T. 31, eu gwawt *nym gre.*

868 **gueilging,** cf. 1340, D. *gweilging,* trabs, pertica, ames, cf. W.M. 198a, dwy forch. ac ar y dwy forch *gweilging* aryant. A llamystaen a dodir ar y *weilging*. Amlwg yw mai "clwyd, perch" yw yma, ond beth am 1340 isod? Cf. M.A. 143b, *gweilging* porfor; 184a, *Pergyng* par *gweilgyng* gwaladyr; 251a, *gweilgig* moradar hwyluar heli; 283b, *Gweilging* klot arvot; 304b, Oedd hoen blaen gwelwgaen *gweilging* saphir (am ferch); 337b, Gwen laes chwerthin gweheniawdr gwin *gweilging* eurin (am ferch); Loth, R.C. xl. 449, "Le sens n'est nullement celui de verge; il semble qu'il s'agisse de bijoux." Gyda *gwrymde* gall olygu "paladr gwaywffon"; a math o ffon yw clwyd "perch." Yn ffigurol, cf. y defnydd o gangen am ferch. Hefyd yn fwy cyffredinol fyth, post am gynheiliad. Gw. isod 915, *aergynglys.*

869 **y meitin A, imeitit B,** cf. 855, 861, *y more, i more.* Yn ôl J. M.-J. "bore," o'r Ll. *matutin-;* tybiais i nad oedd hynny'n addas yn y frawddeg *er meityn, ers meitin* (P.K.M. 128), ond gw. nodyn llawn gan Vendryes, E.C. 130; Voc. Corn. *mane* metin. Gall *meitit* fod am *meiddydd* o ran ffurf, ond anaddas yw'r ystyr, ac nid odla.

870 **o gynnu.** Hollol wahanol yw B, ond cf. 856, 862 ; gall fod yn gamddarllen *cinim*. Ar *cynnu* gw. G. 258, "tywyllu, duo, nosi," C.Ll.H. 205, "brings down, falls down." Mewn cyfuniad fel *ked gynnu* gellid yr ystyr o "wasgar."

871 **tywys.** Cymysglyd yw'r ystyr a'r esboniadau, cf. D.W.S. *twysen* ar hyd kefyn kefyl "a *lyfte* on a horse backe" ; *twysen* ar vara eb grasy digon ; *twyso* "lede" ; *twysoc* "a leder" ; D. *tywys, tywysen* "spica, arista ; Arm. *tamoesen*," *tywyso* "ducere" ; P.K.M. 60, *y dywyssen* yw blaen y gwelltyn ; llu. *tywys ;* R.P. 157b, *tywys* heid ; Th.M. 126, llavver o *dovvys* o'r un gvvraiddin . . . un *dovvysen* ne ddvvy a'r heini yn goegion ac yn vvag ag yn llavvn col a manys ; 16, hi a roes i'r hadau *dovvys* ivv 'mdiphin, i'r plannvvydd risc, i'r cnau blisc a chibau (yma "cod" ñeu "blisgyn" am y grawn yw'r dywysen). Amrywia'r ynganiad hefyd ; B.B.C. 96, Preitev *gorthowis* (odlir â *uris, ewnis*) ; H. 28, odlir gan Walchmai ag eglwys ; B.T. 9, *atowys* (odlir â *paradwys, eglwys*) ; B. iv. 15, Bonedd a *dywys* / dillad a *gynnwys ;* B.T. 61, hyueid a gododin a lleu *towys* (odlir â *powys*) ; Cy. x. 222, Tri *phwys* cegin *tywysog*. Yn arysgrif Pool Park, Dinbych, ceir TOVISACI, hen ffurf genidol *tywysog*. Deil Loth, R.C. xlvi. 157-61, mai cydweddiad gau â *tywysog* a roes *tywys* yn lle *twys*, ac mai ffurf ddiweddar yw, a boblogeiddiwyd gan y Beibl ! Yn erbyn, carwn gyfeirio at *tywyssen* uchod, 529.

Yn ôl Thurneysen, R.C. vi. 311, daw *tywys* "arwain," *tywysog,* Gw. *tóisech,* Hen Wyddeleg, *túus* "commencement, precedence" (gair deusill, R.C. v. 235 ; Windisch, *tús* "principium," G.C.¹, 56, ar *thús* "primum") o *to-ved-tu- ;* gw. hefyd Ped., V.G. i. 136 ; ii. 515-6, ar *wedh- "rhwymo," a *wedh- "arwain" ; Thurneysen, H. 475 ar *tossach* (*to-od-siag-) ; R.C. xxxiii. 474.

Am flaen yd, cf. Gw. *dias,* "an ear of corn, the point of a sword," C.I.L. 632 : â hwn y cysylltir *tywysen,* Llyd. *tamoesenn, toiẓen,* gan Ernault, G.M.B. 675-6 ; R.C. xv. 361 ; Parry-Williams, R.C. xxxv. 318 ; Ped., V.G. i. 321 (*steigsta) .

Ochr yn ochr â'r Llyd. *toueẓ* "mélange, masse," *e toueẓ* "ym mysg" ; Vann. *touesc,* rhaid rhoi *twysg* yn Gymraeg ; R.C. xlvi. 159 ; am -*s,* -*sg,* cf. *prys, prysg.* Dyry D. *twysg* "pars. portio, acervulus, cumulus" ; *twysgen* "particula," *twysgo* "congregari, conglomerari, coaceruari." Ond ni rydd *twys*=tywys, ond yn unig *twyso, twysog,* ffurfiau diweddar amlwg.

Ar dir Cymraeg, ymddengys *tywys* fel pe golygai "blaen" ;

tywysog "blaenor," a bod *twys(g)* yn air o darddiad ac ystyr wahanol. Nid yw'n debyg fod *tywys* wedi cywasgu'n *twys*, nac o'r tu arall fod *twys* wedi ymestyn yn *tywys*, cf. hanes Powys, a *pwys*. Ni chymysgwyd monynt erioed, er bod cywasgu yn y gair trisill *gorffowys* i *gorffwys*, fel y ceir *twysog* o *tywysog*, a *twsu*, *twyso* o *tywysu*, *tywyso*. Sylwer fod y terf. *-o* i'r berfenw yn ategu'r hen ynganiad *tywys* (cf. *pwys*, *pwyso*); a bod *twsu*, yn nhafodiaith heddiw, yn profi *tywŷs* (cf. *chwŷs*, chwsu).

Yn y testun, fel yn 882, mewn cyswllt mor agos i *dylin*, *dilin*, rhaid mai "blaen" yw'r ystyr. Ail-adroddir y meddwl yn y ll. nesaf.

yn dylin A, **inilin** B. Gw. C.Ll.H. 197; M.A. 187b, Tarw bytin *dylin* dyludaw. A'r holl linell, cf. M.A. 186b, ym *blaen* cadeu cadw aruod / Ac *yn ol diwetwyr* dyuod (cynneddf i Bowys), sef bod yn y fan lle'r oedd y perygl mwyaf.

872   **ef gwant gesseuin,** rhuthrai gyntaf, ar y blaen i bawb, gw. 418 am *cysefin*; 220, em *blaen* gwyned *gwanei*; B.T. 24, Gwern *blaen llin a want gysseuin*; C.Ll.H. 194, *gwant* "trawodd." Hefyd isod, 988, 1237.

873   **oed garw y gwnaewch chwi waetlin** A; darll. gwahanol yn B. A *gwnaewch*, cf. 875, *lladewch*.

874   **mal yuet med,** cf. C.Ll.H. 34, 198, mal y gwrwf y gat; uchod 796–7.

875   **llew y lladewch,** cf. 191, *llew lledynt*.

dynin, cf. 884, *dinin* "celain, lladdfa"; C.Ll.H. 136; cf. R.P. 14b, 44, gwnaeth eryron yn llawn. gwedy trin *dyuineu* dawn. Darll. *dynin eu dawn*. Rhodd yr eryron oedd *y celanedd ar* ôl trin.

877   **diachor,** bai am *diachar*, fel y dengys yr odl a B, gw. 65.

878   **yt ladei** A, **yt wanei** B: *lladd* a *gwanu* fel cyfystyron.

879   **gwr haual en y bei** A, **iud alt guanar gurthyn** B. Ni rydd A na B y brifodl *-in*. Y mae *haual* a *guanar* yn cyrch odli yn gywir ag *esgar* "gelyn." Gellid cywiro A i em *bedin* (troi *eny* i *eni* a darll. *m* am *ni*), a B i *guordin*.

haual, gw. ar 1079, cf. 682, heb giliaw *gyhaual*. Ond gwell yw cymharu *Gurhaual* yn L.L. 176, 177, 184, 205, enw abad Illtud, gw. L.L. 156, lle ceir *Gurthauar* abbas ilduti; 191, *guorhauarn* a. i. Eto cf. 888.

880   **aruireith,** cf. 861, *aruireit*, gyda *t* am *th*, gw. ar 855.

meitit, bai am *meitin*, gw. 869.

881 **crs**, bai am *crys* "rhuthra," gw. 109.
cinerein, cynrain, rhyfelwyr, lluosog *kynran*, gw. 48.
884 **guanauc**, cf. 847, *guero* am *chwerw;* felly bai am *guannauc*, chwannawg. Cf. 1133, *guacnauc*.
888 **iud alt**. Ansicr iawn. Rhydd 879 *gwr* yma. A yw *iud* am *udd* "arglwydd," Hen Gymraeg *iud?* Buasai *gwr* yn aralleiriad o hwnnw. Beth am ddarll. hen ffurf Ithael, Ithel, yma, sef *Iudhail* (gw. L.L. 406), a deall *alt* fel bai am *ail?* Nid oes modd cysoni A a B yma.
guanar, gw. ar 64, 141.
gurthyn. Ceid odl wrth ddarll. *gordin, guortin* (gw. ar 539, a hefyd 661, haed *ud* a *gordin*), neu *guanar gueilging* fel yn 868. Ond cf. yr enw pers. yn 1100, *gorthyn* hir, er mai *garthwys* sydd yn 1077.
889 **affwys**, G. 15, "dyfnder, dwfn," enw ac ans., gw. R.C. xx, 205, xxv, 256 (lle cymherir Gw. *abéis*), xlii. 439, cf. W.M. 253a, ual y tynnit ef y uynyd y tynnei hitheu ef yr *affwys*.
dra phenn. Ceid hyd mwy rheolaidd wrth ddarll. *ben draphenn*. Cf. *pen dra mwnwgl* "headlong." Ond cf. B.T. 6, 11, A their mil morialis plant . . . *tra phen* iessu dichiorant.
890 **deliit**, gw. 451. Ai pres. 3ydd yn *-yt* i odli â *kywyt?*
kywyt, G. 274, "meddwl, ystyriaeth, arfaeth, bwriad, amcan." Ar *kywrennin* gw. 550. Pa gystrawen? Credaf mai *cywrennin benn* yw'r goddrych, a *kywyt* yn wrthrych.
891 **disgiawr**, cf. 901, *dysgiawr;* 909, *dygiawr*, ac uchod 50, *dychiawr*, 404, *rygiawr*. Nid yw B. i, 331, *dissgior* "gwayw" yn helpu dim. Yma rhywbeth fel *"torri braint"* a ddisgwylid, ond ni thâl hynny yn 901.
cangen, cf. 578, 893, neu 569, *keingyell;* B. vii. 25, Caeawc cynhorawc *cawgawc* fer; G. 97, *cangen* "? gwaewffon." Ansicr yw *ar*.
892 **kynnedyf**, cf. 982, y *gynnedyf* disgynnu rac naw riallu, h.y. dyna oedd ei gamp arbennig ef, ei hynodrwydd, ei arfer, G. 254, "moes, defod, arfer, teithi, camp, hynodrwydd."
Ewein, cf. 17.
esgynnv, yma "dringo," os wal derfyn neu wal caer yw *ystre;* ond gw. 223, ar *esgyn, disgyn;* 453, ar *ystre*. Nid oes odl; ail-drefner y geiriau, *ar ystre, esgyn?*
893 **ystwng**, gw. 129; yma "plygu" gwayw, sef *goreu gangen*.
kyn gorot, cf. B.T. 34, A gwedy ath iolaf oruchaf *kyn gweryt*

gorot kymot a thi; 59, A gwrhyt diassed ac eilewyd *gorot ;* B.B.C. 30, *kin myned im guerid* im iruet . . . ym gueinuod *im gorod* im gorwed. Ymddengys fel gair sy'n cydfynd â bedd, gweryd. Anodd gweld cyswllt â *rhod* "olwyn" fel pebai o *go-* a *rhod ;* nac ychwaith â *cyf-od ;* haws â *rhag-od.* Gall fod yn efell i gwa-*red,* gwae-*red,* cyn*naered.* Ai *cwympo, disgyn ?* Y mae wedi *esgyn* ar ystre yn y ll. o'r blaen : a chyn *disgyn* oddi yno bydd ei waywffon, ei gangen, wedi plygu.

894 **dilud.** Yn ôl org. gyffredin Ll. Aneirin yn y darn hwn, *di-ludd* "rhugl, rhwydd," cf. M.A. 246b, Ef Nudd ced *ddiludd.* Os hŷn org. cf. *dylud,* M.A. 187b, Tarw bytin *dylin dyludaw ;* 188b, Ry *dylud* alltudyon ; G.B.C. 105, Alon hudaw / I'w *dyludaw ;* M.A. 213b, Ys gwrt yny gordiner / Ys gordrud fwyr *dylud* fer ; 237a, Lloegr *ddyludaw ;* 240b, Bydd wrddrud aer *ddylud ddilin ;* R.P. 80a, *Dyludwr* eigylgat ; C.Ch. 149, ar march yna ae *dyludawd* yn gadarngryf y rygdaw ar dayar hyt na allei Copart yn unwed kyuodi yn y seuyll ; B.T. 68, Owein ae cospes yn drut mal cnut yn *dylut* deueit ; *Can. y Cymry,* 39, Fe droedia'ch gelynion / Fe'u teifil i'r llawr / Fe ddwg eu holl arfau / Fe'u *dylud* fel cawr ; I.G.E. 12, *Dyludo'r* llu. Felly gall *dylud* fod yn ferfenw neu ferf pres. 3ydd un. ; ei ystyr yw "curo, gwasgu, sathru, erlid" ; D. "insequi, persequi," a dyfynna D.G. "A'm *dylud* o'r ŵydd lud lai." Mae mwy ynddo nag erlid, serch D., fel y prawf C.Ch. 149, a W.S. 1 Cor. ix. 9, Yr ych a fo'n *dyludo'r* yd (ymyl *dyrnu*). Cf. B.B.C. Dy eiriaul . . . ar dy mab *iolud* (=i olud) en karet.

dyleyn, dilein ? cf. M.A. 148b, Ail diliw *dilain* draig erhy ; 150a 22 ; 156a, aer *dilein* a *dylif* yg gawr ; 157a, lloegyr *dilein dileith ;* 164b, lloegyr *oual* . . . lloegyr *dylein ;* 188b, Ry dyly *dilein* gwleidyadon / Ry *dylif kynnyf* caduaon (cf. 148a, gwleidyadon *gyngwasgar*) ; 246b, Ef Nudd ced *ddiludd* cedyrn *ddilain ;* B.T. **14, 8,** dyrnawt a bwyller / y *dilein* gwlat vrython ; B.B.C. 96, Kei win a aeth von / y *dilein* lleuon ; A.C.L. i. 507, Loth, "détruire, destruction," a chymhara Gw. *dilgend,* gwr. **leg-,* a *dilead.* Berf-enw yw o *dileaf* "distrywiaf," cf. *darlle-af,* a'r berfenw *darllein.* O'r un gwr. y cafwyd *dileith* "marwolaeth, distryw."

cathleu, llu. *cathl* "cân," gw. G. 117. Pa synnwyr yma ? Gellid darll. *Catlew,* gŵ. 300.

dilen, yr un peth â *dilain* yn ôl D., cf. R.P. 17b 16 (Cy. vii. 125), Deutu aeruen diffwys *dilen* dydaw luyd ; 34a 36, Can uod duw yt vun y *dilenn* / tut wledic elwic elvydenn (Canu Tyssilyaw) ; 35b 1, *dilen* o bressenn ban yn bryssyawr; 170b, Eurdorchogvon dewr deyerin lenn / etlit ym dilyt yn eu *dilen;* M.A. 187a, y esgar yn *dilen;* 206b, Dotyw ynn dilyw am *dilen* preitwalch. Blas "colli" sydd arno; G. 153, "didoliad, dethol, tranc.": Os *cathleu* sydd ddilys yma, cyfeirir at golled cerdd yn ei farw; os *catlew,* disgrifiad yw ohono ym mrwydr.

895 **llywy,** "hardd, teg," gw. 740; B.B.C. 74, euas *lyvuy;* R.P. 100b 27, Kyrchwn lle gwelwn *llywy* gulwyd kat; R.C. xl. 25. Gan fod *Llywy* yn bosibl fel enw merch (cf. M.A. 143), dichon mai hynny yw yma, ond ymddengys y cyd-destun yn debycach i un R.P. 100 uchod.

llyvroded. Tywyll i mi, cf. R.M. 108, *llawnrodet* uaruawc; 159, *llawuroded* uaryfawc, enw dyn, efallai o *llaw* "bychan, isel," a *brodedd* o *brawd* "barn," fel *llawfrydedd* "tristwch," o *bryd-edd,* cyferbyniad *mawrfrydedd.* Daw *cymrodedd* o *brawd* yn sicr; gw. G. 237–8 ar y gwahanol ystyron. Ystyrier hefyd a oes dichon tarddair o *llyfr,* Gw. *leabhar* (C.I.L. 491, *corr.* i. *leabhar* "plain, smooth, long, straight, free"), V.V.B. 174, *libiriou* uel *stloitprenou* (lapsus siue rotunda ligna quae rotis subponuntur); hefyd gl. *transtris; llyfr carr,* y rhan o garr llusg sy'n llithro hyd y llawr, "runners." Gallai *llyfrodedd* olygu sydynrwydd ei symudiad ym mrwydr, yn union fel y cymherir Urien i *olwyn* yng nghad, neu i *rod,* gw. C.Ll.H. 118, ac uchod ar 710.

rwych. Nid yw gan D., ond dyry *rhwychren* heb esboniad; cf. M.A. 143a, Rieinged *rwych* wyry wared Lywy; 168b, Medreis uot uy rwyf ar uy *rwychren;* 175b, Ni savei racdun *ruych* pell / Nac aer na chaer na chastell; 236b, *Rhwych* wych wenwawd; B.B.C. 13, Gveith reith rysset. gvich *ruich* ryuet rinuet ren. Ai enw "rhodd"? Ystyr dda sydd iddo yn M.A. 143, 236.

asgen, gw. 484, o gyurang *gwyth ac asgen.* Nid mwyn yw ystyr *gwyth* "llid" a geir yno gydag *asgen.* Efallai y dylid darll. *gwyth ac asgen* yn y testun hefyd (fel cyfystyron). Ond os "rhodd" yw *rhwych,* gellid synnwyr trwy ddeall mai gwych oedd parodrwydd neu sydynrwydd yr arwr i roi rhodd, a hefyd ym mrwydr.

896 **anglas asswydeu.** Ni ddigwydd yr un o'r ddau yn yr hen ganu, gw. G. 29, 45. Ceir *anglas* mewn Gw. C.I.L. 103, "milk and water"; prin y gellid credu mai glastwr sydd yma yn lloflen yr arwr! Haws fuasai credu mai'r Saesneg *Angles* yw, cf. B.T. 15, *ffoxas* "foxes" yn *Armes Prydein;* eithr mewn Anglo-Sax. y ffurf luosog oedd *Engle,* heb y terf. *-as,* Wyatt, O. E. G. 32. Un cynnig

yw newid *n* yn *r* a darll. *ar(g)las* fel gair am gleddyf glas, cf. 7;
am y ffurf, G. 40, *argoch*-yat ; 37, *arddu*. Rhydd *arlas* awgrym y
dylid *arswyd-* i gyseinio. Neu cf. enw cleddyf Cesar, R.B.B. 85,
ageu glas. Os darll. hynny, rhaid tybio i gopïwr droi *ang(heu g)las*
yn *anglas* trwy neidio o *g* i *g*, bai go gyffredin. Rhydd hynny sill
chwanegol i estyn hyd y ll. fer hon.

Os dilys *asswydeu*, ffurf yw ar *swydd* "sedd," Ll. *sēdes*. A ellid
darll. *e* neu *oe lovlen*, a deall fod angau glas yn eistedd yn ei law?
Ond gellir yn hawdd gydio *angheu glas* a *dyfforthes ae law* yn y ll.
nesaf, a deall *asswydeu lovlen* fel sangiad. Cyfieithiad A. yw "With
a gauntlet that was no novice to its tasks he carried with his hand
a corslet of outstanding beauty" ; E. "His grasp dreaded a sword."

897 **lluric wehyn,** ans. cyfans., cf. 1165, *seirch gwehin*, gw. B. i. 113,
gwehynnu "codi a chludo ymaith, tynnu" ; Jos. ix. 27, *gwehynwyr*
dwfr "aquas comportantes." Yma disgrifia'r ans. law gadarn i
rwygo ymaith lurig gelyn, "cuirass-stripping," neu gleddyf a
wnâi'r un gorchwyl.

898 **dymgwallaw,** cf. 802, *dimcones ;* 142, *dygollouit*.
dal, tr. o *tal ;* nid talcen (fel A.), ond tâl "reward."

899 **prennyal,** gw. C.Ll.H. 75. Atgoffa'r cwpled,
A'i law a ddaw o'r ddaear
I roi gwin i rai a gâr.

Ond amwys yw *oe ;* gall olygu "to his" hefyd, daw'r tâl iddo yn
ei fedd.

900 **adoer,** G. 10, *addoer* "trist, oeraidd."
crei, gw. 123.
grann, gw. 40, cf. 1171, kwydassei lafnavr ar *grannaur gwin*.

901 **dysgiawr,** gw. 891. Ans. yw yma, "gwylaidd," am un yn
dysgu?
barn benn, ans. cyfans., cf. R.P. 5a 9, penndeuic prydein yno
penn barn. Yma, pan fyddai merch yn brif farnwr, *dysgiawr* oedd ;
cf. 22, *diffun ymlaen bun* ac eto *med a dalhei*.

902 **yaen,** darn o rew. Ar *ia-en* yn ddeusill, gw. C.Ll.H. 194. Yma
cyfeirir at loywder y tarianau.

903 **gyuoet.** Darll. *gogyuoet* "o'r un oedran," "cyd-filwyr, com-
rades."
cyuergyr, cyd-daro, ymladd, gw. P.K.M. 157 ; hefyd 87,
Brynn *Kyuergyr*. Yn rhestrau G. 208, ceir droeon *o'r* neu *o
gyfergyr*, "o'r frwydr, o frwydr" : yn y testun, temtir fi i ddarllen

serch hynny *gogyfergyr* "Comrades, fighting side by side, retreating, advancing."

esgyn, disgyn, gẅ. ar 224.

904   **aer dywys,** gw. uchod 871 ar *tywys.* Etyb hyn i *dywys ryvel,* gw. yr atroi yn 575, ond enw yw'r *tywys* cyntaf a'r ail yn ferf. Hoffid chwarae ar air amwys, a phrin y collid y cyfle yma. Tebyg yw milwyr yn eu rhengoedd i resi ŷd : hwy yw'r *aer dywys ?* Os "blaen" yw *tywys* yma, golyga'r cyfans. "blaen byddin," a'r holl linell "the van of the host, he leads to battle." Grym *ry* gyda'r pres. yw dichon neu arfer. Yma'r ail.

ryuel, h.y. i ryfel, cf. 57, aeth *ododin ;* 68, aeth *gatraeth.*

905   **gwlat gord,** cf. *gwelygordd, trefgordd ;* yr ail elfen yw *cordd* "llu," G. 164, nid benywaidd *gwrdd* (cf. 47), neu cawsid *ord* ar ôl *gwlat.*

garei. Nid oes ragenw na geiryn rhwng *gwlatgord* a'r ferf, cf. 211, blaen bragat briwei. Y goddrych yw *gwlatgord,* nid *gwrduedel* er Loth, R.C. xliv. 276 : addasach yw sôn am gariad gwŷr ei wlad ato ef na'i gariad ef atynt hwy. Deallaf *medel* yma yn unigol, gw. 161, nid yn llu. neu dorfol fel 310. Sylwer fod *rydywys* yn nodi arfer, a bod yr amherff. hefyd yn arferiadol. Ar ôl yr amherff. 3ydd, treiglir goddrych. I gael cyseinedd lawn rhaid darll. *gwrduedel* yma. Ai awgrym yw hynny na threiglid gwrthrych yn y safle hon ?

906   **gwrd weryt,** bai am *gwyrd* w. "tywarch," effaith copïo *gwrd* yn y ll. o'r blaen, cf. B.T. 20, *Gweryt* pan yw *gwyrd ;* C.Ll.H. 94 ; Voc. Corn. *humus* "gueret." Dealler *gwaet* yma fel "gwaedlyd," disgrifiad o'r tywarch.

irved, bedd newydd ei agor, cf. B.B.C. 30, Kin myned im *guerid* im *iruet ;* D.W.S. *ir* digrin "Quycke" : *ir* dihallt "Fresshe" ; C.Ch. 120, pei cawn beth o gic y baed coet yn *ir ;* G.M.L. 300, "fresh, valid" (am gyfraith) ; G. Glyn, penwaig *irion* "fresh herrings" ; cf. hefyd ystyron Gw. *úr* "fresh, new, raw."

907   **seirchyawr,** arfwisgoedd, llu. *seirch,* gw. 167.

am y rud, am ei rudd "around his cheeks" A. Gwell gennyf o lawer fuasai deall *rhudd* yma, nid *grudd.* Prin y cyrhaeddai eu harfau dros eu gruddiau yn yr oes fore ; ond gwyddys eu bod yn gwisgo dillad o liw rhudd. Ar *am,* cf. 798, aryant *am* y ued.

yt ued, gw. B. i. 28, ar *meddu.*

908   **seingyat,** sangwr, sathrwr, cf. *lleiddiad* am yr affeithiad ; ac am yr ystyr gw. uchod 719, *sengi wrymgaen ;* M.A. 300a, aerdorf *sengi.* Am atroi'r geiriau, gw. 575.

909 **ardelw**, cf. 1475 ; G. 36, fel enw "hawl, gwarant, proffes, cyffes" ; fel berf, "arddel, honni," P.K.M. 156-7. Gellid darll. *ar delw* yma fel deuair "ar ddull, ar ffurf."
lleith, gw. 690, "marwolaeth." Felly "fel angau."
dygiawr. I gael saith sill yn y ll. darll. *dygyawr*, h.y. deusill ; pres. amhers. o *dwyn*=dygir. Os fel *dychiawr* yn 50, nid yw "syrth" yn anaddas, "Disgyn blinder fel angau" ar yr ymladdwyr. Am ffurf ferfol yn *-awr*, gw. 917, yd *attawr*.

910 **eis**, gw. 262. Amwys. (1) Pelydr yn deilchion, ysgyrion, fel *eis* "laths." (2) Gwewyr yn glynu mewn tarianau, llu. *aes*. (3) Gwewyr yn ystlysoedd milwyr, llu. *asen* "rib." Os y cyntaf, gellid hepgor *en* o'i flaen, a chael 7 sill fel yn yr awdl oll ond 904, 911.

911 **hynt**, llwybr, ffordd.
am oleu. Ceir *oleu* fel llu. *ol* "track," megis R.B.B. 153, a leinw *oleu* y olwynon o waet ; W.M. 216a, a gwelet *oleu* y meirch a wnaethant. a chanlyn yr *oleu* a dyuot y brifford uawr ; H. MS. ii. 244, ar y *fford* ar *llwybyr* tec hwnnw *oleuy* dy vam a that. Yn y testun ceir *hynt* am *oleu*, ond ni thâl sôn yma am lwybr a llawer o ol-eu arno. Gellir *oleu* fel tr. o *goleu* ac *amoleu* fel "amlwg." Gwell na'r ddau gynnig hyn yw darll. *anoleu*, gair sy'n digwydd, gw. M.A. 377a 4, Od esgynnaf im gwely *o hun oddef*, O rhoddaf hun im llygaid *anolau* (si dedero somnum oculis meis). Deallaf ef yno fel caeedig neu dywyll, ac yn y testun "aneglur."

Rhy hir yw 911 : os rhoir *hynt an oleu* fel gair cyrch ar ôl 910, erys 6 sill yn 911, a cheir toddaid byr i orffen yr awdl, ond bod 12 (neu 11 wrth hepgor un *en*) yn y ll. gyntaf ohono. Odla sill olaf y cyrch a chanol yr ail linell, gw. ar 912-3.

godeu, goddau "bwriad, pwrpas, amcan," C.Ll.H. 165 ; I.G.E. 192, *ar oddau ;* D. "propositum, institutum" ; dyry amryw enghreifftiau : nodyn llawn gan Loth, R.C. xliv. 281-3 ; G. 31, *anoddeu* "yr hyn nad amcenir, damwein, anffawd" ; G.M.L. 19.

peleidryal, cf. B.T. 16, 12, Atvi *peleitral dyfal*, gw. uchod 305, *cledyual*. Yn y testun, i gael odl, darll. *peleidryat*, B.B.C. 98, briuint penaur *peleidrad ;* 5, llyavs *peleidrad* guaedlad guadlan ; B.T. 57, dwys dy *peleitrat* pan erclywat cat ; M.A. 148b, *peleidrad* ryfel ; H. 69, tyyrn dut ordrut wrd *beleidrat*. Ystyr yr olaf yw ergyt â gwaywffon.

912 **keint**, cenais, gw. 551.

amnat, G. 24, ans. "celfydd, cyfarwydd, cywrain"; B.T. 10, Crist iessu gwylyat / rwysc rihyd *amnat;* 25, yspydat *amnat* / heint ech y aghat; Gruc budyd a.; M.A. 177a, toryf a.; 144b, Ardwyrews fy nhad / Ei fraisg frenhindad / *Ar awen am nad* / Ardwyreaf innau . . . *ar barabl perwawd* ar draethawd dras. Ymddengys i mi fel "enwog," o *am* a *nad* "cân," neu **gnad* fel yn *yngnad, ynad, anynad* (G. 33). Ar *am-* yn y cyfryw gyfans., gw. B. vii. 36–8. Tybiaf golli gair o'i flaen yn y testun, fel *cerd* neu *awen,* neu *ar awen,* megis M.A. 177a. Rhoesai'r olaf gyseinedd lafarog ag *amnat amdina,* a hyd rheolaidd yn ll. gyntaf toddaid.

amdina, G. 22, Gellir cynnig darll. *am ddiua* neu *amddiuat.* Haws synnwyr o'r cyntaf, a gwell mesur o'r ail!

cell, gw. C.Ll.H. 21, 116.

913 **ac ystauell**, hen org. yw'r *ac;* darll. *a(c) stauell* i gael 6 sill.

yt uydei, darll. *yt uydat.* Cyfystyr yw *byddad* a *byddai,* ac odla yma; arno gw. G. 65b, C.Ll.H. 84.

914 **dyrllydei**, gw. 147.

maglawr. Er yr atalnod yn y llsgr., cydier wrth *med,* gw. 92.

915 **gwrys**, gw. 42.

aergynglys, G. 13, "brwydr-ddilyn." Ond cf. Gw. *cing, cingid* "champion"; *Cingetorix* (Holder, A.S. i. 1018); ac uchod 868, *gueilging; pergyng;* hefyd yn enw lle, *Erging.* Pe felly, *aer-gyng-lys* "llys ceimiad"; gyda *gwrys* "the storming of a champion's dwelling with the dawn." Ni wn beth yw *achlysur, goglysur,* nac a ellid *aergwn-clys.* Ond teg atgoffa Gw. *cless* "a feat, performance, trick," C.I.L. 383.

916 **ket**, enw fel yn teyrn-*ged,* G. 119, "rhodd, anrheg."

Lloegrwys lliwedawr, cf. 261, *lloegrwys giwet.* Ar *lliwedawr,* gw. 55.

917 **ry benyt**, cf. H. 210, Ny mat gymyrth aryf ny gymer *penyd* / can ny wyr ennyd *pa hyd atter.*

ar hyt yd attawr, gw. C.Ll.H. 34, 197–8, *hyt tra attat* a'r nodyn ar *hyt tra* 196. Y ferf yw *gadu* am Dduw yn caniatáu i ddyn fyw, cf. H. 221, douyd ae *gatto.*

-awr, -(h)awr, terf. berfol pres. amhers., gw. 909, *dygiawr;* modd dibynnol, oherwydd y caledu ar y gytsain sy'n profi *-hawr.*

918 **eillt Wyned**, cf. 43, 397, 920.

klywer. Nid gweithredol yw'r terf. *-er,* ond goddefol neu amhers. Yn B.B.C. 2 (Moch *guelher* y niuer *gan* elgan), pres. neu ddyfodol yw, fel *-ir,* a daw *gan* gydag ef. Ceid cystrawen esmwyth yma hefyd pe darllenid *gan eillt,* ac ail rannu'r ll. (Afreolaidd yw'r hydau drwy'r awdl yn ei ffurf bresennol.) Am rym *-er,* gw. hefyd H.G.C. 110, Llyminauc lletfer a *daroganer :* y cyfieithiad Lladin yw *praesagitur,* pres. mynegol goddefol.

arderched, G. 37, godidowgrwydd.

919 **Gwananhon,** gw. 436, 829. Yma cyfystyr yw â gorffin Gododdin, 923.

byt ued. Prin *bet* "hyd," ond *bit* pres. 3ydd *bod,* neu *-t* am *-dd,* ac felly "bydd," cf. 923. Rhyfedd yw cael dau *byt bed* yn yr un awdl, a gall 919 fod yn amrywiad ar 923 mewn copi llwgr.

920 **savwy.** Ceir *saffwy* (734) a *safwy,* cf. M.A. 282b, Amlwc *seif* y *safwy* ual dar; I.G.E. 116, Macwy *safwy sy hyfedr.* Ni rydd D. ond y cyntaf. Gall fod yn gyfystyr â *saffwy* yn y cyntaf; ans. "sefydlog" yn yr ail, ac yn y testun enw dyn, cf. *Garwy;* prin pres. dib. 3ydd yn *-wy,* fel B.B.C. *dirchafuy,* ae *harowy* . . . ae *guledichuy.*

cadavwy. Os *savwy* yw enw'r arwr, ans. yw hwn, cf. G. 88, "cadarn mewn brwydr." Os ans. yw hwnnw, rhaid deall hwn fel enw (cf. *Gwenabwy, Gwenafwy,* 299, 477) o *cad* a *gafwy,* cf. R.P. 8a 7, Bit *avwy* unbenn a bit *lew ;* B.B.C. 59, parchell *gawi* (odli â *wiuuy* "fwyfwy" ; *warvy* "gwarwy" ; *wenabuy* "Gwenabwy" ; *machavvi* "Machafwy." Am chwanegu *Gwynedd* ato, cf. Maelgwn *Gwynedd;* Owain *Gwynedd;* ac isod, 1179, madauc *eluet.*

921 **treis trin,** cf. B.T. 33, Gweleis *treis trydar* ac auar ac aghen.

teyrned, trisill, cf. 1009, 1194; B.T. 45, *tegyrned,* hŷn orgraff.

922 **kywesc,** darll. *kywest* "gorweddfa," lle i gysgu, gw. B. ii. 41-4, ar *gwest, cywestach,* B.T. 28, *kywestwch a bed.*

923 **byt,** fel yn 919.

gorfun, bai am *gorffin,* canys odla â *gododin,* ac felly "y tir y tu draw i ffin y Gododdin," cf. *gorwlad* am le pellach na *chywlad,* C.Ll.H. 119. Disgwylid i *orffin* fod ymhellach na *chyffin.* Pwysig yw hyn fel tystiolaeth i safle Catraeth.

924 **gordyvnat,** "cynefin," o *gorddyfnu* "arfer â," cf. isod, 1035; B.T. 71, Neur *ordyfneis* i waet; C.Ll.H. 143. Yr hen ferfenw oedd *gorddyfneit,* C.Ll.H. 173. Grym y terf. *-at* yma yw i ffurfio ans. (cf. *crwydrad* am un a grwydrai, D. "vagabundus") yn hytrach nag amherff. 3ydd un. fel *gwyddiad* "gwyddai," ond cf. R.P. 168b 34, *gordyfnat* bual buarth medveith.

Y mae darll. B yn hollol wahanol, ac ni allaf gysylltu'r ddau.

en agerw A, ac ac ero B. Ar *agerw* dyry G. 15 ans. "milain, llidiog, ffyrnig," cf. Ll. *acerbus* a'i ystyron. Yma gall fod yn enw "brwydr," cf. y modd yr arferir *caled* yn 1003, gwrd yg *calet*. Felly A, "Byddin gynefin â brwydr." Am ddarll. B, "Cyfarfu ag agerw," arferid *cyfarfod* am frwydr, gw. uchod 204, a gellir deall "Brwydrodd hwn â gelyn ffyrnig." Yn L.L. 235, *Aceru;* 279, *Aggeru* ceir *Agerw* fel enw pers., ond anodd cael hynny yma, onis gwneir yn enw'r arwr, "Cyfarfu ag Agerw . . . lu herw."

Sylwer y ceir *-ro, -lo* yn B am *-rw, -lw,* gw. 847.

925 **mynawc lluydawc** A, **du. leidiat** B. Ar *mynawc* gw. 253, 390: *lluydawc* "perchen lluydd neu fyddin," cf. Elen Luyddawg ; B. ii. 276, Arthur . . . arderchawc *luydawc* lyw.

lleidiat "lladdwr" ; arferir am yr arwr, cf. M.A. 234b, Llyw kat *leidyat lywelyn;* 235b, Angad *leiddiad Lywelyn.*

llaw chwerw A, "llaw greulon," cf. R.P. 20b, *llwydawc llaw diuo.* Haws deall B, **lu hero,** llu herw neu grwydrol, ysbeilwyr, lladron, cf. *herw-long* "pirate ship" ; *herwr* "outlaw," gw. P.K.M. 247 : Gw. *serb* "theft, felony," ochr yn ochr â *serb* "bitter," sef *chwerw* A, gw. Windisch, W., 769. Gwell yw B, canys daw *chwerw* eto yn 927, 938. Y mae *llu herw* yn addas am y gelyn tramor.

Am gymysgu *lu* a *law,* cf. 980, *lu* lle gofyn yr odl am *law.*

926 **bu doeth a choeth** A, **ny bu ac cihoit** B. Gwelir fod A wedi darll. *cihoit* fel hen org. am *coeth,* awgrym ei fod yn gynefin â gweld *-t* am *-th.* Ond ceid *t* ac *th* yn y ddeuddegfed ganrif am *dd* hefyd, a gallasai ddarll. "cyhoedd," cf. B.B.C. 22, 13, *oeth* "oedd" ; 24, 1, *oetun* "oeddwn" ; hefyd saif *t* am *d,* a dyna "hoed," gw. B. v. 237, *hoid hoitou.*

Unwaith eto ceir cymysgu'r cadarnhaol a'r nacâol, A yn darll. *bu,* a B yn rhoi *ny bu,* a dybla hynny'r anhawster. Y darll. mwyaf nodweddiadol o hengerdd yw'r ail, pes darllenid fel *ni bu anghyhoedd,* y ffigur lleihad (*meiosis*) am "bu amlwg iawn." Ar *cyhoedd* gw. G. 227. Erys yr anhawster, o ble y cafodd A, *bu doeth* i odli â'i ddarll. ef, *coeth.* Ai ar amcan ?

Os "anghyhoedd" yw *ac cihoit,* o ran ystyr, ai *achyhoedd* a ddylid ei ddarll. o ran ffurf fel trosiad o'r orgraff, *-cc-* am *-ch-* ? Dichon *ach-* ochr yn ochr ag *angh-,* cf. *achenawg, anghenawg.*

a syberw A, **ac i hero** B. Cytuna *syberw* "balch" A yn iawn â'r *bu* sydd yno ar ddechrau'r ll., a rhydd odl gywir. O B ni allaf ond *a c(h)yherw,* cyfans. o *herw :* ni ḃu ŵr a lechai o'r golwg, ac ar *grwydr fel herwr.* Cynnig arall fuasai darll. *a chychwerw*, cf. 1450–1, *kychuech* ny chwyd / *kychwerw* kychwenyches. Profa'r rhain y ceid cyfans. o *cy-* â *chwech* (chweg) ac â *chwerw*.

Wrth gofio grym *ac . . . ac* "both . . . and," gellid ystyried hefyd *i herw* gyda'r un *i* ag yn *i dreis* "by force," neu *imherw, ymherw*, fel M.A. 189b, a gwaedlaif yn *ymherw* (odli â *trwy agerw*).

927 **wrth gyued gochwerw** A, nid oedd ŵr cas chwerw wrth wledda, neu wrth ei gyd-wleddwr (canys ceir *cyfedd* am wledd ac am gyd-yfwr, G. 205, C.Ll.H. 146). Yn B **ni bu hero ciued guec guero.** Yma gellid enw pers. o *hero*, cf. L.L. 398, *Erb, Erbic, Eruic*. Pe felly *Erf;* a *ciued* yn golygu "cyd-yfwr."

guec, chweg, melys, cf. *gware, chware*.

guero, fel yn 847, "chwerw." Unodd A *guec-guero* yn un gair, a'i ddarll. "gochwerw." Diogelach ei gadw fel y ffigur *oxymoron*, cf. S. *bitter-sweet;* un ai "coeglyd," neu ynteu "anwadal," troi o fod yn feddw fwyn i feddw anfwyn. Ond cf. ymhellach, Mawl Owain Gwynedd (M.A. 152b), *Garw* wrth *arw . . . chweg* wrth *chweg . . . chwerw* wrth *chwerw*. Ystyrid hynny'n beth teilwng, eithr nid troi o fwynder i greulonder at gyfaill wrth fwrdd y wledd.

928 **mudyn** A, **gnissint** B, cf. B. xiii. 193, *gnis* "snout"; B.T. 61, *gnissynt* kat lafnawr a chat vereu. *Gnissynt* wyr y dan kylchwyawr lleeu; 58, Duw ryth peris rieu *ygnis* rac ofyn *dybris;* C.Ll.H. 269, lle cynigir "tuchan," ond deallodd A ef fel "mudo."

geinnyon A, **gueuilon** B. Ar ôl berf 3ydd llu. treiglir y goddrych, felly A *ceinnyon* (cf. 399). Gall B fod yn llu. *gwelw* (*gueiluion, gweilwon*, cf. H. 95, carn *weilwyon*), sef meirch gwelw "grey." Mae darganfod *gnisio* "tuchan" (a "gweryru"?) wedi rhoi ystyr newydd i'r llinell, gw. y drafodaeth yn B. xiii. 193.

ar y helw A, **ar e helo** B, gw. C.Ll.H. 69 ; B.B.C. 82, *Ar helv* uy ren y guiscaf "under the protection of the Lord," Gw. *ar seilb* "dan nawdd" ; M.A. 234a, may y delw y gallwn / na byddwn a[r] *dy helw*.

929 **ar lles** A. Dilynid *ar* gan *ll-*, gw. C.Ll.H. 77, 102, G. 33 ; felly hen org. / am *ll* sydd gan B, ar *les;* felly 1219 ; cf. 410, *ar llet*.

bro pobdelw A, **bro bot ero** B. Yn Ach xvii, Cy. ix. 178, ceir *Popdelgu* map *Popgen* yn yr wythfed genhedlaeth o *Cuneda*. Oherwydd y ffurfiau cyfatebol *Hoedlew* a *Podgen,* yn J.C. 20, Ach xl, tybiodd Phillimore y gellid darllen yr ail *p* fel *d* yn y rhain. Y mae'r testun o blaid *Pobddelw* fel enw, ac atega hynny *Pobien* hefyd, gan mor hoff oeddid o gael un elfen yn gyffredin i enwau'r tad a'r mab, cf. Cy. ix. 180, *Art*gloys m. *Art*bodgu m. *Bodgu*. Pe rhoid Cunedda tua 400, a chwanegu 7 × 30 am y cenedlaethau, disgynnai *Popdelgu* i rywle tua 610–40 ar amcan.

Gwell gennyf A yma na B, am fod *ero* yn odl yn y ll. nesaf ynddo. Gwan yw B. ii. 234, *pobddelwr* "kribddil" (? cribddail).

O hyn ymlaen yn A ceir darn o awdl arall, a chollwyd y llinellau a etyb i 941–2, lle cedwir y brifodl.

930   **an gelwir,** "fe'n gelwir," cf. uchod 455, *an gelwit*. Hefyd cf. 730, *kywir yth elwir*.

   mor, cf. 947, *an gelwir ny* faw. A ellid darll. yma, an gelwir *ni or* ? Cf. 417, heb *or* heb *eithaf*.

   cynnwr. Darll. *cynnor* i odli ag *or* (neu *mor*), gw. 21, *kynhorawc*. Addas yw *or a chynnor* gyda'i gilydd, "the wing and van of the host."

   plymnwyt, gw. 170.

931   **tryvrwyt,** toredig ? Cf. C.Ll.H. 64, ysgwyt *brwyt briw ;* B.B.C. 1, yscuid *o tryuruyd ;* 94, eis *tull o trywruid ;* 95, ar traethev *trywruid ;* R.P. 60a 32, tarian *dryfrwyt ;* 100b 28, rwyt karw t. ; 122b 5, twrch *tryfrwyt trwyt* trin (gw. isod 1340); M.A. 188b 6 (H. 103) *Tryfrwyd wawd* ym priawd prydir (cf. H. 106 *Gwawd* ... om bronn y *brwydaf*); 24, Kein uyged am drefred *dryfrwyd ;* Nennius (Mommsen, td. 200, Degfed brwydr Arthur) in litore fluminis quod vocatur *Tribruit*. Cymysg yw'r defnydd, weithiau am afon a thraethau o'r enw ; weithiau ans. am ysgwyd a tharian dyllog neu addurnedig â brwydwaith (cf. tarian eurgrwydr), ac am ganu "celfydd, addurnedig," gw. R.C. xx. 345 ; xxii. 438 ; xxix. 51n. Yn M.A. 170a (*gwaew* yg koryf yn toryf *yn tryfrwyd wryaf*) ymddengys fel "brwydr," a gwna hynny synnwyr yn y testun, "Gelwir ni or a chynnor *ym mhlymnwyd ;* peleidr *yn nhryfrwyd*." Daw'r ystyr "brwydr" o dyllu llu'r gelyn, trywanu.

   gogymwyt, cf. B. ii. 140, *gogymwyd* "gogyhyd" ; M.A. 170a 2, Lloegyr dachwet gyminet *gymwyd ;* 188b, Creulawr gawr gyrchyad / Garw *gymwyd* gywlad / Yn kyflat *ym plymnwyd ;* 246a (Marwnad) Am ynghof ynghwyn ofer / Am *ynghymmwyd* ynghymer, h.y. am ei gof, ei gŵyn ofer, am ei gymwyd, a gladdesid yng Nghymer, ger Dolgellau. Cytuna'r olaf â W.M. 226b, Kilyd mab kyledon wledic a uynnei wreic *kynmwyd* ag ef (bai am *kymmwyd*); R.P. 154b 13, Llav ruffud llary ud *llawen gymwyt* ysp =H. 300, Llaur gruffut llary ut llawen *gymwyn* ysb (yn erbyn yr odl

NODIADAU

drwy'r englynion hyn). Cyferbynner *garw gymwyd gywlad* sef gelyn, a *llawen gymwyd ysb,* sef y cyfeillion; y brenin am gael gwraig *gymwyd* ag ef, a'r bardd yn cwyno ar ôl ei *gymwyd* yntau. Rhaid cael gair a newidia ei liw gyda *garw* a *llawen* i ddisgrifio perthynas â gelyn ac â chyfaill; cynnig G. 241, ans. "cydradd, cyfartal, cyfrannog"; enw, "cymar, cydymaith." Yn y testun efallai gwaywffyn cyfochrog, yn gymheiriaid i'w gilydd yn y rhuthr yn erbyn y gelyn.

932 **goglyssur**, "at the time of sharpened irons," A.; M.A. 216a, rwyt *achlyssur;* B.T. 34, Ae goch *gochlessur;* 71, Neu vi a amuc vy *achlessur* yn difant a charant casnur... Neu vi a rannwys vy *echlessur* nawuetran yg gwrhyt arthur; M.A. 142, yd endewais enau yn *achlysur* gwir (H. 17, *echlyssur*); Ll.A. 65, Ar dayar a *achlessawd* corff yr arglwyd duw yn y harffet (=220, Terra, quae in gremio suo Domini corpus *confovit*); B.T. 6, vffern oer y *hachles;* 56, ny nodes na maes na choedyd *tut achles* dy ormes pan dyuyd; B.B.C. 72, 2; 66, 14, Bet llev llaugyfes y dan *achles* mor; B. iv. 3, *Achles* callon cwryf; M.A. 160a, Kerteu *achles;* G. 6, *achles* "nodded, amddiffyn, cysgod, (hefyd) encil, tawelwch"; D. "Confugium, refugium, asylum, protectio, locus vbi quid fouetur, defensio"; Tr. G.G. 1907-8, 58, "manure"; D. *echlys,* et *echlysur* "causa, occasio"; T.W. *Ansa,* "dyrntol neu glust llestr, derbyniad, gafael. Carrai esgid, *achlysur*" (cf. Andrews, "handle ... occasion, opportunity"); Rhuf. vii. 8, pechod wedi cymryd *achlysur* (T.W.S. *achos*). Hefyd, cf. isod, 1243, ig *disur* (? ig *clisur*). Anodd gwahanu *achlysur, gochlesur, goglysur; achles, echlesur* (cf. *mal-*u, *mal-urio; pres, presur, prysur*)'; ond gall *-ur-* gyfateb i'r Ll. *-ōr-* yn ogystal â'r Ll. *-ūr-* (cf. *awdur,* ac *ysgrythur*), a bod *goglyssur* yn y testun yn enw gweithredydd, nid enw haniaethol. Felly cf. Gw. *cless* "feat, performance, trick"; *clessaige* "performer, trickster." Ond ni fedraf gydio hwnnw wrth *achles* a'r lleill o ran ystyr. Sut bynnag, yn y ll. hon, addas fuasai gair i foli medr yr arwr i drin arfau; neu ynteu, darll. *go* fel arddodiad "dan," a *clysur* fel enw am gawod o saethau a gwewyr yn disgyn ar yr arwr.

llawr en assed. Amwys yw *llawr,* (1) "floor," (2) "champion" —yma'r all? Nid yw *assed* yn digwydd yn yr hengerdd, onid yw yn *diassed,* gw. *dias* 2, a'r enw *Gwenassedd,* ac nid yw'n odli yma'n ôl nac ymlaen, er efallai y cyfrifid *-edd* yn broest i *-ar.* Gellid darll. *arswyt* i odli â 930-1.

933 **sychyn.** Nid berf, *sychynt*, fel *mudyn* yn 928. Bachigyn o *swch?* Un fel swch yn gwthio drwy'r gelyn.

gorun, "twrf," un o gyfystyron brwydr, cf. B.T. 42, Ac amser pan wna mor mawr wrhydri. ysgnawt *gorun* beird uch med lestri ; R.P. 34a 25 ; 171a 19, o rodyon gwron *gorvn* eigyawn mor ; M.A. 152a, *Ygorun* aergun aergyfrain / *Yn aergad* yn Argoed Llwyfain ; 154a, I foli gwron . . . *Gorun* morgymlawd ai goglawd glan ; 162a, *Gorun* toryf *twryf aches* ar draeth ; 163a, 22, kert *orun* deyrn ; 177a, teyrn *orun* toryf / *Twryf aches* anodun ; 185a, Ygwythlid yggwythlawn *orun;* 188b, Kyn *gorun* gwaedlan ; 204a, Aer *orun* ual run rut y onnen ; 248a, Credadun gatkun *orun* wraf ; gw. Loth, R.C. xxxviii. 163, ar ei gyswllt â'r Llyd. *kurun*, *gurun*, taran ; *kudurun*, taran. Ond â'r olaf cf. *godorun*, B. i. 111. Hefyd cf. R.P. 2b 39, a wledych kyn nor *gorunnet*. Cynnig J. Ll.-J. yn B. ii. 106, ei roi dan -*mun*-, fel *gorfun*.

934 **frwythlawn,** llawn ynni, gw. ar 75. Efallai *frwythlam* yma i odli â *flam*.

flamdur, ans., "â'i gleddyf yn fflamio," neu enw dyn ; cf. R.M. *fflam* m. nwyvre ; 106, *fflewdur fflam* wledic ; 303, Tri unbenn llys arthur . . . *ffleudwr fflam* uab godo. Gw. isod ar 948.

941 **ni cilius,** ni chiliodd. Sylwer ar *c* am *ch ;* ac ar yr hen derfyniad -*iws*, nid -*wys*, cf. C.Ll.H. 237.

ero, erw. Am y mesur, gw. G.M.L. 143 : un troetued ar pympthec a vyd yn hyt yr hirieu ac vn ieu ar pymthec a wnant yr *erw o hyd* a dwy vyd y *llet*, Pen. 36a. Yn y Llyfr Du o'r Waun, 16 troedfedd yn yr hiriau, "a gwyalen gyhyt a honno yn llaw y geylwat, ar llau arall ar yr yscur peruet yr yeu. a hyt yr arhaydo a honno o bop parth ydau yn *llet yr erw* ay dec arugeyn yn y hyt."

942 **traus,** traws, D. "trans," a "transuersus, iniquus." Yn P.K.M. 239, fel enw cyfystyr yw ag ardal yn y Llyfr Coch, neu gyfeiriad. Yma gydag *y achaus* "ei achos," tebyg mai ans. yw, "cadarn, ystyfnig" ? Arferir fel mawl ac fel anfri, cf. M.A. 209a, Am vnic treissic y *traws* yolaf duw ; R.P. 102b 13, Tec wyt geli, *traws* haelyoni ; S.G. 57, ar y *traws* hwnnw ; W.M. 215, A phy *traws* y mae dy vedwl ditheu arnaw ; Salm xviii. 48, Achubaist fi rhag y gŵr *traws ;* Diar. xxviii. 6, Gwell yw'r tlawd . . . na'r *traws* ei ffyrdd, er ei fod yn gyfoethog ; R.M. 150, Gwas *traws* fenedic, elphin uab gwydno ; H. 69, tyyrnwawr *trawsuawr* tros ystrat tywy ; 303, tros gymry *traws* gymreisc ut.

achaws, gw. G. 6, C.Ll.H. 187–8.

NODIADAU

liuirdelo, cf. 1471, Kynnwythic lleithic *llwyrdelw*. Ai enw dyn, fel *Pobddelw, Cynddelw*? Cf. Ch. Br. 123, *Condelu, Gurdeluu*.

943 **dyfforthes,** cf. 135, 565, 831. Ni all y ll. olygu ei fod ef yn cludo cadfeirch a seirch. Gwell darll. *Dyfforthes catveirch [e] gatseirch,* neu, *dyfforthes [e] gatveirch gatseirch;* cf. (am Ruffudd ap Cynan) M.A. 141a, *Dyphorthynt i seirch meirch* rygyngawc.

Digwydd y brifodl *-e* yn 944–6, –7, –8; nid oes odl yn 943, –5. Rhaid ail drefnu'r ll. i gael mesur, a rhoi gair fel *ystre* i mewn, neu ddechrau gyda thoddaid:

> Dyfforthes e gat veirch gatseirch greulet
> ar gatraeth cochre.

944 **creulet,** ben. *creulyd* "gwaedlyd"; cf. B.T. 45, lafyn *gwy ar let,* ben. *gwyarllyd.* Ceir *seirch greulet* eto yn 1061.

ar Gatraeth, *ar* yn ystyr *rac* "ger bron," cf. 814.

cochre, o *coch,* a *gre* (Ll. *grex*) "gyrr o feirch cochion."

945 **mac,** pres. 3ydd magu, cf. B.T. 64, 20, *mac* tebic heul haf huenyd soned.

blaenwyd, G. 57, "? gwaywffyn blaen"; cf. *blaenwedd,* G. 57, "uchafbwynt"; neu'r enw *Bleinguid,* L.L. 217, –26, –36, –49, –61. Hefyd cf. 1464, Blin *blaen* blen *blenwyd;* a chyda *meirch,* gw. 1388–9, meirch eithinyn neut ynt *blennyd.*

dinus, cf. *gorddin.* Gellid darll. *dinas* neu *dirus* (*n* am *r*), ond i gael odl rhaid chwanegu gair fel *dyre.* Efallai y gellid darll. *dyre* yn lle *dirus,* "Mag Blaenwydd fyddin ddyre," cf. C.Ll.H. 66 ar *dyre* fel ans.

946 **aergi,** gw. 77, *aergwn.*

gwyth, gw. 396, *yn dyd gwyth.* Ber yw'r ll., a gellid adfer hynny yma.

gwarthvre. Fel y saif "bryn gwarth, neu gywilydd," cf. 561, Nyt ef borthi *gwarth gorsed,* oherwydd tebygrwydd hynny i *gwarth fre.* Ond cf. M.A. 150b, Cadarn gyfarfod gwrthod *gwarthfor.* Yma saif *gwarthfor* am elyn tramor? B.T. 75, Dedeuant vn gyghor y wrthot y *gwarthmor;* cf. B. iv. 47, guae *vrch mor* nad *gurthtir* a wrthrich=vii. 28, Gwae *wrth for* nad *gwrth dir* a wrthrych. A ellid darll. yn y testun "Aergi [yn dyd] gwyth gwrth [aer]vre? Ond cf. ar 678.

947 **an gelwir ny,** gw. 930.

faw, "clod," benthyg o'r Ll. *fāma,* cf. 1033.

claer, ans. gyda *faw,* gw. 140, cf. B.T. 72, F*faw claer* o pop aer kaffael gwystlon.

fwyre. Cyffredin yw *ffwyr* (cf. M.A. 145b 13, 165a 59, 188b 45, 200b 17, 211b 24; B.B.C. 65, 9, etc.), ond ni ellid *ffwyre* ohono, ag eithrio mewn cyfans. fel *ffwyr-re*. Ar *ffoure, ffovre*, gw. J. Ll.-J., B. iv. 54-5, ar heul neut *ffovre*, R.P. 167b, lle cynnig ei ddeall fel *ffof-* o *ffaw(f)*, a *re* "y mae'r haul wedi codi'n odidog." Ymddengys *ffovre* i mi fel ans. "disglair, ysblennydd," a chymerai ei le yn hwylus yn y testun, *ffaw glaer ffovre*. Efallai mai hynny yw'r darll. iawn, ond trwy gymysgu â *dwyre* neu *ffwyr* i'r copïwr greu gair, *ffwyre*. Y mae'r hen eirfa mor gyfoethog o eiriau dieithr, fel nad doeth ceisio ystumio gormod. Felly cf. 678, *budugre*, neu'r enw *nwyfre*, C.Ll.H. 166, "awyr, ffurfafen"; B.T. 8, Atwyn *heul* yn ehwybyr yn *nwyfre ;* L.L. 180, enw dyn, *fomre*.

948   **echadaf,** ech adaf, gw. C.Ll.H. 60, "o law"; *ech* "allan o"; *adaf* "llaw," cf. B.T. 25, *ech y aghat*, lle golyga *aghat* hefyd "law."

heidyn. Annhebyg iawn mai *heidyn(t)*, berf. pres. 3ydd o *heidio ;* tebycach mai enw'r arwr, *Heiddyn*, neu'n well, *Hedyn*, gw. C.Ll.H. 233 ; B. viii. 234, Cern. *Hedyn ;* Llyd. *Heden*. Efallai mai cydweddiad ag *Eidyn* a roes y ffurf yn y testun, canys cynefin oedd y copïwyr â throi hen *e* yn *ei*, yn ôl fel y deallent yr hen destunau. Dichon hefyd mai bai am *Eidyn* yw.

haearnde, cf. 860, *gwrymde ;* C.Ll.H. 193, *tande ;* 87, *eurde*. Os yw *de* ynddo yr un ag yn *cynne*, cf. *Hedyn Haearndde* â 934, *flamdur ;* neu 382, *Moryen tan ;* Ch.Br. 141, *Iarn-tanet ;* 139, *Tan-hoiarn*. Hoffwn ystyr arall iddo, sef fod cawod o wewyr yn cael ei hyrddio o law Hedyn, eu *he-u*, cf. 302, *heessit waywawr ;* M.A. 151b, Glas ferau *heiyrn heasant*. Cyseinedd dda fuasai *Hedyn haearn he*, cf. M.A. 148b, Am adfod arth arfod *arf he ;* 204b, Mab medel vtkyrn *heyyrn dy he*.

949   **Mynawc Gododin,** gw. 253, 390, ar *mynawc* fel ans., ond yma credaf mai enw pers. ydyw, a bod *mynawc* yn y ll. nesaf yn chwarae ar ei enw, fel 327, *Keredic caradwy*. Hawdd fuasai darll. *Mynydawc* yn y ddwy linell.

traeth e annor. Ymddengys fel ffurf ferfol, cf. isod, 959, *traeth y ennyn*. Nid tri gair ond un wedi ei gamrannu. Felly cf. 1384, *dychiannawr* dewr *dychianat ;* B.T. 55, 9, Neut wyf glot geinmyn *kerd glywanawr* (cf. 54, 25, Neut wyf glot geinmyn *cerd ochlywir*), ond odlir â *pybyrdor /* echwyd a muchyd *kymyscetor*, fel petasai am *glywan[n]or ;* 56, 5, Myneich dychnut val cunin cor. o gyfranc udyd ae *gwidanhor* . . . Myneych dychnut val bleidawr. o gyfranc udyd ae *gwidyanhawr*. Dengys yr olaf ryw gymaint o anwadalu rhwng *-an(h)awr* ac *-an(h)or,* cf. B.T. 75, meinoeth *berwhawt.* Ar tir *berwhodawr;* 10, 16, *ergelawr, dygetawr;* 19, *lloscetawr;* 23, *dygetawr.*

Am y ffurf yn y testun cf. *medd-u, meddiann-u,* un o *medd,* a'r llall o *meddiant;* felly *moli, moliannu; trigo, trigiannu; peri, parannu, peiriannu,* a'r cyffelyb. Yma nid *traethu* yw'r berfenw, ond *traethiannu.* Am hen enghraifft o'r ffurfiant, cf. V.V.B. 205, Juv. *planthonnor,* gl. ar *fodientur.*

Yr ystyr yma yw "moliennir" ar *draethawd,* sef ar gân, cf. B.B.C. 9, 4, fynedic *waud.* fruythlaun *traethaud;* 21, 10, pader priw *traethaud;* 42, 11, Am gadu y *traethu traethaud.* yth voli kin tewi tawaud; 86, 7, Nid ower *traethaud* imi ara *tretheis;* M.A. 140a, kenif d.; R.P. 2a 12, Y kerdeu ry *draethassam;* M.A. 160b, Pan brofer *traethawd traethaduryon* call ... Cyndelw wyf hyd tra uwyf *traethawd* gysson / *Treithitor* yg kert. (Ceir ystyr nes i'r un ddiweddar yn R.B.B. 93; 244, gildas *traethawdyr* yr ystorya= Havod 2, 195b, *traythadvr;* ut Gildas historicus testatur: B.B.C. 18, 10, "to declare, set forth," ny ellynt ve *traethawd* kywoethev y trindaud.)

950 **am rann,** gw. 40.

kwynhyator, cwynir. Ar y ffurf ferfol hon, gw. W.G. 324; cf. B.T. 23, odit *traethattor* mawr *molhator;* M.A. 150b, Aer a wnaeth ar draeth a *dreithitor;* B. iii. 256, *tarnetor;* B.B.C. 52, *Kenhittor* kirrn eluch; 33, *brithottor* tiret; 93, rid *rewittor;* B.T. 1, 24, *prouator;* 28, *gwelattor.*

951 **rac Eidyn,** gw. 113, 183, cf. 1224, Techin *rac eidin vre* uiruiet.

aryal, gw. 480, cf. 1031, a. redec, ac isod, 954. Disgrifiad o'r arwr yw *aryal flam* "angerdd tân."

nyt atcor, ni ddychwel, cf. 362, Neb y eu tymhyr *nyt atcorsan;* 28, *rac* pebyll madawc pan *atcoryei.*

952 **dilis,** dilys, gw. G.M.L. 129; yma y gwŷr y medrai ddibynnu arnynt, milwyr dethol.

953 **tewdor,** cadernid? cf. B.B.C. 71, llugirn *deudor;* B.T. 68, Pan doeth aedon o wlat wytyon seon *tewdor;* 69, Cwynitor *tewdor* tewdun diarchar; M.A. 150b, porthle *teudor;* 189a, Yn *tewdor* yn aruor aruon; 141b, Marwnad mur *tewdor;* 145a, Ef gwr gwelitor / goleith y *dewdor;* 249a, Ny chollir oe thir nac oe *thewdor* / *Annhet* troeduet yr dyhet dihawt hepcor; 179a, Diffleistor *teutor* tor divryt.

955 **can,** gan "because." Nid oes angen geiryn rhyngddo a'r ferf,

P.K.M. 247, *can doethwyf.*
 llewes, gw. 106. Gan ei fod wedi yfed a gwledda ar gos Mynyddawg, rhwymedig oedd i'r frwydr.
 porthes, daliodd, dioddefodd, gw. 561. Ber yw'r llinell.
 mawrbwys, pwysau mawr, caledi mawr.

956 **ny diangwys**, darll. *nyd angwys*, cf. 240.
 amdiffryf, gw. G. 21, darll. *amddiffyr(y)f*, neu *amddiffryt* (? *ffrwt*) "yn diferu, diferllyd." Daw gydag *ar(y)f*, felly cf. *ffrydiaw gleif* a'r cyffelyb "brandish, ysgwyd," gw. C.Ll.H. 237; B. v. 244. Neu *diffryt* berfenw *differaf* "amddiffynnaf," B. ii. 241, ymdhiphryd "ymdhiphyn."
 amdiffwys, gw. 460.

958 **Moryet**, enw dyn, cf. y rhan gyntaf o'r enw *Maredudd*, L.L. 411, *Margetud;* Cy. ix, 175, *morgetiud* (ddwywaith), gw. enwau yn *Morg-*, Holder, A.S. ii. 628, yn hytrach na *marga, Margidunum,* 423–4? Ond o'r tu arall, cf. Llyd. *Margit-hoiarn*, Ch.Br. 150.
 aessawr, gw. ar 124.

959 **dyfforthyn**, gw. 135, *dyforthynt.*
 traeth y ennyn. Nid tri gair, fel y tybiodd A., ond berf. pres. neu amherff. 3ydd llu. o *traethiannu,* gw. uchod ar 949. Yma cludant a molant yr arwr.
 llawr, arwr, gw. 125, gwr *llawr.*

960 **llovlen**, gw. 802, *oe l.* "i'w law, yn ei law" ; M.A. 174a, Rud onnen *oe lovlen law.*
 glas, darll. *las* i gael cyseinedd lawnach.

961 **pwys**. Ai ans. "trwm "gyda *peleidyr,* ai enw o flaen *preiglyn?*
 preiglyn. Efallai *periglyn(t),* cf. 959 am golli'r *-t.* Daw *perigl* o'r Ll. *periculum,* ac ystyr gyntaf hwnnw yw prawf "trial, proof," yna "risk, enbydrwydd." Gellir *periglyn* fel enw (gw. ar *periglawr* isod) neu fel berf *peleidyr,* "Heavy spears *test* the chief periglawr," neu "endanger." Am y ffurf, cf. *treigl.*
 pen, "head," a "chief" ; cf. *pencenedl, pencerdd, pencynydd, pengwastrawd;* G.M.L. 242–3.
 periglawr. Gall fod yn llu. *perigl,* gan mor gyffredin yw *-awr* fel terf. llu. yn y canu hwn ; neu'r enw cyffredin ar offeiriad plwyf neu gyffeswr, cf. M.A. 179a (Tyssilyaw), *Periglaur periglus wyndyt;* R.P. 35a 29, *periglawr perthuawr powyssyon;* B.T. 1, pwy vu *periglawr* y uab meir mwynuawr ; 9, 10, At[wyn] bryt wrth benyt p. ; G.M.L. 246, "confessional priest, mass priest" ; "the priest who reads the 'oratio periculosa' at Mass," Stokes, Bezz. Beitr. ix.

91; y cyffeswr yw yn A.L. ii. 666; esbonnir yn R.C. xxxvii. 371, fel *paroch[l]iarius* (Gaidoz, a Mühlausen), ond o hwnnw disgwylid *pereigliawr*. Ai'r offeiriad y rhedir ato mewn perygl?

Gallai Ll. *parochia, paroecia* "plwyf," roi *pereig* a magu *l,* cf. *ymest*(*l*) o'r Ll. *tempestas ;* neu'n well *cwrwg, corwg, corwgl,* lle daw'r *l* hon ar ôl *g.* Pe felly, *pwys pereigl-yn* "baich i blwyf." Nid esboniai hyn y tr. *benn,* ond gellid darll. *pen* i gael cyseinedd gyflawnach. Dygai yn ei law lafnawr glas, a pheleidr addas i blwyf pen periglor.

Tybed mai croes fawr y pen periglor yw *preiglyn?* Cf. ffon fagl esgob, hir a throm. Caffio ar antur yw hyn oll.

962 **gorwyd erchlas,** gw. 317, 452; P.K.M. 96–7, march brych-las.

penn wedawr, fel ans. am farch. O amryw ystyron *gwedd* efallai mai "iau" yw'r addasaf yma, a'r ferf *gweddu* "plygu." Yn P.K.M. 152, ceir *hywedu* am farch, ei ddisgyblu. Yma addas fuasai march yn plygu ei ben a'i wddf "arching his neck" mewn balchder, cf. disgrifiad Tudur Aled. Am *-awr* fel terf. ans., cf. 92 *maglawr ;* 964, *foawr,* a'r Ll. *-ārius.*

963 **trindygwyd,** cwymp brwydr, lladdedigion, lladdfa.

trwch, un ai enw fel yn C.Ll.H. 197, "haen, layer," kalaned yn *deudrwch,* dwy haen neu ddau do o laddedigion, y naill ar y llall; neu ynteu'r ans. *trwch* "anhapus, anffodus" (D. anhappus pob *trwch*), disgrifiad o'r *trindygwyd,* os enw yw, cf. B. iv, 5 (156): 7 (213), Dall uydar pob *trwch ;* S.G. 248 (Gwalchmai yn marchogaeth) *ffordy rei trwch* a daw i dir enbyd; D.G. 64, 13, 25; 88, 5; 95, 61; 102, 7; 108, 4; 114, 26; 124, 47; Llyd. Hen, *truch,* gl. *obtusi,* V.V.B. 225; Llyd. Canol, *trouc'ha* "torri," gw. 830, *amdrychyon ;* 481, *trychyon.* Am y ddeuair ynghyd, cf. M.A. 163a, Grannwynnyon *trychyon* . . . *Trachwytynt* benn o draed.

trach, gw. Nettlau, R.C. xi. 74, "the older form of *tra* like *chwech* of *chwe,*" a rhydd enghreifftiau o *drach dy gefn,* etc., a'r testun. Yn ôl W.G. 410, daw *trach* yn y cyfryw trwy gamrannu *trachefn* o **tarchefn,* cf. Gw. *tar.* Cf. M.A. 153b, Hyd Elfed trefred *trag* Idon; 249b, Arueitaw treitaw *trac* eryri (cf. 145b, *dra* Chors Fochno); H. 15, meith dy dreissyeu *drac* euas; 28, a gawr daer *drac* iwys; R.P. 4a 18, oes *tragoes* disgoganaf. Yn y rhain y ffurf yw *trac,* sef *trag* yn iaith heddiw, a'r ystyr yw "tros, beyond"; ceir *trac* o flaen llafariad, *tra* o flaen cytsain, fel yn 979, 1006; cf. *oc, o ; ac, a.*

Yn y testun, gellid darll. *rac,* cf. 49, *kwydei* pym pymwnt *rac y lafnawr.* Os *rac* oedd yn yr hen destun, effaith y gair blaenorol, *trwch,* a barodd i'r copïwr ysgrifennu *trach.*

964 **gorvyd,** pres. arferiadol 3ydd gorfod, cf. M.A. 160b, Gnawd om gwawd *gorvod* yn amrysson / mal pan *oruyt* llen yn llyuyr canon.

foawr, ffoadur, un yn arfer ffoi.

965 **dyrllys,** berf, haedda, neu enw, haeddiant; gw. nodyn B. vi. 131–2; B.T. 11, Ponyt *erlys* dy gyfreu . . . dy uynet yn nanheu . . . heb leuuereu. Ffurf yw ar *dyrllyddu* "haeddu," cf. 397, 914, *dyrllydei;* 1236, *dirlishei;* cf. R.M. 302, *Arderys* am Arfd*erydd.* Cyffredin yw *s* am *th* yn Llyfr Du'r Waun, nid felly *s* am *dd.* Efallai mai diogelach yw esbonio *dyrllys* fel berfenw *dyrllyddaf,* ar ddull *go(r)ddiwes,* berfenw *go(r)ddiweddaf.* O hwnnw gellid *dyrllysaf* fel efell *dyrllyddaf,* cf. parau fel *cynnydd, cynnif; arwein (arweiniaf), arweddaf;* darllein (darllen, *darllenaf) darlleaf.*

molet, yr unig enghraifft yn y llsgr.; amlach yw *molut, molawt,* a'r ans. *moleit.* Am weddill y ll. gw. 92; ac yn arbennig 914, *dyrllydei med melys maglawr.*

966 **gweleis y,** gweleis i. Defodol yw'r dechreuad hwn, gw. B.B.C. 46, 4; B.T. 33, 4, 28; 42, 11, 12; 44, 11; 57, 4; 56, 21, 23, 26; 62, 7, 18, 19–22; C.Ll.H. 48; M.A. 143a; H. 108, pum enghraifft o *Gweleisy.*

dull, gw. 259.

penn tir, cf. M.A. 226a 19; R.M. 109, o *bentir* gamon. Ceir lle o'r enw rhwng Bangor a'r mynyddoedd yn Arfon; a geilw llongwyr Land's End yn *Ben tir* Lloegr. Yn yr Alban hefyd *ceann-tìre* yw "headland, promontory"; yna "peninsula" *(Faclair Gaidhlig).*

adoyn A**, a doyn** B. Gwell yw B i gael odl. Berf yw o *do-af, dof,* nid enw lle fel y tybiodd Skene, F.A.B. ii. 370. Hefyd gw. 970 *adevyn*=976, *a doyn,* h.y. "a ddeuyn(t)," neu "a ddoyn(t)."

967 **aberth am goelkerth** A**, a berthach coel kerth** B. Gwell yw *a berth,* gw. G. 55, *berth* "hardd, gwych." Os *coelcerth* "tân, goddaith," gw. G. 157; D. "pyra, rogus." Gall *am* olygu amcan, pwrpas, disgynnent er mwyn llosgi; neu "oddiam, o gwmpas." Wrth ddarll. *berthach* collir yr odl â *kerth.*

Os deuair *coel* a *certh* "gwir, sicr, iawn," ans. yw'r olaf i ddisgrifio *coel,* cf. B. iii. 131; G. 136; B.B.C. 82, Ny credaw *coel* canyd *kerth.* Hefyd, cf. isod, 1408, Mab *coel kerth* vyg werth y a wnaethant.

NODIADAU

    a disgynnyn A, a emdygyn B   Yn A disgwylid *y* nid *a;* rheolaidd yw *a* yn ymadrodd B.

    Os baner, neu arwydd rhyfel (ffagl o dân?) oedd coelcerth, dyry A a B synnwyr.

968   **oed kenevin ar dref** A, **deu oc eu tre** B. O'r ddau *tref* yw'r gorau. Heblaw hynny, B sydd fwyaf dealladwy: gweld dull: gweld dau (ddull); gweld gwŷr dullyawr, etc.

    oc eu tre(f), o'u tref.

    redegein A, **re ry gwydyn** B. Nid yw A yn odli; gwell yw B, gw. C.Ll.H. 65, *re ruthrwn;* B.B.C. 72, Oet *re rereint*=R.P. 14a, *re redeint. re* "cyflym"; *ry,* geiryn perffeithiol; *cwyd(d)yn(t),* disgyn, ymosod. Gwrthyd J. Ll.-J., B. iv. 53, *re* "cyflym," a chynnig "drythyll, llamsachus, chwareus"; dyry Vendryes, R.C. xlv. 258-9, esboniad arall.

969   **a gwyr nwythyon** A, **o eir nwython** B. Enw dyn yw *Nwython,* cf. M.A. 160b, gwrhyd n.; gw. isod, 1192, *map nuithon;* R.M. 134, 11; H. 96, Eur goryf toryf *teyrnas nwython* (am Owain Gwynedd); B.T. 64 (mewn canu i Wallawg, llawn o hen eiriau), sonnir am liaws "run a nud *a nwython;* 47, heuelis *nwython.*

    ry gollesyn A, **ry godessyn** B. Anodd dewis rhwng *colli* a *codi* neu *coddi* yn y cysylltiadau.

970   **dullyawr** A, **tylluavr** B. Ar y cyntaf, gw. 962, penn *wedawr;* 964, *foawr, -awr* mewn ans. a grym gweithredol iddo, felly gwŷr yn dullio, neu'n ymdrefnu i frwydr. Ar yr ail, gw. C.Ll.H. 70, mordwyt *tylluras;* felly gwŷr mawr o gorff. Cf. fodd bynnag ar A, y ffurf *cadyawr* yn 724.

    gan awr A, gyda bloedd ryfel; **gan wawr** B, gw. 84, 90.

971   **Dyvynwal a breych** A, **Dyuynwal Vrych** B, gw. y Rhagymadrodd ar Domnal Brecc. B sydd iawn, heb os.

    cnoyn, cnoent; *-yn* am *-ynt* drwy'r awdl.

978   **budic,** cf. 986, 1445, G. "buddugol"; B.B.C. 82, 9, 11, 13, 15. Enw dyn yw yn L.L. 389; nid felly yma.

    ysgavynwyn, am yr arwr, nid ei darian, cf. 5.

    asgwrn, yn ffigurol, "asgwrn cefn, grym a nerth."

    aduaon, gw. G. 8. Gan fod *adwr* yn golygu "llwfrddyn," ac *adyn* "truan," deallaf hwn fel "byddin ofnus," cf. 393, dinas e *lu ovnawc.* Y mae'r gyseinedd ag *asgwrn* yn erbyn darll. *catuaon.* Ar *maon,* gw. 132.

979 **glassawc.** Enw dyn yw yn L.B.S. iv. 370, Tygei y maes llan *glassawc* (cf. enw fel *Duawg*), nid ans. gyda *llan ;* felly cf. B.T. 60, gorgoryawc *gorlassawc gorlassar ;* 63, gordear goryawc *gorlassawc gorlassar ;* ans. o *glas,* cf. R.M. 111, *Glessic,* enw ci ; am *-awc* ar ôl ans, cf. 1020, *gwychawc.*

tebedawc, cf. M.A. 143a, Gwelais o arfod aerfab Gruffudd / Rialluoed trwch *tebed* ossud ; B.B.C. 82, Y mae vimrid *ardebed* / arowun ar mor wyned... Y mae vymrid *ar kighor.* arowun myned ar mor ; B.T. 77, 16, Gorllechant gordyfynt y geissaw mon / *pell debet* byhyt o iwerdon ; D. A fo ei fryd *ar ddebed* ni wna dda cyn ei fyned. Yn y rhain ymddengys fel "taith," ond cf. B.T. 77, 25, Gwelet *artebet* y gwyr brychwyn. rwng saeth vereu a hayarn gwyn; 64, E[n]eichawc gwallawc yn llywet. *hwyrwedawc* gwallawc *artebet.* Y mae mwy o flas encilio a ffoi na thaith yn y ddwy enghraifft hyn.

Gw. ymhellach *Y Beirniad,* 1915, 275–6, ar *godeb, tebed, Godebawg, Voteporix ; Tal.* 200 ; R.C. xxxviii. 301 ; Cy. vii. 146, dyuot pob pysc oe *odep* / hyt ar wyneb yr eigiawn ; Cy. viii. 204 (Geirfa) *godeb* "gogof." Agos yw ystyr *godech.* Cf. hefyd isod, 1418, ny *debit ;* a Ped., V.G. ii. 21, Gw. *faitech* "vorsichtig, furchtsam."

tra mordwy alon, cf. 591, trameryn lestyr *trameryn lu.* Heddiw "taith ar fôr" yw *mordwy ;* ond gynt symudiad y môr ei hun, R.B.B. 304, diruawr gyffroi a oruc y mor donneu drwy eu kymell o dymhestlawl *uordwy ;* Y.C.M. 87, gan dymhestyl a m. ; D.W.S. *mordwy* "a sea"; D.G.G. 77 (y Don) m. glas ; Ch.O. 16, mywn garw *vordwy* a pherigyl oe vywyt ; B.T. 28, 23, atreis *dros vordwy ;* M.A. 158b, llutedic glann rac *glas* v. ; 211a 8, meirch m. (=llongau); 213a 46 ; 224b 7, dug eu *harfordwy ;* B.B.C 75, Teir rac ynis ar Teir inis ar *tramordwy.* Dengys yr olaf fod *tramordwy* yn un gair "y tir dros y môr, overseas." Gyda *galon* wedi tr. i *alon* golyga "gelynion tramor." Cyfystyr yw â *tramor,* fel *arfordwy* ac *arfor* neu *arfordir,* gw. hefyd Llyd. *mordeiff,* G.M.B. 425 ; *merdead* "mordwyad, morwr" ; R.C. xxix. 261.

Ystyr y ll. oll : rhaid fod cyferbyniad â'r ll. o'r blaen. Asgwrn oedd i'w bobl ei hun yn eu hofn, a gyrrai ei lasawg (? ei gleddyf glas) ofn ar elyn tramor ?

980 **amdyvrwys,** cadarn, G. 22.

lu. Darll. *law* i gael odl, cf. uchod ar 925.

981 **gwrvan,** cyfans. o *gwor-* a *mann* "doeth" fel yn *Cadfan,* Celtig *mandus ?* Cf. Holder, A.S. iii. 392, *Viro-manduos.*

gwanan, gwanant, o *gwanu* "taro, rhuthro."
982   cynnedyf, cf. 892.
984   gwaed, yma "byddin," cf. ystyron *gawr;* a B.T. 63, gwaladr *gwaed* gwen*wlat* Vryen; W.M.L. 131, Tri enw righyll yssyd, *gwaed gwlat* . . . ; B.T. 10, 5, gwledic *gwaed* neirthyat.
    gwlat. Gwell darll. *llu* yma i odli. Yr oedd *llu* a *gwlat* bron fel cyfystyron, a hawdd fuasai tripio yma oherwydd cynefindra *gwaedd gwlad* fel ymadrodd cyffredin.
985   a gordiynaw. Cyfeiriwyd uchod at *naw rhiallu* "nine champions," a gellid torri hyn yn dri gair, *gordi y naw*, pe ceid *gordi* yn ferfenw am orchfygu. Yn erbyn, y mae absenoldeb y fannod o fwyafrif mawr yr odlau. Osgoid hyn a cheid odl gyrch trwy ddarll. *a gorddu naw*. Cynnig arall fuasai darll. a *gordignaw*, a deall *y* fel bai am *g;* neu am *e*, bai am *c*, hen org. *gordicnaw*, cf. B.B.C. 63, guir ny ortywnassint vy *dignav;* R.P. 171b, A ry *godwy* glew gogelet racdaw. gnawt yw oe *dygnaw* defnyd codet. Amlwg yw fod *dignaw* yn gyfystyr â *coddi*, digio, sarhau, neu "provoke," gw. ar 57, *gognaw*. Disgynnai o flaen naw ceimiad yng ngŵydd y byddinoedd, a'u herio ? Haws deall *gorddignaw* yma na *gorddinaw*, ond gw. 539.
986   vy, fi, rhagenw ôl; nis rhifir yn y mesur.
    lleithic, gw. 400, cf. I.G.E. 302, lle cyfeiria'r *dalfainc*, a'r *lleithig* at fainc ustus.
    anaw, gw. 1375. Yma bai am *adanaw*. Arferai eistedd ar orseddfainc. Am y defnydd o *dan*, cf. W.M. 240a, Kadeir a dodet *y danaw* vyneb yn vyneb ac ef.
987   Kyndilic Aeron, gw. 824.
    kenhan, cf. 1442, *kenan*, neu'n well 124, *en gynnan;* 380, mor *orchynnan*.
    lew, tr. o *glew* neu o *llew*. Nid oes ond 8 sill yn y ll. a phroest, nid odl.
988   carasswn, cf. 990, -2, 1033. Hefyd, *barnasswn*, 78.
    disgynnu, gw. 418.
989   gwert, gwerth, cf. 1191, *i guert;* 55, *gwerth med eg kynted;* 423-4, *Disgynsit* en trwm yg *kesseuin | Gwerth med yg kynted a gwirawt win*.
990   neu chablwys. Ar *cablu* "beio," gw. G. 88; *cablu ar*, R.P. 23a, kynn *cablu* o duw *ar* an buched. Ni ddeallaf *neu* ond fel bai am *ne* "ni," "ni welodd fai ar waywffon," h.y. Lleihad am ei hyfrydwch ynddi.

991 **Uffin,** enw bro ? cf. B.T. 42, Neur dierueis i rin ymordei *vffin* ymorhoed *gododin*.

993 **yg goethin,** un ai "yng nghoed-hin" (*hin* "ymyl, goror," gw. B. ii. 303), neu fel yn 309, *goeithin,* gw. yno. O ran synnwyr, cf. 385, seinyessit e gledyf em penn *garthan ;* 1443, *gossodes* ef gledyf ar *glawd* meiwyr; hefyd 685.

994 **neus,** darll. *nis*.
gwrhyt, gw. 2. Nid oes synnwyr mewn "dewrder" yma. Ai bai am yr enw pers. *Gwrhydr,* L.L. 403, *Gurhitir ?* Hawdd colli *-ir* o flaen *rac*. Ond os felly, anodd gwybod pwy oedd hwn na pham yr adroddai o flaen Gododdin.

995 **mab Keidyaw.** Ym Monedd Gwŷr y Gogledd, Sk., F.A.B. ii. 454, ceir Gwendoleu a Nud a Chof meibyon Keidyaw m. Arthwys m. Mar m. Keneu m. Coel ; ond nid enwir yr un o'r tri yma.
clot, ans. yw yma, fel yn 528.
un gwr trin, gw. P.K.M. 116, ar *ungwr,* dyn â rhyw arbenigrwydd ynddo. Y dystiolaeth oedd fod mab Ceidiaw yn rhyfelwr arbennig iawn.

997 **angkyffret,** G. 18, "caledi, poen, dioddefaint," gw. B. v. 243-4 ar *cyffred, cyffryd*.
trwy, gw. 70, B.T. 4, 23, *trwy* nodet.

998 **eil trwm truan,** ail dristwch mawr.

999 **dygwydaw,** syrthio.
ny, ni, rhagenw ôl ; nis rhifir yn y mydr.
penn o draet. Yma saif *o* am *go* mewn hen org., cf. 761, *o dileith*=773 *godileit ;* hefyd cf. M.A. 163a, Grannwynnyon trychyon ... *Trachwytynt benn o draed* (odli â *drefred, waned*) ; B.T. 64, 14, gwas greit a gwrhyt *gotraet* (odli â *daeret, llywet*). Felly "a'u pennau dan eu traed, headlong," cf. *pendramwnwgl*. Yma hefyd deusill yw *traet*. Ceir amrywiad diweddarach yn Pen. 50, 125 (Griffiths, E.V.W. 176), *Penneu dan draet*.

1000 **eilywet,** cf. B.T. 30, 10, *eilywet* y veibon ; M.A. 141b, Hyd nas gwnel pechawd pell *eiliwed ;* 206b, Nym *eilyw* dilyw ken del ; (cf. 256a, Och am diliw mawr nym *dawr* ken del) ; 155a 43, Marw Madawg mawr ym *eilyw* / Llad llywelyn llwyr dilyw ; 160b 12, Cotyant a *llywyant* rac *eilywed* / Eilyw am dotyw duw ym gwared ; 255b, Gwannder y lawer *eilywed* tramgwyt / Ry doeth am arglwyt eurglawr trefred. Ceir *eilyw, llywyant,* ac

eilywed fel enw, ac *eilyw* fel berf hefyd, pres. 3ydd un.   Yr ystyr yw
colled, tristwch, galar, cf. 367, Mor hir eu *hetlit* ac eu *hetgyllaeth* /
En ol gwyr pebyr temyr gwinvaeth.

1001   **tudwet.**   Ceir peth anwadalu rhwng *tud-* a *tyd-, -wet* a *-wedd.*
Felly, cf. isod, 1235, A chin i olo atan *titguet* daiar ; B.T. 1, 3, neu
y dan *tytwet* pyyr y seilyat ; 37, 7 (Y Gwynt), Ac ef yn gyflet ac
wyneb *tytwet ;* 52, 5, Ar sawl am clyw poet meu eu hunet.
Digonwynt wy vod duw kyn gwasc *tytwet ;* 69, 22, kyn kywys a
thytwet ; B.B.C. 36, tyuvod a *thydued* (odli â *gueithred*) ; 20, A segi a
thr*aed* / ymlith prit a *thydwet* (*t* am *d* fel weithiau yn y llsgr.) ; R.P.
76a 26 (odli â *gogonet*) ; 156a 30, keissyet pen *tytwet* pob tu ; 166a 6
(llys Elsmer), llwyr llosget y *thytwet* ae tho ; M.A. 141b, ut ae cut
tudwed (odli ag *eiliwed*) ; 147b, arnaf ernywed / Ar deurud Fadawg
fod *tudwed* (=H. 24, *tytwed ;* 25, *Tydwet* to) ; 207b, Llwyr llosged
y *thudwed* hitheu (=H. 286, y *thydwed*) ; cf. â'r uchod R.P. 53b 22,
oe geith deith *dytwed* / trist iawn yw *gwyned ;* 54a 41, y dan *dytwed*
llawr (odli â *gyvryssed*) ; 57b, kynn gwisc risc rwysc gaen *dytwed*
(=*edd*) ; 65b 32, mynet eurvalch dreic mewn *daearued* / Neut
breid yw ym vyw oe varw *dytwed* (M.A. 303a, *dudwedd*) ; I.G.E.
321, Am roi *tydwedd* ar *gleddyf.*

Dyfynna Nettlau, R.C. xii. 152, Add. MS. 14944, f. 156a, "*tydwed*
and *tudwed* earth, clods ; in Cardigansh. clods is *tywed* the *d* being
melted." Ceir *tudwed, tudwedd* mewn llyfrau printiedig yn y
rhestrau uchod, lle ceir *tyd-* yn y llsgrau., ag eithrio'r testun.
Y mae I.G.E. a'r Gogynfeirdd diweddar yn profi *-wedd,* ond yr
hen destunau, hyd y sylwais, o blaid *tydwed.* Yr ystyr yw "tywarch,
clods," neu'n gyffredinol, "daear"="pridd" a "gwlad, byd,
llawr." Daeth *tud-* o gymysgu â *tud* "bro, llwyth, pobl," a hawdd
llunio *-wedd* o *-wed* trwy gydweddiad â geiriau fel *gorwedd, llech-
wedd ;* gan fod gormo*dd,* diffo*dd* wedi troi'n gormo*d,* diffo*d* ar lafar,
gellid tybio fod yn rhaid "adfer" yr *dd* yn *tydwed* fel gair llenyddol,
onid oedd eisoes yn ffurf lafar mewn rhai ardaloedd. Dyry D.
tudwedd et *tudwed* "solum," sef llawr ; a *tud* yw un o ystyron T.W.
i *solum ;* Geirfâu, B. ii. 240, *tudwedh,* daear, H ; tir K ; dayar,
tud, beth bynnag a fo yn kynal peth arno megis sylfaen K ;
tydwedd dayar DFL.

Gyda *temyr* yn y testun, cf. *daear lawr.*

1002   **Ruvawn,** cf. 378.
        Gwgawn, Gwiawn, cf. 358.
        Gwlyget, gw. 369.

1003 **gorsaf gwryaf,** gw. 88.
calet, brwydr galed, cf. B.B.C. 65, ny kiliei o *caled ;* M.A. 191a, Gwyr a obryn tal ympob *caled.*

1004 **eu,** darll. *yw, wy* "i'w," i gael synnwyr. Daw *wy* "**hwy,**" ar ôl yr enw, ond diystyrer yn y mesur.
trinet. Nid benthyg o'r Ll. *trinitas* fel yn M.A. 228b, *trindaud trinet,* ond *trin* "brwydr," a'r terf. *-et,* cf. parau fel *nawdd, nodded ; cawdd, codded ; coll, colled ; mwg, myged ; twng, tynged ; mil, miled ; rhif, rhifed ; og, oged ; mawl, moled* (965) ; efallai *torr, torred ;* cf. Llyd. *tan, tanet* (mewn enwau, Ch.Br. 166), Gw. *tene,* genidol *tened.* Yn yr olaf gwelir fod enwau yn *-ed* weithiau yn cadw bôn y genidol Celtig, ac nid ynt oll yn tarddu o'r terf. *-itas* yn Lladin.

1005 **kynnwys,** cf. 341, *Ys deupo kynnwys* yg kyman / *can drindawt.*
adef, cf. 332, ys deupo . . . y wlat nef *adef* atnabot.
avneuet, G. 15, "digonedd diwarafun, haelioni." Blas llawnder sydd arno, "lle nad oes eisiau," sef *neued,* gw. 1056, 1079 ; M.A. 141b, Gan Grist . . . Gan engylion foes nym oes *neued ;* 160a, Er pan llas llyw ked neud *neued* nes / *Neuaf* nas gwelaf ual ym gweles / *Eissyeu* am dygyrch ; 163a b, llys ywein . . . yny mae yued heb *neued* heb *nac* / heb nebawd *eissywed ;* 191a, Bugunat cyrn met mawr *a wna neued* (bai am *afneued,* cf. R.P. 171b, 36, *awneuet*) ; R.P. 5a 11, hir *neuet* giwet gymry ; W.M. 234b, lluchet a *neuet* ac *eissywed* eu teir merched ; gw. ymhellach Loth, R.C. xxxiii. 425-7, xlv. 199-201.

1006 **gwrthodes,** gyrrodd yn ôl, gw. 42, ef *gwrthodes* gwrys.
tres, cf. *gwrys* yn 42 ; ac isod 1267 ; R.P. 14b 19, lloegyr *ardres ;* M.A. 143b 11, Cymynid *ar dres* droch lynges lyr ; 149b 26, Gnawd o drin *dres* aele ; 152b 49 ; 153b 25 ; 160a 9, Ygkefyn yr aelwyd oet aelaw *tres ;* 162b, *Tres* rac llew . . . *Treis* ar lloegyr ; 188b, Taryf *ar dres* oe dreis a welir ; 211a 23, rwyf *tres ;* B.T. 33, Gwyn eu byt gwleidon Saesson *ar tres.* Ceir *didres,* M.A. 202a 40, Ar ysgwyt didramgwyt *didres ;* b 2, Ef milwr ar vilwyr *didres.* Hefyd cf. *rhyodres, rhodres,* balchder, ffrost. Gair arall sydd gan D.G. 35, 18, sef S. *tress* am gudyn ; un arall eto yw *tres* S. *trace,* D. traha, ond yr hen air yw D. *três* "labor, opera, negotium, molestia," cf. Gw. *tress* "brwydr" ; A.C.L. ii. 330, *echtres* "a horsefight." Y mae bod *ar dres* yn y dyfyniadau uchod yn golygu bod mewn cythrwfl : *didres* "digyffro." Amheus wyf o hynafiaeth *tresio* bwrw (glaw) yn Arfon, "pelting rain," cf. rhoi *três,* cael *três* "a drubbing" ; gall fod o'r S. *thresh,* hŷn ffurf *thrash.*

tra, dros, y tu draw i, cf. C.Ll.H. 155, *tra* gweilgi ; *tra* mor *tra* Menei ; uchod ar 963.

1007 **dewr,** gw. 717.

nyt echyn, darll. *ny dechyn,* gw. 26, gwyr *nyt echei.*

1008 **Tavloyw,** enw dyn? Yna daw'r chwarae ar ei enw, yn ôl yr arfer. Am y ffurf, cf. B.B.C. 68, Bet *tawlogeu* mab llut. Nid oes raid i'r enw gynnwys *tafl* i gyfiawnhau'r *tavlei* sy'n dilyn mwy nag y mae *Talan* yn C.Ll.H. 8, yn cynnwys yr un *tal* ag sydd yn *teleist*. Felly ystyrier y *taf* sydd yn enw'r afon, a *gloyw,* yn ogystal â *tafl* a *hoyw*.

ac ysgeth. Os oes odl fewnol, darll. *ac ysget,* cf. 36, lle ceir "ny nodi nac *ysgeth* nac ysgwyt" : a thrafferth i'w esbonio fel yma. Braidd yn hir yw'r ll. os darll. *an-sgoget* neu'r cyffelyb ; gw. 386. Gwell mesur fuasai *ac ysged tavlei,* os oes croes odli â 1009. Ond gw. eto ar 1043.

tavlet. Ar *taflu* "throw," gw. R.C. xv. 222 ; xviii. 94 ; U.S. 122 ; Ch.Br. 683, Llyd. *taol;* A.L. i. 24, *tauelhualeu* "jesses" ; D.W.S. *tafyl* "a slyng"; ffon-*dafl,* Gw. crann-*tabhall* "a staff-sling," C.I.L. 506. Sylwer ar yr ystyr arbennig yn y testun am yfed (S. *toss off)*.

gwydrin, yr ans. am yr enw, cf. 797, o *wydyr* lestri.

1010 **menit,** cf. 1436, *Menit* e osgord / mavr mur onwyd ar vor ; B.T. 40, 22, *menhyt* yn tragywyd ; 75, 11, Boet gwir *venhyt* drag-wynawl byt ; R.P. 20b 43, gwae drut ny gret it. mab meir diweir *avenhit;* M.A. 232a (H. 36), *Mynnid* ymeiryawl gretuawl grateu ... *Menhid* ym gyrreiuyeint mwynyant creiryeu Duw. Amwys yw'r ffurf. Tebyg yw i'r pres. myn. 3ydd yn *-it, -yt*, a gall fod o *mynnu,* neu o *menu,* cf. D.B. 31, Ny *men* arnunt na chledyf na gwaew (Omne missile duro tergo respuunt) ; 88, Ac ny *men arnunt* aryf rac tewet eu crwyn ; S.G. 188, dim a *veuei* [=*venei*] ar y arueu. Hwn yw *mannu* y Gogledd, gwneud argraff neu ôl, a cheir *ar* gydag ef, cf. M.A. 663a, na *mannassei* yr haearn *arnadunt*. Nid oes *ar* yn y testun, ac ni ellir diystyru'r posibilrwydd o ferf syml *mynu,* i ateb i *tremynu* "cerdded" (er B. ii. 107, lle cynigir y bôn *bhen-* ?), D.G.G. 178–9, o'r un gwr. â *myned;* neu ynteu cf. V.V.B. 144, *guomone*[t] "territorio," *guomonim,* Llyd. gl. pulliceri. Daw amynedd (anmynedd) o *an-*menia* (Gw. ainmne), cf. Boisacq, 627, ar *menō :* Walde ar *maneo*), a gellid berf *mynu* o'r un bôn : pe felly ffurf amhers. yn *-id,* perff. neu amherff. "dioddefid, arhosid."

Cf. hefyd B.T. 61, 30, *mynan* eigyl edyl gwrthryt. lletrud a gyfranc ac vlph yn ryt; a'r nodyn uchod ar 390, *mynawc*.

Yn y testun, rhywbeth fel "*arhosid* ei gyngor lle na lefarai lliaws"; ei farn ef oedd un o'r ychydig y disgwylid amdani?

lleveri. Darll. *lleveryt* i odli, ond yr ystyr yw "llefara"; gw. uchod ar y pres. yn *-it*.

1011   **ac vei,** cf. B.B.C. 18, 4, *Ac vei* gyuerkinan am y gylchin huan ... *ac vei vei* paup tri trychant tauaud. Ny ellynt ve traethaud kywoetheu y trindaud. Cyfystyr yw ag "a phe bai." Dyma'r defnydd o *bei* a roes *pei, pe* yn ddiweddarach. Cf. B. iv. 1, *Atuei* gell y gi menych yd aei idi.

anwaws, G. 33, "llidiog, creulon," negydd *gwaws*, R.P. 22a 24, Kynn *annwaws* tywaws tywarchu, cf. hy-*naws*, B.T. 9, 7, *hygnaws*. Pes deallid fel negydd *maws*, h.y. *anfaws*, go gyffelyb fuasai'r ystyr, "anfwyn, garw."

nyt edewyt, h.y. petai'n ŵr cas garw, ni adewsid iddo siarad: neu darll. *nyt endewyt,* o *andaw,* gwrando.

1012   **bwyllyadeu,** gw. 104 am *pwyllyad* o *pwyll*. Yma gydag *a chledyvawr,* tebycach mai tarddair o *bwyell,* gw. ar hwnnw G. 85.

cledyvawr. Y mae 9 sill yn y ll., ac nid oes odl ôl na blaen. Pe symudid *lliveit* o ddechrau'r ll. nesaf i ddiwedd hon, ni cheid wedyn odl gyrch â'r ll. honno. Gwell fuasai darll. *hir* i odli â *lleir,* cf. M.A. 269a, o gleddyfau *hir.* Ond ni cheir *hir* am gleddyf yn y canu hwn.

1013   **handit,** gw. 705.

gwelir, darll. *gwelit,* cf. C.Ll.H. 211, "gwledd neu fudd"; 37, Gelwit *gwelit* o waet gwyr; 38, ar waet gwyr *gwelit.* Neu ynteu

   Handit gwelir
   llavar lleir,

dwy linell o'r awdl nesaf wedi eu camosod? Pedwaroedd sydd yno.

lleir. Ni welais ferf syml o gyffelyb ystyr i *dileaf, lle-as;* cyffredin yw *lleir* "darlle-ir, darllenir." Felly "A welir, llafar y darlleir"?

1014   **porthloed vedin,** cf. 1303, *porthloed bedin*. Hen ffurf *porthladd* yw'r cyntaf, cf. M.A. 150b, *Porthloed* ysgwydawr; 152b, *Porthloed* gwawr. Y mae un *porth* yn fenthyg o'r Ll. *portus,* a'r llall o'r Ll. *porta;* y cyntaf sydd orau yma. Am *lloedd,* cf. Maes y *Llynlloedd,* Machynlleth; hefyd V.V.B. 175, Hen. Lyd., *in lin loed,* gl. ar *in lacuna sordida,* Ch.Br. 93. Yma y gellir esboniad ar hen enw Leeds, sef *Loidis,* gan ei bod mewn pant. Ond cf. *anlloedd* G. 30, "cyfoeth, trysor." Anodd cydio'r ddau, ond gellid *porthloed* gyda *lloedd* "llonydd, tawel," ac eto ddeall llyn llonydd fel pwll budr. Gair arall sydd yn *guoloet,* 1188 = *guo-lo-edd,* fel y dengys yr odl. Yn y testun *p. vedin* yw un sydd fel porthladd diogel i fyddin, noddfa.

1015 **porthloed lain,** un â'i waywffon yn diogelu eraill. Prin *porth loedd la-in,* gan ddeall *lloedd lain* fel erfyn gwaedlyd.
Ar *llain,* gw. 58.

1016 **racwed,** cf. 1265, peithliw *racwed;* B.T. 4, 10, Pell pwyll rac rihyd *racwed;* 13, 14, ymperued eu *racwed* y discynnyn; 58, 19, *racwed* rothit / y veird y byt; R.P. 33a 21, a ganwyf ym rwyf om *racwed.* Yn ôl G.M.L. 9, "grave, death"; ni thâl yn yr enghreifftiau, a gwell ei ddeall fel *blaenwedd.* Ar hwnnw, gw. G. 57.

1017 **ragyrwed,** cf. R.P. 33a 21, ragor uam rac ram *ragyrwed* = M.A. 177b (nam rac ram ragyrwed; gwell yw Ll.E.D. fan rhag rhan *rhagyrwedd*); 242a 35, Dydd y parcher rhai *yn rhagyrwedd* / Y perchir eraill y parch argledd = R.P. 23a 6–7. Cyfeiria'r olaf at y Farn a'r parthu ar dde ac ar aswy (cledd); felly *yn rhagyrwedd* yw lle'r cadwedigion, ar y ddeheulaw, mewn rhagorfraint.

1018 **gwned,** gw. 219.

1019 **kyvrysed,** gw. 672.

1020 **gwychawc,** gw. 252, *gwychiauc.* Isod, 1058, *gwythawc* "llidiog" yn un testun i ateb i *gwychauc* yn y ll. 1081. Addas yw *gwythawc* yma. Odlir -*awc,* -*awt*.

1021 **meddawt,** meddwdawd. Y mae'r ffurf heb -*w*- mor gyffredin yn yr hen destunau nes temtio dyn i gynnig mai o *medd* y ffurfiwyd ef trwy chwanegu'r terf. -*dawd* (cf. *undawd, trindawd, digolldawd*), ac nid o *meddw,* cf. B.T. 7, 27; 16, 3; 28, 10. O blaid colli'r -*w*- yn gynnar, y mae *gweddawt* am gweddwdawd yn B.T. 31, 12; R.P. 21, 38; nid o *gwedd* y daw hwnnw. Am golli cytsain, cf. *Urien* o *Urbgen; Arderydd* o *Arfderydd (Armterid), lledrith* o *lledfrith.*

1023 **gwaret,** cf. 1175.

1024 **an gorwylam,** gw. 272.

1025 **enyd,** efallai *en nyd,* gw. 1018; neu B.T. 45, 23, Dystwc aghyffret *ynyd* am iolet; neu cf. 102, *hennyd.*

frwythlam, cf. 75.

adroder, darll. *adrodet* i odli â *tynget.*

1026 **torret ergyr.** Ar *ergyr* gw. 420. Fel rheol deallir ef fel "dyrnod, ergyd," ond yma ymddengys fel pe golygai "llu" ; cf. B.T. 51 [Alexander] ef *torres ar dar* [=Darius] teir gweith *ygkat* . . . ef kafas *ergyr o lu* (fel yma *ergyr o veirch a gwyr*). Y mae *torri* yn y cysylltiadau hyn yn awgrymu gorchfygu, cf. Gw. *brissim* "break" a "rout." Petrusaf o achos *torredlu*, 844.

Tyngyr, enw pers. o *Tancorix* (gw. Ch.Br. 39, Holder, A.S. ii. 1718), trwy *Tengyr?* Disgynnai un o welygorddau Powys o ryw *Tyngyr*, gw. M.A. 185b, *Tygyryawn* tyghed oruolet / Ny charws *tyngyr tagneuet*—lle cei: y chwarae arferol ar yr enw. Gwell yw hyn na deall *tyngir* fel yn 1325. Hyn a *adrodded*, "Torrwyd llu o feirch a gwŷr :—tynged Tyngyr !" Cf. R.P. 21, 12, trenghyt *torrit* pob denghyt (bai am *dengyn*), "torrir pob cadarn i lawr."

1028 **ym dyvyd,** daw imi ; *dyfydd*, pres. myn. 3ydd dyfod.; cf. 1119, nym *daw* nym *dyvyd*. Gellid galw *-ydd* yn broest i *-er* yn *pryder*, oni ddarllenir *prydydd* yn lle hwnnw.

1029 **pryderaf fun.** Gan fod *fun* yn dechrau'r ll. nesaf, ac nad yw'n odli â'r brifodl, rhaid darll. *fraw* neu'r cyffelyb yma yn ei le, neu ynteu *pryder afrllaw*, cf. B.B.C. 9, *areith awyrllaw* y caw keineid. Ystyr *afrllaw*, medd G. 15, yw rhannu, rhoddi ; buasai "parod" yn addas amdano fel ans., cf. *hylaw*.

1030 **fun,** gw. 22, "anadl."
ardec, G. 36, "? gwan, yn pallu," dyma'r unig enghraifft, cf. cyf-*arth*, gan fod modd i *d* fod am *th ;* neu *arteith, ardeith,* G. 42 (? cf. *anrheg, anrheith* "trysor," fel pâr cyffelyb), "poen."

1031 **aryal,** gw. 480. Os yw *aryal flam* yn 951 yn golygu un â'i anian fel fflam, gellid deall yma, "fel pe bai'n rhedeg."
ar hynt, ar unwaith, yn ddioed, S.G. 295, a chysgu a oruc ef *ar hynt ;* "Pan ddaw ataf liaws o brydyddion parod eu meddwl, llafuria f'anadl, fel petawn yn rhedeg, ac yna'n ddioed, daw wylo" ; neu "pan ddaw lliaws pryderon, atgofion trist, etc." Ceir y rheswm yn y ll. nesaf, collasai gyfaill hoff.

1032 **kystudywn,** gofalwn, gw. 128.
kelleic, trisill. Ceir *kylleic* "hydd, carw," B. i. 324 ; G. 128, 231, gair deusill. Addas yw'r ystyr yma, gan y gelwid arwr yn *hydd, carw ;* efallai i'r gair gwtogi yn ddiweddarach fel y gwnaeth *llain ?*
faw, ffaw, gw. 947, cf. B.T. 77, 13, *ffaw dreic*.

1034   ac, gydag *emdullyaw* yn y ll. nesaf.

Argoedwys, gwŷr Argoed, weithiau lle ym Mhowys, bryd arall yn y Gogledd, C.Ll.H. 101, 213 ; G. 40.

1035   **gwae gordyvnwys**. Sylwer ar gystrawen *gwae*. Ar y ferf "arfer," gw. 924, C.Ll.H. 143.

emdullyaw, gw. 58. Gwae i'r neb a arferodd gymryd ei le yn llu Argoed.

1036   **ef dadodes**. Y ferf yw *dodes,* ond rhoed *da* rhwng y geiryn *ef* â hi, cf. Ox. 1, ni *cein* guodemisauch.

1037   **lluyd**, llu, cf. 1160 ; *lluydawc* yn 925 ; *lluydaw* y ferf yn P.K.M. 71. Ond gw. isod, bai am *llwyth?*

pwys. I gael odl, gellid darll *pres,* D. "acceleratio, festinatio"; M.A. 145a, Teir praf prif lynges wy (=i'w) *bres* brofi ; 166b 2 ; 227b ; 228a, O gaduent pressent *pres* euriued ; R.P. 130b 22, clafres *bres ;* R.B.B. 154, amryfaylyon *bressureu* a ulinhaa (diversa *torcularia* vexabat). Yn yr olaf daw *pressur* o'r Ll. *pressorium* "press," canys hynny yw ystyr *torcular* hefyd ; a gall *pres* ddyfod o'r Ll. *pressus*. Agos yw at ystyr *pwys,* ac eglura pam y cymerodd ei le yn y ll. hon. Y mae dodi *pwys* neu *wasgfa* ar fyddin yn rhoi ystyr.

Ond cf. isod, 1294, Ef *gwrthodes ar llwrw peues ar lles pedyt* petwar lliwet ; gw. yno am y posibilrwydd i ddarll. yma *ar llwyth peues.* Hawdd yw darll. *lluyd* fel *llwyth,* neu *llwydd,* canys *luit* fuasai'r ddau mewn hen org. Felly hefyd *poues* fuasai hen org. *peues*, a gellid camddiweddaru hynny fel *pwys.* Agos yw ystyr *ar llwydd* ac *ar lles.*

ar lles, gw. 929.

rieu, gw. 420.

1038   **dilyvyn**, garw. Y coed garw yw arch, neu waywffyn ? Beth am ystyr arall d. gydag *aur,* 552 ?

1039   **diliw**, dilyw "flood." Odlir ag *-yw* fel rheol, gw. M.A. 161a 51, 233b 20, 235b 28 ; B.T. 24, 14 ; 36, 22, ond hawdd yw i *i—y* droi'n *i—i,* cf. P.K.M. 243, *llinin.* Ystyrier hefyd fod modd *diliw* arall, megis yn B.B.C. 63, 15, Bet gwalchmei ymperyton, ir *diliv* y dyneton, cf. *ed-liw,* C.Ll.H. 95, *kyuetliw, lliwaw*. Ond gwell yw'r cyntaf gyda *hoet.*

hoet, gw. 132, 670.

yr, er, cf. B.B.C. 63, 15, uchod, *ir* diliv.

kyvedeu, llu. *cyfedd* yn yr ystyr o wledd, cf. 927, cyfeiriad at wleddoedd Mynyddawg.

1040 **kyvedwogant,** darll. *kyved wogant.*
gwogant, cf. B.T. 74, Kathyl goreu *gogant* / wyth nifer nodant. Os o *gwo-* a *cant* "cylch," megis yn *cant* olwyn, Mor-*gan*[*t*], *amgant, Cant Scawl* (B. vi. 352–3), cf. *go-gylch.*
dyduc, cyfans. o *dy-* a *duc* o *dwyn,* cf. 1155.
ar dan, at dân; ystyr gyffredin i *ar* oedd *at,* cf. 1041.
adloyw, disglair, "bright," yr unig enghraifft yn G. 8.

1041 **croen gwynn,** i eistedd arno, awgrym o foeth y llys.
gosgroyw. Ber yw'r ll.—6 sill—a gellid llenwi yma, *a gwin,* neu *a llynn.* Y mae ans. cyfans. o *gos-* a *croyw* yn awgrymu diod o ryw fath, nid croen! Hawdd fuasai neidio dros *a gwin* ar ôl copïo *gwynn,* ac o'r tu arall, ceir odl wrth ddarll. *llynn.* O blaid *gwin* y mae'r gyseinedd. Sylwer ar yr atalnod o flaen *gosgroyw* yn y llsgr.; awgrym o fwlch?

1042 **Gereint,** enw pers. yma. Y mae *rac deheu* yn awgrymu fod hwn hefyd fel Geraint hanes a rhamant yn dod o Ddyfnaint, cf. Cy. viii. 86, *Gereint* m. Erbin m. Kynwawr.

1043 **lluch,** "disglair"; cf. M.A. 142b, ll. fy ngordin; 143a 1, *llachar* fy nghledau ll. yd ardwy glew; 16, *Llachar* fy nghledyf *lluch* ei anwyd; 144b, A[r]dwyreaf glew llew *lluch efras;* 148a, Ll. ysgwn pan esgen ufeliar; 164a, Llywelyn *llachar lluch* uaran gyuet; 191a, Ll. y dan ysgwyd ysgawn lydan; B.T. 26, *llachar* y enw llawffer. *lluch* llywei nifer ysceinynt yn ufel; 55, cledyf *lluch lleawc;* 76, Ardyrched katwaladyr *lluch* a *llachar* (yn B.B.C. 56, 12, escib *lluch* lladron, sylwer fod *a* wedi ei hychwanegu yn ddiweddarach uwchben, a rhydd *llawch* well ystyr); R.P. 34b, Perchenn cor . . . ketwascar cas *llachar lluchnawt lluch* varan *lluch* uann y volawt; 172a, hawl vleidyat, leidyat *lluch* ar *ysgyr.* Yn y rhain ans. yw *lluch,* ond fe'i ceir fel enw "mellten," cf. B.B.C. 25, A *lluch* a *tharian* (cf. B.T. 10, *lluchet* a *tharyan*). Yn D.B. 127–8, cynigir "melltennol, brilliant" amdano fel ans., a sylwer mor aml y digwydd gyda *llachar* uchod.

gwynn dwll, darll. g. *dull.* Ni ddywedid *twll ar* ysgwyd, ond ceir *dull ar,* megis yn 2 Bren. i. 7.

ysgwyt. Prin y gellid proest o *dodet, ysgwyt.* Rhaid darll. *dodwyt;* neu chwilio am *ysget,* fel yn 1008. Y mae'r Gr. *skotos* "tywyllwch," o'r un gwr. ag *ysgawd, cysgawd,* a dengys fod graddau o'r gwreiddyn, ond ni welaf fudd o gynnig **sket-* heb weld ystyr addas iddo yn y ddau le. Ond gw. 1420, *esgut.*

1044   **y or**, darll. *yor*, iôr, cf. 416, camraniad arall.
        yspar, gwayw; ceir y llu. *ysberi* yn 267, 276.
1045   **gogwneif heissyllut**, darll. *gogwn e eissyllut;* cf. C.Ll.H. 4,
        Gwen, *gwydwn dy eissillut.* Nid yw'r *-eifh* ond camddarllen
        dechrau *eissyllut.* Ar *gogwn*, gw. C.Ll.H. 134. Ar *eissyllut*, gw.
        554.
1046   **gwgynei**, darll. *gogwn e.*
        e gereint. Os dilys y testun, enw priod fel yn 1042. Ni ellir
        darll. yma luosog *câr*, canys *carant* oedd hwnnw i'r bardd hwn,
        gw. 670. Wrth gwrs, gellid tybio i gopïwr droi *e garant* yn
        e gereint, dull ei oes ef ei hun; "adwaen ei natur, adwaen ei deulu."
        Ond cryfach yw "adwaen i Gereint."
1047   **diannot**, "dioed, diomedd"; D. "quod non differtur: *yn
        ddiannod* 'statim, mox' "; *annod*, G. 30, "gohir, rhwystr, gwrth-
        wynebiad," cf. 1055, *dienhyt.* Ni omeddai neb ei glod i Gludfan.
        clutvan. Gall fod yn enw dyn; cf. Ch.Br. 117, hen enwau
        Llyd. yn *Clut-* "enwog, clodfawr," megis *Clutgen, Clutuual;*
        Hübner, 97, *Clutorigi;* M.A. 144b, cad clwyf *cludfan.* Ceir ail
        ran yr enw yn *Tegfan, Cadfan*, sef Celtic *mandus* "doeth." Ar
        cludfan fel ans. ac enw cyffredin o *clut* "cruglwyth," a *ban*, gw.
        G. 149, lle cynigir "clodfawr, aruchel; moliant, cyfoeth, teyrn-
        ged" fel ystyron.
        diachor, cadarn, 531. Yn y ll. nesaf, llu. efallai yw *diechyr*,
        cf. R.P. 172a, kyfargor *diachor* camp *diechyr;* ond gall fod yn ffurf
        unigol affeithiedig, cf. *gor-or*, ac *eryr; argor, ergyr; cyfargor, cyfergyr;
        amryfes, amryfys.*
1049   **govaran**, gw. 334.
1050   **trinodef**, un ai goddefgar mewn brwydr, neu fwriadwr brwydr;
        cf. *goddau* "amcan"; 1148, scwyt *dan wodef.*
        Eidef, enw dyn, cf. B.B.C. 67, Bet *ew* bet *eitew* oet hun. a bet
        eidal tal yscun. *Eitew* ac *eidal* diessic alltudion. Sylwer ar
        gyseinedd *eid- (eidd-)* ac *eir-* yn *eiryan*, a'r odlau *-odef, Eidef.*
1051   **ragorei**, gw. 376. Câi'r blaen ar feirch tra chyflym mewn
        brwydr.
1052   **pann**, gw. 41, ac isod, 1054.
1053   **glasved**, gw. 906, *irved;* nid yr un â *glasved* yn 69.
        eu rann. Darll. *e rann*, gw. 40, *grann;* cf. R.P. 39a 10, Kynn
        glasued kynn glassu vyggrann / duw am ryd ... rwyd obeith.
1054   **gwr gwled**, gwledd-wr, cf. B.B.C. 10, 4; hefyd 995, *gwr trin*
        am ryfelwr.

1055 **dienhyt** A, **dihenyd** B. Ystyr *dihenydd* yw marwolaeth, P.K.M. 137. Gall *dienhyt* fod o *diannod*, gw. 1047; G. 30, *annodi* "cadw yn ôl, gohirio, rhwystro"; cf. H. 71 (Dafydd ap Gr.), gwrawl y verroes einyoes *ennhyt;* 72, Y dduw yd archaf naf nym *enhyt* / llehav d[auy]d yn lle diwyt. Yn y cyntaf gall *ennhyt* fod am *ennyd* "amser byr," D. "spacium, otium, vacatio"; yn yr ail saif *enhyt* yn amlwg fel berf pres. 3ydd="gwrthyd"; cf. Iago i. 5, gofynned gan Dduw yr hwn sydd yn rhoi yn haelionus i bawb ac heb *ddannod*, cf. *danfon, anfon* am berthynas *dannod, annod*.

Ystyrier hefyd Llyd. *ehanaff* "repose, halt, pause," Gw. *cumsanad* "(inf. of *conosnaim*) a resting, rest, ceasing," C.I.L. 566; Ped., V.G. ii. 295, *o-s-nad* "uchenaid," gwr. *an*-adl, *en*-aid.

y, "i" neu "yn."

llawr. Amwys, (1) "champion," (2) "floor, ground"; gw. uchod ar 125.

llanwet. Un ai o'r ferf *llenwi*, neu enw cyfystyr â *llanw* (cf. 1004, ar *trinet*); neu *llan-* a'r terf. *-wet* (cf. 1001, 1235, *titguet*), cf. Holder, A.S. ii. 36, Il-*wweto* (? dy-*wed*-af), *Carwed, Carwed*-fynydd (cf. *Carvetii*, Holder, A.S. 820, in c(ivitate) *Carvetior*(um), os nad *Carw-ed*. Cf. H. 88, llyw llafnawr llew *llawr* [ ] dichwant / llwybyr *llanwed llenwis* y[ ]ant / O*m* prydest y*m* prydein amgant.

1056 **hual** A, **haual** B. Ystyr *hual* yw "cadwyn, llyffethair"; *hafal* "tebyg." Ond gan fod *Samalus* (hen ffurf a roesai *hafal*) yn digwydd fel enw dyn, a *Samala* fel enw lle (yn Sbaen, Holder, ii. 1335) mewn Celtig cynnar, gall fod y naill neu'r llall yma. Yn B. vii. 24, esgar *hyd haual*, credaf mai *hydd hafal* "fel carw," sydd debycaf, nid *hyd Hafal*.

amhaual A, **amhal** B. Cynnig G. 23 mai "tebyg" yw *amhaual*, cyfans. *hafal*. Digwydd fel dau air yn B.T. 20, Gogwn ... *Am* geluyd taleu. *am* detwyd dieu. *am* buched ara. *am* oesseu yscorua. *am haual* teyrned. py hyt eu kygwara. *Am gyhaual* ydynt trwy weryt mawrhydic; gw. hefyd C.Ll.H. 41, *Am haual* ar auaerwy : *Am haw*[a]*l* ar eluyden.

afneuet, gw. 1005, digonedd dibrin.

Cyfieithiad Anwyl o'r ddwy linell yw "In an instant in every land there were piled up his fetters, all alike, without stint." Goddef y geiriau unigol, efallai, eu troi fel hyn, ond nid yw'r ymadrodd yn rhoi synnwyr. Rhaid ei wrthod, er anhawsed dewis ystyr addas o'r amryw gynigion posibl.

NODIADAU

Os enw yw *llanwet*, cyfystyr â llanw'r môr, a bod testun A yn ddilys, *dienhyt*, ac os "diorffwys, dibaid" yw ystyr hwnnw, cyfeirir at y môr yn llenwi'n ddiorffwys (cf. B. vii. 24, *Aches ymleinw*) ym mhob bro : yna cyfuner A a B yn y ll. nesaf : "i Hafal (yr oedd) cyffelyb gyflawnder." Os *llawr* "ceimiad" sydd yma, "di-wrthod, di-rwystr" i arwr yw digonedd. Os *llawr* "ceimiad" sydd yma, a berf yw *llanwet*, cyfeirir at arwr a leinw ei *hual*, neu ei gadwyn, yn ddibaid â charcharorion : nid hawdd gweld addaster "tebyg digonedd" ar ôl sylw felly. Ai nes iddo gael digon ? Os *dihenyd* B yw'r darll. cywir, "Llanwed marwolaeth ym mhob lle" neu "Marwolaeth i bob gwron llanwed," nid addas yw *llenwi* dihenydd, hyd y gwelaf, ac nid oes gyswllt â'r ll. nesaf.

1057   twll tal e rodawr, cf. 23, *twll tal y rodawr*. Gwell yw B yma, *rodawc*, i odli.

1058   cas ohir gwythawc A, gwychauc B. Ar *cas* gw. 10, 139, G. 115. Atgoffeir B.T. 48, 26, gan y cyfuniad hwn ; yno ceir *kassolwir*, gw. G. 116 ar hwnnw. Gan fod *gwythawc* "llidiog" (H. 3, Gruffut ... a diffyrth y wyr yn *orwythawc*), a *gwychawc* (cf. 252, 1020 ; H. 2, pan vei gyfluyt o wyr *gwychawc*) y ddau mor addas â'i gilydd am arwr, rhaid esbonio *cas ohir* yn gyffelyb fel mawl, am un sy'n casáu gohirio, tanbaid "impetuous." Yn ôl G. 115, ystyr *cas* yma yw "gelyn, gelynion, yr hwn neu'r hyn a gaseir," cf. ei esboniad ar *kasgawdd*, "enw, poen neu ofid gelyn, neu ans. yn blino neu boeni gelyn." Gwell gennyf ei gymryd fel cyfans. tebyg i *cas heddwch*, gw. ei enghreifftiau. Enghraifft dda o ŵr *cas-ohir* yw Gruff. ap Cynan, H.G.C. 126 : mynnai Rhys ap Tewdwr ohirio neu annod y frwydr dan drannoeth. "Annot di, hep y gruffud ... os mynny. Mivi am bydin a ruthraf udunt hwy."

gohir, D. mora, procrastinatio ; A.L. ii. 608, eil [da diberchenn] yw a fwryo mor y dir rhwng tri llanw a thri thrai yn *gohir* ar draeth : cf. *diohir*, M.A. 445a, yna yn *diochir* cynyll llu mawr a oruc (cf. *deheu, decheu*).

1059   Rywonyawc A, Rywynyauc B, cf. 1077, 1100 ; B.B.C. 74, *rowynniauc* ; R.B.B. 259, *rywyn(y)awc* ; 303, *rywynawc* ; 407, *rywynyawc* ; Rec. Caer. 222, *Rowennok* ; Survey of Denbigh, 1, *Rowaynok* ; 50, *Rewaynok* ; gw. P.K.M. 285, am ffurf yr enw ; Lloyd, H. W. 240, am y terfynau, sef afonydd Elwy, Clwyd, a Chlywedog i'r gogl. a'r dwyrain ; afon Aled yn ffin rhwng ei ddau gwmwd, Uwch Aled ac Is Aled. Cyfeirir at Aled yn 1060 isod.

diffreidyeit A, **diffret** B. Yr olaf sydd gywir fel y prawf yr odl. Ei ystyr yw *nawdd*, cf. B.T. 45, Kynan kat *diffret;* 52, Croes crist Rac pob anuaws poet yn dilis dinas *diffret;* R.P. 2b 39, kat d. ; gw. C.Ll.H. 104 arno a'i darddair *diffreidad* "amddiffynnydd" ; B.T. 77, *diffreidyat* y popyl brython.

1060 **eil gweith** A, **eil with** B. Ai ail *gweith* "brwydr," ai *eilwaith* "drachefn"? Os brwydr, gall *with* B fod am "gŵyth," gair cyfystyr : tebycach mai bai am *weith,* canys daw *cat* yn 1061.

gelwideint A, **gwelydeint** B. Ar y ffurf ferfol, gw. 834, *perideint;* C.Ll.H. 82, *lledesseint*; *colledeint*, perff. 3ydd llu. goddefol, un o *galw*, a'r llall o *gweled*. Yr ail yw'r gorau yma, o ran ystyr a chyseinedd. Ceir enw llu. yn 1283, *gwelydon*. Credaf mai tarddiad arall sydd iddo ef.

amalet AB. Darll. *am Alet,* gw. uchod ar afon Aled yn Rhufoniog. Grym *am* yw "ar bob ochr" i'r afon.

1061 **yg cat** A, **y gat** B. Gwell yw B. Gwelwyd ei gadfeirch a'i seirch ar lannau Aled. Amrywiad yw ar ddarll. *icat* yn yr hen destun. Os darll. *yg cat,* "Gwelwyd yng nghad feirch a seirch gwaedlyd am Aled."

seirch greulet, arfwisg waedlyd, gw. 167, 290, 907, 944 ; yma gwelir mai enw un. ben. yw.

1062 **bedin agkysgoget** A, **bit en anysgoget** B ; cf. 1176, *ynysgoget,* ac uchod 386–7. Y mae *bit* eto yn y ll. nesaf yn B, ond wedi ei aralleirio yn A *(yt vyd)* ; felly gellid dilyn B, a'i ddeall fel gosodiad cyffredinol yn *bit,* gw. Jackson, E.W.G.P. 61, ar ei gymar, *sceal* mewn gnomau Anglo-Sax. "must needs be" ; hefyd, Morgan, B. v. 344, vi. 142. Dylai gwychyrolion fod yn *anysgoget* etc., Ar hwnnw, gw. G. 33, cf. uchod, 386, 259, gan fod *ysgog* a *cysgog* i gael. Ond gellir derbyn A hefyd, gan gymharu B.T. 45, 16, *kat anyscoget;* nid oes angen *en* "yn," gyda *bit* mewn hen ddihareb, gw. y gyfres yn R.P. 8a, *bit goch, bit lawen,* etc. Treiglir yr ans. ar ei ôl, cf. 1086.

1063 **cat voryon** A, "cad fawrion" ; **cet uoron** B, "mawr eu rhodd" ; tr. ar ôl *bit*. Am *moryon,* llu. *mawr,* gw. 1371, grad *voryon;* B.T. 45, creitheu *moryon.*

1064 **cochro llann** A ; yn B ceir **gwychyrolyon,** a rhydd hynny ystyr dda gyda'r *bit* yn y ll. o'r blaen, fel y mae darll. A yn rhoi synnwyr gyda'r ll. sy'n dilyn.

gwychyrolyon, gŵyr gwychyr, cf. Juv., V.V.B. 137, *guichir,* gl. ar "effrenus." Yr ystyr yw "ffyrnig, dewr," cf. 219.

cochro llann, gwaedlyd fydd y lle, pan ddigier ef neu hwy :
y gro yn goch.

1065 codhet, o *cawdd, coddi,* digio.

1066 trwm en trin, gw. 190.

llavyn A, llain B. Sylwer mai B sy'n rhoi'r hen ffurf yma eto,
y ffurf sy'n odli â *trin* hefyd.

yt lladei A, yt ladei B. Treiglid ar ôl *yt*, a gellid darllen *a'e
la-in* i gael cyseinedd.

1067 garw A, gwaro B, efallai *garw*, neu *gwero, gwerw*, chwerw, fel
uchod, 938. Yn ôl atalnodi A, dyma wrthrych y ferf *lladei*. Gwell
ei ddeall gyda gweddill y ll.; cf. 58, *chwerw* en trin.

rybud, cf. M.A. 169b 44, Rwysc aches am rotes *rwytvut* . . .
Ny tholyes uy lles *llyw rybut* / Ny tholyaf a ganaf heb gut. Yn ôl
Stokes, R.C. xii. 443, yr un yw Gw. *robud* "warning," a'n *rhybudd*
ni : ond dau wreiddyn gwahanol sydd iddynt, medd Loth, R.C.
xxx. 28 n.; eto gw. Ped., V.G. i. 474, ii. 476–7.

dydygei, cf. 1040, *dyduc*; 1112, *dydygei*.

1068 cann calan a A, gant; can yg calan B. Gwell yw B.
Goddrych *dydygei* yw *gant;* tr. ar ôl amherff. 3ydd. Dygai cant
ôl ei arfau arnynt o'r frwydr. Yna daw'r cyferbyniad defodol :
hoffai gân mewn gwledd nos Galan. Yn ôl A paratoai ar gyfer
can calan; neu ynteu, unigol calanedd yw *calan* yma, gw. 383.
Ond y mae *cann* A yn tystio i'r *cant* sydd yn B; nid oes angen *a*
o flaen y ferf, ac nid oes le iddi yn nhestun llawnach B. Gair
gwledd yw *darmerth* gan amlaf.

darmerthei, paratoai, gw. B. i. 36, Gw. *air-imbert* "preparing."

1069 ef gwenit a dan, A. "there was pierced under the blow of."
Amhosibl yn y cysylltiadau, gw. P.K.M. 170 ar *gwan a dan*, a'r
enghreifftiau yno, megis llygod yn *gwanu adan* y grofft, 60, 7; neu
50, 1, *Awn adanunt* a lladwn; Y.C.M. 93, yd *aeth Rolant . . . y dan
y paganyeit ac eu llad*. Croes yw priod-ddull y S. "went *up to*."
Yr anhawster yn y testun yw grym *-it;* ai amhers. gorff. ai pres.
myn. 3ydd ? Tueddaf at yr olaf. Daw at fab Ervei (neu Urfei),
daw at y twrch trahâwg riain a morwyn a mynawg. Medrai un
ferch neu un gŵr hynaws ddyfod yn hy ato heb ofni, er ei draha
a'i chwerwder mewn trin; cf. 22, diffun ymlaen bun.

Ervei A, Urvei B. Cyffredin yw *erfai* (="difai" medd D.),
fel ans. o barch, a gellid *Urfai* fel enw o'r un gwr. ag *Urien*

(*Urbgen*), a'r ail elfen a welir yn Gwyr*fai* ; neu'n syml -*ei*. Pwysig yw bod *uruei* yn digwydd eto yn 1220, ond cf. hefyd R.M. 133, *Dillus* uab *Eurei* ; H. 95, *dullus* uab *eurei*.

1070   twrch, gw. 453.

trahawc, neu *traha-awc*, gw. 1134, "balch," mewn ystyr dda weithiau, ond "rhyfalch" dro arall; cf. Y.C.M. 83, y *traha* ar *syberwyt* ; D.W.S. "pryde"; H. 2, dreis *drahawc* (yn drisill); R.M. 304, Tri *trahawc* Ynys Prydein. Yr ail yw Sawyl *Benn Uchel*.

1071   **riein**, gw. P.K.M. xxxiv.-v. n. 4, am ystyr fwyaf urddasol y gair.

mynawc A, **menavc** B, gw. 253, 390.

1072   **a phan** A, **a chan** B. Gwell yw B eto.

teyrn A, **brenhin** B.

teithiawc, trisill, gw. 178, *teithi*, W.M. 228b, Namyn *mab brenhin* gwlat *teithiawc* neu y gerdawr a dycco y gerd ny atter y mewn; B.T. 77, 12, Yn wir dymbi *teithiawc* mon.

1073   **yng Gwyndyt** A, **ud Gwyndyt** B, udd neu arglwydd Gwynedd (*Venedotia*).

gwaed A, **gwaet** B. Dengys hyn ansicred yw orgraff y llsgr. a'r cymysgu sydd ynddi. Darll. *gwaet*, cf. W.M. 230b (Arthur wrth Gulhwch) mi a wn dy hanuot om *gvaet*.

Glyt A, **Kilyd** B; cf. W.M. 226b, *Kilyd* mab Kyledon wledic. B rydd hyd cywir yn y ll., ond cyll yr odl fewnol.

Gwaredawc. Ceir "gwareddawg" yn P.K.M. 112, a gall fod yma, o ran orgraff. Ond gan fod yr awdl am ŵr o Wynedd, a bod ardal o'r enw Gwaredog i'w chael byth ger y Waun Fawr, y tu uchaf i Gaernarfon, credaf mai gwell darll. *Kilydd Gwaredawg*, cf. enwau fel *Madawc Eluet*. Am y lle, gw. Ll.A. 123, y brenhin a rodes y veuno *le yn aruon* a elwir *gwaredawc* ; ceir un arall ym Môn, Cwmwd Twrcelyn, Rec. Caer. 69, 168, *Gweredok*.

1074   **ar rud** A, **ar grud** B. I gael odl â'r ll. o'r blaen, cf. H. 2, *ar grut mynawc*.

1075   **llary hael etvynt** A, **hael etvynt doeth** B. Ymddengys *hael* fel glos. ar *llary* wedi llithro i'r testun, neu *llary* ar *hael* ; a gellid dal yr un peth am *doeth* fel gl. ar *etvynt*, gw. uchod ar 125. Y mae *hael* yn y ddau destun, a gwell ystyried *llary* a *doeth* fel glosau; neu o leiaf yr ail. Os adferir *llary* i destun B ceir hyd rheolaidd, er colli *doeth*. Gellid *llary* fel gl. ar [*mynawc*]?

NODIADAU

digythrud A, "digyffro"; **dygyrchet** B. O blaid A y mae'r odl â *rud*, cf. 716, *godrud*. Amrywia cystrawen y ll. nesaf yn y ddau destun.

1076 **o glot a chet** A, **y get ae glot** B. Dengys hyn fod trefn y geiriau wedi mynd yn ansicr. Efallai y gellid adfer y testun i rywbeth fel hyn:—

> Kyn golo gweryt ar rud [mynawc]
> Hael etvynt dygyrchet
> Y glot ae get ac echiawc

echiawc A, **ae echiauc** B; gw. C.Ll.H. 162; B.T. 41, dewis *echiawc*: "trist," neu fel *marth* "rhyfeddod," 19? Dengys y tr. *uot* yn y ll. nesaf yn B fod cystrawen rhwng *echiawc* â hi, nid â *chet* fel yn A, neu gallesid derbyn B. ii. 136, *eichiog* "uchel." Darll. *ac* yn lle *ae*.

1077 **neut** A, **uot** B. **Garthwys** A, **Gorthyn** B, enw dyn, cf. A.C.L. ii. 161, Kyndeyrn *Garthwys* m. Ywein m. Vryen; am y ffurf, cf. *Caerwys, Gwenhwys*.

o dir A, **o orthir** B: gw. B. ii. 140, *gorthir* "goror: ne goremyl tir pryscoed yw: dyffryn."

1101 **Dinogat**, cf. L.L. 395, *Dincat* fel enw pers.—dyna'r ffurf reolaidd. Yma ceir enghraifft o'r ffurf lle cadwyd y llafariad rhwng dwy elfen y cyfans. oherwydd iddi ddod dan yr acen mewn rhai tafodieithoedd, yn lle colli fel yn y lleill, cf. *Tudwal, Tudawal; Urien, Urfoen* neu *Urfaen; Dyfnwal, Dyfnawal*, B. vii. 388. Y ffurf gynharaf ar gael yw'r genidol *Dunocati* ar garreg ym Mrycheiniog (Glan Usk Park, ger Crug Hywel), Hübner, rhif 34. Yn achau Harley 3859, rhif IV, ceir nid yn unig *Tutagual* deirgwaith, ond *Dinacat* map *Tutagual;* yn rhif XVII, *Dinacat* m. Ebiau m. Dunaut m. Cuneda. Cf. hefyd rhif V, *Dumnagual* ddwywaith a *Dumngual* unwaith (Dyfnwal). Ar y saint o'r enw, gw. L.B.S. ii. 343-4.

e, cf. 47? Neu darll. [*vy*] *Ninogat e,* gydag *e* "i," rhagenw ôl.

breith, fel siaced fraith Joseph oedd y bais hon. Dyblir y geiriau fel ym mhob hwiangerdd, ond odid.

1102 **o . . . ban**, gw. P.K.M. 292; B.T. 25, Nyt *o* vam a that *pan* ym digonat . . . *o* prid *pan* ym digonet, etc. Grym y S. "whence" sydd i *pan* yn y gystrawen hon.

balaot, llu. *beleu* "marten," G. 54, cf. *ceneu, cana(w)on*.

gwreith, hen ffurf y gorff. iaf un. o'r ferf *gwraf*, bellach *gwnaf*, gw. ar 60. Chwanegwyd *-um*, a ffurfiwyd **gwreithum, gwneithum*, yna *gwneuthum*, trwy effaith yr *-u-* yn y sill olaf. "Of the skins of martens did I make it."

Cymer Loth (A.C.L. i. 458) mai pers. 3ydd yw; ond ar ddelw *ceint* gwell gennyf ei ddeall fel pers. 1af. Nid oes affeithiad yn *cant*, na *gwnaeth*.

1103 **chwit**, dynwared chwibanu? Yn Arfon arferir *switian* am fân ganu adar; yn Aberteifi a Chwm Tawe ceir *wît* "whistle." Felly cf. R.P. 96b (dychan) Safyn llydan ydiw lletwyr *chwidach*; 121b 3, ys amlach ... a chwyt am dy gerd *chwidach* ... noc a chward. Ond yn ôl G. 281 "? buan, cyflym"; Loth, A.C.L. i. 458, "tour." Eto gwelodd y gallai fod yn chwibaniad gwatwarus ("peutêtre une onomatopée, indiquer un sifflement moqueur").

chwidogeith, Loth, A.C.L. i. 458, "jonglerie, bouffonerie," neu ynteu "farceurs," neu 3ydd pers. un. o *chwidogaeth*. Ymddengys i mi fel enw, "chwibaniad," o *chwid* "whistle," ffurfiant fel *marchogaeth*, o *march, marchog*, ond bod yr un amrywiad yma rhwng *-aeth* ac *-eith* ag a welir yn *lluniaeth, llunieith*, gw. yr enghreifftiau yn I.G.E. 380, ar *ysmonaith*.

1104 **gochanwn**, canwn? Prin *goganwn*, fel Loth, "moquons-nous." Canu sydd yma, nid goganu; efallai canu pib, efallai â'r llais.

gochenyn, pres. 3ydd llu. (neu amherffaith). Y goddrych yw *wythgeith*; ni thâl cyfieithiad Loth (Moquons-nous de ceux qui se moquaient, huit fois plus).

wythgeith, wyth o gaethion, carcharorion, er bod Loth yn darll. *wyth g(w)eith*. Ceir *ceith* fel llu. *caeth* yn aml yn y beirdd, gw. G. 97a. Rhydd W.M. 239a, *keithawr* fel llu. dwbl. (cf. R.M. 118, *porthawr*), cf. H.G.C. 148, a *cheith* o wyr a gwragedd o weisseon a morynnyon; C.Ch. 22, ar nyt ymchwelwys [ar ffyd gatholic] a las neu a wnaethpwyt yn *geith*; R.P. 115b 12, an gwnaeth ... o *geith* yn rydyon.

1105 **ty**, "ti," cf. 966, gwelais *y*; 996, gennyf *vy*; ac isod 1111, 1115.

helya, y gwr. *hely-* (**selg-*), a'r terfyniad *-ha*; heddiw ceir *hel*, a *hela* fel berfenwau, cf. V.V.B. 151, M.C. *inhelcha* gl. *in uenando*; 152, Ox. i. *helghati*, gl. *venare*; B. iii. Ki a erer y *helea*; B.T. 51, 16, *helya*. Saif *-y-* am yr hen *-gh-*, o *-g-*.

1106 **llath**, ffon, gwaywffon yma; cf. P.K.M. 77, hut*lath*.

llory, "pastwn, club," cf. Gw. *lorg*, gl. *clava* "stick, staff, cudgel."

NODIADAU

1107 **gelwi,** galwai, cf. 1109, *lledi.*
gogyhwc, gw. 667, nid "limiers" fel Loth.

1108 **Giff, Gaff,** Loth, "cherche, cherche." Ond nid yr un gair wedi ei ddyblu sydd yma. Gwell gennyf ddeall y geiriau fel enwau'r ddau gi, cf. L.L. 174, *Gefci,* enw dyn.
dhaly, modd gorch. 2 un. *dal.* Dyna a alwai'r tad, "Catch, catch, fetch, fetch ," Unigol yw'r gorchymyn er mai cŵn a gyferchir. Rhyfedd yw'r *dh-*.

1109 **lledi,** lladdai, h.y. trawai, cf. Cy. vii. 126, Lloegrwys *lledi afriuedi* o bowyssyd, gw. uchod 66.
corwc, cwch croen, corwg(l), gw. P.K.M. 188. Tyfodd *-l* ar ôl *-g* trwy gydweddiad â pharau fel *perig, perigl; huddyg, huddygl; rhisg, rhisgl; mwsog, mwsogl;* cf. cymysgedd *mwnwgl* a *gwddw, gwddwg.* Tybiaf mai o'r un gwr. â'r Ll. *corium,* gw. Walde arno.

1110 **llywywc.** Ceir *llywy* uchod, 895, ac yn B.T. 9, 27, At[wyn] pysc yn y lyn *llywyawt.* Ai enw creadur yw *llywywc?*

1112 **penn,** yma cyfystyr yw ag "un," wrth rifo. Dywed amaethwr pa faint o "bennau" sydd ganddo, wrth rifo ei stoc. Mewn Llyd. hefyd ceir *pen* yn aml gydag enwau anifeiliaid, megis *pen deuet, pen moch, pen kesec, pen iâr,* B. iii. 135.
ywrch, R. "roe-buck," D. "caprea mas"; *iyrchell* "caprea fem."; G.M.L. 304, "hart."
gwythwch, mochyn gwyllt, cf. *Cilgwthwch,* Llanberis, Arfon; o *gŵydd* "gwyllt," a *hwch,* cf. 1116.

1113 **grugyar,** iâr rug, iâr fynydd, "grouse."

1114 **pysc,** unigol yma.
Derwennyd, un o'r afonydd a elwir bellach yn *Derwent* yn Lloegr, yr un yn Sir Efrog neu yn Cumberland yw'r tebycaf. Nid amhosibl, fodd bynnag, yw tr. o *terwenhit,* B.B.C. 28 ; ond gan y disgwylid enw afon ar ôl *Rhaeadr,* ac y ceir *Derventio* fel enw gorsaf ac afon yn yr hen destunau (megis *Derventione,* yr orsaf Rufeinig nesaf i *Eboracum,* Caer Efrog; Beda, H.E. II. c. ix. juxta *amnem Deruventionem ;* IV. c. xxix, *Deruentionis fluvii* primordia: Rav. Geog. dinas, *Derventione,* gw. M.H.B. 158, 245 n.; *It. Anton.*), ac y rhoesai hynny *Derwennydd* yn rheolaidd yn Gymraeg, ni welaf fod achos petruso.

1115 **or sawl yt.** Cynnig Loth ddarll. *o'r gyrhaedei* i wella'r mesur, R.C. xlvii. 167. Oni cheid *or a?* Sut bynnag, dyma'r fannod o flaen *sawl* yn sicr ; ond ceir *yt* lle disgwylid *a* heddiw, cf. 412, 1130, or *sawl a,* ac o'r tu arall, 239, 1403, *yt*, gw. Z.C.P. xvii, 107. **cicwein,** fforch, picell, G. 140.

1116 **llewyn.** Prin mai bachigyn o *llew ;* gwell darll. *llewyrn* "llwynog." Ar hwnnw rhydd D. "ignis fatuus," a dyfynna Daf. ap Gwil. "Euawg drum lleuawg *drem llewyrn.*" Cynnig mai llygriad yw o *lleuyr* (=*lleufer*), ond cf. B. ii. 147, *lhewyrn* "tan lhwynog" ; 148, *llywyrn* "llwynoc ; tan llwynog yw yr pren powdwr o fedwen ne goed arall a fydd golev yn nos mal y gyfarwydd neu r fywyllin yn enwedig bonkyffion o goed derw wedi braenu odditanodd" ; gw. Ch.B. 45 ; G.M.B. 375, Cern. *lovern,* Llyd. *louarn ;* L.L. 175, *louern ;* enwau lleoedd, *Llywernog ;* arysgrifau cynnar, *Lovernaci, Lovernii.* Hawdd deall sut y daeth ar arfer am *ignis fatuus* (T.W. ellylldan, malldan, *llewyrn*), gw. Fynes-Clinton, *Voc.* 355, *diwrnod llwynog* yw dydd twyllodrus, dechrau'n deg a throi'n wlyb ; *cysgu ll.* yw cymryd arnoch gysgu. Felly tân twyllodrus yw tân llewyrn, "Jack Lantern, will of the wisp, phosphorescence" ; R. *llewyrn* "a Will with a whisp."

Os yw'r testun yn gywir, *llewyn,* cf. *llewynawc* yn y *Brut* am *vulpes,* Loth, R.C. xlvii. 166-8 ; "lynx" yw ei gyfieithiad ef, a chymhara Gw. *lug* "lynx." Efallai y cymysgwyd *llewyrn* a *llwynog* "creadur yn y llwyn ?" i roi *llewynawc ;* dichon *llwynog* hefyd trwy gydweddiad â *llwyn* o *llewynawc.* Ond dylid cofio hefyd enw fel Voc. Corn. *louennan* am *mustela* 'weasel.' Cf. Llyn *Llywenan* ym Môn.

llwyuein. Ystyr *llwyfen, llwyf* yw "elm," gw. D. "vlmus" ; dyry *llwyfan* melin, a ll. menn (plaustri receptaculum" ; J. M.-J., Tal., 71-2, *Llwyfain, Llwyfenydd* o *Leimanio* mewn Brythoneg, a chynnig mai dyna yw *Leeming* Lane, ger Catterick. Yn y testun, enw anifail yw, a chynnig Loth ddarll. *llwynein* "llwynogod," llu. **llwynan.*

1117 **anghei,** gw. 616.

goradein, perchen adenydd, asgellog, tra chyflym, cf. B.T. 39, Ony bei ac *adaned yd ehettyn* / Rac mabon heb galaned wy nyt eyn ; M.A. 149b 41, gwalch g. ; 152a 48, gwriawr g. ; 162b 25, ar ysgwyt yn arwein / yn rith llew rac llyw *goradein ;* 246b, *goradain* cenedl ; L.G.C. 136, gwr. g. ; I.G.E. 319, Y ddeufab . . . *adeiniawg* oediawg ydyn . . . Da yw cael . . . Dyn o berchen *adanedd.*

1118 **Neum,** nid *Peum* fel Skene; ond gw. y llun gan Dr. Evans. Nid oes brif lythyren i'w gweld. Datif yw'r *m*.
angkyvwng, unig enghraifft G. 18, a chynnig "tristwch, trueni dibaid," gw. isod 1140, G. 219, *kyfwng* "ystod, cyfnod"; C.Ll.H. 86, *wng* ymyl, agos; 172-3, *ymwng, ymwnc*. Neu cf. Gw. *cumang* "power, force," *hi cumugg* "forcibly," C.I.L. 561; felly *anghyfwng* "gwendid."
angkyuarch, G. 18, "gweithred gudd, ddirgel," fel ans. "llechwraidd"; G.M.L. 11, "clandestine, covert act, what is taken secretly." Gan fod *cyfarch* yn golygu "gofyn," hanfod anghyfarch yw cymryd peth heb ofyn cennad; A.L. i. 106, Try *agkeuarch* gur, e uarch ae arueu . . . ny dele enteu rannu urun ỼŸhenne ae wreyc. Try a. gureyc yw e thry pryurey: a henne nys ran hytheu ae gur. Ymddengys fel rhywbeth na ddylai neb ofyn amdano.

1119 **daw, dyvyd,** cf. H. 16, nyd *ydiw* yn uyw ny *daw* ny *dotyw*, gw. C.Ll.H. 63. Daeth gwendid arno heb ei ofyn, ac ni ddaw byth ofid trymach nag ef arno.

1120 **ny magwyt.** Ni threiglid berf yn *m-* neu *b-* ar ôl y negydd.

1121 **gwastadach,** o *gwastad* yn yr ystyr o "steady, dianwadal, sefydlog," cf. Pen. 7, 90, *gwastadrwyd* yn erbyn *anwadalwch;* B. ii. 19 (Catwn) Byd *wastad (constans)* a hygar; Gw. *anfossaid* "unstable," C.I.L. 102.

1122 **Ryt Benclwyt.** Ple? Ar *Clwyd*, gw. C.Ll.H. 157-8. Y mae enwau Dulyn a Clarinbridge (Hogan, *On.*, 55, etir na dá Ath Cliath, "rhwng y ddwy Ryd Clwyd") yn dangos fod modd cael amryw leoedd o'r enw *Rhyd Clwyd*. Ar *cliath* "hurdle, etc.", gw. C.I.L. 387; cf. *clwyd* ieir; *clwyd dwyfron* "breast bone, ais."
pennawt, cf. M.A. 140a, Pann dyfo dofyt yn nyt *pennawd,* sef dydd y farn, felly "arbennig," nid o *pen* a *nod*, ond ans. o *penn;* am feirch, "ar y blaen." Yr arfer am ddydd y farn sydd yn erbyn ei darddu o'r Ll. *pennatus* "plumed," fel y cynigir yn Z.C.P. vii. 471.
veirch. Pe darllenid *varch* ceid odl Wyddelig â *galch,* nid proest, ond cf. odlau 288-91.

1123 **pellynnic,** yma "cerdded ymhell, far-reaching," nid dyfod o bell, gw. C.Ll.H. 89-90.
pellws, cf. M.A. 178a, R.P. 34a, Trawt ar dyn ae tremyn trwy dir / Periglus *pellus* pell dygir. Os yr un gair, *-us* nid *-ws*. Y bôn yw *pell* "far, long," neu'r *pell* sydd yn *gobell* "cyfrwy," cf. ar 208,

aesawr dellt anibellt; C.Ll.H. 132. Gyda *calch* fel yn y testun, ac yng ngolau 208, gall olygu "tyllog," os ans., a "tyllodd, briwodd" os berf gorff. 3ydd, cf. H. 13, a *phellt* ar grut "briw ar rudd."

1124 Gweir, enw go gyffredin, cf. L.L. 277; B.T. 54, 18; R.M. 324 (saith enw). Yma ceir y chwarae arferol, rhoi *gwair* o dan *dywarch* (gw. ar hwnnw, C.Ll.H. 125).

1125 dyrllydei, gw. 147.

Feruarch, cf. L.L. 265, gloiu filius *fermarch*. Ar *fer*, gw. 391-2.

1126 try can, trichant, cf. 1132, *trycant*, gw. 70.

eurdorch, bai am *eurdorchawc*. Y mae lle yn y mesur i sill yn ychwaneg.

1127 amwyn, gw. 529.

breithell, gw. 35.

edrywant. Yn ôl D. o *e* a *trywanu,* cf. H.83, Ar gnawd y kigleu adneu ednein / Ar *edrywan gwan* gwaew yn adain / Ar *edrywet* gwaed gwa[e]tei gigurein; M.A. 151b 37, Elyf nawd adrawd *edrywant;* 191b 46, Gwr a dyly gwawd ... Gwenwyn y atwyn *gwan edrywant;* 211b 36, Llwrw uochnant *edrywant a dro* / Llwydcun llwyd llithwyd am honno; 212a 16, Dugost y wytgruc ... a rutglann yn rutlaw amgant / Run gannclawt adrawt *edrywant;* H. 59, *edrywant* trachwant trachywet an knawt. Yr ystyr yw "creulawn, trist, truan." Methaf â'i gydio wrth Llyd. *azrouant* "gelyn, diafl," G.M.B. 49; Henry, *Lex.*, 5.

1128 rylade hwy. Eithriadol yw *hwy*—dyma'r unig enghraifft yn y llsgr. Gwell darll. *ryladet wy,* cf. B.B.C. 72, a *chin rillethid ve* llatysseint, gw. 361 a 1152 am y meddwl.

1129 hyt orfen byt, cf. B.T. 62, *Ac hyt orffen byt* edrywyt kaw.

1130 aytham, aethom. Felly yr oedd y bardd yn un ohonynt; a chan na ddihangodd ond un, ef oedd hwnnw! Gwell darll. *aethant* neu *eithyt*.

carant, gw. 670.

1131 englyssant, bai am *enghyssant*.

1133 gwnedgar, rhyfelgar, gw. 219.

guacnauc. Gair dieithr. Y ffurf debycaf iddo yw *guanauc* yn 884. Darll. Loth yn R.C. xlii. 82-3, *gwaenauc*, gan dderbyn hen ddarll. Skene, *guaenauc;* esbonia hynny fel un sy'n rhuthro ymlaen â'i ben i lawr; gw. Pughe, *gwaenadu* "to go straight forwards or headlong," *Eidion yn gwaenadu* "a bullock running away from the flies. *Sil.*" (sef gair o iaith Morgannwg); *gwaenawg* "having a straight or even course, of a headlong tendency," a dyfynna'r testun fel *Cyfeddgar gwaenawg*. Nid hynny sydd yn y llsgr.

Os cymerir *guacnauc* fel bai am *gwaenawg*, gwell gennyf fuasai cymharu *chwaen* "gweithred (ddewr), feat"; cf. Y.C.M. 48, a *chwaen vawr gadarn* a wnaethawch; 31, y *chwaen* honno; C.Ch. 184, ch. ffrangheid ffrwythlawn; G. 275, "tro, digwyddiad, damwain, antur, ymgyrch, gweithred"; T.W.S., Marc viii. 10 (=yn y man), *ar hynt*, ymyl *ar y chwaen;* D. *ar y chwaen* "mox, statim.*"* Ystyr *gwaenawg, chwaenawg* fuasai "anturus, cynefin â gwneud gwrhydri."

1134 trahaavc, gw. 1070.
1135 kyuun, G. 218, "cytûn, unfryd."
kyuarvavc, G. 202, "dygn, angerddol, chwyrn," ond cf. grym *cyf-* yn *cyf-lawn*. Cryfhau'r ans. y mae, felly cyfarfog oedd un wedi ei gwbl arfogi.
1136 godrud, gw. 716.
1137 ganthud, ganthudd, ganddynt, W.G. 406.
1138 trychwn a thrychant, gw. 181, yr un ll.
1140 kyniwng, G. 251, "dyfal, cyndyn, penderfynol," yr unig enghraifft, ac efallai nad yw ond bai am *kymwng*, hen org. *cyfwng* "nerthol (?)"; cf. 1118, *angkyvwng;* neu ynteu bai am *ymwng* "mynych, aml." Ond gw. 183, ar yr enw *Mwng*.
keni, cyni, caledi, brwydr, B. ii. 301–2.
1141 kyvrang, cyfranc, brwydr, G. 214. Am *-ang* o *-anc*, gw. P.K.M. 219, *ieuang;* B. i. 15–8; ac isod *tang*.
tang, tanc, tangnefedd, C.Ll.H. 238.
as, cf. 145, 174.
gwnehei, amherff. 3ydd *gwneuthur*, cf. 273, ef *gwneei;* 1145, a *wneei*. Yma ni rydd odl, a darll. *gwne-i* neu *gwneli;* felly yn 1145.
1142 nyt ef, gw. 9, 561. Am y Lleihad, gw. 1177–8.
gweith, "brwydr," cf. A.C. 537, *Gueith* cam lann; 613, *Gueith* cair legion; Gw. *fecht* "fight, battle." Darll. *gweith* i gael cyseinedd lawnach?
gocheli, amherff. 3ydd *gochlyd* "osgoi, avoid."
1143 Bleidic, cf. Ch.Br. 110, *Bledic*.
Eli, cf. L.L. 397, *Ely* ac *Eli;* R.M. 110, 6, 7; *Cy*. ix. 181.
1144 ervessit, bai am *eryvessit*, o *er-yfed*, cf. 1174, *eryueis;* R.P. 5a 4; *Cy*. vii. 151, *Eryueis* i win o wydyr gwynn; R.P. 167a 2, *Eryfeis*

y ved ar hed ar dyhed ar deheu ri. *Eryfeis* y win oe valch vuelin ; 170b 36, *Eryuassam* ny vedu ved y drefwen ; C.Ll.H. 96 ar I. 46a, *Eryueis* i win o gawc. Yn y testun rhy fer yw'r ll., ac felly darll. [o] *wvdvr.* Am ystyr y ffurf yn *-essit,* gw. 261, 262, 325, 418.

1145   camp, gw. P.K.M. 159, yma dangosiad o fedr milwrol arbennig, "feat." Tarddair ohono yw *cam(h)awn,* gw. 25 ; *camhwr-,* 1286.

1146   aruul cann, march gwyn, gw. C.Ll.H. 181 ar *Arfwl Melyn ;* G. 39 ; cf. Ll.D.W. 88 (March) e dele vod en fruyndof ac ena e may gueneuthur *ydyuul* a deleho arnau nac amus na palfrey vo na guenytuarc.

kynn oe, darll. *kyn noe.*

1147   cochwed, gwaedlyd, G. 155 ; B. iv. 46, *cochwet kalanet ;* v. 119, kyn myned *yngwaith kochwedd.*

ae deui, darll. *a edeui,* a adawai (ar ei ôl).

1148   scwyt, hen org. *ysgwyt* "tarian."

dan wodef. Efallai am fod tân yn neidio o'r arfau wrth guro ar y darian ; pe felly tr. o *tân woddef* ar ôl yr enw benywaidd. Neu ynteu cf. Gwyn. 3, 134b, td. 206, Arched yn rhodd *dan oddef,* gw. C.Ll.H. 165, *teith odef,* ac uchod, 227, *kein guodeo.*

ystyngei, plygai, gostyngai, gw. 129.

1149   wyneb cared. Tywyll i mi yw hyn, gw. ar 563, lle ceir trafferth tebyg gydag *e gared ;* ac isod, 1283, *riein gared,* G. 112. Ystyr arferol *caredd* yw pechod, bai : ni thâl *wyneb pechod* yma. Os "cariad" yw yma, neu hoffter (cf. tru-*garedd*), gan fod *wyneb* yn golygu "clod, anrhydedd" (C.Ll.H. 58), gall y ddeuair olygu "clod-garedd, hoffter o fri ac anrhydedd." Cyffredin yw rhoi'r dibynnair gyntaf mewn hengerdd.

erythuaccei. Cymysgir *t* ac *th* yn y llsgr. wrth ddiweddaru, cf. 322, men *yth* glawd, lle dylid cael *yt.* Felly yma ; ni thâl *yth* yr ail bers., a rhaid darll. *er-yt-uaccei.* Cyferbynner M.A. 228a, *erythiolaf ren,* sef "eiriolaf di, Arglwydd," lle dyry *er-yth-* ystyr dda. Gwell cymharu â'r testun, 205, *erysmygei;* 435, *erit migam;* B. v. 240, *immit cel,* a deall *yt* fel trydydd person. Ni wn am ferf *er-fagu,* ond cf. *er-yfed* uchod, 1144, a chyffes Cynddelw, B.B.C. 86, Nid *porthi ryuic ryuegeis* im bron. Felly yma, "balchder wyneb, neu glod-garedd, arferai fagu hynny." Porthai ei falchder. Cydia hyn wrth y gosodiad cyntaf, "ni phlygai o flaen neb."

1150   Nid yw'r brifodl *-ei* yn y ll., a gellid darll. meirch *mei* neu *mordei ;* ond y mae *aur* yn cyrch-odli â *gwaewaur* yn y ll. nesaf, oni ddarll. honno fel rhupunt, gwryawr *hêyn* / gwaewawr *kelyn*. Rhy fyr yw *creudei* fel llosgwrn.

diryeit. Fel ans. "drwg, anffodus," C.Ll.H. 173, 175.

o eirch. Ai bai am *seirch*? Cf. 373, *meirch* a gwrym*seirch*; 943, cat *veirch* a chat *seirch*; 1061, 1084; 1162, *meirch a seirch*; 1165, *meirch* eiliw eleirch a *seirch* gwehin. Gwelir fod y bardd yn hoffi cyplysu *meirch* a *seirch*, a haws deall *seirch* yma nag *eirch*, llu. *arch*, rhywbeth fel "dibris oedd seirch (a) meirch (mei) *yg kyndor aur*." Dryllid arfwisg, lleddid meirch, ac ni ofalai. Neu ni wnâi gyfrif ohonynt.

yg kyndor aur. Gw. nodyn ar 451. Cf. 1166, *yg kynnor llu*; 1249, *ig cinnor gaur*. Bai yw *kyndor* am *kyntor*, hen ffurf *cynhor, cynnor*, gw. 21, *kynhorawc*; 952, *yg kynhor*. Ac eto cofier am tew*dor* yn 953. Treigliad yw *aur* o *gawr* "bloedd, brwydr."

1151 **gwryavr,** gw. 47. Ai glos yw ar *yg kyndor awr*? Cf. 88, *eg gwryawr*.

hein, he-ynt, o *heu*, gw. 425, *heyessyt y lavnawr*; M.A. 151b, Glas ferau heiyrn *heasant*.

kelin, celyn, cf. W.M. 59a, y chwarae ac y daflu a *gaflacheu kelyn*.

creudei, G. 174, "yn hytrach na'i ddeall fel llu. *creudy* gwell ei ystyried yn ans. 'gwaedlyd'," gw. G. 175, *creude* "gwaedlyd." Nid wyf yn deall lluosog o'r fath, er hoffi'r ystyr. Gellid tybio hŷn testun *kelin* [*in*] *creudei*, ond troesai *in* o flaen *c* yn *ig*, cf. 1249, *ig cinnor*.

1152 **gwanet,** cf. 1231, ri guanei ri *guanet*. Ar *gwanu* gw. 220; yma "taro." Cf. am yr ystyr, 1128. Pan drewid ef, trawai yntau.

yg kyveillt, fy nghyfaill. Am *yg*="fy ngh-" gw. 1174, ar *yg* kerdet. Am yr ystyr, cf. 243, *uyg car*.

1153 **amevyl.** Prin *a mevyl*. Gwell ei ddeall fel *mefl* "gwarth," a llafariad wedi magu o flaen *m*-, fel y gwnâi o flaen *n*- weithiau, gw. P.K.M. 104-5; B. iii. 85, ac *anadred; A-neirin* am *Neirin*. Sylwer fod *a* feius arall yn y ll.

yt a dyccei. Yn y llsgr. rhoed pwynt o dan *a* i'w dileu. Nid yr arddodiad *yt* "to thee" sydd yma, ond y geiryn *yt* a geir mor fynych o flaen berf. Yn aml cymerth *a* ei le, ac efallai mai hynny a barodd y cymysgu yma. Y meddwl yw, "nid oedd mefl a ddygai," cf. 1173, ny phorthassan warth.

1154 **dyuit,** diwyd, yn ei hen ystyr "ffyddlon, reliable," B. ii. 11n.

cadw ryt, gw. C.Ll.H. 57. **ceinmygu,** gw. C.Ll.H. 100, "canmol, edmygu." Cymerer gyda 1155.

1155 **kyhuran.** Yn y llsgr. y mae pwynt uwchben yr *h*, efallai i'w dileu, ac os felly, y darlleniad cywir yw *kyuran* "cyfran," G. 214. Yn B.T. 45, 15, ceir "gwell *ho* neb," yn lle "*no* neb"; dengys hyn fod modd camddarllen hen *n* fel *h* (fel y gwelais fy hun, o ran hynny). Pe felly, darll. *kynuran* "cynfran," un ai enw pers. (cf. L.L. 167, *conuran*; 148, *conbran*) neu "tywysog," gw. C.Ll.H. 73. Ond gw. isod.

clotuan. Dyry G. 148 enghreifftiau sicr ohono fel ans. "clodfawr, enwog." Yma wedi i'r bardd ddweud "nid oedd mefl a *ddygai*," â ymlaen "y gŵr ffyddlon yn cadw rhyd, yr oedd wrth ei fodd "pan *ddyddug kyfran* enwog llysoedd." Rhaid cael gwrthrych i *dyduc*, a'r unig un sy'n ymgynnig yw *kyfran*. Y tebyg yw fod *cyfran* "enwog llysoedd" yn sefyll am damaid y ceimiad o'r wledd, sef *curath mîr* neu *curad-mir* ("the champion's portion"), chwedlau'r Gwyddyl, Windisch, W. 461, achlysur llawer galanas. (Un o'i enghreifftiau yw *comraind* curadmiri, sef cytras *cyfran*, gw. hefyd td. 443, ar *comraind*.)

1156 **ardwynef,** sef *ardwy nef* yn ddeuair. Math o ebychiad fel *Nawdd Duw!* Ar *ardwy* "nawdd," gw. 253, 1163. Carwn ddarll. *Ardwy [dwyw] nef* "Nawdd Duw nef," i gael gwell mesur.

adef eidun gwalat, cf. 332, y *wlat nef adef* adnabot; hefyd 1005.

eidun "dymunol," gw. 793; B.T. 77, 10, Ri *eidun*; D.G.G. 41, *eiddun addef*.

gwalat, hen org. am *gwlat*, cf. 783, *guanaid* am *gwnaeth*, a'r cyplysu ar yr un tri gair yn 332, 1005.

1157 **avar,** G. 14, "tristwch, alaeth."

1158 **pan doethan deon,** pan ddaethan(t) ddeon, cf. 171.

deon, gwyrda, milwyr, "nobles, gentlemen," cf. Llyfr St. Chad, L.L. xliii. *ir degion*; W.M. 230a, yth *deon* ath niuer ath catbritogyon; M.A. 153a 56; 154b 35, aur llathr yn llaw d.; 158a 37, Llys y daw *deon* yw darymred; 159a 1; 167b 10; 189a 10; 220a 9; Braw yw ynn, *deon*, diofryd ein llyw; 267a 1; 270b 47, Duw *Deon* tragywydd (cf. *Cy.* ix. 332, enw Duw). Yn M.A. 191a (*Deon* a yrreis) sonia Owain Cyfeiliog am ei filwyr, ei deulu bonheddig, fel *deon*.

Dineidin, hen enw Edinburgh, *Dunedin*, cf. B.T. 29, 18, Rwg *dineidyn* a dineidwc.

parth. Nid yw'r brifodl yma, ac ni chyrch-odlir chwaith.

NODIADAU 331

Ymddengys 1158-9 fel un ll. hir o un sill ar bymtheg, cf. H. 21, 7-8, 9-10, etc., Canu Gwalchmai. Gellir cydio *parth* gyda *Dineidin* neu *deetholwyl.*

1159   **deetholwyl.** Am *-ee-*, gw. 588, *leech.* Darll. *detholwyr* "gwŷr dewisedig, pen-campwyr," canys uwchben yr *l* olaf rhoed *r* yn y llsgr. mewn llaw gyfoes.

1160   **kywryssed,** gw. 672, 1019.
Lloegyr, cf. 481 ; a *Lloegrwys*, 261, 916.
amhat, G. 23 "? cynnyrch, twf." Nid yw'n addas yma. Gellid ei ddeall fel ans. "aml." Neu ynteu darll. *amnat,* gw. 1155, ar *kyhuran* am enghraifft o ddarllen *h* am *n.*

1161   **am bob vn,** naw ugain gelyn ym mhen pob un, cf. M.A. 202b, *Dec am vn* ef dygyuoryes.
peithynat, gw. 246, C.Ll.H. 87-8, 205-6. Cf. *to, a toat.*

1162   **ardemyl,** gw. 685.
seric, sidan, cf. W.M. 120b, o bali a *seric* a syndal ; gw. Loth, M.L. 207, ar *siric.* Metha ei darddu'n rheolaidd o'r Ll. *sĕrĭca,* a thybia y gall fod yn fenthyg o'r Anglo-Sax. *sĭric,* neu'n air dysg. Ond cf. hanes ieithegol *elusen* (o *almosina*) a'r modd y newidiwyd hyd llafariaid y Groeg gwreiddiol ynddo. O *Sēres,* enw pobl yn nwyrain Asia (heddiw y Chineaid) cafwyd ans. *sēricus* a ddefnyddid yn rheolaidd am eu sidanau enwog, nes i *sericum* ddod i olygu "sidan." O hwn y cafwyd S. *silk* hefyd.

1163   **ardwyei,** gw. 253, R.C. xlv. 329.
Gwaetnerth, enw pers., gw. 799.
certh, gw. 286.
or, darll. *o.* Nid oes angen bannod.

1164   **ravn,** blew ceffyl, hefyd cynffon ceffyl, gw. P.K.M. 171.
rin. Saif *i* yn y brifodl am *y* drwy'r awdl, hyd y ll. olaf lle ceir *y.* Felly *rhyn,* "garw," gw. 81. Yma saif *ravn rin* am feirch : cysylltera ag 1165.

1165   **eiliv,** eiliw, tebyg, cf. 1424, gw. ar 79, *dilyw.* Meirch gwyn oedd y rhain, cf. 1146, aruul *cann.*
gwehin, gwehyn ; yma gyda *seirch* "harnes," felly cf. 897, *luric wehyn.* Nid yw ystyr *gwehyn* mewn amryw gysylltiadau yn glir i mi ; cf. B.T. 70, 23, Gwlat *wehyn* vargotyon.

1167   **amwyn called a med,** gw. 133, 529, en *amwyn tywyssen gordirot.*
called, cf. 1267, *tardei galled,* G. 99, "*llu.* corsennau, gwlydd ; llafnau." Enw ar fath o dyfiant yw, rhywbeth sy'n tarddu.

Yn y gwanwyn, glas yw calledd (B.B.C. 33, 3); *cun callet* (B.B.C. 57, 2) yw'r bleiddiaid; ac i *lwydyon canaon callet* y lladd llu eu tachwedd, H. 286, sef cŵn coed, gwydd-gwn, bleiddiaid llwydion. Ymddengys fel pe golygai lwyn o goed, yn ogystal â thwf llai, a gall fod yn gytras â'r Gw. *caill* "llwyn, coed," cf. *celli*. Yn y testun etyb i *tywyssen* yn 529, y rhan am y cyfan.

Eidin, yn ôl yr odl *Eidyn*.

1168   **cussyl**, gw. 44, 643.

1169   **trossassei**. Ystyr *trosi* yw troi: ni wn beth yw trosi tarian yma ond ei fod yn rhywbeth a ddigwyddai mewn brwydr. Efallai y gellid darll. *torassei* o *torri*.

1170   **kwydassei**, gw. 49.

1171   **grannaur gwin**, gw. 900, *grannawr gwynn*.

1172   **wy ceri gon gwylaes**. Tywyll. Ar ôl *wy* "hwy," ceir berf, cf. 66, wy *lledi*; 633, wy *lledin*. Gall *ceri* fod yn amherff. 3ydd "carei," a *disgin* "ymosod" yn wrthrych. Gall *gon* fod yn fai am *dragon*, neu fod am *gor* o *cor* "cordd, llu"; ond erys *gwylaes* wedyn. Nid yw darll. *gon-gwylaes* fel *gorwyl aes* (cf. 1024, *gorwylam*) neu *gorwy laes* yn helpu rhyw lawer, oni cheir *gorwyl* yn golygu "llawen" neu "llawenydd." Dichon bod *gon-gwy* yn fai am *gortwy*, gorddwy, "trais": yr anhawster wedyn yw ystyr *llaes disgyn*.

1173   **ny phorthassan warth**, cf. 561, nyt ef *borthi gwarth* gorsed senyllt.

wyr ny thechyn, cf. 26, *gwyr nyt echei*. Yn y cysylltiadau, gwell deall *techyn* fel amherff. 3ydd, nid presennol.

1174   **eryueis**, gw. 1144. Y rhagenw ôl yw'r *y* sy'n dilyn.

ar yg kerdet. Ystyr *ar gerdded* yw "ar fynd, on the move," cf. B.T. 45, aercol *ar gerdet*; R.P. 19b, Mor yw gwael gwelet ... brithwyr *ar gerdet*; P.K.M. 39, mynyd mawr ... a hwnnw *ar gerdet*. Ar *yg*="fy ngh-," gw. 1152; felly "ar fy ngherdded," bron iawn "ar fy nhaith." Ond weithiau golyga *ar* o flaen berfenw fod y weithred bron a digwydd, cf. *ar ddifetha*, P.K.M. 247; *ar gychwyn, ar lewygu*. Ystyr "Euthum yno *ar fy nghodiad*" yw "cyn gynted ag y codais"; efallai mai ystyr gyffelyb sydd yma, "Yfais fedd yn union cyn cychwyn am Gatraeth." Ar *cerdded* "hwyl," gw. G. 134, P.K.M. 129: *ar hwyl* yw "ar dro," nes bod modd deall y testun "ar fy nhro."

1175   **gwinuaeth**. Ni welaf synnwyr yn y testun fel y mae: rhaid tybio fod ll. yn eisiau.

yn vn gwaret, cf. 1023, *gwaret;* P.K.M. 128, "symud ymaith, codi" ; *yn un,* cf. B.T. 10, dayar *yn un ffwrn ;* B. vi. 221, *in un gueid* "yn un waith" ; B.B.C. 42, *in vn* llv ir vn lle teccaw ; 34, a want *in un* orsset. Yn C.Ll.H. 51, ceir *gwin waredawg ;* dichon i *yn un gwared,* pan sonnir am yfed, olygu "ar un llwnc, ar un codiad, at a gulp" ; cf. C.Ll.H. 108, *yn vnoet.*

1176 **ynysgoget,** gw. 1062, 1085. Anaddas gyda *llafnawr ;* dealler gyda'r ll. nesaf, fel sangiad *(ynysgoget yn dayr).*

1177 **yn dayr,** cf. C.Ll.H. 52, Diengynt a'u herchyll trewyll *yn taer,* sef "ym mrwydr." Am *yn* gyda'r tr. meddal, cf. 190, *en drin.* Sylwer ar yr odl Wyddelig, *dayr, wael.*

nyt oed wael, h.y. gwych ydoedd, cf. 1142, nyt ef weith gocheli. Lleihad yw'r ffigur, cf. 1178, nyt oed hyll.

men yt welet, lle gwelid (neu *gwelwyd*) ef. Ar *men yt,* gw. 322, *men yth glawd.*

1178 **ydellyll,** bai am *edellyll ?* Yn ôl D. *ellyll* "idolum, spectrum, lemures" ; R. "a ghost, a spectre, an apparition" ; D.G.G. 16, Yna y mae *f'enaid* glân / A'm *ellyll* yma allan. Yr oedd ei enaid (sef ei gariad) y tu mewn i'r tŷ, a rhyw ellyll ohono yntau allan wedi rhynnu, chwarae ar ystyron *enaid* ac *ellyll ;* cf. y Trioedd, R.M. 305-6, Tri charw *ellyll* ynys prydein, *ellyll* gwidawl, ac *ellyll* llyr marini, ac *ellyll* gyrthniwl wledic. Tri gwyd *ellyll* y. p. ellyll manawc. ac ellyll ednyuedawc drythyll. ac ellyll melen. Ni dodes dyn arf ym Morfran eil Tegit ym mrwydr Camlan, medd R.M. 108, rac y haccret, pawb a debygynt y uot yn *gythreul* canhorthwy. A oes modd cyfans. o *ad-* ac *ellyll ?* Rhoesai hynny *edellyll* yn rheolaidd trwy wyriad *ad-* i *ed-* o flaen *y.* Felly cf. 1040, *ad*loyw ; 978, *ad*uaon ; *ad*wr yn 293, *ad*wryaeth, etc. Pa mor hyll bynnag oedd hwn yn naturiol, neu pa mor hyll bynnag oedd fel lleiddiad yn aer, nid hyll oedd i'r neb a gynorthwyai.

Os enw priod, cf. enwau yn *Edel-* ac *Edil-* yn L.L. 396. Wedyn chwarae ar ei enw yw'r *hyll,* cf. uchod, ll. 324.

emwaret, gwaredu, nid "ei waredu ei hun," cf. Heb. xi. 35 ; neu M.A. 191a, Gwyr yngawr gwerthvàwr gwrt *ymwared.*

1179 **atwythic,** gw. 405, ar *atwyth ;* yma yr ans. "marwol, creulon, ffyrnig."

scyndauc. Ai bai am *scuidauc,* tarddair o *ysgwyd* "tarian" ? Pe felly, nid *Madauc Eluet* (gw. 28) ond ei darianwr, *Edellyll,* yw testun yr awdl hon. Eto gellir deall y ll. fel arall. "Nid oedd hyll (edellyll yn ymwared) Madawg Elfed, adwythig darianwr."

Eluet, cf. B.T. 64, 13.

1180 **Pan dei y cyuarchant.** I gael odl, darll. *y cyuranc;* un ai *yng* nghyfranc, sef ym mrwydr (cf. 1141, *yg kyvrang*); *ei* gyfranc; neu *i* gyfranc. Gellid darllen wedyn *pan del.* Hawdd darllen mewn hen lsgrau. *l* fechan fel *i*.

1181 **hoedyl dianc,** un a ddihangai â'i hoedl ganddo, cf. y term cyfreithiol, *eneidfaddau,* G.M.L. 141, "life forfeited"; M.A. 19ra, dy *ben vateu.*

1182 **dialgur,** hen org. "dialwr." Am y term cyfreithiol, gw. G.M.L. 121.

Aruon, cf. un arall o'r Gwyndyd, 1073.

1183 **ceinyo.** Darll. *ceinyon* i gael odl, cf. uchod 399, No *chynon* lary vronn *geinnyon wledic.* Sylwer bod *Cynon* yn digwydd yma eto, 1185.

1184 **arurchyat,** bai am *arwrthyat,* efallai, gw. 454 *gwrthyat.* Hefyd, 1254; G. 43.

1185 **browys,** gw. ar 614.

Cynon, gw. 399.

1186 **dim guoiu.** Gwell darll. *guoui,* pres. 3ydd o *gofod (go-bod)* gyda'r rhagddodiad *dym-,* cf. B.T. 3, 4, *Dygofi* dy hen vrython; 3, 10, A gwedy hynny *digoui* brithuyt; 9, 16, At[wyn] pan vyd da *dymgofyd;* 74, 6, Deudec meib yr israel *dymgofu* o ganhat iessu; 72, 17, Pymp pennaeth *dimbi* (cf. 77, 7, Yn wir *dymbi* hael hywred) o wydyl ffichti ... pymp eraill *dymgoi* o nordmyn mandi ... wythuet linx *a dyui* ... Iolwn eloi pan ynbo gan geli adef nef *dimbi.* Felly ceir *dymbi* a *dyui, dymgöi,* yn ogystal â *dydeuhawr* (B.T. 77, 23; 78, 10, Yn wir *dydeuhawr*), gw. Rhys, R.C. vi. 52–5. Yr ystyr "fe ddaw" sy'n gweddu i'r cyfan, neu "a ddaw." Sylwer fod *dymbi* yn ateb i *a dyui* yn y gyfres, h.y. y mae grym rhagenw perthynol i *dy* yma, fel sydd i *ry* weithiau.

Gweler uchod 584 ar *dywovu,* o *dy-o-fod;* hefyd H. 24, dyhet *dym gorwy.*

ediu neu *edui.* Gwell gennyf y cyntaf, er Dr. Evans. Nid oes farc i nodi'r *i*. Pum sillaf yw mwyafrif y llinellau yn yr awdl, ac odlir yn gwpledau gan amlaf. Diwedda'r ll. nesaf yn *nim,* a rhoed marc uwchben yr *i*. A ellir darll. *ediu* fel *edif,* a *nim* fel *nif?* Neu *ediw* "heddiw," a *nif?* Dyry D. *edif,* "idem quod *edifar*": annhebyg iawn. Haws gennyf fuasai cynnig mai'r un yw ag *edifedd* "etifedd," cf. R.P. 76a, duw nydolic ... gan enryded gein *ediued.* geni douyd. Ond gw. isod ar 1247, *eithiuiat.*

1187   **o adam nei nim.**   Amwys yw *adam;* "adaf" llaw, neu *Addaf.* Ystyrier hefyd *adamn* (gw. 1246).   Felly *nei nim,* cf. isod, 1200, *einim;* 1205, *heinim;* 1207, *neim ab nuithon.*   Gall *n* fod yn fai am *h,* gw. ar 1155 i'r gwrthwyneb.   Felly *adaf heinif,* gw. 1205, neu *adamn einim.*   Gwell yw hyn nag "O Addaf, nai Nyf," na darll. *Neimin,* enw dyn, gyda Loth, R.C. xlviii. 310, oni newidir hefyd *ediu* i *Eidin.*

1188   **un huc.**   Yn Llyfr Du'r Waun ceir *uc, huc,* am "uwch," megis 6, 15, *kuc* (bai am *huc*) e kentet, cf. 9, 19, *huc* kentet "uwch cyntedd"; 20, *huc* koref "uwch corf"; 15, 15, *uc* pen er efeyryat.   Os felly, "un uwch."

Dichon hefyd ddarll. *unhwch* neu *Unhwch,* gw. C.Ll.H. 111–2. **an guoloet,** gw. 1014, porth*loed.*   Yma ceir *guo-lo-et* i odli â sdlin*et,* h.y. golo-edd.   Gellir darll. *an,* neu ei ddeall fel bai am *ar;* os yr ail, cf. G. 42, *aroloed, arwoloed* "cyfoeth, golud, llu, llaweredd"; H. 20, dybrysseis ynneu yn *aroloet* y eigyl; 30, pwy goreu gwledic . . . hwnnw yw rodri rwyt *ar oloet* / ar wehelyth byth brys wy *anlloet* / ataw wy wallaw o well gedo*et;* 137, yn rith cletyf claer clod ysgein yn aer / yn *aroloet* kyngrein; 50 (Llywelyn Fawr), Gweleis . . . Gwelygort lleissyawn llyssoet gwetawl / lluoet *ar woloet* ar weilw didawl / llawrwyr am eryr yn ym eiryawl; M.A. 183b, Kertgar kyuarwar *kyuaruoloet* brwydyr / Bryd uchel yg kyhoet.   Ar yr olaf, gw. G. 204, "cryfder, cadernid; ? cyfoeth, anrhaith."   Gwelir mai *-oedd* yw'r odl yn y rhain, nid *-o-edd.*

I gael pum sill yn y ll. darll. *anlloed* "anlloedd," G. 30, "cyfoeth, trysor."   Os oedd *Unhwch* yn ŵr enwog yn yr hen chwedlau, nid anaddas yw "Unhwch gyfoeth."

1189   **sdlinet,** ystlynedd, enw, teulu, perthynas, cf. 101, *kystlwn; cystlynedd,* G. 269, "perthynas, cyfathrach"; H. 130, yd *gystlynei* pawb *oe gystlynet,* h.y. honnai pawb eu bod yn perthyn iddo, neu'n wŷr iddo; R.M. 88 (am Elen) ni a wdam y *henw* ae *chystlwn* ae *boned;* M.A. 228b, Ac ym reen guynn guann *ystlynet* uyfi; 256b, Ny bu oesdlawd beirt oe *ystlynet;* B.T. 52, *Vn* wlat ior oror *goreu ystlyned.*   Yng nglosau Juv. ceir *-nn-* (megis y disgwylid oddi wrth Gw. *slond, slondim* "enwi, disgrifio"), *glanstlinnim* "famine sancto"; *istlinnit* "profatur, loquitur."

1190   **em ladaut,** ef laddawdd, cf. 1192, *ladaut* "lladdawdd," gydag *l* am *ll.*   Sylwer ar *maur* yn odli ag *adraut.*

1191   **iguert,** yngwerth, cf. 989, *gwert* med; gw. 41 am yr ystyr gyffredin.

adraut, adrawdd, gw. 27. Yma "er ennill clod" yw'r meddwl, cf. 1195.

1192 **Map Nuithon,** cf. 969, 1207; hefyd R.B.B. 200, Run uab *nwython,* Kyndelic uab *nwython.*

1195 **hit pan.** Ceir *hyt pan* yn golygu "until," yn B.M. 1, 8 (cf. Strachan, I.E.W. 128); ond "er mwyn, fel, so that, in order that," yw yn 9, 7, ducpwyt egweryt Ruuein yno *hyt pann* uei iachussach y'r amherawdyr y gysgu, ac y eisted, ac y ymdeith; cf. R.B.B. 171, A *hyt pan* vo kynt y kaffwyf ymwelet ar brenhin, mi a ymwnaf yn vynach. Yr ail ystyr sydd yma; cyfetyb y ll. i 1191 uchod. Odlir *-edd* ac *-er* yn y pennill.

crimbuiller, gw. uchod, 214, A werthws y eneit, *er wyneb grybwyllyeit,* am y defnydd hwn o *crybwyll,* neu *cyrbwyll,* am glodfori, cf. B.T. 68, hyt tra uwyf uyw *kyrbwylletor;* B.B.C. 85 (I Dduw) vy kert ith *kirpuill.* Golyga nid yn unig sôn am y gwrthrych ond sôn yn barchus iawn amdano: cf. I.G.E. 51, Mab fuost ... Gwr bellach a *grybwyllir.* Nid felly yn y defnydd heddiw, "mention." Yn ôl Loth, R.C. xxxviii. 167, rhagenw mewnol yw'r *-m-* yn y ffurf yn y testun: ni ddywed pa berson. Anaddas yw *-m-* y pers. cyntaf, ond fel *Ethic Dative* y gramadegau Lladin, a haws derbyn ail awgrym G. 263 mai rhagddodiad ychwanegol neu gymysgfa sydd yma, h.y. *cyr-ym-bwyll.* Ar *-m-* gyffelyb, cf. 1186, *dim guoiu.*

1196 **prit pan,** pryd pan, cf. B.T. 11, 13, *pryt pan* dyffo; 29, 2; 42, 19, ac *amser pan* wna mor mawr wrhydri.

1197 **can wyr,** un ai *gyda gwŷr* neu *cant o wyr.* Ond cf. 287, diua oed e gynrein *gan wyr.* Onid unigol yw'r enw gyda *can(t),* sef *cannwr?* ferbynner 1194, *cant o* â'r lluosog.

y Gatraeth. Sylwer ar y gystrawen, cf. 68, Gwyr a aeth *gatraeth;* a'r ôl-nodyn i Warchan Cynfelyn, *e gwyr a aethant e gatraeth.* Yma daw *can wyr* rhwng *aeth* a diwedd y daith.

98 **oid,** felly 1202, hen org. am *oedd,* cf. 1200–1, *oed.*

eilth. Ffurf amhosibl. Darll. *eilt* neu *eill* mewn hen org. a'i ddiweddaru i *eillt;* neu cymerer fel bai am *em* "ef," fel yn 1190. Sylwer fod Skene wedi darll. *nedin* am *lledin* yn 633, *wynedin,* canys hawdd yw darll. *n* fel *ll* fechan, ac i'r gwrthwyneb. Gwell yw hyn na darll. *eill-gur.* Ond gan fod *cyfeillt* "cyd-fagedig" yn rheolaidd fel hen ffurf *cyfaill,* tebycach fyth yw mai'r ans. syml *eillt* sydd yma, "magedig, nurtured, well nourished." Onid gŵr gwinfaeth ydoedd? Gw. *eillt* yn 397, mewn ystyr arall.

1200 **luit**, llwyd, nid *lluydd*, ond cofier am plym*lwyd*, cf. B.T. 78, 18, *gweith heinif*.

einim. Gwell darll. (*h*)*einim*, hen org. am *heinif*, cf. y modd yr amrywia Llyfr Llandaf rhwng *Eimin* 240 ; *heinif* 190 ; 199, 200, 216 ; 229 ; *enim* et marchi filii catgen 221 ; *heinif* filius catgen 223 ; *enim* 224, 240, yn yr un twrr o enwau, a *henip* (l) 239. Y mae modd darll. *heinim, einim* uchod yn 1187, un ai fel ans. neu fel enw priod. Dibynna prun ar y modd y dealler 1207. Ansoddair sydd yn 1205, ond fel y sylwyd droeon, hoffid chwarae ar enwau'r arwyr.

1201 **teinim**, teinif, gw. uchod, 717, *taen*. Arferid *caen* am arfwisg, C.Ll.H. 150, ond ni wn a ellid *ceinif* o *caen* a *gnif*, cf. G. 14, *aes-gur*. Dichon *teinif* fel berfenw *taen-af*, a'i fod yn ffurfio ans. cyfans. gyda *lluric*, cf. 1165, *seirch gwehin*. Ni thâl cynnig Loth, R.C. xlviii. 310, mai tarddair o *tan* sydd yma, gan na thry *a* yn y goben yn *ei* o flaen *i* lafarog, fel y gwna *ae*.

1202 **girth**, gyrth, "garw," *Cy*. ix. 183, enniaun *girt*, Einion Yrth, C.Ll.H. 243.

cuall, G. 184, "ffyrnig, milain ; esgud, buan" ; D. *cuall* cleddyf byrr o wain ; hefyd D., *Hawdd yw tynnu* cleddyf byrr o wain ; L.G.C. 25, baedda *guellwyr*.

1203 **cauall**, march, G. 97, C.Ll.H. 184-5, Ch.Br. 115, pagus Cap-*caval* ; Cher-*Caualloc*.

1204 **gwisguis**, gw. C.Ll.H. 55 arno yn yr ystyr o ymarfogi.

imil imil luit. Gair am frwydr neu arfau sydd yma. Ceir *mil* yn *milwr, miled, cadfiled*, C.Ll.H. 128 ; Gw. *cathmil* "rhyfelwr," ond gwell gennyf ddeall y testun fel *ym mhlymlwyd*, cf. ar 170 *plymlwyt* ochr yn ochr â *plymnwyt* am frwydr neu arfau.

1205 **heinim**. heini(f), ans. yn sicr, cf. B. iv. 46, rad gorten gweith *hemyw* (=heinif).

1206 **nae**. Ni thâl "na'i" yma : darll. *hai* mewn hen org. sef *ae* "a'i," gw. uchod am gymysgu *n* ac *h* wrth gopïo hen destunau. Rhoddid *h* ar ddechrau geiriau yn aml mewn hen Gymraeg lle nas ceir yn ddiweddarach, gw. V.V.B. 149-150, *ha, hac, ham*, etc. ; *heitham*, a, ac, a'm, eithaf.

"Ni wisgwys ym mrwydr (heinif ei wayw a'i darian a'i gleddyf a'i gyllell) ŵr a fai well na *neim ab nuithon*."

Neim ab Nuithon. Os saif hyn, dyma'r unig enghraifft o *ab* yn y llsgr. Os darll. *Nei mab Nuithon*, ai'r enw cyffredin *nei* "nephew" sydd yma ? Prin iawn. Mewn Gwyddeleg ceir dau *nia,* un yn ateb i *nai* "nephew" a'r llall yn golygu "arwr, rhyfelwr, champion," gw. Windisch, W. 708; gw. Ped., V.G. ii. 103, lle cymherir y ddau *nepos* yn Lladin, un yn golygu "ŵyr, nai," a'r llall "gŵr afradlon, gwastraffus." Os *Einim, Heinim* (Heinif) yw'r enw yn 1187, fel yr awgryma 1200, 1205 (os chwarae ar enw sydd ynddynt), rhaid darll. yma "no *Heinim* [m]ap Nuithon," a chymryd *neim* fel bai wrth ddarll. *heinim.* Dichon hefyd ddarll. *Nemyn,* Nefyn, fel enw pers.

1208   **gur a uei well,** gw. ar 200, 807.

1209   **tra merin Iodeo.** Ar *tra merin* gw. 591, yma "tu hwnt i fôr Iodeo," cf. B.T. 78, *tra merin* reget.

Iodeo. Saif *o* am *w* mewn org. ddiweddarach yn yr englyn hwn, cf. uchod 935–42; felly *Iodew* neu *Iudew*. Sonia Nennius (Mommsen, 208) am gyrch pan aeth nifer o frenhinoedd o'r Brython i ddinas "a elwir Iudeu." Traddododd Osguid yr holl drysorau oedd ganddo yn y dref i Penda, a rhannodd yntau hwy i'r Brython, "sef yw hynny, Atbret Iudeu." Yn ôl Beda, daeth y Scotti a'r Picti ar warthaf y Brython ar ôl ymadawiad y Rhufein- iaid. Geilw hwy yn *transmarinae gentes,* gair sy'n atgoffa y *tra merin* uchod, am eu bod y tu hwnt i'r ddwy forgainc, Firth of Forth, Firth of Clyde (a Môr Iwerddon?) Yng nghanol y gyntaf, meddai, yr oedd dinas *Giudi,* gan gyfeirio at Inchkeith, y mae'n amlwg, H.E.I. xii. Am G- Saesneg=I- yn Gymraeg cf. *De Rebus Gestis Aelfredi,* M.H.B. 468, lle dywed Asser fod y Brython yn galw gŵyr Wessex yn *Gegwis* oddi wrth *Gewis* un o'u hynafiaid; cf. A.C. 900, Albrit rec *giuoys* moritur, ond B.T. 16, 7, *iwys;* 18, 11, *iwis;* B. iv. 45; Eigil *ywuys* lloegruis keint, h.y. *I-* yw'r llythyren gysefin yn Gymraeg.

tri leo. Amwys yw'r org., a gellir darll. *tri llew* neu *trylew* (o *try-* a *glew*), cf. D. "fortissimus, perfortis"; M.A. 148a, *Trylew* fawr falch derwyn (=H. derrwyn). Tueddaf bellach at *trylew,* a deall yr englyn am un arwr, nid fel yn B. vii. 367 am dri.

caat, cf. y dyblu llafariaid uchod, 588.

1210   **tri guaid.** Os *tri* yw'r gair cyntaf, ac nid *try-,* ni ellir darll. *gwaedd* "llef," enw benywaidd, oni chymerir *guaid frant* fel cyfan- sawdd. Gwell darll. *gwaeth* (cf. 629, no moryen *ny waeth* wnelut), a *tri gwaeth* yw tair gwaith gwaeth, cf. *deuwell, pummwy, canmwy;* W.G. 259, ar y rhifol gydag ans. o'r radd gymharol.

frant. Tybiais unwaith *y* gellid trin hwn fel bai am *franc* "milwr cyflog," gw. B. vi. 106; vii. 366-8. Ond oherwydd y *trigwaeth,* a bod darll. *u* fel *n* yn fai mor gyffredin, cynigiaf bellach ddarll. *fraut,* hen org. "ffrawdd." Dyry D. *ffrawdd* a *ffrawd* "noxa, laesio," sef niwed, drwg, colled. Y mae mwy o flas "grym, trais, cyffro, angerdd" arno, cf. *Cy.* vii. 147 (R.C. xxix. 56), mor difeith ef nys diffawd / rac meint vyd *frawd frydeu tan ;* R.C. xl. 92, cymhara Thurneysen Llyd. *freuz,* Troude, "désordre, tumulte" (Vendryes, R.C.xlvi.255–8, Gw. *sráb,* a *ffrawdd* "torrent impétueux, impétuosité," er na fedraf dderbyn yn ddigwestiwn yr ystyr "torrent" iddo, gw. ei enghreifftiau); cf. M.A. 211b, Ae gwell franc na *frawtus* gymro; 235b, Boet *frawdus* y deruyn; 259b, ny thechei ner fer *frawtus ;* 263a 29, gwrhyd *frawd* kyfrdan; gw. M.A. 152b 54, 165b 38, 188b 46, 199a 22, 203a 49, 208a 20, 210b 8, 29, 223a 11, 228a 12, 231a 29, 31, 250b 22, 260a 33, 261a 19, 21, etc.; 193b, Fwyr dra fwyr . . . Frawt dra frawt dra chawt dra chynhennv *Frwst dra frwst.* Yn ôl D. *frawddus* "noxius." Ystyr haniaethol sydd orau.

fraidus, o ran ffurf "ffraethus," gw. *ffraeth* 68. Ni chofiaf ans. yr ychwanegwyd -*us* ato; gwell darll. *frautus* "ffrawddus." Addas yw'r synnwyr: yr oedd hwn yn dri-gwaeth ffyrnigrwydd llew ffyrnig, cf. H. 270, a *frawtus* tan ny pheid, a'r defnydd o angerdd am dân.

1211 **bubon,** efallai enw dyn, cf. *Buan,* L.L. 388, *Biguan, Biuguan* (Biwan); 122, *Biuan ;* 172, *Biuon ; Biuonui.* Neu darll. *Eubon,* cf. yr enw ben. *Eubona,* Holder, i. 1483.

a guoreu, a wnaeth.

bar deo. (1) *bar* "llid." Gall hyn fod yn wrthrych *guoreu,* er nad oes tr. gan na threiglid ar ôl gorff. 3ydd (cf. D.G. Y fun a *wnaeth gwayw* yn f'ais); felly *guoreu bar.* Yn ôl G. 51 enw gwrywaidd yw *bar* "llid"; os tr. o *tew* yw *deo,* ni thâl yr esboniad. Ar bosibilrwydd *dew* arall fel yn *dewaint* (efallai hefyd *goddew ;* 227 *guodeo* uchod), gw. C.Ll.H. 165, 168. (2) Os y gwrthrych yw ll. 1210, disgrifiad o *Bubon* yw *bar deo,* a gall fod o *bar* "llid" a *tew,* gan y treiglid ail elfen mewn cyfans.; neu o *barr* "pen" (cf. *Ber-*wyn; Rhys, W. P. 388, *Barrivendi ; Bar-*goed; B.T. 44, dychyrch *bar* karrec crec mor ednein); neu o *par* "gwaywffon," cyfeiriad ato fel milwr "paladr-fras."

1212 **guaut,** bai am *gnaut,* cf. 483.

fisiolin, bai am *fisciolin,* sef (march) "cyflym," gw. 429, *fysgyolin.* Am *iar,* gw. 1164, *e ar ;* C.Ll.H. 88.

1214   **terhid.** (1) "terydd" fel yn 845 ; (2) berf pres. 3ydd, cf. 445, *tarhei* scuytaur. Gall *-id* fod am *-id, -yd,* neu *-ydd.*

rei. Nid *rei,* deusill, fel yn M.A. 145a, ni grawn *rei,* gw. ar 123, *reiawr.* Tebycach yw B.B.C. 103, 14 (wrth sôn am deulu Madawg ap Meredudd) Goduryw a gliuaw ar claur llavur *rei,* cf. B.T. 53, *teryd eu gawr.* Neu'r rhagenw "rhai" ; bod hwn ar flaen brwydr "rhai terydd."

1215   **i lluru,** yn llwrw, yn ôl, gw. 149, 155.

alan, "carw." Yn E.E.W. 58 cynnig Parry-Williams mai llu. S. *alan,* Hen Ffr. *alan* (sef "a short-eared mastiff a wolfhound " F. W.) yw *alanot* yn R.M. 205 amsathyr dynyon nac *alanot* nys gwelei. Sôn yr ydys am goed anial heb ôl dynion nac anifeiliaid ynddo ; ni welaf fod cŵn yn addas yma yn arbennig gan fod W.M. yn rhoi *alafoed* llu. *alaf* "herd" yn y testun hŷn o'r stori. Ceir *alanedd* yn y Cyfreithiau (G.M.L. 140) fel llu. *elain* "fawn " a chynnig G. 19 y gall *alan* yn y testun fod yn adffurf ohono. Cyfeiria at *ailit ; elit* yn Hen Wyddeleg. Dengys hynny nad yw *-an* yn anhepgor i'r enw. Haws gennyf ddal mai *elain* yw'r ffurf a gafwyd trwy gydweddiad â phar*du* fel *gwraig, gwragedd,* lle ceir dychweliad gwir, gw. uchod ar 165, *adan,* fel unigol *adanedd,* ac *adein* fel ffurf gydweddol ; hefyd 383 ar *calan, calanedd.* Yma profir *alan* gan yr odl a *buan.* At *alan* "colt's foot" gw. Z.C.P. i. 21.

Ansicr yw L.L. 171, Guin*alan,* fel enw, canys ceir Guin*alau* 227.

bithei, byddai, cf. yr *h* isod yn 1216, *discinhei.*

1216   **Deor,** nid yr ans. *dewr,* ond yr enw *Dewr,* hŷn ffurf yn Gymraeg na Deifr am wŷr Deira, gw. Nennius, M. 205, *Deur a* Bernech, Anglice *Deira* et Bernicia ; 206, Eadfered Flesaurs regnavit duodecim annis in *Berneich* et alios duodecim in *Deur.* Cyferbynner *rac teulu Deor* â 78, *ar deulu brenneych.* Y mae testun Nennius yn hŷn o ganrifoedd nag oed Llyfr Aneirin, fel mai awgrymiadol iawn yw cael y ffurf yn yr olaf, gw. hefyd ar 50, 623, 717.

em discinhei, ef disgynnai, cf. 224.

1217   **Golistan.** Ni welais mo'r enw, ond cf. H. 224, gat *olystaf*; B.T. 8, gwyl *golystaf;* neu *Elystan,* A.C.L. i. 538, *Elystan* m. Kuhelyn.

cen nei bei, "cyn ni bai." Bai'r ysgrifennydd yw *nei*—ei lygad wedi disgyn ar y gair nesaf, *bei,* cf. isod 1242, *ceni bei.*

guledic, gw. 152. Odl gyrch ag *indeuit ?*

1218   **itat,** ei dad.

indeuit, o *andaw,* gwrando, felly "gwrandewid," gw. 1010 am linell o gyffelyb ystyr, a G. 26 am enghreifftiau o'r ferf ; C.Ll.H. 163, ar *endeweis.*

1220   guaurud, cf. B.B.C. 69, 2, *guawrut* grut aten, gw. 359 *gwawrdur* am ystyron *gwawr.* Yma, onid gwell "gwaew rhudd"? Ber yw'r ll., a gellid darll. [*Gnaut*] ar ei dechrau.
ut, udd, arglwydd, gw. 661, 1096.
Uruei, cf. 1092, a dan vab *uruei* (1069, *ervei*). Ai Urfei oedd mab Golistan, 1217 ? Ai *Eidin Urfei* oedd enw llawn Eidyn ?

1221   guelete, darll. *gueleis i* ar ddull 966, 968, 970.
lauanaur, llafnawr.
en liwet, yn lliwed, mewn llu, gw. 55.

1222   ciuamuin, cyfamwyn, brwydro, ymladd, G. 199-200 ; C.Ll.H. 235 *kyuamwc.*
gal, "gelyn," a "gelyniaeth," C.Ll.H. 76.

1223   goduryf, twrw ; yma gydag *aessaur,* cf. 124, mal taran *twryf aessawr.* Am enghreifftiau gw. B.B.C. 103, *Goduryf a glyuaw.*

1224   vre uiriuet. Y mae'r odl fewnol rhwng *techin* ac *eidin* yn erbyn darll. cyfans. *Eidin-ure.* Ni wn beth yw *brefi* yn Llan *Ddewi Frefi,* neu cynigiwn *vreui riuet.* Ai bai am *uir euriuet,* gwŷr afrifed yn techu neu ffoi'n ôl ? Cf. B.T. 45, 17, gwaywawr *ebrifet ;* M.A. 147b, Rag galar garw afar *efrifed.* Cyfystyr rhif yw *rhifed,* gw. 1004. Cynnig arall fuasai *Uruei riuet,* gw. ar 1220.

1225   meint a gaffeilau, cymaint a gaffai llaw (neu ei law).

1226   ohanau, ohono, gw. B. iii. 258 ar yr arddodiad. Cyfeiria at enw gwrywaidd ; felly nid *llaw.* Pa genedl oedd *aesawr ?* Cymysg yw'r testunau, cf. R.P. 60a 33, a. eur*vreith ;* 95a, *deu a.* ; ond 172a, *dwy aessawr,* gw. uchod ar 124. Ceid synnwyr addas wrth esbonio nad oedd dim ar ôl o'i darian y medrai llaw gael gafael arno ar ôl y frwydr, cf. Y.C.M. 40, nat oed gantunt oc eu taryanev *kymeint ac a gudei eu dyrneu.* Os benywaidd yw *aesawr,* yna cyfeirir at yr arwr a ddarniwyd gan y gelyn ; gw. isod ar 1234.

1227   cuir oed arnaw, cŵyr oedd arno. Os am ei darian y sonnir, cf. B.T. 39, Ban disgynnwys owein rac biw y tat / tardei *galch* a *chwyr* ac *yspydat.* Nid canhwyllau'r marw yw *cwyr* yma, ond cyfeiriad at y cŵyr a roid ar y tarianau ? Gwyddys eisoes eu bod yn arfer rhoi *calch* arnynt : pam nad *cwyr* hefyd ? Neidiai'r calch a'r cŵyr i ffwrdd dan yr ergydion ffyrnig.

ac canet. Os dilys, "canwyd offeren"? Os glynir wrth y syniad o *aesawr* gwrywaidd, darll. *ac tanet,* a thaned, ffurf ar y gair *tân,* gw. 1004. Neidiai tân hefyd o'i darian. Neu darllen *caret?* Cf. 510, 1232.

1228   **cindynnyauc,** cadarn, ystyfnig, neu efallai ymladdgar, G. 245 ; C.Ll.H. 34, Keneu Kyndrwyn *kyndynnyawc.*

calc drei, gw. 403, "tyllog ei darian," ans. am yr arwr.

1229   **griniec,** gwell yw darll. *griniet,* cf. 1227, *canet* am *tanet,* enghraifft arall o roi *c* am *t* wrth gopïo'r un hen lsgr. Daw o *gryniaw* "gwthio," gw. 81 ; B. iii. 54–5 ; iv. 114, ef *grynyawt* hwnt racdaw hyt ym prydyn.

1230   **nyt at wanei,** cf. 401, e neb a wanei nyt atwenit. Yr oedd un ddyrnod yn ddigon.

1232   **menych,** mynych (nid *mynaich* !). **guedy cwyn,** ar ôl gwledd, C.Ll.H. 55.

cimluin, cyflwyn, rhodd. Arddodiad yw'r *i* gyntaf, a rhagenw'r ail.

hic caraitet. Y mae'r mesur yn erbyn darll. *guenuinhic* yn un gair gyda G. 111 ; haws derbyn ei awgrym arall, sef *yn calet.* Yn erbyn hynny braidd y mae arfer y llsgr. yn y darn hwn o roi *ig* nid *ic* am "yng" o flaen *c-,* cf. 1244, *ig* kynnor ; 1249, *ig* cinnor ; 1250, *ig* cin uaran. Trisill yw'r llosgwrn, a rhaid byrhau *caraitet.* Beth am *caret* yn 510 ? Tywyll yw hwnnw hefyd. Y mae'r odl yn erbyn darll. *i gared*(*d*), cf. 563, godolei gledyf *e gared.* A ellid darll. *i gard*(*d*)*et* (? ffurf ar *cardd,* G. 111 "gwarth"), neu *carthet ?* Y newid lleiaf fuasai darll. *hic* fel *hit* neu *it* : yna berf, amhers. fel "traethed," mewn hen org. *traitet ;* "creulon y traethwyd ef," neu y trinwyd, gw. uchod. Am *traethu* "trin," cf. Y.C.M. 14, y *treythy* yn dybryt wynt ; 15, y *traethassei* achenogyon crist. Pa beth dyd brawt a uyd yr neb a *draetho* yman yr achenogyon yn dielw ; Ll.A. 23, Pa dal a geiff y nep ae *traetho* ef ynn teilwg (=190, *tractant*).

1235   **titguet,** gw. 1001.

1236   **dirlishei.** Dyma'r un *-hei* ag yn 1216, *discinhei ;* cf. 1215, *bithei,* o *bydd* a *-hei.* Ffurf ar *dyrllyddei* sydd yn y testun, neu o leiaf gyfystyr iddo, gw. 147, *derllydei ;* B.T. 11, 16, *erlys.*

Etar, enw dyn, cf. B.B.C. 46, A sich heul a gulich *edar.*

iued iuet, ei fedd yfed. Teilyngai yfed ei fedd. Nid *medmet* fel *meddvet* "meddwdod," gyda Loth, R.C. xlviii. 311.

NODIADAU

1237 **tratrigant,** *tra* yr arddodiad "tu hwnt" ; *trigant,* camddiweddariad ar *tricant,* trychant (gw. 1132) ? Petai'n enw o *trig*-o, disgwylid *trigiant.* Cf. 872, *rac cant ef gwant gesseuin,* ll. gyffelyb lle ceir *rac cant.* O'r tu arall y mae *tra* yn awgrymu enw lle i ddilyn, cf. B. vi. 136, Cyrchai drais *tra Thren* tir trahawg.
echassaf. Yn ôl *Tal.* 183, "most valiant," gan gymharu *echas* a *dias,* fel *echofn,* ehofn, a *diofn.* Yn B.T. 65, 6, ceir *Lleuuyd echassaf* mi nyw dirmygaf. Newidir gan J. M.-J. i *Llywyd* sef "llywydd." Llai o newid fuasai darll. *Lleuuyt* "lleufyd," gwlad olau, maes-dir, cf. uchod ar 575, *lleudud* a *lleudir.* Cyffredin yw *d* yn lle *t* yn B.T. Ar ddull 872 dylai'r ans. yma gyfeirio at yr arwr, sut y gwanai ; neu gall ddisgrifio'r trichant neu'r trigiant. Felly y dewis yw rhwng "cysefin" a "gwychaf." Ni thâl S.E. *echasu* "to hate" (felly Loth, R.C. xlii. 88 am y testun, "je haïrai"), cf. B. vi. 136, I drais a gollais *gwir achassaw* / Rhiau a Rhirid a Rhiadaw. Credaf mai'r un gair sydd yno hefyd mewn copi diweddar o hengerdd, a dylid darll. *gwyr echassaf.* Felly ans. gradd eithaf o fawl yw i gyfeillion y bardd. Yn y testun, cynigiaf ar antur mai "gwychaf" yw.

1238 **auet ac eithaf,** cf. 636, nac *eithaf* na *chynnor ;* 417, heb *or* heb *eithaf.* Ond yr enghraifft orau yw B.T. 25, ef lladei *a pherued ac eithaf* a *diwed.* Felly darll. a[*pher*]*uet* yma, n eu *a met.* Lladdai ganol byddin a'i hesgyll.

1239 **oid guiu,** oedd gwiw, cytras Gw. *fiu* "teilwng."
llarahaf, gradd eithaf *llara, llary,* gw. 409. Yn yr hen gopi ceid *largham ;* diweddarwyd *larg* i *lara,* a chwanegu *-haf* wedyn ; ond y sain yn ddiau oedd *llaryhaf,* llariaf, cf. *bolg, boly, bola ; *dalg, daly, dala ; eiry, eira.* Ffurfir hen darddeiriau o'r cyntaf nid o'r ail, *eiryawc* nid *eira-awg ; eirlaw* nid *eira-law.*

1240 **godolei,** gw. 563.
heit, "haid" neu "haidd," fel y deallir *godolei.*

1241 **gochore.** Un ai *gochware,* neu fai am *gochone(i)* o *gochawn* (cf. *dichawn, digawn*) "digonai frain du ar fur caer, er nad Arthur oedd." Petasai hyn yn ll. ddigyswllt o ganu natur, cynigiwn *cogorei,* gair addas am frain, gw. G. 160 ar *cogor.*

1242 **ceni bei ef Arthur,** cf. 1217. Dyma awgrym o dra enwogrwydd Arthur mewn cyfnod cynnar iawn, cf. hefyd C.Ll.H. 52, Canawon *Arthur* fras . . . nis digonsyn. Yno gwrhydri ei genawon yw'r safon.

1243 **rug,** rhwng ? rhugyl ? Neu bai am *go-ruc ?*

ciuin uerthi. Cynnig G. 212, "gydag *ig* sydd yn dilyn nid amhosibl *kynuerching*"; ond ni sonia Aneirin am Urien a'i deulu —testun Taliesin oeddent hwy. O'r geiriau tebyg, gwell gennyf *cyfnerthi* "cryfder, cynhorthwy," G. 211, na *cynuerthi* "harddwch," G. 248. Ond ansicr iawn wyf o ystyr yr holl linell.

ig disur. Ceir *ig* o flaen *c*, gw. 1244, 1249-50; awgryma hynny fod *disur* yn fai, ac y dylid darll. *ig clisur* "yng nghlysur." Anodd gwahaniaethu rhwng *d* ac *cl* yn y llsgrau. hynaf. Os derbynnir *clisur*, dyry hynny fath o gyseinedd â *ciuin*. Am yr ystyr gw. 932, *goglyssur;* ac am y ll. oll, cynigiaf "gorug gyfnerthi yng nghlysur (neu yng nghad)," nes cael syniad gwell am y geiriau anodd hyn.

1244 guernor. Ystyr gyffredin *gwern* yw "alder(s)"; wedyn y gors lle tyf coed gwern; hefyd "mast llong," P.K.M. 194, 208. Uchod, 725, ceir *yg clawd gwernin*. Ai'r meddwl yma yw fod Gwawrddur fel "post" yn y cynnor neu'r rheng flaenaf? Gall y gair fod o *gwern* ac *or* "ymyl," h.y. "rampart, palisade," o goed gwern.

Guaurdur, enw pers., cf. 359. Ar *gwawr*, gw. 1220. Efallai mai'r un enw sydd i'w ddarll. yn B.T. 48, a march *gwardur* a march *arthur* . . . a march *taliessin*.

1245 llithyessit, llithiodd, neu llithiai. Ar *llithiaw* "porthi," gw. 31; ar ferfau yn -*essit*, gw. 261, 262, 325. Ffurf bersonol yw yma, ac *adar* yw'r gwrthrych.

a da am, bai am *e adam*, ei adaf, llaw, cf. 1187. Pe darllenid gair cyfystyr yma, sef *anghat* i gael odl, cf. 346, ef *llithyei* wydgwn oe *anghat*. O blaid *adaf* y mae cyseinedd ag *adar*, a bod odl gyrch ag *edismicaf*.

1246 edismicaf, sef *edmygaf* a gwrthrych rhagenwol y ferf *(ys)* wedi ei wthio i mewn rhwng y rhagddodiad a'r ferf, gw. ar 205, *erysmygei*.

edeiuiniat, edeifniat? Dyma'r gwrthrych enwol. Dyry D. *eddeifniad "haustor, attractor" a thardd ef o *dyfnu;* S.E. "he who or that which imbibes or sucks; a sucker or imbiber —P.", sef Pughe. Gresyn gwrthod gair y mae cymaint o'i angen; ond prin y medrir cyfieithu yma "I admire a sucker." Ar y testun cynnig S.E. *edeifniad* o *deifnio* "one that is trained up, educated or civilized." Cf. M.A. 203a (H. 270) Pan oruc keili (=Celi, Duw) keluytyeid daear / dynyadon *edeifnyeid* / ef goreu un gwron ym pleid / kymry uawr; gw. isod, 1250, ig cin uaran *edeiuinieit*.

Dengys arfer y Gogynfeirdd na thâl cynnig Loth, R.C. xlvi. 146, sef "deufiniog." Y mae'r gyseinedd yn y testun rhwng *ed-* ac *ed-* (fel rhwng *ad-* ac *ad-* yn y ll. o'r blaen) o blaid darll. *edeifniad* nid *eddeifniad.*

Gw. D. *deifniaw* "vid. an idem quod *dafnu; deifniog* . . . a *dyfnu* vel a *dafn.*" Dyry ddau air *dafn* : un, "stilla, gutta," y gair cyffredin heddiw ; yr ail "licium" (T.W. Yr edafedd a weuer yn y ddylif, anwe, yr edafedd a fo yn y wennol : dylif, ystof, bwrw, *dafn*) : "Demetis usitatum pro eo quod nostri textores dicunt *Bwrw,*" sef *trama* (T.W. "Yr ystof, y bwrw, y ddylif"). Ymddengys yr ail ddafn i mi fel bôn *defnydd ;* ac ohono neu ffurf arno y daw *deifniog,* gw. yr enghreifftiau isod, R.P. 37a 22, dwfyn *deifnawc* vyd y alaeth ; 74a, Da vu uorwyn . . . erbynnyeit glan yspryt. *deifnawc* veir diweir diwyt. *defnyd* dwyn bedyd yr byt ; 127b, Kadyr vyd om *defnyd* am *deifnawc* kerdeu ; M.A. 141a y dau dywyssawc *deifniawc* dedwyt ; 148a 26, Galwaf Duw gan *deifniawg* adfar ; 154a 10, Aer farchawg *deifniawg* dor ; 156b 51, Mygyr varchawg d. da oet ; 157b, 21 Dyfynuet a orchut *deifnyawc* / Detyf hael mad auael *Madawc* (Marwnad *Ywein uab Madawc* yw, a dyna arfer *deifniawg* am etifedd, cf. Gw. *rigdomna) ;* 169b 50, Kertorion . . . Kerteu dwfyn *deifnyawc* y sy utut / Kwyn kynran ; 174b, Haeduys *deifnauc* ri *devnyd* vym bardaur ; 184a 38, *O bob da defnytadoet* / *O bob defnyt deifnyawc oet ;* 203a 46, duw *deifnyawc ;* 251b 30 ; 279b 52, *d. defnyd ;* R.M. 302, Tri *deifnyawc* ynys prydein riwallawn . . . gwall . . . a llacheu uab arthur.

Y mae brawddeg fel "deifniawg o bob defnydd" yn cydio'r ddeuair mi gredaf, cf. Gw. (C.I.L. 587) *damna* "material, stuff, matter, subject : cause, motive, *atá a d. and* "there is cause for it," cf. M.A. 193a, A mi bei gallwn ymgeryt a duw / *Yt oet ym y defnyt* / Dwyn uy rwyf . . . Dwyn uy ner uy nenn kyweithyd. Ond dyry D. *deifniog* "vulgo *deiniog* et *deiniol. A dyfnu* vel a *dafn.* Oerfel a glasrew a glwyswlith *deifniawg,* D. Ddu in *Benedicite.*" Yn sicr y mae *gwlith d.* yn awgrymu *dafn* "drop," ond nid yw "dripping" yn addas am dywysogion, cerddau, galar, etc. Haws cael ystyr o *dafn* defnydd, megis y S. "well-knit" ; rhywbeth fel "o ddeunydd da, sylweddol, substantial." Hwyrach y buasai "dwys" yn addas yn y cysylltiadau hynny, a hefyd am wlith, gan y soniwn am wlitho'n *ddwys,* galar *dwys,* a gellid Mair *ddwys* yn R.P. 74a.

Dengys G. 9, *adwyn* o *dwyn* fod modd *adafn* o *dafn,* ac esboniai hynny *edeifniad,* cf. *ceiniad* o *cân,* etc. *;* ond yr ans. fuasai *dafnawc.*

Rhaid tarddu *deifniawc* o *deifn*, ffurf affeithiedig.

Ond os "eddeifniad" yw'r ynganiad, y mae posibilrwydd arall. Ceir glos o Hen Lyd. *edemnetic,* V.V.B. 114, ar "nullius rei desideratrix," a chydir hwnnw wrth Gw. *adamna* "eisiau, angen, hunger," Windisch, W. 345; Cern. *ethom* "necessitudo" Llyd. *ezom* "eisiau," Ped. i. 169. Yn 1187, gellid darll. *o adam nei nim* fel "o adamn Einim," o eisiau Heinif. O *adamn* + *etic* ceid *edemnetic,* cf. *car, ceredic.* Yn H. 270, dichon deall *dynyadon edeifnyeid* fel "dynion anghenus." Nid mor hawdd yw rhoi ystyr felly yn y testun, nac yn 1250, ac yn H. 270 gall *edeifnyeid* berthyn yn nes i *keluytyeid* nag i *dynyadon,* h.y. fod yn air moliannus, "Pan wnaeth Duw *gelfyddiaid* daear, *dynion arbennig,* neu rai'n peri ofn i ddynion, gwnaeth un gwron i Gymru." Felly yn y testun "milwr, pennaeth," a ddisgwylid ar ôl *edismicaf,* y math o ddyn a geid yng nghynfaran brwydr, 1250. Beth am *add-ofn-iad?* Cf. Gw. *ad-omain* "terror," *adomnae* "terror," C.I.L. 24. Am yr affeithiad, cf. *moch, meichiad.*

1247 **eithiuiat,** cf. 1186, Dim guoiu *ediu,* ac enwau fel *cynifiad ;* gw. 309 ar *aeth,* a *go-eithin.* Dichon hefyd mai bai yw am *eithiniat,* cf. Eithinyn fel enw dyn.

aruhicat, darll. *a ruicat* "a rhwygiad," gw. 209, pareu rynn *rwygyat.* Ceir -*h*- fel hyn yng nghanol deusain yn aml yn Llyfr Du'r Waun.

1248 **aur,** awr, sef *aur,* o'r Ll. *aurum,* heb yr affeithiad a roes *aur,* medd J. M.-J.

1250 **cin uaran,** cynfaran, G. 247 "ffyrnigrwydd, brwydr"; M.A. 250a 33, Dewisseis uyghert *yghynuaran kynnif.*

edeiuinieit, llu. *edeiuiniat* 1246, neu ferf enw megis *ystyrieit, crybwyllieit,* 214. Haws yw'r cyntaf.

1251 **ballauc,** gyda dot o dan yr *l* gyntaf; felly *balawg,* gw. G. 49, lle cyfeirir at R.M. 156, "gwaeg, bwcwl," ac at R.M. 236, "offeiriad." Yn R.M. 156, fodd bynnag, gwahaniaethir rhwng y balawc a'r waeg; gwregys y cledyf o gordwal . . . a throstreu goreureit arnaw, a *gwaec* o asgwrn elifant arnaw, a *balawc* purdu *ar y waec ;* felly R.M. 157; yn 158, *balawc o eur* melyn *ar y waec,* cf. R.P. 164a (Llywelyn y Llyw Olaf), gwas rud y baladyr *balawc eur llaw.* Hefyd, gw. y defnydd cyfreithiol ; A.L. i. 428, Or byd eisseu vn llaw o hynny yn ymffydyaw *balawc vechni* y gelwir honno . . . ansawd *balawc vechni* yw bot y neill benn yn rwym ar llall ynn ryd ; A.L. ii. 340, *Teir balawc vechni* yssyd : deuawt b. v. yw bot yn neill penn ydi yn rwym ar llall yn agoret ac yn ryd. Cyfieithir hyn yn dda iawn gan Owen fel "slip surety," cf. S. *ballok*-knyf yn *Piers Plowman*, am gyllell yn crogi o'r gwregys ; felly benthyg yw o'r Saesneg.

Am yr ail air, medd Pedersen (V.G. 24, 225-6), daw o'r Llyd. Can. *baelec*, Llyd. D. *belek,* cytras *baglog* "entitled to bear a crozier, having a pastoral staff." Bu cymaint o gyniwair rhwng saint Cymru a saint Llydaw yn y ddwy wlad, nes ei bod yn hawdd derbyn hwn fel benthyg o'r Llydaweg. Mewn hen destun, cyn gynhared â hwn, oni cheid *baelec ?* Diweddarach yw troi dipton yn llafariad yn y sill hon, cf. *aeddfed, addfed.* Felly ystyrier cynnig arall.

Mewn Gw. ceir *ballach* "freckled, speckled," C.I.L. 171 ; am y "brych" hwn disgwylid *ballawc.* Tybier ei fod yn y testun, a bod y copïwr yn y ddeuddegfed ganrif neu'r drydedd ar ddeg yn ddieithr i'r gair, gallasai geisio troi'r *ll* yn *l* ynddo i gael gair ei oes ei hun am ran o'r gwregys. Adferer *ballawc* "brych," cf. uchod 611 ; 977, dyuynwal *vrych ;* R.P. 2a 40, Meruin *vrych ;* 5a 17, Pan dyuo y *brych* cadarn ; B.T. 61-2, nyt ardodes y vordwyt dros voel maelawr veirch o genedyl *vrych* mor greidawl.

tal gellauc, cf. R.M. 109, A thegyr *talgellawc;* Cern. *talgel* "a pantry, a buttery" (Voc. Corn. *cellarium;* Anglo-Sax. *heddern* "storehouse"); A.L. i. 578, *Buarth* a *thalgell* a chreu moch a ffalt deueit dec ar hugeint a tal pob vn. Math o adeilad yw, efallai "shed, lean-to," yn erbyn tal-cen tŷ. Daw gyda *buarth*, felly cf. B.T. 62, 8, Neu vi a weleis wr yn *buarthaw* (wrth foli Urien). Gw. B. xi. 99; gall *talgellawc* olygu gŵr oedd yn meddu amryw ystorfeydd o win a medd a chwrw.

1252   **tridid**, trydydd, un o dri, cyfeiriad cynnar at driawd, sef Y Tri Engiriawl, cf. Nennius, Mommsen, 148, am Brydain *cum tribus insulis,* y tair rhagynys ; B.T. 34, y tri chynweissat . . . y tri chyfarwyd ; yn arbennig cf. 21-2, Teyrnon henur. heilyn pascadur. *treded* dofyn doethur y vendigaw arthur.

engiriaul, D. *engir* "mirabilis, intolerabilis, dirus" ; *engiriawl*, "idem, vulgo anguriol." Nid -*ng*- sydd ynddo ond *n-g*, cf. R.P. 5ob 1, *deon garyat diengiryawl*, lle profir hynny gan y gynghanedd. Ystyr olaf D. yw'r addasaf, cf. T.W. *dirus* "ysgeler, creulon, erchyll, aruthr, engir, engiriawl": R.B.B. 61, *engirolyaeth* Corineus yw *envydrwyd* C. yn Pen. 44, pan sonnir am ei ferch yn boddi Esyllt a Hafren yn afon Hafren. Tynnu yr oedd ar ôl *creulonder* ei thad.

1253 **erlinaut**, bai am *erlynyat,* cf. B.T. 25, 10, neu enw (fel *molawt, mawl*) o *erlyn,* nid ffurf ferfol.

1254 **arth arwynaul**, gw. 721.

ar guigiat. Prin "a rhwygiad" eto fel yn 1247. Ni wn a ellid *guigiat* o *gwig,* cf. R.P. 8b, gnawt *yggwic* kael cic o urein ; Jackson, *Gnomic Poems,* 51–2. Y mae Loth yn R.C. xli. 390 yn cynnig y gall *gwig* weithiau fod yn gytras â'r Gw. *fich* "brwydr," er mai *gwig* "coed" a wêl yn R.P. 8, lle darllen *kicurein* yn erbyn y llsgr. a'r mesur. Os "rhyfelwr" yw *guigiat* yn y testun, rhaid deall *ar* fel arddodiad "yn erbyn." Gwell gennyf fuasai cyseinedd lawn, *arth arwynaul aruigiat,* cf. cyfans. fel *di-wyg-iad, diwyn ;* felly *arwygiad, arwyn.* Cf. C.Ch. 141, yn *niwycyat* palmer "gwisg" ; ar *diwygyat* dyn, 148, "dull" ; W.M. 78b, ar vn *diwygyat* a wnaeth y vorwyn yr deu hynny ac yr vn gynt "treatment" ; 296a, yn vn *diwygyat* pob vn onadunt ae gilid ; 311a, "dull, golwg" ; B.B.C. 30, *Diwyccomne* a digonhom o gamuet "gwneud iawn amdano" ; 83, *Diwyccviff* wympechaud : 95, 1 ; 8, 2, *Nytiuuc* rac dricweithred. imattrec guydi darffo ; C.Ch. 86, bot galanas basin a basil ... heb y *rydiwc* idaw etwa ; Ll.A. 14, moe uu y pechawt hwnnw rywnaeth noc y gallei yr holl vyt y *diwygv ;* B.B.C. 70, 9, heb *imdiwin* a duv am a wnel o pechaud ; 106, 3, *diwin* y cam ; 43, 7 ; G.M.L. 136, *dywyn* "to atone for, make amends." Os yw *di-wygio* yn golygu hynny, gall *ar-wygio* olygu'r gwrthgyferbyniol, "ymosod" ; *arwygiad* "ymosodwr" neu "ymosodiad." Neu ynteu darll. *argurtiat,* gw. uchod 1184, *arwrthyat.*

1255 **guor vlodiat**, gw. 499, 510.

1256 **erigliuiat**, o erglywed, cf. B.T. 57, 26, O pop *erclywat* dwys dy peleitrat pan *erclywat* cat ; 75, 26, Pop arawt heb *erglywaw nebawt ;* C.Ll.H. 135, *arglyw* (?) ; G. 40, *arglywet.* Gellid darll. *eritliuiat,* o *er-yt-liuiat,* berf amherff. 3ydd yn *-iat* (cf. *gwyddiad* "gwyddai"), cf. C.Ll.H. 12, *llywyei llu,* ac *er-yd-lywiad* hir lu ? Nid yw'r mesur yn helpu, gan mor afreolaidd yw.

1257 **cem**. Nid oes marc i nodi'r *i* ynddo yn y llsgr., felly *cein* neu *ceni.* Yn 1242, *ceni* bei ef arthur, daw'r amherff. dib. ar ei ôl, sef *bei,* ond yma *bu.* Felly rhaid dewis rhwng *cem, cein, can,* neu *cyn.*

Cipno, tr. ar ôl *bu,* gw. 788, nis adraud *cipno.*

Guen gat, enw pers., cf. L.L. 145, *Guencat* ; *Cy.* vii. 128, heiden ap *euengat* a ladawd aneirin gwawtryd.

1258 **Aryf angkynnull**, gw. 258–9, am yr un cymeriad.

NODIADAU

1259 **twryf,** un ai "twrw" fel yn 124, 791, neu ynteu cyfystyr â *thorf,* cf. P.K.M. 146; B.T. 3, 16, uffern ... Ef dillygwys y *thwryf;* Y.C.M. 22, y kyuyt *twryf* y meirw, cf. isod, 1307.
en agwed. Dyry G. 16 *agwedd* "cyflwr, ansawdd, modd"; a chwanega nad hwn sydd yn y testun: ei awgrym yw darll. *ehangwedd.* Ni ddyry D. ond y term cyfreithiol *agweddi* gyda nodyn fod rhai yn darll. *angweddi.* Dan *egweddi* dyfynna'r Cyfreithiau, gw. G.M.L. 9-10 hefyd, a McNeill, *The Celtic Penitentials,* R.C. xl. 327. Yn Ll.D.W. 31, dywedir fod gair lleidr i'w gredu "O deruyd ydau ef deueduyt bot dyn en kydleyder ac ef am ledrat e dyenytyr ay kadarnau ohonau *yracgued* edath dyuu ydau ac emae enteu en menet." Deallaf hyn fel "tyngu i'r *acgued* yr aeth Duw idaw, ac y mae yntau yn myned," cf. A.L. ii. 256, Lleidr ny chaif oet rac y dyhenyd namyn *tygv y dyhenyd ay agev* vot yn wyr a dyvot. Tyngu y mae i'w farwolaeth ei hun ac i farwolaeth Crist ei fod yn dweud y gwir. Gellir darll. *acgued* fel *angwedd* neu fel *achwedd,* cf. G.M.L. 4, *achwre (acgure, acure* yn y llsgr.). Ond dyry D. *achwedd* fel cyfystyr *ach,* G. 7 "bonedd, tras, llinach"; cf. H. 60, or *achwet* oreu o deyrnet. Buasai *tachwedd* "lladdfa" yn nes i'r ystyr a ddisgwylid yn y testun. Felly gw. G.M.L. 9, lle cynigir "death" fel ystyr *acgued;* yr un *ang-* ag yn *angeu,* cf. B.T. 4, yn nef yn dayar yn diwed / yn yg yn ehag yn *ygwed* / yg corff yn eneit yn hagwed / Pell pwyll rac rihyd *racwed.*

Deallaf "torf mewn caledi," boed *agwedd* o *ang-* "angau," neu o *ang* "cyfyng," y croes i *eh-ang,* cf. Ll. *ang-ustus.*

1260 **e rac,** o flaen, D. Seren *o'i rhac* yn rhoi goleu; B.T. 58, 19; 62, 18.
meuwed, eiddo, D. *meuedd* et *meufedd* "opes, diuitiae, possesiones"; B.T. 8, 4; 13, 3, maraned a *meued* a hed genhyn; C.Ll.H. 177-8; B.B.C. 13, 3, Menestir vytud. *meuvet vetud.* molud esmuith; B.T. 32, 18, A mall a *meuued* a mynych adneued A gwin tal kibed. o rufein hyt rossed: efallai R.P. 4a 28, Gwendyd *meuenedus* virein; B.T. 77, lloegyr oll ymellun eu *meuoed* genhyn; W.M. 253b, Ae *meu* y minneu dy uerch di weithon. *Meu* heb ynteu (h.y. defnyddir *meu* fel enw "eiddo" yn ogystal ag fel ans. "my"); B. ii. 231, *meuwedd* "golut, kyvoeth." Cf. *rheufedd,* B.B.C. 20, Pa roteiste *oth revvet* ... Pa roteiste *oth olud.*

1261 **mawrwed,** mawredd. Sylwer fel y mae *-wedd* yn derfyniad hwylus i wneud enw, cf. B. viii. 228, *olwedd* "gweddill diod mewn llestr," yr hyn sydd ar ôl. Aeth bron iawn yn gyfystyr â'r terf. *-edd.*

maryed. Darllenodd Dr. Evans *matyed;* tebycach yw'r llythyren i *r* nag i *t*, a cheir cyseinedd rhwng *mawrwed* a *maryed*, cf. B.B.C. 32, Syberuid a *maurwryd* a *maret;* 12, 7, maer anhetauc *maretauc* doeth.

Ceir copi sâl o'r Gwarchan yn M.A. 25, fel rhan o gân arall, *Gognawd gyrru;* yno darllenir *maryed.*

Ystyr: yn ôl Loth, A.C.L. i. 452 n. "diogi" yw *maredd;* perthyn i *merydd* "araf"; *mareddawg* "mwyn" neu "amyneddgar." Cydia ef wrth Gw. *maraim* "arhosaf." Felly hefyd yn R.C. xx. 347, ond ystyr *mareddawg* bellach yw "prudent," ac nid yw'n sicr na ellir ei gysylltu â'r gwr. **maro-* "gofal," a rhydd ystyr a tharddiad arall i *merydd,* heb gofio am y gl. *mergidhaam.* Gwell gennyf gydio *maredd* wrth wreiddyn y Gr. *marmairō*, a'i ddeall fel "rhodres, pomp, ysblander."

1262   **pan,** y llestr, nid y cysylltiad? gw. 41.   Ond gw. ar y gair nesaf.

ystyern, cf. B.T. 21, *Pan* yw hallt halwyn. Cwrwf *pan* yw *ystern. pan* yw lletrud *gwern.* Ans. "chwerw" am gwrw yw fel hallt am halen. Tybed a ellid darll. yma hefyd *pan* [*yw*] *ystern gwern?* Os oedd *pan* ("llestr") gwern i ddal y cwrw, byddai blas surni a chwerwder y cwrw arno. Ni welaf bwynt mewn dwyn cyfres o gwestiynau *Pan yw* "O ble mae, pam y mae," i'r gân hon.

1263   **e am,** heblaw, besides, P.K.M. 131-8, 267.

camgyrn, llu. *camgorn,* G. 100, "corn (yfed) cam," fel pob corn bual. Ystern oedd y pan gwern, a'r corn bual—am yr un rheswm.

camgled, cleddyf cam? Ni welaf reswm dros grybwyll peth felly yma, ond gw. G. 100. A ellir ystyr i *ystyern* a fai addas i'r tri, gwern, corn yfed, cleddyf? Ar gynharwch enghreifftiau o *cledd* "cleddyf," gw. rhestr G. 144.

1264   **e uoli.** Rhaid cael gair unsill yn *awr* i odli; cynigiaf *llawr* "champion" gan ei fod yn addas gyda *moli,* a'i fod yn cyseinio â *lluawr* yn y ll. nesaf, cf. uchod, *meuwed, mawrwed; gwern, gamgyrn.*

1265   **ri**: a lluawr, darll. *rialluawr,* llu. rhiallu, gosgordd brenin, cf. bai go debyg yn B. iv. 46, vytin *yn galhuawr* dit dogin gyman.

peithliw, "lliw lludw, lliw llosgedig, diffaith"? Cf. C.Ll.H. 205-6; isod 1269; B.T. 57, 4, *gospeithic.*

racwed, gw. 1016, a llu *racwed.*

1266   **yd l gweles,** gw. 795, or meint gwlat *yd y klywi.*

1267   **hual,** cf. 1056; M.A. 142b, Owain hael *hual* dilin; Pen. 51, 155, Mi yw taliessin . . . a ellwng elffin o'i *hual aurin* (I.G.F. 171,

NODIADAU

Pan ellyngawdd ... Elffin o *eurin aerwy*); B.T. 51, yn *hual eurin gwae a garcharer* (cyfeiriad at Darius fel carcharor Alexander); A.L. i. 308, *hual hyarn* un [keynnyauc], *hual pren*, fyrlyg; 558, march a uo *hual* neu *lawhethyr* arnaw (cf. Bell, *Vita Sancti Tathei*, 7, stetit equus pedibus fixis in terram et *aurea compede* ligatos. Gwneir bagl o'r hual eurin hon, a gwna hithau wyrthiau).

tres, gw. 1006.

tardei, cf. 1292, *tardei* donn; 1339, *tardei* warchan. Heblaw *tarddu* am afon, ffynnon, dail ar bren, ceir ef weithiau am neidio'n syml, cf. B.T. 10, 22, Ef *tardho* talawr. *terdit* nef y lawr; 39, 7, *tardei* galch a chwyr ac yspydat; 13, 21; 14, 11; 24, 10; 67, 6; S.G. 184, ar gwaet yn *tardu* allan fford eu ffroeneu ac eu geneueu "gush forth" (cf. C.Ch. 122); 199, ffynnawn yn *tardu;* M.M. 154, gwynnoed yn y kylla y rei a *dardant* drwy y korf; H. 4, taer *tertyn* asseu taleu treuyt; gw. R.C. xxxi. 511; Llyd. *tarz,* G.M.B. 681; Cern. *tardh* "a breaking forth"; ac uchod ar *tarhei,* 445.

called, gw. 1167. "Tyfai prysglwyn (neu welltglas) ar fedd un a fu gynt yn llyffethair gormes."

1268 **dygochwiawr.** Odlir *-awr* ac *-or* yma ac yn 1302-3, ac amryw fannau yn B.T. Dyry G. 194, *kychwiawr* "cystal, hafal"; 17, *anghychwiawr* "? anosgoadwy"? "digymar." Ansoddeiriau yw'r rhain, a buasai "di-hafal" yn rhoi synnwyr yma, os darllenir *di-*. Os *dy-go-* (cf. 658, *dygoglawd*), gellir berf, a chan mai marwnad sydd yma, cf. 50, *dychiawr.* Pe felly, "syrth clod a phor," h.y. syrth pennaeth clodfawr. Diogelach yw darll. ansoddair yma, disgrifiad o'r arwr "digyffelyb," oedd yn y bedd, a'i glod i'w ganlyn.

1269 **por,** arglwydd. Gwell cadw hyn i gydio wrth *a chlot*, nid darllen *pawr* i odli, er bod *calledd* uchod.

peith, Sk. *a pherth.* Anodd bod yn sicr, ond tebycach yw *a pheith,* gw. 1265, *peithliw.* Tywyll yw'r ystyr i mi. Nid yn unig ceir *peith-* mewn geiriau am ddinistrio a diffeithio (cf. D. *paith* "desertus, vastatus"; C.Ll.H. 205-6), ond hefyd mewn gair fel *gobaith,* lle mae'n rhaid cael ystyr hollol wahanol. Ceir enw dyn hefyd, *Guabeith, Guobeith* yn L.L. 185, 211, 268, cf. Gw. *Cécht,* enw dyn: a hefyd (1) "a ploughshare"; (2) "power"; *céchtaim* "I overpower." Yn y testun cymeraf yr holl linell fel disgrifiad barddonol o'r arwr.

a pher. Ystyr *per* yw melys, cf. afallen *ber; per-aidd.* Ai "mwyn" yma? Neu, a oes trychiad yma o *per-ffeith,* trwy ei gamddeall? Cofier am yr enghraifft ryfedd, *Ysgyfar* yn âr y nos /

Nogod sydd yma'n agos, gw. C.D. 83. Pes deallid fel *a ffer*, gw. 392.

Sylwer ar yr odl, *-er*, *-edd*.

1270 **Ruduorua.** Ceir *Morfa Coch* ger Dinas Dinlleu, Arfon : *Penmorfa*, ger Porthmadog, Eifionydd ; *Morfa* Nefyn yn Llŷn.

1271 **ymorva.** Ai enghraifft o *y-* yn magu o flaen *m* ? Gw. 473 Collwyd y llosgwrn, a chynigiaf ddarll. [*Arfon due(d)d*] gan mai Eifionydd a enwir nesaf, a bod cyseinedd rhwng *morfa* ac *Arfon*.

1272 **Eivyonyd**, gw. P.K.M. 285. Y lleoedd hyn, 1270–3, sy'n cwyno ar ei ôl, awgrym mai o Arfon neu'r cyffiniau y deuai Tudfwlch.

1273 **a gwynhei dyd.** Y ferf yw cwyno: am yr *-h-* gw. 1216, 1238. Ni thâl cyfieithiad Sk. "in Ewionydd and Gwynheidyd splendid excess prevailed." Cwyno yr oeddid "ddyfod ei ddydd," sef dydd marw Tudfwlch, cf. 329–30.

edryssed, eto yn 1277, gw. S.E. "excess, superfluity, abundance"; B.T. 66, Madawc kyn bu bed, bu dinas *edryssed* o gamp a chymwed ; 77, tyruawt molut mawr e. ; M.A. 177b 8 ; 196a, Seint angaw a llydaw llu *edrysset ;* 239a, arglwyt gwladlwyt glod *edrysset ;* 259a 15, Gwr a vyd y enw yn e. ; 277b 39, Kyuet e. ef ny dreissir ; 286b, Dyvet y drosset oed *et ryssed ;* 233b, *Adrysset* dreis anoeth ; enwau pers. L.L. 403, *Guretris, Guoretris ; Rhys, rhyswr*. Anodd ei ysgar oddi wrth *rhysedd*—ac o ystyr hwnnw y caiff S.E. ei ddehongliad ef, ond gw. Loth, R.C. xli. 218, un *rhysedd* "ymladdfa, cweryl," cf. *cyfrysedd ;* y llall yn cyfieithu *abundantia* yn Ll.A. : cynnig y gall berthyn i'r Gw. *resse*, a dyry "parole, expression, cri" fel ystyron posibl *ris*, *riss*, cf. Gw. *aithris*, C.I.L. 75, "relating, telling" ; *aithrisim* "I relate, tell," A.C.L. iii. 173, *aithris* (*ath-riss* "story") ; R.C. xxvi. 24, *rissi ruada* "ruddy tales, warlike stories" ; (R.C. xxxii. 27 ; xxxvii. 118). Ni fedraf dderbyn y syniad o air na chweryl fel ystyr hanfodol *rhysedd*, er ystyr *cyfrysedd*, cf. B.T. 61, Ardwyre reget *ryssed* rieu ; B.B.C. 13, Gveith reith *rysset ;* 57, Pibonvy im blev blin wy *rysset ;* 88, y pen y seith mlinet y duc ren y *risset ;* D. gwell golud na *rhyssedd ;* M.A. 198a, gynnif r. ; 206b, kyrcheist *rysset* gwrt ; 239a Lle bo cad uragad uriwgoch *rysset ;* 299a, *Rhysedd* Ul Cesar ; 307a, Crog calfaria faerdy gratia fawrdeg *rysedd ;* 336a, Iawn fryd Geraint gwrawl *ryssedd ;* 152b, Pan amug Tegeingl teg *rysed* / *Rysfa* cad cadellig foned ; R.P. 108a 32, Kynnyd eur rosswyd *kein y ryssed ;* 155b 10, Gwyned yn *ryssed* yn *rysswr-*

yaeth glwy; 33a, Tyssilyaw terwyn gywryssed. parth am nawd *adrawd adryssed.* peris ner or niuer nadred. praff wiber wibyat *amryssed;* Cy. viii. 207 (Geirfa) *rhysedd* "rhwysg" ; B. ii. 237, *rhysedh* "rhwysg" H.K.; "brwydr," K. Gwelir fod i'r gair gysylltiadau â rhyfel, ac eto arferir ef am groes Crist, cf. *tres, rhy-odres, rhodres.* Un ystyr sicr iddo yw "rhwysg," a'r llall yw "cyflawnder." Yn y ddihareb, *gwell golud na rhysedd,* yn sicr "rhwysg" ydyw; nid oes ond cam i "excess." Yn y testun cwynir ar ôl un y bu iddo rwysg a gwychter mawr unwaith, neu, os mynnir, ar ôl dydd bri a rhwysg a ddaeth bellach i ben.

1274 **trybedawt,** cf. 1465, *trybedavt* y wledic. Ystyr *trybedd* yw "trithroed," D. "tripodium," S. "trivet" i ddal crochan; D.W.S. *trebedd* "treuet"; *trybedd* "a brandyron"; R. "a brand-iron or trevet"; A.L. i. 82, e badell ar *trebed,* 520. Gall *-awt* fod yn derf. torfol neu luosog, cf. *pysgawt;* H. 108, *gorwytawd; astell, ystyllawt;* neu unigol, cf. *taflawd.* Yma gyda *rawt* "llu"; yn ôl ei ddefawd, ei arfer, yr oedd iddo lu o drybeddau, ffordd arall o ddweud fod ganddo lu o grochanau yn paratoi bwyd at ei wleddoedd.

1275 **eil dal rossed,** cf. B.T. 32, 20, a gwin tal kibed O rufein *hyt rossed;* 76, 24, Blwydyned budic *rossed rihyd* reitheu; 77, 20, Arth o deheubarth yn kyfarth gwyned yn amwyn *rihyd* ryfed *rossed;* M.A. 152b 3 (H. 92) As dygaf . . . Ei fawr glod *hyd* fawr glwyd *rossed;* 175b 25, Tremynuys ryssur *rossed* diabret / Am diebryt gwyned. Enw lle yw yn amryw o'r rhain, a daw *rihyd* "pomp" yn y cysylltiadau. Rhyw lys enwog gynt am rwysg a moethau ? O ran ffurf gall fod yn llu. *rhos ;* ond enw lle neilltuol sydd yn B.T. 32 ; M.A. 152b 9 ac efallai B.T. 77.

Ni threiglir ar ôl *eil* yn y llsgr. ond yn 1083 ; ceir eil *tith,* eil *Caradawc, eil clot,* etc.; ac ni wn am *dal* ond tr. o *tal.* Gellid cyfans. *eil-dal,* neu *eil Dol;* neu ddarll. *Eidal* neu *Eudol.* Ceir y *tal* cyffredin isod yn 1277.

1276 **taryaneu bann.** Dyma'r unig enghraifft o *tarian* yn y llsgr., cf. C.Ll.H. lxxxi. Os "shield" yw (felly E.E.W. 33), benthyg o gyflwr traws *targe,* ac yn ôl Meyer (*Trans. Cym.* 1895-6, td. 83) yr enghraifft hynaf yn Saesneg yw un yn 970, gw. hefyd R.C. x. 369. Yn erbyn deall "shield" yma, y mae anaddaster *bann* fel ans. am darian. Ceir gwell ystyr wrth ddeall *tarian* yma fel ffurf ar *taran,* cf. B.T. 10, Gwynt a mor a than lluchet a *tharyan* (Dydd y Farn); 11, *taryan* ymrythwch; 45, *taryan* kynllysc a than; B.B.C. 25, dyadu tan ar poploet anylan. A lluch a *tharian;* R.P. 67b 1, lluch a *tharyan.* Ceir *bann* "uchel, loud," gyda *llef,* cf. *banllef,* ac addas yw am daran, gw. C.Ll.H. 165–7, 226. Uchel oedd sŵn taranau *am dal hen bann.* Cymerer hyn gyda'r cwyno sydd yn 1273; cf. T.A. i. 54 (Marwnad) Ba ryw sôn—ai'r wybr a syrth? Diasbad gwaeddiad digwyddaw tyrau / A'r cateri'n syrthiaw. / Daear oedd yn diwreiddiaw / Dan ebwch drom Dinbych draw. Dyna'r traddodiad wrth ddisgrifio galar ar ôl y marw, pa mor *ormod* bynnag yw'r iaith gennym ni, cf. B. iii. 85, ef a glywei *kwynuan ac wylaw megis taran;* felly'r Gwyddel, R.C. xxiv. 65, Fergal has been slain ... there is one wail *like thunder* from the Clew Bay islands to Mann; Joyce, *Soc. Hist.* ii. 540; *Pursuit of Diarmuid and Grainne,* 1906, td. 56, they ... raised three exceeding great terrible cries over the body of Diarmuid so that they were heard in the clouds of the heaven and in the wastes of the firmament of the air, and on the mountain peaks, and in the islands of the sea, and in the provinces of Erin likewise."

1277 **Tal Hen Bann.** Hen enw Plas Hen, Llanystumdwy, Eifionydd, yw *Talhenbont,* Griffiths, *Pedigrees,* 179. Ar gwr Arfon ac Eifionydd ceir ceunant a elwir *Henbant Mawr,* rhwng Capel Uchaf a Bwlch Derwin. Yr olaf yw'r tebycaf yma. Y mae yn ymyl yr hen ffordd o Arfon i Eifionydd.

edryssed. Gan fod y gair newydd ddigwydd uchod, 1273, gellid darll. yma *bu edryfed,* sef "rhyfeddol." Os cedwir *edryssed,* yna cofier am ystyr Lotli i'r Gw. *resse,* sef "cri," a'r cyfeiriad at y *Tdin Bó,* td. 903, a'r tarw Dwn yn rhoi ei dri *priomresa,* sef beichio deirgwaith; hefyd ll. 6124, a thri *resse,* ei dair bref neu floedd.

1279 **bleidyat,** gw. 767.

eny dewred, pan oedd yn ei nerth, ar ei orau, cf. P.K.M. 229; B.B.C. 42, Erbin oed y dit y del paup oe Bet *iny devret* in devraw. *Mal y bv ban fv oreuhaw.*

1280 **pubell,** benthyg o'r Ll. *pupilla* "merch amddifad dan ofal arall, cannwyll llygad, llygad"; yma "llygad, golwg."

peleidyr. Os wyf yn iawn ar *pubell,* gellid deall hwn fel *pelydrau* "beams of light," cf. S.G. 339, deu *baladr* yr heul yn dyuot y mywn; B. *Cwsc,* 11, Gwŷch gennit y *pelydru* y mae'r tair ar eu haddolwyr; wel, ebr ef, mae yn y *Pelydr* accw lawer swyn ryfeddol. Neu'n symlach, yr oedd ei lygaid fel gwaywffyn, yn tremio trwy ddyn.

1281 **pevyr,** "disglair, bright," ans. cyffredin am lygad gloyw yn *pefrio*. Cadarnha hwn ystyr *pubell;* ond ceir gwell mesur a chyswllt â'r ll. o'r blaen trwy ddarll. *pebyr* (gair deusill) i gynghaneddu â *pubell,* cf. dechrau 1284-5. Cymysgid y ddeuair hyn yn aml, gw. P.K.M. 286.

pryt neidyr, disgleiriai ei lygaid fel rhai neidr.

o lwch nadred. Llu. neidr yw *nadredd,* a gall *llwch* yma olygu "pwll" neu "nyth" nadroedd. Felly llygad neidr yn syllu allan o'i nyth. Ni thybiaf fod angen darll. *golwc* yn lle *o lwch.*

1282 **welyd,** darll. *gwelyd.* Tybiodd y copïwr mai hen ffurf *wele* oedd yma (cf. B.T. 1, 9, cwd a nys *gwelyd ;* 19, pan daw nas *welyd).* Daw'r un gair eto yn y rhif luosog yn y ll. nesaf, *gwelydon,* cf. B.T. 64, Gwrthodes gogyfres *gwelydon* lliaws run a nud a nwython ; M.A. 161a, Edewis y ron . . . A geleu rut *yg gwelydon* / Edewis terrwyn teyrn veibyon / A edeu geleu *yn y galon* (=yn eu gelynion) ; 554, anvon Ivor . . . i enys Prydein i geissiaw i chynnal o waet ac o wir dyliet rac mynet *gwelydon* ar e Brytanieit (cf. Parry, *Brut,* 216). Yn sicr rhywbeth fel "treiswyr" yw'r meddwl, er bod D. yn rhoi *gwelyddon* fel cyfystyr â *gwelygordd,* peth na rydd synnwyr yn yr un o'r enghreifftiau uchod ; felly B. ii. 142, *gwelyddion* "gwely kenedl." Y mae *gwelydon rwyt* yn y ll. nesaf yn ateb yn hollol i 30, *kywlat rwyt ;* M.A. 176b, Detholeis uy rwyf yn *rwyd gelynion.*

Cynigiaf mai benthyg yw *gwelydd* o'r Ll. *validus* "cadarn" : credaf hefyd y medraf ei ddarllen yn arysgrif enwog Ynys Enlli. Felly "cadarn ydwyt, a rhwyd cedyrn," am ei fod yn eu dal.

1283 **riein gared,** cf. 563 ; 1149, wyneb *cared.* Dyma'r enghraifft debycaf o *caredd* fel "cariad," cf. tru-*garedd,* er nad amhosibl iddo olygu ei fod yn un a hudai riain i *garedd* "bai."

1284 **carut vreidvyw.** Ni thâl "braidd y carit fyw," *Y Beirniad* i. 261 : gwell yw "carit fyw mewn enbydrwydd" ("live dangerously" yn iaith heddiw), gw. G. 74 ; cf. H. 25, o vreitin ureenhin *ureitgar.* Carai beryglu ei fywyd, ond medd y bardd, "Carwn dy fywl Cwynaf dy farw."

1285 **heywred.** Anodd dewis rhwng enw o *hy-wr* (cf. B.T. 62, 11, *hywr ;* 7·, 7, yn wir dymbi hael *hywred)* "dewredd," a'i ddeall fel bai am *henwred,* cf. C.Ll.H. 120, dinas *henwred.* O blaid y cyntaf y mae'r mawl cyffredin, *mur trin ;* a hawster cywiro. Mewn hen org. ceid *he-wr ;* cychwynnodd y copiwr y gair heb newid, ond gwelodd ei fai, a rhoi *y* ar ôl *e :* wedyn anghofio dileu'r *e.*

1286 camhwrawc, "arwrol," o *camhwr* "campwr, champion," G. 100–1.
1287 dyhed, rhyfel. Ar *dy-* "drwg" gw. W.G. 267, *dychan, dybryd*.
1288 baran, gw. 39.
1289 kynhoryf, "blaen byddin" ; enghraifft o roi cyfystyr, a cholli'r odl, canys *cynhor* yw'r gair a rydd yr un ystyr a hefyd odl, cf. 1244, *ig kynnor*. Am beth tebyg, gw. 177, *vreisc* am *vras,* lle collir yr odl.
  gwyr. I gael y brifodl a'r mesur, cynigiaf *gwyr gwned,* cf. 219.
1290 catpwll, gw. G. 89. Ai enw lle ? Cf. *Cadnant* mewn aml ardal. Collwyd gweddill y pennill, ond ceir awgrym o beth allasai fod yn C.Ll.H. 34, Am Drebwll *twll dy ysgwyt*.
1291 ymwan, ymladd. Collwyd y darn llinell sydd i odli.
  Bran. Ceid amryw arwyr o'r enw ; un oedd Brân mab Iwerydd, a gelwir ef yn *clod lydan* yn B.B.C. 99, 14. Rhoesai hynny fesur, cyseinedd, ac odl yma.
  Kynwyt, enw lle. Dyry G. 262–3 bedwar *kynwyt,* un yn ans. "milain," un yn enw lle, a'r ddau arall yn enwau personau, gw. hefyd C.Ll.H. 182–3. Felly, "ymwan Bran / [clot lydan] yg Kynwyt."
1292 tardei, gw. 1267.
1293 gyvryngon. Prin *cyfrwng onn,* er mai on oedd deunydd y gwewyr, gw. 306. Os arddodiad rhif llu. pers. cyntaf yw, cf. G. 46, *atan* "atom" ; 34, *arnan* "arnom" ; felly "cyfryngom." Gwell yw darll. *guyrangon* gyda *tonn* fel enw afon, cf. L.L. 134, Hepstwr y uynyd dy *guyragon. Guyragon* hyt y blaen (enw afon). Hefyd cf. R.B.B. 431, *Kaer Wyrangon ;* B.T. 41, 25, am *gaer wyragon* "Worcester."
  gowydawc. Darll. *gowychawc* (cf. 1020, buant *gwychawc ;* 1081, cas ohir *gwychawc*) neu *go-wythawc* (cf. 1058, cas ohir *gwythawc*).
  byt, cf. hefyd 1297. Yma, efallai tr. o *pyt* "perigl," cf. *enbyd* os *gowythawc* a ddewisir ; a *byt* "world" (cf. D.G.G. 52, am y Gwynt drud *byd*) os *gowychawc*.
1294 gwrthodes, cf. 42. Y gwrthrych yw *petwar lliwet*.
1295 llwrw. Aneglur iawn yw *-rw,* ond hynny a ddarllenodd Dr. Evans. Yn y testun yn M.A. 25, ceir *Ar lwyth*—felly Skene, F.A.B. 93, *ar llwyth.* Felly cf. 1036–7, Ef dadodes / *ar lluyd* pwys / ar lles rieu. Gall *lluyd* yno fod am "llwyth," *d* am *th* fel mewn mannau eraill yn y llsgr., a helpa hynny'r darlleniad *ar llwyth* yma.

peues, bro (cf. B.T. 41, 3, *llwyth byt*), D. *peu et peues* "habitaculum, domicilium . . . Aliis patria," cf. B.T. 47, 16; B.B.C. 105, powis *peues* diobeith; H. 223, powys *peunes* (bai am *peuues*) teckaf. Credaf y dylid ei ddarllen yn lle *pwys* uchod yn 1037.

pedyt, Ll. *pedites*, gwŷr traed, milwyr cyffredin, gwerin.

1296   lliwet, llu, gw. 55; y lluosog yw *lliwedawr*.

1297   milet, llu, C.Ll.H. 128; y lluosog yw *miledawr*.

1298   aessawr yn nellt, gw. 124, a 208, *aessawr dellt*.

1299   eis, felly Dr. Evans: *un* sydd gan Skene ond nid oes le i hynny.

obedror, tr. o *gobedror*, B.T. 10, A chyrn *gopetror*; 68, gwrys *gobetror*; B.B.C. 11, maus pedir *pedror*; D. *pedror* "quadratus"; B. iv. 141, ar *teiror*, *pedeiror*; *pedry-fan*, *petryal*.

1300   gwyllyas, gw. 175. Ai "diymarbed, unrestrained"? Cymer Vendryes ef fel berf, celui *qui versait*, E.C. 130.

1301   cyrn glas, cf. corn enwog Owain Cyfeiliog, Hirlas; M.A. 191a, Estyn y korn er cyd yved . . . lliw ton nawved / Hirlas i arwyt aur i duted.

meitin, gw. 869.

1302   teithiawr, gw. 178, *teithi*; 1072, *teithiawc*; 1426, *teithyawl*. Deusill a ddylai fod. Neu cf. 'W.M. 239a, A llad naw *keithawr* a oed ar naw porth heb disgyrryaw gwr.

1303   o blith, gw. W.G. 416; M.A. 174b, O *blith guyrd* a chyrd a chein amser guin. Ceir *gwr gwyllyas o*, a *gwr teithiawr o*, fel petai cyferbyniad rhwng ei ysbryd pan drinai fedd a phan drinai wisg borffor, cf. M.A. 166b Gwrd wasgar *o* wiscoet keinwyn (H. 114, *keinmyn*). Efallai mai ailadrodd sydd yma. Ar *porfor* gw. 145. Am yr odl, cf. 1268–9. *porthloed bedin*, gw. 1014.

1304   breeych, braich. Collwyd dwy linell, onid yw *tost* wedi disodli gair unsill fel *bwlch* neu *wlch*, neu'n well *twrch*, *dwrch*, fel y cynnig G. 51.

1305   baranres, ffyrnigrwydd "fury," gw. Y Beirniad v. 135–6; B. v. 2.

benn gwaed gwin. Tywyll. Cf. R.M. 104, ym penn *pengwaed* yng kernyw. Ai at lys Arthur yng Nghernyw y cyfeirir? Ar *gwaed* "llu," cf. 984.

1306   cwryf, cwrw, C.Ll.H. 194; B.T. 58, Pystalat *twrwf* ac yuet *cwrwf*.

1307   aethan twryf. Berf lu. ac enw torfol fel goddrych.

twryf, torf, llu, P.K.M. 146, ac uchod 1259.

hawfin neu awfin, gw. G. 48.   Yr ail elfen yw *ffin* "goror."
Os darllenir *tros* cyseinir â *twryf* fel yn y llosgyrnau eraill.

1308   gwyalvan, gw. 120.

1309   cadw kyvreith.   Os dilys, ufudd-dod i bennaeth ar ôl yfed ei fedd.   Ond hawdd darll. *kyvieith* fel yn 760, *mur pob kyuyeith.*

        kyvyewin, G. 209 "gwarchodol, gofalus, craff, dyfal, diogel" ; *kyuyaw* "? amddiffyn, diogelwch, noddfa" ; H.G.Cr. 166–7, "swcwr, diddanwch, cynhorthwy," a "diddan, helpfawr" am *cyfiewin ;* gw. hefyd C.Ll.H. 174 ar *goewin ;* B.T. 52, A geisso keluydyt bit *oiewin* y vryt "? beiddgar."   Gall darddu o *iau* "yoke," neu fôn *ieuanc.*

1310   Kynan, Kenon, cf. 195, 200, 1442.

1311   Teithvyw, enw dyn, cf. R.M. 108, *Teithi* hen m. gwynhan ; L.L. 420, *Teithpall ;*   Llyd. Ch.B. 167, *Tethuuiu, Tehuuiu.*

        Môn, yr unig gyfeiriad.

        ar vreint, gw. P.K.M. 177–8, "yn null, fel."

        gorllin, cf. M.A. 177a, Teyrned orduy ordyvnyat *gorllin ;* 217a, Llywelyn *orllin* teyrnedd ; 218a 1, Ny ryfu gystal Gwstennin ac ef I gyfeir pob g. ; 13, Ym mhresent yn mhrysur *orllin ;* 235a, argledyr g. llu ; 276a, Neud mis Mehefin weddw *orllin* wedd ; 290b, Dagreu tros vadeu llyw . . . Daw enw dreig eurllaw yn dra *gorllin ;* 292a, wrth dyreu g. ; 301b, Ar llwybr rhyfel frwydr *orllin ;* 302b, Orllwyn deigr *orllin* dwygad ; B.T. 52, Gweles ryfedawt *gorllin* gan pyscawt ; gw. R.C. iv. 422, Gw. *foirllon* i. iomad "abundance"; A.C.L. iii. 194, "complete, multiply, 2nd sg. imperative of *forllnaim ;*   Ped., V.G. 566, at *li-n- ;* uchod, 992, *gwaetlin.* Dyry Vendryes, R.C. xlvii. 420, *gorllin* "lignée ou race supérieure," gan ddeall *llin* fel yn *llin-ach.*

1312   Kyvwlch, gw. 137, enw dyn.   Digwydd hefyd fel ans.

1313   bann, G. 50, "pen, blaen, brig."   Am gaerau diweddarach, "battlements."

1315   atveillyawc, gw. 396.

1317   maeth, magodd.

        ys meu, cf. 1376, "sydd eiddof, sydd i mi" ; B.T. 65, 13–4.

1319   eu haualeu, cf. B.T. 65, 15, *med o uualeu.*   A ddylid darll. yma *o uualeu ?*

1322   ny phell gwyd, o *pell* a *cwyddaw* "syrthio."   Trinir *pellgwyddaw* fel cyfans. ; cf. R.P. 21b, gan rewyd *ny phellvyd* rin ; B.T. 51, ny *phell* garcharwyd—yn y ddwy enghraifft hyn ystyr amserol sydd i *pell,* nid lleol fel yn y testun.

avall, cf. *afallen*, Hen Lyd. *auallen* 'pomus,' pren afalau.

1323   **cynnyd**, llwydda, ennill, cf. B. iv. 5, Callon *ny gynnyd* kysgit (h.y. Melys cwsg potes maip) ; R.P. 20b, ny elwir yn gywreint *ny gynnyd* (h.y. rhaid ymberffeithio mewn celfyddyd).
   dyual a dyvall. Ar *dywal* gw. 186. Anodd gwahaniaethu yn yr org. rhyngddo a *dyfal*, gw. C.Ll.H. 76. Ni wn beth yw *dyfall*, onid yw o *mall* "drwg." Pe darllenid *dywal a diwall* yr ystyr yw nad yw'r ffyrnig a'r dyn sydd ar ben ei ddigon yn cynyddu, yn ennill, un yn rhy eiddgar a'r llall yn rhy swrth. Os deallir *a* fel *o*, "ni thyf *dyfal* 'diwyd,' o *ddiwall*" ; nid oes symbyliad i'r llawn wingo am chwaneg. Bai, fodd bynnag, yw darll. *o* yn y ll. fel y gwnaeth Skene.

1324   **noeth**, cf. R.P. 21, ny byd hyvysgwr neb *noeth*.

1325   **ry dyngir**, cf. B.T. 55, ny beirw bwyt llwfyr *ny ry tyghit ;* R.P. 21, ny ry decho *rydygir ;* Cy. vii. 143, Lleas pawb pan *vydygher* (bai am *rydygher*) ; B.B.C. 69, lleas paup pan *rydighir*, h.y. penderfyna tynged adeg marw pob un. Ni bydd neb farw cyn ei amser.
   yt ball. Treiglir ar ôl *yt*, ac os *ball-u* "marw" sydd yma, ni ddangoswyd y tr. yn yr org. Os dilys y testun, y ferf yw *pallu* "methu, fail," weithiau "gwrthod" ; felly Loth, R.C. xxix. 58, "Chacun défaille, quand le moment fixé par le destin est arrivé," h.y. Palla pawb pan ddaw'r adeg dyngedfennol. Yr ystyr orau yn ddiau yw pallu yn yr angau, marw.

1326   **anreithgar**. Cafwyd pedair ll. yn odli yn -*all ;* yna hon, nad yw'n odli ; yna tair yn -*eith*. Gwell yw darll. *anreith* a chael pedair ll." yn odli'n gywir. Yna gellid rhoi *gar* neu *A gar* , "O friend," yn nechrau'r ll. nesaf sydd ry fer fel y mae. Ond gall mai glos oedd *car*, gw. isod.
   anreith, G. 31, (1) "ysbail," (2) "trysor, cyfoeth" ; mewn Cymraeg Canol golyga weithiau "anwylyd" ; felly D.G.G. 22 ; gw. S.E. Fel lliaws o ddiarhebion allan o'u cysylltiadau, amwys yw hon hefyd, oherwydd amwysedd *a* ar y cychwyn ac *anreith* ar y diwedd : (1) "the one I loved, loved booty" ; bardd yn caru preiddiwr ; dyna'r math o noddwr a hoffai ; (2) "What I loved, my love would love," cf. R.P. 8a 35, bit hoffder llawer ae heirch. Y peth yr ydych chwi yn hoff ohono, dyna'r peth y mae cyfaill hefyd yn sicr o ofyn amdano. I gael yr ail ystyr, onid *ef a'e carei a ddisgwylid* ? Felly tueddaf at y cyntaf, cf. M.A. 176a, Detholeis uy rwyf . . . yn anreith odeith odew.

1327   **dwyweith**, Heb. ix. 27, megis y gosodwyd i ddynion farw unwaith. Gall y ddihareb fod yn rhybudd i ryfygus neu'n galondid i lwfr, cf. S. "A man can only die once."

1328   **amsud**, cf. 523, *am sut ;* G. 25, "Naill ai myn. pres. 3ydd un. *amsuddaw neu ans." Ceir odl yn y ll., a rhaid darll. *nid amsudd i vudd ei areith,* neu *nid amsud i vud ei areith.*
Os *amsudd,* cf. *gosudd, disudd ;* M.A. 143a, Rialluoed trwch tebed *ossud ;* 169a, Wedy *cad wosut* . . . Wedy *ced wosep* neb nym deiring ; 166b (H. 114), *Gwyt wossut* llofrut lloegyr dilyn / *Gwyr wosgo ;* 176b, *Kat wossud ket wosseb ;* 235b, Ny lleueir geir gorchalet / Ac ny llud *cat wossud* ket ; H. 98, cadyr deissyf heb *dissut* (odli â *digyflut, diorchut*). Y mae *gwyt wossut* fel pe golygai "plygwr" neu "dorrwr" gwewyr: *cad wossud* yw trechwr "gwthiwr" neu "blygwr" gelyn mewn brwydr, a chyferbynnir ef â *ced woseb* "rhoddwr ced," cf. Walde ar *tundo,* **steud-.* Ond ni fedraf weld ystyr i air cyffelyb yn y testun gyda *budd* ac *areith.*
amsud, gyda *mud.* Dihareb goeglyd? Cf. Hir y bydd y *mud* ym mhorth y *byddar* : A'r *mud* a ddywaid y gwir. Felly "Nid oes fawr o amrywiaeth yn araith y mud !" Y mae *am-* weithiau yn rhoi'r ystyr o amrywiaeth, fel yn *am-ryw, am-liw, amgen ;* ceir *sud* "dull, modd, gwedd" (B. ii. 142) yn I.G.E. 320, A'i *sud* yng Nghadair *Sidi.*
areith, G. 37, traethiad, lleferydd, ymadrodd; B.T. 75, kymry pedeir *ieith.* Symudant (=newidiant) eu *hareith.*

1329   **ceri**, carai, yn hytrach na *cerif* "caraf," gw. 11 ar *gwneif,* "Ni charai cyfiaith gyfofni." Berfenw yw *cyfofni* ac ni all beri treigliad *gwyeith.* Rhaid cymryd *cyfyeith,* gan hynny, fel goddrych? Cf. 682.

1330   **emis**. Ai *emys ?* Gw. G. 25, *amws* "march, march rhyfel, ystalwyn," llu. *emys.*
emwythwas, cf. uchod 650, *emwyt ;* B.T. 24, Auanwyd gwneithyt. ny goreu *emwyt.* yr amgelwch bywyt. Neu *amwyth,* o *am-* a *gwyth* "llid" ; felly gwas neu lanc tanbaid.
amwyn, o *am-* a *gwyn,* fel y dengys yr odl, nid *amŵyn.* Felly "gwyn iawn," cf. *amgoch* "coch, gwaedlyd," G. 22. Y mae meirch llanc tanbaid yn wyn iawn (gan ewyn).

1331   **am swrn**, cf. D. *ymswrn* "pressus" ; T.W. *pressus* "ymswrn, ymwth, ymwasg, ymsang, gwasgiad" ; *contentio* "ymladd, ymswrn" ; *Tragoedia* "rhyw chwareon yn gosod allan wŷr mawr a matteron o drafferth ac ymswrn ac ymrysson mawr" ; *tumultus* "terfysg, ymswrn" ; felly ar *dimico, tumultuo,* "gwneuthur cyffro, ymswrn," B. ii. 318. Helynt neu ymladd am gorn Cuhelyn ! Nid oes dim i ddweud pwy oedd y cornor. Ceir amryw yn dwyn yr enw, cf. M.A. 212b, Ysgwyd ball guall *guhelyn;* R.B.B. 78, kuelyn (vab Gwrgant); 88, k. nai Afarwy; 121, k. archesgob Llundain.

1332 **adef,** gw. 332, yma "trigfan, annedd"?

tangdef, tangnefedd, B.B.C. 71, Caraw voli pedyr a vedir *tagtew* iawn; gw. nodyn Loth, R.C. xli. 225-6. Rhyw chwarae ar air sydd yma, fel pe dywedid "Collid (neu *collwyd*) hedd yn annedd."

1333 **adef led,** gw. 127, od uch *lled* lladei. Ni wn beth yw *adef* yma; gall fod yn enw, "annedd"; yn ferfenw, berf pres. 3ydd a gorchm. 2 bers., ac y mae dieithrwch *lledd* yn dyblu'r anhawster. Tybier mai "gwaed, briw, craith" yw, yna "addef craith iti fod yn ddewr ym mrwydr." Ansicr.

dyd mit, dydd lladd, brwydr, gw. *midlan,* B. ii. 231, "kaythymladd val listys; lle ymladd"; C.Ll.H. 72-3.

1334 **Rudvyt,** darll. *Kudvyt* i gael cyseinedd drwodd? Anhysbys i mi; gw. nodyn amhendant yn P.K.M. 210-1 ar *gwyddfid;* neu *cudd-fyd* "cuddfa," cf. hawdd-*fyd;* neu *cwdd fid* "where is it?"

keissyessyt, ceisiai. I mi y mae blas "would seek out" yn y ffurf. Ple bynnag y cuddiasech eich trysor, *buasai'r* ceisiaid yn sicr o'i chwilio.

keissyadon, llu. *ceisiad?* Cf. uchod ar 554, *haeladon;* B.T. 61, nys gyrr neges y *geissaton* (73, 10, *keinyadon* moch clywyf eu gofalon). Ystyr ceisiad yw chwiliwr, gŵr ar gais, y swyddog sy'n chwilio am droseddwr, gw. G. 125 ar *keis, keissyat;* Stewart-Brown, *The Serjeants of the Peace,* 44, 46.

1335 **mein uchel,** gw. 6 ar *mein vuan* am farch. Ni thâl hynny yma, felly cf. *meinwen, meinwar,* ans. cyfans. cyffelyb, a saif am ferch. Yma addasach yw "mab, llanc ieuanc penuchel," un sy'n fedel i elynion, cf. uchod, 161, oed eruit *uedel;* 310, 793. Cydier wrth y ll. nesaf?

1336 **dy ven,** (1) *dy wên,* cais am nawdd y llanc a folir yn 1335? Dyry *wen* gyseinedd a *warchan*, cf. B.T. 42, 16; (2) *diben* "terfyn," cyseinedd ag *Adebon;* nid yw'n cysylltu'n dda â 1335; (3) *dy ven,* dy nod, h.y. "rho dy nod," marc o gymeradwyaeth, cf. *menu* "gwneud ôl ar rywbeth," gw. uchod ar 1010.

gwarchan, cf. uchod ar 651; Gw. *forcanim* "dysgaf"; *forcetul* (=*gor-gathl) "addysg, athrawiaeth"; Voc. Corn. *vurcheniat* (incantator) =gorcheiniad. Yn Gymraeg hefyd nid oes raid canu i *ddatgan;* cf. y defnydd o *cysul* "cyngor" am gân, C.Ll.H. 152. Y mae Gwarchan Adebon yn llawn o ddysg diarhebol; nid felly G. Tudfwlch na G. Cynfelyn. Lledodd yr ystyr i olygu cân, ac mewn cymhariaeth ag odlau byrion y Gododdin, "cân hir."

Adebon. Fel y saif, enw dyn, a dyna ddisgwylid oddi wrth deitlau'r gwarchanau eraill, lle nad oes le i betruso am enwau fel Tudfwlch a Chynfelyn. Ceir amryw Geltiaid o'r enw *Atepo,* gw. Holder, i. 257; o'r genidol *Ateponis* ceid *Adebon.* Gan fod modd darll. *Addefon,* tybiais gynt y gellid deall y gair fel llu. *addef;* a'r gân fel cyfres o *addefon,* pethau a gyfaddefid fel gwir gan bawb. O blaid hynny yr oedd cael *adef* ddwywaith ynddi. Diogelach yw'r eglurhad cyntaf, a deall Adebon fel enw'r gŵr y cyflwynwyd y gân iddo, nid yr awdur, cf. G. *Maeldderw,* eto gwaith *Taliessin* yn ôl y teitl. Yn groes i hynny, cymerir *Gossymdeith Llefoet Wyneblawr* (R.P. 20-1) sydd yn gân o ddiarhebion fel hon, fel gwaith *Llefoet* ei hun.

1337   **prytwn,** amherff. 1af un. *prydu,* modd dibynnol, "pe prydwn i." Cyfystyr yw â'r ll. nesaf. Yna daw'r canlyniad yn 1339-40, *tardei,* etc. Rhyw fath o ymffrost yng ngrym ac effaith ei awen yw hyn, cf. *Angar Kyfyndawt,* B.T. 19, mitwyf taliessin. *ryphrydaf* y iawn llin.

1339   **tardei warchan gorchegin,** mewn hŷn org. *guorchan guorchegin.* Credaf mai bai'r ysgrifennydd yw *guorchan.* Tybiodd mai'r gair hwnnw oedd *guorchegin* ar y cip cyntaf, gair yr oedd newydd ei gopïo deirgwaith o leiaf. Wedi iddo ei ysgrifennu gwelodd ei fod wedi methu, ond esgeulusodd ei ddileu, ac aeth ymlaen i roi'r gair iawn. Rhy hir yw'r ll. fel y mae. Hefyd nid oes odl yn 1340, ac nid oes Gymeriad i'r llinellau. Felly cynigiaf ddarllen

tardei gorchegin
torch trychdrwyt gweilging
trychinfwrch trychethin.

Dyry'r atrefniad hwn well mesur, odl, a Chymeriad, ac efallai ystyr. (Yn y llsgr. ceir *trychethin trychinfwrch* a nodau o flaen y ddau i newid eu trefn.)

gorchegin, cf. P.K.M. 236. Y mae *cegin* yn golygu "cefn," L.L. li. "? a ridge"; gw. L.L. 390, ac enwau fel *Cecin* Meirch, etc.; 174, bet *cecin* ir alt . . . or blain bet i *cecin* ar hit ir cecin bet ir ford. Ceir *gwrych* am wreichion "sparks," a hefyd am "hedge," a "bristles." Pan sonnir am faedd neu gi yn codi ei wrychyn, yr olaf a ddeallir. Dyna pam y mae'n addas o ystyr yn P.K.M. 55, 11 ; y cŵn yn cilio rhag y baedd a *cheginwrych* mawr ganddynt, er na fedraf gysoni hynny â'r arfer yn I.G.E. 3. Ceir ffurf arall yn *Hen Gwndidau*, 7, mae rhai or byd yma n dwedud / maer ffrangod sy yn *kinwrychy* (sef *ceinwrychu*) cf. B.B.C. 60, gorlas *kein minit;* Cern. *cein* "the back, the ridge of a hill" ; B. v. 247, ar *ceng* ir esceir, a ffurfiau yn L.L. fel *cecg, cecn,* ochr yn ochr â *cecin.* Ond gw. hefyd G. 122, *kegin* "? blew." Yn y testun gellid cydio *gorchegin* a *torch trychdrwyt,* "codai wrychyn Twrch Trwyth" ; pe ceid ystyr. Gwell gennyf ddeall hyn fel marwnad i un oedd *fel y Twrch,* gw. isod, "Pe canai'r bardd ei gerdd, atseiniai pen mynydd," gw. ar 1276.

1340 **Torch Trychdrwyt.** Ceir *torch* yn gyffredin am goler, ond yma gall fod am *twrch.* Anodd peidio â gweld cyfeiriad at y *Twrch Trwyth* neu *Trwyd* yn *trychdrwyt,* baedd enbyd chwedl Culhwch, cf. M.A. 188b, Keffitor ymdwr am *drwyd* heuelyt / *Twrch* teryt yar vwyd ; 298a, Llew llyw orllin milwr *dorch* trin mal aer*dwrch trwyd ;* I.G.E. 31, A gŵr gwynllwyd, *Twrch Trwyd* trin ; 305, A wnai Wilym . . . *Dwrch Drwyd,* â ffleimlwyd fflamlafn ; Gw. *orc tréith* gan Cormac, Windisch, W. 848 (esbonia *triath* fel brenin, "rig," *triath* enim *rex* vocatur ; a hefyd *triath* "torcc," sef *twrch,* baedd, mochyn), gw. R.C. v. 31, O'Clery, *orc tréth* "son of a king" ; 60 ; Reinach, R.C. xxii. 157, "Le sanglier, *totem* et emblème des Celtes continentaux, est également un animal sacré et symbolique en Bretagne" ; 158, ar y baedd fel arwydd yr Ugeinfed Lleng Rufeinig, "as an emblem of Caledonia" ; Loth, R.C. xliii. 157-8, ar *tríath* a *trwyd ;* a hefyd ei Fabinogion, i. 310.

gweilging, gw. 868.

1341 **trychinfwrch.** Ystyr *ffwrch* yw "gafl," ffurf wrywaidd yw a etyb i *fforch,* D.G. xvi. 1, Tydi'r Carwiwrch *ffwrch* ff[o]awdr ; lxv (Rhuglgroen) Cloch ddiawl a phawl yn ei *ffwrch.* Dieithr yw *trychin* i mi. Ai "aflan" ? Cymerer fel *try-* a *cin* (i ateb i *try-cethin*) ; B.T. 52, 14, pobyl *ginhiawc ;* R.P. 89a 39, Kynnic ym vutred *kinyawc* drewedic ; G. 141, *kin-*groen "math o gaws llyffant drewllyd."

trychethin. Ar *cethin* dyry D. "color fuscus . . . idem quod *dwnn.* Item horrendus, terribilis" (R. "a dun or dark colour, brown, swarthy, dusky ; horrible, dreadful, terrible") ; G. 138, "rhuddgoch, gwyllt, milain, ffyrnig" ; Pen. 49, 123a (Ysgyfarnog) kath hirdaith *gethin*fraith gern (D.G. l. 15) ; Ll.A. 96, rei onadunt o gor kanneitrwyd y gwerydon . . . ereill o *gethinder* y penytdynyon gwedwon ; M.M. 108, O byd *kethin* y trwnc yn yr heint gwres ; Pen. 76, 168, edrych yn y drych dy dro / ath wyneb yn *kethinio ;* Th.M. 165, yn wyneb sy'n *cethino,* y corph sy'n crvvmhau . . . yn golwg sy'n pallu, yn gvvallt sy'n cvvympo ; Y.D. 43, Y mae angau yn edrych yn *gethin* arnaf (gw. Z.C.P. vii. 378, ar CATTINOS).

1342   **kyrchessit en avon,** gw. W.M. 252b (Twrch Trwyth) ae yrru anghen yn anghen *yn hafren* . . . Brathu amws o uabon uab modron or neilparth a chael yr ellyn y gantaw. Ac or parth arall y *dygyrchwys* kyledyr wyllt y ar amws arall gantaw *yn hafren.* ac y duc y gwelleu y gantaw.

ceinnyon, G. 123, llu. *kein :* (1) "dillynion, pobl a phethau heirdd, tlysau" ; (2) "Y ddiod gyntaf a ddygid i'r neuadd," gw. uchod, 399. Yma, os cyfeirir at dlysau'r Twrch Trwyth, nid wyf yn deall *kynn no* yn y fath gyswllt. Ond os at arwr *fel* y Twrch, sef Cynfelyn, deallaf *kyrchessit* fel "cyrchodd" ; *cyn no* fel "o flaen" ; *ei geinion* "ei anwyliaid," neu ei filwyr heirdd. Yna daw disgrifiad o'r ymladdfa. Ni fedraf weld synnwyr ond yn y dull olaf hwn o ddehongli'r cyfeiriad. Hysbys oedd yr hen gyfarwyddyd am ruthr y Twrch a'i erlidwyr i Hafren : felly y cyrchodd Cynfelyn a'i wŷr ar ei ôl.

1344   **Carn Gaffon,** enw lle. Y gair cyntaf yw *carn* "carnedd," cf. C.Ll.H. 184 ar *Carn Cabal* yn Nennius ; *Tal.* 165, lle cynnig J. M.-J. *caffon* "horses." Daw carnau'r meirch yn y ll. nesaf. Tyllid y Garn gan garnau yn y rhuthr.

riwrhon. Amheuaf *rh* yma ; ai bai am *th ?* Gair da am feirch cyflym fuasai "mythion," ac nid amhosibl adfer hynny yma trwy ddeall *ri* fel bai am *m (muthon).* Ond cf. hefyd B.T. 73, wy gwnant aer ar vrys am lys lonyon . . . Ny nothwy dinassoed *rac y rwython* (=B. iv. 47, ny nothuy dynasott *rac y ruython.*) Beth bynnag yw *rhwython,* perthyn i fyd milwriaeth, a digwydd fel yn y testun ar ôl *rac ;* felly cf. M.A. 174b, Hael am rann am *ruythvyu* (H. 157, *rwythyw*) ; B.B.C. 77, radev *rvytheint* (nid yw Gw. *rucht* "tunic," Windisch, W. 750, yn helpu, nac O'Clery, R.C. v. 38, *rucht* "loud shouting" ; hefyd "mochyn." Mwy gobeithiol yw O'Davoren, A.C.L. ii. 438, "torc *ruchtach* "strong boar" . . . *Ruchtach* is glossed by *laidir* "strong" in H. 3, 18." Gwna "cedyrn" y tro am *rwython,* efallai, a dyry well synnwyr na *mythion.* Os cedwir *-rh-,* gellid "rhy-wron," gan fod *rhy-wr* a *rhywyr* yn digwydd. Ond unigol yw *gwron,* a lluosog sy'n angenrheidiol yma i gydfynd â 1346-7.

1346 **ryueluodogyon.** Ar *bodawc* "constant, steady," gw. B. iv. 60; G. 69; C.Ll.H. 104, 165; gyda rhyfel, awgryma filwyr profedig, wedi hen arfer mewn rhyfel, "veterans" bron iawn, neu ynteu filwyr dibynnol ym mrwydr. Eir ymlaen i'w disgrifio yn 1347.

1347 **esgyrn vyrr.** Credaf mai bai nas dilewyd yw *vyrrvach,* ail gopïo *vyrr* a chydio wrtho *vach-,* bai am ddechrau *varchogyon.* Os cedwir, rhy hir yw'r llinell. Ni thâl *byrr* "bychan, short"; gwell gennyf fuasai ffurf ar *bwrr* "tew, cryf, mawr," Gw. *borr,* B. vii. 35-6; esgyrn mawr oedd i'r marchogion hyn.

ylvach. Gan y treiglid ar ôl amherff. 3ydd, gellid darll. *Gylfach.* Ai atsain o 1344? Os felly, enw lle, bachigyn o *gwlf,* D. *gwlf* et *gwlw* "crena, tenus, incisura. De arcuum et sagittarum crenis dicitur. Dan ddau *wlf* y daw'n ddolen, T.A. i fwa. Gwelw yw'r llin o'r *gwlw* i'r llall, N. i fwa" (T.W. *crena* "rhigol, bwlch, gwlf saeth neu fwa, bylchiad"), cf. Gw. *gulba* "beak"; *gylfin* "pig aderyn." Disgrifiad da o'r bwlch ym môn saeth, a'r bwlch i'r llinyn ar ddau ben bwa fuasai pig aderyn (yn agored). Felly daw *gwlf* o'r cyflwr enwol, a *gylfin* o gyflwr traws yr un gair. Cynigiaf "bwlch" fel ystyr Gylfach.

1349 **govurthyach,** cf. G. 83, *burthyat* "gwasgarwr, chwalwr, terfysgwr," *b. cat.; burthyaw* "gwasgar, chwalu, tervysgu, ? gwrthladd."

1350 **ryt gwynn.** Benywaidd yw *rhyd,* ac felly enw dyn yw Gwynn yma, cf. Rhyd Wynn, ym Môn. Collwyd rhan o'r testun.

1351 **Eingyl,** "Angles," yr unig enghraifft yn y canu.

yawn llad. Odl Wyddelig sydd rhwng *lladd* ac *-yal,* cf. B.T. 46, *cussyl, ufyd;* 60, *emyl, luyd;* 67, *gefel, gwythloned.*

1352 **briwyn,** cf. B. vi. 136, *Briwynt* calch ar drwyn; gw. G. 77, *briwaw* "torri, dryllio, archolli." **briwyal** "? lladdfa, aerfa." Cf. G. 113, *carnyal* am y ffurf, neu C.Ll.H. 75, *prennyal;* gw. 1355, *disgynnyal.*

1353 **canhwynawl,** G. 106, "anianol, gwreiddiol, cynhenid"; gw. hefyd B. viii. 228-9, *oryeu kanhwynawl* am weddïau oriau rheolaidd yr Eglwys "canonical hours."

cann, cf. C.Ll.H. 2, Rac *carn cann* tal glann a *vriw* ; nodyn td. 62, "march cann neu wyn," G. 106-7. Ai "thoroughbred, diledryw" yw *canhwynawl* yma ?

1354 **lluc,** gw. C.Ll.H. 189, (1) "golau" ; (2) "du." Yma, haer*llug?* **yr duc,** ry ddug, gw. P.K.M. 170, ac *yr* gyscwys ; M.A. 198b, peth or wawd *yr* geint.

dyvel, o'r un gwr. â rhy*fel?* Cf. B.T. 41, 18, ban *erdifel* tanc (berf); B.B.C. 4, llat *dyuel* oe diuet kyulauan *ab erbin* ae uerin a wnaethant (enw dyn).

1355 **disgynnyal,** cf. 679, *ysgynnyal.*

alel, tr. o *galel* am *gallel,* berfenw *gallaf,* cf. *gadel.*

1356 **dewr,** gw. uchod, 623, 717, milwr dewr, neu ynteu *Dewr,* un o'r Deifr.

dy sel. Nid *sêl* "seal" sydd yma. Cf. D. *sêl* "speculatus" ; *selu* "speculari, prospicere" ; *selwr* "speculator" ; D.W.S. *sely* ne spio "Spye" ; D. *seldrem* "Antiquis manipulus" ; Ni ad fy nrem *seldrem* sêch (T.W. *manipulus* "llonaid llaw, dyrnaid, munaid, mawaid, ysgubell") ; R. "a lay of corn which a reaper spreads after he hath reaped it." Yn Arfon dywedwyd wrthyf mai dwy *seldrem* a ffurfia ysgub (o ŷd). Neu cf. R.P. 2b 10, Nessaf yw nes y amser / kennadeu an *sel* / y bennaeth yn llaw howel ; H.G.C. 110, anaeth diarvor *dygosel* "uenturus de mari *insidiaturus*" ; R.M. 107, A *sel* m(ab) *selgi.* Gwelir fod amryw eiriau *sel* i gael, ac y mae gormod o ddewis i gynnig ystyr mewn cysylltiadau mor dywyll â'r testun. Gair am ergyd a ddisgwyliwn i yma i arwain i 1357.

1357 **hemm** "rivet," gw. B. iv. 57 ; B. ii. 144, *hem* "arfau" ; Gw. *semmann,* enw llu. "rivets," Windisch, W. 767. Felly *lletem* (o *lled-* a *hem*); cf. bygythiad Deheuwr i roi "hemad" i'w elyn, sef dyrnod go bendant.

1358 **cibellawr,** "? crwyn," gw. B. vii. 276, llu. *cibell,* bachigyn o *cib* "llestr, plisg," gw. G. 139, *kibell* "? cwpan, llestr."

gemm. Nid *gem* "tlws, jewel," ond *gem* "cenn, croen," gw. B. vii. 276. Dyrnod drwy hoel a hem ar y darian, a thrwy groen a chenn hefyd, y lledr oedd fel croen am y darian, neu ynteu y llurugau "gemog" a oedd am y milwyr, cotiau lledr a thefyll o haearn arnynt.

1359 **dhrein,** darll. *drem,* trem. Ai'r wynebiad o aur ar y darian ?

1360 **dyvyd,** a fydd, a ddaw, pres. *dyfod.*

NODIADAU

Gwynnassed Velyn. Ni wn ai Melyn ai Belyn. Am y llall cf. A.C.L. ii. 166, *Gwennassed* ferch Rein Hael, gwraig Sawyl Benuchel, mam Asa, L.B.S. i. 178 ; ii. 182 ; iv. 369, *gwennasseth* verch riein o rieinwc ; 371, *gwenssaeth* uerch rein o rieinwc. Hefyd B.B.C. 67, Bet unpen o pridein *yn lleutir guynnassed*. yn yda lliv yn llychur. ig kelli uriauael bet gyrthmul. Amlwg yw na all *Gwynnassed* fod yn enw merch, os *melyn* yw'r ail air, canys ceid *melen* pe felly. Os bro yw neu wlad, disgwylid *melen* hefyd, cf. Cymru *Wen*. Ni wn a ellir deall hyn fel "bydd galar dwfn i Wenasedd (gwraig neu wlad) Belyn." Y mae *e greu* "ei waed" ac *oe gylchyn* yn y ll. nesaf yn cyfeirio at enw gwrywaidd, ac felly yn ategu Belyn, os yw'r testun yn ddilys. Nid yw B.B.C. 67 yn profi, fel y dywedir yn L.B.S. ii. 182, mai gwlad yw Gwynnassedd. Gall fod yn enw gwlad neu'n enw perchennog y lleutir, cf. *Powys Fadog*.

1362   **cylchyn,** cylch, cwmpas, G. 230.

1363   **celedic,** cudd, cuddiedig, G. 126. Nid oes wledda oherwydd y galar, ac felly ni welir ewyn ar y medd.

1365   **eil,** cf. 1362. Prin bod angen y ddwy linell. Os oes dileu i fod, dileer yr enghraifft gyntaf, ond haws deall *e* nag *eil*.

1367   **casnar,** G. 115, "llid, gofid, poen ; ans. llidiog, milain" ; hefyd enw dyn, gw. P.K.M. 162 ; C.Ll.H. 70, "cyfystyr ag *arwr* weithiau."

pryffwn, R. (dilyn D.) "*pryffwnt, pryffynt,* and anciently *pryffwn* 'the chief, the choicest, the top. Pryffwnt y farchnad.' 'Gadewais a hyntiais hwnt / Prif-ffordd y bobl ai bryffwnt' (D. *pryffwnt*), D.G. 'Gogwn Dduw pryffwn y proffwydi,' P.M. 'O borffor o bryffwn fliant / O bali ac aur ac ariant,' P.M.", cf. M.A. 170a, Beirt ganllaw itaw oetwn / Ym pwyllad am braffgad *bryffwn ;* 175a, Pebyllywys fy llyw yn llu hyvryt praff / Ar *pryffwn* o wyndyt ; 188a 13, *Pryffwn* gawr priodawr preitwal ; 230b, Ar gystlwn *pryffwn* y proffwydi ; I.G.E. 402, *priffwnt ;* R.P. 167a 19, Ym-*pryffwn* rywrys yn reoli gwrys. Nid yw "blaen, gorau" ymhell o'r ystyr. Cf. yr enw pers. *Tryffwn*.

bar, tr. o *par* "gwaywffon." Ei wayw ef a lediai'r ffordd.

1369   **goborthyat,** un a borthai, bwydwr.

1370   **denin,** gw. ar 875, *dynin ;* 884, *dinin*.

dwyar, darll. *adwyar* "gwaedlyd." Cf. C.Ll.H. 185, *kelein aruiar ;* ac uchod, 776, *a wyar ;* 784, *ad guiar*.

1371   **dyrreith,** gw. 801, "rhedodd."

grad voryon, meirch am fod eu *cam* (gradd, Ll. *gradus*) mor fawr. Llu. *mawr* yw *moryon.*

1372 **haelon,** gwŷr hael, penaethiaid, B.B.C. 6, Seith ugein *haelon* a aethan ygwllon.

1373 **kyvret,** mor gyflym â, G. 215.

kerd wyllyon, cerdd wyll(t)ion. Yma "taith, cerddediad" yw *kerd,* a llu. *gwyll(t)* yw *gwyllyon,* gw. B. i. 228-34, ar y gwallgofiaid a elwid felly, a'r *geilt* Gwyddelig. Am yr olaf, dywedid, "Their swiftness is said to be so great that other men cannot approach them, and greyhounds just as little as men," *Irish Texts Soc.,* Vol. xii., td. xxiv. n. 2.

gwelling diryon, gw. C.Ll.H. 214, ar *tirion* "tywarch, maes," Llyd. *tirien,* R.C. xxiv. 411.

gwelling, D. *gwellig* et *gwelling* "defectus" a *gwall.* Ni thâl hyn : cymysgodd ddeuair, cf. M.A. 165a, *Frwyth wellig ;* 169a, Y mywyd rityd *ruteur wellig* (R.P. 171b, *welling*); 176b, Detholeis uy rwyf yn *rad wellig* mawr ; 185a, Eil welygort vawr *veirt wellig* am peirch ; R.P. 37b 6, *gwelligrat* gwallouyat ; 71b 14, Ryng *wellyng* wallaw ; 150a 13, Kynran rann gyfran *gyfret welling* bard. Yn ôl Loth, R.C. xxxi. 508, ei ystyr yw "répandre, lâcher sur" ; cymer ef fel berfenw neu ans. berfol o'r ferf *gollwng,* a dywed nad yw ei ystyr yn glir yn y testun. Yn B. iii. 270, cynigiais fod *beirdd welling* yn golygu un sy'n rhoi i'r bardd ; ond *eur welling* "aur roddi." Ni thâl yr un gyda *tiryon.* Fel glos yn Juv., ceir *guollung* neu *ruid* "rhwydd" i egluro *vacuum ;* os yw hwn yn perthyn, "tir agored, heb goed" yw *gwelling diryon,* lle addas i feirch redeg yn gyflym. Gan fod cryn gymysgu ar y terf. *-ing* ac *-in,* gellid darll. *gwellin* yma, sef ffurf yn *-in* o *gwell(t),* cf. *derw, derwin,* a'i ddeall fel "ar faes gwelltog."

1375 **anaw,** cf. 986. Yr ystyr yma yw "rhodd, budd," gw. *Gemau'r Gogynfeirdd,* 100-2 ; G. 26 ; C.Ll.H. 147, cf. hefyd B.T. 59, 12, a chwanec *anaw / bud* am li am law. Yma ceir *bud* fel gl. ar *anaw,* a lithrodd i'r testun ei hun, neu ynteu roi cyfystyr yn nechrau'r ail linell ; M.A. 230a, Ket ath vo d. *golut* goleu *anau /* Nath dynnit eldit (bai am *edlit*) er i rdau.

1376 **ys meu,** cf. 1317.

1377 **eny vwyf y dyd taw,** cf. C.Ll.H. 51, Ef *cwynif oni fwyf* i'm derwin *taw ;* ac uchod, 59, *en daw.*

1378 **gomynyat,** lladdwr, trychwr, gw. 26, *gomynei.*

ehangseit ervyn, cf. W.M. 244a (Cei a chleddyf Gwrnach), Kymryt agalen gleis a oruc kei ydan y gesseil. Pwy well genhyt arnaw ae *guynseit* ae *grwmseit* . . . Glanhau a oruc hanher y lleill gyllell idaw (felly R.M. 127, or deu pwy oed oreu gantaw ae *gwynseit* ae *grwmseit*). Amlwg yw mai bai yw'r ail am *gwrmseit*. Y dewis oedd *gwyn-* a *gwrm-* "glas," gw. Loth, *Les Mab.*[2] 320, en *blanc* ou en *bleu;* nodyn, td. 419 : A.L. i. 586, *Cledyf breulifueit* deudec keinnawc a tal. Cledyf *gwynseit* pedeir ar hugeint a tal ; 726, or byd gwyn*seil* (bai am *-seit?*) ; ii. 866, Gladius, si fuerit *breulim* [exacutus], xii denarii. Si fuerit *guinseit* [capulum album] xxiii i denarii legales. Yr esboniad hynaf, felly, ar *seit* yw *capulum* (T.W. "dwrn arf"), cf. *Hen Gwndidau*, 195, Prawf di dy gleddyf yn sicr yn y *said;* R.P. 134a 37, moel*seit;* D.G.G. 99, A'r ffluwch . . . Bob dyrnaid *o'i said* a syrth (y bardd yn colli ei wallt o'r bôn) ; R. *said* "a tang . . . hilt or handle of anything."

Yn y testun y mae *ehang* gyda *seit;* felly "erfyn mawr ei garn."

1380 **gochawn,** gefell *gogawn (gogoniant)*, cf. *dichawn, digawn;* hefyd G. 163, *conet* "gogoniant, anrhydedd, urddas, syberwyd" ; *gogonet*, gw. Loth, R.C. xxxi. 480 ; B.T. 44, *Gochawn* ymedut ymolut gofrein ; 61, *gochawn* marchawc mwth molut gwryon. Yn y testun "hyfrydwch, balchder" ?

kyrd, gw. 331, 800.

keinmyn, G. 125, "gwiw, gwych, eiddun, anrhydeddus," cf. 1383, *etvyn*.

1382 **kylchwy,** gw. 395, "tarian," a "cylch, goror."

gwylat, ans. "llawen" (C.Ll.H. 152, 198) ; enw a hefyd berfenw *gwyliaf*, R.M. 98, ef e hun y nos honno yn *gwylyat*. Gyda *kylchwy*, dealler fel "un yn cadw'r gororau."

1383 **etvyn,** cf. 125, *etvynt;* neu ynteu, *at-* a gwr. *myn-*awc ; M.A. 148b 20 (berf), ar ail llam am *edfyn* / yw llad llywelyn (o *byn "taro") ; 166b, y angert nyd *eduyn;* 182a, Hoedyl *etvyn* hoen dyn dibarha ; 228a, Tir ry gymyrth Crist o groes *eduyn* kethri . . . Duu am duc yno : 230a, Goreu guaredret *goreduyn* ffau. Yn y testun ans. yw.

gwr gwned, gw. 219.

Gwyned, cf. 220 am un arall o Wynedd.

1384 **dychiannawr.** Anhysbys. Gall fod yn ffurfiad berfol fel *traetheannor* 949 ; neu enw, neu ans., cf. B.T. 55, 9, *kerd glywanawr;* 54, 5, Neut wyf glot geinmyn *cerd o chlywir;* 56, 5, o gyfranc udyd ae *gwidanhor;* 8, o gyfranc udyd ae *gwidyanhawr*. Y gair tebycaf iddo a wn i yw 50, *dychiawr*, a phe medrid profi mai terfyniad yw -*awr* yn hwnnw, ac mai berf sydd yn y testun, buasai'r un berthynas rhwng *dychiawr* a *dychiannawr* ag sydd rhwng *meddir* a *meddiennir*. Yr anhawster yw *dychiorant*, 132, 1407, a chystrawen *dewr dychianat*. Yn y darn hwn o'r llsgr. ysgrifennir *i* gytsain fel *y*, e.g. *gomynyat, vyrywyt, vleidyeu* ; yn *dychiannawr* ceir *i*, awgrym mai llafariad yw, ac wrth gwrs, *i* lafarog sydd yn *ciawr, dychiawr*. Felly ystyrier Gr. k̯iō, k̯ineō ; Ll. *cieo, cio* ; gwr. **qēi-, q̯l, qi-* ; cf. uchod 404, *rygiawr* ; 909, *dygiawr*. Ar ffurf oddefol yn -*onnor*, gw. V.V.B. 205, *planthonnor* "fodientur."

dewr. Amwys, gw. 717.

dychianat, enw, berfenw (cf. G. 281, *chwibanat*) neu ferf amherff. 3ydd fel *gwyddiad, adwaenad*. Cofier y gall y ll. gysylltu'n dynn â'r ll. nesaf.

1385 **kyverthrynneit.** Odlir â 1392, 1393, 1394, 1397, 1400. Am y ffurf, efallai *ky-wrth-ryniaid*, neu ynteu *kywerth rynnaid*, neu *rennaid*. Ar *rhennaid* gw. B. v. 231, math o fesur, Llyd. *renn* "quart." Ar *rhynn*, gw. uchod, 81 ; ar *grynn* "gwthio," B. iii. 54–5 ; *gwrthrynn*, B.T. 14, kymry a saesson kyferuydyn yam lan ymtreulaw ac *ymwrthryn* ; B.B.C. 58, ad vit *imurthrin* ina gan vytinaur ; R.P. 5a 8, gwr *gwrthryn* ; 21, 10, Dyvrys gwanec *dygwrthryn* gro ; 167a 28 ; 175a 5 ; R.C. xli. 218. Ar y testun cynnig G. 208, mai llu. *kyverthrynnyat* ydyw, "? gwthiwr, gwrthsafwr, gwrthwynebwr, neu (march) a erthycho neu a anadlo'n galed"—gan ei gydio wrth *rynn* ; ansicr yw "ai *kyverth*—fel yn *kyuerthwch*, ai cyfuniad o ragddodiaid ydyw'r rhan gyntaf." Gan fod *gwrthryn* i gael, gwell gennyf *cy-wrthryn-*, cf. am ystyr G. 208, *kyferbynnyat* (a'i lu. *kyferbynnyeit*) "gwrthwynebwr." Amwys yw'r ffurf, fodd bynnag, gan fod *erbynnyeit* yn digwydd fel berfenw. Yn y testun gwell gennyf enw gweithredydd llu. gan fod *gleissyon* yn ans. lluosog. Anffodus yw y ceir *glas-lanc* a *march glas*, peth sy'n peri petruster am ystyr y llinell oll. Sylwer mai am feirch y sonnir yn 1388, ac efallai yn 1387.

1386 **dy en rud.** Ai *dien* "hardd" (B.T. 32, 6) a *"rhudd"* ? Neu *dien* "gwellt ?", B.T. 33, 9, gwaet ar *dien* ; B.B.C. 35, attpaur a *dien* ; 89, reuhid *dien*.

1387 **enys,** un ai "ynys" neu *emys* ll. *amws* "march."

gwerth ruduolawt, darll. *gwerth rud* i gael odl â 1386. Wedyn ceir *uolawt ved* fel llosgwrn heb y brifodl. Darll. *ve*[*i*]*d*[*yeit*] neu *veidyat*.

gwerth rud. I gael odl, rhaid deall *rud* yma mewn ystyr wahanol i'r un yn y ll. o'r blaen, neu ddarll. *gwerthvud(d)*. Gwell gennyf yr ail, canys cyseinia hynny â'r llosgwrn.

molawt, cf. B. vi. 219, cf. isod, 1429.

[meidiat], meiddiad, un yn meddu, gw. B.T. 53, duw *meidat* duw dofydat, B. i. 29.

1388   **Eithinyn,** gw. 422.

ynt blennyd. Mewn ll. anodd isod, 1464, ceir *blen blenwyd*, ond gw. G. 62, "*ynt* gyda threigliad meddal cymhwylliad a'i dilyn yn uniongyrchol"; felly *plennyd* yma? Cf. H. 156, kertoryon neut ynt *geith;* lle tr. *ceith* ar ôl *neut ynt*. Daw o *plant-* neu *plann-*, cf. H. 108, Molaf wr klydwr klutawd y eirchyon / eirchyeid ar *blanhawd;* Juv., V.V.B. 205, *plant honnor*, gl. ar y Ll. *fodientur;* Ox. 1, creaticaul *plant*, gl. ar genialis *praeda*. Rhywbeth fel "cleddir" yw'r ail; nid felly yw'r cyntaf. Ni thâl *plannu* am noddwr a'i eirchiaid. Ar antur cynigiaf fod *plennydd* yn gamrannu neu ddiddwythiad naturiol o *ysplennydd* o'r Ll. *splendidus;* cf. Loth, M.L. 216, Cern. *splan,* Llyd. *splann* o'r Ll. *splendens*. Hefyd, cf. gwraig *bwys* o'r Ll. *sponsa?* Ni rydd D. na R. *ysplann*, dim ond *ysplennydd;* ond dyry Pughe gyfres, *ysplan, ysplana, ysplander,* etc., a *plenydd* "radiance, display, light" (o *Barddas!*), ffurfiau gwneud a dynnodd o *ysplennydd* yn ddiau. Tybed nad o'r un (s)*plan-* y daeth y ferf yn H. 108? Yn y testun gair am feirch mewn cyflwr gwych yw *plennydd,* cf. 146, edystrawr *pasc*. Am odl *-yd(d), -yn*, cf. 1360-1.

1391   **ar Ododin,** fel chwanegiad at y Gododdin? Odlir *-in* ac *-yn?*

1392   **dogyn.** Fel y dywed D., ei ystyr gyffredin yw "mesur, neu fesur dyledus," ond defnyddid ef gynt fel cyfystyr *digon;* yn y gyfraith *dogn fynag* ar leidr yw "llw crefyddwr a dyngo ei weled liw dydd goleu a'r lladrad ganthaw" (videtur significare *satis plenam et manifestam* rei nunciatonem), cf. isod, 1467-8; G.M.L. 118, *dogyn* "fill, sufficiency," fel ans. "full, sufficient." Ans. yw yma.

cymhwylleit, o *cymhwyllaf,* gw. 75; dichon mai llu. *cymhwyllyat* yw, fel y dywed G. 235, sef "traethiad, crybwylliad"; ond gyda *dogyn,* tebycach mai berfenw, cf. R.P. 51a 25, Rac mvrn a thwyll a *dogyn gymwyll* a dygyn gameu. Gall "o ddyn" (gw. isod, 1480) ddibynnu ar enw llu. neu ferfenw. Os *gwarchan Kynfelyn* yw goddrych *goruc,* ymffrost bardd sydd yma fel yn 1337-9; fod y gerdd yn cynnwys mawl teilwng o'r gwrthrych. Os *Kynfelyn,* ei fod ef wedi cydnabod y bardd yn deilwng trwy'r rhodd a nodir yn y pennill dilynol.

1393 **drwn,** cf. i ddechrau 459, *drynni,* neu ynteu darll. *dwrn.*

oreureit, *gor-eureit,* cf. W.M. 229b, buelin *goreureit;* 228a, deu par *aryanheit* . . . Cledyf *eurdwrn* ar y glun a *rac llauyn eur* itaw. Toddaid Byr yw'r mesur, a'r gair cyrch *am rodes* yn odli â *lles.*

1394 **yw,** i'w.

1395 **e vab.** Hir yw'r ll.; darll. *mab?* Naturiolach deall mai Cynfelyn yw mab Tegfan ac ŵyr Cadfan, na bod sôn yma am ei fab Tegfan, fel y tybiodd Loth, R.C. xlvii. 6, n. 4. Y mae ail adrodd *-fan* yn enwau'r tad a'r mab, Teg*fan* m. Cad*fan* yn cytuno â'r arfer y cyfeirir ati uchod, ar 291, Bud*van* vab Bleid*van.*

1396 **rif,** yr unig enghraifft yn y canu. Efallai y gellid cydio'r ddau enw yn y ll. a deall *wrth* fel yn B. vi. 219, *gurd* meint i comoid i molaut "wrth (neu *yn ôl)* maint ei gyfoeth ei folawd." Felly edmygir (anrhydeddir) Mab Tegfan yn ôl rhif ei roddion, maint ei rannu.

1397 **greit,** gw. 266.

1400 **reit,** gw. 355; C.Ll.H. 178, *dit reid.*

1404 **uch med menestri.** Anodd gwneud mesur yma; gellid cydio hyn wrth 1403, a chael Toddaid. Cyfetyb y llinellau i ddiwedd xxi uchod, a'r geiriau hyn i 239, *uch gormant wirawt.* Ceir *menestr* yn *Hirlas Ewein,* M.A. 191, am y swyddog sy'n tywallt gwirod i'r arwyr yn y llys. Ymddengys fel benthyg sicr o'r Ffr. Hen, *menestre,* cf. D.G. xiii. 44, A golau *fenestr* ag hael fwyniaint. O'r Ll. *minister* ceid *mynystr;* efallai *mynestr* trwy gydweddiad â geiriau o *-estris,* cf. *pedestr* (Ll. *pedestris), eddestr.* Neu ynteu ceid *mynestr* yn rheolaidd fel benywaidd *mynystr o'r Ll. *ministra,* cf. B.B.C. 106, y *vachteith* . . . finaun *wenestir;* a gallasai amlder yr enw am forwyn ladd y ffurf wrywaidd reolaidd, cf. gŵr *gweddw,* yn lle *gwyddw,* gw. ar 265. Wedi i Ffr. ddyfod yn hysbys, troisid *mynestr* yn *menestr* yn rhwydd ar ddull gair yr iaith honno. Yn y testun gellir darll. *mynestri* neu *menestri* oherwydd amwysedd *-e-* yn yr org. (cf. *menawc, mynawc; mennws, mynnei*), a hefyd cofier yr ymgyfnewid sain mewn geiriau fel *ennill, ynnill; cenfigen, cynfigen.* Arhosais ar hyn cyhyd, gan mai dyma'r unig air yn y canu a all fod yn fenthyg o'r Ffrangeg. Os benthyg yw, tystia i ddiweddarwch y testun hwn, ei fod yn tarddu o'r cyfnod pan oedd termau Ffrangeg yn hysbys yn llysoedd y Cymry. Y mae hynafiaeth yr iaith, drwodd a thro, yn erbyn credu dim o'r fath. Cynigiaf mai llu. *mynystr* sydd yma, benthyg syth o'r Lladin, cf. Voc. Corn. *menistror* (=pincerna), o ffurf fel *ministrarius*, ar ddelw *oberor* o *operarius*, etc. ; ynddo ceir -*i*- yn yr ail sill, nid -*e*- fel Hen Ffr. Petai mwy o gysondeb mewn org. Cernyweg, gellid pwyso ar hynny.

1406 **Catlew**, gw. 300. Ni ddigwydd *Cadreith* yn yr odlau, ond cf. R.M. 330 (Index) dau *Kadyrieith*.

Catnant, enw lle go gyffredin. Ceir un ger Porthaethwy ym Môn ; un arall ger Caernarfon ; a'r trydydd ger Conwy—i mi wybod.

1407 **dychiorant**, gw. 132.

mab coel. Efallai mai Coel oedd enw tad Aneirin : nis rhoddir yn yr achau. Neu gall *mab coel* fod yn enw cyffredin yma, cyfystyr â bardd, cf. *mab llên* am ysgolhaig, darllenydd, cf. Gw. *fer legind* "gŵr llên," *lector*. Yn 967 ceir *coelcerth ;* ni wn beth allasai *mab coel certh* olygu, ond rhaid ystyried y posibilrwydd. Ai "proffwyd" ? Yn y testun gellir cymryd *kerth* gyda *coel,* neu ymlaen gyda'r geiriau nesaf. Darllen y ll. yn well yn y dull cyntaf.

gwerth, "pridwerth, ransom," gyda **gwnaethant**, cf. P.K.M. 63 (am y llygoden hud) *gwna y guerth,* "dywed am beth y rhyddheir hi, state your price." Rhoed pris da ar y bardd, medd y ll. nesaf.

1410 **evnyvet**. Yn 1005 ceir *avneuet,* negydd *neuet.* Nid hynny sydd yma, fel y dengys *ev-,* yn lle *af-*. Rhaid cael -*y*- neu -*i*- yn y sill dilynol i wyro *af-* i *ef-*. Felly cf. (1) P.K.M. 298–9, ar *nyfed* "sanctuary, teml, llwyn sanctaidd," neu (2) *einiwet, eynywet, enwywet, eniwet* "niwed," gw. y cyfeiriadau yno. Y mae negydd *nyfed* "sanctuary" yn cyfateb yn dda i *nyt nodet* ar yr olwg gyntaf : ni chawsant nodded ond af-nodded. O'r tu arall y mae *eynywet* "niwed, colled, drwg," yn bosibl fel y gwreiddiol a ddarllenwyd yma fel *evnyvet,* a gwedda'r ystyr yn well, niwed, colled, nid nodded a gawsant, gw. XLIV, yn arbennig, 557. Ni thalwyd y gwerth, ond achubodd Keneu ef "o nerth e kledyf."

e cawssant, darll. *ry gawssant*.

1411 **gwarchan kyrd kynvelyn**, cf. 1380–1. Gochawn *kyrd* keinmyn / yw *gwarchan kynvelyn.* Cyrdd Cynfelyn oedd ei luoedd.

kyvnovant, cf. 179, *nouant.*

O hyn ymlaen, nid oes i mi ond cynnig ambell air. Ni raid synnu at fraint Gwarchan Maeldderw ! Ymddengys i mi fel

cymysgfa o ddiarhebion tywyll, a moliant i'r arwr, Maeldderw,
ac ni welaf ond llygedyn yma ac acw o oleuni ansicr.

1412   **doleu**, llu. *dol,* heddiw "maes gwastad ar lan afon," cf. W.M.
65a, *dol wastat ;* gynt hefyd y tro yn yr afon ei hun, "loop," gw.
C.Ll.H. 51, *dolau Taf;* yr enw lle, *Dolau Cothi ;* B.T. 80, 20,
doleu prydein ; D.W.S. *dol* ne vaynol, "a dale, vale," *dol ych* "Oxe
bowe," *doleu dylaith* "staple" ; B. iv. 203, gwasgu y *ddol* arno ;
A.L. i. 316, kau *dol ar e echen ;* y ddau gylch sydd ar siswrn, W.M.
230b, gwelliu a *doleu* aryant idaw ; heddiw *dryntol, drontol* (dyrn-
ddol) "clust" cwpan, yr hanner cylch dan y gliced lle gafaelir
mewn drws ; Loth, R.C. xxxv. 296-7 ; xlii. 86-7 ; B.T. 20, 2,
am *doleu* dynwedyd ; 33, 6, keint . . . yn *doleu hafren.*

deu ebyr.   Rhif deuol *aber* yw *ebyr* yma, cf. P.K.M. 29, deu
uroder.

am gaer, cf. B.T. 72, kein gyfedwch y am deulwch, llwch am
pleit, pleit *am gaer.*   Dyna ddechrau cân arall a briodolir i Daliesin
fel hon.   Ai disgrifiad o'r gaer lle cynhelid y wledd ar y pryd ?
Llifai dwy afon o'i chwmpas, un o boptu ?

1413   **ym duhun.** Un ai "i'm dihuno" neu "a'm dihuna," cf.
P.K.M. 115, *duhunaw ;* B.B.C. 86, 11, nid ew *duhun*aur a handeneis ;
neu, os bai yw *ym* am *yn,* "yn ddihun, yn effro" ; neu "amddihun,
effro iawn" ; neu "yn ddy-un, yn gytun," cf. P.K.M. 150, *duunaf ;*
234, *duunaw* "cytuno."   Try *di-* a *dy-* yn *du-* o flaen *-u-.*

am galch. Un ai *calch* "lime," a bod y gaer wedi ei ham-
galchu, neu ynteu *calch* "tarian," a bod y gaer wedi ei hamgylchu
â tharianau, gwŷr arfog o'i chwmpas, cf. isod 1414, *dwyaer.*

am glaer, efallai ans. cyfans. "claer iawn," cf. 140, *gaer glaer,*
cf. Y *Gaerwen ;* M.A. 197a, Karafy *gaer wennglaer ;* 197b, *Glaer
gloew* y dwyre o du gweilgi.   Addas hefyd yw am fyddin arfog.

1414   **gwibde,** gw. *Y Beirniad* vi. 276, ar *gwibio ;* Th.M. 35, efe a
gymerodd *wib* o redeg yn i herbyn ; R.B.B. 284, gwedy *gwibiaw*
pob lle yn y wlat ; D. *gwib* "vagatio" : *gwibiad, gwibiawdr* et
gwibddyn "vagabundus" ; B. vii. 371, neu vot yn *wibyawdyr* neu
yn *gerdetdyn.*   Yn Arfon mynd *ar wib* yw rhedeg yn gyflym, nid
crwydro : *gwibio* (am fellt) "fflachio yma ac acw" ; (am lygaid)
"troi'n sydyn yma ac acw."

-de, gw. C.Ll.H. 193, *tande, flamde.*   Os *de* fel yn *cynne* "fflach
tân" ; os terf. "gwibiog," cf. 1417, *ruthyr.*

adoer, addoer, G. 10, "trist oeraidd" ; yma "creulon" ?

a dwyaer, G. 9, "*a ddwyaer* neu *adwy-aer*." Y mae cyseinedd o blaid y cyntaf; dealler *a* fel "o," P.K.M. 115, 216, da *a dwy ynys*, "da o ddwy ynys, dwy ynys dda." Benywaidd yw *aer* "rhyfel, brwydr, lladdfa," G. 12. Felly "addoer o ddwyaer," dwy aer oer neu greulon.

1415 **clodryd**, enwog, mewn bri, gw. G. 148; hefyd Elystan *Glodrydd*, B. iii. 39.

keissidyd, G. 125, "ceisiwr, ymofynnwr"; cf. R.P. 14b, Lluest gatwallawn ar dawy. lleidyat adaf yn adwy. *clotryd keissydyd kestwy*. Am y ffurf, cf. B.T. 55, 20, 26, *peridyd;* 62, 8, *segidyd;* W.M. 233b, *llemidit* sef "neidiwr, llamwr."

kysgut, bai am *kystut*, "cystudd," mewn hen ysgrif. Digwydd gyda'r ferf ceisio yn B.T. 77, Rwy *keissut kystud*, h.y. "rhy awyddus oeddit am ryfel." Yma "enwog yw ceisiwr brwydr ac ymladd," "battle-seeker."

1416 **brithwe**, gw. ar 776, *brithwy;* 784, *britgue*.

arwe arwrut. Ar ôl b. yn 776 daw *a wyar;* yn 784 *ad guiar*, ac awgryma hynny *arwyar* yma. Ber yw'r ll. a gellir darll. *brithwe arwyar arwrut*. Cyfeirir at frethyn ystaeniedig â gwaed oedd am yr arwr.

arwrut, garw-rudd. Yr anhawster yw cenedl *brithwe*. Yn ôl G. 77, gwrywaidd yw, fel yr awgryma *brith,* ond mewn cyfansawdd cynnar credaf y gellid *brith* o flaen enw benywaidd. Y terf -*ā* sy'n affeithio *brict-* i *brect-* i roi *breith,* ac ni cheid *ā* yng nghanol hen gyfans. ond *bricto-*.

1417 **anorthwe**, G. 31, "naill ai ans. 'anorchfygol,' neu enw 'rhwystr, dryswch'." Gellid *anorthwy*, cf. *canhorthwy*, cynhorthwy; neu *anorth* (cf. *orth, adorth, ehorth*) a *gwe*. Haws deall y cyntaf yma gyda *rhuthr*.

a uebir. Nid oes odl i -*ir;* darll. -*it*, neu -*yt?* Felly *a* (=*o*) *febyd*. Am yr ystyr, cf. C.Ll.H. 20, A'm *ieuenctit* y'm dilyn, sef ei filwyr ieuainc. Cyferbynner â 1414, ruthyr (gwibde) anorthwe a uebyt (adoer a dwyaer).

1418 **adwy a dodet**. I gael saith sill hepgorer *a,* cf. 1426, *tervyn torret*. Ar *adwy* gw. 293.

ny debit. Ansicr wyf o'r ddeuair. Gall *ny* fod yn negydd, neu'n hen ffurf am *yn y* neu *yn ei*. Os y cyntaf, berf yw *debit*, o *teb-* neu *deb-*, gan fod y tr. meddal yn digwydd weithiau ar ôl *ni*, gw. 26. Felly cf. 979, *tebedawc;* B. iv. 5, A vo y vryt ar y gerdet ny wna da kynn y uynet; 12, A fo ei fryd ar *ddebed* ni wna dda cyn ei fyned, D. A ellir *ni debyd* neu *ni ddebyd* fel pres. 3ydd "ni chilia'n ôl, neu ymaith." Beth am ferf o'r un gwr. ag *arbed*? Nid arbeda.

Pe gellid synnwyr o *a uebir* gellid *debir* yn y ll. hon, a chymharu B.T. 47, 23, llyr llwybyr y *tebyr* dy var yg kynebyr; 67, dychyrch traeth diuwg *dybyr.*

1419   **odef ynyas,** gw. 1050, *trinodef.* Ni threiglir, fodd bynnag, ar ddechrau ll. fel nad *goddef* mo'r gair hwn. Felly darll. *adef*? Neu *od ef*? Ni wn beth yw *ynyas*, ond cf. 2, *dias* ; 297, drachas *anias* ; neu'r enw pers. *Eneas,* cf. M.A. 144b, Ardwyreaf hael o hil *Eneas.*

gwryt, gw. 2. Awgryma *dof* mai ochr fwyn y cyferbyniad sydd yma. Daw'r garw yn 1420.

1420   **dygwgei,** cf. 473. Os oedd ef fel Eneas, yn fwyn ei natur, eto mewn arfau, *dygwgei*? Os o *gwgu*, "cuchiai"; neu cf. B.T. 68, 6, Mon mat *goge(i) gwrhyt* eruei Menei y dor. Neu cf. Llyfr St. Chad, *amgucant,* neu H. 3, *dym guc.*

esgut, cyflym, cf. B.T. 13, Gwyr gwychyr . . . *escut yg gofut* ; R.P. 4b 29, *escut* gorwyd rwyd gwynt; 7b 24, hyd *esgut.* Nid oes odl yn y testun i ateb *-ut*, felly ystyrier *esgit* (gw. Z.C.P. vi. 398), neu ynteu R.P. 20b 39, nyt gnawt escussawt *esgwit* (odlir yn *-it*). Mewn Gw. ceir *scith* "blinedig," *escid* "diflin" ; Cern. *squyth* "weary" ; felly Llyd. *skuiz, skouis.* Anodd tarddu'r rhain o'r un gwr. ac yn enwedig Llyd. *eskuit* (Troude, "agile, éveillé, joyeux, gai), ond gw. Ped., V.G. 76, ar y gyfres. Etyb yr olaf yn dda i *esgwit* yn R.P. 20, ac efallai i'r testun, ond ni fedraf weld fod modd i *th* Cern. z Llyd. ateb i *d* yn Gymraeg, nac i *ith* Gw. ateb i *ud* yn Gymraeg. Ar ymgyfnewid rhwng *-ŵyd* ac *-ud,* cf. *dywedwyd, dywedud* yn y berfenw ; ond os wyf yn iawn *-wŷd* neu *-wid* sydd yn y testun, a *-wid* yn R.P. 20. Nid oes *f* yn y gair, fel nad teg cymharu *gofid, gofud.* Cf. *escut,* enw neu ferfenw, B.T. 36, 14.

1421   **hu tei,** gw. 1455, *hu tei* idware yngorvynt. Anhysbys . (1) Cf. *ebud;* (2) *hud*- a'r terf. *-hei,* fel *llad-hei,* llatai; (3) *hu* fel rhagddodiad, a *tei.* Cf. *hutyn* "dyn ffôl."

enwlyd. Os un gair, cf. *en*-fawr ; felly *en*- a'r ans. *gwlydd* "mwyn, meddal, hyfryd." Tebycach mai deuair *en wlyd,* gydag *en* "yn" cf. M.A. 152b, *gwlyd* wrth *wlyd* . . . garw wrth arw ; 141b 3 ; 203a 8, gwrt ri gwrth amygeid gwlad / A gwr *ẉlyt* wrth eirchyeid ; 207b 21, Ae breitin ae *wlytwin* ae wled ; C.B.S. 158,

Rieingulid (esbonnir fel *regina pudica*); D. *gwlydd* "lenis, mitis."
Fel enw ceir *gwlydd* am lysiau, tyfiant, gw. C.Ll.H. 107.
    Dichon darll. *en welyd* gan fod y ll. yn fer; felly gw. 1282.
    elwit, cf. 730, kywir yth elwir. Mewn hen org. cawsid *en gulid* (neu *guelid*) *gelwit* gyda chyseinedd amlwg i'r llygad.

1422   **a ret**, un ai ar ffo neu i gynorthwyo. Dibynna ar ystyr *hu tei*, a'r dewis rhwng *gwlydd* a *gwelydd* yn 1421.
    dychelwit, o *galw*? Ai bai am *dychwelit*?

1423   **kywely**, priod, "bed-mate."
    krymdy, tŷ crwm, cf. P.K.M. 288, *cromglwyt*; Gw. *cúa-chléthe* "having a cup-shaped roof"; G. 180 ar *crwm*. Dichon darll. *cyrmdy*, tŷ cwrw, B. ii. 308-9.
    krymdwyn, crwm a *twyn* "bryn" neu *dwyn*. Ystyr yr olaf yn ansicr, cf. *Dwyn*-wen fel enw merch; hefyd *addwyn* "hyfryd, hardd," a *dwyn* "cludo."

1424   **kyueiliw**, G. 206, "gwedd, drych, hefelydd," ond petrusa oherwydd *eiliw* "pryder, gofid." Ar *kyueilyw* cynnig "llid, ffyrnigrwydd." Deallaf y gair fel berf yma, ail bers. un.
    eiliw, gw. 1165; *eilywet* 1000. Neu darll. *etliw etvrwyn* i gael cyseinedd.
    etvrwyn, trist, C.Ll.H. 55, *brwyn*.

1425   **emmel**. Anhysbys. Cyfans. o *am-* (*ym-*) a *mel-* neu *bel-* bôn berf, cf. uchod, 310, pan *vel medel*; gw. G. 55, ar *belu* "lladd, taro"; R.M. 145, *ryuelu* (am hen wrach mewn tŷ). Nid *ym-* fel yn *ymladd*, neu cawsid *a* yn dilyn; ond fel *am-* yn *amgenu, amgylchu*. Rhagenw ôl, ail bers. yw *dy* "di." Gwrthrych y ferf yw *dywal a therwyn*.
    dywal, gw. 186. Os *dyvel* i odli, cf. 1354.
    terwyn. I odli, "terŵyn" neu "terrŵyn"; D. *terrwyn* "fortis, audax." Gair gwahanol yw *terwyn*, I.G.E. 355.
    Cymerer 1423-5. Enwir tri pheth. Gwraig, tŷ ac un arall. Yna *cyfeiliw*. Ar antur cynigiaf "Beia ar dy wraig, tŷ crwm, neu dafarn... na feia ar drist. Na ddigia ŵr ffyrnig a dewr." Am y cyngor, cf. Cy. vii. 136, Dy gyghor ath gusul yw: amouyn a doeth... *ymoleithio a glew*. Ym dihauarchu a drut.

1426   **tervyn**. Os dilys, "torrwyd terfyn," h.y. daeth gelyn i mewn. Ond ceir cydio pennill â phennill yn y Gwarchan hwn trwy ail adrodd gair olaf y cyntaf yn nechrau'r ail, cf. 1457 *gollet*, 1458 *collwyd*, 1462 *ystoflit*, 1463 *ystofflit*; awgryma hyn ddarll. *ter(r)wyn torret* yma. Ar *torred*-lu, gw. 844, 1026.

teithyawl, darll. *teithyawc* i gyrchodli ag *aruedauc*, odl Wyddelig â *uolawt*. Arno, cf. 1072, *teithiawc* o *teithi* ; yma haws ystyr wrth gymharu Voc. Corn. *teithioc* (*uernaculus*) "caethwas."

1427 **aruedauc**, G. 38, "? amcanus, bwriadol, ? parod," cf. uchod, 163, en *arued*. Gwell gennyf ddeall yr ans. fel "mesuredig, wrth fesur." Cyfetyb *nyt aruedauc* i eiriau Goronwy, Didawl eich mawl im oedd : felly yma, nid wrth fesur oedd mawl hwn. Haeddai fawl "anfeidrol."

1428 **diffryderas**, o *di-* a *pryderu*, cf. *peithio, diffeithio*, C.Ll.H. 206.
brascawt, darll. *brastawt* "mawredd," enw o'r ans. *bras* a'r terf. *-tawt-* a geir yn trin-*dawt*, ciw*dawt*, coll*dawd* D.G.G. 224, cymar *colled*. Cynnig G. 72, "? *ysgawt* neu i'w gysylltu â gwreiddyn *breisc*." Mawl anfesurol a weddai i ŵr na feddyliodd ormod am ei fawredd ei hun : credaf mai rhywbeth felly yw'r ystyr.

1429 **molawt**. Rhy hir yw'r ll., a dyma'r gair i'w hepgor. Wedyn ceir cyseinedd lawn, a mesur. Daeth yma ar fai o 1427 ?
rin, cyfrinach.
rymidhin rymenon. Anhysbys i mi.

1430 **dyssyllei**, o *syllu* "edrych," neu'r syllu sydd yn gwer-*syllu*.
trech, D. fortior, potentior, gradd gymharol. Yr eithaf yw *trechaf*. Mewn Gw. *trên* yw'r radd gysefin, yna *tressa, tressam*. Ond rhydd Windisch hefyd yr enw *tress* "brwydr," cf. *gorthrech*, ond cofier am *tres* uchod, 1006, ef gwrthodes *tres*. Cf. Cy. vii. 202, wrth hynny pan vo *trech ganthunt* wy y llestyr budyr hwnnw . . . *no* charyat duw, iawn yw y duw eu gwrthlad wynteu oe gedymdeithyas ef (=Ll.A. 36, cf. 200, cum ipsae sordidum vas, imo carcerem, quo induduntur, amori Dei *praeponant*).
manon, D. vid. Banon. Ar hwnnw, "Brenhines Ll. vid. an a Bann," peth amhosibl o achos yr un *n*. Cf. M.A. 283b 9, mynet yr gwelet gwennet gwanec Manon wawr Arvon (Clod i Wenlliant, Dinorweg) ; 291a, Mawl i hirwen doeth mil ae harwed / Manon eur hoywdal mynn anryded / *Myvanwy* lywy ; R.P. 57a 32 (Meir) *manon* dwf gwiryon gwaret arnaf. Un ystyr bosibl yw fod arwr yn edrych am rywbeth mwy na chariad merch deg, cf. Peredur, R.M. 207, 223, 239, 226, ny deuthum i yma yr gwreika ; Mwy yw medwl yr vnbenn noc yd ym ni yn y geissaw, heb y uorwyn.

1431 **disgleiryawr**. Ai ans. am y fanon ? Ai ffurf ferfol ? Gw. isod, 1433.
archawr, gw. G. 35, a'i dair ystyr. Yma gall fod yn ans. "un yn gofyn" am y fanon. Neu gall fod yn ffurf ferfol.

tal achon. Disgrifiad o'r ferch eto? Gwell fuasai gennyf *tal adon* yma a chymharu *arch aton*, B.B.C. 71, 5, na *talachor* fel G. 6.

1432 **rud dhreic.** Ai'r Ddraig Goch? Ai *ar rud* (ar rudd) *dhreic fud?*

Pharaon. Cydia'r Ddraig Goch yn dda wrth y cyfeiriad at guddio'r ddwy ddraig yn Ninas *Emrys*, R.M. 98, "a chyn no hynny dinas *ffaraon* dande." Yn B.T. 22, 4 (py lenwis auon ar pobyl *pharaon*); 44, 19 (plwyf *pharaonus*) enw Pharao, brenin yr Aifft, yw. Nid felly yn H. 105, mor gadarn y fwyr ar *faraon* freinc. Ai llu. yw fel *balaon o beleu, canaon o ceneu, athraon o athro,* ai enw dirmygus ar frenin y Ffrainc? Ni wn am unigol, *ffereu.*

1433 **kyueillyawr.** Prin berf, gw. G. 206. Haws gennyf ei ddeall fel ans., cf. uchod, 1431; gwr *teithiawr* yn 1302; ac enwau pers. fel L.L. 232 *cimeilliauc* episcopus; 234, *ciuelliauc.*

adawavn. Rhaid cael *-on* i odli. Cynnig G. 7 *adawon*, pres. dib. 3ydd llu. *adaw;* ond ystyrier hefyd 978, *aduaon* am fyddin ofnus; neu B.B.C. 21, *adaon* it aethant; neu enw *Afaon* mab Taliesin, a elwir hefyd *Adaon (Addaon),* B. ii. 119; cf. L.L. 232, *auagon;* 234, *auaggon.* Yr olaf sy'n rhoi'r gyseinedd orau, "Cyfeillgar yn *aw*el, *Au*aon!" Gan fod ffurf ar yr enw yn *Ad-* ac yn *Af-*, gallai'r copïwr gychwyn y cyntaf, ac yna roi'r ail.

1434 **trengsyd,** bai am *trenghyt?* Dwy linell dywyll. Nid oes odl na mesur, ac ni thâl aros arnynt. Ond cf. R.P. 21, 12, *trenghyt* torrit pob denghyt (=dengyn), ry brynv nef nyt ef fynn. Nid marw yw trengi ond darfod, pallu, cf. B. ii. 30, hyt na *thrango* nepeth ytti; neu'r frawddeg hysbys, *trengit golut,* ni *threinc* molut.

a gwydei neb ae eneu. Darll. *chwythei* neu *chwydei* (cf. 1450), neu *chwidei* (cf. 1103). Ni all neb *gwyddo* a'i enau.

orthur, neu *gorthur?* Cf. 315-6.

teith, cf. taith "siwrnai"; *artaith* neu *gwrteith;* neu Gw. *techt* "cennad," cf. B.T. 4, 14, glan iaith glan *teith* dy *teithi;* 43, 23, ny lafaraf *deith reith* ryscatwn; 61, 13, dewr yn enmyned a *theith* gwyduwys; uchod 1311, *Teithvyw;* Ch.Br. 167, *Teth, Tethion, Tethguithel;* R.P. 4 a 13, Tri mis teir blynedd *teithyon* (odli â *kyflawn*); neu'r *taith* sydd yn Voc. Corn. *teithioc; mahteid* (*machteith,* B.B.C. 106, 9).

teth, "teat, dug," Cern. *tethan.*

tedyt. Anhysbys.

1436 **menit,** gw. 1010. Ai pres. 3ydd *myn-*ed? Cynnig Loth, R.C. xxix. 68, *men it a.*

gosgord. I odli darll. *e osgor*, cf. B.T. 21, 25-6, lle'r odlir *pegor, vor, heissor, oscord;* 43, 1, *goscor;* B.B.C. 10, 6, *woscord,* odli â *woror, kygor;* Cy. xix. 26, Elidir *coscor*uaur "magne familie" ; Cy. ix. 175, eleuther *cas cord* maur ; B. i. 7-8, lle cysyllta J. Ll.-J. *cosgor* â'r Gw. *coscur* "victory" ; *coscraim* "I destroy," a dyfynnu M.A. 188a, Pan wesgir ar lloegyr pan *gosgor* teudor / Pan *osgort* wasgerir (Gwell gennyf fuasai darll. *gosbir* i odli â *wasgerir);* M.A. 179a, Perchen *cor* keid (? kerd) *wosgor* wasgaut ; 186a, Nyd kasgert *kosgort* dyssilyaw ; B. ii. 277, *gosgord* (odli â *diarfford*) ; 236b, wosgryn *wosgor* (odli ag *-or*) ; Hen Gern. Voc. Corn. *goscor* pi teilu ("g. neu deulu") ar *familia ;* den *coscor* am *cliens ;* G.M.B. 121, Llyd. *cosgor ;* Troude, *koskor ;* Loth, Ch.Br. 462, *cosquor* "gent, peuple" ; 245, Ha cals enor da c. Armory "a chlod mawr i *bobl* Llydaw" ; R.C. xliv. 276 ; V.V.B. 65, Ox. 2, *casgoord* gl. ar *satellites* (cf. uchod *cas cord*) ; R.C. xxix. 68-9, cynnig Loth darddu *gosgordd* o *gwos* "gwas" (Gw. *foss*) a *cordd ;* ond *cosgor* o *cas,* tarddair o *cad* "brwydr," neu *cad* "cadarn."

1437 **mawr.** Nid oes ei angen yma. Ai atgo am coscor-*uawr?*
  onwyd, gwewyr on, cf. 306.
  ar vor, ar fôr, neu arfor.

1438 **ny dheli,** cf. 630, *ny delyeist nac eithaf na chynhor.* Awgryma hynny "ni ddaliai," yn hytrach na "ni ddelai" yma.
  na chyngwyd gil. Dyry G. 227, *kyngwydd* "ymosod, cyrch, cwymp,"cf. M.A. 208b, *yg kyngwyt galon.* A ddylid darll. *gal* neu *Eingyl* yn lle *gil*? Ar ddull 630, gellid darll. *ny deli na chil na chynhor,* neu *ni daliwyd cil na chynhor,* gan gymryd *na chyng-* fel bai'r ysgrifennydd, dechrau ar *na chyngor* (bai am *chynhor*) yn rhy fuan. Rhy hir yw'r ll.

1439 **gordibleu,** cf. V.V.B. 100, Hen Lyd. *diblo* gl. ar *infitia(n)s,* Lev. vi. 3, sef "gwadu" (cf. B.T. 70, 21, *plo ;* M.A. 211b, Llary ysbar ysbenyt y *plo*). Os cymysgwyd ag *inficiens* "ystaenio, maeddu," cf. *tiblo* yng Ngwynedd, sef maeddu godre gwisg ; D. *dibl,* ora, collutulatio extremitatis vestium, *diblo,* vestium oras collutulare ; *dible,* vestium ora, extremitates ; R. *dibl,* a border, the daggling or dirtying of the extremities or borders of clothes ; *diblo,* to dag or daggle clothes. Dyfynnir o'r Gyfraith, O ceffir lladrad mewn tŷ neu yn *nible* y tŷ ; D.W.S. *dibyl,* daggyng ; Th.M. 159, gweission ... yn rhvvbio yn *dadddiblo* (=dad-ddiblo) yn brvvssio a thrymio i meistred: M.A. 231b, Boed ef yn *diben* boed yn *dibleu* / Heli yn enlli hyd yn henlleu : H.G.Cr. 215 ;

Cannwyll y Cymry, td. 152, Canys mewn chwech o ddyddiau / Y gwnaeth Duw'r byd a'i bethau, / A'r nef a'r ddaer a'r môr a'u llu / A'r cwbwl sy'n eu *diblau*. Ar arfer Rhydymain, gw. B. iii. 198, "*tiblau* : Arferir hwn am wlân y dorr wedi mynd yn gudynnau gwlybion wrth i lwdn neu ddafad redeg o flaen ci . . . (neu) am ysgyfarnog wedi ei rhedeg drwy le gwlyb." Yn y testun, "gororau" ?

talachor, gw. 531, *diachor*.

1440 **nyt mwy**, cf. 387, *ny mwy* gysgogit.

ry uudyt, gw. ar 103.

1441 **esgor Eidin**, cf. 113, o *eidyn ysgor*.

rac dor. Darll. fel cyfans. *rhagddor*, D. ostiolum ; R. a little door, a fore-door. Arferir ef am hanner isaf drws ar ystabl neu feudy, pan fo hwnnw yn ddau ddarn, cf. S. *hatch* am yr un peth ; hefyd D. gorddor ; R. gorddrws. Yr oedd yr arwr fel rhagddor ar y gaer, ac fel mur o flaen byddin, gw. 1442.

1442 **kenan**, ans. neu enw priod, cf. 1310, *kynan* kenon.

ragor, blaen, yn aml blaen byddin, cf. M.A. 162a, Coch y lauyn o lat yn *ragor*, gw B. ii. 307–8, o *rhag* ac *or*, fel yn *cynh-or*.

1443 **gossodes**, trawodd, gw. P.K.M. 110.

1444 **clawd**, wal bridd, "dyke" ; amddiffynfa, "rampart."

meiwyr, yn ôl Loth, R.C. xxxii. 24, "rhyfelwyr" ; gwell gennyf "hanner gwŷr, llyfrgwn," gw. B. i. 37, Gw. *midlach* "coward." Odlir *-yr* ag *-yf*.

1445 **budic**, cf. 978.

e ren eny. Nid oes mesur nac odl. Ai bai yw am budic *ener* neu *enyr* ? Wedi copïo *ener* fel *e ren*, gwelodd y copïwr ei fai, ond ni orffennodd *eny(r)* ac ni ddileodd y llall. Rhydd *enyr* odl â *meiwyr*, a phroestiai *ener*. Ond gellir darll. *ener en(h)y*, "dewr dywysog." A odlai *hy(gh)* ag *-yf, -yr* ?

Cf. D. *ener*, princeps, Ll. Yna cynnig ei ddeall fel "natus, nativus," o *geni* ; gwell meddwl am *ner*, er bod blas "disgynnydd" arno weithiau, un o linach : cf. M.A. 153b, Hil Maelgwn *Maelgynig ener ;* 167a, *gadell ener ;* 169a, O *gadell ener* o gadelling ; 169b, Gwas a las o *leissyawn ener ;* 258a, *Katelling ener ;* 271a 21, 284a 1, *Ener* yu 'n hyder yn hoywdat crevyd ; 291a, Myvanwy . . . Gymmar hy *ener* gem rianed ; 303b 27, Cadflaidd teyrnaidd teyrnedd *ener ;* 309b 21, 39, diwair *ener* Duw'r wirioned ; 327b 11; 338b, *Ener* gwyrthau ; 347b 8 ; I.G.E. 73, teg *ener*.

1446 **annawd**, gw. 100.

1447   **cynnwithic**, cf. 1471, *kynnwythic,* G. 259, "milain, ffyrnig, gwyllt" ; ac uchod ar 396, 405, en dyd *gwyth atwyth* oed e lavnawr.

1448   **Kynlas**, gw. G. 251, Lloyd, H.W. 133. Cynlas oedd enw un o'r brenhinoedd Cymreig a ddaeth o dan ffrewyll Gildas yn y chweched ganrif. Yn ôl ach yn Cy. ix. 172 (*Cinglas* map Eugein dant guin m. Enniaun girt m. cuneda) ceid gorŵyr i Gunedda yn gyfoes â Gildas ac â Maelgwn, â'r enw hwn arno. Tebyg mai'r un ydynt. Cyfeirir yn H.W. 133 at dref *Cynlas* ym Mhenllyn, Meirionnydd, gynt ym mhlwyf Llandderfel, ac efallai mai ar ei ôl ef y cafodd yr enw. Os felly, dichon mai yn yr ardaloedd hynny yr oedd ei wlad. A chan fod *Maeldderw,* a roes enw i'r Gwarchan hwn, yn cynnwys yr un elfennau â *Derwfael* a roes *Derfel* yn ddiweddarach, nid diystyr yw cael Cynlas ym mhlwyf Derfel.

    kynweis, llu. *cynwas,* prif swyddog ; cf. P.K.M. 192, nodyn ar *kynueissat ;* B.T. 34, pwy y tri *chynweissat* a werchetwis gwlat ; G. 262 ; Cy. vii. 127, Tri chynweissieit ynys brydein : gwydar ap run ap beli, Ac ywein ap maxen wledic, A chawrdaf ap karadawc.

1449   **dwuyn.** Ceir dau air *dwfn,* un yn enw "byd," a'r llall yn ans. "deep," gw. P.K.M. 99–101, ar *Annwuyn ;* R.P. 20b 40, *pedryfan dwfyn ;* B.T. 43, 6, *dwynuyt,* cyfans. o gyfystyron, os *dyfnfyd,* neu ynteu cf. *dwyn* uchod, 1423.

    dyvynveis, cyfans. o *dwfn* yn un o'i ystyron, a *beis.* Ar yr olaf, ="gwaelod," gw. B. iv. 342–4 ; P.K.M. 54 ; G. 54. Os "byd" yw *dwuyn* yn y testun, yr ans. sydd yn "dyfnfeis" ar ei ôl, y byd a seiliwyd yn ddwfn ; cf. B.T. 80, py gynheil y byt na syrth yn eissywyt. Neur byt bei syrthei py ar yt gwydei. Am y gair gw. B.T. 69, 19, Dychyfal dychyfun *dyfynveis, dyfyngleis* dychyfun. Ymddengys R.P. 17b 21 (*Dwfyr diynuas,* bendigwyf claf clas oc eu herwyd) fel pe'n fai am *dwfn dyfnfas.* Cf. hefyd B.T. 4, Nifer a uuant yn aghyffret uffern ... hyt pan dillygwys crist keithiwet o *dwfynueis* affwys abret. Mewn Gw. cf. R.C. xxiii. 88, "*bas-lethan* as applied to horses means 'broad-hoofed,' cf. *bass-chaire* na n-ech 'the hoof-clatter of the horses'," ond gw. ymhellach, C.I.L. 186, *bass* "the palm of the hand ... hoof." Y cytras Cymraeg i hwn yw *bos,* nid *bas* na *bais.*

1450   **kychuech.** Ar *chwech,* "chweg, melys," gw. G. 277 ; B. iii. 23, Wech mel. Weru pan dalaur ; W.M. 241a, Mel a uo *chwechach* naw mod no mel kynteit. Uchod, 938, ceir *guec guero* "chweg, chwerw." Darll. *rychuech* yma, ac *r* am bob *k* yn y ddwy linell, gw. G. 194 hefyd.

ny, darll. *ry.*

chwyd. Nid oes odl; darll. *chwydes,* o *chwydu* "vomit." A oedd ry felys, gwrthododd ef.

1451 **kychwerw,** "rychwerw."

kychwenyches, "ry-chwenyches." A oedd yn chwerw iawn, chwenychodd ef.

1452 **kychwenychwy,** "ry-chwenycho," pres. dib., neu efallai dyfodol.

Enlli, cf. M.A. 142b, Meilyr yn gweddïo am fedd yn Ynys Enlli; 231b 25; B.T. 33, Ystyryem . . . dyfot in diheu agheu nessnes. Ac am tired *enlli* dybi dylles.

gweles, "gwelodd." Tybed nad bai yma am *gwales* "lloches?" Cf. P.K.M. 215. Arferir yn aml am y bedd, M.A. 210a, Yth weryd . . . yth achles *wales* wely; R.P. 58b 36, Kynn gwely gwaelawt pryuyedic / kynn gwelet *gwales* nychyedic; ond 155a 23, lloegyr *wales.* Cf. am y ffurf *peu, peues;* felly *gwâl* "lair, gorweddle," a *gwales.*

1453 **a lenwis miran,** cf. M.A. 142b (am Enlli), Y lloc a achef / *Aches* wrthi / Ac am y mynwent mynwes heli. Ond methaf a deall *miran* fel bachigyn o *myr,* llu. môr.

mir, myr, moroedd? Ond ceir *mir, myr,* arall yn C.Ll.H. 19, gw. nodyn 145. Mewn Gw. ceir *mir* am damaid neu saig o fwyd, rhan; rhoid y saig orau i'r ceimiad, y *curathmir,* fel y gelwid, gw. 1155. Pe darllenid yma *a leuuis* o *llewa* "bwyta, yfed," gellid cynnig ystyr gyffelyb i *miran,* a *mir,* "A fwytaodd saig yr arwr, ar ystre, etc.", h.y. profodd ei arwriaeth.

edles, o *lles* (nid *edlaes* fel yn M.A. 246a 20, etc.).

1454 **ystre,** gw. 453.

gan vore, gw. 84.

godemles, gw. 683, *ystemel.*

1455 **hu tei,** gw. 1421.

idware, yd, geiryn rhagferfol, a *gware,* pres. myn. 3ydd.

gorvynt, gw. 125.

1456 **gwyr goruynnaf,** gradd eithaf *gwr gorvynt,* 125.

ry annet, bai am *ry anet?* Gwell hynny na ffurf ar y ferf *genni* "cynnwys, cael lle." Dyblwyd yr *n* dan ddylanwad *goruynnaf?* Os dilys, "Cafwyd lle i'r gwŷr balchaf," neu'r "gwyr balchaf a gynhwyswyd." Ond cf. B.T. 51, berthaf or *ryanet.*

1457 en llwrw, ar ôl, cf. 155.

rwydheu. Ceir llu. *rhwydd* fel enw yn B.B.C. 27, 6, Nis rydraeth ryveteu (kyvoeth) *ruytev* douit. Yma sonnir am wyrthiau, rhyfeddodau, neu alluoedd Duw. Yn A.L. i. 768a, tir agored yw (rwg *rwyd* a dyrys a choet a maes a gwlyb a sych); felly M.A. 666b, hyt na lavassei y freinc mynet yr coedid nac yr anealwch namyn rodiaw y *tiroed rwid* yn vlin lludedic. Ans. sydd yn Juv., V.V.B. 212, *ruid*, gl. ar *uacuum*. Mewn Hen Gern. *gur ruid* yw "mas vel masculum," gwryw, gŵr rhydd? Ni wn a ellir yn y testun ddeall rhwyddau fel llu. *rhwyf* "arglwydd." Haws fel llu. rhwydd "cyfoeth," neu'r cyffelyb.

ry gollet. Ar ôl llwyddiant, daw mawr aflwydd? Neu ynteu, dealler *collet* fel berf amhers. gorff. "collwyd." Cydia wrth y ll. nesaf.

1458 collwyd. Darll. *collwyt?* Ceir *collwyd(d)* yn B.T. 252, am goed cyll.

med wyd. Darll. *medwyt?* Gall fod yn ferfenw "meddu," neu'n ferf amhers. "meddwyd."

menwyt, hyfrydwch, difyrrwch, llawenydd, "delight." Daw o *menw*, a'r terf. *yt,* nid -*ŵyt,* cf. M.A. 147a, Arthur *gadernyd* / *Menwyd medrawd* ; 163b 49, vab kynon clod *venwyd* (odli â *byd*); 166b 45, Ardwy *kedernyd menwyd* muner; 168b 25, Run *venwyd riryd;* 179a 29, Diuahard y vard y *venuyt* (odli â *divryt*); 196b 21, cas cart kertoryon *venwyd* (odli â *byd*); 205a 16, Tyner wrth lawer wrth lu *byd* yn llwyr / Yn llwry ysp a *menwyd;* 220a 11, 254a 3, 282b 30; B.T. 54, 9, Molaf inheu presswyl toruoed adef *menwyt;* 66, 9, Madawc mur *menwyt.* Odlir yn y testun â'r terf. berfol -*it,* ond dengys hengerdd mai -*yt* oedd sain hwnnw, gw. C.Ll.H. 165.

1459 gogled run. Gall *Run* fod yn enw pers. neu enw lle, cf. B.B.C. 154, amryw arwyr o'r enw; ond enw lle yn td. 49, 8, Awallen peren A tyf *tra Run ;* B.T. 39, O gyfaruot gwrgun. bu kalaned ned rei *yn run.* Dichon darll. hefyd "gogledd ran," neu "gogeled Rhun."

ren. Efallai *reen* "arglwydd," cf. M.A. 140a 1, *Rheen* nef; 141b 18; 142a 1; Pen. 14, 13, Anbych well gyssygredic *ren ;* B.T. 67, 19, Eneit owein . . . gobwyllit y *ren* oe reit. Amwys yw B.T. 38, 9. Ond cf. hefyd *rhenn* am fesur neu ran, B. v. 231, *guorennieu;* Loth, R.C. xli. 400–3.

ry dynnit, cf. B.T. 10, 20, Ef *tynho* aches rac y varanres ; 20,

19, Pan *tynhit* gwytheint. Gwytheint pan *tynnit;* L.L. xxv. n. *Amdinnit* trynit trylenn.

1460 **gorthew,** *gor-* a *tew,* cf. Gwrtheyrn *Gortheneu,* er bod rhai wedi deall yr ans. amdano ef fel "of repulsive lips," yn lle "tenau iawn, meagre."

dychuel, "return," ond cf. hefyd T.W. *facies* "dichwel"; *vultus* "dichwel."

dychuelit, cf. 1422, *dychelwit.* Daw *galwant* yn y ll. nesaf.

1461 **gorwyd.** Ceir *gorŵydd* "march," a *gorwŷdd,* "ymyl coed," cf. B.T. 8, 2, karaf y *gorwyd* a goreil clyt; Jackson, *Gnomic Poems,* 53.

melwit. Anhysbys. Prin llu. *malwen,* a chymharu march a malwod ! Gwell gennyf gymharu gwŷdd "coed," a *mel-fid* "honeysuckle"? Cf. gwydd*fid* "honeysuckle, woodbine."

1462 **am rwyd,** gw. 1457, *rwydheu.* Nid afrwydd, os cyfans., ond "rhwydd iawn," cf. *amlwm, amgoch.*

am ry. Darll. *am re,* gan na cheir *amry-* ond mewn cyfans., cf. *amryliw;* gre, benthyg o'r Ll. *grex,* cf. 715, *cochre* veirch. Neu *re,* cf. B. ii. 278, Arthur arderchawc *damre.*

ystoflit. Ai *ystof* a *llid,* ai ynteu *ystoflyd?* Cf. R. *ystof* "the warp in weaving"; Ll. *stamen;* *ystofi* "to warp thread or yarn for weaving"; hefyd dyry *ystofi* "to tame," o *ys* a *dofi;* felly D. Dyry D.W.S. *ysto* "the warpe"; gw. Ch.O. 58, ar td. 19, 3, *ystoui* y we a oruc yr adyrcop. Defnyddir y ferf am drefnu brwydr, megis yn M.A. 143b 42, *ystofysid cynnif;* 239b 7, Cadarnurwydyr *ystoui;* W.M. 103a, yd *ystovet* y gat gamlan ; R.M. 110, y nawuet gwr a *ystoues* katgamlan (gosod y rhengoedd ?). Dywed D. mai gair y Gogledd oedd *dylifo;* ceir hwnnw hefyd am drefnu cad, M.A. 188b, Ry *dylif kynnyf* cadnaon (=caduaon), R.C. xxix. 62. Awgryma ystofi cynnif a dylifo cynnif mai *llid* yw ail ran y cyfans. yn y testun.

Am gyrchu o ddiwedd ll. i ddechrau'r nesaf fel yn 1462-3, cf. B.T., 20, 18 ; 27, 19-20 ; 72, 9.

1463 **llib,** cf. en*llib* "athrod, slander," G.M.L. 141, "scandal, reproach"; A.L. i. 442 ; weithiau "cyhuddo," cf. A.L. i. 412, pan *enllippyer* gwiryon am gelein ; 522, Tri llw a dyry gwreic y wr : pan *enllippyer* gynntaf llw seith wraged a dyry ; ar yr eil *enllipp* (llw 14) . . . ar y trydyd enllipp (llw 50) . . . or byd neb ryw hysbysrwyd ar yr *enllipp;* 524, tri chadarnn *enllipp* (=pan gyhudder gwraig neu wr o odineb); 690, Y neb a diwatto lledrat . . .

rodet y neb a *enlliper* (lw 24) ; A.L. ii. 54, O deruyd *enllibyaw* ar dyn ae llosc ae anreith ae kyrch cyhoedawc ; 310, kymryt prawf y genyt ti ar *enllib* lletrat "charge of theft" ; 872, Tres sunt guarthrud [infamie] mulieris : scilicet falsa impositio, id est, *enllib ;* et reith ; et de lecto expelli ; B. iv. 8, Elit gureic yn ôl y *henllip ;* R.C. xlv. 189. Am enwau personol, cf. L.L. 393, *Conlipan ;* Cesel Gyfarch, CVNALIPI ; Llan-*llibio,* Sir Fôn. Ymddengys *llibin* "llesg a gwan," P.K.M. 147, fel gair gwahanol, o bosibl.

Yn ôl Loth, hen org. yw *llib* yn y testun am *llif,* a chynnig "lames aiguisées" am *llib llain.* Ar *llain* gw. 58, os deusill sydd yma. Os oes odl â *blaen,* gair arall yw. Sylwer nad oes mesur nac odl yn y ddwy linell hyn.

1464   **blen blenwyd,** gw. 945, *blaenwyd ;* G. 58, cf. L.L. 217, *bleinguid,* enw priod. Ar ddelw *maen, mein* gall *blein* (hen org. *blen*) fod yn llu. *blaen.* Neu cf. Gw. *blén,* Hen Wyddeleg, *mlén* "the groin (gl. *inguina*). In place-names 'a creek, hollow or curved place'." Gellid *blein* yn Gymraeg i ateb i hwn. Ond cf. Z.C.P. xiii. 97, Ped., V.G. i. 125, *blaen,* Cern. *blyn,* Llyd. *blein,* Gw. *blén,* gan gymharu *brén* "braen," Llyd. *breyn,* am yr un math o gyfateb. Os deil hynny, cf. *llain,* os *llaen* yw, â Gw. *lén,* Windisch, W. 657 ; amheus wyf o achos Gw. *Lén,* Galeg *Licnos.*

1465   **trybedavt,** gw. 1274.

1466   **e rwng drem.** Ai *e rud drem drem rud ?* Cf. 575. Darllenwyd *rut* fel *ruc,* yna *rug ?*

dremrud, llygatgoch, neu lygad coch, B. iii. 34 ; Cy. viii. 85, Rein *dremrud ;* Ch.Br. 126, Daniel *Dremrudd.* Beth am B.T. 32, 2, Ryduhunaf *dremut ?*

dremryt, "dremrydd," gyda *t* am *dd.*

1467   **godeu,** gw. 911.

dhogyn, digon, gw. 1392. Ai cywiriad yw'r ll. nesaf ?

1469   **mor eredic,** aredig môr, gwaith ofer (fel aredig tywod) ; neu gair am long yn "rhwygo moroedd."

1470   **kentaf digonir,** cf. P.K.M. 9, y march *kyntaf* a wypych, h.y. y cyflymaf.

can welw, march gwyn gwelw. "Ystyrir canwelw y march cyflymaf," cf. P.K.M. 9, lliw march Rhiannon na fedrai neb ei ddal ond o'i bodd hi ; B.B.C. 2, 4, gurrith y ar *welugan.*

1471   **kynnwythic,** gw. 1447. Brawddeg enwol sydd yma, disgrifiad o'r lleithig.

lleithic, gw. 400.

llwyrdelw, gw. 942, *liuir delo*.

1472 **gouudelw**. Un ai *gofu*, berf perff. 3ydd o *gofod*, a *delw*; neu *gouud*, enw, "gofid," P.K.M. 157, ac *elw*; neu *go*, arddodiad neu ragddodiad, a *buddelw*, G. 83, "post, piler," B. iv. 10, Gwell vn crowyn no deu *vudelw*; G.M.L. 46; R.P. 5b 9, gwedy pennaeth gwenwyn. bydawt gwaeth *budelw* no chrowyn. Yr olaf yw'r cynnig y tueddaf ato. Colofn neu gynheiliad ydoedd Maeldderw.

1473 **taf**. Anhysbys. Cf. Ch.Br. 166, *Tam*; neu *tafaw*, B.T. 11, 26; 59, 20; R.C. xxiii. 254; xxvi. 238. Cyfans. â *gwr* a ddisgwylid, rhywbeth fel "cyfrannwr, rhoddwr," o ran ystyr.

gwael, cf. B.B.C. 8, Ny naut ucheneid rac *guael*. Golyga "isel, tlawd."

Maelderw, enw dyn, cf. B.T. 25, 19, An maglas blaen derw *o warchan maelderw*. Daw hyn o'r gân *Kat Godeu* a briodolir i Daliesin ei hun.

1474 **delwat**, "lluniad, ffurfiad," cf. Gw. *delbaim* "I shape, form, frame"; *delbad* "ffurf, llun"; A.L. i. 444, Tri gwerth kyureith beichogi gwreic: vn yw *gwaet kynn delwat* wyth a deugeint a tal or collir trwy greulonder; A.L. ii. 38, *gwaet kein deluat*; 792, propter hoc uocatur *gwayth kyndelwaut* [sanguis ante formationem] quia nondum sit formatus (am blentyn cyn ei eni o'r pedwerydd dydd o'i genhedliad hyd fis llawn); B.T. 10, Dews duw *delwat* gwledic gwaed neirthyat; 77, 18, Dysgogan *delwat* o agarat dyhed; M.A. 199a, Prydein hud oet ymdiuad. Heb reith heb gyfreith . . . Oet kymrwyn y *delwad* (sef "trist oedd ei chyflwr").

Os yw *delwat* yn hen org. am *deilwat*, golyga "un sy'n delwi, lluniwr, crewr."

dieirydaf, ans. o'r radd eithaf? Cf. M.A. 201b 16, Eurawc dy aghad *eiryt* ym anghen. Berf yw *eiryt* yn C.Ll.H. 7, ll. 45.

y erry. Os yw i odli'n ôl, darll. *y erw*, a deall *ry* fel bai am *w*.

1475 **par ar delw**. Os dilys yw'r testun, ceir odl gyrch rhwng *erw* a *delw* i groesi o un pennill i'r llall, a'u cadwyno. Darll. *ardelw*, G. 36, "hawl, gwarant," gw. 909. Gall *par* olygu gwaywffon, neu enw o wreiddyn *peri*.

rwyf, gw. 688.

bre, gw. 677, 1479.

1476 **rymun**. Anhysbys i mi, cf. 905. Yn ôl Loth, R.C. xxix. 60, "ef a'm dymuna" (il me dèsire) o'r ferf *uno*, a welir yn *damuno*; nid felly, medd J. Ll.-J., B. ii. 106; W.G. 154, ond daw'r olaf o *muno*.

rym dyre. Yn ôl Loth, "rhed ataf" ; cf. B. iv. 54, *dyre* "cyfodi" neu "ddyfod" yn y ll. hon.

1477 **ysgawl.** Amwys. (1) "Ladder," (2) ceimiad "young champion," gw. B. vi. 352, ar yr olaf ; hefyd vii. 34, ac M.A. 163a, *Ysgawl* toryf rac trefred alun. Yma, yr ail, goddrych *disgynnyawd* "ymosododd."

wlawd, o *blawd(d)*, G. 57 : (1) enw, "? twrf, cynnwrf, braw, dychryn" ; (2) ans. "cyffrous, brawychus," gw. y nodyn yno.

cymre, cf. 749. Nid *Cymry* mono. Cymerer "vlawd(d) gymre" fel ans. cyfans. am y ceimiad, cf. M.A. 199b, Ef *vlawt kyfrieu*.

1478 **nac.** Darll. *rac?* Rhydd synnwyr a chyseinedd.

ysgawt, cysgod, cf. B.T. 30–1, Gnawt yscwyt yscawn ar gefyn *yscawt ;* 54, Riein tra mor bu *(k)yscawt* ior yscoryssit ; B.B.C. 19, 4, Ban wanha y gnaud y diodrut y *isscaud* (H.G.C. 127, "Un o'i ystyron yn D. yw *larua,* sef 'ellyll nôs, drychiolaeth nôs ... anyspryd.' Yn y ll. hon ... enaid") ; 35, 7, yr *isgaud* ar dit (sef y *nos* a'r dydd) ; D.G. cx. 10, *ysgod* abad (am y Ceiliog Du). Ohono daw'r ans. *ysgodig,* gw. B.T. 48, 13, Yscwydurith *yscodic* gorwyd llemenic ; B.B.C. 81, Mi iscolan yscolheic yscawin y puill *iscodic* (Loth, A.C.L. i. 407, "remuant") ; M.A. 163a, *Scodic* rac cart kert orun deyrn ; *ysgodog,* M.A. 142a, Gwytyl dieuyl duon / *Ysgodogion* dynion lletfer ; berf, C.Ch. 44, gwneuthur dwrd y *ysgodigaw* y meirch (y Sarasiniaid wedi rhoi "*gwasgawt baruawc cornyawc* amdanunt kyffelyb y dieuyl," sef masciau, ac yn "ffustyaw" tympanau i *wylltio* meirch y Ffrancod) A phan gigleu meirch y cristonogyon y lleisseu hynny ac y gwelsant eu haruthyr *wasgodyeu dychrynu* a orugant hyt na allei eu marchogyon eu hattal. Gwelir mor agos yw *ysgodig* i "gwyllt." Hefyd, cf. D.G. clxxi. 7, *ysgydigaw* draw ar draws=Pen. 76, 25, *ysgodigaw.*

Arferwn "mynd fel cysgod" am symudiad tra sydyn : buasai "mŷnd fel ellyll" yn rymusach fyth. Felly yma "rag ellyll i *redeg.*"

ry gre. Ceir *cre* a *gre* yn gyfochrog am sŵn brain, gw. Ch.O. 28 : M.A. 204b, Rac gelyn bryneich branhes *dychre.* Ystyr arall sydd i *gre* yn B.T. 31, Beird llafar llucde. eu gwawt nym *gre.* Efallai y medrid cael ystyr yn y testun o *cre-u* "cychwyn," *ry gre* "start," yn hytrach nag ysgrechian, cf. M.A. 289b, Dychyrch hynt *dychre gwynt gwaetvan ;* R.P. 165b 13, *dychre* dychrein gwyr yg creulon. Gw. G. 173–4, *cre*-u, "creu, gwneuthur" ; felly *ry gre* "a wna."

1479 **godiweud.** Prin "goddiweddut" er bod *goddiwes* yn dilyn. Gwell gennyf *go* fel arddodiad, a *diweud* fel ffurf ar *diwedd* neu fai amdano, cf. Gw. *fo diud, fo debid* "o'r diwedd"; Windisch, W. 471, *deod* "diwedd"; Thurneysen, H. 122, *dead, diad;* datif un. *deud, diud.* Y mae'r ffurf yn y testun ar yr wyneb yn debyg iawn i ddatif Cymraeg, wedi digwydd goroesi (fel y gwnaeth genidol *pen,* sef *pyn,* yn *erbyn*) mewn brawddeg gyffredin. Ond cf. Ll. St. Chad, *ho diued* diprotant gener tutri o guir. Diogelach yw cymryd *diweud* yma fel bai, efallai, ac eto, cofier mai *diwaethaf* gyda dipton yn yr ail sill yw ffurf amlaf gradd eithaf *diwedd,* sut bynnag yr esbonnir hynny, a cheir *godiweud* eto yn y ll. nesaf.

godiwes. Nid berfenw *goddiweddaf,* ond efallai pres. dib. 3ydd fel *gwares* o *gwaredaf.* Felly "At the last *may he attain* heaven."

gwlat vre, y nef, y wlad fry.

1480 **ny odiweud.** Yma nid oes ddadl nad berf yw'r ffurf, nid datif o'r enw. Gan fod *dd* yn sicr wedi colli o *mewn* fel y prawf Gw. *medon* (gw. 74, cf. hefyd *rhof* wrth ochr *rhoddaf*), gellir adfer *-dd-* yma a darll. *godiwe(d)ud,* (1) un ai ail bers. un. amherff. "ni oddiweddut"; (2) neu'r gorff. amhers. "goddiweddwyd," cf. 137, a *dyngwt*—a deall *-d* fel *t;* (3) os dilys a rheolaidd yw *-d=-dd,* gwell gennyf ei ddeall fel pres. 3ydd un. "ni oddiwedda." Sylwer ar ystyr anarferol braidd y ferf, cf. C.Ll.H. 152; P.K.M. 173, 301.

o vevyl, o warth, gw. 662. Am y gystrawen, cf. 1392.

meint gwre, gw. i ddechrau G.M.L. 4, R.C. xxxviii. 301–2 ar *achwre,* Gw. *fraig* (amrywia'r ystyron, rhyw ddarn o do tŷ, gw. Windisch, W. 574, a'r lleill). Ni thâl yma, canys golyga *gwre* yn y cysylltiad hwn rywbeth bychan iawn, y dim lleiaf. Felly cf. D.G. xc. 19, Gwr anhardd, *llai na gwreinin.* Yno *gwreinin* yw safon bychander, cf. D.W.S. *gwreinyn* "an hande worme"; R. "a worm in one's hand"; D. *gwraint* (gyda'r unigol *gwreinyn*), "vermiculus, impetigo, pedicillus"; S.E. *dyfrwreinyn* "tetter, ringworm." Cynigiaf mai *gwre* yw'r hen unigol; *gwreint* yn lluosog, a *gwreinyn* yn unigol newydd o hwnnw, cf. Gw. *frigh* "a flesh worm, a mite," Ped., V.G. i. 540, *frighid.* Sylwer ar yr enghreifftiau o'r defnydd ohono a rydd Dinneen, ni lugha an *fhrigh* 'na máthair an uilc, "the smallest *mite* may cause evil"; ni 'l oiread na *frighde* ann "it is of no account" (yn llythrennol, "cymaint a gwreinyn"); luach na *frighde* "nothing." Dengys y testun a'r brawddegau Gwyddeleg fod Cymro a Gwyddel yn cytuno ar y trychfilyn hwn fel y dim lleiaf.

BYRFODDAU

A.	Edward Anwyl, "The Book of Aneirin," *Trans. Cymm.*, 1909–10, 95–136.
A.B.	Lhuyd, *Archaeologia Britannica*, 1707.
Ab Ithel	John Williams, Ab Ithel, *Y Gododin*, 1852.
A.C.	"Annales Cambriae," *Y Cymmrodor*, ix. 152–69.
A.C.L.	*Archiv f. Celtische Lexicographie*.
A.L. i. 11	Owen, *Ancient Laws and Institutes of Wales*, 1841.
A.S.	Holder, *Alt-Celtischer Sprachschatz*, 1896–.
B.	*The Bulletin of the Board of Celtic Studies*.
B.A.	Evans, *The Book of Aneirin*, 1908.
B.B.C.	Evans, *The Black Book of Carmarthen*, 1906.
B.T.	Evans, *The Book of Taliesin*, 1910.
Brut.	J. J. Parry, *Brut y Brenhinedd*, Cotton Cleopatra version, 1937.
C.Ch.	R. Williams, *Campeu Charlymaen*, 1878.
C.D.	Morris-Jones, *Cerdd Dafod*, 1925.
C.I.L.	Meyer, *Contributions to Irish Lexicographie*, 1906.
C.Ll.	Myrddin Fardd, *Cynfeirdd Lleyn*, 1905.
C.Ll.H.	I. Williams, *Canu Llywarch Hen*, 1935.
C.Ll.Ll.	I. Williams, *Cyfranc Lludd a Llevelys*, 1910.
Cern.	Cernyweg.
Cpt.	*The Computus*, B. iii. 256.
Cy.	*Y Cymmrodor*.
Ch.Br.	Loth, *Chrestomathie Bretonne*, 1890.
Ch.O.	I. Williams, *Chwedlau Odo*, 1926.
D.	Davies, *Dict. Duplex*, 1632.
D.B.	Lewis-Diverres, *Delw y Byd*, 1928.
D.D.G.	I. Williams, *Detholion o Gywyddau Dafydd ap Gwilym*, 1921.
D.G.	Pughe, *Barddoniaeth Dafydd ap Gwilym*, 1789.
D.G.G.	Williams-Roberts, *Cywyddau Dafydd ap Gwilym a'i Gyfoeswyr*, 1914.
D.N.	Roberts-Williams, *The Poetical Works of Dafydd Nanmor*, 1923.
D.W.S.	Salesbury, *Dictionary*, 1547.
darll.	darllen, -iad, -ner.
Ell.	Ellmyneg.
E.	Silvan Evans yn F.A.B. ii.
E.C.	Vendryes, *Etudes Celtiques*.
E.W.G.P.	Jackson, *Early Welsh Gnomic Poems*, 1935.
E.E.W.	Parry-Williams, *The English Element in Welsh*, 1923.
E.V.W.	Griffiths, *Early Vaticination in Welsh*, 1937.
F.A.B.	Skene, *The Four Ancient Books of Wales*, 1868.
Ff.B.O.	Stephen Williams, *Ffordd y Brawd Odrig*, 1929.
Ffr.	Ffrangeg.
G.	Lloyd-Jones, *Geirfa Barddoniaeth Gynnar Gymraeg*.

G.B.C.	. .	Rhys Jones, *Gorchestion Beirdd Cymru*, 1773.
G.C.[2]	. .	Zeuss-Ebel, *Grammatica Celtica*, 1871.
G.M.B.	. .	Ernault, *Glossaire Moyen-Breton*, 1895.
G.M.L.	. .	T. Lewis, *Glossary of Med. Welsh Law*, 1913.
Gw. .	. .	Gwyddeleg.
gw. .	. .	gweler.
gwr.	. .	gwreiddyn.
H. .	. .	*Llawysgrif Hendregadredd*, 1933.
H.G.	. .	Hen Gymraeg.
H.G.C.	. .	Jones, *History of Gruffydd ap Cynan*, 1910.
H.G.Cr.	. .	H. Lewis, *Hen Gerddi Crefyddol*, 1931.
H.M.	. .	*Hengwrt MSS.*, 1876.
H.W..	. .	Lloyd, *A History of Wales*, 1911.
I.E.W.	. .	Strachan, *Introduction to Early Welsh*, 1909.
I.G.E.	. .	*Cywyddau Iolo Goch ac Eraill*, 1925.
J. .	. .	T. Gwynn Jones, *Cy.* xxxii. 1-57, "Catraeth and Hirlas Owain."
L.B.M.	. .	Henry, *Lexique Etymologique du Breton Moderne*, 1900.
L.B.S.	. .	Gould-Fisher, *Lives of the British Saints*.
L.C.B. Lex. Corn.	}	Williams, *Lexicon Cornu-Britannicum*, 1865.
L.G.C.	. .	*Gwaith Lewis Glyn Cothi*, 1837.
L.L. .	. .	Evans-Rhys, *The Text of the Book of Llan Dâv*, 1893.
Ll.A.	. .	Morris-Jones—Rhys, *The Elucidarium*, 1894.
Ll. .	. .	Lladin.
ll. .	. .	llinell.
llu. .	. .	lluosog.
Llyd.	. .	Llydaweg.
M.A.	. .	*The Myvyrian Archaiology of Wales*,[2] 1870.
M.C.	. .	*Glosau ar y Martianus Capella sydd yng Nghaergrawnt*, gw. V.V.B.
Math .	. .	W. J. Gruffydd, *Math vab Mathonwy*, 1928.
M.L. .	. .	Loth, *Les Mots Latins dans les langues Brittoniques*, 1892.
M.H.B.	. .	Petrie-Sharp, *Monumenta Historica Britannica*, 1848.
P.K.M.	. .	I. Williams, *Pedeir Keinc y Mabinogi*, 1930
R.P. .	. .	Evans, *Red Book Poetry*.
Rec. Caer. .	.	Ellis, *The Record of Caernarvon*, 1838.
R.C. .	. .	*Revue Celtique*.
R. .	. .	Richards, *Welsh and English Dictionary*,[2] 1815.
R.W.M.	. .	Evans, *Reports on Welsh MSS*.
R.B.B.	. .	Rhys-Evans, *Red Book Bruts*, 1890.
R.M.	. .	Rhys-Evans, *Red Book Mabinogion*, 1887.
S.D.R.	. .	H. Lewis, *Seith Doethon Rufein*, 1925.
S.G. .	. .	R. Williams, *Y Seint Greal*, 1876.
S.E. .	. .	Silvan Evans, *Dictionary of the Welsh Language*.
Sk. .	. .	Skene, *Four Ancient Books of Wales*.
St. .	. .	Thomas Stephens, *The Gododin*, ed. by Thomas Powel, 1888.
T.A. .	. .	Gwynn Jones, *Tudur Aled*, 1926.
Tal.	. .	Morris-Jones, *Cy.* xxviii.

T.J.	. .	T. Jones, *Y Gymraeg yn ei Disgleirdeb*, 1688.
Th.M.	. .	Rhosier Smyth, *Theater Du Mond*, Arg. T. Parry, 1930.
tr.	. .	treigliad, treiglir.
T.W.S.	. .	*Testament Newydd* W. Salesbury, 1567.
T.W.	. .	*Dict. Duplex*, 1632, yr ail ran.
U.S.	. .	Stokes, *Urkeltischer Sprachschatz*, 1894.
V.B.D.	. .	Fynes-Clinton, *The Welsh Vocabulary of the Bangor District*, 1913.
V.G.	. .	Pedersen, *Vergleichende Grammatik d. Kelt. Sprachen*, 1909–13.
V.V.B.	. .	Loth, *Vocabulaire Vieux-Breton*, 1884.
W.	. .	Windisch, *Irische Texte mit Woerterbuch*, 1880.
W.G.	. .	Morris-Jones, *A Welsh Grammar*, 1913.
W.M.	. .	Evans, *The White Book Mabinogion*, 1907.
W.M.L.	. .	Wade-Evans, *Welsh Medieval Law*, 1909.
Y.C.M.	. .	Powell, *Ystorya de Carolo Magno*. Pan ddyfynnir o arg. Stephen Williams, defnyddir Y.C.M.[2] am hwnnw.
W.P.	. .	Rhys, *Lectures on Welsh Philology*, 1879.
Z.C.P.	. .	*Zeitschrift f. Celtische Philologie*.

ENWAU PERSONAU A LLEOEDD

(Rhoir rhif y llinell, nid y tudalen.)

Adebon, 1336
Adonwy, 627, -34
Aedan, 359
Aeron, 241, 809, -24, 987
Affrei, 216
Agerw, Acero, 935
Alet, 1060, -83
Aneirin, 548, 648, -54
Anhun, 686
Aruon, 1182
Argoedwys, 1034
Arthur, 1242
Athrwys, 216

Bannauc, 255
Beli, 449
Belyn, 1361
Blaen, 140, -8
Blaenwyd, 945
Bleidvan, 291
Bleidgi, 275
Bleidic v. Eli, 1143
Botgat, 60
Bratwen, 468, -85, 628, -35
Bran, 1291
Breenneych, 78; Brennych, 50
Breennych, 566
Breich-yaul, -yawr, 226, -34
Brynn Hydwn, 350
Brython, 194, -9, 806, -17, 1184
Bubon, 1211
Budvan v. Bleidvan, 290
Budugre, 678

Catvan, 1397
Catvannan, 38, 457, 715
Catlew, 300, 1406
Catnant, 1406
Cadreith, 1406
Caffon, 1344
Caradawc, 343, -57, -89

Carn Gaffon, 1344
Catraeth, 68, 74, 84, 90, -7, 109, -21,
 -31, 235, 349, -71, -72, 429, 547,
 692, 701, -7, -75, -83, 804, -14,
 944, -88, 1175, -97, 1317, 1402
Keidyaw, 995
Keneu v. Llywarch, 560
Keny, 536
Keredic, 327, -33
Cian, 83, 255
Cibno, Cipno, 780, -8, v. Guengat,
 1257
Kilyd, 120; K. Gwaredawc, 1096
Kenan, Kynan, 1310, 1442
Kenon, Cynon, Cinon, v. Clytno,
 195, 200, -41, 383, -99, 406, -9,
 -16, 807, -8, -18, 1185, 1310, 1406
Clutvan, 1047
Klytno, 416
Cydywal, 206
Cyvwlch, 137, 1312
Cyhaual, 682
Kyndilic Aeron, 824, 987
Cynvan, 358
Kynvelyn, 1366, -7, -81, -2, -90,
 1411
Kynhawal, Cinaual, Cinhaual, 507,
 -18, -27
Kynlas, 1448
Kynri, 195
Kynrein, 196
Cynwal, 618
Kynwyt, 1291

Deivyr, Deor, 50, 198, 1216
Derwennyd, 1114
Dindywyt, 583, -94, 605
Dineidin, 1158
Dinogat, 1101
Dwywei, 643, -51
Dyvynwal Vrych, 971, -7

395

ENWAU PERSONAU A LLEOEDD

Etar, 1286
Eidin, Eidyn, 113, -57, -83, 490, 951, 1167, 1220, -4, 1385, 1441
Eidef, 1050
Eivyonyd, 1272
Eingyl, 1351
Einim, 1200
Eithinin, -yn, 422, -7, -33, -38, -46, 1388
Eluet, 1179
Elfin, 421
Eli, 1143
Enlli, 1452
Enys Prydein, 153
Ervei, 1069
Eudaf Hir, 829
Eulat, 347
Ewein (v. Eulat), 17, 347, 892

Pharaon, 1431
Ferawc, 391
Feruarch, 1125

Garth Merin, 750
Garthwys Hir, 1077
Gereint, 1042, -6
Glyt Gwaredawc, 1073
Godebawc, 134
Gododin, 27, 34, 57, 64, 248, -56, 369, -94, 426, -32, 526, -51, -66, -76, -89, -98, 640, -9, -55, 712, -46, 840, -53, 923, -49, -94, 1164, 1213, 1391
Golistan, 1217
Gorthyn, 1100
Grugyn, 587, -96, 607
Guaetnerth v. Llywri, 799, 1163
Guannannon, Gwananhon, 436, 919
Gwaredawc, 1073, -96
Gwawrdur, 359, 1244
Gweir Hir v. Feruarch, 1124
Gwenn, 299, 469, -77
Gwenabwy (Gwenauwy) v. Gwenn, 299, 469, -79, -96
Guengat, 1257
Gwgawn, 358, 1002
Gwiawn, 358, 1002
Gwit v. Peithan, 387

Gwlyget Gododin, 369, 1002
Gwruelling Vras, 177
Gwrhaual, 879
Gwryat, 348
Gwryen, 348
Gwyduc, 463
Gwydyen, 462
Gwydneu, 326
Gwydyl, 475, -92
Gwyndyt, 1073, -96
Gwyned, 43, 220, 918, -20, 1383
Gwynn, 348, -58
Gwynngwn, 83
Gwynnassed, 1361
Gylvach, 1348

Heidyn, 948
Heilyn, 574
Hoewgi, 266
Hwrreith, 676
Hydwn, 350
Hyueid Hir, 55

Yeuan, 357
Iodeo, 1209
Issac v. Gwydnéu, 318

Llif, Llivyeu, 249, -57
Lloegyr, 481, 1160
Lloegrwys, 261, 671, 916
Llywarch, 560
Llywri, 799

Madawc Eluet, 28, 357, 841, -54, 1179
Madyein, 732
Madyeith, 739
Maelderw, 1473
Maen Gwynngwn, 83
Manawyt, 35
Marchlew, 301, -11, -13
Marro, 20
Merin v. Madyein, 732, -9, -50
Mirdyn, 466
Môn, 1311
Morva, 1271
Moryal, 662
Moryet, 958

ENWAU PERSONAU A LLEOEDD

Moryen v. Ferawc, 382, -9, 465, 629
Mynydawc (Minidauc) Mwynvawr, 89, 96, 355, -70, -97, 441, 693, -9, 703, -5, 805, -12, -28, 956, 1168, 1219, 1314

Nedic Nar, 726
Nei, 1187, 1207
Neirthyat, 104
Nuithon, Nwython, Nwythyon, 968, -75, 1192

Peithan, 387
Penclwyt, 1122
Peredur, 359
Pobdelw, 929
Prydein, 153, 294
Pryden, 475, -92
Pyll, 357

Reidun, 688
Ruduorua, 1270
Ruuawn Hir, 378, 1002
Run, 1459
Ryt Benclwyt, 1122

Rys, 614
Rywonyawc, Rywynauc, -yauc, 1059, -77, -82, 1100

Saesson, 116, 633
Senyllt, 562
Syvno, 212

Tavloyw, 1008
Tal Hen Bann, 1277
Talyessin, 549
Tecvann, 1395
Teithvyw o Vôn, 1311
Tutvwlch Hir v. Kilyd, 115, -9, -20, 137, 761, -73, 1304, -12
Tutleo, 312
Tyngyr, 1027

Uffin, 991
Uruei, 1092, 1220

Ymorva, 1271
Ysgor Eidyn, 113; Esgor Eidin, 1441
Ysgyrran, 44

MYNEGAI I'R NODIADAU

(Gweler hefyd Anscombe, Z.C.P. 148-74, "A List of Words in the Gododin Poems," lle ceir rhestr sydd bron iawn yn gyflawn o'r geiriau a'r ffurfiau.)

a (=o), 112
a (=ry), 264
a ... a, 87, 259
a chynyho, 192
a dan, 63
a uei well, 338
a vo mwy, 196
ab, 337
aber, 279, llu. ebyr
aberth, 302
ac vei, 310
acero, 117
achar, 87
achassaw, 343
achaws, 296
aches, 258
achles, 295
achludd, 261
achlysur, 290
achor, 201
achub, 159, 249
achubyat, 164, 213
achwedd, 349
achwre, 242
ad-, 173
adaf, 179, 344
adam, 335
adan, 122, 145
adawavn, 379
adein, 122
Adebon, 362
advan, 170
advant, 83, 250
aduaon, 303, 379
atveillyawc, 172, 250
atvel, 236
adlam, 165
adledd, 108
adleddawr, 109
adleo, 199
adloyw, 314

atnabot, 161
adon, 175
adoyn, 302
atranhet, 278
adrawd, 72, 134, 165
adraut, 336
adron, 204
atwan-u, 174, 342
adwn, 93
adwr-yaeth, 149
adwy, 149
atwyth, 175
atwythic, 175, 333
adyledawr, 109
adamn ? 346
Adaon, Afaon, 379
adawssut, 227
adef, 161, 308, 361
adeuawc, 172
adis, adhuchti, 108
adoer, 287, 374
adon, 208
Adonwy, 227
adguiar, 264
adwyar, 367
aelawt, 140
aerueid, 121
aer vlodyat, 194
aerure, 146
aergi, 92
aer gennin, 121
aergynglys, 290
Aeron, 127, 137
aes, 120
aesawr, 106, 130
aeth "poen," 155
aytham, 326
avar, 330
avneuet, 308
auon, 270
affan, aphan, 65, 162

affrei, 132
affwys, 284
agerw, 117, 292
agwed, 349
angawr, 165
Angeu Glas, 287
ancat, anghat, 163, 215
anghar, 210
anghei, 324
anghell, 226
anghwy, 224
angkyuarch, 325
angkyvwng, 325
angkyffret, 306
angkyuan, angkyman, 81, 141, 164
angkynnull, 141
agkysgoget, 141, 170, 318
anglas, 286
angor, 176
angwedd, 349
alaf, 178
alan, -edd, 340
Alet, 318
all "craig," 260
allawr, 84
alltut, 141
am, 264, -9, 288, 318
am bob un, 331
am (="ap"), 257
amall, 249
ambell, 227
am borth, 153
ambwyll, 223
am cen, 218
amkeud, 151
am dias, 62
amdiffryf, 300
amdiffwys, 187
amdina, 290

399

amdistar, -disteir, 223
amdrwch, -drychyon, 191, 274
am drynni, 185
amdyvrwys, 304
amglaer, 374
amgor, 144
amgucant, 250
am gwr, 222
amhat, 331
amhaual, amhal, 316
amheirant, 89
Amherffaith = Gorberffaith neu Amodol, 90
amheu, 159
amluch, 196
amnat, 290
amot, 75, 278
amoleu, 289
amrawdd, amrodic, 223
amre, 385
amrwyd, 385
amrychward, 223
amsut, amsud, 199, 360
amswrn, 360
amuc, amucsant, amwc, 209, 249
amws, 360
amwyn, 111, 200, 331
am-wyn, 360
amygeid, 250
amygyn, 111
an (o flaen berf), 183, -4
anant, 118, 273
anaw, 305, 368
anawdd, 99
anawr, anhawr, 118
ancwyn, 89
andaw, 341
an dihun, 246
andwyf, 250
anet, anit, 77
Aneirin, 206, 235
anvonavc, anuonawc, 140, 157
anuynawc, 157
anhon, 219

anhun, Anhun, 245
anhylar, 158
anial, 241
anias, 62, 150
anibellt, 130
anlloedd, 311, 335
anllofi, 116
annawd, 99
annerth, 188
annod, 315, -6
-annhawr, -annor, 298
annorreith, 241
annud, 124
anoleu, 289
anorthwe, 375
anreith, -gar, 359
ansceth, 76
anthuim, 180
anwar, 209
anwaws, 310
anuit, 272
anysgarat, 234
anysgoget, 170, 258, 260, 318
anysgocvaen 258,
ar, 92
ar (=rhag), 272
ar (=at), 314
ar e bludwe, 115
ar vreint, 358
ar gerdded, 332
ar gychwyn, 167
ar helw, 92, 198
ar hynt, 312
ar ll-, 73
ar llet, 176
ar lles, 220, 293; les 272
ar tro, 213
ara, 135
araf (=arf), 220
aral (=arial), 260
arben, 109
arch, 148,
archawr, 378
ardec, 312
ardemyl, 244, -5
ardwy, -aw, -at, 140

ardwy Nef, 330
arddaf, erdit, 149
ardelw, 92, 289, 387
arderched, 291
ardullyat, 188
ardyledawc, 263
areith, 360
aruaeth, 75, 103, -49, -65
arued, -auc, 103, 121, 378
aruoll, 269
aryf gryt, 176
aruot, 132
aruodyawc, 140
aruul, 328
argat, 215
argadwaf, 195
argae, 189
argan, 102
argarat, 281
Argoedwys, 313
argouuduit, 195
ar guigiat, 348
argyurein, 67, 84
argywedd, 133
arial, aryal, 191, 235, -60, 312
aryant, 269
arlwy, 260
arllwybyr, 175
aroloed, 335
arolli, 208, 269
Arthur, 343
arwar, 88, 138
arwe, 375
arwr, 145
arwrthyat, 348
arwrut, 375, g-
arwyar, 375
arwydd, 103
arwygiad, 348
arwynn, 120
arwynawl, 255
aruireit, 283
arwy-re, -rein, -reith, 118
arwyt, 103

MYNEGAI I'R NODIADAU

as, 117, 123, 135
asceini, 156
ascellurith, asgell-
 wrych, 156, 192
asgell vreith, 192
asgen, 191, 286
asgwrn, 303
assed, 295
asswydeu, 286
-at, 291
atcor, -sant, 74, 165
atgu, 190
atguuc, 189
Atroi, 213-4, 288
atwyn, 189
athledawr, 184
Athrwys, 132
awfin, 358
awr (=aur), 346
-awr, 64, 290, 301
axa, 195

balaot, 321
balawc, 346
ball, 359
ballauc, 346
bann, 78, -9, 221, 358
bankarw, 221
Bannauc, 141
bannyar, 195
bar, 256, 339
barr, 222
baran, 77, 161
baranres, 357
baruawt, 121, -89
barn benn, 287
barnasswn, 92
bedyd, 100
bedyssyawt, 100
bedin Ododin, 76, 103
bei, pei, 310
being, 203
beis, 382
beleu, 321
Beli, 181
bel-u, 155
Belyn, 367
ber, 142

Berf lluosog, cyflrawen, 91,
 123, 251
Berfenw, 68
bern, 153
berth, 302
beru, 72
beuwel? 229
beych, 92
bi, bit, bydd, 65, 184,
 291
biw Beli, 181
biw garthan, 169
blaen, Blaen, 113, 386
blaen-wedd, -wydd, 297
blawdd, 194, 388
bleid, 77, 258
Bleidvan, 148
Bleidgi, 145
bleidyat, 262
Bleidic, 327
blen, 386
blenwyd, 386
blin, 203
blodyat, 194
blwydyn, 97
blyned, 86
Botgat, 86
bodawc, 172, 365
Bodeilas, 237
bod, 188
Bodu, 179
bos, 382
brad, 199
Bratwen, 228
braen, 386
bragat, 131, 190
bragawt, 116
Bran mab Iwerydd, 356
bras, 124
brascawt, brastawt, 378
brattau, 90
bre, 148, 214, 242, 280
breein, 243
breverat, 190
brefi, 341
breich "coes flaen," 225
breichir, 225
Breich-yawl, -yawr, 134

breidvyw, 355
breint, 145, 358
breisc, 124
breith, brith, 154, 321
breith-el, -ell, -yell, 76,
 110
breithin, 155
brenhin na vrenhin, 205
Brenneych, Brennych,
 Bryneich, Berneich,
 82, -3
breuer, 189
breuoledd, 208
breyr, 190
brithaw, 145
britret, brithred, 264
britgue, brithwy, brith-
 we, 264, 375
briw, 181, 218, -ei, 131,
 -yal, -yn, 365
bro, 213, -23
bro uual, 195
browys, 223
brwydrin, 221
brwyn, 180
brwydryar, 195
brych, 222
bryt, 117, 144
Brynn Hydwn, 163
Brython, 127
bu-al, -elin, 116, -95,
 205
bubon, 339
bud, 226; e vran, 84,
 146
buddelw, 387
Budvan vab Bleidvan,
 148
buduawr, 118
budic, 125, 303
budit, 273
budugre, 242
budyd, 100
budyn, 105, -20
buelin, gw. bual
bun, 188
burth-yach, -yaw, 365
bwch, 226

bwlch, 279
bwrr, 365
bwrch, 279, -80
bwrn, 152, 277
bwyt brein, 146
bwyllyadeu, 310
bwyr, 230
bydat, 262, 290
byn-u, 72
byrn, 152
byth, 118

cabl-u, -wys, 305
cadavwy, 291
Cadvannan, 77
catuilet, 257
cadyawr, 256
cadlan, 162
Catlew, 152, 373
Catnant, 373
catpwll, 356
cadrawt, 220
Cadreith, 373
catwyt, 77, 195
caduc, cadduglyn, 209
cae, -awc, 69
caen, 255
caerawc, 215
caerwys, 215
cafaf, 266
cauall, 337
caffat, 163
caffo, 224
Caffon, 364
cangen, 215, -84
calan (=celein?), 132, 169
calan? 319
calan Yonawr, 149
calaned, 132
calch, 98
calchdrei, 174
calet, 82, 308
callon, 147
called, 331,-51
camb, camp, 149
camen, 188
camgled, 350

camgyrn, 350
camhunben, 188, 192
camhwrawc, 356
camp, 72, 328
camhawn, 72
can (gan), 133, 163, 299
can wyr, 336
cann, 328, 366
can welw, 386
canaon, 273
canet, 342
canhwynawl, 365
caniad-u, 184
cannerth, 188
cant ("llu"), 234
cannu, 217
car, 138, 161
Caradawc, 171
caraitet, 342
carant, 239, 250
carchar, 209
cared, 211, 328, -55
Carn Gaffon, 364
carnedawr, 239
carnwyt, 225
carrawg, 225
Carwed, 316
cas, 113
casnar, 367
casohir, 317
kassolwir, 317
catki, 137
cattau, 90
cathl, -eu, 168, 285
ket "rhodd," 168, 290
ket "though," 80
cetwided, 102
kedyr? 144
ceuei, kevei, cet bei, 135, -49, 265
keui, ciui, Kevy, 215, -66
kevoet, 149
cegin "cefn," 362
ceginwrych, 363
Keidyaw, 306
ceing (=ceint), 207
keingyell, 212

keimyat, 161
kein as mygei, 117
keinmygu, 117
keinmyn, 369
ceinnyon, 173, 293, 364
ceint, 207, 289
ceinwrych-u, 363
ceis, -yat, ceisiadon, 361
keissidyd, 375
keissyessyt, 361
ceith, -yawn, -yawr, 237, 322
celedic, 367
kelein, 169
cel-eo, -ew, -yo, 134, 179
celyn? 190
cell, 226
kelleic, 312
kemp, 192
celli, 332
kemre, 259
cemyd, 238
cen, 102, 218
Kenan, 381
Keneu vab Llywarch, 210
kenevin, 303
kenhan, 305
cenhyn, cennin, 180, 247
keni, cyni, 327
cennin, 121
Cenon, 127, -37, -69
kentaf, 386
keny (=cyn ni), 152
Keny, Cini, 203
cenyn, 122, 217
kerdet, 332
kerdoryon, 149
kerdwryaeth? 149
kerd wyllyon, 368
kerennyd, 100
ceri gon gwylaes, 332
certh, 147, 302
cesgyc, 170
kessevin, 177
cethin, 363

MYNEGAI I'R NODIADAU

cethrawr, 107
cethru, 107
keuit ? 122
ceugant, 99
cewilid, 99
Cian, 93, 141
ciawr, 83
cibell-awr, 366
Cibno, Cipno, 265, 348
cicwein, 324
cit unet, 278
ciuachlud, 261
ciuamuin, 341
ciuarch, 280
ciuarth, 280
ciueillt, 281
ciuei, cuiei, 265
ciui, 266
ciuin uerthi, 344
ciuriuet, 265, -77, -9
cigleu, 145
ciguereint, cigueren, 271, -4
cihoit, 292
cil, -yaw, -ius, 296, 380, 243
Kilyd, 105
Kilyd Gwaredawc, 320
ciman, 263
cimluin, 342
Cimuireg, 118
cin-yawc, -groen, 363
Cinaual, Cinhaual, Kynhawal, 129
cindynnyauc, 342
cinerein, 284
cinim, 279
cinoi, cyn no'e, 263
cintebic, 179
cinteiluuat, 193
ciwet, 142
claer, 114, 297
clawd, 237, 256, 381; berf, 158
clawr, clavr, 124, -41
cledyual, 153, 245
cleu, 199
clisur, 344

clot, 200
clotuan, 330
clodryd, 375
clut, 185
clutvan, 315
Clwyt, 325
clyho, 192
Clytno Eidin, 175, -6
clys, 290
clysur, 295
cno-i, -yn, 226, 303
cochre, 253, -97
cochro, 318
cochwed, 328
codd-i 303
coetkwn, 163
coel, 302, -73
coelcerth, 302, -73
coelvein, 168
coeth, 292
cof, 148
covein, 104
col, 128
colovyn, 88
colwed, 133
coll-et, -i, 303, -84
conet, 369
Conlipan, 386
cordd, 161, 269, -88
corwc, 323
cosgor, 380
cre, 388
cret, 194
crei, 106
krennit, 184
creu, 143
creulet, 297, 318
crimbuiller, 336
crisguitat, 193
croen gwynn, 314
crwydyr, 162
crybwyll, -yeit, 131, 336
krymdy, 377
krymdwyn, 377
crysgwydyat, crisguitat, krysgrwydyat, 144
crys-iaw, 102
cuall, 337

cud (cudd, cwdd ?), 119
cuddfyd ? 361
cussyl, 80, 232
cw, cwd, 119
cuir, cwyr, 341
kwl, 68
cwn lleith, cunlleith, cynlleith, 240
cwr, 221, -2
cwryf, 357
cwyd-aw, 82, 243, 303, -58
cwyddyad, 144
cwyn, 139
cwynhei, 352
kwynhyator, 299
kychuech, 382
cychwerw, 293
kychwiawr, 351
cychwyn, 167
cytvaeth, -ant, 165, 249
cytneit, 164
Cydywal, 129
cyfan, cyman, 81
cyuatcan, cyfatcen, 102
kyuadrawd, 136
kyuarch, 259
kyuarvavc, 327
cyuarth, 259
cyuaruot gwyr, 129
cyued, -eu, 293, 313, -4
kyfedeily, 200
cyfei, 130
kyueiliw, 377
kyueillyawr, 379
cyuergyr, 287
kyverthrynneit, 370
cyfgein, cyngein, 119
kyui, 130
kyuyeith, 260
kyvyewin, 358
kyuirynged, 265
cyvlavan, 168
cyvle, 210
cyfluyd, 102
cyflwyn, 342
cyflychwr, -wyr, 233
cyfnerthi, 344

MYNEGAI I'R NODIADAU

kyvnot, 161
cyfnofant, 125
cyfodi, 94
cyuoet, 287
kyfrat, 199
cyurang, 190, -1, 327
cyfran, -nu, 188, 330
cyvryssed, 240
kyuun, cyfun, 265, -78, 327
cyfwng, 325
kyuystrawd, 184
cyfwyrein, cywyrein, 259
cyffor, 103
cyffrawt, 138
cyng-, 290
cynghor, cyngor, 147, 232
cynghorawr, 183
cynghyr, 147
cyngrwn, 127
cyngwyd, 380
cyhadvan, 170
cyhaual, 125, 243
cyherw, 292
kyhuran, 330
cyhoedd, 292
cylchwy, 172
cylchyn, 367
kylleic, 312
kyman, 162
cymawn, 239
cymhell, 76
kymhwyll, -eit, 90, 131, 371
cymlawdd, 195
cymod, 238
cymre, 259, 388
cymretot, 259
kymrudd, 199
cymrwyn, cimmruinauc, 180
kymun, 265, -6
kymwng, 327
cymwy, 172, 260
cymwyd, 294
cymwyll, 272

cymyn-at, 163
cymyn-u, 72
cymyrru, 97, 135
kyn, kynt, 81
Kyndilic Aeron, 273
cynfaran, 346
cynfran, 330
Kynhaual, 198
cynhan, 185
cynheilwat, cinteluat, cinelueit, citeluat, 198
kynheilweing, 198
cynhelw, 198, -9
cynhen, -nit, 151, -85
cynhor, 228
kynhorawc, 69, 183
kynhoryf, 356
cynhoruan, 119
cynial, 243
kyniwng ? 327
Kynlas, 382
kynllwyt, 183
cynnan, 106, -68
kynnedyf, 284
cynneuet, 275
kynnif, 279; -yat, 74
cynnivyn, 200, -60
cynnor, 69
cynnu, 282
cynnwr, 294
Cynnwreith, 86
kynnwys, 162, 308
cynnwithic, 382
kynnwythic, 386
cynnyd, 359
Cynon, 173, mab Clytno, 175
kynran, kynrein, 82, 148, 161, 243
Kynrein, 127
Kynri, 127
cynrhon, 204
kynt, 66
kynted, 84
Cynwal, 198, 225
kynwas, kynweis, 382
Kynwyt, 356

cyrbwyll, 336
cyrch-u, 202, -39
kyrd, 161, 373
cyrn glas, 357
kysceit, 131
cysgog-i, cesgyc, 170
kysnar, 126
cysneit, 126
cystadl, 262
kystlwn, 100
cystlynedd, 335
cystud, cystut, kysdud, 108, 162, 375
cyweithyd, 104
kywely, 377
kywesc, kywest, 291
kywir, 256
kywlat, 74, 140
kywrenhin, 207, 236
cywrthryn, 370
kywyt, 284
kywyre, 251
kywyrein, 178, 236

chwaen-awc, 327
chwardd, 221
chuar, 221
chwech, chweg, 382
chwegrwn, 93
chwerw, 126, 281, -92
chwid-, 379
chwit, 322
chwidogeith, 322
chwidr, chwitrefydd ? 199
chwyd-, 383

dadyl, 87
dacr-et, -awt, 138, 266
dafn, 345
daffar, 162
dalwy, 191
dhaly, 323
dalu (? dallu), 263
dam, 196
damre, 385
damweinnyeit, 196
dan wodef, 328

MYNEGAI I'R NODIADAU

darmerth-u, 319
dathl-u, 168
daw, dyvyd, 325
dawl, 211
-de, 280, 298
debit, debir, 375
dechymyd, 238
dechymygyon, 132
deethol-wyl, -wyr, 331
deuawt, 136 ; deuodeu, 157
defnyd, 345
dengyn, 91
deheuec, 190
deifn-iaw, -iawg, 345
Deivyr, 82
deigyr, 240
Deinioel Sant, 232
deiryghet, 265
deli, 263
dheli, 380
deliit, deliis, 152, -82
delwat, 198, 387
dely, dyly, dly, 203
dellt, 130
denn, 190
denin, 367
deon, 330
Deor, 340
derllydu, 117
derw "gwir," 250
Derwennyd, 323
dethol, 331
deudec, 189
deupo, 133
Deur, Dewr, dewr, 82, 226, -53, -54
dewred, 354
deyeryn, 205
diachar, 87
diachor, diechyr, 315
diadlam, 165
di-alaeth, 114
dialaf, 204
dialwr, 155
diannot, 315
dias, 62
diasb-at, 62

dibennor, 229
dibl, 380
diconetent, 275
dichiorant, 83
dichuar, 221
dichwant, 249
dichuel, 385
didawl, 139
didrachywed, 133
didres, 308
diddan, 168
didurnn, 277
diebred, diebryd, 147
diebyrth, 147
diechwith, 144
dieding, 252
diengis, 137
dieirydaf, 387
dien, 370
Diesri, 62, -3
diessic, diyssic, 123
diua, difa, 148, 277
difannu, 83
diuant, 83
diuerogyon, 127
diferu, 72
divyeu, 276
diuo-et, 276
difogion, 276
divudyawc, 268
difwng, 268
divwrn, 277
diffeith, 149
diffleis, 92
diffret, 318
diffryderas, 378
diffun, 69
diffwys, 186
dignaw, 305
digoni, 271
digythrud, 321
dihavarch, 148
dihenyd, 316
diheu, 159
dihyll, 158
dileaf, 285
dilein, 285
dileith, 261

dilen, 285
dilenn, 186
dili, 189
dilin, 207, -38
dilis, 299
diliw, 313
dilud, 285
dilyd-ei, 140
dilyvyn, dilyfn, 207, 313
dilyw (=eilyw), 92
dill, 86
dimcones, 270
dimyngyei, 268
din, 201
dinas, 172, -6
dinaw, 204
Dinbyrn, 152
Dindywyt, 216
Dindywydd, 216
Dineidin, 330
diniho, 192
dinin, 283
Dinogat, 321
dinus, 297
diot, diodes, 177
dir, -iaw, 201, -74
dirlishei, 342
dis, odis, 80
disbeiliaw, 197
disgiawr, 284
disgleiryawr, 378
disgrein, 80, 140
disgynn, -yeit, 87, 133
disgynnyal, 366
disgynsit, 177
displeimaw, 197
disserch, 213
dissudd, 360
distadl, 262
disur, 344
diw, 81, 275
diw calan, 149
diwall, 359
diwan, 162
diwed, 389
diwedus, 151
diwyd, 232
diwyg-yat, 348

diwyll-yat, 188, 219
diwyn, 348
dod-es, 313 ; dodi mor-
   dwyt, 225
dodei, 130
dofod, 216, -27
dogyn, 371, dhogyn, 386
dol-en, 211
dol-eu, 374 ; d. trin,
   218
dor, 233
do-yn, 302
dra phenn, tra ph. 284
Draig Goch ? 379
dreic, dhreic, dragon,
   150, 379
dhrein ? drem, 366
drem, 228, 366
dremrud, 386
dremryt, 386
drut, 133, 210
drum essyth, 231
drwn, 372
drussyat, drwssyat, 255
drych dract fo, 213
dryll, 144
ducawt, 139
duhun, 374
dull, 86, 140, -4 ; -yaw,
   215 ; -yawr, 303
durawt, 138-9, 238
durfyng, 268
dwuyn, 382
dwrn dradwrn, 277
dwyaer, 375
dwyar, 367
dwy-re, 118, 243 ; -rein,
   178 ; -re-awc, 279
dwys, 91
Dwywei, 232
dwyweith, 360
dy- (=ry-), 249
dybydei, 116
dychelwit, 377
dychianat, 370
dychiannawr, 369
dychiawr, 83, 351, 370
dychiorant, 110

dychre, 388
dychuel, 385
dychyfaerawt, 267
dydd, 161
dyd gwyth, 172
dydaruu, 249
dyduc, dydygei, 314, -19
dy en rud, 370
dyual, 359
dyvall, 359
dyueinw, 270
dyvel, 366, -77
dy ven, 361
dyvynveis, 382
Dyvynwal Vrych, 303
dyvu-wyt, 216
dyvyd, 312, -66
dyffei, 80
dyfforsei, 212
dyfforth-es, 274, -97 ;
   -ynt, 112
dygiawr, 289
dygo-, 237
dygochwiawr, 351
dygodolyn, 211, -40
dygoglawd, 237
dygollouit, 115
dygosel, 366
dygwgei, 189, 376
dygymynei, 131
dygymyrru, 97
dyhed, 356
dylaw, 186
dyledawc, dylyedawc,
   263
dyleyn, 285
dyleith, 261
dylifo, 385
dylin, 283
dyludaw, 285
dylleinw, 270
dym-bi, 271
dymgwallaw, 287
dynn, tyddyn, 105
dynin, 283
dyofod, 216
dyre, 388
dyrllydu, 168, 342

dyrllys, 302
dyrreith, 269, 367
dyrwest, 270
dysel, 366
dysgiawr, 287
dyssyllei, 378
dywal, 125, -53, -71,
   377
dywallaw, 115
dywovu, 216

e (=eu), 224
e am, 91, 350
e ar, 187
e genhyn, 247
e rof, 66
ebyr, 75, 374
ech, 104, -14
echadaf, 298
echassaf, 343
echeching, 113
echiawc, 321
eching, 114
echwng, 114
Etar, 342
edeiuiniat, edeiuinieit,
   344, -6
edeiniawc, 122
edellyll, 333
etem, 264
edenawc, 122
edewit, 146
etvrwyn, 377
etvyn, 369
etvynt, 107, 320
etgyllaeth, 166
edismicaf, 344
edles, 383
etlit, 166
etliw, 377
etmyg-ant, 124 ; -ir, 84
edryfedd, 354
edryssed, 352
edryw-ant, edd, 326
edyrn diedyrn, 110
edemnetic, 346
eddi, 64
edil, -i, 199

MYNEGAI I'R NODIADAU

eddyl, 200
edystr-awr, 117
ef(o flaen berf), 95
evnyvet, 373
efo, 117
efrifed, 341
ev-ynt, 97
effyt, 178
eg weryt, 188
ehangseit, 369
ehalaeth, ehelaeth, 102, −14
ehoec, 233
ehut, 146
Eidyn, 103
Eidef, 315
Eiddilic, 200
eidol, Eiddol, -ydd, 211, −41, −73
eidun-i, 263, 330
Eivyonyd, 352
Eingyl, 365
eil, 145, −71, 256
eil dal, 353
eilgweith, eilwith, 318
eilassaf, eilyassaf, 237
eiliv, eiliw, 331, −77
eilth, 336
eilyw, 92
eilyw-et, 306
eillt, 173, 336
eillt Wyned, 290
Einim, 337
eynywet, 373
eiryan, 209
eiryangut, 134
eirthyaw, 262
eiryt, 387
eis, 142, 289
eissyllut, 141, 315
-eit, 159, −64
eithaf, 176, 228
eithiuiat, 346
eithin, 154
eithyt, aeth, 177
elain, 237, 340
eleIn, 237
Eleirch Vre, 148

Eli, 327
elwch, 90
elwrw, 120
elwynt, 86
elyd, 213
ellyll, 333
em, ef, 272
emborth, 153, −6
emdaflawr, 95
emda, 208
emduc, 209
emdullyaw, 86
emmel, 377
emorchwyd, 229
emore, 253
emwaret, 333
emwrthryn, 92
emwyt, 231, −5
emwythwas, 360
emis, emys, 360
emyt, 184
emyrd, 213
en anuit, 272
en drin en drwm, 126
en elyd, 213
en erbyn, 136
enfawr, 135
en ol, 166
en un awr, 84
en wir, 256
en wrvyd, 104
ene, 71, 226
eneb, 105
eneit, 131, −64
ener, 381
engiriaul, 347
enyal, 241
Enlli, 383
enllib, 189, 385
enneint creu, 100
enouant, 274
enwir, 112, 256
enwlyd, 376
eny, 72, −4; eny vwyf, 368
enyd, 311
enys Brydein, 120
-er, 236, −90

er meityn, 281
Erb, 293
erch, 156
erchlas, 301
erdifel, 366
erddrym, 201
erdyledam, 264
eredic, 386
ervessit, 327
eruit, 121
ervyn, arf, 369
ergryn, erkryn, 220
erglywaw, erclywat, 348
ergyr, 178, 312
ergyr gwayw, 178
eritmigam, 179
erigliuiat, 348
erlinaut, 348
ermyg-ei, -yon, 129, −32, 242.
ero, erw, 296
erry, 387
Erthgi, 110
erthi, 170
erthwch, erthych-ei, 110
erwyre, 118
ery, 135, 221
eryueis, 327, −32
eryr, 187
erysmygei, 129
erythuaccei, 328
esgarei, 103
esgit, 376
esgor, 103
esgut, 146, 376
esgwit, 376
esgynnv, 284
-essit, -essyt, 141, −2, −77
essyllut, 208
essyth, 231
estynnu, 67
-et (genidol ?), 308
ethy, 64
eu (=yw, wy, i'w), 308
Eubon?, 339
Eudaf Hir, 274
Eulat, 68

eur, 136
eur ar vur, 193
eur crwydyr, 162
eurdorchawc, 136
euruchawc, 125
Ewein vab Eulat, 68
ewgei, 115

uebir, 375
vehyr, vyhyr, 129, -35
vre uiriuet, 341

fagl-awr, 172
Pharaon, 379
faw, 297
fawt, 133
ffer, Fferawc, 172
ferei, 144
Feruarch, 326
festin-yaw, -yawc, -yawr, 182
fin, 133, -77
fisciolin, 339
flamdur, 296
foawr, 302
fodiauc, 179
fossawt, 137
ffovre, 298
fowys, 172
fraeth, 88
fraidus, 339
franc, frant, 338
ffrawdd, 339
ffrawddus, 339
freu, 138
frwythlawn, -lam, 90, 296
frydyaw, 184
ffun, 69, 312
ffwrch, 363
ffwyr, 298
ffwyre, 298
fiscau, ffysgynt, 126, 178
fysgyolin, 178, 339

gadu, gattat, gattawr, gatto, 93, 290
gafwy, 291

Gaff, 323
gal, 341
galon, 128, 220
galel, gallel, 366
gan dyd, 99
gan wawr, 94
gan wlith, 146
ganthud, 327
gardith, 219
garth, 259-60
Garth Merin, 259
garthan, 169
Garthwys, 321
garw, 319
gawr, 71, 81, 164
gelor, -awr, -wyd, 66, 112
gelw-i, 256-7, 323
gelwideint, 318
gell, -auc, -gi, 153, 225-6
gemm, 366
geneu, 379
genni, 383
Gereint, 314-5
gerthi, 170
glas, 243
Giff, Gaff, 323
girth, gyrth, 337
Giudi, 338
glas, 88, 357
glasved, 88
glas vleid, 258
glassar, 195
glassawc, 304
gleissyar, 195
Glessic, 304
gloyw, 258
glut, 134, -6, 202
glwys, 186
Glyt, 320
glyw, glewyd, 88, 152
gnawt, 191
gniss-ynt, 293
gno, gnou, 235
gobedror, 357
gobell, 226, 325
goborthyat, 367
gobr-wy-on, 260

gochan-u, 322
gochawn, 369
gochel-i, 327
gochlessur, 295
gochlywer, 236
gochore, 343
gochwerw, 293
Godebawc, 111, 304
godech-u, 72, -6
godeml-u, 244
godiwawr, 78
Gododdin, 76, 84, 207, -30
godor, 278
godorun, 296
gotraet, 306
godre, 143
godrud, 253
goduryf, 341
godeu, 289
goddew, 134
godileit, 261, -3
godiwawd, 78, 151
godiwes, 224, 389
godiweud, 151, 389
godol-ei, 211, -40
goeithin, goethin, goieithin, 154, 306
gouaran, 161
govec, 207
gouel, 121
gofer-u, 72
govri, 267
gofud, gofid, 268
gouudelw, 387
govurthyach, 365
gogei, 115
gogled, 80, 384
goglyssur, 295
gognaw, 85
gogon-ed, 271
gogwn, 315
gogwneif, 315
gogyuerchi, 127
gogyuoet, 287
gogyfrat, 199
gogyuurd, 199
gogyffret, -rawt, 138

gogyhwc, 239, 323
gogymrat, 199
gogymrudd, 199
gogymwyt, 294
gohit, 317
golo, 148
goledd, 108
Golistan, 340
go-lut, 202, -80
gomyn-af, -yat, -u, 72, 163, 230, 368
gomynnaf, 230
gon, 332
gonof-ant, -i, 95, 125
goradein, 324
gorchegin, 362
gorchynnan, 106, -68
gorchyrddon, gorchorddion, 269
gordrachwres, 102
gorden, 190
gordibleu, 380
gordin, 204, -84
gordirot, 200
gordiynaw, 305
gorddu, 305
gordwy, 260
gordyvn-at, -eit, -wys, 291, 313
goreu (berf), 99
gor-eureit, 372
gor-vod, -vyd, 302
goruolet, 207
goruynnaf (ans.), 383
gorvynt, 106, -7
gorfun, gorffin, 291
gorgolch-es, 148
gorlassar, 304
gorlassawc, 304
gorlew, gorlleu, 144
gorllin, 358
gormant, 137
gormes, 177
gorod, gorot, 208, 284
goroled, 207
gorsaf, 96
gorsed, 210
gorth, 155

gortheneu, 385
gorthew, 385
gorthir, 200, 321
gorthoret, 278
gorthorri, 278
gorthur, 379
Gorthyn, 284, 321
goruchyd, 192
gorun, 296
gorwlat, 200
gorwy, 145
gorwyd, 385
gorwyd-an, 146
gorwylam, 144
gosgedd, gosgeth, 77
gosgord, 380
Gosgord Mynydawc, 96
gosgroyw, 314
gossod-es, 381
gostwng, 109
gowychawc, 356
gowychyd, 161
gowydawc, 356
gowythawc, 356
grad voryon, 368
graean, 255
graen, grain, 254
graennwyn, 255
grann, 78, 80
gre, 388
gredyf, greddfawl, 61
greit, 143, -59
griniec, griniet, 342
grugyar, 323
Grugyn, 218
gryt, grydiaw, 176
grynn-iaw, 92, 342
guc, 189
guacnauc, 326
gwadawl, 93, 211
gwaeanat, 134
gwaetfreu, 138
gwaetlan, 105
gwaetlawr, 66, -8
gwaetlin, 155
gwaetlun, 278
gwaed, 305, -7

Gwaetnerth, Gwoednerth, 269
gwael, 387
gwaenad-u, 326
gwaenawg, 327
gwagsaw, 272
gwaiw, 187
gwalat, gwlat, 330
gwalch, gweilch, 280
gwales, 383
gwallaw, 116
Gwallawg fab Lleennawg, 232
guanaid, gwnaeth, 75, 267
Gwananhon, Gwannannon, 179, 291
gwanar, 87, 115
gwanauc, 284
gwanec, 147
gwan-t, 283
guanth, 271
gwan-u, 132, -74, 224, -34
gwanu a dan, 319
gwarchatw, 160
guarchan, 232, 361
gware, 383
gwa-ret, -redei, 117, 333
Gwaredawc, 320, -33
gwaro, 319
gwarth, 210
gwarthfor, 297
gwarthvre, 297
gwarthlef, 117
gwas, 61
gwas nym, 136
gwasgar, 103, -47
gwastad-ach, 325
gwawt, 66
gwawdd, 217
gwardur, 164
gwawr, Gwawrdur, 164, 344
guaurud, 341
gwaws, 234
gwe, 264
gwebyl, 245

guec, 293
gwede, gwedi, 265
gwedd-awr, 301
gweddw, 142
gwevel, 238
gwevr-awr, 77, -9
Gwefrddwr, 78
gwehyn, 287, 331
gwehyr, 129
gueilging, 280, -1
gweilwon, 245, -93
gweillyon, 245
gweini-dog, 115, 190
gueinieit, 196
gweinyawc, 191
gweiniuyad, 115
gweinyd-yawr, 115,-90
Gweir, 326
gueirguiat, 280
gweiryd, 115
gweith-yen, 191, 327
gwelet, gwelir, 278, 310
gweleis, 302
gwelit, 310
gwelydeint, 318
gwelyd-on, 355, -77
gwelling, 368
gwen, 138, 213
Gwenn, 151
Gwenabwy vab Gwenn, 150, -89
Gwenafwy, 150
Gwennasseth, 367
guener, 199
Guengat, 348
gwenint (gwanu), 272
gwenwawt, 138, 188
gwenwyn, 89, 165
gwenytawc, 191
guereit, 263
guerg, 281
gverit, gweithret, 257
gwerin, 112, 205
gwernin, 256
guernor, 344
guero, chwerw, 278, -93
gwert, 305

gwerth "pridwerth," 373
gwerth, 79, 138, -64
gwerth med, 84
gwerth na, 134
gwerthrud, 370, -1
gweryt, 288
gwest, 67
gueuilon, 293
gweyelin, 238
gwgei, gogei, 376
gwgynei, 315
guiau hem, 189
gwib-de, 374
Gwit, 171
guid, 265
gwin-vaeth, -veith, -weith, 150, -80, 240
gwir, 250
gwirawt, 116
gwirwar, 138
gwisg-uis, 275, 337
guiu, 343
gwledic, 119
gwlf, 365
gwlith, 146
gwlyd, 376
Gwlyget (Gwlgawt) Gododin, 166
gwn lleith, 248
gwnaeth, 75, 267
gwned, 132
gwneei, 145 ; gwnelei, 227, -8
gwneif, 66
Guobeith, 171, 351
guotan, 63
guodeo, 134
guotricusegeticion, 112
gwoteid, 217
gwod-yn, 217
gwogant, 314
guoloet, 335
guolouy, 258
guoreu (gwnaeth), 339
guorvlodiat, 348
guorut, 261
gwossudd 360

gwr gwled, 315
gwr not, 201
gwr trin, 107
guragun, 75
gwrang, 190
gwrawl, 93
gwrd, 81
gwre, 242, 389
gwreint, 389
gwreith, 75, 86, 260, -3, 321
gwrvan, 304
Gwruelling, 124
gwrfydd ? 104
Gurhaual, 283
Gurhitir, Gwrhydr, 76, 306
gwrhyt, 61
gwrhydri, 76, 137
gwrm-de, -wn, 91
gwroledd, 208
guron, 261
gwrthlef, 117
gurthyn, 284
gwr-reith, 241
gwrthod-es, 80, 308
gurthryn, 92, 370
gwrthtir, 200
gwrthyat, 184
gwryaf, gwrhaf, 96
gwryawr, 81, 96
gwrych, 238
gwryt, 61, 148
gwrymde, 280
gwrys, 80
gwyal-uan, 162, -5
gwyar, 80, 150
gwyarllyt, 95
gwyawr, 81
gwybot, 161
guich, 179
guichauc, 179
gwychawc, 140, 311, -7
gwychiauc, 140
gwychnawt, 191
gwychyd, 101
gwychyr, 132
gwychyrolyon, 318

MYNEGAI I'R NODIADAU 411

gwyd-ei, 379
gwydrin, 309
Gwydyr, 171
gwdgwn, 163
gwydyei, 131
Gwydyen, 187
Gwydneu, Gwydno, 159
gwyduc, 187
gwydw, 142
Gwyddyl, 190
gwylat, 369
gwylaes, 332
gwyled, 157
gwyll(t), 124, 220
gwyllyas, 123, 357
gwyllon, 124; -yon, 368
Gwyndyt, 320
Gwyned, 80, 132
gwynfyt, gwinwit, 202
gwyngalch, 98
Gwyngwn, 94
Gwynnassed Velyn, 367
gwynnyeith, 86
gwynnod, 95
gwynofi, gwynoddi, 95
gwynseit, 369
gwyrangon, 356
gwyran, 119
gwyrd, 130, 288
guirth med, 179
gwyth, 265
gwyth (gwyddw ?), 240
gwythawc, 317
gwythwch, 323
gylvach, gylfin, 365
gynt, 190, -2
gynhon, 127

haed-ot, 201, -38
haearn-dde, 298
haeladon, 208
haelon, 368
haer, 194
haerllug, 194
haual, 316
hair, 194, 263
hancai, 189
handit, 250

handwyf, 180, 250
hawfin, 358
he-essit, 142; -u, 298
hed, 86, 94
heit, 243
heidilyaun, 218
Heidyn, Hedyn, 298
Heilyn, 213
Heinif, Heinim, 337-8
Heledd, 108
helw, 293
helya, 322
hemm, 366
Henbant Mawr, 354
hennyd, 100
hero, herw, 292
heu (ans.) 159
heywred, 355
hic caraitet, 342
hit pan, 336
hidleit, 164
hinham, 179
hiryell, 212
hoet, 110, 239
hoedyl, 239
hoedlfyr, 164
hoff-eint, -yein, 273
holl(t), 98
hu, hut, 224, -52, -3, -69
hu tei, 376, -83
hual, 316, -50
huan, 119, -46
Huan ap Gwydion, 119
huc, 335
hut effyt, 178
hudit, 123
huenydd, 119
huitreuit, 199
huysgein, 156
hwch, 189
hwrdd, 213
hwrreith, 241
hwy, 326
hwyr, 118
hyt pan, 336
hyt orfen byt, 326
hydr, hydyr, hyder, hytrach, 76, 87

hydrfer, 72
Hydwn, 163
Hyueid Hir, 84
hyll, hylldrem, 158
hylltod, 158
hynaws, 310
hynefydd, 199
hynt, 289
hyrdbeit, 213
hywr, 355

-i, *Amherff. 3ydd un.*, 76
yaen, 287
-yal, 365-6
-if, 66
iuet, 342
iguert, 335
illuru, 340
imguodant, 217
imit, 273
imil imil luit, 337
in (=ein), 267
indeuit (andaw), 341
inham, 179
init gene, 281
Iodeo, 338
yor, 176
irai, 170
irved, 288
is, ys, 161
Issac, 157
-it, 141-2
iud alt, 284
Iudhail ? 284
ywrch, 323
Iwys, 338

llacharte, 280
ladu, 263
llaes, 181
llafanad, 197
laguen, 262
llavyn, 319
llain, 85, 98
llam, 144
llanwet, 316, -7
llar, llary, llara, llarahaf, 157, 343

llath, 322
llaw "bychan," 87, 258
llawt, 193
llawuroded, 286
llawr, 73, 107, -41, -85, 261, 316
lle "prudd," 280
lleas, 248
llech, 214; leech, 218
lledan, llydan, 64
lletvegin, 160
lletffer, 161
lletkynt, 248
let lin lu, 218
lletrud, letrud, 258, -61
lled, 108
lledessit, 131
lledessynt, 164
lleddf, 142
lledi, 323
llefdir, 213, -9
lleidiat, leidyat, 262, -92
Lleibad, 66, 333
lle-ir, 310
lleissyar, 195
lleith, 289
lleithyar, 195
lleithic, 173, 305
llemein, 212
llemenic, 152
llesseint, 164
llestyr, 216
lleu, 113, -44, 214
Lleu, 119
lleudir, llefdir, 213, -9
lleutu(t), 213
lleuuer, 215
lleuuyd, 343
llew, 126
llew-a, 97, 101, 300
llewychawt, 121
llewyn, 97, 324
llewynawc, 324
llewyr, leuir, 258
llewyrn, 324
lliant, 157
llib, 189, 385

llibin, 189, 386
Llif, Llivyeu, 140
lliuanat, 197
lliveit, 131
llifiant, -ianu, 197
llin, 155, 206, -18
llith-yaw, -yessit, 75, 163, 344
lliw, 196
lliwet, lliwedawr, 84
Lliwelydd, 151
liuidur (? liuiadur), 263
liuirdelo, 297
lloedd, 310
Lloegyr, 191
Lloegrwys, 142, 239
lloflen, 192
llog, 227
llogell, 226-7, -73
llory, 322
luarth, 263
lluc, 366
lluch, 196, 233, 314
llumen, 192
llun, 196
lluric, llurugeu, 125, 287
llurugogyon, 248
lluyd, 313
lluydawc, 292
Luch (Llwch) Echach, 113
llwrw, llwry, lluru, llyry, 118, -20, -25, 340
llwy (liu), 196
llwybyr, 152, 175
luit (llwyd), 337
llwyded, 248
llwytgun, 183
llwyth, 356
llwyuein, llwyfenydd, 324
llwynog, 324
llwyr, 217
llwyrdelw, 297, 387
llychwr, 233
llydw (lleddf), 142
llyvroded, 286

llyn (llyn llydan, môr), 218-9
llyn-wys-awr, -u, 112, 212
llyr, 75
llyw, 196
Llywarch, 210
Llywenan, 324
llywyadur, 263
Llywri, 269
llywy, 258, -86
llywyant, 306
llywywc, 323

maban, 93, 141
machteith, 379
mat, 224, -57
matyed, 350
Madawc Eluet, 74
madiein, 257
madeu, 158
mae, 226
Maelderw, 387
Maen Gwynngwn, 94
maer, 125; meiri, 274
maeth, 66
mac, mag, 297
maglawr, 97
maharaen, 129
mal, amal, 163, 252
mall, 249
mam, 241
Manau Guotodin, 76
Manawyt, Manawydan, 76
mannu ar, 309
manon, 378
maon, 110
maran, 77
mareddawg, 350
maryed, 350
Marro, Marno, 68, -9
marth, 68
marwoled, 108, 208
mawr dru, 249
mawrwed, 349
maws, 234
mebyt, 375

MYNEGAI I'R NODIADAU

medel, 121, -55, 288
met "perfedd," 343
meddawt, 311
meduaeth, 90
medveith, 150
medgwyn, 102
med-u, 288
medut, 168
medwawt, 121
medweith, 180, 240
medweint, 273
medwn, mewn, 90
medwyt, 384
mevyl, 238, 389
megin, 233
mehyr, 129
meibyon Godebawc, 111, -2
meidiat, 371
meilliawg, 173
meillion, 173
mein vuan, 64
mein uchel, 361
meinell, 153
mein erch, 156
meinllwyt, 225
meinnyell, 153
meinoeth, 102
meint, 71, 135
meint gwre, 389
meir-i, -yon, 274
meitit, 281
meitin, 281
meithin, 154, 233
meithlyon, 218
meiwyr, 274, 381
melwit, 385
melynell, 153, 226
men ? 361
men, man, 69, 158
men yt, 333
menestri, 372
menhit, menit, 309, -79
menu ar, 309
menwyt, 384
menych, 342
Merchyr, 275
merin, 218, 338

Merin a Madyein, 257
merydd, 350
methl, 218
meu, 358
meuwed, 349
meud, 151
mi na vi, 205
mid, mit, 184, 361
milcant, 95
milet, miledawr, 357
mir-an, 383
Mirdyn, 188
mirein, 195
mlodiat, 348
moch, 279
moet, moi, 276
moelron, 204
moidit, 277
molet, 302
moleit, 159
molut, 274
Môn, 358
mor dru, 165
mor eredic, 386
mor hir, 166
mordei, 73, 109
mordwy, 304
morva, 352
Moryal, 238
Moryet, 300
Moryen (Moren) Mynawc, 157, 168, -88
moryon (mawrion), moron, 318, -68
mur, 159
murn, mwrn, 277
mwn, 91
mwth, 63
mwynfawr, 97
mydwyf, 203
myg, 84
mygedorth, 153
mygr, megyr, 63
myngvras, 63
mynawc, 141, -57, -71
Mynawc Gododin, 298
mynu, 309
mynut, 202

mynydd, 157
myr, 170
Myrddin, 188
mysgi, 267
mythmeirch, 212

n-, en-, yn-, 74
na (=am na), 155
na (mi na vi), 205
nat "cân," 145, 234
namen, 74
nar, 182
nawt, 191
nawd, 230
neb, 165
nebawt, 140
nedic, 256
Nedd, 256
neges, 102
nei nim, 335
neidyr, 355
Neim ab Nuithon, 337
nem, nef, 180
nepun, 163
neirthyat, 101
neithyawr, 66
nerth, 167
neued, 308
neus, 256
no od gur, 230
not, 75, 160, 201
nodi, noddai, 76
noeth, 359
nouant, 125, 274
Novantae, 125
nogyt, 66
nu, 235
Nudd Hael, 211
nwyt, 225
nwyfre, 298
Nuithon, Nwythyon, 303, -36
ny "yn ei," 208
nyt ef, 65, -6, 210
ny mat, 224
ny mwy, 170
ny waeth, 228
nyfed, 373

niuet, Nimet, 274
nym, nyf, nef, 136
nyn, nyu, nuy, 138
nys, neus, 72
o, 196, 205
-o 69
o blegyt, 230
o blith, 357
oc eu, 303
o du, 146
odi, 94
odit, 273
o dam, 196
o pan, 110, 251, 321
od (=oth), 263
odef, 376
odis, 80, 107
od uch, 107
oe, 212, -26
ofnawr, 95
offer, 158
ohanau, ohonav, 135, 341
oid, oedd, 336
ol-eu, 289
onn, 153
onwyd, 380
oper, aber, ober, 279
or, 177
or sawl, 136, 323
orgiat, 281
orth, 155
orthur, 379
Osswyd, oswyd, 103

pa, 68
pabir, pabwyr, 113
paladr, peleidyr, 167
pall, 359
pân, 65
pan ll-, 75
pann "cwpan," 79
par? 387
par, -eu, 130, 339
parannu, 90
pard, parth, 259, -71, 330, -1
parth deheu, 157

pasc, pesgi, 117
pebyll, -eu, 74
pebyr, pybyr, 166, 355
pector (=rector?), 257
pedrein, 64
pedror, 357
pedrygin(g), 98
pedryollt, 98, 153
pedyt, 357
pevyr, 237
peiryant, 89
peith, -ing, -yll, -yng, -yn, 139, 351
Peithan, 171
peithynat, 331
pel, 251
peleidr-yat, 289, 354; -yal, 289
pell, 195, -6, 358
pellgwydaw, 358
pelloid, 195
pellws, 325
pellynnic, 325
pen, 99, 159
penn (un wrth rifo), 323
pen draphenn, 284
penn gwyr, 203
penn o draet, 306
pennawr, 98, 109
pen-ffest, -in, penffestr, 182
penffust, 182
Pengwaed, 357
pennawt, 325
pennyadur, 257
penn-or, -wor, 229
penyt, 290
penn tir, 302
penn wedawr, 301
per, 351
perchen, 188
perued, 343
perheit, 104
peri, 143
peri, 90
peri (apherym), 279
peri-deint, 275; -yd, 276

peryerin, 233, -7
periglawr, 300
peryf, 279
peues, 313, -57
pin, 233
plaid, o bleit, 231
planthonnor, 299, 371
plec hen, 189
plegyt, 230
pleigheit, 197
pleimieit, 197
plennyd, 371
plith, 357
pludue, 115
plwm, 126
plygeint, 197
plygneid, 197
plymlwyt, 123, 337
plymnwyt, 122
Pobdelw, 293
por, 351
porfor, porphor, 117, 233
porth, 153
porth-i, 112, 210, 332; -int, 274; pyrth, 238
porthloed, 310
prei, preidd? 238
preiglyn, 300
prennyal, 287
pres, 313
pressent, 134, 251
preswyl, 251
prit, 166
prit (pryd) pan, 336
prif, 188
prydaw, 264
Prydein, 120
Pryden, 190
prydu, 193, 362
pryffwn, 367
pubell, 354
purawr, 97
puillyat, pwyllyat, 101, 200
pwys, 143, 313
pwyth, 158
pyt, 356

MYNEGAI I'R NODIADAU 415

pym(p), 82
pymwnt, pemhwnt, pumwnt, 82
pysc, 323
Pharaon, 379

r, er-, 75, 80
rhac (enw), 349
rac, 259
racdam, 264
racdor, 381
racvre, 242
rac vuan, 174
raclym, 174
ractaf, 257
racter, 257
ragno, 215
ragon, 219
ragor, -ei, 167, 315, -81
racwan, 82
racwed, 311, -50
ragyrwed, 311
rhain, reinyaw, 67
rhann, 79, 80
rhawd, 220
rhawn, ravn, 205, 331
re, 259
re (berf), 252
re ry, 303
rector, 257
re cw, 259
rechdyr, 257
redegein, 303
redyrch, 201
rhegu, 259
rei, 340
reī, reiawr, 106
reit, 164
reidun, 246
rein, 190
reith, 241
reithuyw, Reithuyw, 88
ren, 384
ren (e ren eny), 381
rennaid, 370
restyr, 216
rheufedd, 349
riadwn, 93

riallu, -awr 216, -51, 350
riein, 320
riein gared, 355
rieu, 178
rif, 372
rhifed, 341
rhifo, 73
riuesit, 272
riget, 265
rihyd, 120
rin, 378
rith, 183
riwdrec, 224
riwrhon, 364
rod-awc, -awr, 63, 71
rhodres, 308
rof, e rof, 66
ron (morlo), 204
ronin, 204
rossed, 353
rud, 288
ruduedel, 268
rhuddfoawg, 276
Ruduorua, 352
rudvyt (kudvyt ?), 361
Ruuawn Hir, 168
rug ? 343
rugyl, 92
Run, 384
ruthr, 181
rui, rwy, 156
rwych, 286
rwyt, 74
rwyd, 220
rwydheu, 384
rwy, rwyf, 246, -7, -50, -1
rwyuyadur, 257
ruhicat, 346
rwyg-aw, 107
rwygyat, 131, 346
rwyth-eint, -vyw, -on, 364
ry, er (a), 251
ry (arfer), 288
rybud, 105, 319
rychior, 175

rychuech, 383
rychwerw, 383
rhyd "cyfle," 143
Ryt Benclwyt, 325
rydon, 146
rydre, 143
Rhyd Wynn, 365
rhydderch, 201
ryvel chwerthin, 178
ryueluodogyon, 365
ryuerthi, ryuerthin, rhyferthwy, 267
rygas, 154
rygiawr, 174
ry gre, 388
rygu, 154
rym dyre, 388
rymenon, 378
rymidhin, 378
rymun, 387
ryn, rynn, 92, 120, -30, -80, 331
rynnaud, 181
ryodres, 121, 224
Rys, 224
rhys, -edd, -wr, 352
rywin, 154
Rywonyawc, Rywynyauc, 317
rhy-wr, 365

s=th, 212
sac, sanc, 199
Saesson, 104, 230
savwy, 291
saffwy, -awc, 169, 257
sanget, 265
sarff, 128
sathar, 128, 265
sathrawt, 141
saw, 272
sawl, 136
saxa, 195
scwyt, 328
scyndauc, 333
sdlinet, 335
secisiar, 195
segit, sengit, 265

schic, scic, 199
scit, 369
sciuogion, 272
seingyat, 288
seinyessyt, 159
seirch, 148, -67; -yawc, 122
seith gymeint, 239
seithuet dyd, 104
sel, 366
seldrem, 366
Senyllt, 211
serr, 128
serch, 213
seri, 128
seric, 331
sgliuon, 271
si, 125
-sit, 177
soned, 169
Srīor, 128
stadal, 262
stre, 279
sut, 199
swrn, 360
syberw, 292
sychyn, 296
syll, 195
syll-u, 378
synnwyr, 243
syw, sywyt, -on, sywedyd, 131
Syvno, 131

taen, tain, 254
taenawt, 138
taer, 333
taf, 387
tafaw, 387
tavl-et, -u, 309
Tavloyw, Tavlogeu, 309
tang, 327
tangdef, 361
tal, 70
tal being, 203
Tal Hen Bann, 354
tal lleithic, 173
tal med, 70, 265

tal pwyth, 158
talachon, 379
talachor, 381
taladon, 379
talvrith, 145
talvriw, 218
talgell-awc, 347
Talyessin, 207
tande, 280
tanet, 342
tanhwytin, 233
tannu, 254
taran, 181
tar(dd), 223
tarddu, 180, -1, 351
tarf, 219, -23
tarhei, 180
taryan, 353
tarw trin, 218
taw, 86, 368
tawt, 259
tawl, 139
tebed, -awc, 304, -75
tebihic, 275
tebyr, 376
techu, 72, 134
tedyt, 379
teiling, 184
teinim, 337
teith, 184, 379
Teithvyw, 358
teith-i, -iawc, -iawr, -ion, -yawl, 124, 320, -57, -78, -79
teml, 244
temyr, 166
terhid, 340
terwyn, 377
teryd, 275
teth, 379
teulu, 263
tewdor, 299
teyrn, -ed, 291, 320
tiblo, 380
tiryf, 122
tiryon, 146, 368
titguet, 342
tith, tuth, 145, -6, 219

tnou, 235
tot, 259
to-et, 276
tolc, 279
torch, -awr, 78, 363
torret, 312
torredlu, 278
torredwynt, 278
torri ar, 312
toste, 280
tra, 309
tra Bannauc, 141
tra chas, 150
tra chuar, 221
tra merin, 216, -8, 338
tra mordwy, 304
trach, trac, trag, 301
trachwres, tragwres, 102
trachywed, 133, -41
Traeanhon, Trannon, 179
traeth, -adur, -awd, -u, 169, 299
traethed, 342
traethiannu, 300
trauot, 94
traffun, 69
trang, trengi, 192
trahawc, 320
traill, 224
tramerin, 216, -8
traus, 296
trech, 378
tref, 228, 303
treuyt, 199
trenghidyd, 102
trengsyd, 379
trei, 118, -74, 201, -2
treid-aw, -u, 87
treigl, 141
treiglessyd, 141
Treigliad ar ôl berf, gorff. 3ydd, 104; gradd gymharol, 127; pen y daith, 84, -5, -8; ar ôl negydd, 72, -5

MYNEGAI I'R NODIADAU

treis, 189, 235; -yawr, 256; -ic, 261
tremynu, 309
tres, 121, -89, 308, -78
treullyawt, 224
trewyll, 224
Tribruit, 294
tridid, 347
trigant, 343
tri guaid (gwaeth), 338
tri hue, 189
tri leo, 338
trin, 126
trin dygwy, 301d
trinet (trin), 308
trinodef, 315
Trioedd, 347
tro, 213
trosi, 332
tru, 165
tru a, 112
trull, 80, 249
trumein, 231
trwch, 163, -91, 301
trwm, 126
trwn, 185
trwsiad, 255
trwy, trui, drui, 89, 275, 306
trwyt, 363
trybedawt, 353
trychant, 89
trychdrwyt, 363
trychethin, 363
Trychiad, 125
trychin, 363
trych-yat, 163
trych-yon, -ni, 191
trychwn, 125, -63
trydar, 88, 146, -81
tryvrwyt, 294
Tryffwn, 367
trylaw, 186
trylenn, 186
trylew, 338
trymdwys, 192
tryn, 185
trynni, 185
trywyr, 188
tu, 146, 272
tu bronn, 147
tut, 210
tudet, 275
tutet, 135
Tutleo, 152
tutnerthyd, 104
tuth, 145
twlc, -io, 279, -80
twlch, 279
twll, toll, 70
twrch, 183, 280
Twrch Trwyt, 363
twryf, 349, -57
twymdwyro, 244
twysg, 145, 282
ty, 205
tytwet, tudwet, tudwedd, 307
tyngir, 359
tyngu tynghedfen, 113
Tyngyr, 312
tyll-uavr, -u, 168, 303
tymestyl, 215, -6
tymhyr, 165
tymor dymhestyl, 215
tynnit, 384
tyno, 235
tywallt, 116
tywarch, -awr, -en, 183, -7
tywys-en, -o, 200, -82, -88
'th, datif, 136

uch, 137
ut, 133
ud, 238
udat, 262
Uffin, 306
un-gwr, 306
un huc, 335
vn mab, 68
vn maban, 141
un-aw, -et, 278
unhwch, 335
urdyn, 136
Urvei, Uruei, 319,-41
urfydd, 104
vrun, 163
uswyd, 162

wenn heli, (g)wnelei, 227
ui, 200
wrth, 174
wy lledi, 87
wybyr, 243
wyneb, 105, -31
wyneb cared, 328
wyneb udyn, 105
wyre, 118
-wys, 112, 215
wythgeith, 322

y, rhagenw ôl, 251
y am (gw. e am), 187, 249
y, yd (geiryn berfol), 66
y=i neu yn, 67
y mae, 226
ych, 183
ydellyll, 333
yd i, yd y, 269, 350
ydelhei, 69
yng, 252
ymachludd, 261
ymbell, 227
ymdwyraw, 244
ymddeith, 208
ymgystlwn, 100
ymgyuot, 236
ymherw, 293
ymhyrdwen, 213
ymodi, 94
ymorchwyd, 229
ymorva, 352
ymrygiawr, 174
ymswrn, 360
ymwan, 356
ymyt, 176, -84
ymwriaw, 82
yn rwy, 260
yn vn gwaret, 333
ynial, 241

-ynt, 92, 106
yny, hyny, oni, 72
ynyorth, 153, -5
ynysgoget, 170, 333
yr bod, 188
ys (o flaen berf), 133
ys (gwrthrych), 206
ys deupo, 161
ys meu, 358, -68
ysgavynwyn, 303
ysgar-as, 235
ysgawt, 388
ysgawl, 388
ysget, 314
ysged, 309
ysgein-yaw, ysgeintio, 156
ysgeth, 76, 309
ysglyfyeit, 271

ysgod-igaw, 388
ysgodog, 388
ysgog, 170
ysgor, 103, -43
ysgorva, 105
Ysgor Eidyn, 103
ysgwn, 228
ysgwyt, ysgwydawr, 63, 81
ysgylvyon, 271
ysgynnyal, 243
Ysgyrran, 81
ysmortiuant, 84
yspar, ysberi, 143, 315
ysplennydd, 371
ystadyl, 262
ystaenawt, 138
ystauell, 290
ysteml, 244

ystlynedd 335
ystof-i, 385
ystoflit, 385
ystre, 184, 215, -52, -53, -79
ystred, 184
ystryng, 252
ystrywyawr, 184
ystwng, ystyngei, 109, 284
ystwyr, 244
ystwyth, 172
ystyern, 350
yt (o flaen berf), 136
yt, yth, 135
yth, 257
yth=yt, 158
yw (=i'w), 372

(Am eiriau yn dechrau gydag *y-* yn orgraff heddiw, gw. hefyd dan *e-* ac *i-* yn y rhestrau hyn.)